중앙정부와 지방정부의 위기관리시스템 구축과 대응전략에 관한 연구

국가는 국민의 생명과 재산, 그리고
안전을 지키는데 최고의 가치를 두고 있다.

한형서

비앤엠북스

머리말

오늘날 우리는 위험한 불확실성의 시대에 살고 있다. 세계적으로 나타나고 있는 기후온난화 현상과 자연재해, 인위적 재난, 사회적 재난, 전쟁 및 테러 등이 발생하면서 새로운 도전에 직면해 있다. 이러한 국가적 재난은 국경을 넘어 발생하고 있어 한 국가의 문제가 아니라 공동의 재난으로 간주된다. 특히 국가재난은 자연재해와 인위적 재해 및 사회적 재해 등으로 국민의 생명과 안전에 직접적인 영향을 미쳐 국가재난관리에 심각한 위협이 되고 있다. 따라서 이러한 재난관리를 위하여 국가는 재난예방에 대한 적극적인 대응과 전략, 장기적인 정책을 세워야 한다. 국가재난이 발생하면 국민의 생명과 안전이 위협받는 것은 물론, 예측할 수 없는 '혼란의 소용돌이'와도 같은 사회적 혼란이 발생하여 국가발전에 커다란 영향을 줄 수 있기 때문이다.

이와 같은 국가재난의 불확실성에 따른 재난관리의 예방과 시스템 구축은 거시적인 측면에서 구체적인 전략과 대응방안, 그리고 지속적인 투자가 필수적이다. 특히 재난발생에 대비하여 필요한 인적자원과 재원투자 및 유관기관 등의 시스템 구축은 국민의 생명과 재산을 안전하게 보호할 수 있는 필수조건이라 생각된다. 그럼에도 불구하고 지금까지 대부분의 국가들이 재난예방에 대한 투자는 소홀히 하는 경향이 많았다. 즉, 재난예방에 대한 막대한 투자는 직접적인 경제활동과 생산유발효과로 연결되는 것이 아니라 비생산적인 재원으로 간주되는 경향이 강했다. 그러나 오늘날 기후온난화 현상에 따라 국가재난은 다양한 형태로 발생하고 있으며, 그 피해규모도 상상을 초월하여 국가경제에 심각한 영향을 주고 있다. 따라서 국가는 과거 소극적인 재난관리에서 벗어나 보다 적극적으로 국가재난에 대응해야 한다.

또한 국가는 재난정책에 대한 혁신적인 변화와 사고전환을 해야 한다. 즉 국가가 재난관리를 하는 데 있어서 기존의 재난복구정책에서 벗어나 재난예방에 중점을 두어 지속적인 재정지원과 투자를 하는 데 전략적 변화가 있어야 한다. 이미 세계에서 나타난 재난 현상들은 특정 국가에 국한된 것이 아니라 국경을 넘어 국가 간 혹은 지역 간 협력을 필요로 하고 있다. 예를 들면,

기후온난화로 나타난 자연재해(태풍, 폭염, 홍수범람, 화재 등), 전쟁, 국제테러, 지진, 원전사고, 해양원유 유출 등이 그 대표적인 경우이다. 이러한 맥락에서 볼 때, 국가재난관리도 장기적인 전략과 국제적인 거버넌스시스템 구축이 필수적이다.

이 책은 주요 선진국의 국가위기관리에 대한 현황과 운영을 다루고 있다. 이에 대한 구성은 먼저 연구배경과 목적 및 방법을 시작으로, 국가위기관리를 이론적으로 고찰하였다. 또 외국의 국가위기관리의 사례를 들어 다음과 같이 구성하였다. 첫째, 미국의 사례로 연방정부와 주정부의 국가위기관리시스템, 기업참여와 민간단체의 운영체계, 예방체계의 문제점, 국가재난관리의 방향과 변화 등을 다루었다. 둘째, 영국 사례로서 영국의 국가위기관리시스템의 현황과 운영, 중앙정부와 지방정부의 관리시스템, 긴급구제체계 및 비상대비복구계획, 그리고 국가위기관리의 방향과 시사점 등으로 구성하였다. 셋째, 독일의 사례에서는 연방정부와 주정부의 행정체계, 재난관리체계의 현황과 운영시스템, 국가위기관리와 민간단체의 참여, 연방정부의 재난예방훈련과 전략, 재난관리전문가 교육 및 교육프로그램 등을 다루었다. 넷째, 일본 사례로는 중앙정부의 국가위기관리시스템 현황과 운영, 국가위기관리의 기업참여와 영향, 국가위기관리와 민간단체의 연계, 긴급구조체계, 국가위기관리의 경험적인 과정과 문제점, 위기관리의 법안개정 및 전망 등을 포함시켰다. 그리고 각 선진사례의 재난관리시스템에 대한 비교연구로 재난관리시스템의 방향과 전망 및 차이점 등을 다루고 있다. 마지막으로 한국의 위기관리와 운영시스템 문제 등을 다루고, 결론으로 한국에서 주는 정책적 함의와 시사점을 제시하였다.

이 책은 한국연구재단의 재정적인 지원을 받아 집필되었고, 이종서 박사님과 이영철 박사님께 많은 도움을 받았다. 이에 진심으로 감사드리는 바이다.

끝으로 이 책이 출간될 수 있도록 흔쾌히 허락해 주신 비앤엠북스의 정광식 사장님과 출판에 적극적인 도움을 주신 정경식 부장님, 그리고 이 책의 원고교정을 세심하게 봐주신 편집부의 노력에 심심한 감사를 드린다.

차 례

제1부 국가위기관리 기본개념과 이론

제2부 외국 국가위기관리시스템의 현황과 운영

제 1 부

국가위기관리 기본개념과 이론

제1장

서론

제1절 연구배경

오늘날 세계는 예측할 수 없는 기상이변과 온난화 현상 등으로 상상할 수 없는 대규모 자연재해를 경험하고 있다. 또한 국내외에서 다양한 형태로 국가재난의 발생과 위협이 존재하기 때문에 이에 대한 사전적 · 사후적 대응을 취하는 것이 중요한 국가적 과제이자 새로운 도전으로 생각된다. 특히 국제적인 측면에서 본다면, 최근 서구 유럽국가들은 장기적인 경기침체에 따른 국가경제위기와 실업 증가로 인하여 국가재정에 많은 압박을 받고 있으며, 또한 국민복지정책을 추진하는 데 있어서 재정부담이 가중되고 있다. 이에 반하여 신흥 개발도상국가들은 국가 간 경쟁과 무역분쟁으로 인한 자국 산업을 보호하고 개발하기 위한 예방적 수단으로 여러 가지 정책을 추진하고 있다. 게다가 국경을 넘어 자유를 찾아 탈출한 외국인들이 정치적 이해관계에 따라 국내정치는 물론, 국제적으로 정치적인 문제가 되고 있다. 특히 정치적인 박해와 경제적인 빈곤에서 벗어나기 위해 탈출한 외국인들은 국내정치와 국제사회의 커다란 문제점으로 대두되고 있다. 이로 인해 종교적인 이념과 정치적인 소용돌이 속에서 발생한 국가 간 갈등과 대규모 국제테러 사건 등이 국민의 생명과 안전을 위협하고 있으며, 또 다른 형태의 국제적 분쟁과 갈등의 원인을 야기할 수 있는 외국인 정책 및 정치 · 경제적 재난으로 평가되고 있다. 최근에 이라크 반군 IS(Islamic State)[1] 집단이 미군의 공습에 따른 보복으로 2014년 미국인 기자를 참수해 미국 사회에 큰 충격을 주었다. 또한 2015년에는 일본 민간인도 살해당했고, 한국인 청년도 이라크 반군 IS 집단에 가입하면서 국가적 문제가 되었다.

이와 같이 모든 국가는 예측할 수 없는 영역에서 국민의 생명과 재산을 위협받고 있는 것이 현실이다. 여기에 대다수 국가는 국가재난관리에 대한 문제와 환경요인을 분석하면서 자국에 미칠 부정적인 영향을 우려하고 있다. 이에 따른 가장 큰 부정적인 영향은 우선 경제적인 문제와 정치적인 갈등, 그리고 문화적인 충돌 등에 큰 무게를 두고 있다. 특히 경제적인 문제는 국내경기의 장기적인 침체와 내수불안, 그리고 국가 간 보호무역정책 등으로 발생할 수 있는 경제위기관리와 사회보호 및 안전관리를 위하여 새로운 대안을 찾는 것이 중요하게 되었다.

따라서 모든 국가는 국민의 생명과 재산, 그리고 안전을 지키는 데 최고의 가치를 두고 있으며, 이에 대한 재난관리의 다양한 정책과 전략 및 대안을 마련하는 데 많은 시간과 비용을 투자하고 있다. 그럼에도 불구하고 대부분의 개발도상국가는 직접적인 대규모 재난피해와 위협을 경험하지 않는 한 현실적으로 예방적 정책과 예산을 투입하는 데 많은 한계가 있다. 왜냐하면 국가재난관리에 대한 예방적 재정투자를 위하여 막대한 재원을 마련하는 데 어려움이 있기 때문이다. 즉 국가가 예방적 측면에서 미래에 발생할 재난관리에 대해 엄청난 재원을 마련하고 투자한다는 것이 쉽지 않다. 이처럼 대부분의 개발도상국가는 미래에 나타날

1 시리아, 이라크 등 중동에 기반을 둔 이슬람 극단주의 무장단체 이슬람국가(IS)가 북아프리카 리비아 등 세계 여러 지역으로 세력을 확산시키고 있는 단체로 비난을 받고 있다.

수 있는 국가재난관리와 위협에 따른 예방적 정책과 전략을 구상하기보다 사후적 대응과 정책으로 대처할 수밖에 없는 미시적 접근에 문제가 많다. 비록 한 국가가 미래에 대한 재난관리와 위협을 인지하고 있을지라도 당장 필요한 재원 부족으로 사전적 투자보다는 사후적 재난관리에 초점을 맞추고 있는 것이 현실이다. 그러나 오늘날 국가재난예방은 불확실한 미래에 재정적인 투자와 사회인프라 구축 및 전략적 구상 등을 보다 체계적으로 준비하는 것이 필요하다. 그럼에도 불구하고 대부분 개발도상국가와 후진국에서는 국가재난에 대한 선제적인 대응과 예방을 하기보다는 재난이 발생하면 그때그때 대응하는 것이 보편화되어 있다. 결국 이러한 결과는 국가재난에 따른 사후적 재난관리와 재정투자로 더 많은 인적 · 물적 자원을 필요로 하는 문제로 지적되고 있다.

이와 같이 후진국일수록 국가재난관리에 대해 거시적인 측면이 아니라 미시적인 측면에서 접근하고 있다. 이는 미래 예측할 수 없는 상황에 막대한 국가재정을 투입하는 것이 쉽지 않기 때문이다. 이에 반하여 선진국에서는 미래의 불확실한 상황과 국가재난상황을 대비해 보다 체계적이고 구체적인 시스템을 갖추고 있다. 동시에 국가재난관리는 거시적인 접근과 예방적인 정책을 추진하는 것이 바람직하다. 특히 유럽(EU)국가들은 미국의 9 · 11 테러 이후 국가재난관리는 한 국가의 영역과 범위를 초월해 다른 국가와 상호 협력 및 공조를 통해서 보다 효과적인 재난관리를 할 수 있다는 것을 학습하게 되었다. 예를 들면, 유럽국가들은 자국의 틀에서 벗어나 인접 유럽국가와 공조를 통해서 문제해결을 하는 통합적인 거버넌스 시스템을 추구하고 있다. 이처럼 선진국과 후진국의 재난관리에 대한 기본적인 방향과 전략은 기본적인 시스템과 전략 및 추진방향을 고려할 때 상당한 차이를 보이고 있다.

이러한 맥락에서 볼 때 현재와 같이 미래의 불확실한 상황에서 각 국가가 직면하게 될 국가재난관리 형태를 자연재해와 인위적인 재난 등으로 분류해 대응할 필요가 있다. 왜냐하면 오늘날 자연재해는 심각한 국가위기를 발생시키고 국민의 생명과 안전을 위협에 빠뜨릴 수 있기 때문이다. 예를 들면, 대규모 지진과 허리케인, 해일과 폭우, 폭설, 폭염 등의 자연재해는 국민의 생명과 재산 및 안전을 위협할 수 있다. 또한 모든 국가는 인위적인 재난 형태에서 볼 수 있듯이 국가재난예방(9 · 11 테러사건, 원전사고, 가스 및 화공약품 폭발, 대규모 화재)에 대응하는 데 있어서 많은 한계점에 직면하고 있다. 그럼에도 불구하고 모든 국가는 시간과 장소를 가리지 않고 국가재난관리를 철저히 대비하는 예방적 재난관리에 초점을 맞춰서 예측할 수 없는 국가위기관리를 보다 체계적이고 신속히 대응할 수 있는 시스템을 갖추는 것이 긴요하다. 미래의 국가재난관리는 특정 국가에 국한된 것이 아니라 상호 긴밀한 협력과 지원 등을 통해서 효과적으로 대응할 수 있는 혁신적인 시스템 구축과 상호 공조체제를 갖는 것이 필요하다. 이에 따라 다음과 같이 중요한 몇 가지 기본적인 사항을 반드시 고려해야 한다.

첫째, 국가는 국민의 생명과 재산을 안전하게 보호하기 위하여 적극적으로 재난정책을 펼치고 거시적으로 접근해야 한다. 먼저 국가는 이러한 정책을 성실히 수행하기 위해서 지금까지 국가가 추진했던 여러 가지 정책의 문제점에 대한 분석과 평가를 통해서 정확히 진단하고, 이에 따른 방향을 설정해야 한다. 왜냐하면 미래의 국가재난관리는 고도의 산업화와 도시화로 인하여 환경파괴와 산업재해 및 초고층 화재 등으로 인하여 국민들에 직접적인 영향을 줄 수 있는 인위적인 재난사고로 이어질 수 있기 때문이다.

둘째, 정부가 재난관리에 대한 효율성과 능률성을 높이고 책임성 강화와 중앙정부 및 지방정부의 긴밀한 시스템을 구축하는 것이다. 지금까지 정부가 추진해 온 많은 재난관리의 시스템들이 제대로 작동하고 있는지, 특히 국가재난관리에 대한 책임자가 없다는 데 따른 문제점과 개선점은 무엇인지 재정립해야 한다.

셋째, 국가는 긴급한 위기상황에 대한 체계적인 관리와 정책 및 대응전략을 세우고, 이에 따른 지속적인 재정지원과 예방적 재난관리에 초점을 맞춰야 한다. 지금까지 국민은 정부정책을 불신해 왔다. 이것은 정부의 정책들이 지속성과 연속성을 갖지 못했던 것이다. 따라서 정부는 위기상황에 따른 여러 가지 재난정책을 국민이 신뢰할 수 있도록 연속성을 추구하는 것이 매우 중요하다. 왜냐하면 지금과 같은 상황에서는 국민들이 정부정책을 신뢰하지 않기 때문이다. 국가재난관리는 정부와 지방자치단체, 기업 및 국민 등이 확고한 신뢰를 바탕으로 지속성과 연속성을 갖고 체계적인 관리와 반복적인 학습을 통해서 재난대응력을 높여야 한다.

넷째, 국가가 재난관리를 하는 데 있어서 능률성과 효과성을 높이기 위해서 최첨단 정보통신기술(IT)을 접목한 종합적인 네트워크 구축이 필수적이다. 즉, 정부는 낡은 재난관리시스템에서 벗어나 첨단 정보통신기술을 응용한 새로운 정책적 변화를 추구해야 한다. 특히 재난관리는 제도적인 측면에서 신속히 대응하고 협력할 수 있도록 법제도를 통해 강제적 의무를 부과하는 것도 생각해 봐야 한다. 즉 연방주의를 채택하고 있는 국가는 이미 효율적인 재난관리에 대한 문제점을 경험했기 때문에 상호간에 반드시 협력해야 하는 제도적인 장치와 강제성의 필요성을 강조하고 있다. 따라서 우리나라의 경우도 연방주의는 아니지만 지방자치실시 이후 지역과 주민의 이기주의를 통해서 많은 폐해와 문제점을 경험한 바 있다. 따라서 정부는 대규모 재난에 대비해 국가위기의 범위와 협력의 틀 및 범위를 새롭게 만들 필요가 있다.

다섯째, 중앙정부와 지방자치단체는 긴급한 상황에 신속히 대응하기 위해서 위기관리시스템을 재정비해야 한다. 즉 중앙정부와 지방자치단체는 효율적 국가위기관리를 위해서 지휘통제와 업무분장, 그리고 수직적 · 수평적 정보공유를 원활히 할 수 있도록 중앙정부를 중심으로 신속한 정보공유 및 새로운 조직구성을 해야 한다. 지금까지 정부의 재난관리는 관련 법령이 각 부처와 소관별로 이원화되어 있어 법률 상호 간 수평적 · 협력적 연계성을 갖고 운영할 수 없을 뿐만 아니라, 다수의 부처로 연계되어 신속한 협력체계의 구축과 대응을 어렵게 하고 있다. 또한 중앙정부와 지방정부 간에 정보공유가 전혀 되지 않고 있는 것은 커다란 문제점으로 지적할 수 있다. 앞으로 정부는 중앙정부를 중심으로 재난의 예방 · 대응 · 복구 관련 정책과 기능의 신속성과 책임성 및 효율성을 높이고, 중앙정부와 지방정부는 정보독점이 아닌 정보공유를 통해서 체계적이고 종합적인 재난관리정책과 방향을 추진하는 것이 중요하다.

이와 같은 재난관리는 여러 가지 상황과 형태 및 배경을 중심으로 재난정책의 다양화가 이뤄질 수 있다. 우리나라도 미래에 직면할 수 있는 국가재난을 중앙정부가 보다 적극적이고 체계적으로 관리함으로써 국민의 생명과 재산을 안전하게 지키는 것이 기본적인 과제이자 책무라 생각된다. 특히 국제적 테러 증가와 긴급한 기후환경 변화, 그리고 전염병 확산, 대홍수 등의 자연재해와 인위적 재난을 극복하기 위하여 거시적인 접근과 체계적인 관리를 통해서 국가안전망과 시스템 및 제도적 장치를 바탕으로 국제적인 공조체제를 구축하는 것이다.

제2절 연구목적

현대국가는 급속한 정보통신기술(IT)의 발달과 함께 매우 빠른 속도로 변화하고 있으며, 모든 국가의 영역에서 예측할 수 없는 다양한 형태로 국가재난과 국가위기에 처해 국민의 생명과 안전을 위협받고 있다. 또한 모든 국가는 주요 국가기간산업을 마비시킬 수 있는 정보전쟁과 사이버 테러 등이 발생하고 있으며, 이에 대한 대응방안을 위한 다양한 정책 및 전략을 구상하고 있다. 이처럼 국가재난은 한 국가의 노력으로만 해결할 수 있는 단순한 것이 아니라 기존의 시스템과 국가 간 협력을 통해 새롭게 재구성하고 대응하는 전략이 필요하다. 그럼에도 불구하고 대부분의 국가에 국가위기관리에 대한 시스템이 아직 미비한 상황이므로 재난대응능력이 부족한 초보단계라 볼 수 있다. 우리나라의 경우도 국가위기관리에 대한 시스템 구축이 중앙정부는 물론, 지방정부도 체계화되지 못한 것이 사실이다. 실제로 대부분의 국가에서 미래에 발생할 국가위기관리 시스템 구축에 많은 투자와 노력을 하고 있으나, 세분화되지 않은 매뉴얼을 통해서 상황에 맞는 위기관리시스템을 구축하지 못하고 있는 실정이다.

이러한 맥락에서 본 연구는 다음과 같은 몇 가지 측면을 고려해 구체적이고 획기적인 위기관리대응과 전략에 대한 기본적인 이론과 정책을 연구하고, 각 국가 간 비교연구를 통해서 위기관리의 전략과 정책적 방향을 찾는 데 그 목적을 두고자 한다. 여기서 몇 가지 중요한 사항을 요약하면 다음과 같다.

첫째, 이 연구는 국가위기관리에 대한 기본적인 이론과 배경을 체계화하는 데 그 목적이 있다.

둘째, 정부차원에서 국가의 위기관리시스템은 효율적인 시스템 구축과 대응전략을 찾는 것이다.

셋째, 국가위기관리는 중앙정부와 지방정부의 역할과 기능에 대한 구체적인 분업과 협업의 합리적인 방안을 찾는 데 있다.

넷째, 국가위기관리는 민간기업과 시민단체의 협력이 매우 중요하다. 따라서 중앙정부와 지방정부 및 민간기업, 그리고 시민단체의 관계 등의 유기적인 모델을 찾는 것이다.

다섯째, 긴급한 국가위기상황에 따른 국가 간 협력모델이 어떻게 구축되어야 하는가? 특히 오늘날 광범위한 국제테러와 전염병 확산으로 인하여 한 국가가 직접 문제를 해결하는 데 너무나 많은 한계를 갖는다. 따라서 이러한 국가적인 위협과 테러행위는 공동의 목적달성을 위하여 국제 간 유기적인 협력모델을 만드는 것이 매우 중요하다. 즉, 국가재난상황에 따라 국제적 협력모델은 제한된 인적 · 물적 자원을 보다 효율적으로 활용하는 방안을 찾는 데 있다.

여섯째, 국가위기관리에 대한 각국의 선진 사례를 비교 · 연구함으로써 선진국의 위기관리능력과 특성 및 전략을 연구하는 데 있다.

일곱째, 각 선진국의 위기관리모델의 차이점과 특징을 비교 · 분석하고, 이에 따른 전략적 문제점과 개선방안을 찾는 것이다.

여덟째, 선진국의 국가위기관리 사례를 통해서 정책방안과 시사점을 찾고, 우리에 맞는 독창적인 모델을 찾는 데 그 연구목적을 두고 있다.

위에서 언급한 것들은 매우 중요한 요소로 간주된다. 따라서 이러한 연구 목적은 국가의 상황에 따라 여러 가지 형태로 분류되고 적용될 수 있다. 그럼에도 불구하고 본 연구의 목적은 큰 틀에서 언급된 요인들을 고려해 이론적인 배경과 논의, 그리고 선진국의 국가위기관리에 따른 중앙정부 혹은 연방정부와 지방정부의 명확한 역할과 시스템 구축 및 연계성을 찾는 것이다.

제3절 연구방법

이미 많은 학자와 전문가들에 의해서 국가재난관리에 대한 내용이 연구되어 왔으나, 연구자가 추구하는 연구영역과 성향, 정책에 따라 다를 수 있다. 또한 위기관리에 대한 접근방법도 다양하게 이뤄지고 있다. 본 연구는 지금까지 연구되지 않은 선진국 사례와 문헌을 통해서 중앙(연방)정부와 지방정부의 재난관리시스템 운영과 유관기관의 협력적 관계를 연구하고자 한다. 현재 국가재난의 대응은 국가에 따라 상당한 차이를 보이고 있지만, 중앙정부와 지방정부 및 지방자치단체의 역할과 기능이 분명하게 규정되어 있다. 따라서 중앙정부와 지방정부의 분권화된 역할과 기능들이 어떻게 작동하고 있는지, 각 행정부처 및 유관기관 사이에 협력과 업무분장이 어떻게 이루어지고 있는지, 이에 대한 정확한 연구와 분석이 필요하다. 즉, 중앙정부와 지방정부의 관계, 지방자치단체와 민간단체의 협력적 거버넌스 등에 초점을 두고 분석해 보고자 한다.

먼저 국가위기관리에 대한 문헌조사로 이론적 배경에서 기본적인 위기관리시스템의 대응과 전략방안을 분석해 보고, 이에 따라 중앙정부와 지방정부의 위기관리시스템의 체계와 실태 및 문제점을 분석해 보고자 한다.

둘째, 선진국에서 실시되고 있는 국가위기관리의 체계와 운영시스템을 중심으로 중앙정부와 지방정부의 관계와 협력적 시스템을 연구하고자 한다.

셋째, 각 국가에서 운영되고 있는 국가위기관리의 유형과 대응 및 전략, 그리고 국가에서 재난예방프로그램으로 실시하는 재난예방교육 등을 비교 · 분석해 보고자 한다.

넷째, 국가별 국가재난관리 시스템의 차이점과 지향하는 방향을 분석해 보고, 이에 따른 문제점과 정책적 시사점을 도출하는 데 초점을 맞추고자 한다. 국가별 재난관리시스템은 국가의 정치 · 행정체계와 지역적 특성, 그리고 정치적 상황 및 자연환경 등에 따라 다르게 운영되는 것을 학습하는 것이다.

따라서 본 연구는 각 국가별 국가재난관리시스템에 대해서 종합적으로 알아보고, 실제로 연방정부와 지방정부가 대응하는 정책과 전략을 분석하는 것이다. 특히 국가별로 재난발생 시 재난대응을 어떻게 하고 있는지, 또한 대규모 재난사건의 경우 중앙정부와 지방정부는 어떠한 대응을 하고 있는지 등의 수평적인 조직 간 의사전달과정 및 수직적인 의사전달과정에 나타나는 문제점 등을 심도 있게 분석하고자 한다. 또한 대규모 긴급재난상황 시에는 연방정부와 지방정부가 어떤 시스템으로 운영되고 있으며, 재난예방에 긴급히 필요한 제도와 조직 및 인적 · 물적 자원을 어떻게 활용하고 있는지에 대한 정확한 분석과 시스템을 연구하는데 그 초점을 두고자 한다.

이와 같이 연구방법은 기본적으로 문헌조사를 기초로 하면서 각 국가의 주요 재난시스템을 중심으로 심층적인 조사와 분석을 통해서 국가재난관리에 대한 이해와 대응 및 전략을 찾는 데 있다. 결국 이러한 연구는 재난상황에 따라 여러 가지 정책과 전략 및 운영 등에서 독자적인 모델을 찾는 것이 중요하다. 국가는 국민의 생명과 안전을 보장하기 위하여 국가재난에 대한 선제적 대응과 예방적 정책 및 전략을 어떻게 활용하고 있는지, 선진 사례의 비교연구를 통해서 한국의 정책적인 시사점과 모델을 도출하고자 한다.

제2 장

국가위기관리의 이론적 고찰

제1절 국가위기관리의 개념

오늘날 사회는 개인은 물론, 국가가 직면한 여러 가지 상황에서 극복해야 할 긴급한 위기요인들이 다양하게 존재하고 있다. 현대사회에서의 위기는 어느 특정 영역에만 있는 것이 아니라 국가적 · 지역적 혹은 국제적 문제로 대두되면서 위험사회의 심각성이 확산되고 있다(이종열 외, 2004). 여기서 국가위기관리의 개념은 연구하는 학자와 국가상황에 따라 다양하게 정의되기 때문에, 통일된 개념정의를 할 수 없는 상황이다.

국가위기관리에 대한 개념은 학자들의 연구 형태에 따라 정치적 · 경제적 · 사회적 · 역사적, 그리고 환경적 관점 등에 따라 여러 가지 형태로 정의된다. 즉, 위기의 개념은 보는 시각과 시기에 따라 다양한 형태로 나타날 수 있다는 것이다. 일반적으로 위기에 대한 정의는 "국가주권 또는 국가를 구성하는 정치 · 경제 · 사회 등 국가의 핵심요소나 가치에 중대한 위험이 가해질 가능성이 있거나 가해지고 있는 상태"로 정의하고 있다(이재은 외, 2006: 20). 통상 위기관리란 위기발생 전후에 위기를 사전에 인지하여 예방하거나 사후에도 그 위기에 대응해 위험발생을 최소화시키는 활동을 뜻하고 있다. 즉 국가에 대한 중대한 위협 및 위험으로부터 국가와 국민을 보호하기 위하여 예방, 대비, 대응, 복구 등의 종합적 정책 및 예방적 정책을 만드는 것이다.

유럽의 국가들은 신속한 위기관리를 위해서 위기관리조직의 통합성과 협력성을 지향하고 있다. 이는 앞서 언급한 9 · 11 테러 이후 전쟁발발 가능성보다 생화학무기, 사이버 등 테러에 대한 위협과 예측할 수 없는 자연재해 관련 위험이 복합적으로 대두되면서 비군사부문의 평시 위기관리시스템을 통합적으로 구축해야 할 필요성이 강조된다. 또한 국가위기관리에 대한 관심은 2001년 미국에서 발생한 9 · 11 테러를 통해 직접적으로 국가와 국민의 생명 및 안전에 커다란 위협을 받았기 때문에 국가위기관리에 대한 연구가 활발히 진행되었다(BBK, 2011). 아직까지 국가위기관리는 학술적인 측면에서 볼 때 초기단계에 있지만 특히 국가의 안보와 관련 있기 때문에 주요 핵심과제로서 거시적인 투자와 함께 국가안보의 중요한 부분으로 간주되고 있다.

그 밖에 위기에 대한 사전적 의미는 "중요한 변화가 절박하게 요구되는 불안전한 상태이거나 혹은 하나의 사건 또는 행동과정이 계속 진행되어야 하는지 아니면 수정 또한 종결해야 하는지 결정되는 순간"으로 정의된다(이종열 외, 2004: 349). 그러나 위기관리와 재난관리는 약간의 개념적인 차이가 있다(Jaquers, 2007). 즉, 위기는 어느 특정한 상황에서 매우 긴박한 위험상황에 직면하게 된다면, 최고 정책결정권자가 직접적인 대응과 긴급조치로 그 위기상황을 전환하여 피할 수 있는 위기관리의 극복을 의미한다(Gabler Wirtschaftslexikon, 2014). 그 좋은 사례로 1962년 쿠바 사건을 들 수 있다.[1] 미국의 케네디 대통령이 미국의 직접적인 위협

1 구소련은 쿠바에 전략핵무기의 미사일과 42대의 미그기 및 폭격기, 그리고 2만 2천 명의 기술자와 군인들을 파견해 이 무기체계들을 운영·관리했다. 이에 대해 그 당시 케네디 대통령은 미국의 국가안보에 심각한 영향을 미칠 것을 예상했고, 쿠바에 건설 중인 공격용 미사일을 당장 철거할 것을 요구함으로써 쿠바의 위기는 시작되었다. 자세한 것은 신승원(2005), "국가정보와 위기관리의 실증적 연구", 전략논단(해병대 전략연구소), pp. 153-155 참조.

이 되는 소련의 공격용 미사일을 즉시 철수할 것을 요구했던 것처럼 긴박한 국가위기상황에서 신속히 대응하는 조치를 결정한 것이다(이덕로 외, 2009: 235). 이에 반해서 재난관리는 국가가 직면하는 다양한 국가재난상황에서 국민의 생명과 안전을 지키는 데 보다 거시적인 측면에서 보는 경우가 있다. 특히 재난관리는 위기관리에서 긴박한 시간적 요인을 중요시하는 것보다는 총체적인 재난관리를 다루는 것에 가깝다고 볼 수 있다. 그러나 위기관리의 개념은 사전적인 의미, 혹은 학자들의 개념정의가 매우 다양하게 정의되고 있다.

이신화(2000)는 정치사회학적인 측면에서 위기상황을 "위험하고 불안정한 상황인 동시에 변동의 분기점 또는 선택의 상황이므로, 결정을 통해서 불확실성을 줄이고 이해관계를 조정하는 등 정치적 결단이 요구되는 시점"으로 설명하고 있다. 김현석(2012)에 의하면 "국가위기란 국민의 생명과 재산, 국가의 주권과 영토, 국가를 구성하는 정치 · 경제 · 사회 · 문화 등 국가의 핵심요소나 가치에 중대한 위해가 가해질 가능성이 있거나 혹은 가해지는 상태"를 말한다. 즉, 테러 · 전쟁 등 군사적 안보위기, 자연재난위기, 정보통신 · 금융 · 교통 · 운송 · 전력 · 원전 폭발 등의 핵심기반위기 등을 포함해 상당히 포괄적인 개념정의를 하고 있다.

또한 김보현 · 박동균(1995)은 위기 개념을 광의와 협의로 나누어 설명하고 있다. 위기에 대한 광의의 개념은 "체계의 투입요소에 나타나는 불길한 큰 변화"로 설명했으며, 협의의 개념으로는"일정한 시간과 공간에서 체계에 위험과 손실을 주어 체계의 목표달성을 어렵게 만드는 상태"로 파악하였다. 채경석(2004)은 위기관리의 유형을 위기발생체계별, 즉 정치체계, 경제기술체계, 사회화체계, 자연체계 등으로 분류하고 있다(〈표 2-1〉 참조). 특히 발생체계별 분류는 크게 두 가지, 즉 자연재해와 인위재난 등으로 설명하고 있다. 첫째, 자연재해는 비정상적인 자연현상에 의해 나타나는 가뭄, 홍수, 태풍, 폭설, 지진 등을 들 수 있다. 둘째, 인위적 재난은 인간의 무관심, 부주의, 실수 등으로 발생하는 화재, 폭발, 방사능 오염, 통신망 마비, 환경오염, 대규모 화재 및 건물붕괴 등을 포함하고 있다.

표 2-1 위기발생의 체계별 위기 분류

체계	위기 분류
정치체계	전쟁, 무력 사용, 쿠데타, 테러 및 파괴활동, 비행기 납치
경제 · 기술체계	위험물질 유출, 해양오염, 수질오염, 대기오염, 오존층 파괴, 방사능 오염 · 유출, 산성비, 일반 · 핵폐기물 매립, 구조물 붕괴, 폭발
사회 · 문화체계	인종 · 민족 · 지역 간 폭력적 갈등, 전염병괴질의 출현, 폭력적 파업, 폭동
자연체계	홍수, 태풍, 지진, 가뭄, 폭염, 냉해, 한해, 우박, 해일, 화산폭발

출처: 채경석(2004). 위기관리정책론.

하먼(Charles F. Herrmann)은 위기에 대해 "의사결정단위의 최우선 목표가 위협받고 있고, 반응을 취하는 데 소요시간이 제한되어 있으며, 정책결정자들이 전혀 예상할 수 없는 상황"이라고 정의하고 있다(장지량, 2000). 그리고 후드(Hood, 2001)는 위기관리를 규제적 관점에서 접근해 위기규제를 "보건에 대한 잠재적 악영향을 통제하기 위한 시장에의 정부개입 또는 사회적 과정"으로 보았다. 그는 위기규제를 시스템으로 파악하고 시간상 지속성과 연속성을 띠는 것으로 분석하였고, 동시에 시스템을 분야별로 국한하여 접근하는 적실성을 강조하였다. 또한 위기규제에서는 거버넌스 관점에서 볼 때 사회 내 다양한 행위주체들 간의 상호작용과 정책네트워크 개념 도입을 주장하고 있다(이창용, 2007: 33 재인용). 그 밖에 많은 학자들이 주장하고 있는 위기관리에 대한 다양한 개념을 정리해 보면 〈표 2-2〉와 같다(이수범 외, 2012; 차재훈 · 문미란, 2012; 송석현, 2011; Pickett & Block, 1911).

표 2-2 위기관리의 다양한 개념 정의

학자 분류	내 용
Coombs	위기는 조직이 예기치 못한 상황에서 발생한 사건이며, 잘못 대처할 경우 조직의 내 · 외부에 엄청난 타격을 입힐 수 있는 중대한 위협이라 정의
Pearson & Mitroff	위기를 전체로서 시스템에 물리적인 영향을 미치고 시스템의 기본적인 전제, 주관적 자아감, 실재적 핵심을 위협하는 파괴라고 정의
Hickman & Crandall	위기관리는 위기로 인한 영향이나 충격을 최소화하려는 것으로 조직에 부정적 영향을 주는 사건들의 위험성과 불안요인을 감소시키고 조직이 능동적으로 대처할 수 있도록 하는 전략적 계획이라고 정의
Williams	위기관리는 위기상황이 통제를 벗어나 전쟁으로 확대되지 않도록 위기를 통제하고 조절하는 과정임과 동시에 다른 한편으로는 위기가 당사자 국가에 유리하게 해결되어 해당 국가의 중요한 이익이 보호되고 유지될 수 있도록 하는 모든 노력이라고 정의
Pickett & Block	위기관리는 국가가 위기발생을 예방하고 위협을 최소화시키고 이미 발생한 위기에 대해서 신속하고 효과적으로 대응하며 가능한 빨리 정상상태로 복귀를 돕는 것이라 정의

이와 같이 위기관리에 대한 정의는 연구하는 학자에 따라 매우 다양하게 정의되고 있으며, 국가와 사회적 · 정치적 · 경제적 환경에 따라 상대적 개념으로 설명될 수 있다. 이러한 이유에서 위기관리에 대한 개념정의란 쉽지 않다. 그럼에도 불구하고 위기관리의 개념은 개인 혹은 국가가 긴급한 위기상황, 즉 시간적으로 긴박하고 신속한 결정을 내려야 할 위기상황에서 국민의 생명과 재산을 지키고 누구나 편안하고 안전하게

일상생활을 할 수 있도록 안전관리를 하는 것을 의미한다. 따라서 국가의 위기관리는 사후복구보다는 위기발생 전에 예방체제를 갖추는 것이 무엇보다 중요하다. 하지만 여기에는 국가에서 재난예방에 대한 미래의 긴급재원을 확보하는 데 막대한 재정적 지원의 문제가 따른다. 왜냐하면 아직 국가에 직면하지 않은 재난상황에 대비해 국가위기관리체제 구축을 위하여 많은 예산을 투자하는 것이 쉽지 않기 때문이다. 그러나 장기적인 측면에서 볼 때 미래의 위기에 대한 예방적 조치와 국가재정투자는 대규모 국가재난과 불확실성을 줄이는 데 가장 효과적일 수 있다. 비록 현재 국가가 긴급한 재난상황이 발행하지 않았다 할지라도 미래 위기상황에 대비해 각 분야별 · 영역별 자료수집 및 면밀한 분석 등을 통해서 체계적인 정책과 전략을 세우는 것이 필요하다.

제2절 국가위기관리의 법 · 제도적 근거

국가는 위기관리에 있어 기본적인 법적 근거를 바탕으로 운영 및 관리하는 것이 원칙이다. 국가의 위기관리는 법 · 제도적인 측면에서 일정부분 강제적인 조치와 의무적 사항을 요구하는 자세도 필요하다. 왜냐하면 국가의 위기관리는 필요에 따라 합법적인 강제성도 중요하기 때문이다. 중앙정부와 지방정부는 국가재난상황에 따라 긴급한 인적 · 물적 자원을 동원하는 데 적극적으로 개입해야 한다.

2016년 우리나라는 〈표 2-3〉에서 보는 것처럼 재난이 닥치면 중앙정부와 지방정부가 상호 수직적인 관계에서 수습하고 있다(한국법제연구원, 2014: 26). 재난 및 안전관리기본법 제9조에 의하면 중앙정부는 중앙안전관리위원회(위원장: 국무총리), 위원은 중앙행정기관 또는 관계기관 · 단체의 장이 된다. 그리고 중앙재난안전대책본부(본부장: 행정안전부장관)가 주관하는 모체이다. 이에 반하여 제11조에 따라 지방정부는 지역안전관리위원회(위원장: 시 · 도지사, 시 · 군 · 구청장)와 지역재난안전대책본부(본부장: 시 · 도지사, 시 · 군 · 구청장) 및 지역 긴급구조통제단(단장: 소방본부장, 소방서장)이 주관하고 있다(이정일, 2011: 59). 국가재난 및 안전관리기본법은 관련된 여러 가지 법규에서 규정하고 있다(안철현 외, 2011: 11-12 참조).

표 2-3 재난의 법적 성격 및 분류체계

구분		재난
근거법	재난 및 안전관리기본법(제9조, 제11조, 제14조, 제16조 등)	
수습체제	중앙 정부	• 중앙안전관리위원회(위원장:국무총리) – 중앙사고수습본부(본부장: 주무부처 장관) • 중앙재난안전대책본부(본부장: 행정안전부장관) – 중앙긴급구조통제단(단장: 소방방재청장)
	지방 정부	• 지역안전관리위원회(위원장: 시 · 도지사, 시 · 군 · 구청장) • 지역재난안전대책본부(본부장: 시 · 도지사, 시 · 군 · 구청장) • 지역긴급구조통제단(단장: 소방본부장, 소방시장)
대규모 재난 발생 시	• 재난사태 선포(재난 및 안전관리 기본법 제36조) – 대통령이 정하는 재난이 발생하거나 발생할 우려로 인하여 사람의 생명 · 신체 및 재산에 미치는 중대한 영향 또는 피해를 경감하기 위하여 긴급한 조치가 필요하다고 인정되는 경우 선포 – 선포대상지역 3개 시 · 도 이상: 선포→국무총리 – 선포대상지역 2개 시 · 도 이하: 선포→중앙재난안전대책본부장 • 특별재난지역 선포(재난 및 안전관리 기본법 제59조 내지 제60조) – 대통령이 정하는 재난의 발생으로 인하여 국가의 안녕 및 사회질서의 유지에 중대한 영향을 미치거나 당해 재난으로 인한 피해의 효과적인 수습 및 복구를 위하여 특별한 조치가 필요하다고 인정되는 경우 선포 – 선포: 대통령	

첫째, 재난 및 안전관리기본법은 각종 국가재난으로부터 국민의 생명과 안전 및 재산을 보호하고, 국토를 보존하는 법적 근거가 된다. 또한 국가와 지방자치단체의 재난 및 안전관리체제를 확립하고, 재난의 예방 · 대비 · 대응 · 복구와 재난 및 안전관리에 필요한 사항을 규정하고 있다. 이와 같이 재난 관련 재난 및 안전관리기본법 제74조 및 같은 법 시행령 제84조와 제14조 및 같은 법 시행령 제15조부터 제17조까지의 규정에 따른 중앙재난안전대책본부의 구성 및 운영 등에 필요한 사항을 규정한다. 정부합동

해외 재난대책지원단 구성 · 운영 규정은 재난 및 안전관리기본법 시행령 제18조 및 제19조의 규정에 필요한 사항을 규정하고 있다.

둘째, 자연재해대책법은 태풍, 홍수 등 자연현상으로 인한 국민의 생명 · 신체 및 재산과 주요 기간시설(基幹施設)을 보호하기 위하여 자연재해의 예방 · 복구 및 그 밖의 대책에 관하여 필요한 사항을 규정하고 있다. 한편, 국가위기관리기본지침은 기존의 군사 · 외교 등 전통적 안보 개념에서 탈피해, 국가의 주권 또는 정치 · 경제 · 사회 · 문화체계 등 국가의 핵심요소나 가치에 중대한 위해가 가해질 가능성이 있거나 혹은 가해지는 상태로 정의함으로써 태풍, 지진, 산불 등의 재난과 원자력, 정부 주요 시설 등의 국가핵심기반분야를 국가위기관리 대상에 포함시키고 있다.

셋째, 중앙재난안전대책본부에서는 다음과 같은 법 · 제도가 운영되고 있다. 즉 중앙재난안전대책본부 표준행동매뉴얼은 태풍, 호우 등으로 인하여 발생하는 자연재난에 대한 재난단계별(대비, 대응, 복구) 표준행동 절차에 따른다. 그리고 재난 및 안전관리기본법 제14조 및 동법 시행령 제15조 제4항의 규정에 의하여 중앙재난안전대책본부의 자연재난 및 인적 재난의 상황관리에 관하여 필요한 사항을 규정하고 있다. 또한, 중앙재난안전대책본부 재난/중앙합동조사단 운영규정은 자연재해대책법 제47조 및 동법 시행령 제34조에 따른 중앙합동조사단의 활동에 필요한 사항을 규정하고 있다. 그 밖에 중앙119구조단 운영규정은 구조단의 조직과 기능 및 운영, 그리고 교육 · 훈련 등에 관한 세부사항을 규정하고 있다.

그리고 우리나라의 재난분류체계는 크게 인적 재난, 자연재난, 그리고 사회적 재난으로 분류하고 있다. [그림 2-1]에서 보는 것처럼 재난의 종류는 매우 다양하며, 국가위기관리에 관련된 법도 매우 다양하다([그림

그림 2-1 **우리나라 재난의 분류체계**

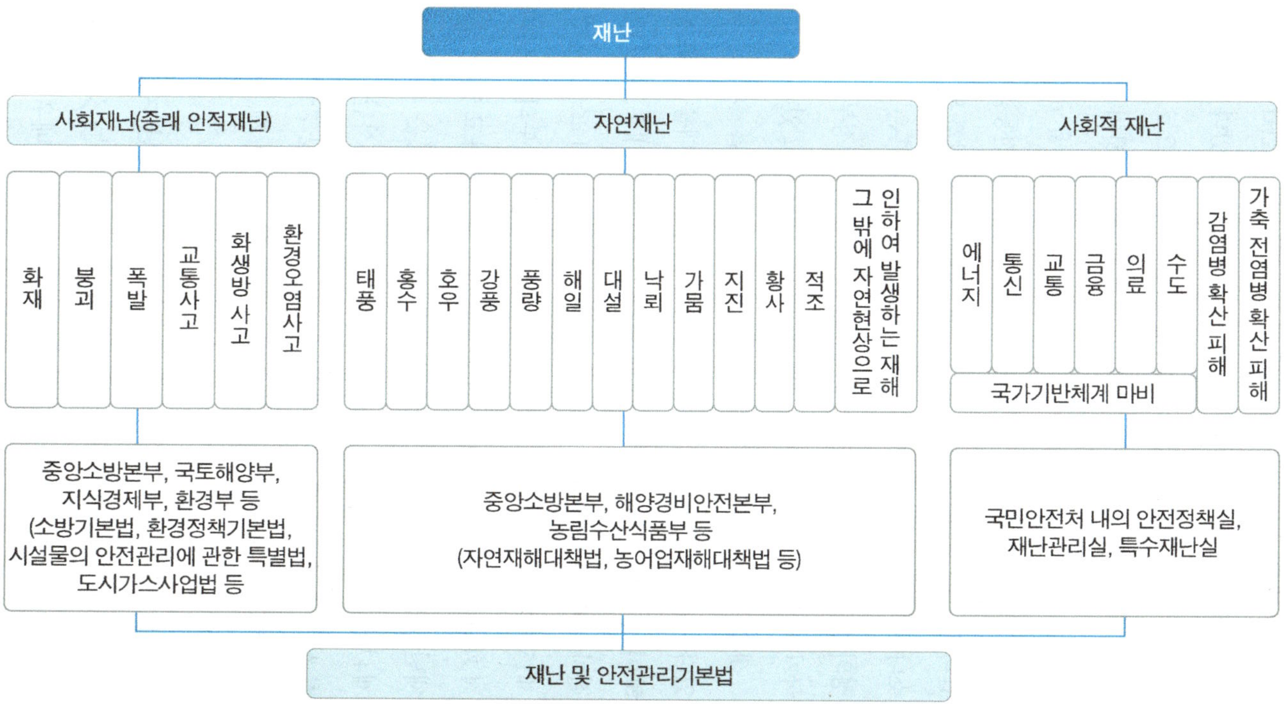

출처: 한국법제연구원(2014). 재난·안전 관련 법제 개선방안 연구. p. 21.

2-2] 참조). 따라서 국가재난발생에 따른 대응체계가 여러 형태로 되어 있기 때문에 매우 복잡하다. 그럼에도 불구하고 오늘날 국가위기는 다양한 영역에서 나타날 수 있다는 것을 고려해 볼 때, 각 분야별 혹은 영역에 따른 위기관리를 준비하는 것이 바람직하다. 물론 다양한 재난상황에 따라 어떻게 대응하는 것이 최선인지 판단하기란 쉽지 않다. 앞서 언급했듯이 국가위기라는 예측할 수 없는 상황에 막대한 비용과 투자가 필요하기 때문이다.

그림 2-2 한국의 재난관련법

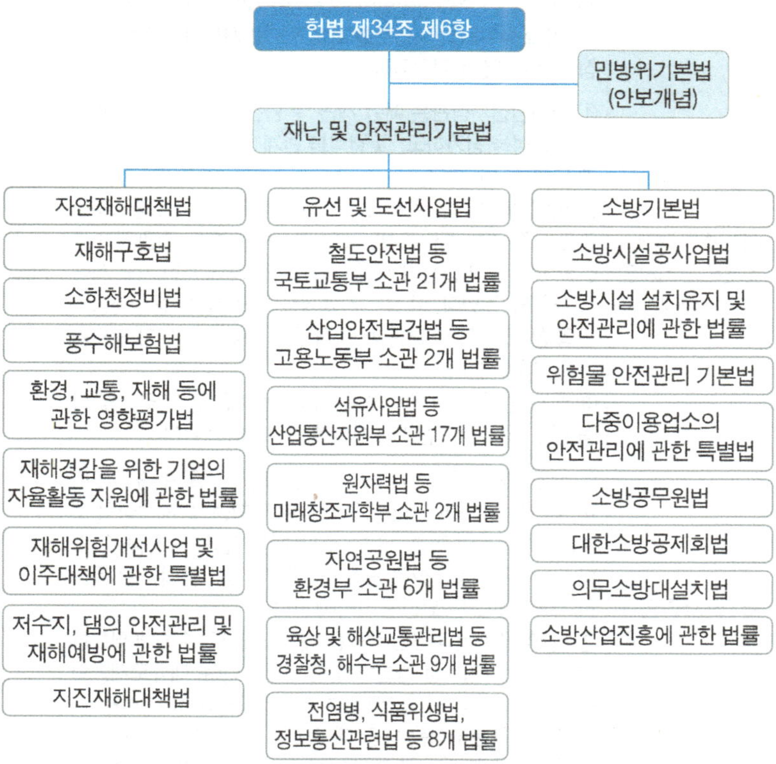

출처: 유인술(2015). 한국의 재난관리대책. *HMR(Hanyang Medical Review), 35*, p. 171.

표 2-4 주요 재난 관련 세부개정내용(2016년 기준 신설 및 개정)

주요내용	세부 신설 및 개정내용	비고
제6조(재난 및 안전관리 업무의 총괄 · 조정)	국민안전처장관은 국가 및 지방자치단체가 행하는 재난 및 안전관리 업무를 총괄 · 조정한다.	신설
제9조(중앙안전관리위원회) 및 제10조(조정위원회)	제9조의 ③ 중앙위원회의 위원장(국무총리)은 중앙위원회를 대표하며, 중앙위원회의 업무를 총괄한다. 제9조의 ⑧ 중앙위원회의 위원장은 그 소관 사무에 관하여 재난관리책임기관의 장이나 관계인에게 자료의 제출, 의견진술, 그 밖에 필요한 사항에 대하여 협조를 요청할 수 있다. 이 경우 요청을 받은 사람은 특별한 사유가 없으면 요청에 따라야 한다. 제10조의 ② 조정위원회의 위원장은 국민안전처장관이 되고, ④ 조정위원회의 업무를 효율적으로 처리하기 위하여 조정위원회에 실무위원회를 둘 수 있다.	신설 및 개정
제10조의 3(재난 및 안전관리사업에 대한 평가)	① 국민안전처장관은 매년 재난 및 안전관리 사업의 효과성 및 효율성을 평가하고, 그 결과를 관계 중앙행정기관의 장에게 통보하여야 한다. ② 국민안전처장관은 제1항에 따른 평가를 위하여 중앙행정기관의 장 또는 지방자치단체의 장 등에게 해당 기관에서 추진한 재난 및 안전관리 사업의 집행실적 등에 관한 자료 제출을 요청할 수 있다. 이 경우 자료제출을 요청받은 중앙행정기관의 장 또는 지방자치단체의 장 등은 특별한 사유가 없으면 이에 따라야 한다. ③ 관계 중앙행정기관의 장은 제1항에 따른 평가 결과를 다음 연도 재난 및 안전관리 사업에 반영하여야 한다.	신설
제15조(중앙대책본부장의 권한 등)	① 중앙대책본부장은 대규모재난을 효율적으로 수습하기 위하여 관계 재난관리책임기관의 장에게 행정 및 재정상의 조치, 소속 직원의 파견, 그 밖에 필요한 지원을 요청할 수 있다. 이 경우 요청을 받은 관계 재난관리책임기관의 장은 특별한 사유가 없으면 요청에 따라야 한다. ② 제1항에 따라 파견된 직원은 대규모재난의 수습에 필요한 소속 기관의 업무를 성실히 수행하여야 하며, 대규모재난의 수습이 끝날 때까지 중앙대책본부에서 상근하여야 한다. ③ 중앙대책본부장은 해당 대규모재난의 수습에 필요한 범위에서 제15조의 2 제2항에 따른 수습본부장 및 제16조 제2항에 따른 지역대책본부장을 지휘할 수 있다.	개정

제16조(지역재난안전대책본부)	③ 시 · 군 · 구대책본부의 장은 재난현장의 총괄 · 조정 및 지원을 위하여 재난현장 통합지원본부(이하 "통합지원본부"라 한다)를 설치 · 운영할 수 있다. 이 경우 통합지원본부의 장은 긴급구조에 대해서는 제52조에 따른 시 · 군 · 구긴급구조통제단장의 현장지휘에 협력하여야 한다.	신설
제17조(지역대책본부장의 권한 등)	② 지역대책본부장은 재난의 수습을 위하여 필요하다고 인정하면 해당 시 · 도 또는 시 · 군 · 구의 전부 또는 일부를 관할구역으로 하는 제3조 제5호 나목에 따른 재난관리책임기관의 장에게 소속 직원의 파견을 요청할 수 있다. 이 경우 요청을 받은 재난관리책임기관의 장은 특별한 사유가 없으면 즉시 요청에 따라야 한다.	개정
제23조의 2(국가안전관리기본계획 등과의 연계)	관계 중앙행정기관의 장은 소관 개별 법령에 따른 재난 및 안전과 관련된 계획을 수립하는 때에는 국가안전관리기본계획 및 제23조에 따른 집행계획과 연계하여 작성하여야 한다.	신설
제26조(국가기반시설의 지정 및 관리 등)	③ 관계 중앙행정기관의 장은 소관 재난관리책임기관이 해당 업무를 폐지 · 정지 또는 변경하는 경우에는 조정위원회의 심의를 거쳐 국가기반시설의 지정을 취소할 수 있다. ④ 국민안전처장관은 국가기반시설에 대한 데이터베이스를 구축 · 운영하고, 관계 중앙행정기관의 장이 재난관리정책의 수립 등에 이용할 수 있도록 통합지원할 수 있다.	개정 및 신설
제27조(특정관리대상시설 등의 지정 및 관리 등)	① 중앙행정기관의 장 또는 지방자치단체의 장은 재난이 발생할 위험이 높거나 재난예방을 위하여 계속적으로 관리할 필요가 있다고 인정되는 시설 및 지역을 대통령령으로 정하는 바에 따라 특정 관리대상 시설 및 지역(이하 "특정관리대상시설 등"이라 한다)으로 지정하여야 한다.	개정
제38조의 2(재난예보 · 경보체계 구축 · 운영 등)	① 재난관리책임기관의 장은 사람의 생명 · 신체 및 재산에 대한 피해가 예상되면 그 피해를 예방하거나 줄이기 위하여 재난에 관한 예보 또는 경보 체계를 구축 · 운영할 수 있다. ② 재난관리책임기관의 장은 재난에 관한 예보 또는 경보가 신속하게 실시될 수 있도록 재난과 관련한 위험정보를 얻으면 즉시 국민안전처장관, 재난관리주관기관의 장, 시 · 도지사 및 시장 · 군수 · 구청장에게 통보하여야 한다. ③ 국민안전처장관, 시 · 도지사 또는 시장 · 군수 · 구청장은 재난에 관한 예보 · 경보 · 통지나 응급조치를 실시하기 위하여 필요하면 다음 각 호의 조치를 요청할 수 있다. 다만, 다른 법령에 특별한 규정이 있을 때에는 그렇지 않다.	신설

출처: 재난 및 안전관리기본법[시행 2017.05.30][법률 제14248호] 참고(2016.05.29).

제3절 국가위기관리의 범위와 특성

1. 국가위기관리의 범위

국가위기관리의 범위는 연구자의 관점과 관련 대상 및 환경적인 상황에 따라 다양하게 분류될 수 있다. 그러나 국가위기관리의 범주는 법제도적인 측면에서 설정할 수도 있고, 또한 국가가 국민의 생명과 안전 및 국가발전에 긴요하다고 판단되는 영역에서 구체화할 수도 있다. 물론 국가가 개인의 생명과 안전 혹은 국가발전에 긴요한 범주로 생각하는 것들을 핵심요소로 설정할 수 있다. 그러나 국가위기관리의 범주를 설정하는 데 있어서 가장 신중하게 고려해야 할 조건으로 국가가 감당할 수 있는 능력과 한계를 정확히 파악해 위기관리의 범주를 규정해야 한다. 그럼에도 불구하고 연구자들은 국가위기관리의 범주에 대한 국가의 능력과 영역을 다양한 분야로 확대하는 경향이 있다(정찬권, 2011: 153). 왜냐하면 국가의 위기영역은 다양한 분야에서 발생하고 있기 때문에 특정한 영역으로 한정하는 데 오히려 더 많은 어려움이 있기 때문이다.

이종열 외(2004)에 의하면 국가위기관리의 범주는 크게 세 가지로 분류하고 있는데, 즉 위기관리의 범주는 전쟁/테러, 자연재해, 인위적 재해 등으로 설명하고 있다([그림 2-3] 참조). 먼저 국가안보위기는 전쟁과 테러 같은 긴급요인을 한 국가에 가져올 수 있는 위험요소로 보고 있다. 특히 테러는 무고한 사람이나 정치적 적대자 또는 단체나 국가기관 등에 대해서 파괴, 구타, 방화 등 다양한 폭력수단을 통해서 상대방을 위협하거나 공포에 빠뜨리는 비합법적인 행위가 포함된다.

그림 2-3 국가위기관리의 범위

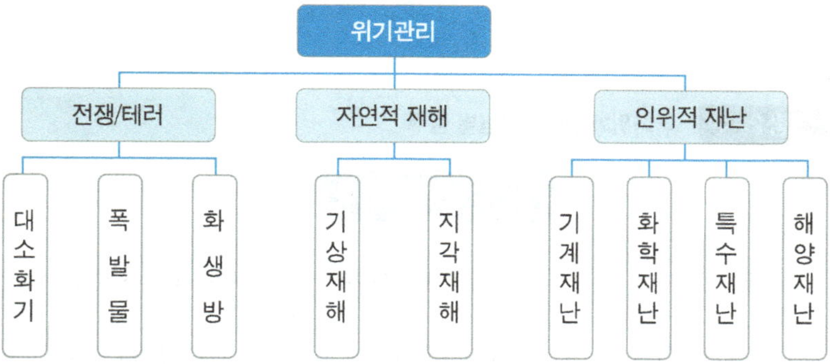

출처: 이종열 외(2004). 국가위기관리 통합적 체계구축에 관한 연구. 한국사회와 행정연구, 15(2), p. 351.

또한 재난위기관리의 범주는 자연재해와 인위적 재해 등으로 분류하고 있다. 즉 자연재해는 기상재해와 지각재해로 설명될 수 있다. 여기서 기상재해는 현실생활에서 나타나는 위기 중 풍수해, 설해, 해일, 병충해 등 자연현상에 기인하여 발생하는 것을 의미하고 있으며, 또 인위재해는 인간에 의한 실수나 무관심 및 부주의, 구조나 체계의 부작용 등의 결과로 발생하는 경우를 뜻하고 있다. 예를 들면 가스폭발, 화재, 건설 및 교통사고, 붕괴사고 등이 포함된다.

이와 같이 국가위기의 범주는 매우 복잡하고 다양한 유형과 영역에서 나타날 수 있다. 따라서 필자는 국가위기의 범주를 [그림 2-4]에서 보듯이 크게 세 가지 분야, 즉 국가안보분야, 인적 · 자연재난분야, 주요 국가산업분야 보호로 나누어 구체적으로 설정해 보았다. 먼저 국가안보분야에서는 전쟁과 테러행위, 항공기와 선박 납치, 국가전복과 내란행위, 요인암살 등이며, 인적 · 자연재난분야에서는 태풍, 홍수, 폭설, 대형화재, 이상기온, 전염병 등 다양한 범주로 볼 수 있다. 그리고 주요 국가산업분야는 전기와 가스, 원자력발전소, 항만시설, 사이버테러, 금융시설 등으로 설명할 수 있다.

그림 2-4 국가위기관리의 유형별 범주

2. 위기관리의 필요성

현대사회는 긴급한 위기상황과 예측할 수 없는 시간적 · 정신적 무질서와 혼란에 대비해야 한다. 대부분 선진국에서는 지속 가능한 국가발전과 성장을 위해서 다양한 안전장치를 마련하고 있는 추세이다. 현대사회의 위기(이창용, 2007)는 재정 위기, 공공사업 위기, 서비스 전달 위기, 정책실패로부터의 위기, 국가명성에 대한 위기, 경제불황, 테러공격, 정치 · 사회적 소요, 환경재난, 다자협상 갈등 위기 등으로 보는 경우도 있다. 그러나 위기범주는 특정 상황과 배경 및 환경적인 측면에서 매우 광범위하게 설명될 수 있다. 따라서 위기범주는 큰 틀에서 몇 가지 범주로 제한적인 관점에서 설명될 수 있다. 즉, 위험범주는 예측 가능하거나 전혀 예측할 수 없는 상황에서 정치적 · 경제적 · 사회적 · 문화적 · 국제적 환경 등에서 찾아볼 수 있다. 이와 같은 위기의 범주에서 발생할 수 있는 다양한 위기에 어떻게 대응할 것인지에 대한 구체적인 대응과 전략은 매우 중요한 과제라 생각된다. 즉 이러한 위기상황에서 적절히 대응하는 국가가 있는가 하면, 전혀 대응하지 못하고 우왕좌왕하는 국가의 국민들은 항상 국가에 대한 불안함과 초조함을 지니게 된다.

따라서 국가는 국민의 생명과 안전 및 재산을 안전하게 보호하기 위하여 미래 위기상황을 정확히 피할 수는 없지만 위기에 직면하게 되면 적절히 대응하는 것이다. 또한 국가가 위기상황에 대해 좀 더 거시적인 측면에서 다가간다면, 위기상황이 발생하기 전에 국민들에게 위기상황에 대한 경고 시그널을 알리고 예방적 조치를 강화할 수 있다. 이러한 맥락에서 볼 때 위기관리는 국가의 주요 기간산업과 국민안전 및 생명, 그리고 재산 등에 직접적인 영향을 줄 수 있는 곳을 선별해 집중적이고 체계적인 관리가 이뤄져야 한다. 최근 우리나라는 국가적 위기상황으로 볼 수 있는 많은 것을 국내외에서 경험해 왔다. 즉 홍수피해, 지진, 국제테러, 구제역, 연평도 도발, 해운대 오피스텔 화재, 일본 지진에 따른 원전 방사능 누출 등 일련의 사태를 통해 국민의 생명과 안전에 대한 불감증이 증대되고 있다(김현석, 2012). 또한 글로벌 경제위기는 국내 실물경제 위축, 부동산 가격 하락, 가계부채 증가 등 곳곳에 위험이 증가하고 있다. 따라서 국가는 위기관리 및 사전적 예방을 예측하고 준비하는 체계적인 예방시스템을 구축하는 동시에 국가위기가 발생할 경우 국가의 가용자원을 효율적으로 활용할 수 있는 범국가적 위기관리시스템을 구축하는 것이다.

3. 재해발생과 경제적 손실

모든 국가는 급변하는 기후변화와 재해발생으로 경제적 손실이 꾸준히 증가하는 추세이다. 이처럼 재해발생은 어떤 특정 지역을 중심으로 일어나는 것이 아니라 전 세계적으로 발생하고 있다. 따라서 위기관리는 국가의 어느 영역에서도 경시할 수 없는 중요한 영역으로 관리되고 있다. [그림 2-5]에서 보듯이 재해발생 건수는 1970년부터 2010년까지 지

그림 2-5 전 세계의 재해발생 건수(1970~2009)

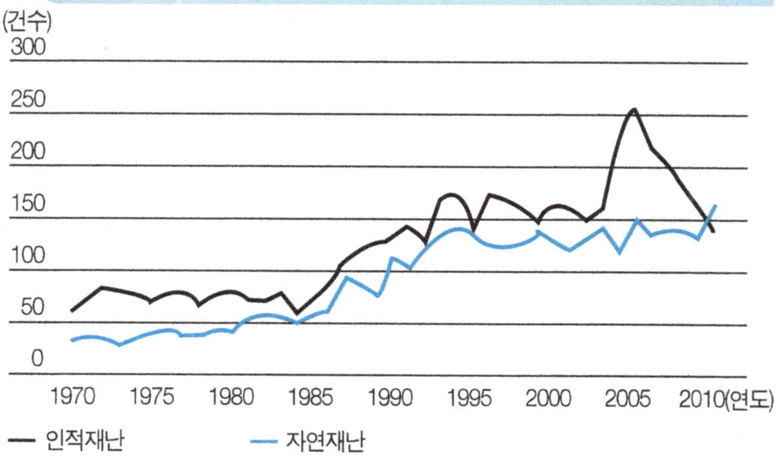

출처: Swiss Re(2011), Swiss Re Economic Research & Consulting, Natural catastrophes and man-made disasters in 2010, *Sigma No. 1*, p. 2에서 재인용.

속적으로 증가하였다. 특히 천재지변보다는 인재의 발생 건수가 더 높다는 것을 보여주고 있다(세계미래포럼, 2011: 133). 스위스 리(Swiss Re, 2011)의 보고서에 의하면 2010년에 304건의 대규모 재해 사건이 발생했는데, 그중 자연재해가 167건에 달하고 인재가 137건에 달한 것으로 발표되었다(Swiss Re, 2011: 1).

또한 〈표 2-5〉에서 보듯이 국가재난은 경제적 · 사회적 손실이 막대하다는 것을 보여주고 있다. 지역적으로 보면 지금까지 아시아 지역에서 경제적인 손실이 가장 큰 것으로 보이고, 그 다음으로는 라틴 아메리카와 캐리비언으로 GDP의 경우는 1.10% 영향을 준 것으로 나타났다. 이와 같이 국가재난은 경제적 · 사회적 측면에서 매우 중요하다는 것을 인식해야 한다.

표 2-5 각 국가의 경제적인 손실과 GDP의 감소(2010년 기준)

지역	경제적 손실($)	국내총생산(%)
아시아	74840	0.28%
남미와 캐리비안	53378	1.10%
유럽	35204	0.19%
북미	20551	0.13%
오스트레일리아	13131	0.95%
아프리카	337	0.02%
해양/우주	20623	–
전 세계	218064	0.31%

출처: Swiss Re(2011). Swiss Re Economic Research & Consulting, Natural catastrophes and man-made disasters in 2010, Sigma No. 1, p. 3에서 재인용.

4. 위기관리의 특성

1) 미래의 불확실성에 따른 협력

일반적으로 국가위기는 예측할 수 없는 불확실성이 매우 강하게 작용하게 된다. 특히 국가의 위기상황을 예측하기란 쉽지 않다는 이유도 있다. 이를 연구하는 대부분의 학자들은 위기관리영역에서 불확실성을 중요한 요소로 간주하고 있다(장익재, 1996; 최병선, 1994; 김영평, 1994). 이것은 국가위기상황이 어떤 특정 상황에서 발생하는 것이 아니라 전혀 예측할 수 없는 영역에서 발생하기 때문이다. 대부분의 국가에서는 기존에 발생했던 것을 중심으로 국가위기영역을 지표화하는 경향이 강하다. 그러나 연방주의를 선택하고 있는 선진국의 경우에는 연방정부와 주정부 및 지방자치단체 역할이 매우 다양하기 때문에 위기관리에 대한 운영과정과 정책을 세우는 데 많은 어려움을 겪고 있다. 특히 국가의 위기관리는 어느 한 기관이 관리하는 것이 아니라 다른 여러 관련 기관과 함께 협력해야 되는 경우가 많기 때문에 참여기관의 적극성과 다양성을 필요로 한다(김국래 · 유명욱, 2011: 33). 이러한 이유에서 공공기관, 즉 행정기관, 소방기관, 군 · 경찰뿐만 아니라 민간기관까지도 긴밀하게 협력해야 한다. 이와 같이 국가의 위기관리는 제한된 범위를 넘어서 범국가적인 차원에서 대응할 필요가 있을 뿐만 아니라 국제적인 공조와 협력을 기반으로 문제해결을 해야 한다. 예를 들면, 국제테러, 환경문제, 난민문제, 기후문제, 전염병 관리, 기아문제 등이 그 대표적인 경우이다.

2) 위기체계와 경계의 유동성

국가가 직면한 위기관리에서의 위기체계와 경계는 어느 특정 위기대상을 중심으로 제한하는 것이 아니기 때문에 매우 유동적이다. 특히 위기는 시간적 · 공간적 제약을 받지 않고 광범위하고 포괄적인 상황에서 발생한다. 따라서 위기는 시간과 장소 등을 예측할 수 없으며, 전혀 알 수 없는 곳에서 발생하기 때문에 항상 긴급대응책을 준비하는 자세와 높은 대응력을 갖춰야 한다(정찬권, 2010: 154). 위기관리는 재난발생 이전(pre-disaster)과 비교할 때 재난발생 이후(post-disaster) 단계에서 그 영역이 아주 광범위하게 확대될 수 있다. 즉 위기관리는 예방단계와는 달리 재난발생 이후에는 정책결정뿐만 아니라 정책집행에도 여러 행정기관들의 지속적인 협력과 지원을 필요로 하는 경우가 많다(김경호, 2007: 20). 또한 사후관리를 위해 경계가 크게 확대되는 위기관리체계는 최종적인 목적이 완료됨과 동시에 경계가 축소되어 갖춰진 팀이 해체되거나 혹은 구성원들이 본래의 조직이나 집단으로 복귀하는 잠정적인 조직의 성격도 지닌다. 이러한 이유에서 위기관리는 위기체계와 경계의 유동성을 갖는 것이 특징이다.

3) 각 정부조직과 민간단체의 연계성

국가위기는 복합적이고 종합적인 상황을 효과적으로 극복하는 것이 필수적이다. 즉, 국가위기상황은 어느 특정 영역에 국한되어 있지 않고, 국가의 틀 속에서 정부조직과 조직구성원, 시민사회, 가족과 개인 등까지 연계되어 있기 때문에 상호 간 협력과 지원을 중시하고 있다. 또한 정부는 위기에 대한 협력과 지원을 원활히 수행하기 위하여 각 부처 간 혹은 조직 간, 그리고 민간단체 등과도 긴밀한 협력체계를 갖출 필요가 있다. 왜냐하면 정부가 긴급한 업무처리를 극대화하기 위하여 최고결정권자의 능력과 전문성도 중요하지만 현장에서 실무업무담당자의 협력과 지원이 뒷받침되어야 하기 때문이다. 그럼에도 불구하고 아직까지 정부는 민간단체를 활용할 생각보다는 자발적인 참여와 지원만을 수용하여 국가위기관리를 하는 데 단지 참여구성원의 일부로 간주하고 있다. 하지만 대부분의 선진국에서는 민간단체의 협력과 지원을 국가위기관리에 중요한 요소로 간주하면서 상호 긴밀한 협력관계로 인정하고 있다.

이와 같이 국가위기관리는 어떤 특정 분야에서만 대응하는 것이 아니라 유관 행정기관과 조직구성원 및 민간단체 등이 서로 협력하는 거버넌스 체계를 갖추는 것이다. 앞으로 이러한 협력체계와 지원이 이뤄지지 않는다면 위기상황에 효과적으로 대응할 수 없다. 따라서 정부가 보다 효과적으로 위기를 극복하기 위해서는 반드시 관련 행정기관과 민간단체가 협력하는 연계체계를 갖추는 것이 필수적이다.

4) 국제 간의 협력과 정보교류

오늘날 국가의 위기상황은 어느 한 특정 국가에 한정되어 발생하는 것이 아니라 국지적으로 발생하는 경향이 있다. 이처럼 재난 상태가 대규모 위기와 국제적 테러단체에 의해서 발생할 경우에 보다 효과적인 위기관리를 위하여 국제 간 협력과 긴밀한 정보교류를 전제조건으로 하고 있다. 특히 국제테러의 경우에 어느 특정 국가를 대상으로 하는 것도 있지만, 일부 서방국가를 상대로 국지적으로 발생하는 경우도 있다. 이러한 경우에 국가위기와 국제적 안정 확보를 위해서 국제적 공조가 이뤄지지 않는다면 효과적으로 위기극복과 대응을 하는 데 많은 어려움을 겪을 수 있다. 무엇보다도 국제테러방지는 국가 간 협력과 긴밀한 정보공유를 통해서 사전적 예방조치를 취하는 것이 중요하다. 한편 국가의 정치적 문제 측면에서는 오늘날 일부 국가에서 정치적 탄압과 억압을 견디지 못하고 국경의 사슬을 넘어 선진국으로 망명하는 경우도 있으며, 경제적인 측면에서 제3세계 노동자들이 자국 노동시장의 열악함과 삶의 일자리를 찾아 국경을 넘는 경우가 많다. 이와 같이 밀려드는 정치적 · 경제적 난민의 수용정책이 선진국은 물론, 많은 국가에서 새로운 국제적 갈등과 정치적 문제로 확산되고 있다. 이처럼 한 국가는 정치적인 문제와 경제적인 문제를 독자적으로 해결하는 데 한계가 있다. 결국 이런 문제는 국가 간 협력과 사전정보공유를 통해서 해결하는 공공의 노력으로 문제해결방법을 찾아야 한다. 왜냐하면 이것은 특정 국가만의 문제가 아니라 모든 국가의 문제로 보아야 하기 때문이다. 이와 같이 위기상황은 다양한 형태로 나타나면서 국제 간의 협력과 정보교류가 없다면 문제해결이 불가능하다.

5. 위기관리와 위험관리의 관계

국가재난관계에 있어서 위기관리와 위험관리의 관계를 설정하는 것이 쉽지 않다. 하지만 위기상황에서 위기관리와 위험관리는 상호 밀접한 관계가 있다. 정지범(2008)에 의하면 위기관리는 위험이 특정한 시간과 공간에 집중되어 재난상황으로 현실화되었을 때 응급대응 및 복구과정으로 보고 있다. 반면에 위험관리는 재난이 발생하기 이전 혹은 미래 재난

발생에 대비해 구체적인 재난예방계획을 세우고, 재난피해를 최소화하거나 줄일 수 있는 예방적 준비단계로 보고 있다.

[그림 2-6]과 같이 위기관리와 위험관리는 서로 분리되어 있지만 그 기능과 역할을 명확히 구분하는 데 많은 한계가 있으며, 상호 밀접한 관계가 있는 것으로 볼 수 있다. 여기서 위기관리가 잘 이루어지는 경우, 재난발생의 확률을 낮추기 때문에 위기관리의 부담을 줄일 수 있다. 또한 국가가 위기관리능력이 탁월한 경우에 선제적 위기관리를 아주 용이하게 해주는 선순환의 기능을 한다고 본다(정지범, 2008: 94-95). 그럼에도 불구하고 위기관리와 위험관리의 관계는 명확히 구분해 설명하는 데 한계가 있으며, 상호 밀접한 관계가 있는 것으로 보는 것이 더 바람직하다. 물론 구체적으로 정의하기는 어렵지만 위기관리는 미시적인 측면이 강하고, 위험관리는 미래에 대비해 예상 가능한 거시적 관리에 더 초점을 맞추고 있다고 볼 수 있다.

그림 2-6 위기관리와 위험관리 간의 관계

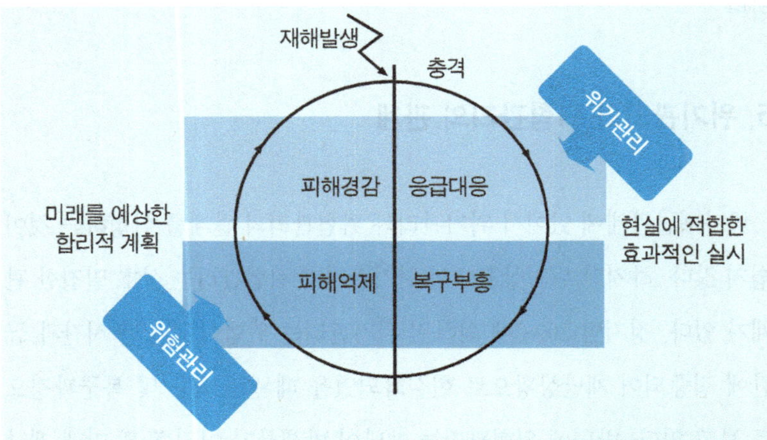

출처: 정지범(2008). 국가종합위기관리론. p. 95.

제4절 사회·환경적 재해발생과 위기관리에 관한 이론

1. 사회·환경적 재해발생의 원인

지금까지 재해발생의 원인은 연구자에 따라 다양하게 설명될 수 있으나, 재해발생의 주요 원인은 사회 · 환경적 요인, 개인적 결함, 행위자의 불안전한 행동요인, 기계설비의 불안전한 상태 등으로 보는 경우도 있다(나승훈 외, 2010). 그러나 재해발생의 직접적인 원인은 인적 재해, 자연재해, 사회적 재해 등에 따라 그 원인도 다양하게 분류되어 설명될 수 있다. 여기서는 다음과 같이 몇 가지 경우에 따라 설명할 수 있다.

첫째, 사회 · 환경적 결함의 경우에 모든 인간은 사회 · 환경적인 측면에서 완벽하게 행동할 수 없으며, 개인적 성향과 개성 및 환경적 특성에 따라 형성되는 요인으로서 개인적 특성에 많은 영향을 미치는 결함을 의미한다. 즉 인간은 사회 · 환경적인 측면에서 개인적 특성에 상당한 영향을 주기 때문에 사회 · 환경적 결함을 갖는다.

둘째, 개인적 결함에서 모든 인간은 선천적 혹은 후천적 특성에 따라 개인적인 결함을 갖는데 이는 불안전한 행동을 야기하는 주된 원인이 될 수 있다. 즉 그 주된 원인은 ① 부적절한 태도, ② 신체적 부적격, ③ 지식의 결여, ④ 기술 부족, ⑤ 성격결함 등으로 설명될 수 있다. 그러나 이것은 모든 사람에게 나타나지만 개인의 노력과 개발에 따라 달라질 수 있다.

셋째, 불안전한 행동(인적 요인)에서 인간의 불안전한 행동은 재해발생의 직접적인 요인 중 매우 심각한 영향을 미치는 것으로 보고 있다. 예를 들면 ① 권한 없이 행한 조작, ② 불안전한 속도 조작 및 위험경고 없이 조작, ③ 안전장치를 고장 내거나 기능 제거, ④ 결함 있는 장비 · 물자 · 공구 · 차량 등의 운전이나 시설의 불안전한 사용, ⑤ 보호구 미착용 및 위험한 장소에서 작업, ⑥ 필요 장비를 사용하지 않거나 불안전한 기구를 대신 사용, ⑦ 불안전한 적재 · 배치 · 결합 또는 정리정돈 미실시 등이 포함된다.

넷째, 불안전한 상태(물적 요인)는 기계설비 등 물리적 위험요소로서 재해발생의 직접적인 요인은 다음과 같다. ① 방호 미비, 불안전한 방호장치(부적절한 설치), ② 결함 있는 기계설비 및 장비, ③ 불안전한 설계, 위험한 배열 및 공정, ④ 부적절한 조명 · 환기 · 복장 · 보호구 등, ⑤ 불량한 정리정돈, ⑥ 불량 상태(미끄러움, 날카로움, 거칠음, 깨짐 등) 등이다.

이와 같이 재해발생의 원인은 인적 요인과 물적 요인에 더 많은 영향을 받는다고 생각하고 있으며, 또한 사회 · 환경적인 요인과 개인적인 결함 등도 상호작용한다고 볼 수 있다.

2. 위기발생에 따른 학자들의 논의

1) 하인리히(Heinrich)의 도미노 이론

하인리히(H. W. Heinrich)는 1920년대 중엽 보험회사의 안전전문가로 재직하면서 보험가입자들의 사고발생을 줄이기 위한 방안으로 도미노 연쇄 이론을 개발하였다. 그는 처음으로 도미노 이론을 사고발생의 원인 분석에 적용하였다. 이 이론의 핵심내용은 상해는 반드시 주요 요인들의 연쇄반응에 의해 발생하며, 상호 밀접한 관계를 갖고 있기 때문에 한쪽에서 어떤 사고가 발생하게 되면 반드시 연쇄적으로 사고와 상해가 발생하게 된다는 것이다. 하인리히는 1932년에 발행된 《산업사고예방(*Industrial Accident Prevention*)》에서 사고연쇄과정을 5가지로 분류해 설명했다(Storbakken, 2002: 12-13). 즉, 재해의 5단계는 사회적 환경(social environment and ancestry), 개인적 결함(fault of person), 불안전 행동 및 상태(unsafe act or condition), 사고(accident), 그리고 상해(injury) 등으로 구성되었다.

[그림 2-7]과 같이 하인리히의 이론은 재난연쇄과정에서 발생하며 그 중간과정을 제거함으로써 연쇄적인 반응이 단절될 수 있다는 것이다. 즉 사고방지를 위한 과녁은 불안전한 행동과 불안전한 상태(기계적 · 물리적 위험)에 초점을 맞추고 있다. 따라서 하인리히는 불안전한 행동과 불안전한 상태를 제거한다면 설령 전 단계에서 결함이 야기된다 하더라도 사고는 발생하지 않는다고 판단한다(김국래 · 유명욱, 2011: 39).

이와 같이 재난예방의 핵심문제는 불안전한 행동과 상태에 대한 통제를 주요 요인으로 생각된다. 하인리히 도미노 이론에 따르면 사고발생의 원인 중에서 불안전한 행동이 88%, 불안전한 상태가 10%, 그리고 나머지 2%는 피할 수 없는 것으로 보고 있다(Abdullah, Subrammaniam, & Hassan, 2010: 18; Safety Institute of Australia Ltd, 2012). 따라서 사고예방관리는 불안전한 행동과 불안전한 상태를 통제한다면 사고발생의 원인을 대폭 줄일 수 있다는 것을 의미한다.

그림 2-7 하인리히의 도미노 이론

출처: Songer, T. *Identying Factors Underlying Injury*.
http://www.pitt.edu/~epi2670/ models/underlyingfactors.pdf. (검색일 2016. 12. 1)

2) 버드(Bird)의 연쇄성 이론

하인리히의 도미노 이론 이후 버드(Frank E. Bird, 1978)는 사고가 연쇄적으로 발생하는 원인으로 관리적 측면과 개인적인 측면으로 나누어 분석하였다. 그는 175만 건의 사고보고서를 분석하여 실제로 손실제어요인(loss controll factors)이 연쇄반응을 함으로써 사고가 발생하게 된다는 연쇄성 이론을 제시하였다(목연수 외, 2002: 13). 먼저 관리적 측면에서는 사업주, 관리감독자의 통제 부족, 관리결정의 부족 등으로 보고 있으며, 개인적인 측면에서는 개인의 지식 및 기능 부족, 신체적 · 정신적 문제 등을 기본요인으로 파악하였다(김국래 · 유명욱, 2011: 39).

[그림 2-8]에서와 같이 버드의 연쇄성 이론은 손실제어요인이 연쇄반응을 일으키면서 상해가 발생한다. 특히 버드는 재해의 직접원인인 불안전한 행동과 불안전한 상태를 제거한다고 해결할 수 없으며, 기본적인 재

그림 2-8 버드의 재해사고 연쇄성 5단계 발전과정

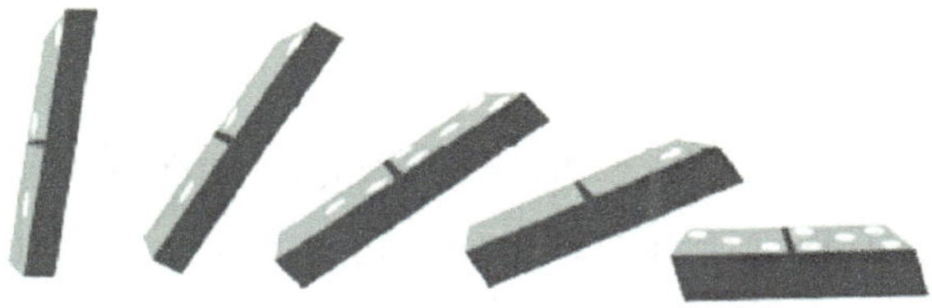

제1단계	제2단계	제3단계	제4단계	제5단계
제어부족 (관리결함)	기본원인 (기원)	직접원인 (징후)	사고 (접촉)	재해 (상해, 손실)

출처: Friend Mark A. and James P. (2007). *Fundamentals of Occupational Safety and Health*. p. 86.

해원인으로 간주되는 인간, 기계, 매체, 관리 등을 같이 제거해야 재해예방을 할 수 있다는 것이다. 여기서 버드의 연쇄성 이론 5단계 과정을 다음과 같이 간략히 설명할 수 있다(Friend/Kohn, 2007: 84-86).

제1단계는 제어와 관리(lack of controll-management)의 부족, 즉 기획 · 조직 · 지도와 제어 등 4가지 기능으로 구체화하고 있다.

제2단계는 기본적인 원인으로 기원(basic causes-origin)을 개인적 혹은 직업적 요인으로 분류한다. 즉 개인적인 요인은 지식 및 기능의 부족, 부적절한 동기부여, 육체적 · 정신적 문제 등이 포함되며, 직업상 요인은 부적절한 노동기준, 맞지 않는 디자인 혹은 구매, 일반적인 장비 및 비정상적인 도구 사용 등이 제시되었다.

제3단계는 직접원인의 징후(immediate cause-symptoms)로서 모든 사고 중 가장 우선적 징후는 불안전한 행동과 불안전한 상태임을 뜻한다.

제4단계의 사고접촉(incident-contact)에서는 인간과 에너지 또는 에너지와 에너지 간의 단순 혹은 복합적인 접촉에 기인하는 것으로 보고 있다.

제5단계의 재해는 손해, 상실 등으로 나타난다. 즉 사고결과로 재산과 환경의 손실 혹은 사람의 상해 등이 발생하는데 이것을 바로 마지막 단계로 보고 있다.

이와 같이 버즈의 연쇄성 이론은 하인리히 이론과 재해의 분류 등에서 약간의 차이는 있으나 근본적으로 비슷한 의미를 갖는다(이영삼 외, 2005: 88).

3) 피터슨(Petersen)의 다중원인 이론

피터슨(Dan Petersen)의 다중원인 이론(multiple causation theory)은 하인리히 시대에 많은 연구자들에게 영향을 주었던 도미노 이론의 개념과 차이가 있다. 이 이론은 1971년 발행된 그의 저서 《안전관리기술(*Technique of Safety Management*)》에 처음으로 소개되었다(Hamid, Majid &

그림 2-9 사고의 다중요인에 따른 발생과정 및 결과

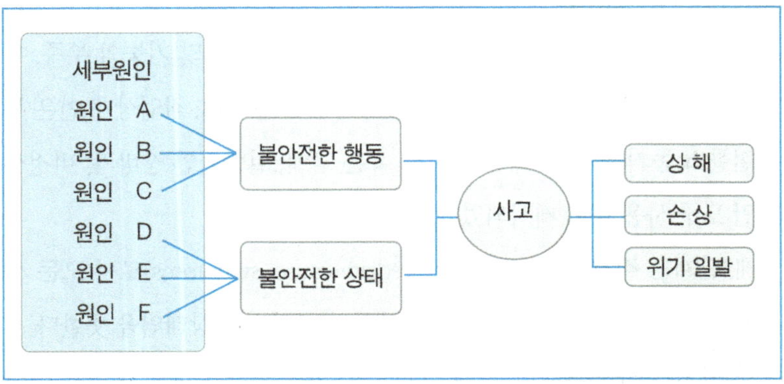

출처: Hosseinian, S. S & Torghabeh, Z. J. (2012). Major Theories of Contruction Accident Causation Models: *A Litterature Review*, IJAET을 재구성함. p. 55 참조.

Singh, 2008: 245-246). 이 이론모델의 개념은 어떤 재난 현상들의 개인적 요인보다 다중요인을 기본으로 한 모델을 개발한 것이다.

[그림 2-9]에서 볼 수 있듯이 사고를 유발하는 요인은 크게 불안전한 행위와 불안전한 조건 등으로 간주되었다. 그러나 여기에 따른 사고원인은 하나의 원인에서 발생하는 것이 아니라 다수의 환경요인이 상호작용하면서 의존적인 형태를 띠는 것으로 보고 있다(Oakley, 2003: 22; Powell, 2009: 9-10 참조). 물론 사고의 원인은 경우에 따라 하나의 원인이 커다란 영향을 줄 수도 있으나, 거의 영향을 미치지 않을 수도 있다. 결국 대부분의 경우에 사고의 원인은 어느 하나가 영향을 미친다기보다는 다양한 형태와 유형으로 다수의 환경요인에 의해서 유발된다고 볼 수 있다.

4) 웨버(Weaver)와 아담스(Adams)의 도미노 이론

웨버(D. A. Weaver)의 새로운 도미노 이론은 사고원인과 시정방법을 찾기 위해 전술적 과오와 징후의 개념을 도미노 연쇄 형태에 결합한 개념으로, 그 결합은 불안전한 행동과 상태뿐만 아니라, 사고와 상해는 모두 전술적 실수의 징후로 보았다. 즉, 사고를 일으키는 직접원인으로 불안전한 행동 또는 불안전한 상태의 배후에는 정책의 우선순위, 조직구조, 의사결정, 평가, 통제 및 경영 등의 전술적 과오가 있는데, 안전기술의 활동 및 시정조치의 이행은 불안전한 행동과 상태를 명확히 함으로써 반드시 제거해야 한다고 주장하였다(윤강호, 2011: 13).

또한 아담스(Edward Adams)는 버드의 도미노 이론과 비슷한 사고연쇄 이론을 발표했는데, 버드의 이론에 관리 개념을 새롭게 도입하였다.

이 이론에서 중요한 것은 사고의 직접적인 원인을 전술적 과오(tactical error)라 설명한다는 점이다. 아담스의 사고연쇄단계는 관리구조, 전술적 과오, 운영적 과오(operational error), 사고, 상해 또는 손해 등의 다섯 가지 요인이 연쇄반응을 일으켜 발생한다는 것이다(김영태, 2008: 12; 나승훈 외 2010: 39).

3. 위기관리에 관한 접근

1) 존(John)의 위기관리접근

위기관리체계에 있어서 위기관리의 접근은 매우 중요하다. 물론 대부분의 연구자들이 위기상황에 따른 위기관리의 접근을 여러 가지 형태로 주장할 수 있다. 존(L. John, 1983)은 위기발생을 탐색과 대비를 중시하고 있으며, 실행하는 과정에서는 거시적인 관점에서 접근해야 한다고 보고 있다. 특히 위기관리의 실행은 다각적인 조직차원의 노력으로 규정하면서 조직에 영향을 줄 수 있는 여러 가지 요인을 찾아내고, 그것을 예방하는 총괄적이고 거시적인 조직차원의 접근에서 위기관리를 다룬다(차희원 · 김영욱, 2004: 243-144; 이재은, 2007: 40).

이런 시스템은 비용효과 측면에서 많은 사람을 위기관리팀으로 운영하기보다는 관리자의 핵심구성원만 위기관리에 두고, 다른 기능적인 측면에서 대응할 구성원은 위기상황에 따라 지원받는 시스템을 구성하고 있다. 따라서 존의 모델은 ① 조직구조 재편성, ② 위기관리팀 선정, ③ 위기관리팀 교육 및 개발, ④ 위기 검증의 개발 및 실행, ⑤ 비상계획 개발, ⑥ 위기관리 실행 등의 단계로 구성되어 있다. 그래서 이 모델에 대해서 일부 학자들은 위기관리의 사전적 메커니즘과 위기관리의 사후과정에 대한 설명이 부족하다고 비판하고 있다(김경선, 2007: 22).

2) 짐머만(Zimmermann)의 위기관리접근

짐머만(Rae Zimmermann, 1985)은 위기관리를 자연재해와 기술적 재난 등으로 구분해 설명하고 있다. 그는 위기관리과정을 완화와 예방(mitigation and prevention), 대비(preparedness), 대응(response), 복구(recovery) 등의 4단계로 나누었다(김경선, 2007). 예를 들면, 제1단계 완화와 예방단계는 인간의 삶의 과정에서 생명과 재산의 위험을 사전에 줄이고 제거하는 것이다. 제2단계 대비단계는 최악의 시나리오에 대비해 조기경보체계 구축, 상황적응 계획, 사고대비 및 감시조치 등에 초점을 맞추고 준비하는 단계이다. 제3단계 대응단계는 위기상황에서 피해범위를 최소화하기 위해서 적절한 조치(구조, 대피, 시설폐쇄)를 취하는 단계이다. 마지막 제4단계 복구단계는 위기발생 이후 학습에 의한 위기관리는 계속해서 진행되고 있는 과정이다. 이러한 과정은 다양한 경험과 연구 및 변화하는 환경에 따라 개선되고 발전될 수 있다.

3) 페탁(Petak)의 위기관리접근

다른 연구자와 마찬가지로 페탁(W. Petak)에 의하면 위기관리는 완화, 준비, 대응, 회복 등의 4가지 단계를 주장하고 있다(이재은, 2007). 제1 완화(mitigation)단계는 위기발생요인을 사전에 제거함으로써 위기가능성을 최대한 줄이는 것이다. 특히 위기요인이 나타나지 않도록 억제하고 사전에 예방활동을 취하는 단계로 볼 수 있다. 예를 들면, 지진발생 가능 지역에서 사전에 고층건물이나 원자력발전소, 수력발전소 건설 등을 규제하고 사전에 환경영향평가를 철저히 받도록 규제하는 행동이 이에 해당된다. 이와 같이 완화단계에서 주로 사용하는 방법을 계획, 개발규제, 조세제도, 보험, 정보체계 구축 등으로 보는 경우도 있다.

제2 준비(preparedness)단계는 위기에 대비하기 위해 사전에 모의훈련을 통해서 준비하는 것이다. 즉 위기관리매뉴얼(CMM: Crisis Management Manual)을 만들고, 이에 따른 반복적 모의훈련을 통해서 위기관리를 학습하고 대비하는 것이다. 여기서 위기관리에는 대응기관들 간 사전 훈련 및 협조체제의 유지, 대응자원의 확보 및 비축, 경보체계의 구축 등이 매우 중요하다. 이와 같이 위기관리에 대한 준비는 관련 기관의 업무 분장을 통한 상호 유기적인 관계가 필수적이다.

제3 대응(response)단계는 위기관리가 발생할 경우 위기 관련 기관들이 다양한 임무 및 역할을 최대화하는 것이다. 즉 위기관리에서 최악의 상황에 대비해 전략의 구체화, 미디어를 통해 신속한 정보제공, 언론과 관련 재난 홈페이지 등을 이용해 위기대응을 높이는 단계이다.

제4 회복(recovery)단계는 위기관리에서 발생한 인적 · 물적 자원을 신속히 동원해 적절한 후속조치를 취하고, 가능한 최대한 빨리 원상복구를 시키는 단계이다.

4) 그 밖에 위기관리의 접근

국가위기관리에 대한 학문적 접근은 연구하는 학자와 환경적인 상황에 따라 매우 다양하게 설명되었다. 위에서 언급한 위기관리의 접근에서 많은 학자들이 접근하는 방향과 내용들이 거의 유사하다는 것을 알 수 있다. 그 외에도 무스케이텔과 웨슬러(Mushkatel & Weschler, 1985)의 위기관리 이론(준비단계－대응단계－복구단계－경감단계)(최희천, 2010), 미트로프(I. Mitroff)의 위기관리론(양파모델(Onion Modell): 조직원의 개별성격, 조직문화, 조직구조, 조직전략) 등이 있다.

또한 현대사회의 재해재난에 관련된 이론으로 터너(Barry Tunner)의 재난배양 이론(Disaster Incubation Theory), 페로우(C. Perrow)의 정상사건 이론(Normal Accident), 고도신뢰 이론(High Reliability Theory) 등을 주장하는 학자도 있다.[2] 이와 같이 학자들이 주장하고 있는 위기관리의 이론들은 여러 가지 관점에서 분석되고 설명되었다.

2 김경선(2007). 국가위기관리체계 발전방안에 관한 연구. 서울시립대학교 도시과학대학원, 박사학위논문, pp. 33-50 참조.

제5절 국가위기관리의 대응체계

일반적으로 국가위기는 전혀 예측할 수 없는 곳에서 발생하는 것이 특징이다. 따라서 모든 국가는 위기에 직면하게 되면 위기극복을 위한 대응과 적극적인 조치를 취하게 된다. 이와 같이 위기관리는 위기발생과 함께 나타나는 시점에서부터 주로 4단계의 형태로 분류하는 것이 일반적이다(이종열 외, 2004: 352). [그림 2-10]에서 보듯이 위기관리의 대응

그림 2-10 위기관리 복구단계별 안전네트워크 구축

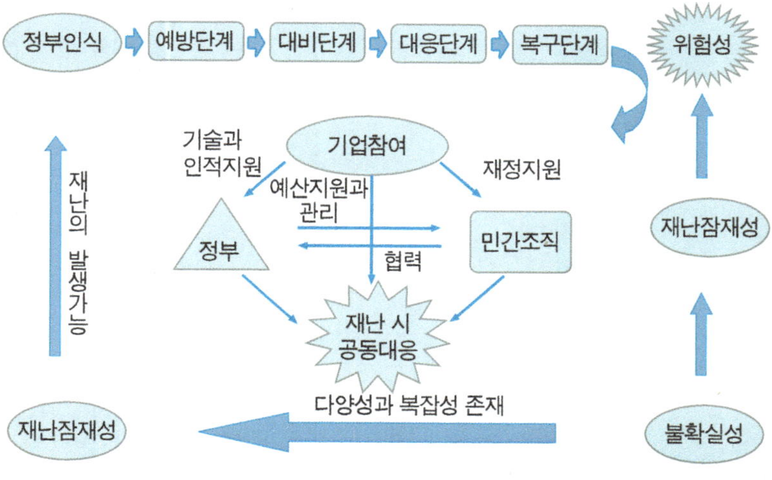

출처: 이정일(2011). 재난관리 영역에서 안전네트워크체계의 효율적 방안 모색. 지방행정 정책연구, 1(2), p. 69.

과정은 재난발생을 기점으로 재난발생 전(pre-disaster)과 재난발생 후(post-disaster)의 위기관리로 분류하고 있다. 즉 재난발생 전 상황에서의 예방과 완화(prevention and mitigation)단계와 대비(preparedness)단계는 적극적인 위기관리과정으로 보고 있다. 또한 재난발생 이후 상황에서의 대응(response)단계와 복구(recovery)단계는 반응적 위기관리로 분류하고 있다(Petak, 1985: 3). 이러한 위기상황에서의 활동과정은 상호 독립적인 과정이 아니라 상호 유기적이며, 순환적인 관계를 갖는다고 본다.

이와 같이 4단계 활동과정은 시간의 흐름에 따라 각 단계의 활동과 연결과정이 다음 단계에 직접적인 영향을 미치는 연속과정이라 볼 수 있으며, 마지막 단계인 복구단계의 결과는 다시 처음 단계인 예방단계로 환류하게 된다. 여기서 위기관리의 4단계 순환과정을 구체적으로 다음과 같이 설명할 수 있다.

1. 예방단계

국가재난은 일상생활에서 발생하는 사건에서 대해서 긴급대응이나 사후적 복구보다 예방적 조치에 더 많은 관심을 갖는 것이 중요하다. 이것에 대해서 중앙정부와 지방정부는 항상 국가재난에 대한 예방적 방안을 고려해야 한다. 또한 국가에 발생하는 재난위기에 중앙정부와 지방정부가 대응하는 데 많은 한계를 갖고 있다. 따라서 재난예방에 대한 기업과 민간단체, 그리고 국민들의 참여가 필수적이다. 특히 국가의 재난예방은 국민들의 적극적인 관심과 높은 안전의식이 없다면 불가능하다. 이와 더불어 국가는 재난예방에 대한 장기적인 전략과 재정적인 투자를 아끼지 않아야 한다. 여기서 예방단계는 재난위기가 발생하기 전에 위기촉발요인과 위협요인을 사전에 제거해 재난이 발생할 수 있는 가능성을 최소화하는 것이다.

이와 같이 국가위기관리의 예방단계는 정부와 지방정부 및 행정기관, 기업, 시민단체, 그리고 국민 등 모두가 참여해야 재난예방의 시너지 효과를 극대화할 수 있다. 정부는 안전에 관련된 법규를 제정하고, 적절히 집행하는 실천적 매뉴얼을 갖고 대응해야 하며, 항상 국민의 안전에 대한 정책과 안전의식을 함양하는 데 큰 관심을 갖고 있어야 한다. 또한 기업은 기업활동을 하는 데 있어서 엄격한 안전수칙을 지키고 기본적인 의무사항을 충실히 이행해야 한다. 그리고 국민들은 위기관리에 필요한 예방 시나리오 기법, 시청각 교육체계 강화 및 안전의식 등에 참여해 국가재난의 예방적 활동을 하는 데 적극적인 자세를 갖는 것이 필요하다(성기환, 2005: 157).

2. 대비단계

대비단계에서는 먼저 위기관리의 대응계획을 수립하여 각 분야 간의 조정과 협조가 자유롭게 이뤄질 수 있도록 민관공동의 노력이 필요하다. 예를 들면, 국가위기관리를 하는 데 있어서 자원의 신속한 배분과 지원이 가능하도록 위기관리체계에 대한 우선순위를 시스템화해야 한다. 특히 대비단계는 국가위기에 대비하기 위한 대응능력을 높이기 위해서 사전 훈련 및 협조체제의 유지, 대응자원의 확보 및 비축, 그리고 재난경보체제의 구축 등이 있어야 한다. 즉 재난 유형에 따라 사전교육훈련 강화, 응급복구를 위한 자재 비축, 장비의 점검, 자원 수송 및 통제계획 수립, 필요한 자원의 긴급지원대책 수립, 재난경보시설 및 체계 구축, 주민안전을 위한 대민홍보 강화, 재난방송 협조체계 구축 등이 포함된다. 또한 구체적인 활동에서는 위기영역별 대응훈련, 운영절차의 표준화 수립, 재난 종류별 유관기관의 연계표 수립, 자원보유기관의 확인, 자원의 수송 및 통제 등이 따라야 한다(송윤석 외, 2012: 30).

3. 대응단계

대응단계에는 긴급한 위기발생상황에서 국가가 활동 가능한 가용자원 및 역량을 효과적으로 활용하고 신속하게 위기관리를 할 수 있도록 대응하여 제2차 재난피해 및 발생 가능성을 줄여야 한다. 즉 위기 유형에 관계없이 위기의 총체적인 대응단계로 종합적인 위기상황실을 운영하여 각종 위기정보를 교류하면서 자원 지원 및 협력기관 등이 연계할 수 있는 임무 및 기능을 실제 적용하는 단계이다. 주요 대외활동은 대응기관 간의 협조 및 조정, 국민의 안전 확보 및 구호조치, 피해상황 파악 및 응급복구 등이 있고, 세부활동으로는 현장지휘소 및 종합상황실 운영, 유관기관의 의견조정 및 의사결정, 대응기관별 활동목표와 역할의 투명화 등이 있다. 그리고 대응조직의 주요 역할은 국민의 생명과 안전을 확보하고, 위기에 적절히 대응할 수 있는 전문지식, 기술 및 각종 구호 서비스, 능력 등을 높이는 것이다(송윤석 외, 2012: 31; 성기환, 2005: 159). 여기서 전문지식은 위기현장에서 위험요소가 무엇인지 숙지하고 위기관리에 대응하는 지식을 의미하며, 기술은 실제 위기대응에 적용할 수 있는 장비 활용 및 시설물 이용 등이 포함된다. 그리고 능력은 대응조직의 충분한 인력 및 장비를 포함한다.

4. 복구단계

복구단계는 국가위기 및 재난발생단계에서 위기에 직면한 상황을 회복하기 위한 하나의 과정에 속한다. 대부분 복구는 발생 이후 사후적인 조치인데, 국민이 직접적인 피해를 당한 상황이기 때문에 정신적 혹은 물질적 공황상태에 빠진 경우가 있을 수 있다. 또한 국가적인 측면에서도 위기과정에서 최대한 빠르고 안전하게 정책적 지원과 재정적인 지원을 마련하는 것이 매우 중요하다.

페리(Perry, 1985)에 의하면 위기과정에서 복구단계는 취약한 환경을 안고 진행되는 과정이기 때문에 예방, 대비, 대응, 복구 등의 전 과정활동이 원활히 연계되어야 한다고 강조하고 있다(송윤석 외, 2012: 32). 특히 이 단계는 정치적 결정과 지원의 성격이 강할 수 있기 때문에서 최고 정책결정자의 역할이 매우 중요하다고 본다. 이와 같이 위기관리의 순환과정은 여러 가지 형태로 나누고 있으나, 실제로 세분화된 과정에 따라 분류해 설명하기란 쉽지 않다. 왜냐하면 위기관리는 하나의 독립된 과정에서 운영되고 집행되는 것이 아니라 상호 유기적으로 운영되면서 협력적 연속성을 갖고 있기 때문이다. 그럼에도 불구하고 복구단계는 긴급히 요구되는 인적 자원과 물적 자원을 투입해야 한다는 측면에서 정치적 결단과 행정적 지원이 원활히 이뤄져야 한다.

제 2 부

외국 국가위기관리 시스템의 현황과 운영

제3장

미국

제1절 미국 연방정부의 국가위기관리시스템

미국은 세계적 전략을 구사하는 국가로서 범지구적 이슈와 지역분쟁 해결, 동맹관계 강화, 불량국가와의 관계 재정립 등 안보위기를 관리해 나가는 선두주자로서의 역할을 하고 있다. 특히 미국은 대륙국가와 해양국가로서의 특징을 지닌 자연환경적 조건과 '연방국가'라는 특성을 가진다. 특히 9 · 11 테러 이후 미국의 국가위기관리시스템은 본토 방위 중심의 전략으로 선회하게 되었다. 이렇게 변화된 중심에는 신설된 국토안보부(DHS: Department of Homeland Security)가 있다. 국토안보부는 자연과 인위재난에 의한 위기관리뿐만 아니라 테러에 의한 대량 인명손실 및 재산피해, 그리고 국가기간체계 파괴라는 위기상황에 긴급히 대처해야 한다는 필요성 때문에 설립되었다. 이에 대한 후속조치로서 위기 관련 정보의 유기적인 관리를 통하여 포괄적 안보 개념을 도입해 연방정부의 연방재난관리청(FEMA: Federal Emergency Management Agency), 세관국(the Customs Service), 국정순찰대(the Border Patrol), 국경수비대(the Cost Guard), 그리고 국가 주요 시설 등을 보호하는 기능을 수행하는 행정부서를 통합하는 법안(S.1534)이 발의되었다.

미국의 위기관리체계는 전통적 안보위기관리체계, 국내적 안보위기관리체계, 재난관리체계 등 3개의 축으로 그 주무부서가 나뉘어 있다(〈표

3-1〉 참조).

표 3-1 미국 위기관리체계의 종류별 담당 주무부서

전통적 위기관리체계	국내적 위기관리체계	재난관리체계
국가안전보장회의 (NSC)	국토안보부 (DHS)	연방재난관리청 (FEMA)

출처: 김진항(2011). 포괄안보시대의 한국 국가위기관리시스템 구축에 관한 연구. 경기대 정치전문대학원, 박사학위 논문, p. 36.

국가안전보장회의(NSC: National Security Council)에서는 국가안보위협에 대한 대응책을 마련하며, 국토안보부는 주로 미 본토의 위기대처에 중점을 두고 있다. 즉 테러, 마약거래, 불법이민, 국가기반체계 보호, 자연 및 인적 재난에 대한 예방업무 등이 여기에 포함된다. 1803년에 창설된 연방재난관리청은 재난대응전문기관으로서 오랜 경험을 축적해 왔고, 지금까지 재난관리체계의 전형적인 모델이자 대표적인 미국의 재난기관으로 발전하고 있다(박준석, 2015: 237-238).

국가안전보장회의는 1947년 국가안보법(National Security Act)에 따라 설립되었다. 여기서 국가위기관리를 위한 전략 개념을 설정하고, 이와 관련된 다양한 정책결정 및 실행을 목표로 한다. 국가안전보장회의는 법적 · 제도적으로 최고의 의사결정기구이며, 대통령이 국가안보와 대외정책문제를 논의할 때 각료들과 함께 협의하는 주요 기구에 해당된다(김진항, 2011: 36).

국가안전보장회의는 중요한 법적 기구이지만 행정부 수장이 교체될 때마다 수시로 조직이 개편 · 운영되고 있다(김열수, 2005: 101-102). 이는 국내외 안보상황과 대통령의 정책적 성향에 따라 국가안전보장회의를 운영할 수 있는 자율성을 갖는다. 하나의 예로 오바마 행정부는 부시 행정부보다 국가안전보장회의의 권한, 역할, 책임을 더욱 강조하고 있다. 그 결과, 국가안전보장회의가 다루는 의제는 이전의 전통적 외교 및 안보 중심에서 사이버, 에너지, 기후변화 등 포괄적 안보의제로까지 확대되었다.

미국의 위기관리 중앙조직체계는 2001년 뉴욕 시에서 발생한 9 · 11 테러로 인해 커다란 변화를 맞이했다. 2001년 이전까지 미국의 국가위기관리시스템은 상호 견제와 균형이라는 국가이념에 따라 자연 및 인위재난에 대해 전문적인 기술이 필요한 하드웨어적 시설 부분의 절감계획사업과 대응활동, 복구사업은 행정부 내 전문부처가 각각 담당하게 되었다. 한편 연방재난관리청은 구조활동과 소방, 재해정보의 총괄수집, 재해보험 개발 등 소프트웨어적 행동만을 전담하여 업무에 대한 명확한 구분이 있었다.

그러나 미국의 최고 자존심이라 할 수 있는 세계무역센터와 국방부에 테러가 발생함으로써 기존의 조직에 커다란 변화를 가져왔다. 그 결과 정보통신시설 및 국가기반시설의 보호, 미국 국경선 강화와 미국 내 외국인 활동 통제, 방재 관련 첨단과학기술의 개발과 환경평가지표, 재해의료 강화 등이 가능하도록 기존 연방재난관리청 등 22개 다른 국내 기관들을 통 · 폐합했다. 동시에 미국의 국민들이 테러위협으로부터 보호받을 수 있도록 국토안보부가 창설되었다(박준석, 2015: 240).

미국은 9 · 11 테러 직후인 2001년 10월 국토안보국을 창설하였고, 국토안보위원회 등을 구성하면서 국가위기관리시스템의 체계를 진일보시켰다. 2002년 6월 6일 부시 전 미국 대통령은 국정연설을 통해 기존 국토안보부의 역할 강화와 함께 네 가지 임무를 추가할 것을 제안하였다. 그 임무는 다음과 같다. 첫째, 국경과 교통안전부서는 미국에 들어오는 테러리스트와 위험물질을 사전에 예방하고 국경을 통제한다.

둘째, 재난예방과 구호부서는 재난에 대하여 가능한 신속하고 효과적으로 주정부, 지방정부와 함께 역할을 수행한다.

셋째, 생화학 · 방사선 · 핵 억제기능은 시민들을 최대한 보호하기 위한 것이다. 또한 생화학 및 핵 관련 무기를 탐지할 수 있는 최첨단 기술을 국내의 우수한 과학자들과 함께 개발한다.

넷째, 정보 분석과 국가기관시설물 보호를 위한 수행부서는 모든 행정부서로부터 정보와 단속정보를 검토하고 하루 단위로 국가안보를 위한 보고서를 작성한다. 또한 국토안보부는 예하기관들을 네트워크로 연결하여 그 임무를 수행한다. 따라서 예하기관들은 자체 독립성을 유지하며 활동할 수 있다. 국토안보부가 수행하는 업무는 자체 모니터링과 각 기관의 보고를 기반으로 상황평가대응계획을 수립하는 일이다. 즉 실시간 감시와 24시간 상황실을 운영하면서 재난관리의 대응력을 높이기 위하여 유관기관과의 공조로 2년마다 합동훈련도 실시한다.

이와 같이 국토안보부의 주요 임무는 미국 내에서 테러리스트의 공격 예방, 테러에 대한 취약요인 완화, 테러리스트의 공격으로 인한 피해의 최소화와 복구지원, 자연재해 및 인위재난과 비상대비계획의 총괄 · 조정이다. 그중에서도 최우선 임무는 국가를 테러리스트 공격으로부터 보호하는 것이다(황장일, 2012: 41-42).

국토안보부는 통합된 국가위기관리체계를 형성한 대표적 사례이다. 즉 교통안보, 관세 및 국정보호, 시민권 및 이민활동기관, 정보부, 연방긴급사태국, 해안경비대, 과학기술보호기관 등이 모두 여기에 포함된다. 이것은 위협과 위험의 위기로부터 총체적이고 종합적인 통합관리체계를 형성 및 운영함으로써 위기관리효율성을 극대화시키려는 인식하에 조직되었다.

현재 국토안보부가 재난총괄부서가 되었을지라도 견제와 균형에 기초한 행정기관의 위계질서까지 없어진 것은 아니다. 미국의 방재 관련 최고 의사결정기구는 안전보장회의, 국가 AID(Agency for International Development) 정책회의 등의 기구를 두고 있으며, 농림부는 식품안전과 동식물 방재, 상무부는 산업시설 안전, 에너지부에서는 환경재해와 원자력재해 등 각 부처에서 재해재난 관리업무를 수행한다.

국토안보부는 2006년 4월 부시 대통령이 서명하고 2007년 3월 1일부터 효력이 발생된 포스트-카트리나 위기관리개혁법(the Post-Katrina Emergency Management Reform Act)에 의하여 조직변경이 있었고, 연방재난관리청 또한 재조직되었다. 그 이유는 무엇보다 미국 역사상 가장 참혹한 자연재난이었던 2005년 허리케인 카트리나 대응에서 나타난 문제점을 개선하기 위하여 좀 더 강한 사전준비 임무를 포함해 실질적인 재난관리권한을 연방재난관리청에 부여하기 위함이었다.

연방재난관리청의 임무는 재난을 다루는 것이며, 인명과 재산의 손실을 줄이고 자연재난, 인적 재난 등 모든 위험으로부터 국민을 보호하는 것이다. 미국은 영토의 특성상 재난이 빈번히 발생하고 있으며, 그 결과 역시 심각한 경제적 손실을 가져왔다. 미국의 전시동원에 관한 업무는 국방부에서 수행하고 있으며, 연방재난관리청의 경우는 전쟁에 대비한 비상대비기능도 수행하였다. 하지만 냉전체제의 종식으로 인하여 전통적 안보위협의 감소, 테러와 자연재난의 증가 등으로 인한 평시 재해재난 관리체계 강화의 필요성이 제기되었으나, 상대적으로 연방재난관리청의 비상대비기능은 약화되었다.

1. 미국의 재난관리체계와 현장지휘체계

미국이 기존 국가위기관리시스템을 보다 체계적으로 갖추게 된 주요 원인으로 다음과 같은 배경이 있다. 첫째, 1970년대 후반까지 재난구호에 있어서 책임소재의 불분명 및 조정능력의 부재에 따른 연방수준의 조직개발 필요성이 대두되었다. 둘째, 1979년 카터 정부가 재난관리체계 강화를 위하여 연방재난관리청을 설치하면서 업무의 유사성을 이유로 연방소방청(U.S Fire Adminstration)을 통합했으나 관리상의 문제가 발생하였다. 셋째, 1990년대 신국가 소방정책보고서 〈Blue Ribbon Report〉에 의하면 연방재난관리청이 자연재해에 집중하면서 소방에 대한 재원투자를 소홀히 함으로써 많은 문제가 발생되었다.

미국의 국가재난관리시스템과 기능을 간단히 요약하면 다음과 같이 설명할 수 있다. 첫째, 위기관리의 영역구분과 주관기관이 명확히 규정되어 있다. 그럼에도 불구하고 국토안보부와 연방재난관리청 간에는 업무중복으로 여러 가지 문제점이 발생할 가능성도 있다. 둘째, 국가안전보장회의의 경우 안보정책의 일관성을 유지하고 정책집행의 효율성을 높일 수 있다. 대통령의 정치적 성향과 철학에 따라 위기체계의 변화가 있을 수 있지만, 국가안보를 다루는 기본임무에는 큰 변화가 없다. 일반적으로 통치권자는 재난관리에 대한 일관성을 유지하면서 효율성과 융통성을 높이는 데 최고의 목표를 두고 있다. 셋째, 재난관리의 경우 각자의 임무와 역할, 권한과 책임 등이 분명히 명시되어 있으며, 재난의 예방과 대응을 위한 상설기구가 확립되어 있다. 즉 연방정부와 지방정부차원에서 각각의 재난대응절차가 자세하게 체계화되었다. 넷째, 연방정부는 국토안보부를 창설해 국가안보에 새롭게 대응하고 있다. 이것은 새로운

표 3-2 미국 연방정부와 주정부 및 지방정부의 재난관리체계 비교

구분	재난관리조직	기능
연방 정부	국토안보부(DHS) 연방재난관리청(FEMA)	• 주정부와 지방정부의 재난관리활동 지원 • 주정부 및 지방정부의 위기관리부서, 그리고 비영리단체 및 민간부문의 집단과 함께 팀을 구성하여 재난에 대비 · 대응 • 비상정보 · 조정센터(EICC), 연방조정관(FCO), 비상대응팀(ERT) 등 12개의 비상지원기능(ESF) • 포스트–카트리나 위기관리개혁법에 따른 조직적 변경에 따라 국토안보부 내의 새로운 리더십 정립과 기능 조정, 연방재난관리청의 기능 추가, 국토안보법 수정
주정부	주 위기관리본부(OES) 주 작전센터(SOC) 주 조정센터(SCC)	• 연방정부와 지방정부 간 연결고리 역할 수행 • 지방정부의 대응팀을 추월한 대규모 재난관리 • 재난발생 시 지휘감독권
지방 정부	위기관리국(EMA)	• 재난관리의 현장책임 • 재난발생 시 비상운영센터(EOC: Emergency Operation Center)를 운영하며 자체 사고현장 지휘체계(ICS: Incident Command System)를 갖추고 있음 • 재난대비 기획기능뿐만 아니라 재난발생기간 중 경찰, 소방 및 기타 서비스에 대한 조정기능 수행

출처: 양기근(2011). 외국 지방정부의 재난관리시스템 비교 및 시사점. 한국정책학회 춘계학술대회, 한국정책학회, p. 284에서 재인용.

안보위협에 대해서 능동적으로 대응할 수 있는 조직으로서 다른 국가와 비교해 볼 때 선도적 역할을 한다. 다섯째, 법적 · 제도적 측면에서도 잘 완비되어 있으며, 국가위기관리기관들 간 유기적 네트워크가 효율적으로 작동하고 있다.

연방차원의 재난관리조직으로는 국토안보부와 그 산하에 있는 연방재난관리청이 대표적인 기구이다. 미국의 재난대응체계는 연방정부와 주정부, 그리고 지방정부의 단계별 관리체계(재난의 예방 및 경감–대비–대응–복구) 등을 구축하고 있다([그림 3–1] 참조).

그림 3–1 미국의 국가재난대응체계

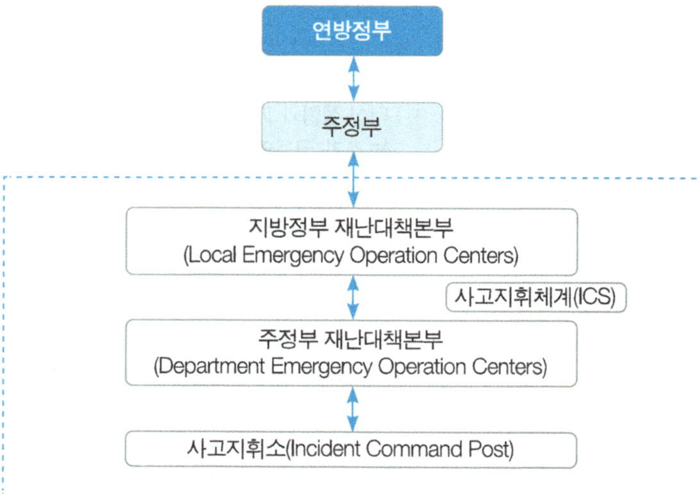

출처: 한국지방행정연구원(2012). 통합재난관리체계 확립을 위한 중앙-지방 간 업무 재설계. KRILA Focus, 49, p. 8.

이를 통해 단순히 대응·복구차원의 재난대응이 아닌 총체적이고 입체적이면서 즉각적인 재난대응이 가능하게 되었다. 그럼에도 불구하고 미국은 카트리나 대재난으로 인한 재난관리시스템의 문제점이 다시 한 번 지적된 것이다. 그 당시에 최악의 재난상황 이후 주정부와 지방정부의 요청이 있을 경우에만 연방정부가 수동적으로 대응하는 방식(pull system)을 취했는데, 그것이 바로 새로운 문제점으로 나타났다. 이와 같은 대재앙으로 포스트-카트리나 위기관리개혁법이 탄생하게 된 것이다. 이 법을 근거로 대규모 재난사건이 발생할 경우에 주정부나 지방정부의 지원요청을 받지 않더라도 연방정부가 재난상황을 독자적으로 판단하여 연방군과 연방의 인력 및 자원을 피해예상지역에 투입할 수 있도록 하는 푸시(push)시스템으로 전환하기 위한 재난관리조직이 마련되었다.

[그림 3-2]에서 보듯이 미국의 재난관리 총괄부서로서 연방재난관리청(FEMA)은 국가재난대응체계(national response framework) 프로그램을 운영하고, 국토안보부는 테러예방, 재난 관련 대응기술 개발 및 향상을 위한 R&D프로그램에 중점을 두고 있다. 현재 재난대응의 지휘체계는 자치단체인 시정부 등이 주된 재난책임기관으로 되어 있으며, 주정부는 이를 지원하는 체계로 운영되고 있다. 국가재난대응체계(NRF)는 재

그림 3-2 미국의 재난대응지휘체계(지방정부-주정부-연방정부)

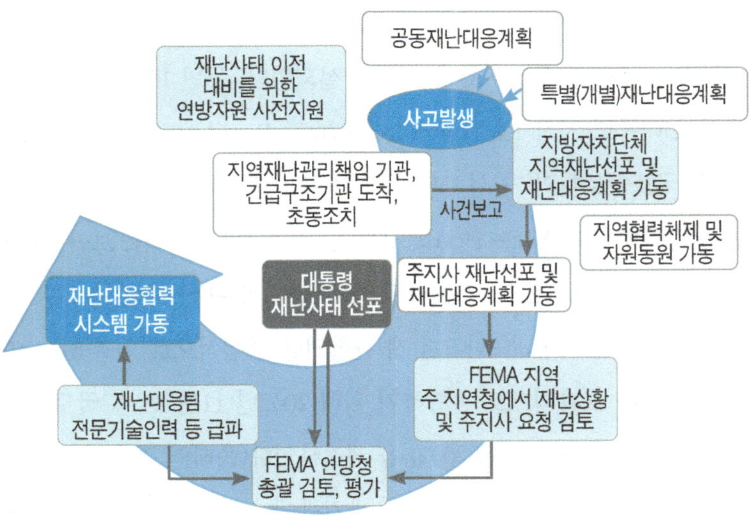

출처: 한국지방행정연구원(2012). 같은 자료, p. 9.

난대응활동을 중심으로 수립되어 있고, 국가재난대응계획(NRP)에서 각 기관의 역할을 명확히 규정하고 있다. 이와 같이 미국의 각 주정부, 지방정부는 재난관리책임기관으로서 긴급사태처리계획(EOP: Emergency Operations Plan)을 수립하여 집행(긴급지원기능(ESF: Emergency Support Function) 포함)하게 된다. 연방정부수준에서는 대비지침(NPG)의 4가지 요소인 국가재난준비 및 비전(NPV), 국가기획시나리오(NPS), 일반업무목록(UTL), 목표역량목록(TCL) 등이 운영되고 있다(한국지방행정연구원, 2012: 9-10).

2. 국토안보부(DHS)

9 · 11 테러 직후인 2001년 10월 8일 미국 부시 행정부는 대통령 명령 13228호에 의거 비대칭 · 비재래식 위협에 효과적으로 대처하기 위하여 백악관 내에 국토안보와 테러리즘 업무를 총괄할 수 있는 '국토안보국(Office of Homeland Security)'이 창설되었다. 동년 10월 29일에는 '국토안보 대통령 지침 1호(Homeland Security Presidential Directive-1)'에 의거 '국토안보회의'가 설치되었고, 각 부처 간 국토안보정책의 협의기반을 강화하였다(White House, 2001). 그 후 대테러리즘, 보안, 재해재난, 국경출입국, 경호 등 모든 국토안보기능과 연관된 연방, 주정부, 지방정부에 소속된 기존의 8만 7천 개 관할권을 핵심적으로 연결했다. 또한 이것을 보다 효과적으로 통합하기 위해 2002년 11월 25일 '국토안보법(Homeland Security Act of 2002)'을 제정하였다(윤태영, 2012: 169).

이를 근거로 22개 행정부처와 유관기관에 분산되어 있던 국토안보와 대테러리즘 업무 관련 조직과 비밀경호국 및 연방비상관리처 등을 흡

수 · 통합했으며, 2003년 3월 1일에는 국토안보부가 창설되었다(Homeland Security Act of 2002: United States Government Accountability Office, 2006: 9). 2009년 5월 26일 오바마 대통령은 비전통적이고 초국가적인 21세기 국가위협에 통합적으로 대처하기 위하여 국토안보회의는 기본적으로 유지하되, 국토안보회의 참모조직은 국가안보회의 참모조직과 통합했다(White House, 2009: 1).

국토안보부는 국내 대테러리즘 전반에 관한 업무를 전담하고 있으며, 테러리스트에 의한 공격으로 발생된 피해복구 지원과 위험의 최소화를 위한 임무를 담당하고 있다. 연방정부의 정보보호정책을 실시할 책임이 있으며(원순재 · 유은재 · 채승완, 2006: 4), 테러리즘 예방과 안전보장, 국경안보와 관리, 이민법 집행과 관리, 사이버 공간 보호와 안전 및 재난대비 · 복구 등 다섯 가지 분야를 강화하였다. 특히 첫 번째 임무인 테러리즘 예방과 안전보장 강화를 위해 테러리스트 공격 예방, 화생방 및 핵물질의 테러대책, 핵심기반시설, 주요 지도자 및 중요행사의 위험관리 등을 핵심과제로 설정하여 통합적인 대응체계를 구축하였다.

또한 산하에 국가사이버보안처를 두어 사이버 위협과 취약점 판단 · 분석 · 대응활동을 주요 임무로 하고, 위협정보와 위협경보를 제공해 침해사고 대응 관련 업무조정 및 복구활동에 대한 기술 지원업무를 수행한다. 국토안보부의 특징은 물리적 공격뿐만 아니라 사이버 공격에 대비한 재난관리와 안보 · 보안업무를 통합해 관리한다는 것이다. 동시에 사이버안보국가전략(National Strategy to Secure Cyberspace)의 핵심은 사이버안보 개념을 국가안보차원으로 확대하고 사이버안보와 물리적 보호라는 양축을 함께 병행하는 것이다. 국토안보부의 장은 국방장관, 법무장관과 동등한 지위로 대통령이 임명하고 상원이 인준하며, 물리적 공간과 사이버 공간의 재난안보와 관련된 모든 정보에 접근할 수 있는 권한이 주어진다. 정부기관은 물론, 사법기관, 공공기관, 산업인프라뿐만 아니라 정보기관까지 대상이 된다. 또한 별도의 부서를 설치해 모든 사이버공격과 정보기관의 사이버보안까지 담당하는 시스템을 갖추고 있다.

미국의 '컴퓨터대응팀(US-CERT: U. S. Computer Emergency Readiness Team)'은 세계적으로 유명한 사이버 대응센터로, 인터넷상의 사이버 공격에 대한 방지 · 보호 · 대응을 위해 국토안보부가 카네기멜론 대학(Carnegie Mellon University)의 보안대책기관인 컴퓨터대응팀/조정센터(CERT/Coordination Center)와 공동으로 설립되었다. 편제상으로 국가사이버보안처 산하기관인 컴퓨터대응팀은 민간분야 보안업체 및 국내외 기관들과 제휴해 사이버 테러 위협에 대응하고 있다. 또 국가사이버경보시스템을 가동해 사이버 위험징후를 공시하며, 이 정보를 국적에 관계없이 이메일 가입자를 대상으로 서비스를 제공한다.

이러한 임무를 수행하기 위하여 국토안보부는 장관과 차관 아래 18개 참모부서와 7개 소속기관 등으로 구성되어 있으며, 여기에서 근무하는 인원은 약 24만여 명에 달한다. 국토안보부에 대한 예산 측면에서 볼 때, 2012년 기준 570억 달러에 달하는 방대한 예산과 복잡한 조직운영체계를 가지고 있다. 이것은 미국 연방부처 중 인원 수로는 국방부, 보훈부 다음으로 세 번째로 큰 조직이다.

[그림 3-3]에서 보듯이 국토안보부의 조직은 장관과 차관의 참모실에 비서관과 군 자문관으로 되어 있다. 실무부서는 관리국, 과학기술국(S&T), 국가보호프로그램국, 정책국, 정보분석국(I&A), 작전조정기획국, 국내핵탐지국(DNDO: Domestic Nuclear Detection Office) 등이 있다. 또 소속기관으로는 관세국경보호국(CBP: Customs and Border Protection),

그림 3-3 미 국토안보부(DHS) 조직도

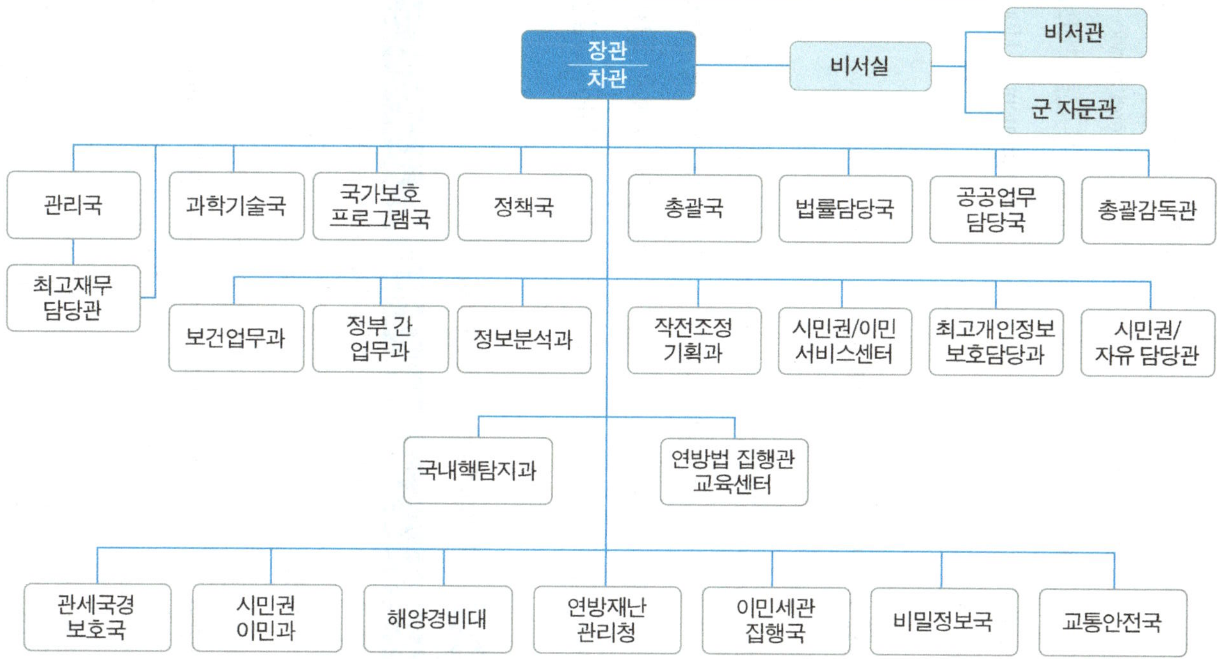

출처: 미국국토안보부, http://www.dhs.gov/organizational-chart(2016년 기준)

이민국(CIS: Citizenship and Immigration Services), 해양경비대(USCG: U.S Coast Guard), 연방재난관리청, 이민관세집행국(ICE: Immigration and Customs Enforcement), 비밀경호국(USSS: U.S Secret Service), 교통안전국(TSA: Transportation Security Administration) 등으로 구성되어 있다(Department of Homeland Security, 2011: 5; Department of Homeland Security, 2012).

3. 국토안보부의 주요 업무내용

국토안보부의 최우선 순위는 테러리스트로부터의 공격을 저지하는 것이다. 이에 대한 주요 업무내용은 〈표 3-3〉과 같다. 이런 목표달성과 세부계획을 실행하기 위한 방법은 다음과 같이 요약할 수 있다. 첫째, 최근 각지에서 등장하고 있는 위협에 관한 정보 분석 및 공유에 초점을 두고

표 3-3 국토안보부(DHS) 조직의 주요 업무내용

구분	내용
정보분석국	다수의 요인으로부터 국토의 안보정보를 종합하고 분석
인프라보호국	위협과 대비에 대해 주정부, 지방정부, 민간기업, 국민과 정보 공유
생화학무기관리국	생화학테러와 대량살상무기로부터 국민을 보호
국경안전국	재난 및 위기 발생 시 초기대응자의 훈련과 장비보급 지원
비밀경호국	테러리스트들의 활동을 중단시키기 위한 안전요원들의 현장활동 활성화
연방재난관리청	연방정부의 위기관리 대응활동을 관리

출처: 정재동(2014). 해외 주요국의 재난관리 ICT 동향과 시사점. 이슈페이퍼, 2014-11, 한국과학기술평가원, p. 6.

있다. 둘째, 테러활동의 억제와 와해를 위하여 테러리스트에 대한 테러행위를 감시한다. 셋째, 테러활동에 대한 보호능력을 높이기 위하여 잠재적 목표물을 보호하고 대응계획과 작전을 지원한다. 넷째, 폭력적 극단주의 확산을 저지하기 위해 극단주의와 과격주의 활동을 예방하고 억제한다. 다섯째, 테러활동을 억제하기 위한 국토안보 공동체의 참여를 증진시키고 과격주의 행동을 완화하기 위하여 노력한다(Department of Homeland Security, 2010: 23).

또한 국토안보부는 테러에 대한 구체적인 목적과 세부목표를 세우고 잠재적인 테러활동을 와해시키며, 테러리스트들의 육상 · 해상 · 항공 루트를 통한 미국 접근과 국내에서의 여행네트워크를 통제하기 위한 주 · 지방 · 비정부기구 및 민간영역의 담당업무를 조정 · 지원하고 있다. 아울러 테러공격 예방을 위해 국무부, 국방부, 연방수사국(FBI) 및 국가정보국(ODNI) 소속의 국가대테러리즘센터(NCTC)와 정보 · 수집 · 공유 · 융합 및 위협분석을 위한 협력체계를 구축하고 있다(Department of Homeland Security, 2010: 5-6).

그리고 국토안보부 정보분석국(I&A)은 국토안보정보활동의 책임부서로서 정보공동체 소속기관들과 협조하면서 공항, 항만, 국경 관련 정보를 분석 · 수집 · 공유를 담당하고 통합정보네트워크를 지원 및 활용하고 있다. 그 밖에도 테러예방과 테러발생 시 긴급대응을 위해 연방 · 주 · 지방정부기관들과 업무협의 및 조정을 하며, 정보공유 네트워크를 설치하고, 주정부 및 주요 도시지역에 '융합센터(fusion center)'를 설립하여 CIA, FBI 및 법무부 등 연방기관들 사이의 수평적 정보공유는 물론, 각 주정부와 지자체들과의 수직적 정보공유가 가능한 유기적인 체계를 갖고 운영하고 있다.

미국의 정보공유네트워크는 크게 둘로 나눌 수 있다. 그 첫 번째인 '국토안보정보네트워크(HSIN: Homeland Security Information Network)'는 국토안보부와 주정부기관 간에 테러정보를 교환하는 네트워크이다. 두 번째는 '국토보안데이터네트워크(HSDN: Homeland Security Data Network)'로서 이는 비밀수준의 테러정보네트워크로 연방행정기관 간에 비밀정보공유가 가능하고 지역융합센터 종사자들은 국가대테러리즘센터 온라인에 접속할 수 있다(Randol, 2010: 5, 10-11; 전봉조, 2009: 34, 54).

국가대테러리즘센터는 미국의 정보공동체, 법집행기관, 군, 국토안보부 등 30개 이상의 기관에서 수집한 테러정보를 취합하여 '테러리스트 신원 데이터베이스(TIDE: Terrorist Identities Datamart Environment)'를 운영하여 관련 행정기관 간 국제 테러리스트에 관한 정보를 공유하는 역할을 담당한다. FBI의 테러리스트감시센터(Terrorist Screening Center)는 국내외 테러리스트를 총망라한 가장 큰 규모의 '테러리스트 감시 데이터베이스(TSDB: Terrorist Screening Database)'를 갖추고 있다(윤해성, 2011: 83).

국토안보부는 NCTC와 FBI의 데이터베이스를 이용하는 주요 사용자이고 FBI의 '합동테러리즘임무대(JTTF: Joint Terrorism Task Force)'의 전국적 네트워크활동을 지원한다. 국토안보부의 '위협임무대(DTTF: DHS Threat Task Force)'는 정보분석국(I&A)과 협력하여 국내의 테러리스트 공격 억제, 탐지, 완화 및 예방을 위한 대테러리즘활동에 참여하고 있다(Department of Homeland Security, 2010: 5-6).

국토안보부의 테러리즘 예방과 안전보장 임무의 두 번째 목적은 '화생방·방사능핵물질(CBRN: Chemical, Biological, Radiological and Nuclear materials)'의 불법취득 통제 및 사용 예방이다. 화생방·방사능핵물질에 대한 연방수준에서의 접근통제와 관련 기술의 불법적인 판매 및 이전 억제로 테러리스트는 물론, 악의적인 행위자들이 위험물질과 핵심기술에 접근하는 것을 원천적으로 저지하는 정책을 조직화한다. 화생방 · 방사능핵물질 테러공격의 대책은 국가정책이나 주 · 지방정부의 가이드라인 책정, 연방 · 주 · 지방정부 등 각 수준의 대응팀에 대한 교육훈련을 지휘한다. 또 국토안보부는 치료, 백신, 해독제 등 일련의 대책을 국가수준에서 개발하는 것을 목표로 하고 있다.

앞에서 언급한 국토안보부의 조직도를 보면 알 수 있듯이 국토안보부의 산하조직인 관세국경보호국(CBP), 해양경비대(USCG), 국내핵탐지국(DNDO), 과학기술국(S&T) 등이 화생방 · 핵물질 관련 업무 통합에 핵심적 역할을 수행하고, 화생방 · 핵물질과 기술의 불법적 수입 및 수출에 관련이 있는 국제적 거래와 유통시스템 보호 및 범죄활동을 조사할 수 있다([그림 3-3] 참조). 또한 미국으로 들어오거나 이미 들어온 화생방 · 핵물질 무기와 물질의 이동을 탐지하고 통제하는 역할을 수행한다. 특히 핵테러리즘 위험예방을 위하여 '개선된 핵장치(IND: Improvised Nuclear Device)'를 이용한 공격의 예방에 중점을 두고 활동하고 있다(Department of Homeland Security, 2010: 7).

그리고 핵심기반시설, 주요 지도자 및 중요행사의 위험관리를 달성하기 위한 세부목표는 다음과 같다. 첫째, 핵심기반시설에 대한 위협 식별과 평가 및 위험에 처한 핵심기반시설의 우선순위 설정이다. 둘째, 공격과 와해공작으로부터 핵심기반시설의 자산, 시스템, 네트워크 및 기능을 방호하는 것이다. 셋째, 핵심기반시설의 손상에 대한 복구능력을 향상시키는 데 있다. 넷째, 정부지도자, 시설 및 국가 중요행사의 안전을 보장하여 정부업무의 연속성을 보장하는 것이다(Department of Homeland Security, 2010: 23).

이와 같이 미국은 대테러전략의 핵심 중 하나인 국가의 핵심기반시설을 방호하기 위해서 '국토안보 대통령지침 7호(HSPD-7: Homeland Security President Directive 7, Critical Infrastructure Identification, Prioritization, and Protection)'에 테러공격으로부터 핵심기반시설의 방호를 위해 국토안보부에게 주요 부처와 기관의 모든 핵심기반시설과 자원의 방호 향상을 위하여 조정, 통합 및 집행하는 역할을 부여하고 있다(Homeland Security Presidential Directive 7, 2003: 2). 이를 뒷받침하기 위해 국토안보부는 '국가기반시설보호계획(NIPP: National Infrastructure Protection Plan)' 보고서를 2006년과 2009년에 발효하였다.

2014년 미국 국토안보부가 미국 내 주요 기반시설에 대한 보안 위협과 취약점 등을 조사한 분석 보고서 '섹터 리스크 스냅샷(Sector Risk Snapshot, 이하 스냅샷)'을 발간(2014년 5월)하였다. 해당 보고서는 국토안보부의 사이버 및 기반시설 분석실에서 발간된 것으로, 오바마 전 미국 대통령의 주요 기반시설 보안 강화를 위한 행정명령의 후속조치 중 하나이다. 이 보고서는 주요 기반시설 보안 및 사고 후 복원력 강화를 위한 대통령정책지침 21호 4항에 따라 미국 전역의 주요 기반시설을 화학, 상업시설, 통신, 주요 제조시설, 댐시설, 안보기지, 응급서비스, 에너지, 금융서비스, 식품 및 농업, 정부시설, 의료공공보건, IT, 핵발전 및 처리시설, 교통시스템, 수자원 및 수처리시스템 등 16개 분야로 분류해 각 영역별 특징과 보안리스크 현황을 정리하였다. 이외에 교육, 전기, 석유 및 천연가스 등을 하위분야로 다루었으며, 교통시스템도 7개 하위항목으로 세분해 보다 심층적으로 리스크 분석을 담당하고 있다.[1]

1 한국인터넷진흥원(2014). 미국 국토안보부(DHS)의 주요 기반시설에 대한 보안 리스크 조사 보고서 발간. 인터넷 및 정보보호 동향, p. 24.

한편, 국토안보부 소속의 비밀경호국(USSS)은 대통령, 부통령, 미국 방문 국가지도자 및 대통령후보 등을 경호하여 국가지도자의 업무연속성을 보장하는 임무를 담당하고 있다. 비밀경호국은 경호업무 이외에 경호정보와 관련 수사업무 및 국가특별경호행사(NSSE: National Special Security Events)를 담당하고 금융과 위조지폐 관련 범죄 수사업무도 수행한다. 국가특별경호행사는 국토안보부장관이 미국 정부관리와 외국 고위관리의 참석, 행사의 규모 및 중요성 등을 고려해 테러리스트의 공격 가능성이 높다고 판단될 경우 지정하게 된다. 또 비밀경호국이 전담부서가 되어 국가특별경호행사의 경호 관련 기획, 집행 및 조정 역할을 수행하고 연방정부와 주정부를 비롯하여 지자체의 인력을 동원할 수 있다. 국가특별경호행사로 지정된 사례는 대통령 취임식, 공화당과 민주당의 전당대회, 슈퍼볼, 올림픽 및 국가장례식 등이었다. 이민관세집행국(ICE)은 테러리스트와 초국가적 범죄조직의 국경을 통과하는 불법적 금융과 자금 관련 활동 등을 수사하는 임무를 수행한다(Department of Homeland Security, 2010: 7; Reese, 2009: 1; 최진혁, 2010: 172).

국토안보부와 소속기관들은 국내 대테러리즘활동을 조정 · 지원 · 통합하고 국내 테러리즘 정보공유 · 융합분석, 화생방 및 핵물질의 테러대책 및 국가 핵심기반시설 위험관리와 주요 지도자 경호 등의 업무를 담당하고, 연방 주요 부처와의 임무조정체계를 운영하고 있다.

4. 연방재난관리청(FEMA)

1) 연방재난관리청의 설립과 발전과정

연방재난관리청은 1803년 의회법안에 역사적 기원을 두고 있으며, 1930년에는 재난에 대한 법적 · 제도적 기반을 정비하였다. 1950년 연방재난방지법 제정으로 128개에 해당되는 재난 관련 법령이 통 · 폐합되었고, 연방정부차원에서 재난관리를 지원하도록 법적 장치를 마련한 것이다. 이후 위기관리와 유형에 따라 다수의 연방 관련 부처가 신설되었다. 하지만 행정업무의 분화에 따라 역할이 중복되거나 분산되어 있어 관리비용이 많이 소요되고 비효율적인 행정업무처리 등으로 인해 상대적으로 효과가 적다는 비판을 받아왔다. 미국의 국가위기관리가 체계적으로 정비되기 시작한 것은 제2차 세계대전 이후로 볼 수 있다. 1979년 이후 카터 행정부하에서 대통령의 집행명령으로 분산되어 있던 10여 개의 연방정부 관련 부처들이 연방재난관리청으로 통합되었다(이재은 · 양기근, 2005: 112). 이와 같이 연방재난관리청의 신설로 그동안 재난의 종류에 따라 분산되고 소극적이었던 관리방식이 통합적이고 적극적인 방식으로 전환되었다.

연방재난관리청의 설립취지를 보면 미국의 위기관리시스템은 정부부처와 기관에 그 임무와 책임이 분산되었고, 연방정부차원에서는 종합적이고 중앙집권화된 재해재난대응기구를 설립해 재해관리를 보다 효율적으로 운영할 필요성이 제기됨에 따라 설립되었다. 이처럼 연방재난관리청의 창설은 위기관리분야에서 연방정부의 역할을 재정립하고, 역할 수행 시 새로운 접근방법을 포함하는 대규모 실험으로 볼 수 있다.

연방재난관리청은 1961년 국방성 산하에 민방위청 설치를 시작으로 1979년 카터 대통령 당시 직속기관인 연방재난관리청으로 독립되었다. 그 후 1981년 레이건 대통령이 비상동원준비위원회(Emergency Mobilization Preparedness Board)를 설치하였고, 주요 재난에 대비하기 위한 동원능력을 제고함으로써 오늘날의 기구로 재정립되었다. 구체적으로 보면 연방재난관리청은 국방부의 민간대비프로그램, 주택도시개발부의 국가홍수보험프로그램, 상무부의 국가 화재방지 및 통제국과 국가소방학교 기상청과 상무부의 지역사회대비프로그램, 대통령비서실의 댐 안전관리 지진위험저감, 테러 및 국가위기경보시스템에 대한 프로그램 등을 통합해 신설되었다.

당시 카터 대통령이 제시한 재해관리업무의 통합에 관한 주요 내용은 다음과 같이 설명할 수 있다. 첫째, 대통령직속으로 일원화된 조직인 연방재난관리청을 설립해 국내의 모든 재해재난을 총괄하는 것이다. 둘째, 자연재해뿐만 아니라 핵공격에 대비해 통신, 대비, 경보, 대국민 홍보 등 민방위체계를 강화하는 것이다. 셋째, 연방정부 각 부처의 재해관리능력 강화와 각 부처별로 활용 가능한 재원에 대한 연방재난관리청의 조정권을 인정할 수 있도록 했다. 넷째, 주정부 및 지방자치단체와 연계한 연방 재해경감대책을 활성화하기 위한 것이다.

그렇지만 모든 연방정부의 재원이 연방재난관리청에 이관된 것은 아니기 때문에 현재까지도 부처별 이기주의와 상당한 경쟁이 빈번히 발생하는 것으로 나타나고 있다. 그럼에도 불구하고 연방재난관리청의 설립으로 연방정부 및 기타 자치단체의 재난관리정책들이 과거의 재난발생 시 피해복구에만 치중하던 형태(reactive)에서 재해를 사전에 예방할 수 있는 대비(proactive) 형태로 전환하는 계기가 마련되었다.

또한 연방재난관리청의 설립으로 '총체적 재난관리(CEM: Comprehensive Emergency Management)' 개념이 본격적으로 대두되었다. 또, 재난의 종류에 따라 소극적으로 이뤄졌던 재난관리방식들이 총체적 재난관리 개념의 시작과 함께 종합적이고 적극적인 재난관리방식으로 바뀌면서 재난관리의 새로운 형태로 변화되었다. 즉 과거에는 재해재난에 따른 종류와 강도를 보고 재난관리계획을 세웠지만 연방재난관리청의 창설 이후 미국의 위기관리체계는 인위재해재난이나 자연재해재난을 포함하여 그 재난의 특성상 공통점이 많기 때문에 모든 종류의 재해재난을 대비할 수 있는 종합관리시스템이 세워졌다고 볼 수 있다. 이와 같이 연방재난관리청의 창설로 인하여 미국의 재해재난관리는 체계화된 재난관리에 획기적인 변화를 이뤄냈다.

2) 연방재난관리청의 임무

재난관리에 있어서 연방정부의 주된 임무는 국민의 생명과 재산의 손실을 최소화하기 위하여 재난정책의 수립과 관리 및 지도력을 발휘하고 주정부와 지방정부의 위기관리활동을 지원하는 것이다. 연방정부는 주정부 및 지방정부의 위기관리부서, 그리고 비영리재단 및 민간부문 집단과 함께 팀을 구성하여 재난예방에 대비하고 대응하는 것이다. 동시에 연방정부 내 독립기관으로서 위기관리행정의 주도기관인 연방재난관리청은 연방정부차원에서 자연재해와 인위재난 등에 대하여 통합·조정기능을 수행하고 있다.

연방재난관리청은 약 2,600여 명의 상근직원과 약 4,000여 명의 파트타임 직원 및 자원봉사자의 동원이 가능하고, 7억 7천8백만 달러의 예산과 140여 개의 위기관리와 관련된 프로그램을 관리 · 조정하고 있다(김경선, 2007: 63). 또한 연방정부보조금에서 지원받아 주요 재난복구에 사용되는 대통령 직속 재난경감기금(disaster relief fund)의 관리 상태와 관련된 제반 기획, 대비훈련, 완화 및 예방, 대응 및 복구 지원 등과 같은 업무를 관장하게 된다. 연방재난관리청은 지방정부와 긴밀한 협조 아래 재난발생 시 기술적 지원과 교육, 연방위기대응계획(FRP: Federal Response Plan) 수립을 통한 연방정부차원의 지원 · 조정 등도 주요 업무로 하고 있다. 조직적인 측면에서 보면 2,600명에 지나지 않는 작은 행정조직이지만 재해발생 시에는 정식직원의 몇 배에 해당하는 수천 명을 추가로 동원할 수 있는 능력을 보유하고 있다.

그리고 연방재난관리청은 주정부 및 지방정부를 위한 단일의 접촉창구를 제공하고, 인위재난과 자연재해를 포함한 모든 유형의 재난에 대하여 재난대비 및 대응자원의 활용을 최적화하고 있다. 예를 들면, 재난발생에 대비해 위기완화, 준비, 대응, 복구 단계별로 구체적인 계획을 수립함으로써 관계기관과의 협조를 통하여 효율적인 연방차원의 재난대비태세를 구축하고 있다. 특히 통합위기관리체계(Integrated Emergency Management System)를 통해 모든 재난관리에 공통적으로 필요한 다섯 가지의 임무를 수행하고 있다. 이에 대한 임무수행은 다음과 같다. 즉 위기관리운영계획(operation planning), 감독 · 조정(direction and control), 위기정보전달체계(emergency communication), 주의 · 경계경보(alerting and warning), 피난 · 대피(sheltering and evacuation) 등이다. 이에 대한 구체적인 임무수행은 첫째, 재난으로 인한 국민의 생명과 재산을 보호한다. 둘째, 재난에 대한 계획, 대응, 복구, 사전예방 등의 종합적인 위기관리를 통한 국가의 중요한 인프라 구축, 즉 모든 재해에 대비하고 종합적인 국가재해관리체계를 구축한다. 셋째, 복구가 아닌 사전대비를 국가재해관리체계의 근간으로 삼아 재난의 충격과 피해를 근본적으로 예방하거나 줄이는 노력을 수행한다. 넷째, 빠르고 효과적인 대응 및 복구체계로써 10개의 지역사무소를 두고 재난피해를 줄이기 위한 경제적인 지원을 한다. 다섯째, 주정부 및 지방정부의 재해관리능력을 강화시켜 지역사회로 하여금 자체적으로 재해재난에 대처할 수 있는 능력을 확보할 수 있도록 지원한다.

그러나 9 · 11 테러 이후 국토안보부가 신설되면서 연방재난관리청은 국토안보부 산하기관으로 편입되었다. 따라서 국토안보부가 30여 개 연방부처 · 청 · 국 조직이 맡고 있는 국가위기관리기능을 총괄 · 조정하고, 연방재난관리청은 그 가운데 재난이 임박하거나 재난에 직면했을 때 현장대응업무만 맡는 독립적 외청기능을 한다(〈표 3-4〉 참조). 한편, 연방재난관리청은 처음에 현장대응조직으로 출발했으나 예방적 기능은 물론, 국가안보 전반을 조정 · 관리하는 역할까지 담당했다가 9 · 11 이후 설립된 국토안보부에 대부분의 역할을 넘겨주고 다시 대응중심기능으로 돌아왔다.

미국의 경우 총체적인 위기관리체계를 운영하기 위하여 연방재난관리청은 전쟁을 포함한 모든 재해재난에 대비하는 총체적인 계획을 추진하면서 연방재난관리청의 재해재난관리프로그램 구성과 운영에 있어서 하위 정부행정기관들과 공동관리관계 유형을 유지하고 있다. 이러한 공동관리관계의 특성은 규제 유형, 동원 유형, 협력 유형, 협력상실 유형 등 네 가지 유형으로 분류할 수 있는데, 다음과 같이 요약할 수 있다. 첫째, 규제 유형으로 연방정부가 하위정부에 대하여 '재해재난관리규칙'을 준수하도록 강제하는 유형으로 주로 연방정부의 명령으로 이루어지고 있다.

표 3-4 연방재난관리청 조직 및 기능

주요 부서	주요 기능	과(Division)
대비 · 대응 · 복구국 (Preparedness, Response and Recovery Directorate)	• 재난대비계획 수립 및 훈련 • 재난대응 및 복구 • 화학 및 방사능물질 사고 대응	• 계획 · 연습 · 평가과 • 운영과, 복구과 • 훈련과, 서비스지원과 • 화학 · 방사능물질과
연방보험완화국 (Federal Insurance Mitigation Administration)	• 홍수프로그램(National Flood Insurance Program) 관리 • FEMA의 완화프로그램 실행	• 위험지도제작과 • 공학 · 과학 · 기술과 • 완화계획 · 감독과 • 재정프로그램 · 산업관계과 • 마케팅프로그램 · 협력과
연방소방국 (US Fire Administration)	• 화재 및 응급의료 서비스 제공, 교육 등의 정책과 프로그램 관할 • 국립소방학교 운영 • 국립비상교육센터 관리 및 운영 • 국가화재프로그램 운영	• 국립소방학교 • 국립비상교육센터(NETC: National Emergency Training) 관리운영과 • 국립화재데이터센터 • 국가화재프로그램 관리과
대외협력국 (External Affairs Assistant Directorate)	• 국회와정부기관 간의 관련 업무 • 재난 관련 국제업무 추진	• 의회, 정부업무과 • 공공업무과 • 국제업무과
정보기술 서비스국 (Information Technology Service Assistant)	• FEMA 각종 운영프로그램 관리 • 응용프로그램의 개발 • 정보기술 지원	• 관리과 • 업무과 • 기술과 • 기획시스템개발과
행정 · 자원 계획국 (Administration & Resource Planning)	• FEMA 인적 자원 관리 • 전산시스템 기능유지보수 • FEMA 재정관리	• 인적 자원과 • 재정 · 획득과 • 전산기능관리, 서비스과
지역사무소(10개소) (보스턴, 뉴욕, 덴튼, 필라델피아, 애틀랜타, 시카고, 캔자스, 덴버, 샌프란시스코, 보셀)	• 재난에 대한 지역별 예방활동 • 재난발생 시 긴급대응 및 중앙정부의 주정부와 연결창구역할 수행 • 비상사태관리 교육	• 피해경감과 • 대비 · 교육 · 훈련과 • 대응 · 복구과 • 운영 지원과

출처: http://www.fema.gov/library/viewRecord.do?id=6251(2015. 10. 20 기준)

둘째, 동원 유형으로 재해재난관리에 있어서 하위정부의 주도권을 행사하는 것으로 연방정부는 하위정부의 지원을 동원할 수 있는 인센티브를 활용함으로써 이뤄진다.

셋째, 협력 유형으로 연방정부와 하위정부 간의 동등한 파트너십을 형성함으로써 이루어지고 있다. 그 예로는 지진예방프로그램이 대표적이다.

넷째, 협력상실 유형으로 하위정부가 연방정부의 재해재난관리프로그램에 대하여 반대하고, 재해재난프로그램에 대한 참여를 거부함으로써 파트너십의 관계가 상실된 경우를 말하는데, 그 사례로는 위험배치계획 등을 들 수 있다.

미국은 연방정부가 위기상황에 개입해야 할 경우, 이를 효율적으로 운영하기 위하여 미국 전역을 10개의 광역지역으로 구분하고, 각 구역에 지역사무소를 설치 · 운영함으로써 지역의 요구를 수렴하고 지역의 특성에 따라 차별화된 활동을 수행하고 있다. 연방재난관리청이 중심이 되어 재난에 대한 예방, 준비, 대응, 복구영역에서 핵심적인 역할을 수행하고 있으며, 재해 및 재난상황관리 통제시스템과 위험분야별(방사능, 항공운항관리, 지진, 기상 등) 정보시스템, 그리고 현장비상대응조직별 정보시스템으로 구성된 방재관리정보시스템을 운영하고 있다.

3) 연방재난관리청의 조직

현재 연방재난관리청의 내부조직 구조는 위기관리의 각 단계에 상응하여 완화국(Mitigation Directorate), 준비 · 훈련국(Preparedness · Training & Exercise Directorate), 대응 · 복구국(Response & Recovery Directorate), 연방보험국(Federal Insurance Directorate), 연방소방국(U.S. Fire Direc-

표 3-5 **국토안보부(DHS)와 연방재난관리청(FEMA)의 주요 업무 비교**

재난관리조직	주요 업무	비고
국토안보부 (DHS)	• 미국에 대한 테러공격 방지: 9 · 11 테러로 인하여 테러공격의 예방 및 저지, 재난에 대한 대응 등의 업무를 국가적인 차원에서 통합적으로 관장 • 테러에 대한 취약성 감소 • 잠재적인 공격 및 자연재해로부터 피해 최소	• 국가국토안보전략(National Strategy for Homeland Security) 및 2002년 국토안보법(Homeland Security Act of 2012)에 근거하여 2003년 신설
연방재난관리청 (FEMA)	• 모든 재난상황을 고려한 위험기반(risk-based) 비상관리시스템 구축 • 재난피해 경감을 국가비상관리시스템의 최우선 과제로 시행 • 관련 연방기관, 주정부 및 지방정부, 자원봉사단체, 민간기업 등과 비상관리협조체제 구축 • 주 및 지방정부의 안전관리체제 강화를 위한 지원 · 협조	• 모든 형태의 재난에 대한 예방, 대비, 대응, 복구 등을 총괄 · 지원하는 연방기구로서 국토안보부가 신설

출처: 양기근(2011). 같은 자료, p. 285.
자료: 연방재난관리청(2016). www.fema.gov.

torate), 운영지원국(Operations Support Directorate), 정보기술지원국 등으로 구성되고 있다. 〈표 3-5〉처럼 국토안보부와 연방재난관리청의 주요 업무는 약간의 차이가 있다.

연방재난관리청은 워싱턴의 본부와 10개 지역센터에 위기정보 및 조정센터(EICC: Emergency Information and Coordination Center)를 운영하고 있으며, 연방재난관리청 본부, 10개 지역의 EICC, 기타 위기관리지원기관, 그리고 백악관을 연결하는 국가위기관리시스템(NEMS: National Emergency Management System)을 구축하여 언제 어디서 일어날지 모르는 위기상황에 대비하여 신속하게 대처할 체계를 갖추고 있다(이금숙, 2001: 11).

연방재난관리청의 10개 지역사무소[2]는 주정부와 지방정부를 지원하는 데 있어 중요한 연결점이 된다. 각 지역사무소의 소장은 해당 지역의 주정부 및 지방정부, 다른 연방정부기관, 공공기관 민간단체 및 개인에 대하여 연방재난관리청를 대표하며, 재난발생 시 직접 주정부를 지원한다. 즉 지방정부와 주정부가 재난관리를 하는 데 한계가 발생하면 연방정부

표 3-6 미국의 분야별 비상지원기능

분야	주무기관	주요 역할
교통	교통부	민간인과 군경요원에게 교통 및 운송 지원
통신	국가통신국	통신/방송시설의 지원, 관리
공무 및 토목공사	국방부, 미 공병대	공공시설의 설비 및 복구
소방	농무부, 산림청	산림 및 도시화재 방지
정보 및 계획	연방재난관리청	재난재해 관련 정보 수집 · 분석 · 보급, 재난재해관리업무 기획
대중구호	미 적십자사	이민국에게 의식주 제공, 구호물자 관리, 피해자 가족 관리
자원 조달	조달행정청	구난활동에 동원되는 인적 · 물적 자원 관리
보건 및 의료 서비스	보건복지부, 보건청	피해자 건강 관리 및 의료 지원
도시탐색 및 구조	연방재난관리청	매몰된 희생자 수색 및 구조
위험물질	환경보호청	유해화학물질 유출 방지 및 회수
식량	농무부	식량수급 관리 및 배급
에너지	에너지부	발전설비 복구 및 에너지 공급

2 〈표 3-4〉의 지역사무소(10개소) 참조.

의 지원과 협조를 받지만, 대부분의 경우 재난복구 시 공채와 보조금 형태로 제공되는 재정적 지원을 제한한다. 그러나 대형재난의 경우에는 연방정부 각 부처의 지원을 받게 된다. 즉 연방정부자원은 28개 각 기관과 적십자사 등에 의해서 제공되고 있으며, 〈표 3-6〉처럼 분야별 비상지원 기능에 따라 주정부와 지방정부의 수습능력을 극대화하기 위한 자동동원계획을 규정하고 있다(이금순, 2001: 14).

제2절 미국 주정부의 국가위기관리시스템

1. 주정부의 재난대응과 비상대응체계

미국의 경우 재해재난관리에 있어서 지방정부는 준비와 대응에 치중하는 반면, 원칙적으로 주정부의 주도하에 이루어진다. 주정부는 주로 연방재난관리청을 통한 중앙정부의 지원을 지방정부에 전달하는 역할을 담당한다. 그러나 연방재난관리청은 중앙정부와 지방정부의 단순한 연결고리가 아니라 중앙정부의 지원금이 중앙정부의 정책에 부합되는 용도로 사용되도록 감독하고, 지방정부가 재해재난관리능력을 키우도록 지원하는 역할을 한다.

연방정부가 재난상황에 개입하여야 할 경우, 효율적인 운영을 위하여 연방재난관리청은 미국 전역을 10개의 광역구역으로 구분하고 각 구역에 지역사무소(regional office)를 설치하여 운영하고 있다. 이러한 연방재난관리청의 지역사무소를 통해 지역의 다양한 요구를 수렴하고 지역의 특성에 따라 차별화된 활동을 수행한다. 미국 주정부의 재난 관련 조직 및 기능은 〈표 3-7〉과 같다.

표 3-7 미국 주정부의 재난 관련 조직 및 기능

구분		조직	구성 역할 및 기능
주 (State)	지휘 및 의사 결정자	주지사 (Governor)	• 주정부기관에 안전관리에 관한 역할 할당 • 주정부의 비상사무국을 통해 주정부차원의 지원활동을 총괄적으로 조정 • 지방정부 간의 상호 지원 조정 • 대통령에 주요 재해 및 재난 선포 건의 • 주 재난관리센터(State EOC) 설치 • 주정부 조정관(SCO)의 선임
		주정부 조정관 (SCO: State Coordinating Officer)	• 연방정부와 주정부의 수습과 복구활동을 조정하기 위해 주지사에 의해 임명되며, 주 단위의 재해 및 재난에 대한 총괄적 관리 • 연방조정관(FCO)과 직접 협조 • 재난현장사무소(DFO) 운영 • 충족되지 못한 수요와 추가지원 요청사항을 포함한 모든 요구사항 확인
	상설 행정 조직	주 재난관리국	• 주정부 상설기구 • 주 안전관리의 집행기능 수행 • 지방정부 간의 상호 지원을 관리 • 재난에 대한 대응활동을 행정적 · 관리적 차원에서 통합 · 조정
	비상 대책 기구	주 재난관리센터 (State EOC)	• 재난발생 후 실질적인 구난활동 총괄 • 지방정부의 구난활동 지원 • 지역 간 상호 지원체계의 원활한 구축 • 지방정부와 연방정부 간의 연계
		자문/업무 지원 기구	• 주지사를 지원하는 공식적인 자문기구 • 부지사, 검찰총장, 지방정부대표, 적십자사, 지역소방서장, 상하원의장 등으로 구성
		재난현장수습팀 선발대(ERT-A)	• 재난현장의 초기 수습역할을 담당 • 재난현장사무소 설치 • 재난현장사무소에 운영되는 재난현장수습팀의 핵심 • 상황평가활동을 지원 • 주정부 공무원들과 초기 조정업무 수행

출처: 윤종설(2011). 재난안전분야 지방조직의 활성화 방안. KIPA 연구보고서, 2011-15, 한국행정연구원, pp. 116-117.

주정부차원에서 재해재난관리의 책임과 권한은 주지사에 있으며, 주지사는 주정부 산하 군대의 총사령관으로 재난관리와 관련한 명령권을 가지고, 주정부의 역량을 초월한 재난상황 발생 시 연방정부에 지원을 요청할 수 있다(정하명, 2009: 105). 그러나 실질적인 운영은 주정부 위기관리본부가 주관하고 있다. 오늘날 인위재해재난의 급증으로 주 위기관리본부의 역할이 상당히 광범위해졌다. 이에 따라 기구의 위상도 높아지는 방향으로 진행되고 있다. 또 주정부의 위기관리본부는 주에 따라 다양한 형태를 가지고 있지만 재해재난관리계획, 재해재난관리훈련, 재해재난 대응운용, 재해재난 지원 등의 기본적인 업무를 수행한다.

미국 주정부의 재난비상국(state emergency office)은 주에 따라 조직의 형태에 차이가 있다. 대부분의 주정부는 주정부 최고사령관 소속의 국 또는 과, 주지사 직속의 독립기관, 민간부서, 주정부 경찰 소속, 주정부 재난비상위원회 직속 등으로 운영된다. 주정부의 비상사태 발생 시나 재난발생에 관한 업무는 주지사가 최종 책임을 지며, 주정부 재난비상국에서 행정업무를 관할하게 된다. 실제로 50개 주정부에서는 각각 재난관리기관을 지정 · 대응하고 있는데 주정부에 따라 상이한 기관명을 사용하고 있다.

주정부의 재난비상국은 위험 완화, 예방조치, 응급복구보다는 준비와 대응활동을 주로 담당하고 있다. 주정부 재난비상국의 업무 및 기능을 살펴보면 다음과 같다. 첫째, 주정부의 법에 의해 모든 주에 재난비상국을 설치하며, 비상계획을 실시하도록 되어 있다. 둘째, 주정부에 따라 차이는 있으나 일반적으로 핵물질사고, 폭풍우, 홍수 등 연방재난관리청의 주요 업무내용과 대체로 유사하다. 셋째, 자연재난보다 환경오염, 가스사고, 핵 또는 유독물질사고 등 인위재난에 대한 대응이 증가하고 있다

(채경석, 2004: 139).

주정부는 연방정부, 관련 기관 등과 협조하여 연방정부의 재난에 대한 지원과 조정업무를 수행하고, 재난관리종합계획(comprehensive emergency management plan)을 수립 · 시행하며, 재난에 대한 연방지원의 유치 · 관리 · 배부 및 지방정부에 대한 각종 지원업무 등을 수행한다. 주정부의 위기관리본부(OES) 내에는 작전센터(SOC)가 있어 재난발생 초기에 운영되며, 재난발생 시 작전센터의 조정센터(SCC)가 재난대응을 위한 지휘감독권을 행사한다. 이때 주지사는 주정부 법의 일시정지, 장비나 건물의 징발 · 조달, 피난명령, 재난지역의 출입통제, 재난비상재원 동원, 재난비상금 출연 및 재난관리비용 지원, 주정부나 지방정부차원의 재난비상사태 선포 및 적절한 대책 추진, 중앙정부에 대한 재난관리 지원 요청 등의 강력한 권한을 갖는다(류상일, 2007: 156).

전통적으로 위기관리에 있어서 지방정부는 계획과 대응에 치중해 왔으며, 중앙정부는 완화와 복구단계에 관여해 왔다. 주정부는 위기관리에 필요한 수요를 산정하고 지방정부의 수용능력을 감안하여 연방정부와 주정부의 지원이 지방정부에 원활하게 공급되도록 하는 역할을 수행하게 된다. 이러한 역할은 기술적 지원과 훈련 · 재난구조활동상 모든 지원활동 등을 포함하게 된다. 즉 주정부는 이들 사이에서 연결고리 역할을 수행해 왔다.

주정부는 지방정부의 대응범위를 넘어선 대규모 재난관리에서 주도적인 역할을 담당하지만 대규모 재난의 경우에 연방정부의 지원을 받아도 재난관리의 주도적 역할은 주정부가 담당한다. 주정부는 주로 국토재난관리청을 통한 중앙정부의 지원과 지방정부에 전달하는 역할을 담당한다. 여기서 미국 주정부의 재난대응 주요 업무는 〈표 3-8〉과 같이 요약된다.

표 3-8 미국 주정부 재난대응 주요 업무

단계	주요 업무	주요 내용
예방 및 대비단계	재난예방계획 수립	인명을 보호하고 도로, 교량, 건물 등에 대한 피해를 줄이기 위한 예방계획 사업
	재난평가	지방정부의 재난평가 및 재난대응계획 수립 지원
	국토안보협의 조정	주정부 내 관계기관들과 재난대응을 위한 협력, 기준 및 정책 조정
	재난경보체계 운영	주 재난경보체계 계획, 운영 및 감독
	재난대비물품 비치	주정부의 재난대비물품 비치 및 지방정부 대여
	시민지원단	지역사회에 적극 참여토록 장려
	재난관리교육 훈련	재난관리를 위한 각종 교육훈련프로그램 제공
대응단계	재난정보 전달	지방정부, 연방정부 등이 재난에 대응토록 주 재난조정센터 내 24시간 경보실 운영
	정보통신기술 지원	지방정부 등을 지원하기 위한 정보통신장비 운영
	인력 지원	주정부의 타 기관, 연방정부, 지방정부, 자원조직 기업 등과의 파트너십을 통하여 재난희생자들에 대한 재화 및 서비스 공급 조정
복구단계	비상운영	주정부의 대응 및 복구활동 조정
	재난복구 지원	재난지원금을 연방정부로부터 유치하고, 지방정부 등에 대한 자금 지원
	재난관리 성과지원금	지방정부에 대한 연금기금을 유치, 관리, 배분

출처: 서울시정개발연구원(2004).

현재 미국은 국토안보부와 연방재난관리청을 중심으로 한 통합적 재난관리방식을 취하고 있으며, 지역사무소와의 강한 연계를 통해 네트워크를 확립하고 있다. 재난발생 시 일차적 책임이관은 시·카운티 등의 지방정부이며, 중앙정부는 지방정부에 대한 지원·조정 등의 업무를 수행한다. 미국의 방재체계와 방재관리는 통합적인 조직과 국가비상관리정보시스템(NEMIS: National Emergency Management Information System)에 의한 체계적이고 일관성 있는 재난관리가 이뤄지고 있다. 국가비상관리정보시스템은 인적 지원, 인프라 지원, 예방 및 준비, 비상조정 및 비상지원 등의 업무를 지원하는 통합된 시스템으로 전체 재산의 통합적 관리로 자동화된 자원을 제공하며, 다른 재난관리시스템들과의 인터페이스 지원 등의 기능을 제공하게 된다(이재은 외, 2006: 543). 따라서 9 · 11 테러 당시 연방재난관리청은 상황파악과 대응활동을 신속하게 전개하였고, 재난구조활동에 대한 종합적인 계획을 수립하여 지방정부와의 긴밀한 협력으로 대규모의 재난에 대해 신고하고 효율적으로 대응했다는 평가를 받고 있다(기태근, 2007: 131-132).

미국의 경우 재난발생 시 일차적 대응은 지역정부의 책임이지만 지역정부가 감당하기 곤란한 경우 주정부의 지원을 요청하면 주지사는 비상사태를 선포하고 주 방위군과 경찰 등 필요한 인력을 동원하여 긴급히 위기상황에 대처한다. 이때 만약 주정부로서도 인적 · 물적인 측면에서 감당하기 어렵다면 연방정부에 지원을 요청하게 된다. 재난내용을 통보받은 연방재난관리청에서는 지역본부의 보고를 토대로 지방자치단체의 재정능력이나 인적 자원 등을 감안해 백악관에 재난지원방식을 건의하게 된다.

이와 같이 미국의 경우 연방정부가 모든 재난을 관리할 수 있는 전담조직이 잘 설치돼 운영되고 있으며, 연방정부와 지방정부와의 협력체계가 유기적으로 잘 이루어져 있고 상호 간의 다양한 지원과 충분한 예산분배 등이 가능하다. 특히 주정부의 경우에는 연방정부와 지방정부 사이에서 연결고리 역할을 수행하며 각자 역할을 분담하고 있다. 주정부는 재난관리에 필요한 수요산정과 지방정부의 수용능력을 감안하여 연방정부의 지원이 원활하게 이루어지도록 한다. 이러한 지원은 기술적인 지원과 교육훈련, 그리고 재난구조활동에 있어서 모든 지원이 포함된다. 만약 주정부로서도 감당하기 어려울 경우에는 연방정부의 지원을 요청하게 되고 재난 내용을 통보받은 연방재난관리청에서는 지역본부의 보고를 토대로 지방자치단체의 재정능력이나 인적 자원 등을 감안, 백악관에 재난 지원방식을 건의해 협력적인 재난관리체계로 운영되고 있다(송윤석 외, 2009: 62-65).

2. 국토안보부의 권한 및 법령의 강화

지금까지 미국의 경우 9 · 11 테러 이전부터 국방부, 법무부, 연방수사국(FBI), 주정부 등 정부기관 곳곳에서 민간인의 사생활을 제한하는 각종 법령들이 발효되어 왔다. 이와 같은 법령은 9 · 11 테러 이후 미 상원에서 아무런 수정 없이 통과된 국토안보부법만큼 강력하지는 않았다. 국토안보부는 국토안보부법에 따라 인터넷상의 대화내용을 무작위로 감시하고, 사용자가 온라인에서 어떤 행동을 하는지 파악해 사용자의 실제 위치를 추적할 수 있는 권한까지 부여받았다. 이 법은 인터넷을 통해 미국인의 개인정보를 축적 · 분석할 수 있는 실질적인 권리를 국토안보부에 부여함으로써 심각한 인권침해 행위가 우려된다는 지적이 있다.

그러나 국토안보부에 부여된 권한에 비추어 볼 때 사이버 공간상에서의 인권침해행위는 빙산의 일각이라는 평가가 있다. 9 · 11 테러 이후 미국은 보안의 허점이 드러난 미국 내 대부분의 공항을 단일화된 검색체제로 바꾸었다. 해안경비뿐만 아니라 사생활 감시에 의한 개인정보의 수집도 강화하였다. 특히 데이터 단말기인 현금자동인출기(ATM)는 은행 간

네트워킹 전문회사의 중앙컴퓨터에 연결되어 현금자동인출기에서 현금을 인출하면 거래내역은 법률에 의거하여 7년간 감시카메라에 찍힌 비디오테이프와 함께 보관하도록 되어 있다. 그리고 미국에서는 대형건물과 거리마다 CCTV가 갖추어져 있고, 사이버 공간에서 주고받는 이메일들은 개인적으로 삭제하더라도 인터넷 회선 서비스 업체들의 서버에 복사본이 남는다. 이 밖에도 진료기록카드, 신용카드를 사용할 때 남는 구매기록, GPS 시스템이 내장된 휴대전화 등으로 자신의 정보와 위치가 무방비로 노출되었다.

9 · 11 테러라는 대형참사를 겪고 난 이후 미국은 자유보다는 안전을 택했기 때문에, 사소한 정보일지라도 모든 정보들이 하나로 취합된다면 심각한 인권침해행위와 사생활 감시로 이어질 수 있다. 현재 국토안보부의 신설은 효율적인 미국의 안보라는 방어망과 대테러대응체계를 갖추었지만 시민의 자유를 제한하는 부정적인 측면에 대해 논란을 빚고 있다.

제3절 국가위기관리의 기업참여와 민간단체

오늘날 재난관리는 정부기관이 단독으로 수행하기가 거의 불가능하기 때문에 민간기관과 행정기관의 파트너십이 매우 중요하다. 미국의 민간 전달시스템은 미국 적십자사, 구세군, 메노나이트 재해 서비스 등의 재해 구호기관이 있다. 재해구호에 있어서 현물급여는 민간 재해구호기관이 주로 담당하고, 현금급여는 연방정부에서 담당하는 방식으로 역할분담을 하고 있다(김승권, 2005: 69).

미국의 대다수 민간기업체는 재난관리를 위하여 여러 가지 계획을 수립하여 실행하고 있다. 예를 들면, 전통적으로 사업의 연속성 확보를 위해 기업 컴퓨터체계의 백업시스템을 구축하는 것을 들 수 있으며, 지금도 많은 기업체들이 주로 백업시스템만을 구축하고 있다. 그러나 민간기업체들은 진보된 형식의 사업연속성 확보 구축에 곤란을 겪고 있는데 여기에는 컴퓨터 백업시스템 구축을 넘어선 사업위기의 평가, 재난의 시각화, 계획의 실행 등이 포함된다(Erlanrer, 2006: 26-29).

미국 국립표준협회는 '국가화재보호협회 1600'을 민간기업체의 재난준비규정으로 추천하고 있는데, 이것은 재난관리의 실습 혹은 훈련에 관한 규정이라 할 수 있다. 2004년 9 · 11 위원회도 국가화재보호협회 1600에 대하여 기업체의 재난준비를 위한 규정들을 승인하였다. 국가화재보호협회 1600의 목적은 국민의 생명과 재산을 보호하고 사업에 대한 연속성을 확보하며, 기업의 재난준비에서 파생된 손실을 줄이려는 것이다(Moore & Curtis, 2004: 1-2). 또한 미국 정부도 기업의 사업연속성을 위하여 협력적 네트워크를 구축하여 지원하고 있다. 즉, 정부도 효과적인 도구를 제공하고 규정을 수립함으로써 사업연속성 확보를 위한 조정을 시도하고 있다(Hendrickson, 2005: 489-493). 반면에, 민간기업체는 특히 재난발생 이전과 재난을 겪는 동안 지역사회의 재난관리를 지원하기 위하여 다양한 노력을 하고 있다. 따라서 정부는 재난발생 이전과 이후에 민간업자들과 다양한 계약을 맺으면서 재난관리업무를 추진하기 때문에 민간기업체도 지역사회의 재난관리에 자연스럽게 동참하고 있다(김경호, 2010: 91).

하나의 예로 카트리나로 인한 재해발생 당시 인텔, 마이크로소프트, 델, 시스코 시스템, SBC 커뮤니케이션스사 등이 미국적십자사와 협력해 수백 곳의 대피소에 음성 및 데이터 통신망을 구축하였다. 이들 통신망을 통해 이재민들의 위치추적과 이산가족 상봉, 그리고 이재민들에게 긴급자금을 지원하는 데 도움을 주는 역할을 하였다. 또 다국적 통신장비 업체인 쓰리콤은 뉴올리언스 현지 전화국에 인터넷전화시스템을 기증하고 전문인력을 투입하였고, 허리케인 카트리나 피해에 따른 통신불통을 해소하도록 지원했으며, 셰링 등 제약회사들도 의약품과 의료장비, 현금 등을 지원하였다.

1. 전국재해봉사협의회(NVOAD)

미국 연방정부의 긴급대응계획에 따르면 재해발생 시 해당 지역의 지방정부가 일차적인 관리책임이 있기 때문에 관계기관과 자원봉사단체의 협조로 다각적인 대응을 하도록 되어 있다. 무엇보다도 민간재해구호기관들은 전국재해봉사협의회(NVOAD: National Voluntary Organizations Actives in Disaster)라는 연합체를 통해서 보다 효율적인 재해구호활동을 하고 있다. 미국의 전국재해봉사협의회는 재해구호에 참여하는 다양한 자원봉사단체들의 역할 조정을 목적으로 설립되었다. 즉 협회는 회원기관들에게 정보전달, 리더십훈련 및 교육, 지원 서비스 등을 제공하게 된다. 그렇게 함으로써 회원기관들은 재해발생 전에 협의를 통해서 서비스를 보다 효율적이고 중복되지 않게 제공할 수 있다. 일단 재해가 발생하면 전국재해봉사협의회와 각 주의 지회들은 회원기관들과 기타 자원봉사기관들이 재해발생현장에 신속히 집합할 수 있도록 한다. 이러한 협력은 위기상황에서 다양한 자원봉사자와 기관들이 함께 활동하는 데 있어 최적의 방법으로 증명되었다(김승권, 2005: 69).

2000년 3월 전국재해봉사협의회 이사회는 연방재난관리청 관계자와 협의를 시작하였다. 그 목적은 재해봉사운동의 성장과 강화를 통해 자발적인 조직들이 재난에 철저히 준비하고 대응하여 회복하는 최적의 효율화에 있다. 또한 연방재난관리청은 지속적인 협의 결과 재해봉사협의회의 자생을 위하여 독자적인 재해방지계획과 방지수단 개발을 지원하게 되었다. 이에 따라 재해봉사협의회는 응급관리청(EMA: Emergency Management Agency)과의 지원협조를 통하여 재난대비 · 대응 · 회복의 분야에서 핵심 대리인이나 연락처를 인지하고 연락망을 통해 최선의 수습책을 마련하게 된다. 재해봉사협의회는 정부재난 대응조직과 연계가 될 때 최고의 업무수행을 할 수 있다. 따라서 재해봉사협의회는 재난역사, 피해평가, 대응능력, 교육제안, 그리고 기부관리에 대한 정보를 위해 응급관리청의 전문성을 필요로 한다(박동균, 2011: 19-34).

재해봉사협의회의 지도자들이 연방재난관리청과 정기적으로 연락을 취하고, 구성원들을 조직의 조언자 및 자원으로 활용할 때 그 효과는 배가될 수 있다. 재해봉사협의회의 회원들은 상호 간 친목과 정보를 교환하기 위하여 정기적으로 모임을 갖는다. 이와 같이 매월 정기적인 모임은 어떤 일을 하는 데 있어서 추진력과 지속성을 확보할 수 있고, 강력한 조직의 구심체가 될 수 있다. 신생 재해봉사협의회는 조직에 적응하기 위해서 상황인지능력을 필요로 한다. 이를 위해 협회는 조직적인 구조를 개발하고, 상황 속에서 재난구호에 속해 있는 구성원을 평가하고, 응급관리청과 연방재난관리청의 지역시스템과 관계 정립을 위한 정기적인 만남을 가져야 한다. 일단 재해봉사협의회 내에 협회의장이 선출되면 규칙적으로 모임을 갖고, 그 모임에서 논의된 결의사항을 문서화하고, 재해발생 시 수습방법을 전국재해봉사협의회가 추천하는 협력, 협조, 의사소통과 조정 등을 통해 이루어지도록 한다.

따라서 재해봉사협의회는 반드시 단체의 이름, 주소, 이메일, 웹사이트 주소, 회사전화, 긴급전화 등의 연락처를 확보한다. 대부분의 회원이 참석한 회의에서 명단 및 연락처는 일 년에 두 번 갱신이 이루어진다. 전국재해봉사협의회 내의 재해봉사협의회 회원은 가능한 많은 재난의 대응과 회복을 위하여 조직에서 선의와 협력을 중시하고 있다. 여기서 재해봉사협의회의 구성원들은 다음과 같은 장점을 갖고 있다. 첫째, 재해봉사협의회 모임에 참가할 수 있고 재난대응전문가와 자발적 참가자를 통해 재해정보를 공유함으로써 전국재해봉사협의회의 일원으로 협력하게 된다는 자긍심을 갖는다. 둘째, 재해에 관한 일과 정부의 법제도에 관하여 빠른 정보와 명확성 및 연계성을 갖는다. 즉 전국재해봉사협의회는 연방재난관리청 본부의 연락관으로 지도부 역할을 할 수 있으며, 각 재해봉사협의회는 지역 연방재난관리청 사무소와 주정부, 사법적 혹은 긴급조정위원회의 연락관으로 된다. 셋째, 재해봉사협의회와 함께 프로그램 개발과 교육제도의 지원을 공유하게 된다(김경남, 2007: 120-122).

2. 미국 적십자사(American Red Cross)

국제 적십자사는 국가 간의 전쟁이나 분쟁에서 중립적인 중개자로서 활동하며, 전쟁 포로자에 대해 인도적인 대우를 보장하는 역할을 한다. 1881년 바턴(Clara Barton)이 설립한 미국 적십자사는 재해구호, 군인 및 재향군인들에 대한 사회봉사, 보건 및 안전프로그램, 병원에 혈액 및 인체기관의 기증 등을 조정하는 데 역점을 두었다. 미국 적십자사는 설립 이래 지금까지 미국의 대표적인 비상시 대응조직 역할을 수행하고 있으며, 재난 관련 서비스 역할은 훈련된 전문재해직원의 배치, 재난센터의 운영, 그리고 구호활동의 수행 등으로 이루어진다. 또한 주택화재, 허리케인, 홍수, 지진, 토네이도, 위험물 누출, 교통사고 및 폭발 등 다양한 영역을 포함해 인위적 · 자연적 재난에 대하여 매년 7만 건 이상 즉각적인 대응을 하고 있다.

미국 적십자사는 정부기구는 아니지만 1905년 의회에서 적십자 헌정을 승인한 후 계속 재해구호분야에서 권위를 인정받고 있다. 특히, 미국 적십자사의 재해구호는 재해발생으로 발생되는 이재민들의 즉각적인 욕구에 초점을 맞추어 대피소, 식품 및 의료, 심리적 서비스를 제공한다. 그뿐만 아니라 복구단계에서 이재민들이 정상적인 일상생활을 할 수 있도록 지원한다. 또한 적십자사는 긴급봉사자를 양성하고, 외부지역에서 쇄

도하는 재난 관련 문의를 취급하고 있으며, 혈액공급 등도 적극적으로 서비스한다(전국재해구호협회, 2007: 56). 특히 재난발생 시 미국 적십자사의 재해구호가 적시에 효율적으로 공급되고 있는데, 이러한 이유는 자발적인 자원봉사자들의 적극적인 역할과 헌신적인 참여 및 노력으로 가능했다. 여기에 참여하는 자원봉사자는 보수를 받지 않고 자신들의 시간과 노력을 투자하고 재난상황에 대한 참여와 헌신으로 값진 결과를 경험하고 있다. 이처럼 미국에서 많은 자원봉사자들은 이미 재난과 관련해 전문적인 직업기술을 보유하고 있으며, 지역사회와 주위의 환경에 매우 익숙해 긍정적인 역할을 하고 있다(하규만 · 안지영, 2009: 108).

3. 미국 구세군(The Salvation Army)

구세군은 1865년 7월 2일 런던에서 당시 감리교(監理教) 목사였던 윌리엄 부스(William Booth)와 그의 부인 캐서린 부스(Catherine Booth)가 창시하였다. '그리스도교 전도회(Christian Mission)'라는 명칭으로 서민층을 상대로 동부지역 빈민가 등을 찾아가 노방(路旁)전도를 한 데서 시작되었다. 그들은 그리스도 신앙의 전통을 따르는 교리를 가지고 선도와 교육, 가난구제, 기타 자선 및 사회사업을 통해 전인적 구원을 목적으로 하였고, 1878년에는 그 명칭을 구세군으로 바꾸었다.

미국 구세군은 각 군국(軍國)에 사령관이 있고 지역사령부에는 지역사령관을 두고 있다. 또한 군국마다 각 지방을 관장하는 지방장관이 있으며, 각 지방에는 소속된 영(營)이 있어 담당사관이 복음선교와 예배, 지역사회 봉사사업을 지도하고 있다. 영문(營門)에는 병사가 있는데, 이들은 구세군을 통하여 구원을 받은 자들로서 영혼의 구원을 위하여 세상의 죄

악과 싸울 것을 다짐하고 병사로서 동참하고 있다.

이와 같이 구세군은 국제규모의 복음전도와 각종 사회사업을 전개하면서 세계 80개국 나라에 1만 6천 개의 전도센터를 갖고 있으며 3,000여 개의 사회복지단체, 기관, 학교, 병원 등을 운영하고 있다. 특히 미국의 구세군은 가난한 사람들과 근로자들 대부분이 교회로부터 배척되던 시절에 모든 계층의 사람들에게 보다 가깝게 접근할 수 있는 교회를 건설하기 위한 구세군의 목적을 갖고 1880년에 설립되었다. 현재 미국의 구세군은 중부, 남부, 동부, 서부로 나누어 활동하고 있다. 그리고 미국 구세군은 식량, 거주지, 그리고 온정의 손길이 필요한 많은 사람들을 도와주는 활동을 하고 있으며, 2004년도에 3,300만 명의 사람들에게 다음과 같은 혜택을 주었다.

1) 사회 서비스(social service)

구세군은 사람들에게 식량, 거주지, 의류, 재정적인 지원을 했으며, 2004년도에는 '재난프로그램(emergency assistance program)'을 통해 워싱턴에 거주하는 15만 명에게 재정적인 지원과 함께 식량, 가구, 의류들을 지원해 주었다.

2) 생활환경조사와 상담(casework and counseling)

가장 보편적인 활동 중의 하나로 젊은이들을 위해 자금을 지원해주는 계획이나 직업을 찾아주기 위해서, 혹은 홀로 아이들을 키우는 사람들이나 재해발생 시 의료와 대피소 지원이 필요한 사람들에게 생활환경조사를 실시하여 지원해 주고 있으며, 가정폭력을 방지하기 위한 상담활동도 하고 있다.

3) 청년층 서비스(youth service)

지역별로 결손가정이나, 범죄를 저지른 젊은이들이 사회에 적응할 수 있도록 주일학교를 운영하고 음악과 미술을 배울 수 있는 기회를 제공하며, 캠핑활동 등을 할 수 있는 프로그램들을 제공하고 있다.

4) 재활 서비스(rehabilitation service)

일반인들로부터 받은 의류나 가구들을 판매하여 약물이나 알코올 중독자들에게 재활 서비스를 제공하고 있다.

5) 기타

그 밖에 노인들의 교육과 식사 등을 지원해 주는 경로센터를 운영하고 있으며, 입을 옷이 없거나, 교도소에 있는 사람들에게 의류나 신발들을 지원하기 위해서 휴일 동안에 동전 모으기 활동 등 다양한 형태의 지원활동을 펼치고 있다(배천직, 2005: 25-26).

4. 민간단체봉사(Private Group Service)

재해발생 시 전국 1,300개 이상의 지역사회에서 국민들의 성금을 바탕으로 자원봉사자들이 즉각적인 대응을 하고 있다. 자원봉사자들은 이재민들이 가능한 빨리 일상생활로 돌아갈 수 있도록 이재민들에게 서비스를 제공하게 된다. 또한 재해규모가 지역의 적십자사의 역량을 뛰어넘는 상황일 때는 전국적인 인적 · 물적 네트워크가 발생하게 되며, 공산품, 차량, 통신장비 등의 물적 자원을 미국 전역에 비축해둠으로써 재해발생 시 즉각 재해피해지역으로 이동될 수 있도록 조치하고 있다(김승권, 2005: 70).

미국의 재해구호활동에서 가장 큰 특징은 이재민의 수요에 맞는 구호물품을 제공한다는 것이다. 즉 의류, 식료품 등 필요한 물품을 개인이 자유롭게 선택할 수 있는 마켓형 생필품체제를 운영하고 있다. 또한 피해지역의 어린이와 노약자 등을 대상으로 아동간식차량이 순회하면서 치킨이나 과자 등 간식거리를 무한으로 제공한다(소방방재청, 2005: 44). 그리고 미국은 재해구호활동에서 사회복지사가 차지하는 비중이 상당히 높다. 사회복지사는 재해대책의 수립에서부터 직접적 서비스 제공까지 광범위한 역할을 담당하고 있다. 즉 재해의 예방, 대처, 사후관리까지 제반 서비스프로그램을 계획 · 조정하며, 주민이나 학생, 전문가들을 위한 교육도 담당하게 된다. 이때 재해 시에는 이재민들이 필요로 하는 서비스를 조사하고 파악하여 필요한 서비스를 신속히 제공하거나 연결해 주는 역할을 한다(신서인, 2001: 69).

민간부문의 재난 관련기관은 투명하고 유기적이며 합의적으로 조직되어야 한다. 재난 관련 민간단체는 재난발생 전후를 막론하고 다양한 역할을 수행하고 있다. 이들은 주민들이 각각 개별 활동가로서 참여할 수 있도록 되어 있다. 즉 민간단체에서는 보다 합리적인 재난관리를 운영하는 데 용이하도록 재난관리정보센터를 운영한다. 또한 지역네트워크를 구성하여 사이버 재난관리단을 운영하기도 한다. 재난관리평가단을 구성하는 등의 활동을 모색하려면 다음 내용을 만족시켜야 한다. 첫째, 재난관리정보센터는 재난관리활동을 보다 체계화하고 네트워크화하기 위해 자연재난 및 인위재난에 관한 취약요인은 물론, 각종 안전사고 발생 가능성과 관련된 주요 전략적 정보를 취합 · 분석할 수 있어야 한다.

둘째, 재난관리 지역네트워크를 구축하여 민간차원에서 원천적인 방재활동을 할 필요가 있는데 이는 재난발생 시 가장 근접해 있는 주민들이 긴급대응하는 것이 가장 빠르고 효과적이기 때문이다. 먼저 재난관리 지역네트워크를 구성하기 위해서는 시민, 기업, 지방자치단체, 공공기관이 함께 참여하는 '재난관리협력위원회'를 구성해야 한다. 특정한 NGO나 일부 주민들로만 구성된 네트워크가 아니라 각 쟁점사안별로 다양한 NGO와 다수의 주민들이 참여하는 이슈네트워크를 형성하여 이들의 활동을 지원 · 강화하는 것이 중요하다.

셋째, 사이버 재난관리단을 운영하여 인터넷을 통해 사이버상에서 민간이 재난관리활동에 참여하도록 유인하고, 사이버상의 정보공유를 통하여 보다 체계적으로 재난 취약요인에 대한 정보수집, 안전과 관련된 문제해결방식에 대한 시민의견 수렴, 각종 비합리적 공사문화 신고, 자연재난 취약시설에 대한 신고 및 의견제시 등을 해야 한다.

넷째, 민간단체평가단을 구성할 때 지역민간단체에 참여하는 주민과 재난관리 민간단체평가단을 구성하면 재난위험지역 및 시설을 지정했을 때 지역주민의 설득이나 건축물 승인과정의 검사, 반복적으로 나타나는 자연재난에 대한 관리상 문제점과 장애요인을 용이하게 찾아내 평가할 수 있다. 민간단체 자원봉사자의 적극적인 손길을 통해 재난피해자에 대한 금전적 · 물질적인 지원은 물론, 정신적 피해자에 대한 지원을 함으로써 보다 포괄적으로 구호지원이 가능하다.

보험제도와 관련해서는 보상차원이 아닌 사회구호차원에서 홍수보험제도를 실시하고 있다. 이 홍수보험제도는 위험분산을 유도하는 효과를 낳고 있다. 또한 예방 · 대비단계에서 NGO 및 자원봉사자들이 적극적으로 활동할 수 있고, 첨단 시스템 도입을 통한 안전관리체계를 구축하여 적극적으로 재난에 대한 대비를 하고 있다. 이처럼 서비스차원의 민간회사인력을 효율적으로 활용하고 있고, 비상요구예산이 초과할 경우에는 재해지원금 지출을 위한 규정도 마련해 두고 있다. 그리고 재해나 재난이 발생했을 경우에 주 · 지방정부차원의 현장 중심 지원체계를 법적으로 규정하고 있다.

한편, 시민연합은 9 · 11 테러 이후 2002년 1월에 창설되었고, 국토안보부에서는 보건국성, 법무국과 지역소방조직 등과 긴밀한 유대관계를 갖고 이 조직을 지원하고 있으며, 지속적으로 발전하고 있다. 이 조직은 미국 전 인구의 76%에 해당하는 방대한 조직이다. 중앙정부로부터 시민방재안전교육 및 운영을 위하여 1,460만 달러(한화 약 146억 원)를 지원받고 있다(소방방재신문사, 2007). 국토안보부는 시민연합과의 긴밀한 파트너십을 통하여 사고방지, 예방, 대응, 복구와 완화 등 재난대응활동을 지원한다. 이 조직의 운영 초점은 더욱 안전하고 강력한 공동체 조성에 있으며, 테러로부터의 위협, 범죄, 보건, 모든 종류의 재난에 대비하기 위한 교육, 훈련, 지원자 서비스를 통하여 개인적인 대응력을 높이고 있다.

지방의 시민연합의회(Local Citizen Corps Councils)는 시민연합에서 운영하는 각종 프로그램을 총괄한다. 시민연합에서 운영하는 프로그램에는 공동비상대응팀(CERTs)과 의료예비단체(Medical Reserve Corps), 이웃지킴이(Neighborhood Watch), 정책 서비스에서의 자원봉사자와 가입

프로그램을 포함한다. 이 조직은 공동체를 안전하게 하는 데 관심이 있는 자원봉사자들이 주도하는 시민연합회원프로그램(citizen corps affiliate programs)을 통하여 주와 지방공동체에 지원을 확대하고 재난대응기반을 강화시키고 있다. 또한 초기 대응자의 능력을 길러주고 재난구호활동 및 공동체 안전노력을 지원하기 위한 자발적인 서비스를 제공한다.

제4절 국가위기관리와 긴급구제체계

1. 재난관리역사의 발전과 변화

전통적으로 위기관리체계와 안보관리체계는 국외와 국내라는 지리적 기준으로 분류하였고, 재난관리체계는 역사적으로 수행해온 업무체계를 그대로 존속시킴으로서 국토안보부와 연방비상사태관리청 간에 업무의 중복현상이 나타날 수 있다.

미국이 재난관리에 관심을 가지게 된 역사적 배경은 1803년 화재로 폐허가 된 뉴햄프셔(New Hampshire)를 재정적으로 지원하고자 의회에서 처음으로 연방정부가 지방정부를 지원할 수 있도록 하는 법안(Congressional Act of 1803)이 통과되면서부터이다. 이후 1930년대 대공황 동안 루즈벨트 대통령은 재난발생 이후 공공시설의 수리와 복구에 소요되는 비용에 충당할 재난자금(disaster loans)을 조성할 수 있는 권한을 재건금융공사(Reconstruction Finance Corporation)라는 금융회사와 도로교통국(Bureau of Public Roads)에 부여했다. 이 기간에는 연방정부, 주정부 및 지방정부 간 협력을 강조하였고, 연방정부의 개입이 강화되었으며, 재난관련 중요 법률들이 많이 제정되었다. 특히 1934년의 홍수통제법(Flood Control Act)은 미국 공병에게 홍수통제프로젝트를 설계하고 건설하는 권한을 부여하였다. 그 후 미국의 재난관리에 중요하고 지속적인 영향을 주었다. 이 법은 인간이 자연을 통제할 수 있기 때문에 홍수위험을 제거할 수 있다는 철학이 반영된 것이다. 미국에서 이러한 프로그램은 경제성장과 강에 인접한 인구증가패턴을 양산하였지만, 재난관리에 있어 근시안적이고 고비용이었다는 것이 역사적으로 입증되었다.

1803~1970년대에는 다양한 자연재해가 발생하였고 이러한 재난발생에 대한 사후대책으로 각종 법률의 재 · 개정과 전담기관이 설치되었다. 그중에서도 1969년에 발생한 허리케인 카밀(Carmile)은 재난대응제도의 획기적인 변화에 중요한 영향을 주었다. 이 재난이 발생하기 이전에는 복구기금을 위한 임시법안(ad hoc legislation)이 마련된 수준이었다. 1968년에는 국가홍수보험법(National Flood Insurance Act) 제정을 통해 가옥소유자들이 홍수피해로부터 보호를 받을 수 있었다. 이것은 근본적인 대책보다는 피해보상 등 피해완화를 위한 수단에 그치는 수준으로 평가된다.

1970년 의회는 재난구호법(Disaster Relief Act) 재정을 통하여 공공기관의 손실뿐만 아니라 민간손실에 대한 연방지원을 제도화하였다. 이 시기에는 주로 토목과 방위 관련 부서를 비롯한 100개 이상의 연방기관들에 위협과 재난에 대한 책임을 분산시켰다. 이 기관들은 각자 고유의 업무를 수행하고 있었지만, 어떤 기관도 효과적인 예방대책에 대해서 관심이 없었다. 1970년에 재난구호법을 보완한 후 연방정부와 주정부의 재난계획과 정보시스템에 대한 연방정부의 지원이 명문화되었고 연방재난지원본부의 설치가 규정되었다. 1970년대 이후, 미국은 연방재난관리청을 설립하고 적극적인 연방개입정책을 시도하였다.

대형재난 카밀 이후 인디에나 상원의원 버치 베어(Birch Bayhr)가 재해구제법(Disaster Relief Act of 1970)을 통과시켰는데, 이 법령의 원래 목적은 비일관적인 재해재난지원정책 문제를 해소하기 위한 것이었으나 제대로 작동되지 않았다. 1974년 이후 새로운 재해재난구호법령(Disaster Relief Act of 1974)이 통과되었는데, 이 법령의 제II항(Title II)은 연방정부와 주정부의 재해재난계획과 정보시스템의 중앙정부지원을 명문화하였고, 제III항(Title III)은 연방재난지원본부의 설립을 추가하였다(임송태, 1996: 136-137).

1974년 개정된 신 재해재난구호법 규정에 따라 연방재난관리청과 주정부 간의 재난지원협정이 체결되었다. 이 협정은 연방정부와 주정부의 재난대응비용 분담, 연방지원의 형태와 기간 등을 내용으로 하였고, 이 협정에 따라 주정부와 지방정부에 대한 지원, 그리고 주민들에 대한 지원이 가능했다. 신 재해재난구호법의 제정은 정부 간, 그리고 민간기능이 연계되고 강화되는 계기를 마련하였고, 연방의 지원을 강화하기 위하여 대통령의 재난선포에 관한 절차 등을 규정하였다(George D. Haddow & Jane A. Bullock, 2006: 4-5).

1979년 대통령 직속기관으로 연방재난관리청이 창설되면서 미국의 재난관리에 획기적인 변화가 일어났다. 즉 분리된 재난관리분야가 통합됨으로써 연방정부의 역할이 강화되었다. 1981년 레이건 대통령은 비상동원준비위원회(EMPB)를 설치하여 주요 재난에 대비하기 위한 동원능력을 제고하였다. 연방재난관리청이 창설되기 전에 재난관리에 있어서 가장 큰 문제가 되는 부분은 재난관리기능의 분산이었다. 특히 연방정부차원에서 분산된 재난관리기능이 가장 큰 문제로 남았다. 1979년 이전에는 민방위나 자연재해, 그리고 인적 재난을 포함한 모든 재난관리구조 및 복구의 책임이 각기 다른 6개의 기관에 분산되었다. 당시 카터 행정부와 주지사협회, 그리고 의회에서는 이러한 문제를 심각하게 생각해 재난관리가 더 효율적으로 운영되어야 한다는 공감대가 형성되었고, 재난관리에 필요한 연방정책을 총괄할 대표기관 설립의 필요성을 제기하였다.

정부가 재난관리를 하는 데 있어서 주로 분산된 재난관리로 문제가 되는 분야의 통합대상을 다음과 같이 보았다. 즉 홍수보험 및 범죄보험기능, 화재관리기능, 국립기상대의 재난대비기능, 총무성 연방대비국의 비상대비기능, 주택도시개발성 연방재난지원국의 재난대비기능, 국방성의 민방위기능 등이 여기에 포함된다.

2. 냉전 이후 미국의 국가위기관리시스템

동서냉전시대를 거치면서 미국에서는 위기관리분야에 있어 연방정부의 개입을 점차 증가시키고 있다. 의회는 1950년 연방재난방지법(Federal Disaster Act)을 제정하고, 정규적인 재해기금을 마련하여 연방정부의 지원이 필요한 재난을 지정할 수 있는 재량권을 대통령에게 부여하였다. 또한 1961년에는 국가재난을 다루기 위한 국가비상대비청(OEP: Office of Emergency Preparedness)이 창설되었다. 이와 함께 1960년대 일련의 대규모 재난경험을 바탕으로 국가의 지원을 대신할 수 있는 보험제도의 도입을 시도하였다. 연방정부는 1958년 국가홍수보호법을 기반으로 하는 국가홍수보험(NFIP: National Flood Insurance Program)을 등장시켰다.

그러나 이 시기에 국가의 초점은 자연에 의해 발생하는 재난이 아닌, 핵전쟁과 방사선의 악영향에 대한 잠재위협에 집중되었다. 즉 1950년대 냉전시대 미국의 위기관리는 홍수, 지진, 화재와 같은 자연적 · 인적 재난보다는 외부세력의 침략위협과 전쟁에 초점이 맞춰졌다. 이 당시에는 개인주택과 공공빌딩에 방공호를 건설하는 것이 상당히 흔한 일이었다. 이는 토네이도와 같은 다른 자연재난으로부터의 위협에 대비하려는 목적도 있었지만, 실상은 핵공격에 대한 위협을 해소하기 위하여 급하게 만들어진 정책에 불과하였다.

이와 같이 미국에서의 국가위기관리시스템 변화과정을 보면, 1800년대에서 1950년 사이에는 위기관리에 대한 연방정부의 개입이 매우 소극적이었다(Schwab, Eschelbach and Brower, 2007). 그 당시에 자연재해나 인적 재난에 대한 국가적인 정책은 거의 없었고, 재난에 대한 대응은 지역조직의 임시방편으로 이뤄졌다. 따라서 재난극복에 필요한 예산도 주로 자선단체나 지방정부, 주정부 등의 자금으로 충당되었다. 또한 예방활동의 대부분은 개인 자본가 혹은 지방정부에 의해 단편적인 방법으로 시행되었고, 지역사회차원에서 재난위험 감소를 위한 공동의 노력은 거의 없었다. 그러나 그 당시에도 대형재난은 꾸준히 발생하였고, 이에 대한 대응과 복구를 지방정부와 자선단체에서 모두 감당하기가 쉽지 않은 상황이었다. 당시의 재난복구에 있어서는 특히 적십자사의 역할을 주목할 수 있다. 1905년 의회는 적십자사를 재난구조에 참여시켜 연방정부의 공식적인 기관으로 지정하였다. 비록 정부예산을 새로 배정받지는 못했지만, 적십자사는 공식적으로 재난피해자들을 돕기 위해 공식적인 자원봉사사업을 하게 된 것이다(정지범, 2009).

그리고 연방재난관리청은 분산된 위기관리의 책임을 단일한 하나의 조직으로 통합하였다. 이후 연방정부는 1988년 재난구호 및 비상지원법(스태포드법, Robert T. Stafford Disaster Relief and Emergency Assistance Act)의 통과로 재난원조에 많은 자원을 확보하게 되었다. 그런데 1980~1990년대 대형재난사고의 급증에 따라 재난원조에 대한 연방정부의 지출이 급격히 증가하게 된다. 이 기간에 재난대응에 따른 연방정부의 지원역량이 크게 강화되었지만, 1989년과 1993년 사이에 일어난 대형 재난으로 연방재난관리청의 한계가 드러났다.

그 대표적인 경우로 1989년 허리케인 휴고(Hugo)는 캐롤라이나 남부와 북부, 그리고 버진 아일랜드를 강타하고 지나갔다. 이는 미국에서 발생한 최악의 허리케인이었으며, 150억 달러의 재정적 손실과 85명의 사상자를 발생시켰다. 또 1991년에는 오클랜드에 화재가 발생해 큰 피해를 입었고, 1992년에는 허리케인 앤드류가 플로리다와 루이지애나를 강타하면서 엄청난 손실이 발생되었다. 이러한 대형재난 앞에 연방재난관리청은 무력할 수밖에 없었고, 이로 인해 향후 발생한 재난의 위협을 사전에 예방하는 정책들이 강조되었다.

1998년 클린턴 행정부의 집권 이후, 연방재난관리청은 제임스 리 위트(James Lee Witt)의 지휘 아래 과감한 개혁을 시도한다. 그는 연방재난관리청 내의 예방이사회(Mitigation Directorate) 창설을 포함해, 재난의 복구 및 예방을 위한 다양한 프로그램을 도입하였다. 즉 위험지역에 거주하는 주민을 이동시키는 재산인수(property acquisition)프로그램과 지역사회의 다양한 이해당사자의 참여를 통한 예방정책에 노력했던 프로젝트 임팩트(project impact)를 좋은 예로 들 수 있다.

1995년에 연방재난관리청은 재난에 대한 공공의 인식제고와 생명의 손실 및 손상의 최소화라는 목표와 함께 예방을 재난관리의 초석으로 선언하고 있는 국가예방전략(national mitigation strategy)을 추진하였다. 그리고 2000년 10월 30일, 연방정부는 재난구호 및 비상지원법 1988을 개정해 재난경감법 2000(Disaster Mitigation Act)을 승인하였다. 그 개정된 법을 근거로 재난예방과 경감기금에 대한 계획을 수립했고, 이를 통해 재난예방의 효과를 높일 수 있었다. 이것은 전통적으로 미국이 지향하는 지역 중심의 위기관리체계에 따른 다양한 이해당사자를 포괄하는 협력적 거버넌스모델로 볼 수 있다.

재난 관련 업무의 복잡성은 우선 연방정부차원에서의 재난관리기능의 통합요구로 이어졌다. 주지사연합회(The National Governor's Association)는 주정부 및 지방정부와 함께 재난 관련 업무를 수행하는 연방기구의 수를 축소하려고 노력하였고, 이들은 카터 대통령에게 연방정부차원에서 재난관리기능의 통합을 요구하였다(김덕준, 2004: 33). 이에 대해서 재난재해대응과(response division)는 재난재해와 테러 등으로부터 개인의 생명과 재산을 보호하기 위해 모든 정부에 비상대응프로그램의 실시와 협조를 요구할 수 있다. 연방차원에서의 재난재해대응은 수정일반법 제93-288호인 연방대응계획에 명시되었다(김열수, 2005). 이 계획은 자연재난뿐만 아니라 방사능 또는 위험물질 방출 등의 과학적 재난 및 그 밖의 국가 긴급사태에 대해서도 적용이 가능하였다. 또 재난발생 시 연방지원을 보다 쉽고 효율적으로 제공하기 위해 직무별 · 기능별로 주관기관과 지원기관을 명시하였다(김열수, 2005).

대통령이 긴급사태를 선포하면 연방재난관리청장은 대통령을 대신해 재난대응을 위한 모든 활동을 조정하기 위하여 연방조정관을 임명한다. 연방조정관은 피해 주정부에 설치되어 있는 재난현장사무소에 주지사가 임명하는 주 조정관 및 긴급지원기능의 대표자, 다른 지원인력들로 구성된 지방차원의 기관합동 비상대응팀(ERT: Emergency Response Team)과 함께 상주하면서, 비상대응팀의 긴급지원기능 대표자 사이에서 긴급대응활동을 조정한다. 이때 주정부가 지정한 필요사항을 충실히 이행하기 위하여 연방정부기관의 모든 수단을 이용할 수 있도록 지원한다.

3. 연방정부와 지방정부의 긴급대응체계

연방정부는 대규모 재난이 발생한 경우에 재난대책반(CDRG: Catastrophic Disaster Response Group)을 구성해 연방조정관 및 긴급지원기능의 긴급대응활동을 조정하고 그 활동으로부터 발생되는 실제적인 문제에 대한 지도 및 방침을 제공한다.

재난대책반은 국가적인 차원에서 긴급대응활동에 이용될 수 있는 전국 규모의 각종 수단에 관한 정보센터로서의 기능을 갖는다. 또한 연방차원의 긴급지원팀으로부터 지원을 받아 연방재난관리청 본부에서 활동하며, 본부차원의 조정담당집단으로서 현장의 연방조정관 및 긴급지원기능을 하는 긴급대응요원으로부터 올라오는 보고사항이나 문제들을 지원하는 기능을 수행하게 된다. 재난대책반의 책임자는 연방재난관리청의 차장이고, 대책반의 구성은 각 성 · 청의 대표자들로 구성된다.

그리고 지방차원의 긴급대응체계는 여러 직종에서 파견되어 활동하는 기관합동요원으로 구성되어 있다. 처음에 긴급지원기능 및 연방재난관리청의 대표자가 연방재난관리청 지방사무소에 설치되어 있는 지역활동센터(ROC: Regional Operation Center)에 집합한다. 필요에 따라 긴급대응팀 선발부대가 현장에서 지원을 하고 피해상황을 조사하거나 필요시 긴급대응활동도 실시한다. 이와 같이 모든 실행준비를 마치면 주 조정관에 연방조정관 및 긴급대응팀이 포함되어, 지방 긴급지원기능팀과 함께 각 피해 주정부에 대한 지원을 제공하기 위해 긴급대응활동을 실시한다.

미국에서 대통령이 재난으로 피해가 극심한 지역을 재난지역으로 선포하면 연방재난관리청은 재난지역에 발생한 재난을 신속히 대응하고 복구해야 한다. 이는 국가재난대응계획(NRP)에 따라 32개 연방의 성과 청의 임무에서 시작된다. 예를 들면 카트리나로 인한 피해에 대응한 미국 교통성의 긴급구제체계의 진행을 들 수 있다. 고속도로신탁기금(highway trust fund)으로부터 특별한 프로그램으로 승인한 것이 미국 교통성 소속의 연방고속도로청(Federal Highway Administration)이 운영하고 있는 긴급구조프로그램(emergency relief program)이다(DOT-FHA, 2007, web-site). 이 프로그램은 자연재해 혹은 예기치 못한 외부요인에 의한 인재로 심각한 피해를 입은 연방관할지역, 또는 연방이 지원하는 관할지역 고속도로의 수리 혹은 재건설을 돕는 프로그램이다. 또 이 프로그램은 예측할 수 없는 상황에서 발생하는 고비용 사업에 대한 지출을 돕기 위하여 주정부 및 산하기관, 또는 다른 연방기관을 통하여 부족한 자원을 보충하고 있다.

자연재해에 대한 긴급구조프로그램의 신청자격은 재해의 정도에 따라 결정된다. 긴급구조프로그램을 신청하기 위해서는 고속도로의 피해정도가 심각해야 하며, 피해범위가 광범위할 뿐만 아니라 고속도로 관리기관이 부담하기에 매우 큰 비용이어야 한다. 만일 재해가 외부요인에 의하여 발생한 경우에는 시설의 내부결함에 따른 실패가 아니고, 교통 서비스에 대한 재해의 충격으로 갑작스럽게 발생한 것이라는 기준에 근거해야 한다.

이 프로그램에서 운용되는 기금의 내용을 살펴보면, 기금은 자연재해에 대비해 연간 1억 달러가 준비되어 있다. 반면에 인재로 인한 재해에서도 같은 기준이 적용된다. 그러나 긴급구조프로그램이 부담할 수 있는 부채는 한 회계연도 내에서 연간 총 2천만 달러를 상회할 수 없다. 만일 연간 총 1억 달러를 넘는 재난이 발생했을 경우 의회가 특별법을 통과시켜 재난피해를 입은 지역의 손해를 보전해 주고 있다. 이 프로그램을 사용하기 위해서는 각 주정부가 명확한 자료를 입증하여 연방정부에 신청해야 한다. 이와 같이 긴급구조프로그램 사용의 승인을 받은 경우 연방정부가 부담하는 연방고속도로의 피해보전은 90% 정도이고, 기타 고속도로의 경우에 연방정부가 80% 정도를 부담하고 있다(송재석, 2007: 102-103).

미국에서 주정부와 지방정부는 독립성이 보장되어 있으며, 재난대응의 일차적 책임을 진다. 하지만 지방정부의 대응능력을 넘어서는 경우 연방재난관리청의 심사를 받아 연방재난관리청에서 연방정부의 지원을 반대하면 연방정부는 개입할 수 없다. 이를 통하여 명확하지 않은 재난선포의 기준으로 재정지원이라는 명목하에 연방정부가 주정부나 지방정부의 권한을 침해하는 것을 막아주는 제도적 장치로서의 역할을 한다. 연방재난관리청 설치 이전까지의 시대별 재난관리 주요 법령 및 내용을 요약하면 〈표 3-9〉와 같다.

스태포드법은 1988년 제정되어 연방정부가 긴급사태가 발생할 경우보다 신속하게 대응하여 인명구조나 공중위생, 치안 및 재산보전활동을 할 수 있도록 규정하고 있다. 이 법에는 재해나 긴급사태 발생 시에 대응하는 연방정부의 각종 권한들이 명시되어 있다. 또한, 이 법령은 중대한 재난이나 비상사태가 발생하여 연방정부가 지원해야 할 필요가 있을 때, 주정부 및 지방공공단체에 연방의 자원을 제공한다는 기본사항을 규정하고 있다. 또한 기본적으로 대형재난이나 위기발생에 대한 주정부나 지방공공단체의 긴급대처능력으로 도저히 감당할 수 없는 예상 외의 대형재난재해발생을 전제로 하고 있다. 따라서 연방조정관의 총괄적인 지시에 따라 대리연방의 부처들이 직접적인 원조를 주정부에 제공한다.

여기서 세부적인 내용을 살펴보면, 제1장에서는 중앙정부의 주정부

표 3-9 재난관리 주요 법령 및 내용

연도	제·개정	주요 내용
1803년	의회법 제정(The Congressional Act of 1803)	대형화재가 발생한 뉴햄프셔 주를 지원하기 위한 법률
1917년	미시시피강과 세크라멘토강의 홍수통제를 위한 법	1917년 미시시피강과 캘리포니아 주 세크라멘토강의 홍수통제 등을 위해 제정
1932년	복구재정공사(Reconstruction Fiance Corporation) 설립	1932년 후버 행정부의 제안으로 의회에서 정부기관으로 설립
1936년	홍수통제법(Flood Control Act) 제정	1936년 연방정부와 주정부, 지방정부가 홍수피해를 줄이기 위해 상호 공조하여 홍수통제기능을 강화하도록 법 제정
1968년	국가홍수보험법(National Flood Insurance Act) 제정	홍수피해로부터 주택소유주들을 보호하기 위해 제정
1970년	재해구호법(Disaster Relief Act) 제정	1969년 발생한 허리케인 카밀의 피해를 계기로 재난지원사항에 대해 연방정부의 조정관이 대통령을 대신할 수 있는 법안 제정
1974년	재해구호법(Disaster Relief Act) 개정	허리케인 아그네스의 피해를 계기로 개인과 가족에 대한 지원을 재해지원법에 반영

출처: Haddow George D. & Bullock Jane A.(2006)을 토대로 재구성.

및 지방정부에 대한 자금의 지원과 주요 재난의 선포절차와 용어의 정의를 규정하고 있다. 제2장은 중앙 및 지방정부의 재난대비지원에 관한 사항으로 중앙 및 지방정부의 재난지원프로그램과 재난경고에 관한 내용을 규정하고 있다. 제3장은 주요 재난지원관리에 관한 사항으로 관리조건 변경절차, 조정관 임명, 비상지원팀, 연방 관련국의 자금상환, 연방정부의 면책권, 서비스기능 수행 및 지방회사와 인력의 활용, 공공시설 및 공공건축 지원을 위한 특정 적용 우선권, 재난지원의 미차별, 구호조직의 협조 및 사용, 보험업무, 구호기금의 이중수혜 금지, 과실에 대한 처벌,

물자 사용, 환경보호, 회계감사 등을 규정하고 있다. 제4장은 주요 재난지원프로그램에 관한 사항으로 주요 재난선포절차, 연방공공시설 사용, 임시거주 및 가계지원프로그램 운영, 자원지원, 비상통신, 비상수송 등을 규정하고 있다(성기환, 2006: 196-197).

4. 미국의 재난대응 세부과정 및 선포과정

연방차원에서의 재난대응인 연방대응계획은 자연재난뿐만 아니라 방사능, 또는 위험물질사고 등의 인적 재난과 국가긴급사태에 대해서도 적용이 가능하다. 재난발생 시 재난피해지역에 연방자원을 효율적으로 운영하기 위해 기능별로 책임기관과 지원기관을 지정하여 네트워크 연계체제를 구축하고 있다. 즉 12개의 긴급지원기능으로 분류되어 있고, 기능별로 하나의 주관기관과 여러 개의 지원기관이 지정되어 있다. 이러한 긴급지원기능을 통해 연방정부는 네트워크지원체계를 구축하고 각 정부를 지원하게 된다. 연방대응계획은 주정부가 필요로 하는 직접적인 연방지원의 형태를 12가지의 긴급지원기능으로 분류해 보유하고 있다. 여기에 각각의 긴급지원기능은 자신의 영역에 대하여 통솔, 지원, 그리고 능력에 기초하여 기본적인 역할을 수행한다. 또한 연방대응지원은 필요한 경우 몇 개 혹은 모든 긴급지원기능을 제공해야 하며, 연방 긴급지원기능의 대표자는 주정부의 기관과 협력해야 한다.

미국의 재난대응구조는 재난의 규모에 따라 세 가지로 구분할 수 있다. 첫째, 일반 재난대응(disaster response)의 경우에는 주정부와 지역정부가 모든 재난대응에 있어 기본적인 책임을 갖는다.

둘째, 스태포드법에서 규정한 주요 재난대응(major disaster response)

의 경우에는 해당 주정부와 지역정부에 대해 연방정부가 추가적인 자원을 지원하도록 규정하고 있다.

셋째, 대형 재난대응(catastrophic disaster response)의 경우에는 국가차원의 팀을 구성하여 대재앙의 대응과정에서 지방정부에 자원을 지원하는 방식으로 구분된다. 이때 대형재난대응그룹(CDRG)을 통하여 전략적 문제들이 조정된다. 이 조정그룹은 연방대응계획에 서명한 28개의 기관으로 구성된 협력기구이다.

또한 재난이 발생하게 되면 긴급지원팀(EST)은 연방재난관리청의 비상정보조정본부(EJCC)에서 관련 기관본부들이 지원팀과 업무를 수행한다. 이 기구는 대형재난대응그룹(CDRG), 연방조정관(FCO), 긴급대응팀(ERT), 긴급지원계획(ESFs) 등을 통하여 관계기관에 자원을 지원하고 조정하는 역할을 한다. 즉, 현장지원에 필요한 인력과 자원이 적절히 배치될 수 있도록 조정하기 때문에 재난대응에 있어 국가차원의 정보 및 자원관리의 중추적인 기능을 담당한다.

지역비상대책본부(ROC)는 연방재난관리청의 지역책임자가 관장한다. 재난발생지역의 주를 관할하는 연방재난관리청 사무실에 조정센터를 설치하고, 여기에 주관부처의 대표자와 연방재난관리청의 지역요원들이 참여하게 된다. 이 센터는 재난현장사무소(DFO) 설치에 앞서 연방정부의 대응과 복구업무를 조정하는 일차적인 사무소 역할을 한다.

재난발생지역의 주정부 비상대책본부(State EOC)는 재난대응조정의 책임이 있는 피해 주정부에 의해 설치되며, 인적 구성은 주정부의 긴급대응요원으로 구성된다. 주요 기능은 주정부의 대응 및 복구업무에 대하여 지방의 관련기관과 협조하여 현장지원기능을 수행하고, 주정부의 대응능력을 넘어서는 재난의 경우 연방정부의 지원을 요청한다.

긴급대응팀 선발대(ERT－A)의 운영은 연방재난관리청의 지역책임자에 의해 이뤄진다. 허리케인과 같은 예측 가능한 재난위험이 감지될 때, 연방 · 주 · 지방정부의 공무원들이 공동으로 잠재적 위험에 대비해야 한다. 이 조직은 재난상황 동안 현장에서 대응하는 최초의 연방정부그룹에 해당하며, 재난대응에 필요한 재난통신장비를 설치하고 재난피해조사를 지원하며 주정부에서 요청한 지원을 처리한다. 또 이 기구에 의해 재난현장사무소가 설치되며, 재난현장사무소에서 활동하는 긴급대응팀(ERT)을 지원하게 된다. 긴급대응팀은 긴급지원기능의 관계기관으로 연방재난관리청과 기타 연방기관의 직원들로 구성된다. 긴급지원의 주요 기능은 영역별로 조직화된다. 이는 재난상황에 따라 전체 또는 부분적으로 가동되고, 대형재난대응의 경우에는 국가차원의 지원을 보강하는 역할을 한다.

이와 같이 미국의 재난대응활동의 특징은 각 주정부의 활동을 유기적으로 조정하기 위하여 조정관 기능을 두고 있다는 점이다. 연방조정관은 대통령에 의해 임명되고 연방재난관리청장에게 권한이 위임되고 주정부의 재난대응에 필요한 요구사항을 지원하기 위하여 주정부 조정관과 직접 협조하여 주정부의 필요에 대응하고 긴급을 요할 때 구조유형을 파악한다. 경우에 따라서 현장사무소 설치를 감독하고 대응과 복구활동의 전반적인 사항을 조정하는 역할을 수행한다. 주정부에도 조정관이 주지사에 의해서 임명되며, 연방정부와의 협조를 통해서 주정부의 대응과 복구업무를 조정하는 역할을 한다. 그리고 재난대응운영시설은 주정부 비상대책본부(EOC), 지역비상대책본부(ROC), 재난현장사무소(DFO), 이동센터(Mobilization Center), 현장대응자원의 집결지(Staging Area) 등이 있다. 앞서 살펴본 재난대응체계 내 상호작용을 도식화하면 [그림 3－4]와 같다.

그림 3-4 형성기의 재난대응 연계구조

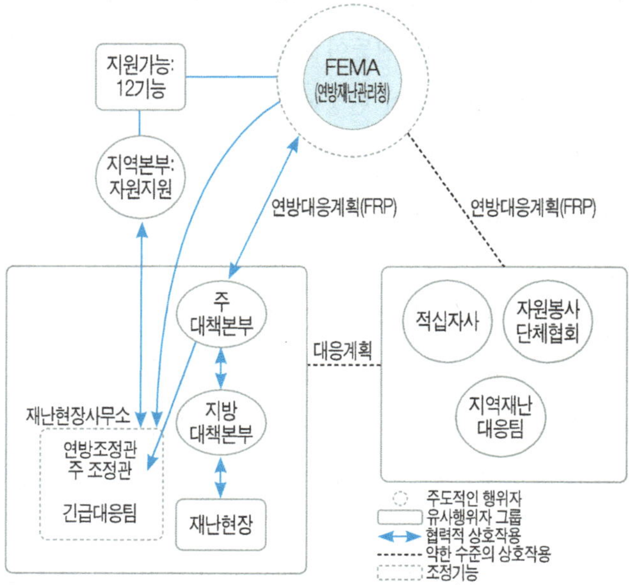

출처: 신용식(2010). 재난관리제도 변화와 성과에 관한 비교 연구: 한국과 미국의 재난대응정책네트워크 분석을 중심으로. 단국대학교 대학원, 박사학위논문, p. 85.

그리고 지방 및 주정부의 행위자들은 재난에 대응하기 위해 자원봉사기관과 긴밀하게 협력해 대처해야 한다. 시장 및 카운티의 책임자는 지방의 비상대책본부를 가동한다. 지방책임자의 요청에 의해 주지사는 주정부 비상대책본부를 가동하며, 주정부의 긴급상황 혹은 재해를 선포하고 주정부 재난대응계획(EOP)을 집행하며, 피해액 등을 파악한다. 피해규모가 주정부의 대응능력을 초과한 경우, 즉 주정부의 자원만으로는 힘들다고 판단될 때 주정부는 연방재난관리청 지역담당자에게 기본피해자산평가(preliminary damage assessments)를 요청할 수 있다. 이런 평가에 따라 산정된 피해보고서는 대통령의 재해지역선포 판단 및 피해규모와 필요한 지원에 대한 근거자료로 사용된다. 또한 이 피해가 지방 혹은 주정부의 능력을 벗어난 것이라는 판단의 근거로도 활용된다. 여기서 기본피해자산평가팀이 자신들의 임무를 완료하게 되면 주지사는 연방의 재난지원을 요청할지 결정하게 된다. 연방재난관리청의 지역청장은 재난의 피해규모와 필요한 연방정부의 지원사항을 평가하여 연방재난관리청장에게 주요 재난선포 여부를 건의하게 된다. 연방재난관리청 지역청장의 건의에 따라 연방재난관리청장은 대통령에게 주요 재난선포를 건의하게 된다. 대통령이 주정부에 연방의 지원이 필요하다고 판단될 때, 공식적인 재난지역선포가 이루어지며, 연방기관은 연방대응계획에 따라 주정부의 지원에 대해 검토하게 되고, 이때부터 연방정부의 재난지원과정이 시작된다. 연방대응계획은 긴급지원기능이 선택적으로 사용되기 때문에 연방대응이 신속하고 유동적으로 운용된다.

제5절 국가위기관리와 예방체계의 문제점

1. 국토안보부의 위상과 강력한 권한

초기 주정부를 중심으로 적십자 등 자원봉사단체를 활용한 협력적 거버넌스 형태의 미국 위기관리체계는 거대화되는 재난의 대응, 그리고 무엇보다도 냉전시기 핵전쟁에 대응하는 명령과 통제시스템의 강화로 인해 점차 중앙집권화의 경향이 강해지고 있다. 특히 이러한 양상은 9 · 11 테러 이후 급속하게 강화되었고, 현재 국토안보부의 출범이 이뤄졌다.

그러나 미국 정부는 대재앙의 카트리나를 경험하면서, 국토안보부의 설립이 오히려 연방정부, 주정부, 지방정부 간의 업무관계를 상당히 약화시켰고, 위기관리대응과정을 살펴보면 위기관리체계가 계획대로 진행되는 경우는 많지 않았다는 지적이 있다. 9 · 11 테러 이후 미국 위기관리시스템에 있어 명령과 통제체제의 강화는 결국 연방재난관리청의 기능을 약화시켜 자연재난인 카트리나 대응에 실패하게 되었다. 특히 테러대응에 초점을 둔 국토안보부와 연방재난관리청이 가지고 있던 비테러 관련 기능을 오히려 약화시켰다는 지적을 받았고, 결국 2006년 '포스트 허리케인 재난개혁법'으로 이어졌다(정지범, 2010).

2001년 발생한 9 · 11 뉴욕 세계무역센터에 대한 테러는 제도적 변화를 가져온 중대한 사건이다. 9 · 11 테러 대응에 대한 문제점으로 테러리즘 예방 측면에서 관련 조직들이 통합되지 않음으로써 통합적인 전략 수립이 불가능하였으며, 주정부와 지방정부 및 테러현장 간에 연락 및 초기대응이 미흡하였다. 이는 뉴욕 시의 비상관리사무소와 대책본부가 무역센터 빌딩에 위치해 있어 정상적인 기능을 수행할 수 없었던 요인도 있었다. 이를 대체할 대책본부가 제대로 운영되지 못한 문제점과 파괴된 통신과 전력시설의 우회선로가 확보되지 못하는 등 재난대응상의 문제점들 또한 크게 노출되었다.

이로 인해 사건 당시 인명구조활동에 임했던 300여 명의 소방관이 사망하는 사고가 발생하였다. 당시의 상황을 분석한 보고서에 의하면 무역센터 남쪽 타워 붕괴 이후, 북쪽 타워에 있던 뉴욕경찰청 긴급구조대 대원들에게 성공적으로 대피지시가 전달된 이유는 고성능 무전기, 동일한 주파수를 사용한 인원이 상대적으로 적었으며, 모든 대원이 정식 채널을 사용하고 있었기 때문이다. 반면, 동일 지역에서 구조활동을 수행했던 뉴욕소방청 구조대원들은 서로 간의 교신에 실패하였다. 그 이유는 타워 무선중계기의 파괴, 고층빌딩에서의 교신능력 저하, 잘못된 채널 사용 등이 큰 원인으로 분석되었다.

9 · 11 테러 발생 이전에는 재난대응에 참여하는 정책행위자들이 각각 개별적인 재난대응계획을 실행하는 수준에 머물렀으나, 9 · 11 테러 이후에는 정부기관, 기업체, 자원봉사조직 등을 포함한 다양한 정책행위자들이 네트워크를 형성하게 되었다. 또한 이 시기에 체계적인 재난대응활동을 위한 표준화도 시도되었다. 이는 현대의 재난피해가 광대하여 어떤 특정 전담조직이 담당할 수 없기 때문에 공동대응이 필요하다는 인식에서 비롯된 것이다.

그에 따라 9 · 11 테러 이후 부시 행정부가 국가안보를 목표로 2003년 3월 발족한 국토안보부는 국내외의 테러로 인한 국가보호를 목적으로 22개 관련 부처를 하부기구로 흡수한 대규모 정부조직으로 이뤄졌다. 국토안보부장관은 행정부 내에서 국방장관이나 법무장관과 같은 장관급 지위로 미국 내 테러위협과 관련한 모든 정보에 접근할 수 있는 막강한 권한을 부여받았다. 전쟁이나 기타 군사적 방어활동에 개입할 권한은 부여받지 않지만 미 본토의 안보와 관련해 그에 상응한 지휘권을 행사할 수 있게 되었다. 그 밖에 비자발급업무를 관할하며, 외국인에 대한 비자발급을 거부할 수 있는 국무장관의 전통적인 권한도 이양받게 되었다. 이는 경우에 따라 외국인 인권침해의 소지가 있다는 비판을 받고 있다.

2. 미국이 처한 위험환경과 국가사고관리체제

미국 행정부가 각 부처에 분산되어 있던 대테러기능 통합을 위하여 연방재난관리청, 세관 및 이민공화국, 국경순찰대, 국토안전연구센터 등 22개의 기관을 통합해 새로운 조직을 신설하게 되었다. 총 인원이 18만여 명에 달하는 이 대규모 조직의 주요 임무는 국경과 교통시설보호, 태풍 · 홍수 · 테러 등 재난발생 시 대비 · 대응 및 복구, 정보분석과 국가기반시설보호, 국토안보 및 재난안전분야, 과학기술진흥 및 화학 · 생물학 · 방사능 및 핵 관련 대응수단 마련 등이다. 이를 통해 미국의 재난대응체계는 자연재난 중심의 대응체계에서 테러대처 중심의 조직으로 확대 · 개편되는 계기가 되었다.

9 · 11 테러를 계기로 신설된 인프라보호국은 백악관, 연방청사, 의회의사당, 원자력발전소 등과 같은 주요 사회기간시설이나 건물보호를 담

당한다. 생화학무기관리국은 화학, 생물, 방사능, 핵과 관련된 테러를 집중연구하고 대응한다. 고위급 인사들을 경호하는 임무를 수행하는 비밀경호국은 재무부 소속이었다가 국토안보부로 흡수되었다. 1청은 연방재난관리청으로 비상시 시민대피와 구조임무를 수행한다. 기존의 조직과 업무를 그대로 유지하는 형태이고 비상시 국토안보부의 명령체계에 흡수되는 방식이다. 즉, 연방재난관리청의 기본구조와 업무분장은 국토안보부 신설과 하부조직체계 편입에도 불구하고 그대로 유지되었다. 이에 따라 연방재난관리청은 국가전략 재해의료시스템(strategic national stockpile and the national disaster medical system), 핵사고 대응팀(nuclear incident response team: 에너지부 소속), 국내응급지원팀(domestic emergency support team: 법무부 소속) 등과 함께 국토안보부의 국내재난관리 운영부서의 한 구성원으로 재해재난대응업무를 맡게 되었다.

국가대응계획(NRP: National Response Plan)은 기본계획, 부록, 비상지원계획, 지원부록, 재난부록으로 구성되었다. 기본계획은 연방, 주, 지방, 민간부문과의 대응노력과 보유자원을 통합하도록 구조화한 국가적 재난대응접근을 기술하고 있으며, 부록은 용어, 정의, 약어, 권한과 다양한 국가기관계획 개요를 포함한 지원정보를 제공한다. 긴급지원기능은 재난대응 시 실제로 가동되는 세부기능에 대하여 기술하고 있다. 지원부록은 각종 지침을 제공하고 국가대응계획과 사고관리대상의 효과적인 이행을 확보하는 데 필요한 기능적인 과정을 기술하고 있다.

9·11 테러 이후 미국의 위험환경은 안전재난, 자연재난 및 도시화재, 홍수, 위험물질 누출, 운송사고, 지진, 허리케인, 토네이도 등 다양하며 테러에 사용되는 생화학무기, 대량살상무기 등과 같은 군수품 비축도 포함된다. 이렇게 복잡하고 새로운 유형의 21세기 위험은 국내 재난대응체

계에 대하여 통일화되고 조정되는 국가적 접근이 요구되었다. 이러한 관점에서 국가대응계획은 미국에서 발생한 테러공격을 저지하고 대형재난과 긴급재난에 대한 미국의 약점을 보완하며 재난으로부터 피해를 최소화하고 신속한 복구를 위해 협력된 국가적 노력이 요구된다.

국가사고관리체제는 개별기관이 재난에 대응하는 유형별 접근과 지휘통제방식에서 모든 위험에 대해 협조적이면서 다기관 접근방식으로 전환시키는 기초가 되었다. 이 시기에 처음으로 종합적인 국가단위의 사고관리체계가 구비된다([그림 3-5] 참조). 이에 따른 사고관리체계는 건강관리, 사회기반시설 및 공공 서비스, 그리고 개인기업과 마찬가지로 지방, 주정부, 그리고 연방의 재난대응기관들에 공통된 기능이다. 이것은 관할구역수준과 유형에 관계없이 적용된다. 이것은 경쟁보다는 협조를 강조함으로써 사고관리조직과 재난대응 공급자의 효과성을 증대시키는 공통적 행위규범이다(Walsh, 2006). 국가사고관리체계는 국가안보 대통

그림 3-5 국가사고관리체계와 국가대응계획 관계구조

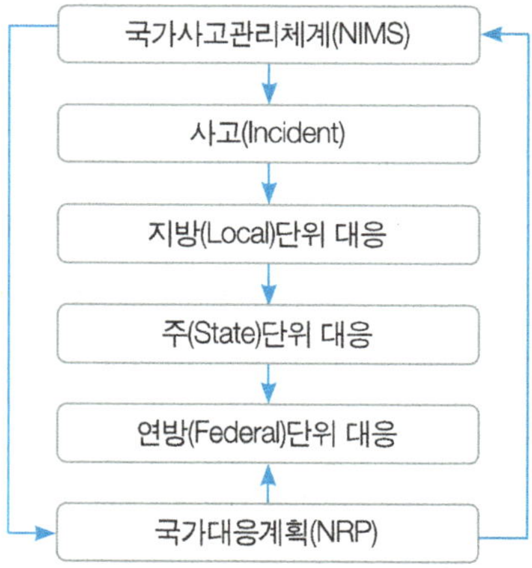

출처: 신용식(2010). 같은 자료, p. 99.

령령(2003. 2. 28 발효)에 근거하여 확립되었다. 2004년 3월 1일 미국 국토안보부가 발행한 국가사고관리체계는 전에 없는 최초의 사고관리와 대응을 위한 표준화 접근의 시초이다. 이전까지는 많은 지방 · 주 · 연방기관이 재난에 대응하기 위하여 각각의 계획을 수립하였으나 2005년까지는 모든 국가대응기관이 국가사고관리체계에 따라야 한다고 규정하고 있다.

국가사고관리체계는 지휘와 관리, 준비, 자원관리, 통신과 정보관리, 지원기술, 유지기능 등으로 구성되어 있으며, 국가대응계획과 연계되었다. 국가사고관리체계와 국가대응계획은 밀접하게 연계되었으며, 국가대응계획은 다양한 사고 유형에 적정한 대응을 묘사하고 있다. 반면에 국가사고관리체제는 국가대응계획이 따라야 하는 지휘통제의 표준구조이다.

국가사고관리체제는 인적 자원의 인증프로그램을 운영하여 대응자원의 질을 향상시키고 있는데, 여기에 초기 대응자들의 직위별로 직무수행에 필요한 최소한의 자격, 교육훈련, 경력 및 체력기준 등이 제시된다. 인증대상 직위는 총 9개 분야로 재난대응관리 응급처치, 화재진압 및 위험물 대응, 경찰, 공공안전, 보건, 긴급복구, 탐색구조, 동물보호 등이다. 이러한 인증프로그램을 통하여 재난대응자원들이 해당 직위에서 활동하는데 필요한 교육훈련을 받고 자격을 갖추었음이 인증되며, 재난발생현장에 파견될 수 있는 자격을 확보하게 된다. 이러한 기능은 현장에서 필요로 하는 적정한 인력이 지원될 수 있게 하는 것이다.

국가사고관리체계는 지휘통제구조이며, 국가대응계획은 자산과 자원의 협조와 접근을 위한 초기단계이다. 국가사고관리체계는 다양한 기관간, 그리고 다양한 관할구역에서 재난에 대응하는 방법을 나타내고 국가대응계획은 협조지원과 다양한 유형의 재난대응요령을 기술하는 전략적인 개념이다. 이렇기 때문에 국가대응계획은 재난대응을 위한 전략으로, 국가사고관리체계는 전술적 개념으로 이해되고 있으며, 실천적 차원의 국가사고관리체계는 재난지원기능부록, 지원부록, 사건부록 등의 국가대응계획부록과 통합된다.

국가사고관리체계와 국가대응계획의 결합을 통해 재난과 관련한 예방 · 대비 · 대응 · 복구활동의 통합을 극대화하고 연방 · 주 · 지방 · 부족 · 지역 · 민간부문과의 조정과 통합을 향상시키고 효과적인 재난관리나 중요 기반시설의 보호 및 복구에 필요한 자원의 활용도를 높이는 것이다. 또한 재난대응에 있어 커뮤니케이션을 향상시키고 관할지역의 공공과 민간부문의 상황인식을 증대시켜야 한다. 왜냐하면 연방자원의 주, 지방으로의 체계적 지원을 도모하고 연방 대 지방의 상호작용과 긴급지원을 필요로 하기 때문이다.

대형재난이 발생하면 지역대응조정센터와 국토안보부 상황센터가 가동되고 국가재난대응을 위한 다양한 기능을 조정하는 임무를 수행하는 관계부처 합동재난관리그룹이 운영된다. 또한 대통령을 조언하고 지원하는 기능을 수행하는 국토안보협의회와 다른 백악관 기구들도 가동된다. 국토안보부가 설치된 이후 국가단위의 공식적인 상황업무는 국토안보부의 상황센터가 담당하고 있다. 이 시설은 모든 종류의 정보를 감시하며 24시간 운영된다. 재난이 발생하게 되면 국토안보부 지역본부의 본부장은 지역작전센터에 지역지원팀을 조직한다. 지역작전센터는 연방정부 대응노력의 최초 협력 구심점으로서의 역할을 하게 된다. 다만, 국가사고관리체제가 모든 재난사고에 적용되면서 현장활동이 본격적으로 체계화되고 통일적인 활동이 이루어진다. 이와 동시에 현장을 지원하기 위하여 주 · 지방의 대책본부가 가동되고 지방과 주의 대응력을 넘어서는 경우에는 연방의 지원이 있다. 이때 각종 지원을 조정하고 재난대응활동을 지원하는 데 지역적으로 책임이 있는 합동현장사무소가 마련된다.

국가대응계획에 협조하는 모든 정부부처 및 기관으로부터 소집되어 구성된 대재앙 재난대응그룹은 국토안보부 본부에서 국가차원의 정책을 결정하기 위한 회의를 진행한다. 국가대응계획의 조직적인 구조는 특별한 사고관리활동과 더 넓은 지역 또는 재난과 관련된 국가적인 문제에 적용된다. 지역적인 조정구조의 역할은 상황에 따라 다양하지만, 많은 재난에 지역자원을 사용함으로써 일차적으로 지역적인 구조에 의해 조정된다. 그러나 더 복잡한 재난은 합동현장사무소와 지역수준 간의 직접적인 조정을 통하게 된다.

3. 미국 국가위기관리시스템의 문제점

국토안보부, 국가재난대응계획 및 지원기관은 민간부문이 효과적으로 정보를 공유하고, 최적의 활동이 이루어지도록 국가 주요 재난에 따라 예방, 대응 및 복구를 위하여 가용한 자원을 통합 · 조정하는 데 있다. 또한 국토안보부장관은 긴급대응에 영향을 받는 이해집단과 재난관리에 있어 자문단인 민간자문협의회를 활용한다. 민간기구의 주요 책임은 국가재난대응계획에 대하여 정부와 정보공유, 위험확인, 취약요인평가, 긴급상황대응과 사업연속성 발전, 총체적 준비강화, 적절한 보호프로그램 실행, 사고대응 및 복구활동에 있어 정부활동을 통해 기부, 또는 물품과 서비스 제공 등의 기능을 수행함으로써 국가재난대응계획을 지원하는 것이다. 어떤 기구들은 재난의 원인에 관계없이 현재의 법령에 의해 재난사고에 대한 계획과 대응의 비용을 부담하며, 국가 주요 재난의 경우에 민간기구는 재난대응계획에 따라 이용 가능한 자원과 설비 등을 동원하고 사용하도록 되어 있다.

또한 조직적 측면에서 보면 미국의 국가위기관리체계가 통합되면서 안보영역을 중심으로 구축되어 있다. 이러한 통합구조는 기존 연방재난관리청의 조직영역을 침해하여 카트리나가 상륙할 당시 연방재난관리청의 해당 지역사무소에 재난전문가가 아닌 국토안보전문가가 파견된 상황을 초래하였다. 이는 초기 카트리나의 예상 피해규모와 시기, 대응규모 등의 중요성을 간과하는 결과를 초래하였다.

기능적 측면에 있어서도 우선 계획수립과 조정역할을 수행해야 할 연방재난관리청 지역사무소의 역할이 모호해짐에 따라 자원배분과 역할, 임무에 대한 조정을 받아야 할 집행기관들이 카트리나 상륙 시에 적절히 대응하지 못한 결과를 초래하였다. 예를 들면, 연방재난관리청 지역사무소는 재난발생 시 계획수립과 조정기능 외에 소방과 민방위 등 집행기능까지 수행해야 함에도 불구하고 전문성 부족과 인력 부족으로 인해 동시다발적으로 제공되는 정보를 관리하는 데 실패함으로써 적시에 조달된 대응물자나 군 병력 등이 필요한 지점에 적시에 지원되지 못하는 결과를 낳았다.

이처럼 카트리나 사례에서 나타난 문제점은 국토안보부 설립 이후 권한의 우선순위 변화로 인한 조직의 기능적 변화과정에서 나타난 문제일 수 있으나, 통합적 국가위기관리체계에서 강조하는 체계성과 효율성에 심각한 문제가 발생함으로써 이에 대한 보다 깊이 있는 재검토의 필요성이 제기되었다.

연방재난관리청은 카트리나 재난에 대한 준비가 미흡했는데, 이는 카트리나 발생 이전에 연방재난관리청과 주정부와의 연계가 매우 약화되었기 때문이었다. 그에 따라 연방재난관리청의 주와 지방의 재난대응활동에 대한 중요성과 영향력은 감소되었다. 사실상 국토안보부의 부서가 되기 전부터 연방재난관리청은 단 한 번도 재난대응력을 충분히 확보한 적이 없으며, 유관기관이나 민간 및 비영리단체에 충분한 지원요청을 충족시키지 못했다.

테러나 자연재해 등 국가재난에 대한 대응준비의 책임을 맡고 있는 국토안보부는 카트리나 재난관리에 대한 연방차원의 대응준비를 효과적으로 주도하지 못했다. 즉 카트리나 대응준비의 긴급성을 이끌어내지 못하여 모든 연방기관이 카트리나를 사전에 준비하고 대응할 수 있도록 적절한 조치를 취하지 못한 것이다. 그 당시에 재난사건부록이 가동되었다면 연방차원에서 긴급성에 따라 피해지역으로부터 형식적인 요청이 오기 전에 대응조치를 했을 것이다. 특히 재난대응은 골든타임을 놓치면 지원 효과가 떨어지고 침해지역의 자원이 고갈된 상황을 고려해 재난사건부록은 지원요청 이전에 전진배치를 사전에 실시하도록 제시하고 있다.[3]

재난대응의 실패로 카트리나에 대한 분석과 개선을 위한 새로운 대응계획의 도입이 요구됨에 따라 국가대응계획이 수정되었다. 국가대응계획의 수정이슈는 핵심조직, 지위, 그리고 각 주정부의 역할과 책임의 구체화, 주정부와 민간영역의 강화된 역할, 국가사고관리체제의 개념, 원칙, 용어, 시스템, 그리고 조직화과정 등 총 17가지가 포함된다. 이러한 수정이슈를 바탕으로 국가대응계획은 국가대응체계로 발전하게 된다. 여기서 미국의 국가위기관리시스템의 특징을 요약하자면 다음과 같다.

첫째, 위기관리는 영역구분이 있으며, 주관기관이 지정되어 있다. 그

3 2006년 5월 상원위원회 카트리나 보고자료 참조.

러나 국토안보부와 연방재난관리청 간에는 업무중복이 발생할 가능성이 매우 높다.

둘째, 국가안전보장회의의 경우 안보정책의 일관성을 유지하고 정책 집행의 효율성을 촉진하고 있다. 대통령의 성향에 따라 조직의 변화가 있지만 안보를 다루는 기본임무에는 변화가 없으며, 일관성을 유지하면서 효율성과 융통성을 제고하는 방향으로 추진된다.

셋째, 재난관리는 각자의 임무와 역할, 권한 등이 규정되어 있으며, 재난의 예방과 대응을 위한 상설기구가 확립되어 있다. 즉 연방정부와 지방정부차원에서 각각의 재난대응절차가 아주 세밀하게 체계화되어 있다.

넷째, 국토안보부를 창설해 운영하고 있다. 새로운 안보위협에 능동적으로 대응하고 있는 조직으로서 다른 국가에 선도적 역할을 담당하고 있다.

다섯째, 법적 · 제도적 측면에서 잘 완비되어 있으며, 국가위기관리기관들 간 유기적 네트워크가 구축되어 있다.

그리고 미국은 국가위기관리에 있어 개인과 기업에 대한 구제사업은 적십자사가 맡고, 지방정부시설에 대한 복구사업은 연방정부가 담당하는 이원체제로 발전하였다. 1690년대 후반 이후 1970년대를 거치면서 의회는 재난발생 시 개인과 기업에 대한 피해복구에 있어서 연방정부의 지원을 지속적으로 확대해왔다.

오늘날 연방재난관리청의 효과적 기능수행을 저해하는 이유는 무엇보다 포괄적 재난관리 및 통합재난관리체계의 기능수행에 있어서 불안정한 환경 제공이 원인으로 생각된다. 또한 정부 간 관계에서 부족한 재정확보가 연방재난관리청의 기능수행을 저해하는 중요한 요인이라 볼 수 있다. 즉, 재난관리에 있어서 연방재난관리청과 주정부 및 지방정부 간의 재정분배문제가 상이한 재원의 지원과 협력을 위하여 상호 간 잠재적 갈등과 긴장을 증폭시킬 수 있는 것이다. 지금까지 재난관리는 주정부의 재난관리기관이 프로그램을 수행하는 데 필요한 대부분의 재원을 연방보조금에 의존하고 있다는 큰 문제가 있다. 대부분의 주정부들이 연방보조금을 포함해 재난관리영역에 투입하는 예산이 3백만 달러 이상을 산정하지 못한 상태에 있었다.

이와 같이 대부분 주정부의 재난예산은 재원의 2/3 이상이 연방보조금에 의존하고 있다는 것을 의미한다. 이것은 바로 주정부와 지방정부의 실질적인 재난관리능력 역시 통합재난관리체계 및 기능적인 측면에서 많은 영향을 미치는 요인이 된다. 특히 무엇보다도 주정부차원에서 재난대응을 위한 필수적인 기획, 인사, 재정, 운영절차 등이 취약하다. 미국의 43개 주정부를 대상으로 한 연구는 주정부수준에서의 재난관리기구를 대상으로 할 때 독자적으로 운영되고 있지만, 연방정부에 의해 재정지원을 받지 않는 평균 수는 5개 주정부에 한정되었다는 데 비판적인 시각을 갖는다. 게다가 6개 주정부를 대상으로 하는 심층연구에서는 중요 재난이 발생한 주정부에서 효과적인 대응을 위한 필수불가결한 의사소통, 인사, 재정, 운영절차 등에 많은 문제가 있음을 지적하였다.

이처럼 재난관리의 문제점을 종합적으로 본다면, 재난관리시스템에 대한 주정부의 기획, 훈련, 집행능력 등에서 거의 대부분의 점검요인으로 취약점을 보이고 있다. 왜냐하면 주정부와 지방정부는 재난관리시스템을 운영하는 데 필요한 재원과 독자적인 예산을 충분히 확보하지 못했기 때문이다. 또한 주정부와 지방정부는 연방정부에 재정적인 의존도가 높기 때문에 독립적인 재난훈련과 프로그램 등을 운영 및 개발하는 데 자율성을 갖고 추진할 수 없다. 앞으로 이러한 재정적인 문제가 해결되기 위해서는 재난관리를 근시적인 접근이 아니라 거시적인 측면에서 바라보고 주정부와 지방정부가 필요한 재원확보를 위하여 끊임없이 노력하는 것이 바람직하다.

제6절 국가재난관리의 방향과 변화

미국의 대응계획은 카트리나 재난을 계기로 국가대응계획(NRP: National Response Plan)에서 국가대응체계(NRF: National Response Framework)로 전환되었다. 기본적인 차이는 계획에 대한 개념이 '계획(Plan)'에서 '체계(Framework)'로 변경된 것이다. 즉, 국가재난대응체계는 카트리나 재난대응경험에서 나타난 각종 문제점을 보완하기 위하여 새롭게 수립된 국가대응체계이다. 따라서 국가재난관리는 이전의 계획과 상이한 Plan의 개념이 아닌 Framework의 개념을 사용하고 있는데 이는 신축성과 적응력을 확보하기 위한 것이다. [그림 3-6]에서 보듯이 미국은 대형재난사건이 발생할 때마다 새로운 재난대응체계의 설립과 행정기관의 역할 및 기능에 변화를 보이고 있다. 국가재난대응체계는 테러를 포함

그림 3-6 미국의 제도변화에 따른 새로운 재난대응체계 설립 형태

변화구분		형성기		변화 1기		변화 2기
재난대응 전담기관	카밀 등 발생	연방재난관리청 (FEMA)	9·11테러 발생	국토안보부 (DHS)	카트리나 발생	국토안보부 (DHS)
재난대응계획		연방대응계획 (FRP)		국가대응계획 (NRP)		국가대응체계 (NRF)
변화내용		긴급지원 (ESF) 기능		긴급지원(ESF) 기능보강		긴급지원(ESF) 기능보강 민간참여 강화

한 인적재난과 자연재해 등 모든 사고에 대해 연방정부 · 주정부 · 지방정부는 물론이고 민간분야와 비정부기구까지 적용 가능하다. 긴급상황에서 소속 기관이 달라도 효율적으로 협업할 수 있도록 마련한 기준인 셈이다. 그리고 재난사고현장에서 원활히 대응할 수 있도록 긴급지원기능(ESF)[4]을 명확히 하였다(미니투데이, 2015.07.03).

1. 국가재난대응체계의 진화

국가재난대응계획의 내용이 명확하지 않고 이해하기 어려웠기 때문에 재난대응 시 실행하기 쉬운 구조로 변화시켰고 국가재난관리시스템과 연동이 가능하도록 재설계하였다. 주요 내용은 계획수립단계부터 민간분야 등을 폭넓게 참여시키고 민간과 파트너십을 강화하며 합동현장사무소의 조정기능을 강화하기 위해 일원화된 조정그룹(UCG: Unified Coordination Group and Staff) 형태로 운영하는 것이다. 국가재난대응체계는 국가차원에서 국가재난에 효과적으로 대응하기 위해서 정부조직, 비정부조직, 개별 민간부문과 협력을 위한 역할 및 책임을 강화하는 것이다. 또한 재난발생 시 인명구조, 자원 및 환경보호 등에 미리 계획된 긴급대응계획 수립 및 복구 지원 등을 체계화하고 있다.

이처럼 국가재난대응체계는 모든 종류의 위험에 어떻게 대응하느냐를 보여주는 일종의 안내서이다. 즉 국가재난대응체계는 모든 단위의 정부

4 미국의 긴급지원기능분야는 ① 교통, ② 통신, ③ 공공업무 및 엔지니어링, ④ 소방, ⑤ 재난관리, ⑥ 대규모 사상자 관리, 긴급지원, 주거 및 복지서비스, ⑦ 물류관리, 자원지원, ⑧ 공공보건, 의료서비스, ⑨ 수색, 구조, ⑩ 기름 등 위험물 대응, ⑪ 농업, 천연자원, ⑫ 에너지, ⑬ 공공안전, 안보, ⑭ 지역사회 복구, ⑮ 외교분야 등 분야별 사고에 대해 주무부서 및 지원부서 간 책임성을 명확히 하기 위한 것이다.

기관, NGO, 민간분야를 상호 간에 연결시키면서 미국 전체에 걸쳐 핵심적인 역할과 책임을 투명화하고, 신축적이고 적응력 있게 통합 · 조정할 수 있는 기본적인 도구이다. 여기에 규정된 대응원리는 약속된 파트너십, 층화된 대응, 측정할 수 있고, 신축적이며, 적응력이 있는 작전수행능력, 일원화된 통제를 통한 조화의 노력, 행동할 준비 등으로 구성되어 있고, 특히 조직 간 파트너십을 강조하고 있다.

국가재난대응체계는 자연, 인적 재난 및 테러 등 모든 유형의 재난으로부터 미국의 국토안보를 최우선으로 수립되었으며, 모든 연방부처 및 재난관리 책임기관들의 역할, 재난상황관리 및 지원활동, 재난정보수집체계, 공동협력을 위한 정보공유체계, 기관 간 의견조정구조 등을 포함한다. 국토안보부와 연방재난관리청은 재난발생 시 국가재난대응을 통합 지휘하며, 각 연방부처 및 기관은 국가재난대응체계에 규정된 15개 긴급지원기능에 따라 소관기능별로 주정부와 지방정부 및 다른 연방기관들에 재난대응에 필요한 자원 및 프로그램을 지원하고 있다.

또한 미국의 주정부 및 시정부는 국가재난대응체계와 유사한 구조로 각각 지역재난협력계획 및 시대응계획을 수립하여 재난발생 시 긴급지원 및 기능별로 연방정부의 체계적인 연계를 통해 재난대응을 하고 있다. 국가재난대응체계의 긴급지원기능은 약간의 명칭변경을 제외하곤 국가대응계획과 대체로 유사하다.

국가사고관리체제는 사고의 원인, 크기, 장소 또는 복잡한 정도에 관계없이 모든 유형의 재난사고관리에 적용된다. 국가재난대응체계는 국가사고관리체제에 기초해 개발된 미국 내에서 발생한 모든 유형의 재난관리계획이다. 따라서 국가재난대응체계는 주 및 지방의 재난대응활동과 관련해 연방정부의 지원을 신속하고 효과적으로 전달할 수 있도록 재난대응을 위한 국가수준의 정책과 실행을 위한 구조 및 메커니즘을 제공하는 역할을 한다. 또 조정을 필요로 하는 연방공동대응의 사고수습을 위해서 국가재난대응체계는 단 하나의 빈틈없는 국가재난대응의 틀로 통합하기 위한 기준과 절차를 제시한다.

연방 · 주 · 지방 및 현장과의 자원조정은 국가대응계획과 유사하게 운용되고 있다. 국가재난대응체계에서 보강된 조정기능은 합동현장사무소의 기능이다. 국가재난대응체계 중심으로 볼 때, 국토안보부와 연방재난관리청의 책임기능 또는 공동책임기능은 10개로 분류할 수 있다.[5] 이 기능은 국가대응계획에 국토안보부가 담당하는 9개의 기능을 추가한 것으로 총괄기능을 더욱 강화하였다.

미국에서의 재난대응네트워크 변화는 재난대응에서 나타난 문제점을 보완하는 경향이 있다. 연방재해자원본부가 연방재난관리청으로 변경되면서 분산되었던 기능을 통합해 전담조직으로서 기능을 강화하였다. 9 · 11 테러를 계기로 국토안보부가 설치되면서 그 통합기능은 더욱 강화되었고, 전담기관의 총괄기능을 확보하게 되었으며, 연방과 지방 간 그리고 민간과의 협력관계가 강화되는 방향으로 진행되고 있다. 그 사례로 최초 연방정부의 대응이 9 · 11 테러를 계기로 보완되면서 국가대응계획으로 변화하였고, 카트리나 재난을 계기로 국가대응체계로 발전되었다. 특히 재난대응체계는 기존의 연방단위대응계획에 비하여 조직 간 연계성을 대폭 보완하였다. 이를 정리하면 다음과 같다.

5 NRF 15개 긴급지원기능 중 국토안보부와 연방재난관리청 관련 기능은 통신 및 정보기술(ESF 2), 공통 토목공사 및 기술지원(ESF 3), 소방대응(ESF 4), 재난상황관리(ESF 5), 재해구호(ESF 6), 구조탐색(ESF 9), 위험물 대응(ESF 10), 치안 및 안보(ESF 13), 경제안정 및 공동체 복구(ESF 14), 대외협력 및 공보 기능(ESF 15)이다(FEMA NRF Resources center).

먼저 형성기의 연방재난관리청과 국가대응계획의 기능은 큰 변화 없이 국토안보부의 국가대응계획기능으로 경로를 선택했으며, 기존의 자연재난 중심에서 대테러 대비능력 보강을 위해 필요한 조직을 강화시켰다. 또한 대응계획의 긴급지원기능에 3개 기능을 추가하였고 국가사고관리체계를 통해서 재난대응조직 간 표준화가 이뤄졌다. 다음으로 카트리나 재난 이후에는 이전의 계획과는 달리 Plan 개념이 아닌 Framework 개념을 도입했으며, 재난대응의 신축성과 적응력을 확보하는 개념으로 변화를 주었다.

이전의 계획서인 NRP의 내용이 명확하지 않고 이해하기 어려웠기 때문에 그러한 점들을 보완해 재난대응에 실행하기 쉬운 구조로 변화시켰고 국가사고관리체계에 맞게 재구조화하였다. 특히 제도보완의 주요 내용은 계획수립단계부터 민간분야 등을 폭넓게 참여시키고 민간과 파트너십을 강화하면서 합동현장사무소의 조정기능을 일원화된 조정그룹 형태로 운영하게 되었다. 변화2기의 대응계획인 국가재난대응체계의 경우는 재난실행력을 높이기 위하여 많은 참여자들의 의견수렴을 통해 수정 · 보완되는 절차적 작업을 병행하였다.

미국 회계감사원인 GAO 보고서에 따르면 카트리나 재난대응에 드러난 문제점을 시정하기 위하여 국토안보부는 12개 분야의 709명이 자문기능을 수행하였다. 이들의 주요 임무는 대형재난계획, 통신, 대피와 임시거주처, 사고관리와 협조, 국가사고관리체계, 역할과 책임, 훈련과 집행, 자원봉사와 기부관리 등을 보완하는 것이다(신용식, 2010: 178-179).

2. 미국 국가재난관리시스템의 시사점

미국의 연방정부 재난관리는 국가재난대응체계를 기반으로 구축되었다. 국가재난대응체계는 모든 재난유형의 피해상황에 대하여 공통적으로 대응할 수 있는 국가재난관리의 조직체계를 연방정부(Federal)－주정부(State)－지방정부(Local)의 연계를 통한 긴급운용센터 조직구성체계의 일관성을 유지하고 있다.

주정부와 지방정부가 비상사태대처계획을 수립할 경우에 중앙정부와 지방정부 간의 연계기능을 원활하게 하기 위하여 긴급지원기능별로 연계하고 있다. 긴급지원기능별로 지방정부는 필요한 행정과 자원에 대해 주정부에 요청하고, 주정부는 지방정부의 요청에 따라 지원하는 체계를 마련하고 있다.

미국은 국가재난관리체계에 국가재난관리 기본프레임워크를 제시함으로써 주정부와 지방정부에서 기본프레임워크에 따른 재난관리체계 및 조직체계 등을 구성한다. 또한 모든 재난상황에 대비하기 위하여 공통의 비상사태대처계획을 수립하고 있다. 국가안전관리기본계획에 유형별 재난대책을 수립하기 때문에 중복되는 재난대책이 많고 국가안전관리기본계획의 활용도가 낮다. 따라서 재난대책에 대한 공통된 재난대책을 중심으로 국가안전관리계획을 수립한다. 미국은 국가안전관리 기본계획수립 및 재난유형을 다음과 같이 분류하고 있다(〈표 3－10〉 참조〉).

미국은 9 · 11 테러 이후, 테러의 위협으로부터 국토와 국민을 보호하기 위한 수단으로 국토방위(homeland security)라는 개념을 확대시켰다. 이는 미국의 위기관리 대상영역이 9 · 11 테러 이후 테러 등 안보영역을 중심으로 기타 재난관리영역까지 확장되었음을 의미한다. 소수 비판론

표 3-10 국가안전관리기본계획 수립 재난 유형

구분	계획 수립 재난 유형	
유형별 재난관리대책	• 풍수해대책 • 가뭄재난대책 • 해일대책 • 항공재난대책 • 도로재난대책 • 방사능방재대책 • 전기 · 유류 · 가스재난대책 • 폭발 · 대형화재대책	• 설해대책 • 지진재난대책 • 황사대책 • 철도대책 • 해상재난대책 • 건축물 등 시설물재난대책 • 독극물 · 환경오염사고대책 • 산업재난대책
해외 재난관리대책	• 재외공간 등 해외재난대책 • 북한방문 등 국민안전대책 • 해외재난사상자 지원대책	• 해외관광객 안전대책 • 해외진출기업체 재난대책
기타 중요 재난관리 대책	• 재난방송대책 • 유 · 도선 안전대책 • 산불방지대책 • 수리시설 및 방조제 재난대책 • 보육시설 등 안전대책 • 문화 · 레저 관련시설 안전대책 • 군인력 · 장비지원 및 자체시설 재난대책	• 방재기상대책 • 생물재난대책 • 문화재안전대책 • 교통안전대책 • 어린이안전 종합대책

출처: 정덕훈 외(2008). 국가안전관리계획 기능 강화 방안 연구. 행정안전부, p. 30.

자들에 의하면 미국은 국민방위와 국민보호의 개념을 포괄하는 넓은 의미로서의 국토방위 개념을 사용했지만 이는 이전 국민방위 개념의 재사용이라고 폄하하고 있다. 또한 비판론자들은 9 · 11 테러 이후 미국국토안보의 중심이 자연재해에서 대테러전쟁으로 이동하였고, 이로 인해 카트리나 사태와 같은 문제에 대응하지 못했다는 것이다(정지범, 2010).

미국은 대부분의 공적 업무와 마찬가지로 위기관리 역시 주정부와 지방정부를 중심으로 이루어져 왔다. 최근 미국의 위기관리에 있어서 연

방정부의 역할은 방관자에서 즉각적인 대응자이자 예산의 후원자로, 더 나아가 위기관리의 최고책임자로 발전하였다(Schwab, Eschelbach, & Brower, 2007).

미국 정부가 마련한 각종 비구조적 대책이 현장에서 실효성을 발휘하려면 정확한 기초 데이터에 의한 재난인프라가 구축되고 이를 활용할 수 있어야 한다. 예를 들면, 집중호우로 인한 범람의 위험성이 있을 때 주민들을 대피시키기 위해서는 강수량에 의한 범람의 범위를 과학적으로 정확히 측정할 수 있어야 한다. 미국은 카트리나 피해 이후 자연재해대책법에서 규정하고 있는 침수흔적도, 침수예상도(홍수 또는 해일), 재해정보지도 등 각종 지도를 디지털로 제작하고 국민들에게 제공하여 활용할 수 있도록 하였다.

또 미국은 지역별 재난위험평가에 따라 재해빈도를 결정하고 이에 근거한 홍수지도, 지형지도, 토양지도, 위치도 등을 제작하고 디지털화하여 활용하고 있다. 이런 전자지도는 재난담당자가 강수량에 따라 홍수범람지역을 파악한 후 침수대상지역 주민을 대피시키는 데 이용한다. 그리고 인터넷에 공개하는 홍수지도 및 전자지도는 건축물의 구조와 형태, 그에 따른 침수 등 재난위험성을 파악할 수 있도록 제작되어 홍수보험료 산출의 기초가 되고 있다.

그 밖에 건축물 구입 시 모기지론융자 가능성, 실거래가격과 관련한 인근 건축물의 6개월간 실거래내역, 이에 따른 세원의 포착, 투명한 부동산관리 등 사회적 기능들이 연결되어 있다. 이에 따라 건축물 구매자가 대상 건축물의 위험성, 보험료 등을 고려해 재난위험성이 적은 지역의 건축물을 구입하는 데 도움을 준다.

제4장

영국

제1절 영국의 국가위기관리시스템 현황과 운영

독일의 저명한 사회학자 울리히 벡(Ulrich Beck)은 그의 저서 《위험사회(*Risk Society*)》에서 현대사회를 문명의 화산 위에서 살아가는 위험사회(Risk Society)라고 규정하였다. 그는 문명의 발달이 역설적으로 불확실성(uncertainty), 복잡성(complexity), 다양성(multiplicity)을 증대시키는 결과를 가져올 수 있다고 본다. 이에 따라 기술발전의 잠재적 위험성 또는 그 결과를 정확히 예측할 수 없다고 주장한다(Beck U, 1992: 51). 이처럼 현대사회에서 완전한 위기예방이란 있을 수 없으며, 위기는 반드시 발생할 수밖에 없다는 전제하에 위기발생 시 신속히 일상으로 복귀하는 회복력(resilience)이 중요하다.

또한 영국은 제2차 세계대전 이후 1948년에 제정된 민방위법(Civil Defence Act)을 근거로 유럽국가들과 협력해 국가위기관리를 운영하고 있으며(이재은 외, 2006: 579; O' Brien G. & Read. P., 2005: 353-361), 신설된 '국가위기관리법 2004'를 기본법으로 통합위기관리체계(IEM: Integrated Emergency Management)가 강조되었다. 동 민방위법 제9조 제1항은 민방위(civil defence)의 개념을 "적군 전체 또는 일부의 군사적 침략으로부터 방어하는 행위 또는 이를 허용하지 않기 위한, 실제 전투상황에 이르지 않는 공격 시 또는 공격 후 이루어지는 대비책"이라고 정의하고 있다.

그림 4-1 영국 국민재해사무국의 조직도

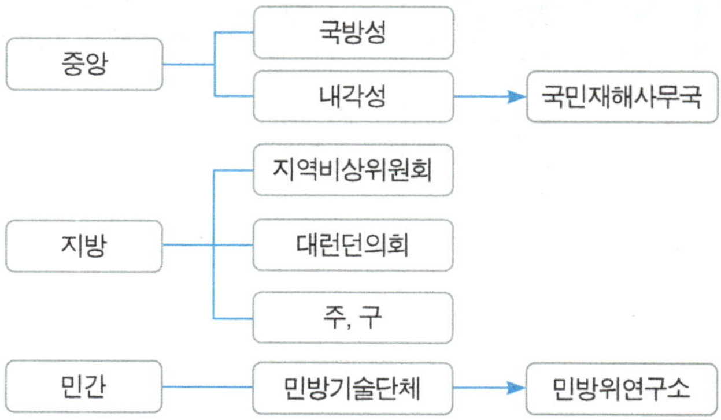

출처: 박덕근(2007). 외국의 재난관리기능: 조직별·단계별 핵심기능을 중심으로. 충북대학교 국가위기관리연구소 학술세미나, p. 18.

민방위법의 주된 목적은 냉전시대가 도래하면서 구소련의 핵공격 가능성에 대비한 국가방어체제를 설립하기 위한 것이었다. 특히 지방자치단체(Local Authorities)가 적으로부터 공격을 받을 경우에 주민들을 보호하기 위한 민방위 개념에 법적 의무를 부과한 것이 특징이라고 할 수 있다. 영국은 민방위활동을 중앙정부와 지방정부 및 민간으로 분류해 실시하고 있다([그림 4-1] 참조). 즉 중앙은 국방성(State Department)과 내무성(Home Office)에서 정책입안과 행동지침을 제정한다. 반면에 지방정부는 지역비상위원회와 런던의회, 주와 구의 비상운영센터를 중심으로 민방위업무를 집행한다. 그리고 민간에서는 1938년 설립된 민방기술단체가 민방위연구소로 명칭을 변경해서 민방위분야에 관한 의회간행물 발간, 재난기금 지원 등의 활동을 수행하고 있다(박덕근, 2007: 18).

표 4-1 영국의 위기관리 관련 법률의 변화 및 발전

법률	내용
지방자치단체법(1972년) (Local Government Act 1972)	대규모 재난상황이 발생하거나 목전에 있는 경우 예산을 지출할 수 있는 권한이 지방자치단체에 부여됨
중대산업재해 위험성 통제규칙(1984년) (CIMAH: The Control of Industrial Major Accident Hazards Regulations)	산업재해를 대비한 주민대피계획 등 비상계획 수립의무가 경찰, 소방 등 관계기관과 합동으로 지방정부에 부여됨
평화 시 시민보호법(1986년) (Civil Protection in Peacetime Act 1986)	재해재난의 예방 또는 발생 시 민방위자원을 사용할 수 있는 권한이 지방자치단체에 부여됨
지방자치단체 및 주택법(1989년) (Local Government and Housing Act 1989)	대규모 재난의 예방계획 수립을 위하여 예산을 지출할 수 있는 권한이 지방자치단체에 부여됨

출처: 김학경(2009). 영국의 국가위기관리체계에 관한 고찰: 우리나라 국가위기관리체계 발전을 위한 시사점 중심으로. 경찰법연구, 7(2), pp. 188-189.

이와 같이 영국은 중앙정부의 내각성에 국민재해사무국(CCS: The Civil Contingencies Secretariat)을 두고 있다. 국민재해사무국은 5개 영역, 즉 협력프로그램, 국가회복구조, 통신과 교육, 능력관리, 평가 등으로 분리해 운영되고 있다(박덕근, 2007: 19). 하지만 민방위 위주의 영국 국가위기관리체계는 가중된 경제위기로 인한 운용자원의 부족을 경험하게 되었고, 1970년대부터 급격하게 증가한 인적 재난[1] 등의 요인으로 국가위기관리체계는 큰 변화를 겪게 되었다(이재은 외, 2006: 579-590). 1948년

1 영국의 1980년대는 재난의 해(decade of disasters)라고 불릴 만큼 많은 인재(man-made disasters)가 발생하였다. 1987년에 런던 킹스크로스(King's Cross) 지하철역에서 화재사건이 발생하여 약 30명의 사상자가 발생한 데 이어 같은 해 영국과 벨기에를 운항하는 제비뤼헤(Zeebruge) 유람선이 침몰하여 약 200명의 승객이 사망하였다. 1989년에는 스코틀랜드 지역에서 팬암 여객기 테러사건이 발생하여 약 300명의 사망자가 발생하기도 하였다.

민방위법 이후 제정된 영국의 재난대응에 관련해 제정된 법의 변화 및 발전과정을 정리하면 다음과 같다(〈표 4-1〉 참조).

영국에서 '국가비상관리법(CCA: Civil Contingencies Act 2004)'이 기본법으로 제정 · 운영되면서 '지시와 통제(command and control)'라는 전통적 위기관리체계에서 탈피해 재난발생 시 일차적으로 지역 내에서 대응기관 간 '조정과 협조(coordination and cooperation)'를 중시하는 '통합위기관리체제(IEM: Integrated Emergency Management)'를 채택하였다. 일찍이 영국은 민주주의가 발전하여 지방자치가 확고하게 정착된 국가이며, 서구 선진국 중에서도 국민의 자치의식이 매우 높다. 따라서 영국은 위기와 재난에 따른 대비 및 대응에 있어서 지역사회의 재난관리기관인 경찰서, 소방서, 구급 서비스, 지방자치단체 등이 상호 협력적 관계를 원활히 유지하고 있다.

원칙적으로 중앙정부는 지역에 대한 직접적인 개입 없이 큰 틀의 가이드라인을 제시한다. 중앙정부는 지역단위 재난대비와 대응을 강조하면서 조정과 지원을 하는 것을 법규로 명시하여 지역대응기관 간 정보공유와 협력해야 한다는 것을 법적 의무규정으로 제정하였다(안철현 외, 2011). 앞에서 이미 언급했지만 거의 50년간 영국의 국가위기관리체계로 유지되었던 민방위법이 폐지되면서 포괄적 안보 개념을 적용한 국가비상관리법이 제정되었다. 그 결과 지역단위를 기반으로 하는 통합위기관리체제가 영국 전역에 걸쳐 완벽하게 구축되었다(김학경, 2009: 187).

1. 국가비상관리법의 제정과 변화

1990년대 구소련이 붕괴됨과 동시에 냉전시대가 종식되면서 대규모 핵전쟁의 위험성이 현저히 줄어들었다. 그 결과 영국의 위기관리체계는 민방위 위주의 전통적 안보 개념에서 벗어나 다양한 위협으로부터 국민의 생명과 안전을 지키는 데 더 많은 역량을 집중시켰다. 이런 노력의 결과 1991년 내무성 주도하에 위기관리체계에 대한 재검토(Emergency planning review of 1991)가 이루어졌고, 통합위기관리체계 개념이 처음으로 도입되었다.

그 후 1992년 《재해대응전략(Dealing with Disasters)》이라는 영국의 공식적인 국가위기관리 지침서가 출판되면서 통합위기관리체계가 본격적으로 확립되기 시작하였다(Hils, A. E. 1998: 162-170). 법률상으로는 1948년 제정된 민방위법이 영국 국가위기관리체계의 근간을 이루는 모법이었다. 특히 인적 · 자연적 재난에 대한 대비의무가 지방자치단체에게 법적으로 규정되지 않은 것이 한계로 작용하였다. 즉 민방위업무만이 지방자치단체의 법적인 의무이고 재난재해로부터 지역주민을 보호하는 업무는 의무사항이 아닌 단지 지역주민을 위한 일반적인 봉사의무에 불과하였다.

2000년 초에 Y2K 위기, 홍수, 연료위기, 구제역 파동이라는 국가적 재난위기[2]를 겪으면서 영국의 위기관리체계는 '시민보호(civil protection)'라는 대명제하에 민방위뿐만 아니라 재난, 재해, 테러, 사회기반시설 마비행위 등을 포함한 포괄적인 안보 개념체제로 변화되기 시작했다(O'

2 Y2K 위기로 인하여 중앙정부가 민간사업체에게 위기상황과 관련하여 지시와 명령을 할 수 있는 법적 근거의 필요성이 대두되고, 홍수위기로 인하여 공익사업체(전기수도가스회사, 철도회사, 통신회사 등)와의 위기관리체계 통합 필요성이 제기되었다. 또 연료위기로 인하여 영국의 에너지공급체계의 위기관리에 문제점이 지적되어 기업의 업무연속성 계획(BCP: Business Continuity Plan) 등의 필요성이 대두되었다. 마지막으로 구제역 파동으로 인하여 정부부처 간의 업무를 효과적으로 조정할 수 있는 새로운 기관이 필요하다는 점이 제기되었다.

Brien, G. 2006: 63-85).

이와 같이 변화의 시작은 중앙부처의 업무조정에서부터 나타나기 시작하였다. 이미 앞에서 언급했던 것처럼 영국은 중앙정부수준의 통일적인 위기관리정책을 수립하기 위하여 2001년 7월 내각(Cabinet Office)에 '민간비상대비사무처(CCS: Civil Contingencies Secretariat)'를 신설했다. [그림 4-2]와 같이 민간비상대비사무처의 조직은 협력프로그램, 국가회복구조, 통신과 교육, 능력관리, 평가 등으로 구성되었다. 동시에 민간비상대비사무처가 내무성으로부터 위기대비대응복구의 전반적인 책임과 권한을 부여받았다. 국가위기관리사무처는 "수상(Prime Minister)과 내각을 지원하면서 정부부처 여러 곳에 산재되어 있는 위기관리의 권한과 책임을 통합하여 위기로부터 신속히 대응하고 복구하는 것"을 목적으로 하고 있다.

민간비상대비사무처의 주요 기능은 다음과 같다(유현정 외, 2009: 109). 첫째, 비상상황 및 재난으로부터 학습한 것을 잘 처리하고 효과적으로 계획한다. 둘째, 미래 발생 가능한 위험요소를 예측 및 구분하고, 필요한 조

그림 4-2 민간비상대비사무처의 조직도

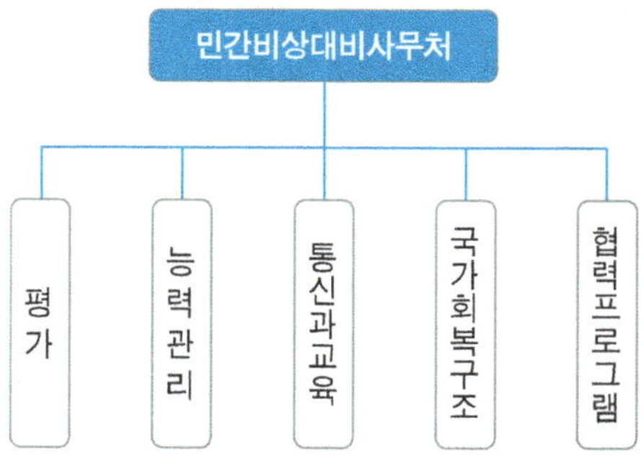

출처: 박덕근(2007). 같은 자료, p. 19에서 재구성.

정수단과 위험요소를 처리할 때 담당부서를 지원한다. 셋째, 모든 사람들이 재난복구에 관심을 갖도록 환경을 조성한다. 넷째, 지방과 관련된 비상대비의무사항을 다루는 비상대비계획 법제화를 재검토한다.

민간비상대비사무처의 직제에 따른 주요 기능에 대해서는 다음과 같이 설명할 수 있다. ① 중앙센터의 기능에는 인적자원관리, 사업조정/계획, 프로그램관리, 접촉자명단관리, 민간비상대비사무처 비서실 운영/등록, 전국복구투자/회계감사, 시민프로그램관리, 경쟁력 강화 등이 포함된다. ② 평가 및 기획팀은 평가(수평적 진단, 전면 재평가), 위기관리계획, 정책제공시행계획 작성, 국내의 파괴적인 주요 위험요소 발생 감지 등을 한다. ③ 자원관리/지원팀은 인력선발지원, 합동계획/자문팀 운영, 정부정책사업계획, 비상시 지원 및 연락, 훈련계획 등을 행한다. ④ 정보획득팀은 정보조정센터, 국가경보시스템, 민간비상대비사무처(CCS) 인터넷/인트라넷, CCS지 발간, 비상기획대학/국가복구센터, 세미나 및 전시회, 여론연구 등을 한다. ⑤ 전략적 재난복구팀은 복구정책 및 법제화, 개방적 복구기준 설정, 비상계획 재검토 및 기타 지역 등에 행정기능 이전 등의 기능을 수행한다.

영국은 전 세계에 식민지를 건설하여 세계경영의 다양한 경험을 쌓았다. 한편 제1, 2차 세계대전의 전승국으로 전쟁의 폐해에 대한 국민적 공감대가 형성되어 있다. 9 · 11 테러사태 이후에는 미국과 함께 대테러전의 수행에 적극적인 조치를 취하여 알카에다의 직접 공격대상국가로 자주 부각되었다. 이처럼 2005년 7 · 7 런던 지하철 테러사태 등을 겪은 경험이 있으며, 범정부차원에서 국가위기에 대한 대처를 강화하였다. 테러상황에 대비해 영국은 2002년에 개정된 민방위법을 기반으로 주변의 NATO 국가들과 연계 및 협조를 통한 국가위기관리체제를 운영하고 있다(이재은 외, 2006: 579).

영국은 산업선진국 및 세계질서를 주도하는 강대국으로 인식되어 있으며 지구온난화, 국제테러, 금융질서 재편, 에너지, 국제환경오염 등 글로벌 이슈에 대해 많은 관심을 갖고 정책준비 및 대응을 하고 있다. 그런데 여타 국가와 달리 비상대비업무 및 초기대응의 주체가 지역 및 지방이어서 영국 본토를 비롯하여 스코틀랜드, 웨일즈, 북아일랜드 등 지역별로 위기관리체계가 독립적으로 운영되고 있다.

영국은 위기관리에 대한 국민적 관심이 상당히 높다. 따라서 위기관리의 종류도 포괄적이고 광범위하게 설정되어 있다. 영국이 긴급사태로 간주하는 범주는 홍수 및 가뭄, 전염병 등이 포함된 주민건강, 테러리즘, 교통사고, 동식물 관련 질병, 국제적 사건, 산업기술사건, 구조적 사건, 환경오염, 화재, 뉴스매체요소 등으로 다양하다. 이에 따라 대응책 역시 전방위적 위기관리태세를 지향하고 이에 맞는 체계를 구축하고 있다(김녹범, 2011: 35).

통합위기관리체제를 추구하는 영국의 국가위기관리법은 모든 재난을 완벽하게 예방할 수는 없다는 인식하에 재난 이후 회복력(resilience)에 집중하려는 모습을 보인다. 또한 우선적 지역단위의 재난대비와 대응을 강조해 중앙정부는 조정과 지원을 담당한다는 점을 법령으로 명시하고, 지역대응기관 간 정보공유와 협력을 법적 의무사항으로 명시하고 있다(안철현 외, 2011).

영국의 위기대응 관련 주요 조직은 중앙정부의 위기관리조직과 지방정부의 위기관리조직 등으로 구분된다. 중앙정부의 위기관리조직은 지방정부의 역량을 넘어서는 위기상황에 대한 지원계획수립에 중점을 두고 있으며, 지방정부의 위기관리조직은 현장대응능력에 중점을 둔 조직으로 구성되었다. 내무성장관이 안전과 안보, 비상대비 및 대응에 전반적인 책임을 맡으며, 타 부처장관들은 내무성장관을 지원하기 위하여 특정 영역에 대한 책임과 권한을 갖는다(정지범, 2009: 282).

국가위기관리사무처장은 조직운용에 대한 모든 책임을 맡고, 내각에 소속된 정보안보위기기획사무차관(Permanent Secretary, Intelligence, Security and Resilience)에게 직접 보고한다. 사무차관은 정보, 안보, 위기회복 등 관련된 문제에 대한 안보보좌관(Security Adviser)으로서 수상을 보좌하는 역할을 한다. 이와 같이 영국은 국가위기관리사무처의 주관으로 50년간 국가위기관리체계를 근거로 해왔던 민방위법을 폐지하고, 2004년에는 국가위기관리법을 제정해 새로운 방향으로 나아가고 있다(Walker, C. 2006: 33).

2. 기본위기관리계획

영국은 전시와 평시, 그리고 자연재해로 인한 비상상황 시 총체적인 관리를 시행하는 중앙부서 없이 부서별로 고유업무를 수행하면서 각 부서에 해당하는 민방위업무만 처리하며, 런던 구 및 시, 군의 지방행정체계를 활용해 주민방호계획을 수립 · 집행한다. 2001년 내무성에 민간비상대비사무처가 설립되면서 이 기구가 민방위의 중앙집행기관으로서의 역할을 한다(박덕근, 2007: 18).

기본위기관리계획 또한 이러한 체제하에 수립되고 있다. 기본위기관리계획은 중앙정부가 제시한 가이드라인을 참고해 지역별 위기관리포럼에서 수립되고 있다. 또 지역별 위기관리포럼은 지방정부, 군, 언론매체, 기업과 시민단체 등이 참여한다. 지역별 위기관리계획은 지역적 특성에 따라 효율적인 정보공유를 통하여 특성 있는 위기관리계획을 수립한다. 위기관리포럼은 위기상황발생에 대응하기 위한 구체적 지침서인 전략적 위기관리계획(strategic emergency plan)을 수립한다. 전략적 위기관리계획은 명령 및 통제 규약, 언론 공적 정보 규약, 대량 사상자 처리, 대규모 지역방재, 현장 정리, 재난기금 등의 6가지 분야로 수립된다(정지범 외, 2009: 281).

영국의 모든 부처는 국가 위기상황발생 시 위기상황에 대한 권한과 책임을 가지고 있지만 내무성이 주도적으로 위기관리업무를 수행한다. 내무성은 다양한 인적 · 사회적 위협으로부터 자국민과 영토를 보호하기 위한 모든 국가적 노력을 총괄한다. 이외에도 국경을 지키고 외국인과 관련된 모든 사항들도 내무성이 주도적으로 관리한다. 2001년에 내각에 설치된 국가위기관리사무처는 위기대응 및 복구능력을 향상시키기 위하여 각 정부부처와 지방정부 등과 긴밀한 협조를 갖는다. 또한 국가위기관리사무처의 목적은 효과적으로 위기를 식별 및 관리하며, 세계수준의 위기대응 및 복구능력을 구비함으로써 국가안전을 최우선으로 한다.

이외에 기본위기관리계획은 다음과 같은 목표를 갖고 있다(정지범 외, 2009: 282). 첫째, 관련 부처들과 다른 광범위한 조직들과의 긴밀한 연계를 통해서 문제점을 발굴, 평가, 경고한다. 둘째, 국가위기상황에 대비하여 중앙정부, 지방정부, 민간부분 등 모든 주체들이 대응준비를 한다. 셋째, 현재의 복구능력수준에서 국제수준으로 복구능력을 향상시키려는 목표를 가지고 다양한 노력을 펼친다. 넷째, 영국 전 지역에 비상대비태세를 구축하고 응집력을 높이기 위한 복구지침과 리더십을 제공한다. 다섯째, 가용인력과 자원을 효과적으로 관리한다.

제2절 중앙정부 및 지방정부의 국가위기관리시스템

1. 중앙정부의 국가위기관리시스템

영국의 중앙위기관리조직은 국가적 재난의 경우를 제외하고 지방정부를 지원하는 역할에 집중하고 있다. 또한 유관기관 간의 공조체계가 원활히 작동되어 위기관리가 전방위적이고 체계적으로 이루어지고 있는 것이 영국 위기관리시스템의 특징이다. 주무부처(LGDs: Lead Government Departments)는 중앙정부의 조정과 지원을 필요로 하는 국가위기상황 관리전반에 대해 책임을 맡는다. 영국 정부는 29개 위기상황별로 주무부처를 명시하고 있다(정지범 외, 2009: 282; 안철현 외, 2011).

영국의 위기관리체계는 '대비체계(emergency preparedness)'와 '대응 및 복구체계(emergency response and recovery)' 등으로 분류된다. 영국의 위기대비체계는 지리학적으로 지역단위(local level), 지방단위(regional level), 중앙정부단위(central government level)의 3단위로 구성되어 있다. 원칙적으로 모든 위기는 중앙정부의 직접적인 개입 없이 지역단위의 1차 핵심대응기관과 2차 협력대응기관에 의하여 다루어진다. 이는 전통적인 지방자치제도의 영향력도 있겠지만, 본질적으로 현장대응 측면에서 지역 중심의 분권화를 통한 신속성과 현장성을 확보하는 데 그 목적이 있다.

영국의 위기관리 실무총책임부서는 이미 언급한 바와 같이 내각에 설치된 비상대비사무처로 2001년 설치되어 운영 중이다. 비상대비사무처는 위기대응 및 복구를 대비하는 능력을 향상시키기 위하여 각 정부부처, 지방정부 등과 긴밀하게 협조한다. 협력기관 및 행위자들은 중앙부처, 주정부, 민간부문 전문가, 자원봉사자, 지역대표 등이 포함된다. 위기상황발생 시 지방정부의 지원요청에 따라 중앙정부는 위기 관련 조직들을 운영한다.

비상대비사무처의 또 다른 목적은 효과적으로 위기를 식별하고 관리하며, 세계수준의 위기대응 및 복구능력을 구비함으로써 국가를 안전하게 유지하는 데 있다. 비상대비사무처의 주요 기능으로는 대테러 및 재난복구업무를 포함한 비상대비업무를 수행하고, 비상사태의 파악 · 대

그림 4-3 국가위기대책위원회의 구성과 임무

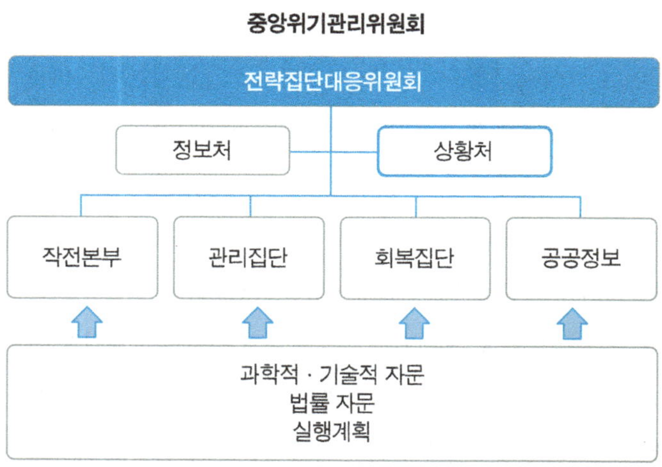

출처: Cabinet Office, UK(2010); 박동균 외(2012). 유럽지방자치단체의 재난관리시스템: 영국과 독일 사례의 특징과 시사점. 한국치안행정논집, 한국치안행정학회, 8(4), p. 62에서 재인용.

비 및 복구를 관장하는 것이다. 한편, 비상대비사무처 외에 중앙정부차원에서 책임운영기관(Government Agencies)의 지위를 갖는 국가지방행정기관으로 환경청, 해양경비청, 의료보호청, 사회보장청, 의료안전국 등이 자율적인 책임을 부여받는다. 공공부문의 실무대표기관(Public Sector Practitioner Representatives)은 지방정부협의회, 지방위기관리자협의회, 소방협의회, 앰뷸런스협의회, 비상기획협의회 등이 포함된다.

이외에도 민간부문 실무대표기관(Private Sector Practitioner Representatives)으로 기업유지연구소, 보험협의회, 손실평가협의회, 전국소매협의회가 활동하며, 자원봉사 실무대표기관(Voluntary and Community Sector Practitioner Representatives)으로 영국 적십자, 구세군, 세인트병원 앰뷸런스 등이 있다.

[그림 4-3]에서 보듯이 영국은 비상설조직으로 전략집단대응위원회(COBR: Strategy Group Contingencies Committee)를 설치하여 우선적으로 주관부처가 중앙정부차원의 지원과 협력을 제공하고, 제2단계에서 주관부처의 장이 의장이 되는 국가위기대책위원회를 구성 및 운영하고, 경계수준의 제3단계에서는 수상이 의장이 되는 국가위기대책위원회를 가동한다. 국가수준의 제2단계와 제3단계에서 국가위기대책위원회의 구성은 다음과 같이 설명될 수 있다(안철현 외, 2011).

국가위기대책위원회는 국가의 주요 위기상황에만 운영된다. 연락사무소(GLO: The Government Liaison Office)는 전략적 조정그룹이 설치된 경우 혹은 중앙정부의 대응이 요구되는 경우에 국가위기대책위원회와 현장 사이의 통신채널로 이용된다. 이때 정부담당자(GO: Government Offices)는 지역원조 및 중앙과 지역대책반 사이 정보교환채널의 역할을 담당한다. 주무부처는 국가위기상황이 중앙정부의 조정과 지원이 필요한 경우 지명된 주무부처나 위임행정부가 관리전반에 대해 책임을 맡는다.

중앙정부의 비상대비사무처 산하에 조사대응팀(Horizon Scanning and Response Team), 대응역량팀(Capabilities Team), 전략정보팀(Strategy and Communications Team), 시민안전보호 및 지역대응역량팀(Civil Contingencies Act and Local Response Capabilities Team), 국제대응팀(International Team)과 훈련운영팀(Exercises and Operations Team), 총괄지원팀(Corporate Service Team)과 비상기획연수원(The Emergency Planning College) 등 8개의 주요 위기관리대응조직이 있다. 각 조직들의 업무를 간략히 설명하면 다음과 같다.

조사대응팀은 위기상황이 감지되면 위기상황을 평가하고 관련 정보를 핵심 의사결정자들과 비상대비사무처의 관련 담당자에 전달해 통합된 대응을 전개할 수 있도록 조력하는 역할을 한다. 대응역량팀은 위기상황에 대응하는 기반조직과 시설들이 광범위한 재난에 신속하고 효과적으로 대응할 수 있도록 지원하는 역할을 한다. 전략정보팀은 비상대비사무처 임무를 일관성 있고 정확하게 수행하기 위해 비상대비사무처 처장을 직접 보좌하는 역할을 수행한다(정지범 외, 2009: 283).

시민안전보호 및 지역대응역량팀은 지역대응능력 및 지역공공시설을 보호하는 업무를 담당한다. 국제대응팀과 훈련운영팀은 정부자원의 조정과 연습프로그램 및 훈련정책을 담당한다. 총괄지원팀은 사무처 전체를 지원하는 역할을 담당한다. 비상기획연수원은 비상계획과 위기관리 훈련에 대한 전문가 양성을 담당한다(행정안전부, 2008).

이와 같이 비상대비사무처는 효율적인 위기관리체제 구축을 위하여 정책결정에 관련이 있는 여러 분야의 조직과 협력하고 있다. 여기에 참여하고 있는 기관들은 중앙부처, 주정부, 민간부문 전문가 대표, 자원봉사, 지역대표 등이 있다. 위기상황발생 시 지방정부의 지원요청에 따라 중앙정부는 위기관리조직, 연락사무소와 정부담당자들과의 협의를 통해 조직운영에 깊이 관여한다.

중앙정부의 장관은 입법권[3], 긴급지시권, 감시권[4] 등 세 가지 법적 권한을 보유하며, 이를 활용한 위기대비체제의 통일성을 구축하고 있다. 중앙정부단위의 지원과 협력은 위기의 유형에 따라 정해진 주무부처에 의하여 이루어진다. 중앙정부는 국가적 위기상황이 아니면 직접적인 조정과 통제를 행사하지 않으며, 위기대비 및 대응복구는 기본적으로 지역단위 내의 1차 협력 및 2차 핵심 대응기관, 즉 경찰, 소방, 구급, 지방자치단체 등에 의하여 이뤄진다. 중앙정부는 내각, 민방위기구를 구성하고 있으며, 지방정부에서는 지방긴급사태대비위원회로, 런던에서는 지역 내 소방재난대비기구 및 소방본부, 33개 자치구 담당자 협의체인 런던지역비상기획안이 구성되어 있으며, 런던 소방재난대비기구, 런던 소방본부가 소방관리를 담당하고 있다(행정자치부, 2008: 140). 중앙정부의 대응 및 복구단계에서도 주무부처가 중앙정부차원에서의 지원과 협력을 제공하고 있다. 중앙정부차원의 지원과 협력은 다음과 같이 세 단계로 다시 나누어진다(김학경, 2009: 197).

① 1단계(signification: 현저한 경우): 주무부처차원에서 지원과 협력 제공
② 2단계(serious: 중대한 경우): 중앙정부차원의 지원과 협력이 주무부처 주재하에 열리는 중앙위기관리위원회를 통하여 이뤄진다. 그러나 중대한 테러발생의 경우에는 1단계가 생략되고 바로 제2단계부

3 각 장관은 1차 핵심대응기관 및 2차 협력대응기관의 리스트 및 이들의 활동과 관련된 규칙(the Regulations)을 수정할 수 있다.

4 지역대응기관의 활동에 대한 정보 등을 요구할 수 있는 권한을 갖는다.

터 지원과 협력이 시작된다.

③ 3단계(catastrophic: 아주 중대한 경우): 수상이 국가위기대책위원회 회의를 주재한다.

2005년 7월 7일 런던 자살폭탄테러가 발생했을 때는 즉시 제3단계가 발효되었다. 지역단위 내에서 대규모 위기사건이 발생하여 전략적 조정그룹이 구성된 경우, 이때 만약 중앙정부차원의 지원이 필요하다고 판단되면 주무부처(또는 지방정부사무소)는 중앙정부연락팀을 전략적 조정그룹에 파견하기도 한다. 단, 테러가 발생한 경우 내무성에서 정부연락팀을 파견한다. 경찰의 역할 및 협조가 아주 중요한 테러와 같은 중대위기상황에서는 국가위기대책위원회에 고위경찰지휘관협의회(ACPO: Association of Chief Police Officers) 의장이 참석하기도 한다(Cabinet Office, 2005: 77).

2. 지방정부의 국가위기관리시스템

영국의 지방정부는 스코틀랜드(Scotland), 웨일즈(Wales), 북아일랜드(Northern Ireland), 런던을 제외한 잉글랜드가 있으며, 이들 지방정부는 국가위기관리계획을 수립하고 조직을 운영함에 있어 공통적인 부분도 있지만, 각기 지방특성에 맞게 변형되어 운영되는 부분들도 있다. 이는 1997년 노동당의 블레어 정부에서 본격적으로 자치권 이양을 추진했기 때문이다. 그러나 영국의회의 주권적 지위(constitutional sovereignty)는 유지되고 있다. 지역정부별 자치권 현황을 살펴보면, 다음과 같다.

스코틀랜드는 기본법률 및 부수법률을 제정할 수 있다. 영국의회에서 유보되지 않은 분야에서 자치권을 행사할 수 있는 네거티브 시스템으로 광범위한 권한을 행사할 수 있다. 스코틀랜드 정부예산은 영국국회에서 교부하는 보조금의 전체 90%를 차지하고 있으며, 사업용 재산세(business rates)에서 7%, 유럽연합 보조금에서 2%를 조달하고 있다.

웨일즈의 경우는 약간 다르지만 행정적 분권으로 기본 법률을 제정할 수 없으며, 영국의회가 법률로 유보한 범위 안에서 부수입법 제정권을 보유 중에 있다. 부수입법이란 시행령, 행정명령, 규칙, 제도, 시행규칙 등을 뜻한다. 실제로 권한을 행사할 수 있는 분야는 스코틀랜드와 달리 농업, 어업, 문화, 경제발전, 교육훈련, 환경, 보건, 고속도로, 주택, 산업, 지방자치, 사회복지, 스포츠, 관광, 계획기능 등으로 제한적이다.

북아일랜드는 법률상 스코틀랜드와 유사한 형태로 입법적 분권이 되었으나, 차이점은 치안, 사회안전, 교도소, 형사법 기능 등에서 아직 이양을 유보한 상태이다. 북아일랜드의 자치권은 개신교 · 통합주의자와 카톨릭 · 민족주의자 간의 분쟁 및 소위 평화과정(peace process)과 연계되어 있다.

영국의 주요 지방자치단체는 지역국가별, 단위계층별로 분류되어 있다(〈표 4-2〉 참조). 광역 지방자치단체인 런던광역시는 2000년 7월에 출범하였으며 면적 1,584㎢, 인구 750만 명의 런던 시 전역을 관할하면서 교통, 경찰, 소방 및 비상계획, 도시 전력계획, 에너지 정책 등의 기능을 수행한다. 기초자치단체인 보로(Borough)는 런던광역시 내에 런던시티 도시법인(City of London)을 포함 33개가 설치되어 있으며, 교육, 주택, 사회 서비스, 지방도로, 도서관 및 박물관, 쓰레기 수거, 환경보전 등의 기능을 수행한다. 디스트릭트(District)는 각 카운티 지역 내에 인구 약 10만 명 규모로 4~14개 정도씩 설치되어 지역계획 주거, 지방도로, 건축규

표 4-2 영국의 지방자치단체 설치 현황

지역국가		단일계층(Unitary councils)		2계층(Two-tier councils)	
		도시지역		런던	비도시지역
잉글랜드	353	광역도시권 (런던 제외)	기타지역	런던 (GLA)	27 County
		365 광역도시	55 통합시	33 Borough (시티 포함)	201 District
스코틀랜드	32	32 통합시		–	
웨일즈	22	22 통합시		–	
북아일랜드	26	26 통합시		–	
영국(UK)	433	–		–	

출처: 시도지사협의회(2016). 해외행정우수사례. 영국지방자치단체 및 지방선거 개요.

제, 환경보존, 쓰레기 수거 등의 기능을 수행한다. 1986년 맨체스터, 버밍엄, 리버풀, 셰필드, 리즈, 뉴캐슬 등 대도시 카운티(Metropolitan County)가 해체되면서 권역 내 기초단치단체가 광역기능까지 흡수해 통합적으로 수행하는 광역도시 디스트릭트(Metropolitan District)가 있다. 통합시(Unitary)는 자치단체 간 통합(광역-기초 또는 기초-기초 간)을 통해 기존 광역 및 기초자치단체의 기능을 통합적으로 수행하는 자치단체를 뜻한다.

잉글랜드 지역은 주민직선의 패리시 의회(Parish Council) 또는 타운 의회(Town Council), 웨일즈와 스코틀랜드 지역은 커뮤니티 의회(Communities Council)를 설치 · 운영하고 있다. 이와 같이 작은 자치단체를 준 지방자치단체라고 한다. 준 지방자치단체는 영국 전체 인구의 약 1/3을 관장하고 있으며, 잉글랜드에는 8,700개 정도의 패리시 의회, 스코틀랜드와 웨일즈에는 각각 1,150개와 900개 정도의 커뮤니티 의회가 있다. 패리시의 인구규모는 100명 미만에서부터 7만 명 이상까지 있으며, 500명 미만이 40%인 반면, 5,000명 이상은 10% 정도이다. 패리시 의회는 5~20명 정도의 의원들로 구성되어 있으며, 주요 기능은 가로등, 주차장 등 지역교통시설 관리, 지역계획 수립에 대한 주민의견 수렴 등이다.

지역수준의 위기상황발생 시 지역정부차원의 국가위기상황과 관련 조직은 경찰, 소방구조대, 보건기관, 지역당국 등이 있으며, 각 조직에 대하여 간략히 기술하면 다음과 같다. 즉 경찰의 역할은 긴급한 비상사태현장과 이에 대처하는 사람들의 활동을 조정한다. 소방구조대의 기본 역할은 화재와 오염물질로부터 인명을 구조하는 것이고, 지역병원(NHS hospital trust)을 위하여 방재를 수행할 수도 있다. 보건기관은 수송이 필요한 부상자를 어느 병원으로 후송할지를 결정하고 지역병원 대응현장을 조정하는 책임을 갖는다. 각 지역당국은 위기상황에서 비상기획과 대처방안의 우선순위를 조정하고 촉진한다(양기근, 2011: 290-291).

전통적으로 경찰이 의장역할을 수행하는 지역위기회복포럼(LRF: Local Resilience Forum)은 경찰행정구역에 의해 42개로 구분되고, 1차 핵심대응기관이 필수적으로 참여하도록 하고 있다. 주요 대응기관 간에는 정보공유와 협력을 하며, 지휘권과 통제권은 없다. '지방위기회복팀(RRT: Regional Resilience Team)'이 정부사무소(Government Office) 내에 위치한 지방위기회복포럼의 사무업무(secretariat)를 맡는다. 반면, 지역별 위기관리포럼(RRF: Regional Resilience Forum)은 42개 지역을 9개의 지방단위로 구분해 설치된 지방정부사무소의 소장이 의장역할을 한다. 각 지방단위는 지역대응기관 대표자로서 구성하되 지역별 위기관리포럼과 유사한 활동을 하며, 지휘권과 통제권이 없는 것이 특징이다([그림 4-4] 참조).

그림 4-4 영국의 국가위기관리대응 체계도

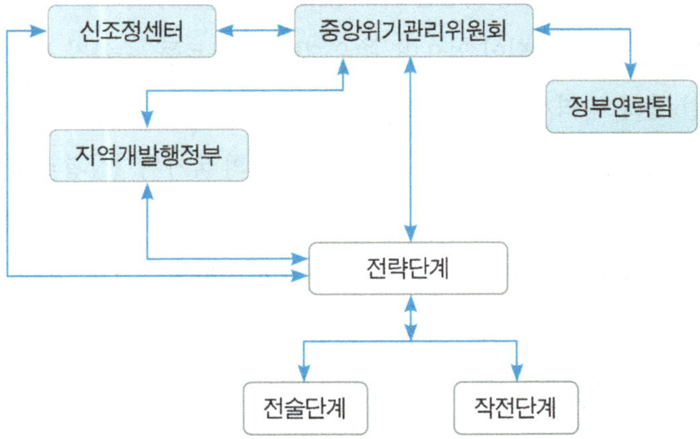

출처: Cabinet Office, UK(2010). p. 69.

그 밖에 지방행정기관(Devolved Administrations)으로 스코틀랜드국, 웨일즈국, 북아일랜드국 등 국가의 지방행정기관 역할도 수행하면서 지방정부의 집행기관으로서 각 지역의 지방분권적 지위를 가진 지방행정기관에서 재난관리에 참여한다(박동균 외, 2012: 63). 대표적인 비상시 조직으로 전략적 조정그룹은 1차 핵심 및 2차 협력 대응기관, 공통적인 대응방법을 공유하여 현장임무나 전술적 전략적 관리에 대한 정보를 공유한다. 한편, 지방위기대책위원회(Regional Civil Contingencies Committee)는 위기가 지역단위를 벗어난 경우에 구성되며, 구성 및 체제는 지역별 위기관리포럼과 유사하다(안철현 외, 2011).

국가위기관리법의 특징 중 하나는 위기재난관리체제에서 지방단위 개념을 도입한 것이라고 할 수 있다. 이러한 지방의 개념은 지역단위와 중앙정부 사이의 간격을 좁혀주는 개념이다. 런던과 더불어 총 42개의 지역을 9개의 지방단위로 재구성하고, 각 지방단위에 지역별 위기관리포럼을 두고 있다. 동 포럼의 장은 각 지방에 위치한 지방정부사무소장(Regional Director of the Government Office)이 맡고 있으며, 지방위기회복포럼의 참여자는 지역에서 파견된 1차 핵심대응기관 및 2차 협력대응기관의 대표자로 구성되었다. 여기서 지방정부사무소장의 역할은 조정, 협력, 지원업무 등을 수행할 뿐, 위 포럼 참여기관에 대하여 지시와 통제권을 행사할 수 없다. 지역위기회복포럼(LRF)과 지역별 위기관리포럼(RRF)과의 관계 역시 수평적인 협력과 지원관계이며 지시와 통제의 관계는 아니다(김학경, 2009: 194-195).

3. 영국 정부의 위기관리와 커뮤니케이션

영국 정부는 위기관리에 있어서 언론의 역할과 기능을 매우 중요시하고 있다. 즉 위기발생 시 언론이 협조적 역할과 기능을 수행할 것을 기대한다. 특히 언론이 대형재난사고 혹은 위기관리재난 보도를 통해 신속히 정보를 제공하는 데 사회적 규범이 형성되어 있다. 왜냐하면 언론은 재해재난피해를 적극적으로 예방하기 위한 정보제공뿐 아니라 국민의 알 권리를 충족시켜야 하기 때문이다.

그러나 주요 국익에 관련해서는 위기관리시스템에 대한 언론의 기능과 역할을 동시에 추구해야 한다. 먼저 언론은 공익과 인권을 최우선시하면서 재난현장에 대해서 자극적인 언행과 표현을 자제하는 것이 중요하며, 재난에 대한 전문성을 갖고 정확한 분석을 통해서 심층적으로 보도해야 한다. 또한 국민의 알 권리와 신속한 정보제공이 중요하더라도 커다란 국익과 국민의 생명 및 안전에 밀접한 관계가 있다면 언론은 이에 따른 국익과 사회적 혼란을 초래하지 않도록 신중히 고려해, 협조자로서 역할과 기능을 해야 한다.

영국의 국영방송인 BBC는 다음과 같이 위기발생 시 정부·시민과 언론과의 협조관계 구축방안을 제안하고 있다(김선빈 외, 2005: 10). 첫째, 위기관리정책 입안에 참여한 지역정부와 BBC가 협력관계를 구축할 수 있는 방안을 선제적으로 제시한다. 둘째, 위기발생 시 일반 대중들이 BBC를 통해 위기대처에 필요한 정보와 경고를 어떻게 얻을 수 있는지를 자세히 설명한다. 셋째, 각 지역의 BBC 라디오 방송국 등 네트워크의 소재지에 대한 자세한 정보를 소개하여 위기발생 시 신속하게 연락할 수 있도록 한다.

이와 같이 영국 정부는 언론을 통한 위기관리와 정보공유 및 협력의 중요성을 인식하고 있다. 대국민과의 원활한 소통과 국익에 관련된 중요한 사건들은 언론의 협조가 필수적이므로 이를 통해서 위기관리를 적극적으로 대처하여 국민의 신뢰를 얻고 있다.

영국 정부의 언론대응기관구성을 보면 [그림 4-5]와 같다. 이것은 정부가 언론을 통한 위기관리의 중요성을 인정하고 있다는 의미이다. 중앙위기관리위원회(COBR)에서 중요한 국가위기관리에 대한 정보는 뉴스조정센터와 유기적인 관계를 갖고 있다. 즉 위기관리조직 및 정부 내에 대언론관계를 담당하는 기관이 존재하고, 또 골드조정그룹은 언론담당 및 언론담당책임자와 내각의 언론협조 및 조정센터 등의 협조를 얻는다.

그리고 영국 정부의 위기관리를 위한 언론대책은 사고발생 시 사고현장과 취재대응으로 구분하고 있다(김선빈 외, 2005: 11). 먼저 사고현장에서는 ① 언론사무소에 상주할 기자들을 위한 보도지원시설을 갖추고, ② 정부의 언론담당관을 지정해서 언론의 취재 접촉점을 지정하며, ③ 풀링(Pooling)제도를 통해서 선발한 기자들에게만 사고현장을 공개한다.

그리고 취재대응에서는 ① 정보공개의 형평성을 바탕으로 공개된 정보는 웹사이트에 업로드하고, ② 뉴스네트워크(GNN) 운영으로 VIP의 사고 현장방문 등의 정보를 제공하고 있다.

그림 4-5 **영국 정부의 대언론대응기관 구성도**

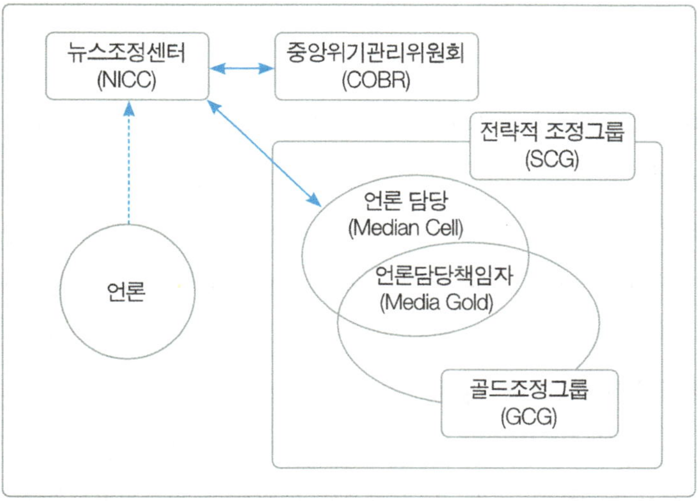

출처: 김선빈 외(2005). 영국에서 배우는 위기관리. 'CEO Information' 삼성경제연구소, p. 11에서 재구성.

제3절 국가위기관리시스템의 특징

과거 국가위기는 외부의 군사적 위협에서 찾았고, 국내의 사회적 · 정신적 위협에 대한 논의는 거의 없었다. 그러나 1990년대 이후 정치적 · 종교적 · 문화적 이념을 둘러싼 동서대결구도인 냉전이 약화되었다. 국가가 관리하는 위기영역은 전통적 안보의 개념에서 탈피해 재해재난, 환경, 국민의 복지 및 건강, 심리 및 정신 등까지 포함한 포괄적 개념으로 확대되기 시작하였다.[5] 영국의 위기관리체계의 발전 또한 예외는 아니었다. 특히, 영국의 국가위기관리법상 '긴급 또는 응급'의 개념은 전통적인 군사안보의 개념뿐만 아니라 재난재해, 테러사건, 사회기반시설 파괴행위 등 거의 모든 위협을 포함한 포괄적 개념을 채택하고 있었다.

영국의 위기관리시스템은 지방자치제도의 전통과 위기관리의 신속성 및 현장성 확보라는 대명제하에 지역단위 내의 위기대비와 대응을 강조하고 있다. 원칙적으로 중앙정부는 직접적인 개입 없이 지역 내 1차 핵심

5 영국의 환경안전관리는 농림부, 환경부를 통합하여 환경식품농촌부로 개편하였다. 환경식품농촌부는 중앙정부뿐만 아니라 지방정부와의 보다 강화된 연계 속에서 국가 정책결정에 지방의 요구를 반영하기 위해 노력하고 있다. 환경식품농촌부는 독립적 자문기구들, 지속 가능한 개발위원회(the Sustainable Development Committee), 지속가능한 개방교육패널위원회(the Sustainable Development Education Panel), 소비자 상품·환경 자문위원회(the Advisory Committee on Consumer Product & the Environment) 등으로부터 지원받는다.

대응기관 및 2차 협력대응기관에 협조하고 지원하는 역할을 수행하고 있다(김학경, 2009: 203). 특히, 영국은 지역대응기관의 협조 및 정보공유가 법적인 의무로 규정되어 있고, 일상적인 정보교환 및 역할분담이 자연스럽게 이루어진다. 또 지역경찰이 사건현장에서 위기관리활동을 조정(co-ordination)하고 있는 관계로, 실제 위기발생 시 공조체제를 쉽게 할 수 있다는 장점을 갖는다. 이와 함께 법률적으로 국가위기관리법과 공식적인 지침서가 지역단위와 지방단위, 그리고 중앙정부단위의 위기관리체계를 서술하는 상향식(bottom-up) 형태를 취하고 있다.

1. 상향식 위기관리체계

영국의 상향식 지역단위 위기관리체계의 성공적인 사례로 2005년 7월 7일 런던 시내 지하철에서 발생한 동시다발적 폭발 테러사건에 대한 대응을 들 수 있다. 런던이 2012년 올림픽 경기의 개최지로 확정되어 시민 수만 명이 트라팔가 광장에서 올림픽 개최의 기쁨을 축하한 바로 다음 날 아침에 런던 시내 지하철에서 테러가 발생했다. 그 당시 영국 스코틀랜드의 에든버러에서는 G8 정상회담이 열리고 있었다. 이 테러사건으로 56명의 무고한 런던시민이 목숨을 잃었고 700여 명이 다쳤으며, 부상자 중 50명은 중상을 입었다(권정훈, 2011: 92). 그러나 지역 중심의 영국 위기관리시스템으로 추가 희생자의 발생을 막았고, 지하철 폭탄테러발생 시 현장대응에 있어서 성공적인 위기관리의 모습을 보였다는 평가를 받고 있다.[6]

6 2005년 7월 7일 런던에서는 알카에다 비밀조직에 의해 자행된 자살폭탄사건으로 54명 사망했으나, 시민들의 질서정연하고 평정심을 갖춘 모습에 전 세계가 런던시민의식을 높게 평가하였다.

또한 현장대응에 관해서는 상세하게 정리된 공식적인 지침서가 발간되어 국가위기관리법의 실무적 이해와 적용을 돕고 있다는 특징이 있다. 그 지침서는 각 대응기관의 역할, 협력체계 수립방법 및 예시, 위험평가방법 및 예시, 위기대비계획 수립방법, 훈련과 연수방법 등 위기관리활동에 관한 거의 모든 사항을 담고 있다. 특히 중요한 것은 자료를 누구나 손쉽게 확인하고 이용할 수 있도록 인터넷상에 공개했다는 점이다. 영국 정부는 '시민보호(civil protection)'를 위한 위기활동정책 수립 시 국민의 적극적 참여가 정책의 신뢰성과 정당성을 확보하는 데 필수적이라고 보고 있다(Walker & Broderick, 2004: 262). 이렇게 공식적인 지침서를 공개함으로써 위기관리활동과 관련한 각종 정책결정에 국민의 직·간접적인 참여를 유도하고 이를 통하여 절차적·실질적 정당성을 확보하고 있다.

국가위기관리법은 지방자치단체로 하여금 지역의 기업이 업무연속성계획(BCP: Business Continuity Plan)을 세울 때 지역사회위험성조사실(CRR: Community Risk Register)을 통해 필요한 정보와 조언을 제공하도록 법적의무를 부과하고 있다. 먼저, 위기상황발생 시 기업이 업무연속성계획을 통해서 독자적으로 위기상황을 극복할 수 있으며, 지역대응기관의 업무 부담이 줄어든다는 효과가 있다. 또한 기업과 지역대응기관 간의 업무협조관계를 개선시킬 수 있는 효과가 있다(Cabinet Office, 2005: 17).

영국이 겪은 위기를 시간의 흐름에 따라 살펴보면 다음과 같다. 1986년 영국에서 광우병이 최초 확인된 이후, 약 440만 마리의 소가 살처분되었으며, 축산업을 비롯한 관련 산업에 미친 경제적 손실이 수십억 달러에 달했다. 당시 노동당 정부는 광우병 사태를 경험하면서 국가위기관리시스템에 대한 개혁의 필요성을 인식하였다. 1990년대 말에는 Y2K 문제(millenium bug)로 인한 막연한 불안감과 함께 국가적 차원의 대비체제의 중요성이 다시 강조되었다.

21세기에 접어들어 영국 정부는 시민보호부문 개혁을 위한 촉매로 작용한 두 가지의 사건을 더 경험하였다. 2000년 가을에 발생했던 대형 홍수와 석유값 상승에 따른 대형 시위사태, 연료봉쇄(fuel blockade) 사건이었다. 특히 연료봉쇄 사건은 영국을 놀라게 한 위기사례로 2000년 9월 초 원유가격의 급격한 상승으로 촉발되었다. 그 당시 시위대는 스탠로(Stanlow) 정유공장을 봉쇄하였고, 이후 상황은 급속히 진전되어 9월 12일 시위대에 의해 영국 정제공장 8개 중 6개가 봉쇄되어 영국 내 절반이 넘는 주유소가 문을 닫는 결과를 초래하였다. 9월 16일 영국 정부는 연료봉쇄 사건의 정책적 함의를 분석할 테스크 포스팀을 구성하였고, 9월 29일 정부는 관련 이해당사자들과 연료비축 위치 및 수준, 유통계약 및 위기관리 시스템, 분배의 범위에 대해 합의를 도출하였다. 이 사건은 영국의 연료 인프라, 핵심 자원 및 시스템 등이 각종 사회 소요사태에 취약할 수 있음을 보여주었다.

그 후 2001년 2월 20일에는 수족구 전염병(foot and mouth disease)의 첫 번째 사례가 확인되었다. 영국 감사실(National Audit Office) 보고서에 따르면, 2001년 9월 최종 근절 시기까지 수족구병 때문에 약 600만 마리 이상의 동물이 도살되었다. 이로 인한 공공부문에서의 직접적인 피해는 30억 파운드 이상으로 평가되었고, 민간부문의 경우에는 50억 파운드 이상의 피해가 추산되었다. 이 사건은 전염병에 대한 관리책임이 있는 영국 정부의 비상계획이 대규모의 위기상황을 대처하는 데 불충분했다는 것을 보여주었다. 영국은 이처럼 광범위한 수족구 전염병의 확산을 경험하면서 국가위기관리시스템의 개혁을 추진하였다(정지범, 2010: 250).

이런 경험을 바탕으로 영국 정부는 2001년 2월 국가비상계획을 검토하기 시작하였다. 이는 핵공격에 대비한 국민방위관점의 낡은 민방위관련법을 개혁하고, 국가 및 지역사회의 재난안전관리시스템을 구축하려는 것이었다. 그 결과 2001년 7월 국가비상대비계획(contingencies plan)의 관리책임이 내각 산하의 새로운 민간비상대비사무처에 이양되었다. 2001년 이전까지 영국의 위기관리업무는 영국 내무성의 소관이었으나, 2001년 이후부터 내각으로 이관되었다. 즉 이전 재난안전업무를 담당하던 내무성은 불법이민 등 질서유지에 중점을 두었고, 재난관리 · 소방업무가 내무성 · 지방자치부로 이전되었다. 이는 결국 총리에게 국가 주요재난(national major incidents)에 대한 전략적 관리책임을 부여한 것으로 해석이 가능하다.

비상대비사무처의 주된 목적은 Y2K 사태, 연료봉쇄, 대홍수, 수족구병 등의 경험에서 얻은 교훈에 근거해 정부부처 간에 분산되었던 책임을 통합하여 관리하는 것이다. 2010년 영국 재무부의 보고에 따르면, 2008~2009년 회계 연도의 국민보호를 위한 지출은 20억 파운드를 초과해 9 · 11 테러 전의 두 배 이상으로 증가했다. 특히 첩보, 반테러리즘 등의 업무에 무려 5억 6,200만 파운드가 배정되었다. 이것은 영국 정부가 어디에 재난안전관리정책의 중점을 두는지 보여주는 사례이다. 최근 영국 정부는 재난안전의 다른 분야에 비하여 비전통적 위협(예컨대 테러리즘)에 과하게 집중하는 경향을 보인다(O'Brien, 2006).

영국 재난관리시스템의 가장 큰 장점은 그 체계성과 위기상황에 따른 업무의 명확성 및 책임성을 들 수 있다. 또 재난관리에 있어 위험관리방법론 표준을 활용하였고, 이를 국가전략적 차원에서 활용하는 선진적 시스템을 구축한 것이다(김은성 · 정지범 · 안혁근, 2009: 68-69). 이전까지 종류별 위기 · 재난을 구분했던 영국의 재난관리시스템은 이제는 더 이상 구분하지 않고 '시민보호 및 안전'을 위한 통합적 상시체제로 전환해 평시 및 비상시의 구분 없는 영속성과 상시대비체제를 지향한 단순 통합체제이다(안영훈 · 박해육, 2008: 216-236). 영국은 비상대비법(Civil Contingencies Act)에서 기초지방정부(District Borough)와 광역지방정부(County)의 비상대응 및 수습의무, 내각사무처장관의 비상대권 발동에 관한 세부사항, 재난관리책임기관의 책무, 개인의 책무 등을 법률규정에 명시하고 있다.

관습법으로 정해져 있는 영국의 기본법인 영국헌법에서는 재난 관련 중앙-지방정부 간 업무배분의 명확한 규정을 두고 있다. 원칙적으로 '보충성 원칙(principle of subsidiary)'에 따른 업무수행체계는 개인 → 기초지방자치단체 → 광역지방자치단체 → 국가로 되어 있다. 이것을 세부적으로 예방 · 대응 · 처리 · 복구 단계별로 구분하고 있으나, 현장에서는 기초자치단체가 최우선적으로 전체 책임을 맡고, 비상사태에 대한 대응 · 복구 2단계를 기본대응체제로 운영하고 있다(〈표 4-3〉 참조).

표 4-3 영국의 재난대응 총괄조직 역할

통합적 재난대응 총괄조직	내용
• 상설조직: 총리 산하 내각민간 비상대비사무처(CCS) • 비상설조직: 중앙위기관리위원회(COBR)	• 상설 총괄조직: 총리 산하 내각비상대비사무처 • 위기상황 대응수준 – 1단계(상당한 재난) 주관부처차원의 지원 및 협력 – 2단계(중대한 재난) 주관부처 장 주관의 국가위기대책위원회 가동, 중앙정부차원에서의 통합적 대응 – 3단계(아주 중대한 재난) 수상 주관의 국가위기대책위원회 가동, 중앙정부차원의 지휘

기초자치단체의 기술적 · 재정적 수준을 넘어설 경우에는 모두 국가가 부담한다. 통합운영 유지를 위한 업무배분체계 또한 영국의 재난대비체계의 특징 중 하나이다. 일선 현장에서는 민간부문과 공공부문 모두 기초단위의 재난관리책임기관인 기초자치단체장이 예방 및 대응처리 책임자(대륙법계 국가의 단체장은 사법경찰권 및 일반 행정경찰권 행사)가 된다. 예방 및 대응체계는 기초자치단체장(의회의장)이 책임지고, 현장의 총괄지휘는 경찰권을 가진 지방경찰청장이 수행하며, 복구단계에서는 다시 기초자치단체장이 지휘책임을 갖는다. 중앙정부차원에서는 총리 산하에 내각비상대비사무처를 설치하여 총괄기관 역할을 부여한 국가위기대책위원회, 지방정부차원에서는 지역위기대책위원회－지역위기회복포럼(경찰권 중심, 42개 구역) · 지방위기회복포럼(지자체 중심, 9개 권역)체제로 구분하여 운용하고 있다. 이처럼 영국 재난관리시스템의 가장 큰 장점으로 체계성을 들 수 있는데, 이를 국가전략적 차원에서 활용하는 선진적 시스템을 구축하고 있다.

2. 위기대처기구와 제도의 특징

영국은 각종 긴급사태에 따른 중앙정부차원의 재난대비 형태를 갖추어 놓고 있다. 긴급재난발생 시 다음과 같이 준비 형태를 알려주고 있다. 첫째, 긴급비상사태에 긴급복구를 위하여 일반 국민들이 어떻게 대응하고 재난에 대비하는지 지도하고 있다. 둘째, 긴급사태에 따른 준비태세를 향상시키고 국민적 신뢰도를 높여서 비상사태로 인한 위험 감소에 노력하고 있다.[7] 셋째, 비상사태를 다루고 정부 내외의 유관조직에

7 영국의 민방위교육은 크게 중앙조직과 지방조직 관할의 교육으로 구분이 가능하

대한 훈련을 실시하는 전문대학을 운영한다. 정부와 민간분야 관련자들이 연간 약 6,000여 명씩 비상기획전문대학(Emergency Planning College)에서 훈련을 받고 있다. 넷째, 국민에게 사전경고와 정보를 알려주기 위해 국가조정위원회를 설치 및 운영한다. 이 밖에도 영국의 중앙정부는 정보공동체(UK Intelligence Community), 정보 및 안보사무처(ISS), 정보안보위원회 등의 국가정보유관기관과도 긴밀한 협조체제를 구축해 놓고 있다.

중앙정부와 협조하는 가장 대표적인 기구는 2001년 7월 내각 산하에 설치된 민간비상대비사무처라 할 수 있다. 민간비상대비사무처는 구체적으로 다음과 같은 목표를 갖는다. 첫째, 위기상황을 사전에 탐지해 문제지역과 그 특성을 감지하고 사전경고를 한다. 둘째, 항상 위기대응태세를 갖추도록 한다. 이는 중앙정부, 지방정부, 각 공동단위체 조직들과의 유기적인 연계로 진행된다. 셋째, 미래에 대한 보다 강화된 경계태세를 구축한다. 넷째, 일관성을 갖고 탄력 있는 공동체를 위한 리더십과 가이드라인을 제공한다. 이와 같이 영국에서의 시민보호는 통상 비상관리 개념에 근거하고 있으며, 민간비상대비사무처는 정부의 의견을 정확히 전달하여 내각이 부처 간 협력 및 일관성을 갖고 효과적으로 정책을 집행할 수 있도록 지원하는 것이 목표이다(장규식, 2009: 54-55).

[그림 4-6]에서 보듯이 영국 정부는 체계적으로 비상사태를 관리하기 위해 4개 기관을 중앙정부와 지방정부의 영역으로 다음과 같이 설치 및

다. 중앙조직의 민방위교육은 1948년 민방위법 제정 이후 1948년에 3개의 민방위기술학교와 민방위참모대학을 설치하면서 시작되었다. 민방위참모대학은 1983년 민방위대학(Civil Defence College)으로 발전하였다. 지방조직의 경우는 민방위교육과정을 통해 민방위 배경, 핵공격 및 그 효과, 전시정부의 역할, 민방위와 지방정부의 역할을 주로 가르친다.

그림 4-6 영국의 재난관리체계 구성도

운영하고 있다(행정자치부, 2007: 137). 첫째, 중앙위기관리위원회, 둘째, 주무부처, 셋째, 정부사무소와 지역위기관리팀, 넷째, 지역위기관리위원회와 전략적 조정그룹 등으로 분류해 운영하고 있다. 주무부처(LGDs)의 경우 영국 본토, 스코틀랜드, 웨일즈, 북아일랜드의 4개 권역별로 각각 취해야 할 계획과 위기관리실행 틀을 구체적으로 명시해 관리하고 있다. 여기에 모두 27개의 유관업무분야를 규정해서 대응책을 갖춰놓고 있으며, 위기대처의 우선순위 처리와 관련해 분권화된 특징을 보인다.

재난관리와 관련해 중앙위기관리위원회가 중심적인 위치에 있다. 중앙위기관리위원회는 중앙정부수준에서 내각총리를 위원장으로 하는

'위기대책위원회'인 중앙위기관리위원회를 구성하고 있으며, 지방정부 수준에서 지역위기관리위원회 및 전략적 조정그룹(SCG: Strategic Coordinating Group)을 구성 · 운영하고 있다. 전략적 조정그룹 내에는 중앙정부연락팀(GLT: Government Liaison Team)이 설치되어 있어 중앙정부와 지방정부 간의 연결고리 역할을 담당하고 있다. 이처럼 영국 위기관리체계의 가장 큰 특징은 사고가 발생하면 중앙정부가 아닌 해당 지역의 지방정부가 위기관리계획을 수립하고 대응과정을 주도한다는 것이다.

총체적 위기관리계획은 중앙정부가 세우며 지방정부, 군, 언론, 기업, 시민단체 등이 참가한 민관합동조직인 지역별 위기관리포럼을 운영하여 정보교환과 역할분담을 명확히 하고 있다. 실제 사고대응 역시 지역 내 부처, 군, 경찰, 소방대, 병원 등으로 구성된 전략적 조정그룹이 맡는다. 앞서 설명한 바와 같이 중앙정부는 부처 간 위기관리업무의 효율적 조정을 위해 수상을 위원장으로 위기대책위원회를 구성하지만 가이드라인을 제시하거나 '지역별 위기관리포럼과 전략적 조정그룹'을 지원하는데 초점을 두고 있다. 해당 지역에 파견된 중앙공무원도 지역책임자의 지휘와 통제에 따라야 한다. 사태수습과정에서도 위기관리계획에 상세히 명시된 현장보존과 정리절차가 진행되고 '피해자 사무국(PCB: Police Casualty Bureau)'을 통해 피해자 신원파악과 부상자 관리, 가족과 경찰 사이의 직통전화선(핫라인) 설치 등이 체계적으로 이뤄진다. 피해자 사무국은 사고발생 초기에 경찰에 의해 설치되며 사고와 관련된 사람들에 대한 정보를 신속하고 정확하게 파악해 관련 기관과 가족에게 제공하는 역할을 담당한다. 이와 동시에 정부는 대형참사 피해자를 위해 의료대응 안내 및 법적 자문(legal advisors)을 제공하며, 생존자와 유가족들은 이후에도 장기적으로 후유증 관리 등의 지원을 받는다.

전략적 조정그룹의 책임자는 지역경찰청장이며, 정부부처, 민간지역위원회, 군, 경찰, 소방대, 병원 등으로 구성되어 중앙정부에 파견된 공무원들도 지역책임자의 지휘통제를 받아야 한다. 이는 지역의 현장성과 분권화된 책임과 권한의 구조가 명확히 이뤄져 있기 때문이다. 그럼에도 불구하고 사안별 중요도와 우선순위에 따라 중앙정부와 지방정부 간 유기적 협력체제가 잘 작동되고 있다.

제4절 국가위기관리시스템과 긴급구제체계

영국의 비상대비법상 책임자 및 법령제정조건은 중앙정부의 경우 비상대비법에 근거를 두고 있으며, 내각사무처장관의 지휘하에 비상대비실장이 책임을 맡는다. 장관은 비상대응권(emergency powers)을 갖고 있으며, 이에 대하여 비상대비법 제20조 비상대응법규제정권(power to make emergency regulations)을 행사한다. 그리고 동법 제21조에 명시된 비상대응권 시행조건을 충족한 범위 내에서 장관은 비상대응 관련 법령을 제정해 비상대응을 할 수 있다. 이외에도 관계 장관이 비상대응법 관련 정부령을 제정할 수 있다. 여기서 관계 장관이란 수상, 관계 국무장관, 재정부장관 등이 해당된다. 비상대응법 제정 시 반드시 비상사태의 성격을 명시하고 동법 제21조의 조건을 충족해야만 하고 비상사태의 영향력을 예방, 통제, 완화시키는 데 적절한 조치들에 관련한 사항만을 법 규정으로 제정하였다는 점을 명시해야 한다.

비상대응법령 제정에 필요한 조건(conditions for making emergency regulations)은 첫째, 비상사태가 발생하였거나, 발생하고 있거나 또는 발생하려고 할 때이다. 둘째, 비상사태의 영향력을 예방, 통제, 완화시킬 목적으로 법 제정이 필요한 경우이다. 셋째, 제21조 3항에 관한 조항 제정의 필요성이 긴급을 요하는 경우이다. 그 외에 기존 입법사항들이 제21

조 3항의 목적 실현을 위하여 충분한 효력을 발휘하지 못하거나, 시기적으로 충분하지 못할 경우 등이다.[8]

국가위기관리법은 3개 영역으로 나누어지는데 핵심인 국가위기관리법 제1절에서는 '위기발생 시 시민보호를 위한 지역체계(local arrangements for civil protection against emergency)'라는 제목으로 영국의 전체 위기관리체계를 설명하고 있다. 국가위기관리법 제2절에서는 기존의 긴급사태조치법(Emergency Power Act 1920, 재해재난발생 시 발동할 수 있는 긴급명령권에 관한 법률)을 대체하면서 생긴 새로운 긴급명령권(비상사태지휘관)에 대하여 규정하고 있다. 마지막 3절은 부칙에 관한 단순규정으로 구성되어 있다.

전통적으로 영국의 위기관리는 중앙정부의 직접적인 개입 및 통제 없이 원칙적으로 지역경찰, 소방, 구급 서비스, 지방자치단체, 지역보건당국 등 지역사회 대응기관들의 상호 협력하에 이루어진다. 따라서 지역대비 및 대응체계가 국가위기관리체계의 근간을 구성한다(Cabinet Office, 2005: 262). 국가위기관리법은 원인보다는 전체적인 대응에 초점을 둔 통합위기관리체제를 기반으로 통합 개념인 비상(emergency)이라는 용어를 사용하고 있다. 동법 제1절 제1조 제1항에서는 이를 다음과 같이 정의하고 있다(김학경, 2009: 192).

① 공공의 안녕(human welfare)에 심각한 영향을 미칠 수 있는 사건 또는 상황으로 인명피해, 질병, 상해, 이재민발생, 재산피해, 돈 · 식료품 · 물 · 에너지 공급의 중단, 정보통신시스템의 중단, 운송, 국민보

8 안영훈·박해육(2008)의 주요 선진국의 재난 및 안전관리체계 비교 연구(한국지방자치학회, 행정안전부 연구보고서)를 바탕으로 재구성하였음.

건 서비스의 중단 등을 초래할 수 있는 것이다.

② 환경(environment)에 심각한 영향을 미칠 수 있는 사건 또는 상황으로 생화학 및 방사능물질에 의한 토양 · 물 · 공기의 오염, 자연생태계의 파괴를 초래할 수 있는 것이다.

③ 국가안보에 심각한 영향을 미칠 수 있는 전시 또는 대테러상황이다.

이와 같이 동 개념을 바탕으로 민방위 위주의 전통적 안보뿐만 아니라 인적 재난 등 비군사적 영역에서 나타날 수 있는 다양한 위협에도 대응할 수 있게 되었다.

1. 위기재난(비상사태) 대응 및 복구 추진단계

비상대비단계(emergency preparedness)는 비상사태에 대비하는 단계로써 주로 비상대비법(Civil Contingencies Act)을 중심으로 활동하며 위험성평가와 활동지속관리계획을 근간으로 업무를 수행한다([그림 4-7] 참조). 통합위기관리체제는 주로 예측(anticipation), 평가(assessment), 예방(prevention), 준비(preparation), 대응(response), 복구(recovery) 6개 분야의 활동으로 구분한다.

비상대응과 복구단계(emergency response and recovery)는 사후처리단계를 중심으로 중앙비상처리 개념(UX central government concept of operations)과 시민의료지원 및 치료(care and treatment of people) 등을 근거로 업무수행을 한다.

또한 비상기획전문학교(EPC: Emergency Planning College)는 민간비상대비사무처 소속하에 약 35명 정도의 직원으로 운영되고 있으며, 영국

그림 4-7 위기재난의 대응과 복구 2단계

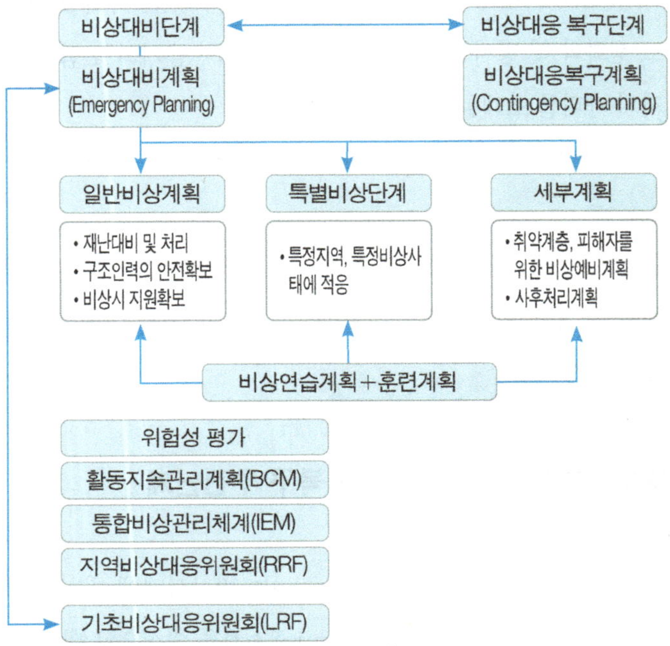

출처: 안영훈(2013). 영국의 시민보호를 위한 국가재난안전관리체계, 지방자치 FOCUS, 제59호, p. 11.

중부 요크 시에 위치하고 있다. 이 교육기관은 중앙정부와 비상대비업무기관 공무원, 지방행정기관 공무원(경찰, 소방), 민간기업체 직원, 유관기관 민간인(구급 서비스), 군 및 지원자를 대상으로 짧게는 2~3일에서 길게는 1~2주(교육대상에 따라 상이)에 걸쳐서 비상대비에 따른 전문교육을 실시한다(유현정 외, 2009: 111).

2. 위기재난 대응 및 복구 단계상의 재난안전책임기관

비상대비 및 대응주체로는 비상대비법 부칙 1조에 비상대비계획에 따른 위기발생 시 대응처리관(responders)의 명칭으로 규정되어 있다. 제1차, 제2차 위기관리책임기관은 다음과 같다.

① 제1차 대응처리기관

- 지방정부: 카운티 지방정부, 디스트릭트 지방정부, 런던자치구 등
- 비상대응기관(Emergency services): 지방경찰청(장), 영국교통경찰청, 소방구조기관, 국민보건의료제도 관련법에 귀속되는 의사 · 의료원 · 병원 등 의료기관, 의료보호청(Health Protection Agency) 등
- 기타: 환경청, 해양사태 처리에 책임이 있는 해양부장관 등

② 제2차 대응처리기관 (재난구조지원기관)

- 일반 기관으로 공공 서비스 공급책임자 등
- 전기가스통신회사, 대중교통회사, 상하수도회사, 의료안전관 등

이와 같이 비상대응 및 복구주체인 지역비상처리위원회(RRCs: Regional Civil Contingencies Committees in England)는 잉글랜드 지역을 중심으로 비상사태에 대한 대응 및 복구업무를 총괄조정한다. 기본적으로 각 재난관리책임기관이 현장대응을 하지만 특정한 상황에서 지역적 대응이 필요할 경우에 그 책임을 맡는다. 지역별 위기관리포럼(RRF: Regional Resilience Forums)이 주로 대비 및 대응을 위한 계획을 수립하는 역할을 담당한다면, 지역비상처리위원회는 복구사업을 주로 담당한다(안영훈, 2013: 13).

제5절 비상대비복구계획 및 사이버 위기관리체계

비상대비계획은 비상사태발생을 예방하거나 혹은 발생 후에 피해확산을 막고 영향력을 최소화하기 위한 체계적인 국가재난위기관리 대비계획이다. 국가재난위기관리 대비계획을 도표로 정리하면 [그림 4-8]과 같다(안영훈, 2013: 12). 영국은 중앙부처와 지역차원의 재난 관련기관에 따라서 일반계획과 특별계획을 마련하여야 한다. 일반계획은 위기재난발생에 대하여 재난관리책임기관으로 하여금 대응과 복구를 할 수 있도록 만드는 핵심계획으로 재난대응구조인력의 안전과 비상사태에 대한 충분한 자원 및 수단의 지원을 확보하도록 하는 내용이 주를 이룬다. 반면에 특별계획은 특정한 비상사태에 또는 특정 지역에서 발생한 비상사태에 대비하는 특별비상계획으로 일반비상계획보다는 상세한 대응처리와 복구규정을 담고 있다.

경제활동(업무)지속관리(BCM: Business Continuity Management)란 비상사태가 발행했을 경우, 각 기관의 주요 활동이 중단되지 않고 즉시 비상사태에 대응할 수 있도록 하고, 궁극적으로 정상적인 복구가 가능하도록 조직화한 비상대비계획의 한 부분이다. 비상대비법상 모든 재난관리책임기관은 이와 같은 계획을 수립하고 재난대비연습을 이행해야 한다. 예를 들면, 주로 취약계층, 피해자, 위기재난관리책임기관의 인력 등에

그림 4-8 비상대비계획

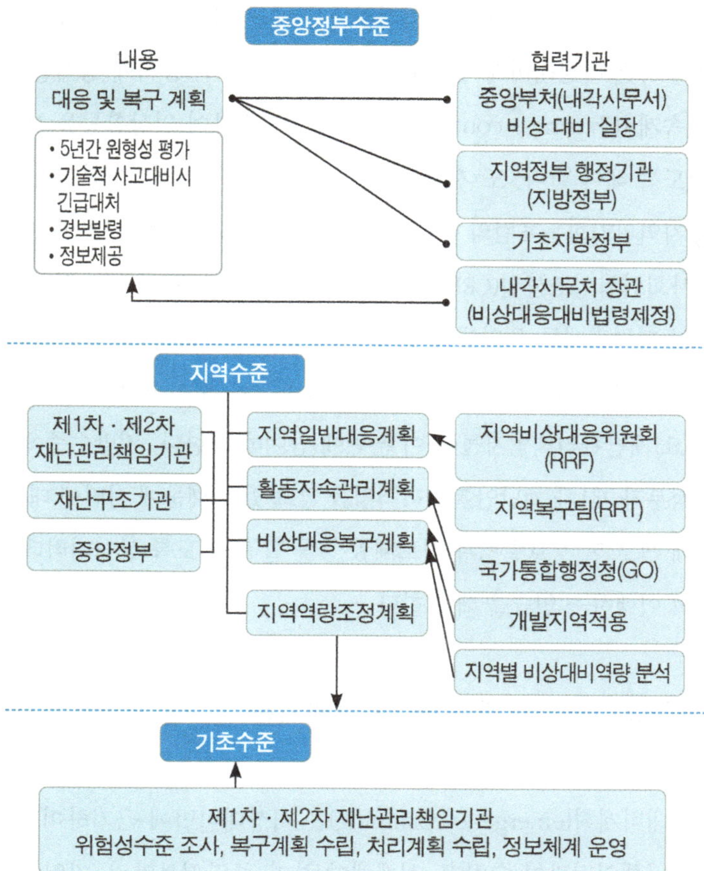

초점을 두고 비상사태예방계획(plans for preventing an emergency), 비상사태 확산방지계획(plans for reducing, controlling or mitigating the effects of an emergency) 등으로 구성해 수립한다. 이때 비상계획의 실효성 확보를 위하여 비상처리인력과 그 대상을 중심으로 비상연습계획(exercising plans)과 훈련계획(training plans)을 포함하여 계획안을 마련하고 있다(안

영훈, 2013: 13).

제1차 및 제2차 재난안전책임기관들은 매년 위험성평가를 하고 평가결과에 따른 비상대비계획을 수정 · 보완해야 한다. 동시에 경제활동(업무)지속계획(business continuity plans)을 수립하여 일상활동을 보장할 수 있도록 해야 한다. 또 지방정부는 제1차 재난관리책임기관이자 기초단위 지역위기회복포럼의 한 구성원으로서 지방의 위험성평가와 관련해 지역사회위험성조사실(CRR: Community Risk Register)과 지속적으로 유기적인 협력관계를 유지해야 한다. 이처럼 재난관리책임기관은 비상계획의 효과성을 실험하고, 이를 위한 주기적인 훈련을 시행해야 한다. 이때 주요 재난관리책임자들이 이 훈련에 참여해야 한다. 지방수준에서는 지방정부가 제1차 재난안전관리책임을 맡고 있기 때문에 시민에 대한 비상사태 선포 및 경보발령과 정보제공 등을 할 수 있도록 상시대비태세를 갖추고 이행하는 연습을 해야 한다.

1. 비상대비복구계획 수립 및 시행기관

비상대비계획(emergency planning)은 비상대비법에 근거하여 제1차 위기재난책임기관이 수립 및 시행해야 하며, 중앙정부차원, 지역차원으로 비상복구계획을 세운다. [그림 4-9]에서 보듯이 영국의 재난사태발생 시 중앙정부가 중심이 되어 비상대응복구계획은 핵심적인 운영의 틀로 정부역량프로그램(UK government capabilities programme)을 중심으로 전국적인 대응처리 및 복구업무를 수행한다(안영훈, 2013: 15). 이 비상대응복구계획은 지난 5년간의 위험성평가에 기초한 일반적인 대응복구역량을 확인해서 대비태세를 발전시켜 왔다. 주로 사상자 등의 처리,

그림 4-9 영국의 재난사태 선포 및 정보전달 대응체계

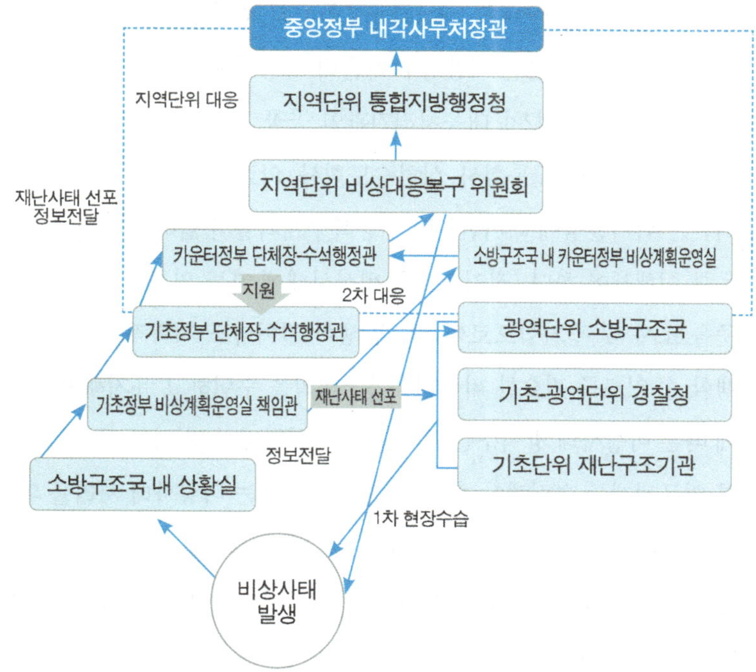

화학 및 핵·방사능 등에 대한 긴급대처, 시민에게 긴급경보 및 정보제공 등을 중심으로 한 대응 및 복구계획을 중심으로 하고 있다. 동시에 각 중앙행정기관과 지방행정기관, 지역과 기초단위의 재난관리책임기관 등과의 연계를 통한 대응복구업무를 수행한다.

지방정부에서는 주로 재난관리책임기관과 긴급구조기관, 중앙정부 상호 간 협력조정의 역할을 중심으로 이행한다. 이를 위하여 지방정부수준에서는 잉글랜드 지역을 기반으로 지역별 위기관리포럼과 지역복구팀이 수립 및 시행하는 지역일반대응계획, 중앙정부의 지방통합행정청이 수립 및 시행하는 관리계획, 각 개별지역의 비상대응복구계획과 지

역기반의 비상대비역량 등을 고려해 작성 · 수립하는 지역역량조정계획(regional capability co-ordination plans) 등으로 운영된다.

제1차 대응처리기관인 지방정부(카운티 지방정부, 디스트릭트 지방정부, 런던자치구)와 제2차 대응처리기관인 공공 서비스 공급책임자(전기가스통신회사, 대중교통회사, 상하수도회사, 의료안전관) 등 재난관리책임기관은 위기발생에 대비한 비상대응복구계획을 수립하고 다음과 같은 의무를 이행해야 한다. 정기적으로 비상사태에 따른 위기발생의 위험성 수준을 조사 및 평가함으로써 위기발생이 일어나도 지속적으로 업무를 수행할 수 있도록 필요한 비상대응복구계획을 수립하고 유지해야 한다. 이에 따른 비상사태 방지수단, 위험통제와 위험제거 및 경감 등이 가능하도록 업무체계를 수립해야 한다. 필요한 경우에는 비상사태 처리를 위한 다른 수단과 방법을 활용해야 한다. 또한 비상사태 처리에 관한 계획서 등을 관련자들에게 배포하고 게시한다. 비상사태가 발생할 가능성이 있거나 또는 발생하였을 때 모든 시민에게 비상대응복구계획에 따른 예방과 처리조치들을 알려주어야 하고, 경보체계를 갖추어야 한다.

2. 재난발생 시 재난관리책임관의 역할

긴급재난발생 시 재난관리자의 책임과 역할이 매우 중요하다. [그림 4-10]에서 보듯이 재난대비를 위한 첫 단계에서 그 주체인 지방정부는 먼저 기초단위 비상대응위원회의 한 구성원으로서 통합조정업무를 총체적으로 체계화하는 재난관리책임기관이 된다(안영훈, 2008: 102). 대응단계에서는 기본적으로 지방경찰청이 주체가 되며 예외적으로 날씨 또는 전염병 등의 심각성에 따라 주체가 달라질 수 있다. 복구단계에서는 다시 그 지역의 지방정부가 그 책임을 담당하며, 테러행위와 관련된 비상사태의 경우에는 지방경찰청이 여러 다른 대응기관들을 지휘하고 집행을 총괄한다.

그림 4-10 **비상사태발생 처리 및 복구단계**

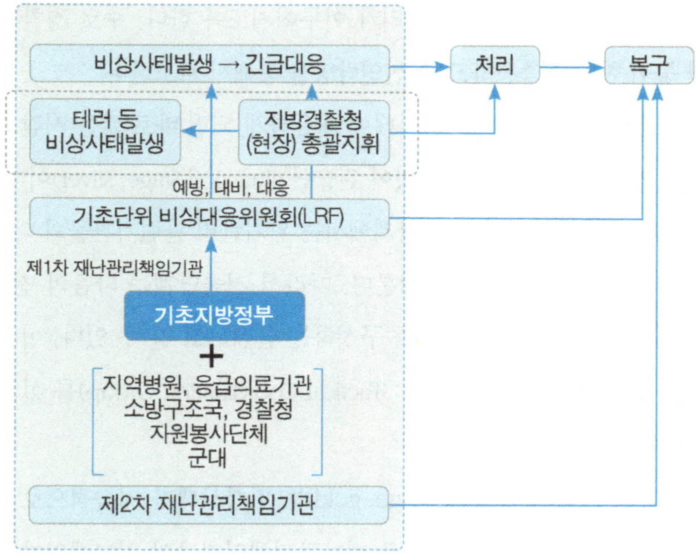

지방경찰청은 모든 비상사태와 관련해서 관할지역 인명구조활동의 책임을 맡는다. 이외에도 지방경찰청은 비상사태 관련 긴급구조기관들의 업무를 조정하는 역할을 담당한다. 관련 기관으로 소방구조국, 응급의료기관, 해안경비청(바닷가 지역), 카운티-디스트릭트 지방정부, 지역병원, 보건의료청(Health Protection Agency), 환경청(Environment Agency), 주요 기반시설기관(critical infrastructure crganizations: 상하수도, 전화통신, 고속도로, 철도, 가스 등), 지역의 통합행정청, 자원봉사단체 등이 여기에 포함된다(안영훈, 2013: 17).

긴급한 재해재난에 따른 비상사태가 발생하였을 경우 초기단계는 비상계획에 따라 지명된 주 재난관리책임기관이 처리한다. 다음은 후속단계, 작전단계(operational stage, bronze)에서 비상사태에 대비한 연습에 따라 일반비상계획에 의한 지휘체계를 유지한다. 이 단계에서는 일단 모든 비상사태에 대한 대응과 처리가 이루어지도록 한다. 주로 경찰과 소방관 등이 현장에 출동하고, 통신연락망을 통해서 보고한다.

초기단계를 거쳐 일단 비상사태에 대응하게 되면 바로 짧은 시간 내에 처리가 가능하도록 유지하는 것이 전술단계(tactical stage, silver)이다. 비상사태가 발생하였을 때 전술단계에서는 위기관리 관련기관들의 다양한 관리책임자들이 협조체제를 이룬다. 따라서 전술단계는 다음의 전략단계로 이양하기 위한 지휘체계를 구성하는 단계라고 할 수 있다. 이 단계에서도 전술협력조정기구(TCG: Tactical Coordinating Group)를 설치 및 운영한다.

마지막 전략단계(strategic stage, gold)는 비상사태가 지속적으로 확산되는 경우 이를 처리하는 단계로 재난관리책임기관의 최고책임자(기관장)가 지휘하는 단계를 의미하며, 다양한 관련기관을 통합조정하기 위한 전략조정그룹이 설치 및 운영된다. 이 단계의 경우 지방경찰청이 본부가 되는데 대응처리가 끝나고 복구단계로 넘어가면 다시 전략조정그룹은 카운티 지방정부나 지역소방구조국 본부(County council emergency centre at Fire and Rescue HQ)에 귀속 · 운영된다(안영훈, 2013: 17).

3. 국가재난위험평가제도의 활용

영국은 2005년부터 국가재난과 안전사고, 그리고 테러공격 등과 같은 재난위기상황으로부터 국민의 안전과 생명을 지키고 강력한 안보체제를 만들기 위하여 사전대응체계의 일부로 간주하는 국가재난위험평가제도(NDRA: National Disaster Risk Assessment)를 도입하고 있다.

1) 국가재난위험평가제도(NDRA)의 개념

국가재난위험평가제도는 국가에 직면할 수 있는 다양한 국가재난위험에 대한 사전대응체계로 볼 수 있으며, 그 목적은 영토, 국민, 기업, 경제, 문화, 사회, 국가기반체계, 삶의 방식 등에 직접적으로 영향을 줄 수 있는 모든 위험요소를 확인하고 평가하는 것이다. 다른 한편으로 위험평가는 위험상태를 분석하거나 그 정도를 평가하는 과정으로 보고 있다. 이처럼 위험평가제도는 재난예방 및 대비와 같은 조치를 하는 데 있어서 사전에 국민안전과 사회 전체의 위험을 줄일 수 있는 중요한 제도이다.

국가재난위험평가는 국가재난을 평가하는 데 있어서 어떠한 것을 기준으로 할지, 어떤 영역에 더 가치를 둘지에 따라 많은 차이를 보일 수 있다. 여기서는 재난위험의 정도에 따라 그 재난과 안전사고를 초래한 사건의 영향력정도를 위험발생빈도의 가능성과 연계한 계량적 평가로 측정해볼 수 있다(김영훈, 2013: 18). 그러나 이러한 개념적 정의는 하나의 통일된 개념으로 볼 수 없으며, 위험 관련 유형이나 위험영역에 따라 혹은 학자에 따라 많은 차이를 보일 수 있다. 여기서 국가재난위험평가는 광의의 개념으로 볼 수 있으며, 국가가 재난위험에 직면해 있을 수 있는 영역, 자연재해와 인재영역 및 사회적 영역에서 국가존립, 대재앙, 대규모 경제적 손실, 사회적 자본(신뢰도 추락), 사회혼란 및 무질서 등에 영향을 줄 수 있는지를 평가하는 것이다.

2) 위험평가의 필요성

국가에 위험요인이 되는 재난 및 안전사고에 대한 예방적 평가와 재난사고 이후의 재난위험평가는 이를 통해 위험정도를 예측하고 사전에 정보를 얻을 수 있어 재난을 예방하거나 준비하는 데 반드시 필요하다. 이것이 과거보다 중요한 가치를 갖는 이유는 다음과 같다(안영훈, 2013: 19). 오늘날 재난사고는 과거보다 더 복잡한 형태와 대응처리에 있어서 불확실성을 갖는다. 예컨대 기후변화 및 환경변화에 따른 재난위험에 대한 시민들의 인식과 자세가 과거에 비해서 민감하고 준비하는 자세가 강하다. 최근 국제사회가 대규모 재난위험으로부터 시민들의 안전의식과 정보접근의 유용성, 정부의 투명성, 신뢰성, 미래의 예측가능성 등을 요구하는 경향이 강하기 때문이다. 이런 맥락에서 위험평가는 매우 중요한 사항으로 볼 수 있다.

3) 영국에서의 국가재난위험평가제도 운영사례

영국은 2005년부터 2년마다 국가 전체를 위협하는 위험요인을 분석하고 5~20년 단위로 장기적인 국가재난위험평가를 체계화했으며, 5년 단위로 중기적 평가를 시행해서 영국 사회의 복원력(resilience) 강화계획을 시도하고 있다. 여기서 기본운영체계는 주요 목적, 위험요인기준, 시행방법 등으로 요약할 수 있다(안영훈, 2013: 20).

첫째, 주요 목적은 위협요인에 대한 전략적 주의로써 사전에 전략과 능력을 배가할 수 있으며, 긴급한 위협과 재난에 대해서 안전과 복원력을 개선하여 긴급위험상황을 줄이고자 하는 것이다. 또 위험분석데이터를 지역사회, 민간기업 등에 제공함으로써 경제활동의 지속성과 지역사회의 복원력을 높일 수 있다.

둘째, 위험요인기준은 국민, 경제, 국가기반체계, 영토, 삶의 방식 등에 중대한 영향을 끼치는 요인, 영국 어디서나 국민의 복지와 환경에 심각한 해가 되는 요인, 세계 어느 곳에서든 영국의 안전과 이해를 해치는 요인 등을 기준으로 한다.

셋째, 시행방법은 위험평가결과를 온 국민에게 공개하며, 비상사태에 보다 효율적으로 접근하기 위하여 조사분석한 국가위험요인을 투명하게 공개하는 것이다.

4) 제도운영의 장점과 교훈

위험평가제도의 장점은 위험요인을 통제하기 위한 전략을 세울 수 있고, 사전에 위험요인들에 대한 우선순위를 정할 수 있다는 것이다. 정부는 가장 위협적인 요인을 찾을 수 있고, 위험정도에 따른 객관적인 계량화가 가능하다. 또 위험발생요인들을 많은 사람들에게 전달함으로써 재난의 복원력을 높일 수 있다. 그리고 위험평가의 교훈으로서 위험발생요인 및 발생 가능성에 대하여 시민들의 정보접근이 가능하며, 중요한 위험정보의 전달이 가능하게 하였다.

그 밖에 재난관리 및 통제 시에 책임과 선택이 제대로 작동할 수 있도록 지원하였으며, 정부는 재난정보의 제공, 공개 등을 통해서 재난관리책임기관, 공공기관, 민간기업, 시민 등의 업무수행태도의 변화, 위험발생에 대한 사전적 경각심 제고 등이 가능하도록 하고 있다(안영훈, 2013: 21).

4. 영국의 사이버 위기관리체계

영국의 사이버보안전략(The UK cyber security strategy)은 내각부를 중심으로 운영되고 있는데, 내각부는 정보보호정책총괄과 함께 정부기관의 정보보호활동 및 업무조정을 담당한다. 산하기관으로 정보보증중앙기구(CSIA), 사이버보안청(OCSISA), 민간비상대비사무처(CSS) 등이 있다. 그 밖에 국가 주요 기반시설보호를 담당하는 내무부(Home Office)와 통신정보수집제공을 담당하는 외무부(Foreign & Commonwealth Office), 국가산업발전을 위해 정보보호정책을 담당하는 기업혁신기술부(Department for Business Innovation and Skills) 등이 사이버보안을 책임지고 있다(배병환, 2014: 3). 여기서 영국 국가 주요 기반시설에 대한 분야별 및 소관부처를 보면 〈표 4-4〉와 같다.

영국의 기존 테러방지법은 전시에 준한 임시적 성격을 띤 법이었기 때문에 강력한 제재조치를 지니고 있었다. 그 결과 인권침해 논란 가능성도 있었다. 이와 같은 논란을 해결하기 위하여 2000년 7월 20일 새로운 '테러리즘법(Terrorism Act 2000)'이 제정되었다(오태권 · 성관실, 2014: 168). 기존의 테러방지법이 북아일랜드 사태에 초점을 맞춘 임시법적 성격을 가진 것인데, 이 테러리즘법은 테러단체자금 압수와 금융기관에 대한 테러수사 목적의 예금계좌확인 요구권을 신설하는 등 테러에 대한 수사권을 강화하면서 처벌을 위한 절차상 특례를 인정하였다. 또한 범위를

표 4-4 영국 주요 기반시설 분야별 및 소관부처

부문		소관부처
통신		상업기술규제개혁부(Department for Business, Innovation and Skills)
긴급 서비스	앰뷸런스	보건부(Department of Health)
	화재	지역사회정부부(Department for Communities and Local Government)
	해양경비	교통부(Department for Transport)
	경찰	내무부(Home Office)
에너지		에너지기후관리부(Department for Energy and Climate change
재정		재무부(HM Treasury)
식량		환경농촌식품 · 식품인증처(Department for the Environment, Food&Rural Affairs and Food Standards Agency)
정부		내각부(Cabinet Office)
보건		보건부(Department of Health)
교통		수송부(Department for Transport)
물		환경농촌식품부(Department for the Environment, Food&Rural Affairs)

출처: 배병환·강원영·김정희(2014). 영국의 사이버보안 추진체계 및 전략분석. INTERNET & SECURITY FOCUS 8, p. 11.

넓혀 영국을 기반으로 자행되는 모든 국제 테러활동에 대해 단속이 가능하도록 하였다(강석구 외, 2010: 182).

영국은 북아일랜드 문제 등에 대응하기 위하여 테러대책을 수립하고 있었으나 9 · 11 테러가 발생하면서 이러한 수단 외에 테러방지를 위한 강력한 법적인 대책을 강화하였다. 2001년 12월 14일 '반테러리즘과 범죄 및 안전법(Anti-terrorism, Crime and Security Act)'을 제정하여 테러범죄자에 대한 자산동결, 출입국관리, 병원체 및 독극물 통제, 통신자료 취득 등에 관한 기존의 규정을 개정하여 테러에 관한 수사권을 강화하였다. 여기에 추가로 영국은 사이버 위기관리(네트워크 및 정보보호)에 대응책을 마련하여 주로 내각이 주된 책임을 지닌다(민경식 외, 2006: 76).

지금까지 영국에서는 군사 관련 시설이나 통신, 전력, 금융, 교통 등의 주요 기반시설이 지속적인 사이버 공격을 받아 막대한 경제적 손해를 입어 왔으며, 이러한 사이버 공격은 다양한 경로를 통해 점차 높은 수준으로 급속히 진행되고 있다. 이에 영국은 사이버보안분야에 막대한 연구개발 및 재원을 투자하고 있는데, 특히 내각의 정보보증중앙지원국(CSIA: Central Sponsor for Information Assurance)은 정보보호 관련 활동에 대해 정부 전체를 조정하는 역할을 하고 있다(공성진, 2007: 21).

주로 영국은 국가기반시설보안조정센터(NISCC: National Infrastructure Security Co-ordination Centre)를 중심으로 사이버 테러 및 전자침해사고에 대비해 왔다. 국가기반시설 보안조정센터의 목적은 정부부처, 기관 및 민간분야의 조직을 대상으로 전자적 공격으로부터 주요 국가기반시설을 보호하기 위해 통신, 에너지, 금융, 교통, 중앙정부, 상하수도, 보건서비스, 비상사태 서비스 등에 중점을 두고 있다(강석구 외, 2010: 178).

1992년 설립된 영국의 사이버대응센터(UNIRAS: Unified Incident Reporting and Alert Scheme)는 IT 보안사고에 대한 대응, 취약점 경고, 동향분석 및 위험성평가 등을 담당한다. 특히 IT 보안 관련 위협정보가 있을 경우 경보를 발령하는 보안관제 서비스도 포함된다. 사이버대응센터는 1992년 영국 전자통신보안국의 주도로 영국 정부 컴퓨터 침해사고 대응팀(UK Government CERT)으로 설립되었으며, 국가기반시설보안조정센터 설립과 동시에 통합 · 운영되었다. 그 후 영국 사이버보안전략(The UK Cyber Security Strategy)은 2015년까지 모든 계획을 수립하였고, 사이버공간에서 경제적 · 사회적 가치를 창출한다는 비전을 바탕으로 정부차원에서 4가지 슬로건을 구축하여 실행에 옮기고 있다.

이러한 사이버 보안에 대한 명제를 살펴보면 첫째, 사이버범죄 감소 및 안전한 사이버 공간 구축, 둘째, 사이버 공격에 대한 복원력 강화와 사이버상의 권익보호, 셋째, 역동적이고 안정적인 사이버 공간 구현, 넷째, 사이버보안 지식 및 기술과 능력 구축 등이다. 이를 위해 영국 정부는 2015년 이후 4년 동안 약 6억 5,000만 파운드를 투자한 국가사이버보안 프로그램을 통해 사이버 보안정책 운영에 요구되는 예산을 마련하는 등 전략적이고 다각적인 보안정책을 추진하고 있다.

2007년 2월에는 국가기반시설보안조정센터와 M15(the UK's Security Service), 국가보안자문센터(NSAC: National Security Advice Centres)를 통합하여 국가기반보호센터를 신설하였다.[9] 국가기반보호센터는 국가기반을 구성하는 업무와 조직에 통합된 보안자문을 제공하고 있다. 즉 보안자문을 통하여 국가기반보호센터는 테러리즘과 다른 위협(threats)에 대한 국가기반의 취약성(vulnerability)을 감소시킴으로써 국가안보를 강화하였다. 국가기반보호센터는 주요 정부부처와 기관으로부터 자원을 공유하는 범부처 조직이다.

국가기반보호센터의 주요 역할은 국가의 기본적인 서비스인 통신, 긴급 서비스, 에너지, 재정, 식품, 정부, 보건, 운송 및 수자원 등을 더욱 안전하게 보호하기 위하여 테러리즘과 다른 위협으로부터 국가를 보호하기 위한 것이다. 또한 테러리스트와 다른 공격에 대한 취약성을 줄일 수 있는 어플리케이션을 개발하고 공격발생 시 영향력을 최소화하기 위하여 여타 학술연구기관과 공동연구를 함으로써 최적의 해결책을 추구하고 있다(이재은 · 양기근 · 유상일, 2008: 78).

이외에도 영국 전자통신보안국(CESG: Communications Electronics

---

9 http://www.cpni.gov.uk/(검색일, 2015.12.10)

Security Group)[10]은 통신본부(GCHQ: Government Communication Head Quarters)에 소속되어 있으며, 정보보증(IA: Information Assurance)을 담당하고 있다. 전자통신보안국은 안전한 정보공유환경 조성을 최우선으로 하고 있으며, 정부부처 및 공공기관, 군을 대상으로 한다. 다만 필요할 경우에 민간 회사에도 관련 서비스를 제공해 준다. 특히 전력, 수도, 보건 등 중요한 기반시설과 공공시설 관리기관들이 주요 대상이 된다(강석구 외, 2010: 181).

전자통신보안국은 1919년 영국정부암호학교(GC & CS: Government Code and Cipher School)의 설립을 모태로 시작하였으며, 1950년대 런던 통신보안처(LCSA: Lodon Communications Security Agency)로 발전하였다. 1965년 런던통신보안처는 전자통신보안국(CESD: Communications-Electronics Security Department)으로 조직이 확대되었다. 그 후 1969년 전자통신보안국은 전자통신사령부와 조직통합을 하여 통신전자보안그룹으로 명칭이 변경되었다(이재은 · 양기근 · 유상일 · 2008: 79). 1978년 런던에 근거지를 두고 있었던 본부를 통신본부가 위치한 첼튼햄(Cheltenham)으로 이전하였고, 1997년 이후 전자통신보안국은 비용회수를 위해 제공한 정보보안보증 서비스 대부분에 대해서 과징정책을 적용하고 있다.[11] 전자통신보안국은 통신과 전자데이터의 보안을 위한 지원과 권고를 함으로써 영국의 보안을 요하는 사항들을 보호하는 역할을 한다.

영국 경찰청의 국립하이테크 범죄국(NHTCU: National Hi-Tech Crime Unit)은 2001년 4월 컴퓨터 범죄수사를 목적으로 창설되었고, 하부조직은 범죄수사부, 정보부, 전자증거부, 기술지원부 등으로 구성되어 있다.

10 홈페이지는 http://www.nationalcrimeagency.gov.uk이다.

11 이재은 외(2008) p. 78을 참고하여 재구성하였음.

범죄수사부는 고도로 조직화된 하이테크 범죄를 수사하고 법원지원을 담당한다. 정보부는 영국의 모든 법집행기관 정보기관들을 위하여 전략적 · 전술적 정보를 제공하고 있다. 전자증거부는 NHTCU에 의해 수행되는 하이테크 범죄수사를 위한 포렌식 기술을 지원하고 있으며, 기술지원부는 법원이나 정부를 위한 기술지원과 컨설턴트를 담당하고 있다(윤해성, 2012: 116). 또한 영국의 국립하이테크 범죄국은 국가사이버보안처(NCSD: National Cyber Security Division)와 업무공조를 하고 있다.

그리고 강력조직범죄국(SOCA: The Serious Organised Crime Agency)은 2006년 4월 1일에 신설되었다.[12] 강력조직범죄국의 주요 목적은 영국에서 발생하는 심각한 조직범죄에 따른 피해를 줄이는 것이다. 2005년 심각한 조직범죄 및 경찰법(the Serious Organised Crime and Police Act 2005)에 근거하여 만들어진 강력조직범죄국은 내무성에 의해 지원되지만 독립적인 비정부공공조직(Non-Departmental Public Body)이 운영하는 집행기관으로 내무성장관에 의해 수립되는 전략적 우선순위를 충족해야 할 책임이 있는 위원회에 의해 운영된다(강수진, 2013: 9).

세계 정보선진국으로 알려진 미국, 러시아, 일본 및 중국 등도 담당 수사기관을 설치해 사이버테러에 대한 관리를 체계화하고 있다. 비교차원에서 이를 간단히 살펴보면 다음과 같다(강석구 외, 2010: 181).

미국의 경우 국토안보부에 속한 국가사이버보안처는 사이버 위협과 취약점 판단 · 분석 · 대응활동을 주요 임무로 하고, 위협정보와 위협경보를 제공해 침해사고 대응 관련 업무 조정 및 복구활동에 대한 기술지원업무를 수행한다. 또한 미국의 국가사이버보안처 산하기관인 '컴퓨터

12 http://www.soca.gov.uk/(검색일 2013.12.4.), http://www.soca.gov.uk/downloads/annualPlan.pdf 참조)

대응팀(US-CERT: U. S. Computer Emergency Readiness Team)'은 세계적으로 유명한 사이버대응센터이다. 컴퓨터대응팀은 민간분야 보안업체 및 국내외 기관들과 제휴해 사이버테러 위협에 대응하고 있다. 또 국가사이버경보시스템을 가동해 사이버 위험징후를 공시하며, 이 정보를 국적에 관계없이 이메일 가입자를 대상으로 서비스를 제공한다.

러시아의 경우 '침해사고대응지원센터(RU-CERT: Computer Security Incident Response Team of Russia)'가 있다. 1998년 창설된 침해사고대응지원센터는 러시아 인터넷 사용자들의 침해사고신고 등을 맡고 있다. 이 밖에도 해외 침해사고대응센터와 협력체계 구축, 정보보안교육, 침해사고 통계작성, 러시아 연방 및 구소련 연방국가 지역침해사고대응센터와의 협력 등의 업무도 담당한다.

러시아 연방정부 안보위원회(Security Council)는 2012년 7월 사이버 공격 탐지, 경고 및 예방 관련 통합정부시스템 구축계획을 발표하였다. 러시아는 전략적 자산 보호를 천명하고 주요 기반시설 보호책임기관으로 러시아 연방보안기관(FSB, KGB 후속기관)을 지정하였다. 이에 더해 안보위원회는 2020년까지 러시아 국가안보전략 이행 관련 IT 기반시설의 개선을 요구하고, 전략적 주요 시설의 산업통제시스템(ICS) 보호를 요구하였다. 러시아는 2020년까지 3단계로 이행계획을 구분하여 제1단계(2012~2013년)에서는 행동계획을 수립하고, 제2단계(2014~2016년)에서는 법률적 규제, 세부조직 책임, 사이버 침해사고에 대응할 수 있는 방안을 수립하였다. 제3단계(2017~2020년)에서는 전략적 주요 시설의 보안시스템을 통합할 예정이라고 밝혔다.

일본도 2001년 4월 사이버테러리즘에 대응하기 위하여 약 60명의 기술자로 경찰청 사이버포스센터(Cyber Force Center)라는 특별팀을 구성하고 동경 도내의 민간빌딩에 사이버포스센터 등 전국 57개소를 거점으로 경찰네트워크에 대한 해킹행위를 24시간 감시하고 있다. 사이버포스센터는 하이테크범죄와 사이버테러 예방 및 피해확대를 방지하기 위해 2001년 경찰청 정보통신국 사이버테러대책기술실에 설치되었다(김동련, 2014: 27). 전국 경찰기관에 설치되어 있는 인터넷 접속점의 침입탐지시스템(IDS: Intrusion Detection System)을 24시간 감시하는 관제장비인 '검지(檢知)네트워크시스템'을 운영하여 사이버테러 조기탐지 및 긴급대응 업무를 실시하고 있다.

또한 일본은 2011년 일본 방위 관련 업체에 사이버 공격이 가해진 후 여러 방면에 걸친 대응책을 마련하였다. 2014년 11월 사이버보안법이 제정되었고 이를 근거로 사이버보안 전략본부와 내각 사이버보안센터(NISC)를 설치했다. 이는 기존 정보보안정책회의의 법적 권한에 한계를 느낀 일본 정부가 범정부적 사이버보안정책을 통합적으로 추진하기 위해 사령탑을 만든 것이라 할 수 있다.

중국 정부는 인터넷을 국가의 주요한 기반시설로 보고 있으며, 중국 주권의 관할범위에 속한 영역을 관리하기 위하여 '인터넷경찰(Chinese Internet Police)'을 운영하고 있다. 또한 컴퓨터 네트워크상의 질서유지를 위해 1998년 이후 중국 전역에 걸쳐서 20개 이상 지방정부에서 인터넷경찰을 운영하고 있다. 인터넷 경찰은 인터넷상의 신분도용, 사기, 횡령, 그리고 음란물 유통 온라인 범죄를 다루고 있다. 공안부에 따르면 1998년 공공기관이 처리하는 각종 사이버범죄는 142건에 불과했으나, 2007년에는 29,000건, 2008년에는 35,000건, 2009년에는 48,000건으로 급속도로 증가하고 있는 추세이다(강수진, 2013: 43-44).

최근 중국 정부는 사이버보안법을 공식 채택하였다. 중국의 사이버보안법은 정부와 기업들이 네트워크 침입에 대한 방어능력을 높여야 한다는 취지로 마련한 것으로 국가 안보 상황에서 인터넷사업자들이 중국 정부에 기술적 지원을 제공해야 한다고 규정하고 있다. 사이버보안법이 발효되는 시점은 2017년 6월부터이다. 이 법의 핵심은 중국 내에서 비즈니스를 펼치려면 국가를 초월해서 중국 정부에 정보를 제시해야 한다는 것이다. 이에 미국의 마이크로소프트, 인텔, IBM 등 굵직한 미국의 IT 기업들이 우려를 표명하고 있다. 그럼에도 중국은 안전 문제 등을 이유 삼아 사이버보안법을 앞세워 기업의 소프트웨어 소스코드(source code), 핵심기술, 설계 디자인 등을 요구하고 있다.

1) 영국의 사이버보안전략

오늘날 정보통신기술의 발전이 사이버 공간영역에서 활동할 수 있도록 해주었고, 그 공간을 통해서 테러리즘들은 국가 주요 기관에 대한 테러공격과 무기구입 등 다양한 활동을 하게 되었다. 2009년 영국은 사이버 공간의 위협으로부터 모든 국민의 생명과 안전을 지키기 위하여 사이버보안전략을 발표하였다. 그 이전까지는 정보보호법(Data Protection Act 1998)을 중심으로 정보보호에 관련 사항을 규제했다. 영국은 사이버보안전략을 통해 사이버범죄의 인식 확대와 민간대응능력 제고 등을 목표로 제시했다. 최근 사이버공격과 위협이 주요 국가기반시설을 중심으로 이뤄지고 있다. 이에 따라 정부는 사이버 공간 내 범죄예방을 위하여 2011년 11월 새로운 사이버보안전략을 수립하게 되었다(배병환, 2014: 4).

영국의 사이버보안전략은 2015년까지 유연하고 안전한 사이버 공간에서 거대한 경제적 · 사회적 가치를 구현한다는 비전을 제시하였다. 즉 사이버보안전략은 ① 사이버범죄 억제 및 안전한 사이버 공간 구현, ② 사이버 공간에 대한 복원력 강화와 사이버상의 권익보호, ③ 개방된 역동적이고 안정적인 사이버 공간 구현, ④ 사이버보안 관련 지식, 기술, 능력

표 4-5 영국 사이버보안 전략목표별 주요 세부추진내용

목표	주요내용
사이버범죄 억제 및 안전한 사이버 공간 구현	• 온라인 범죄에 대한 영국 법원의 적절한 법적 제제 도입 • 2013년까지 새로운 국가 사이버범죄 대응부서를 국가범죄국(NCA: National Crime Agency) 일부로 설립 • 민간, 국제협력기관과의 협력 강화 및 강력조직범죄국의 국제 사이버범죄에 대한 조사 강화
사이버 공간에 대한 복원력 강화와 사이버상의 권익 보호	• 주요 국가기반시설 관리기업과의 협력 • 사이버사고에 대응하기 위해 국제 파트너들과의 대응절차 확립 • 정부 ICT(정보통신기술) 전략을 통한 안전한 정부 ICT네트워크 구축 및 유지 • 사이버 공격의 성격 및 속성 식별능력 제고 • 사이버상에서 자유 및 행동을 보강하기 위한 역량 유지
개방된 역동적이고 안정적인 사이버 공간 구현	• 사이버 공간에서 허용되는 행동의 국제규범 설정 • 영국의 통신산업과 관련된 규제정책 검토 수행 • 국제전기통신연합(ITU), 유럽의회 및 유럽안보협력기구(OSCE: Organization for Security and Co-operation in Europe) • 사이버 공간에서 국제인권법률 프레임워크 적용방법을 논의할 다자간 · 양자간 채널 사용 • 사이버 이슈에 공동 대응하기 위한 EU 및 유럽위원회와의 공조체제 강화
사이버보안 관련 지식 · 기술 · 능력 구축	• 사이버 공간에 대한 기술절차 및 사회적 행동발달을 예측하는 능력 향상 • 사이버 공간에서 영국을 공격하는 위협 및 취약점에 대한 이해 확산 • 혁신적인 사이버보안 솔루션 구축을 위한 다양한 부분 지원 • 사이버연구우수센터 선정 및 투자 • 공공 및 기업들의 위협에 대한 인식 제고와 자기보호능력 향상

출처: 배병환(2014). 영국 사이버보안 전략분석 및 시사점. 포커스, 한국인터넷진흥원, p. 4.

구축 등의 4개 목표로 제시하였다. 이에 대한 전략세부목표별 주요 세부 추진내용을 요약하면 〈표 4-5〉와 같다.

영국의 사이버보안에 대한 전략은 세부실행과제를 통해서 국가기관의 사이버공격 대응력 및 보안 강화와 함께 민간 사이버범죄에 대한 강력한 대응, 민간기업의 사이버보안 관리 장려 및 정보공유, 사이버보안 관련 국제협력 강화 등 공공과 민간 간 협력을 통한 안전한 사이버 공간 구축을 목표로 하고 있다. 그리고 국가안보에 영향을 줄 수 있는 사법기관, 수사기관, 민간시설, 개인 등의 다양한 영역에서 사이버 안전 강화를 위한 대안을 모색하고 있다.

2) 국가 사이버보안전략 추진성과

영국은 사이버에서 보다 안전한 공간구현을 위하여 기본 방향으로 사이버범죄 억제 및 안전한 사이버 공간구현, 사이버 공간에 대한 복원력 강화와 사이버상의 권익보호, 개방된 역동적이고 안정적인 사이버 공간 구현, 사이버보안 관련 지식, 기술, 능력 구축 등을 위해 노력해 왔다. 그 결과 전략 추진성과를 세부사항별로 정리한 활동결과는 다음과 같다.[13]

국가사이버범죄수사대는 이전 강력조직범죄국(SOCA)의 사이버수사대와 PCeU(Police Central e-Crime Unit)의 전문성과 기술을 통합하여 고도화된 사이버범죄를 퇴치하기 위해 미국 FBI와 공조하여 5억 달러(한화 약 5,142억 원) 규모의 인터넷 사기범죄를 검거하는 성과를 올렸다. 영국은 안전한 사이버 공간구현을 위해 사이버보안 정보공유협력체를 설립했으며, 기업들에게 사이버 위협에 대한 사이버보안 안내서 발간, 정부차

13 자세한 것은 배병환(2014)의 "영국 사이버보안 전략분석 및 시사점" p. 4-10 참조.

원의 지원과 자문 등을 제공했다. 또한 금융정책위원회에서는 금융부문의 사이버 사고 대응실태를 점검하기 위한 Waking Shark II 훈련을 실시하였고, 이를 통한 사이버보안 정보공유협력체 플랫폼의 필요성을 인식하였다.

영국은 군과 방위산업체 내부 사이버보안을 체계화하기 위하여 12개 주요 방위산업체 및 중소기업과 함께 국방사이버보호 파트너십을 체계하고, 2013년 5월에는 군의 사이버 역량을 강화하기 위하여 합동군사이버단(JFCyG: Joint Forces Cyber Group)을 설립했다. 또한 국방부는 사이버 국방역량테스트와 군 교육프로그램 개발을 통해서 사이버 안보 전문가를 육성하는 데 노력하였다. 그리고 정부는 사이버보안 관련 기술과 역량을 높이기 위하여 사이버보안 학습 및 강의교재의 10개 모듈을 개발하는 데 필요한 자금을 지원하고, 제휴기관들과 협력해 소프트웨어 설계와 개발 시 보안 취약점을 예방하기 위한 교재를 개발하면서 사이버 관련 내용을 강화하였다. 또한 산학협력을 통해서 사이버 아카데미(Cyber Academy)와 고용주가 주도하는 기술교육프로그램을 지원하였다.

그 밖에 세계적인 사이버보안 연구역량을 높이기 위하여 영국 내 3개 대학교(버밍엄, 캠브리지, 뉴캐슬)에 '사이버보안연구센터(Academic Centers of Excellence in Cyber Security Research)'를 설립했으며, 옥스퍼드 대학교와 로열할로웨이 대학교에서 주관한 사이버보안박사센터 2곳을 개설하였다.

제6절 국가위기관리의 방향과 시사점

1. 위기관리의 방향

18세기 말 영국은 산업혁명과 함께 시작된 산업안전에 관심을 갖게 되었고, 산업혁명으로 인한 공업화와 도시화로 사회구조에 엄청난 변화를 가져왔다. 또한 제2차 세계대전을 거치면서 국민방위라는 목표하에 명령과 통제시스템을 강화시켰다. 이후 동서냉전의 종식으로 국제적인 환경변화와 함께 안전한 국민보호라는 새로운 패러다임을 추구하였으며, 1990년 이후 공공부문에는 신공공관리론과 전사적 위험관리(ERM: Enterprise Risk Management) 개념이 도입되었다. 특히 9 · 11 테러와 런던 지하철 테러 등을 겪으면서 인권침해가 우려되었던 반테러법 제정으로 강력한 명령과 중앙통제시스템으로 회귀한다는 비판을 받았다.

영국은 국민보호에 대한 광의의 개념으로서 '민간비상사태(civil contingencies)'라는 개념을 사용하고 있다. 이는 자연재난과 인위적 재난대응을 강조하는 국민보호의 개념에 영국이 경험했던 Y2K사태, 수족구 전염병, 그리고 런던 테러 등 사회적 소요사태까지 광범위한 개념으로 볼 수 있다. 그러나 영국의 통합위기관리체제는 미국과 달리[14] 예측

14 미국 FEMA에서는 IEMS(Integrated Emergency Management System)라는 용어

(anticipation), 평가(assessment), 예방(prevention), 준비(preparation), 대응(response), 복구(recovery)라는 상호 연결된 6가지 활동으로 구성되어 있다(Cabinet Office, 2005: 7). 특히 영국 정부는 국가위기관리법에 대한 실무적 이해와 적용을 위하여 '위기대비(Emergency Preparedness)', '위기대응 및 복구(Emergency Response & Recovery)'라는 제목으로 두 가지의 공식 지침서[15]를 발간하였다.

위기대비지침서는 통합위기관리체제에 관한 예측 · 평가 · 예방 · 준비활동에 대한 정보를 담고 있다. 구체적으로는 위험평가, 위기대비계획 수립, 위기대비훈련과 연습방법 등에 대한 정보를 수록하였다. 또한 위기대응 및 복구지침서는 대응 및 복구활동과 관련된 정보 및 지침을 담고 있다. 그러나 영국 위기관리시스템의 가장 큰 장점으로 인정받는 것은 바로 그 위기관리의 체계성이라 평가할 수 있다. 이것이 위기관리에 있어서 위험관리방법론의 표준이라 생각된다.

영국 정부는 지역단위에서부터 국가 전체를 아우르는 체계성을 바탕으로 총리 주도하에 위기 관련 업무뿐만 아니라 모든 관련 부처의 업무 영역에서 전사적 위험관리방법론을 도입하였고, 이를 실행하는 프로그램을 만들었다. 2004년 영국 감사원의 보고에 따르면(National Adit Of-

를 자주 사용하며, 영국과 달리 위기완화(Mitigation), 준비(Preparedness), 대응(Response), 복구(Recovery) 4단계로 구분하고 있다(McLoughin. D. A. (1995). Framework for Integrated Emergency Management, Public Administration Review, 제45권 특집호, pp. 165-172). 또한 All hazards planning 및 Total defence 라고 불리기도 한다(McConell, A. & Drennan, L. (2006). Mission Impossible? Planning and Preparing for Crisis Management 제14권 제2호).

15 동 공식 지침서는 누구나 손쉽게 이용할 수 있도록 다른 매뉴얼 및 지침서와 더불어 내무성 홈페이지(http://www.cabinetoffice.gov.uk/)에서 다운받을 수 있다(국민 참여 및 피드백 유도). 2009년 7월 31일 위기대응 및 복구지침서가 새로 보강·개정되어 발간되었으며 이 역시 위 홈페이지에서 다운받을 수 있다.

fice, 2004), 정부가 주도하는 위험관리프로그램은 각 행정부처의 위험관리를 위한 도구, 절차, 구조 등을 수립하는 데 많은 도움이 되었다(정지범, 2010: 251-252). 이러한 체계적인 접근은 영국의 재난안전 관련 위기관리체계를 한 단계 높이는 계기가 되었다. 예를 들면, 민간 긴급사태대처법은 영국의 응급 서비스가 제공하는 모든 기능에 대하여 연속성 계획(continuity plans)을 갖는다. 그 결과는 지방당국 역시 사업연속성관리의 권고를 기업체와 자원봉사조직에 제공할 것을 요구하고 있다.

민간 비상대비사무처 설립 이후 영국 재난안전관리시스템 변화의 큰 틀은 중앙에 집중되는 전반적인 명령 및 통제시스템으로 강화되는 것을 알 수 있다. 이는 중앙정부와 지방정부의 연결을 통한 유기적인 협력과 지원 및 조정의 강화를 목표로 하고 있다. 그러나 일부 학자들은 중앙집권적인 구조가 오히려 명령과 통제구조를 강화시킬 수 있지만, 이로 인해서 지방의 책임성을 약화시키고 현장중심의 위기관리에 부정적인 영향을 줄 수 있다는 우려도 있다.

최근 영국 위기관리시스템에 대해 제기되고 있는 여러 비판의 핵심은 결국 위험관리방법론의 체계적 결합을 통한 전사적 위험관리구축에는 성공했으나 위기관리시스템보다는 권위적인 명령과 통제시스템으로 회귀했다는 데 있다. 이는 영국 정부가 9 · 11 테러와 런던 테러 이후, 외부 공격에 대해서 너무 과민하게 받아들인 결과라고 볼 수 있다. 기후변화를 비롯하여 영국이 경험하고 있는 수많은 재난과 위기상황 중에서도 테러에만 집중한다는 비판으로 간주된다. 이와 같이 영국 정부는 선제적 테러예방과 준비를 위한 방향을 시민사회 전체의 협력적 거버넌스 구축이 아닌 정부조직의 복원력 및 중앙집권화에만 초점을 두었다. 이것이 바로 재난안전관리체계 전체가 다시 일방적인 중앙집권적 명령과 통제

그림 4-11 **재난관리주체들 간 힘의 균형**

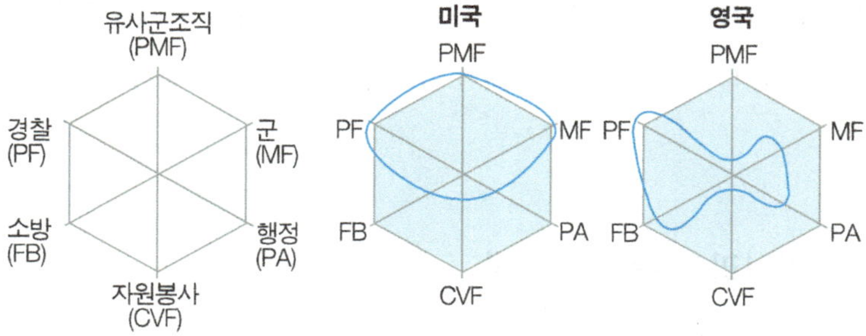

출처: Alexander(2007), 정지범(2010). 행정학적 패러다임에 입각한 국가위기관리의 진화. 한국위기관리논집, 6(2), p. 246에서 재구성.

시스템으로 회귀했다는 비판적 시각이다(O'Brien, 2008).

[그림 4-11]에서 볼 수 있듯이 영국과 미국의 경우에 재난관리주체들 사이의 힘의 균형을 명확히 확인할 수 있다(Alexander, 2007). 미국의 경우 재난관리주체들이 주로 유사군조직과 경찰 및 군 등에 집중되어 있는 반면, 영국의 경우 경찰조직과 소방조직에 보다 많은 영향을 받고 있다. 또 테러와 전쟁이 국가위기관리의 핵심이라는 인식이 일반 국민들에게 확산될 경우 극심한 사회적 혼란과 무질서가 발생하거나 혹은 전반적 변화의 흐름에 역행하는 결과를 예측할 수 있다. 왜냐하면 테러와 전쟁은 국민의 생명과 안전이 직결된 안보의 영역으로 볼 수 있기 때문이다.

일반적으로 안보문제는 외부의 적을 규정하고 있기 때문에 명령과 통제 중심의 일사불란한 명령체계이며, 상위조직에 정보가 집중되는 비밀유지전략, 법과 원칙에 입각한 매뉴얼의 수립 등을 강조하게 된다. 이러한 전략적 접근은 국민보호, 혹은 성공적인 협력적 거버넌스체계가 요구되는 다양한 이해당사자의 참여 제한, 개방된 커뮤니케이션과 신뢰 부족, 투명성 약화 등으로 부작용을 초래할 수 있다. 따라서 안보와 재난안전관리를 통합하려는 노력은 두 가지 분야가 혼재되어 문제가 발생하는 경우에 극심한 혼란을 겪을 수도 있으며, 또 안보에 대한 중요성을 강조한다면 협력적 거버넌스의 형태가 약화될 수도 있다(정지범, 2010: 252-253).

2. 우리나라에 주는 시사점

위기관리제도가 아무리 완벽하다 할지라도 국민들이 위기관리기관의 통제에 따르지 않는다면 위기관리시스템이 효과적으로 작동할 수 없다. 국가에 대한 국민의 신뢰는 사회적 자본으로서 사회공동이익을 달성하는 데 절대적으로 기여하고 우리 사회를 긍정적이고 효과적으로 유지하는 공공재로 볼 수 있다. 이에 영국은 정교한 제도에 일관성 있는 운영, 언론을 비롯한 사회적 협력체제 구축 등을 통해 이들 기관과 신뢰를 쌓는 데 성공하였다. 즉 영국이 위기관리 선진국이 된 것은 다양한 경험에서 축적된 지식과 시민들의 이해와 협력이 뒷받침되었기 때문이다. 대표적인 경우로 런던 지하철 테러사건에서 경험했듯이 대부분의 런던 시민들은 일상생활의 불편을 감수하면서도 수사에 적극적으로 협조하였다. 특히 테러범들이 노린 심리적 공황과 무질서 및 사회적 혼란 등에 빠지기보다는 공동체의 수호와 위기수습에 협력하는 성숙한 시민의식을 보여준 것이다.

반면, 우리나라의 경우 공공기관에 대한 낮은 신뢰도는 위기관리시스템 작동을 저해하는 불안요인이 될 수 있다.[16] 현재 우리나라에서 공공기

16 2014년 시장조사 전문기업인 마크로밀엠브레인이 성인 3,000명을 대상으로 진행한 조사결과에 따르면 공공기관에 대한 불신은 매우 큰 것으로 나타났다. 73.5%

관의 신뢰도는 심각하게 낮은 수준에 달한다. 2014년 경제협력개발기구(OECD)가 '2014 더 나은 삶'에 대한 조사결과를 발표했으나, 우리나라의 경우 응답자의 단 23%만이 "정부를 믿는다"고 답했다. 이것은 OECD 평균(39%)에도 못 미친 결과이다(중앙일보, 2014. 05. 08). 특히 대형사고가 발생할 때마다 정부에 대한 신뢰가 추락하고 있으며, 위기관리시스템에 대한 불신이 증폭되고 있다. 따라서 우리나라는 위기관리에 대한 제도정비도 중요하지만 우선 위기관리를 담당하는 정부부문에 대한 신뢰도 확보가 무엇보다 중요하다. 이에 대해 공공부문과 민간부문 간 유기적인 상호 협력과 조정을 통해서 제도를 개선해야 한다. 앞으로 중앙정부와 지방자치단체는 위기관리활동에 대한 정확한 정보를 국민에게 적극적으로 홍보해야 하며, 위기관리는 경제, 행정, 복지 등과 마찬가지로 국가경영의 핵심과제로 다뤄져야 한다.

우리나라의 경우 지방자치제의 실시 이후에도 영국과 달리 중앙집권적이고 수직적인 의사결정구조가 바뀌지 않고 있으며 행정부처 간 이기주의로 협력적 거버넌스 구축에 어려움이 있다. 따라서 한국은 지역의 위기관리기구를 정비하여 인위적 · 사회적 재난에 대한 수습능력을 높이는 것이 매우 중요하다. 또한 자연재해와 사회적 요인에 의한 재해가 복합적으로 발생할 수 있다는 것을 고려해 위기관리기구와 위기관리계획의 재점검이 시급하다. 그리고 무엇보다 사고발생 후 대응과정에 대한 객관적인 평가체제를 구축해야 하며, 내부 책임자와 외부 전문가로 구성된 평가단을 갖추어 과학적인 평가에 주력하고, 처벌보다는 위기관리시스템의 개선점을 찾기 위해 노력해야 한다. 마지막으로 영국과 같이 위

가 정부의 공공기관을 불신했고, 신뢰도를 표명한 응답자는 겨우 4~5%에 불과했다(DBR, 2014.09.03).

기대응매뉴얼을 주기적으로 수정 및 보완하면서, 이에 따른 교육훈련과 학습을 반드시 병행해야 한다(삼성경제연구소, 2005: 15-20).

제5장

독일

제1절 독일 연방정부와 주정부의 행정체계

1. 독일 연방주의와 정치체계

1) 독일 연방주의 배경과 발전과정

독일의 정치 · 행정제도의 기본구조는 기본법 제20조와 제28조에 따라 국가질서의 주요 원리 즉, 법치국가, 사회주의국가 및 연방국가의 원리 등을 규정하고 있다. 이런 법적 근거를 바탕으로 그 범주 내에서 연방, 주 및 지방자치단체의 행정활동을 할 수 있도록 하고 있다.

독일의 연방주의는 정치 · 경제 · 행정 · 사법 · 문화 · 사회 등의 모든 분야에서 각 주정부가 고유의 권한과 책임을 갖고 자율적으로 운영할 수 있는 제도적 형태를 갖추고 있는 것을 의미한다. 또한 연방주의는 고유한 영역을 갖고 있으며, 각 주정부에 자율성과 책임성을 인정하고 필요할 경우에 국가가 추구하는 공동의 목표달성을 위하여 서로 협력과 지원하는 국가의 연합체로 이해할 수 있다(정재각, 2006: 179). 비록 각 주정부는 상호 정치적 · 행정적 · 제도적인 측면에서 약간의 차이를 보일 수 있으나, 국가의 주요 정책결정을 하는 데 있어서 각 주정부와 밀접한 이해관계가 있다면 연방정부는 수평적 혹은 대등한 측면에서 각 주정부와의 긴밀한 협상과 지원을 하고 있다. 따라서 연방정부는 단순히 각 주정부에 권한과 책임만을 넘기는 분권화가 아니며, 특히 분화된 국가로 형성된 연방정부이지만 각 주정부의 전통과 지역적 특성을 고려해 강력한 독일 연방국가로 발전되었다.

1990년대 초에 독일은 통일과 함께 연방주의에 대한 정치적 쟁점과 과제들로 많은 관심의 대상이 되었다. 그 당시 독일에서는 연방정부차원에서 많은 개혁안들이 나왔고, 연방주의에 대한 개혁의 목소리가 높았다(Thaysen, 2003: 17-19). 특히 독일통일 외에 유럽통합과정에 대한 논란들이 더욱 첨예화되고 가속화되는 계기가 되었다.

아브로나이트(Heidrum Abroneit, 1992)는 연방주의에 대해 "익명의 단일국가(verkappter Einheitstaat)"라고 평가했다. 그에 의하면 독일은 결코 순수한 연방국가(echter Bundesstaat)가 아니고, 이러한 이유에서 볼 때 독일이 단일국가의 형태로 나아가는 것은 불가피하다고 보고 있다. 또한 정치학의 입장에서 다른슈태트(Thomas Darnstaedt, 2003)는 논쟁이 되고 있는 중앙집권적 경향과 독일 연방국가의 정치적 소용돌이를 지적하고 더 많은 분권화와 연방주의(각 주정부) 간의 경쟁 강화, 제정헌법 개혁, 그 외에 연방, 주 및 지방자치단체 간 조세권한에 대한 좀 더 분명한 구분을 요구하였다. 샤프(F. W. Scharpf)는 오늘날 독일은 몇 가지 문제점을 안고 있다고 지적하고 있다. 즉 자본시장의 세계화, 유럽연합의 확대, 유럽공동체와의 단일시장을 통한 경쟁력 강화정책으로 독일의 존립에 대한 과제와 도전을 제시하였다. 특히 독일은 유럽의 통화단일화, 자국의 통화정책과 주권의 상실, 그리고 무엇보다 경기침체로 인한 높은 실업률과 저출산 등으로 인하여 새로운 도전에 직면하게 되었다고 지적하고 있다(정재각, 2006: 180-181).

원칙적으로 연방정부에 속한 각 주정부는 자신의 권리와 자율성을 갖고 설립되었으며, 각 주정부의 자율성과 책임성은 국가의 규정이나 법률에 의해서 부여받는 것이 아니라 지역의 전통성과 문화적 가치에 근거를 두고 있다. 따라서 연방주의는 국가차원에서 볼 때 국가가 지향하는 공공의 목표를 갖고 공동체의 삶의 가치를 만들어나가는 것이 매우 중요하다. 연방정부는 이러한 공동의 목표와 가치추구를 위하여 항상 분화된 소속 국가구성원(주정부)과의 긴밀한 소통과 상호 이해를 통해서 삶의 가치를 추구하고 있다.

1990년 통일 이후 독일은 그때까지 경험해 보지 못했던 정치적 · 행정적 변화를 우려했다. 구서독지역의 정치 · 행정 문화가 기존처럼 제대로 작용할 수 있을지, 그리고 구동독지역의 사회주의 정치 · 행정문화와 상호 어떻게 양립할 수 있는지 실제 경험을 통해 체득해야 했다. 독일은 통일에는 성공했지만, 그에 따라 정치 · 경제 · 사회 · 문화 · 복지 등에서 상당한 부작용을 경험하고 있다.

1960년대 이후 구서독 지역에서는 참여 · 민주적 정치문화가 정착되었지만, 이에 반해 구동독에서는 정치 · 경제 · 사회 · 문화적으로 전혀 다른 환경 속에서 성장해 왔기 때문에 참여 · 민주적 정치문화에 익숙하지 못했다. 즉 구동독 정치지도자들은 정부와 정당에 대한 국민들의 무조건적인 찬성과 지지를 요구했으며, 이에 대한 반대와 비판은 허용되지 않았다. 즉, 최고 정치지도자가 국민을 상대로 정부와 정당에 맹목적으로 순종할 것을 강요한 것이다. 이는 국가에 대한 무조건적인 복종과 충성심 등을 강요했던 독일제국시대의 권위적인 정치문화에서 비롯된 것이다. 따라서 여기에 익숙한 구동독 국민들은 여러 가지 면에서 수동적이었고, 권위적인 정치문화에 대한 참여와 민주적 절차 등에 적응하는 데 많은 어려움을 겪었다(양현모, 2006: 79).

독일이 통일된 지 25년이 지났지만 동 · 서독에는 여전히 지역 간 정치적 · 문화적 갈등이 존재하고 있다. 구서독지역 주민들은 민주주의에 익숙한 참여적 정치 · 사회문화의 특징을 갖고 있는 반면, 구동독지역 주민들은 통일 이전에 익숙했던 정치문화에 따른 소극적이고 수동적인 정치문화의 특징을 보인다. 독일 정부와 정치권에서는 이러한 문제점을 직시하면서 통일 이후 국민들이 하나가 될 수 있는 정치적 · 경제적 · 사회적 · 제도적 개선뿐만 아니라 서로 공존할 수 있는 노력을 지속적으로 하고 있다. 그 대표적인 경우로 독일연방정치교육원과 주정부정치교육원에서는 구동독 주민들이 민주적 정치의식과 참여적 주민의식을 높일 수 있도록 다양한 프로그램과 정치교육을 실시하고 있다.

한편 독일의 통일은 국제적 · 국가적 · 사회적으로 엄청난 변화를 줄 수 있는 기폭제가 되었으나, 여전히 독일 국민들은 분단된 양 지역 사이에 정치적 의식구조, 경제적인 양극화, 사회 · 심리적 갈등 등으로 많은 문제를 안고 있다. 그럼에도 불구하고 독일은 통일 이후 유럽국가 중에서 경제적인 측면뿐만 아니라 정치적인 측면에서도 유럽을 이끌어가는 중추적인 역할을 담당하고 있다.

2) 연방주의와 주정부의 정치행정체계

독일의 연방주의 정치체계는 수평적 권력분립과 연방국가 원리 및 지방자치의 분권화 원리에 따라 16개 연방주(Laender)와 기초자치단체(Gemeinde)의 연계를 이루고 있다([그림 5-1] 참조). 1949년 서독기본법은 전문 외에 총 14개장으로 구성되어 있으며, 제1장은 기본권 보장에 관한 규정을 두고 있다. 제2장은 연방과 각 주의 국가 형태 및 기능에 관한 원칙, 연방과 각 주의 관계, 국제법상의 지위 및 연방영역의 재편성에 관한 원칙 등을 규정하고 있다. 제3장에서 6장까지는 연방하원(Bundestag)과 연방상원(Bundesrat)의 임무구성절차, 연방대통령의 선거와 지위, 연방정부에 대한 규정을 하고 있다. 그 밖에 제7장에서 제8장 a까지는 연방과 각 주의 입법권 · 고유사무와 위임사무 및 공동사무를 규정하고 있으며, 제10장에서는 재정제도, 제10장 a에서는 방어전쟁에 관한 규정을 포함하고 있다.

그림 5-1 **독일연방공화국의 국가조직도**

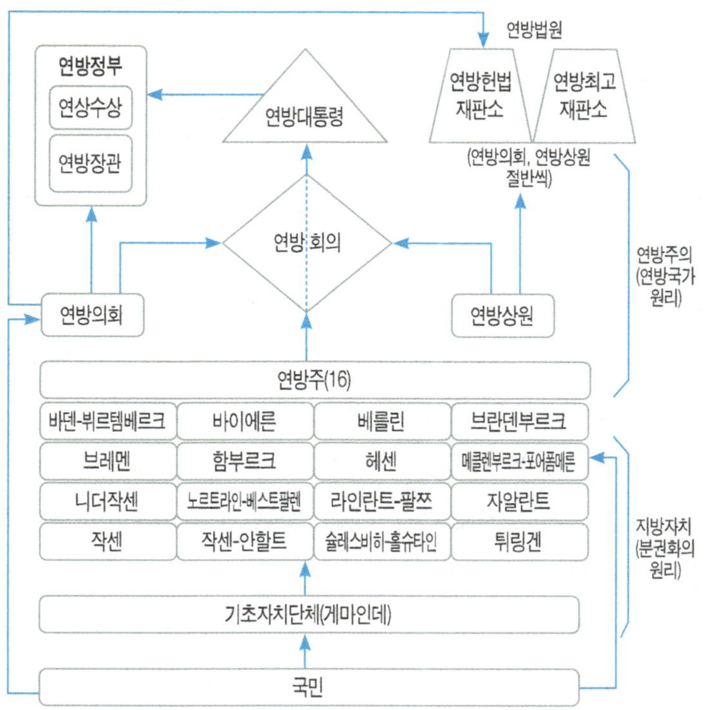

출처: 심익섭(1999). 독일연방제도와 지방자치. 서병철 편저, 통일의 저력. p. 145에서 재구성.

독일기본법에 대한 주요 내용은 다음과 같이 설명될 수 있다(장태주, 2001: 21-23). 첫째, 기본법은 독일연방공화국의 헌법이다. 둘째, 국가건설에 대한 연방국가성이 확정되었다. 특히 연방국가 건설은 비록 비용과 갈등이 존재하고 권력분산이 있다 하더라도 자유로운 민주주의 발전을 위해 단일국가보다 훨씬 강력한 보장을 내포하고 있다. 셋째, 법치국가는 일찍부터 기본권 목록을 앞세워 어떤 경우에도 기본권은 본질적인 내용을 침해해서는 안 된다고 규정함으로써, 바이마르 헌법보다 훨씬 더 강조했다. 넷째, 연방의 조직뿐만 아니라 헌법의 핵심으로 간주되는 기본법 제1조와 제20조의 기본원칙은 헌법 개정에 있어 논의의 여지가 없다. 즉, 제1조는 인간 존엄의 불가침성뿐만 아니라, 지상의 모든 인간 공동체, 평화 및 정의의 기초로서 불가침·불가양(不可侵·不可讓)의 인권에 대한 신봉을 규정하고 있다. 또한 침해될 수 없다고 선언한 제20조는 공화정 국가 형태의 기본원칙, 연방국가 건설의 기본원칙, 민주주의의 기본원칙, 권력분립, 법치국가와 헌법 침해자에 대한 저항권의 기본원칙 등을 포함하고 있다.

독일기본법 제20조 1항에 의하면 독일은 민주적·사회적 연방국가라고 분명히 규정하고 있다. 또한 동법 제28조에 각 주 및 자치단체에 관한 헌법질서를 규정하고 있으며, 각주의 헌법질서는 "기본법의 공화적·민주적·사회적·법치국가적 원리에 합치되어야 한다"라고 명시하였다. 이런 법적 근거를 바탕으로 독일연방의 기본법과 주정부 헌법 간에 기본적인 헌법의 상호 일치를 보장하고 있다.

이와 같이 기본법에서 분명히 명시한 규정은 독일연방정부와 주정부 간 미래의 방향과 투명성을 규정하고 있다. 이것은 연방주의 헌법이 다양성을 지향하고 있으며, 실제로 주의 헌법은 기본권리, 사회적 기본권,

연방주의 목표(노동, 주택, 주거, 사회보장, 남녀평등, 환경 등)에서도 다양한 차이를 보이고 있다. 따라서 기본법은 이러한 규정들을 보다 분명히 나타내고 있으며, 또 기본법이 주정부의 헌법을 우선하기 때문에 큰 문제는 발생하지 않는다. 오히려 이런 규정들이 정치적 상징성을 지니고 있으며 이에 따른 차이는 국가, 정부, 의회, 행정기관의 규정에서 알 수 있다(정재각, 2003: 182).

3) 연방정부의 행정구조와 특징

독일의 행정은 연방행정(Bundesverwaltung), 주행정(Landesverwaltung), 그리고 지방자치행정(Kommunalverwaltung) 등으로 분류되어 있으며(〈표 5-1〉 참조), 일부 주정부의 경우 주행정 아래 주정부 관구행정(Regierungsbezirk)으로 지역행정을 맡고 있는 것이 특징이다. 독일연방의

표 5-1 독일의 행정주체별 행정조직도

행정의 주체	행정 담당기관	구 성
연방	연방정부	연방수상, 연방장관
	연방행정기관	연방직접행정기관, 연방간접행정기관
주	주정부	주지사
	주행정기관	주직접행정기관, 주간접행정기관
지방자치단체	자치단체장	–
	지방의회	
	지방행정기관	

출처: 양현모(2006). 독일정부론. p. 90.

최고 의사결정기구는 연방수상과 연방장관으로 구성되어 있다. 각 행정 주체들은 행정권을 행사하기 위해 고유의 행정조직을 설치 · 운영하고 있으며, 연방행정을 담당하는 조직에는 연방정부와 연방행정기관이 있다.

연방은 독일의 주권을 대내외적으로 대표하는 정치 · 행정단위로서 고유의 입법권과 사법권, 행정권을 행사한다. 또 연방정부는 입법권으로 법률제정권을 부여받고 있으나, 행정권의 행사는 외교와 국방에 관한 분야 등 일부 분야로 제한되어 있다. 이렇듯 연방정부는 입법권에서 많은 권한을 부여받고 있지만, 이에 반하여 행정권은 상대적으로 많은 제한을 받는다. 즉 행정권이 제한된 가장 큰 이유로 각 16개 주는 모든 권한을 갖는 독립국가로서의 성격을 지닌다. 따라서 모든 주정부도 연방정부처럼

그림 5-2 독일의 연방행정기관의 조직구성도

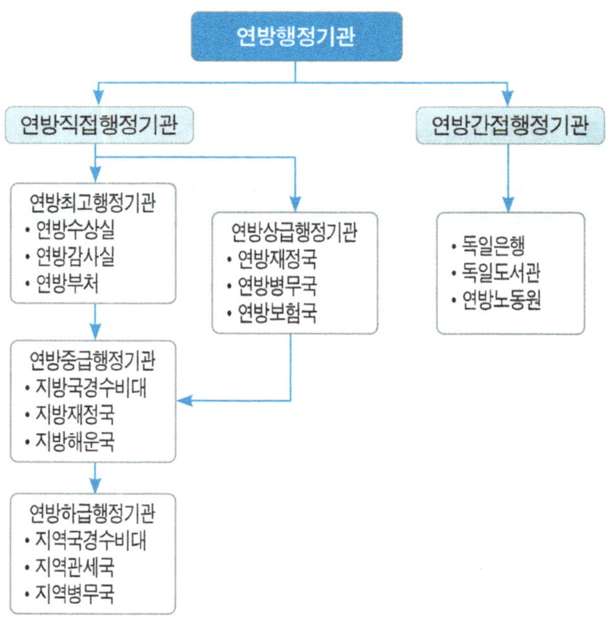

출처: 양현모(2006). 같은 책, p. 97.

독자적인 주정부의 헌법을 갖고 있으며, 그들이 갖고 있는 헌법에 따라 의회와 정부를 구성하고, 독자적으로 법률을 제정하고 행정권을 행사하고 있다.

특히 기본법 제30조에 의하면 '기본법에서 특별히 명시하지 않은 국가권력의 행사와 업무수행은 주(洲)의 사항이다'라고 명시하고 있다. 이와 같이 행정권의 행사는 기본적으로 주정부에서 실시하는 업무이자 권한이라고 명시하고 있는 것이다. 그렇다고 반드시 주정부가 연방정부와 동등한 지위에 있다고는 볼 수 없다. 왜냐하면 기본법 제31조에 의하면 '연방법은 주(洲)법에 우선한다'라고 규정하고 있으며, 주(洲)는 국제법상 주권을 가지고 있지 않기 때문에 외교 · 안보에 대한 권한을 행사할 수 없다(양현모, 2006: 81).

[그림 5-2]에서 보듯이 연방행정은 기본적으로 직접적인 연방최고행정기관과 간접적인 연방행정기관으로 구분된다. 즉, 직접적인 연방최고행정기관에는 연방수상실, 연방감사원, 연방부처가 있으며, 연방상급행정기관에는 연방재무국, 연방병무청, 연방보험국 등이 있다. 그리고 연방중급행정기관에는 지방국경수비대, 지방재정국, 지방해운국 등이 있으며, 연방하급행정기관에는 지역국경수비대, 지역관세국, 지역병무국 등을 들 수 있다. 간접적인 연방행정은 특수한 임무를 부여받고 공법에 의해 설립되었으나, 연방정부나 주정부에 속하지 않은 행정기관을 말한다. 여기에 속한 대부분의 행정기관은 사회복지와 관련된 행정기관으로 즉, 봉급자들의 연금보험업무를 맡고 있는 피고용인 연방보험기구, 노동업무를 관장하고 있는 연방노동청, 연방은행과 독일도서관 및 연방노동원, 그 밖에 독립행정기관 등을 들 수 있다(박해욱, 2001: 79-80). 현재 연방행정기관은 연방법의 규정에 따라 행정 서비스를 제공해야 하며 연방

행정기관의 권한과 기능 및 역할에 대한 주요 업무는 매우 다양하다.[1]

기본법 제65조에 의하면 연방정부의 정책결정과정에는 중요한 세 가지 원칙이 있는데, 수상원칙(Kanzlerprinzip), 내각원칙(Kabinettsprinzip) 또는 합의제원칙(Kollegialprinzip), 부처원칙(Ressortprinzip)이 그것이다. 수상원칙은 '연방수상이 국정운영의 이념과 정책의 기본노선을 결정하고 이에 대해 책임을 지는 원칙'이며, 내각원칙은 '연방의 모든 법안이나 주요 정책은 내각회의의 심의와 결정을 거쳐야 한다는 원칙'이다. 이것은 내각회의에서 합의와 조정의 원칙을 뜻한다. 그리고 부처원칙은 '연방수상의 국정운영 기본노선과 내각결정의 테두리 안에서 각 부처장관들이 자신의 관할권을 재량껏 발휘하고 이에 대해서 책임을 지는 원칙'이다.

2. 주정부의 정치행정체계

주정부의 행정구조도 연방정부의 행정구조와 유사한 골격을 갖고 있어 기본적인 행정시스템으로 운영된다고 할 수 있다. 먼저 주정부의 행정을 맡고 있는 주정부와 주정부의 행정기관으로 분류할 수 있다. 주정부는 중요한 의사결정기관으로서 주지사와 주정부의 각 부처장관을 들 수 있다. 주정부마다 고유한 역사적 배경과 전통 및 관습, 그리고 정치적 성향을 달리하고 있기 때문에 행정의 조직, 규모, 기능 등에서 약간의 차이점을 보일 수 있다.

특히 주정부는 주정부, 주지사, 그리고 각료의 명칭도 각각 고유의 호

1 연방행정기관에 대한 구체적인 주요 업무내용에 대한 설명은 양현모(2006)의 책 (pp. 98-118)에 자세히 설명되어 있다.

칭을 사용하고 있다. 즉 일부 주정부에서는 '주정부(Landesregierung)'로 사용하고 있으며, 주정부이면서 도시형국가로 분리된 베를린, 브레멘, 함부르크 등에서는 정부의 호칭을 '시의회(Senat)'라 칭하고, 전통적으로 지역적 특색이 강한 남부 바이에른 주에서는 '국가정부(Staatsregierung)'라고 칭하고 있다. 또한 각 주정부의 수장의 호칭도 약간의 차이가 있다. 예를 들면, 대부분 주정부의 수장은 '주지사(Ministerpraesident)'로 칭하지만, 베를린의 경우는 주지사가 아닌 '집권시장(Regierender Buergermeister)'으로 칭하고 있다. 그 밖에 함부르크에서는 시장을 '제1의 시장(Erster Buergermeister)', 브레멘 시에서는 '시장(Buergermeister)'으로 칭하고 있으며, 장관의 호칭에도 약간의 차이가 있다(〈표 5-2〉 참조).

표 5-2 독일 주정부와 주지사 및 장관 호칭의 차이점

주	주정부 호칭	주지사 호칭	장관 호칭
베를린	Senat	Regierender Buergermeister	Senator
브레멘	Senat	Buergermeister	Senator
함부르크	Senat	Erster Buergermeister	Senator
바이에른	Staatregierung	Ministerpraesident	Staatsminister
기타 12개주	Landesregierung	Ministerpraesident	Landesminister

각 주정부의 지사(또는 시장)는 주의회에서 선출되며, 주지사는 기본 정책노선에 대한 주요한 정책결정을 할 수 있으며, 각료를 임명하고, 주정부를 관리하는 권한과 책임을 갖는다. 그러나 국방과 외교에 관한 권한은 연방수상이 갖고 있기 때문에 주정부의 소관이 아니다. 또 앞서 언

표 5-3 주별 자치단체의 수, 인구 및 면적

(2014. 12. 31. 기준)

	관구행정	자치시	군	게마인데	면적(km²)	인구(천명)	인구밀도(1km²)
바덴-뷔르템베르크	4	9	35	1,101	35,751	10,717	300
바이에른	7	25	71	2,056	70,550	12,692	180
베를린	–	1	–	1	892	3,470	3,891
브란덴부르크	–	4	14	418	29,654	2,458	83
브레멘	–	2	–	2	419	662	1,578
함부르크	–	1	–	1	755	1,763	2,334
헤센	3	5	21	426	21,115	6,094	289
메클렌부르크-포어폼메른	–	2	6	755	23,214	1,599	69
니더작센	–	8	38	973	47,615	7,827	164
노르트라인-베스트팔렌	5	22	31	396	34,110	17,638	517
라인란트-팔쯔	–	12	24	2,305	19,854	4,012	202
자알란트	–	–	6	52	2,569	989	385
작센	–	3	10	429	18,420	4,055	220
작센-안할트	–	3	11	218	20,452	2,236	109
슐레스비히-홀스타인	–	4	11	1,110	15,802	2,831	179
튀링겐	–	6	17	849	16,202	2,157	133
총계	19	107	295	11,092	357,376	81,198	227

* 총계 열 인구밀도의 괄호 안 수치는 평균을 의미함.

출처: Statistisches Bundesamt(2016). Statistisches Jahrbuch 2014, Wiesbaden.

급한 베를린, 브레멘, 함부르크 시의 각료는 시의회에서 선출되지만, 일반 주정부의 경우 주지사가 임명하게 된다. 여기서 도시주(예: 베를린, 브레멘, 함부르크)의 시장은 주지사의 권한과는 달리 시의 정책노선을 독자적으로 결정할 수 없으며, 각료도 임명할 수 없다. 도시주의 시장은 시의회에서 선출된 각료들과 공동으로 시의 주요 정책을 논의하고 결정할 수 있다. 따라서 도시주의 시장지위와 권한은 일반 주정부의 주지사에 비해서 상대적으로 약하다고 볼 수 있다(양현모, 2006: 121).

각 주정부는 각기 다른 장관의 수와 정부조직을 구성하고 있으며, 이것은 주정부의 전통과 규모, 면적, 인구, 사회적 여건 등에 따라 아주 상이한 편이다. 〈표 5-3〉에 각 주정부의 행정구조와 자치시, 군, 게마인데, 면적, 인구, 인구밀도 등을 정리했다. 2014년 12월 31일 기준으로 볼 때, 전년도에 비해서 구서독은 큰 변화가 없으나, 특히 구동독 메클렌부르크-포어폼메른, 작센, 튀링겐에서는 행정개혁을 통해서 게마인데 숫자를 대폭 축소하는 것으로 나타났다.

3. 연방정부와 주정부의 권한관계

1) 입법권의 배분

독일은 기본법 제73조에 연방의 배타적인 입법권을 규정하고 있으며, 이에 대한 영역으로 외교, 국방, 연방국적, 거주이전, 여권, 통화, 외환, 도량, 관세, 선박협정, 국경수비, 연방철도 및 항공, 체신 및 원거리 통화, 특허 및 출판권, 재정, 연방과 주의 협력, 통계 등이 포함된다.

연방의 배타적인 입법권에 대해서 주는 연방법률에 의한 명시적인 위임이 있는 경우에만 입법권을 갖는다. 즉 독점적 입법권이라고도 한다. 동법 제74조는 연방과 주의 경합적인 입법권을 규정하고 있다. 즉 연방이 일차적으로 입법할 수 있으나, 만약 연방이 입법권을 행사하지 않을 경우에 주도 입법할 수 있다. 이에 대하여 연방과 주정부가 경합적 입법권을 행사할 수 있는 영역으로 규정한다. 즉, 민법, 형법, 소송법에 관한 것, 외국인 체류 및 거주, 전쟁보상 및 치유, 원자력발전소와 핵폐기장의 허가 및 건설 · 운영, 법원조직 및 사법절차, 결사 및 집회법, 무기 및 폭발물 등 많은 권한이 여기에 포함된다(양현모, 2006: 83-84).

이와 같이 연방은 연방법으로 규율할 필요가 있는 경우에만 입법권을 행사하도록 제한하고 있으나, 실제로 연방은 경합적인 입법권에 속한 권한을 대부분 상세한 부분까지 행사한다. 실제로 주에 배분된 입법권으로는 학교법, 일반적인 질서 및 경찰법, 지방자치법, 대중매체에 관한 법 등이며, 전체적으로 입법권의 비중은 연방에 기울어져 있다고 볼 수 있다.

2) 행정권의 배분

독일은 연방, 주, 지방자치단체에 고유한 입법권과 행정권을 부여하고 있다. 지역적인 차원에서 행정권은 거의 주에 의해서 행사되고 있으며, 연방의 직접적인 행정권은 매우 제한된 범위 내에서만 인정된다. 연방의 행정권은 일부 분야로 제한되어 있는데, 기본법 제87조에 의하면 연방의 고유 행정권에 속한 분야를 구체적으로 명시하고 있다.[2]

독일 주정부의 행정권은 주에서 입법한 사항(주 입법사항), 연방에서 입법하였지만 주에 위임한 사항(연방 위임사항), 그리고 연방에서 입법하였지만 성격상 연방이 아닌 주에서 집행해야 하는 사항(연방입법 주 집행사항) 등으로 분류된다. 여기서 주정부는 행정주체로서 독자적인 입

2 자세한 것은 양현모(2006)의 《독일정부론》 p. 87 참조.

법권을 행사하며, 주 의회에서 통과된 법률은 주의 여러 행정기관을 통해서 집행하게 된다(양현모, 2006: 88).

주 입법사항에서 주의 행정기관에서 집행되는 사무분야로는 교육기관 · 박물관 · 극장 · 도서관 · 기타 학술단체 · 방송국 · 교도소의 설립과 운영에 관한 사항, 경찰 · 도시계획 · 건설에 관한 사항 등이 포함된다. 이런 사무영역에 대해서는 주정부 및 행정기관에서 모든 권한과 책임을 갖고 운영하며, 연방정부의 어떠한 간섭과 지시도 받지 않고 독립적으로 운영 · 관리하게 된다. 또한 주정부는 기본법 제85조에 따라 연방정부에서 위임한 사항을 위탁받아 집행한다. 그 대표적인 경우로 고속도로, 국도, 항공시설 건설 및 운영, 원자력발전소 · 핵폐기장의 허가, 건설 및 운영에 관한 사항 등이다. 이와 같은 사항들은 연방정부로부터 위임받아 집행하기 때문에 모든 권한과 책임은 연방정부에 있으며, 이에 대한 예산도 연방정부가 부담한다.

제2절 독일 재난관리체계의 현황과 운영시스템

1. 국가재난관리의 발달과 개념

1) 역사적 배경

독일은 1949~1950년 구스타프 하이네만(Gustav Heinemann)의 연방내무부장관 시절에 전략적 차원에서 국가재난관리에 대한 논의가 시작되었다. 독일 정부는 1950년 이후 세계대전의 경험과 대규모 재산피해로 인한 국가위기에 대한 사전적 예방과 대응책의 필요성을 인식하게 되었다. 이런 역사적인 경험을 바탕으로 독일 정부는 연방내무성 산하에 독립된 시민보호위원회를 설치하였다. 이미 1945년에 이와 유사한 조직으로 기술긴급지원부가 존재하였으나, 그 기능과 역할이 제대로 작동되지 않아 해체되었다. 그럼에도 불구하고 연방정부는 재난방지와 재난관리에 따른 기술지원과 재난조직을 지속적으로 준비해 왔다.

1957년에는 연방정부 산하에 시민보호연방업무부(Bundesdienststelle fuer zivilen Bevoelkerungsschutz)가 설치되었고, 1957년 10월 7일에는 시민보호를 위한 정책에 관한 법이 제정되었고, 이런 법률적 근거를 바탕으로 제도적 장치를 강화하였다(한형서, 2008: 270). 이 법안은 1958년 12월

5일에 발효되었고, 1974년 7월 10일에는 새로운 법의 개정을 통해서 연방시민보호청(BZS: Bundesamt fuer Zivilschutz)이 설립되었다. 특히, 독일 연방정부는 2002년 9 · 11 테러와 2002년 엘베 홍수 이후 국가재난관리에 대한 다양한 논의와 준비를 하였다. 이러한 국제 테러경험과 국내 대규모 자연재해를 통해서 체계적인 재난관리에 대한 중요성을 인정하였다. 이에 따라 연방정부는 2004년 5월 1일에 연방재난관리청(BBK: Bundesamt fuer Bevoelkerungsschutz und Katastrophenhilfe)을 설립하였다.[3]

연방정부는 새롭게 설립한 연방재난관리청(BBK)을 통한 국가재난보호와 재난대응력 및 체계적인 시스템 구축 등을 위해 노력하였다. 이 기관의 업무는 현재 발생하고 있는 재난관리, 미래 발생 가능한 재난관리에 대한 예방체계와 대응 및 교육, 그리고 재난발생 이후 재난업무에 대한 시스템 관리를 통해 사후대응력을 높이는 것이다. 특히 정부는 미래 불확실한 상황에서 발생할 수 있는 재난상황 및 재난관리, 즉 모든 국민들이 직면하게 될 자연재해와 인위적인 재해에 대한 예방적 대응력을 높이는 것이다. 또한 정부는 국가적 위협과 국제테러 등에 직면했을 때 국민의 생명과 안전 및 재산에 대해서 안전하게 보호할 책임과 의무가 있다.

2016년 기준 연방내부성 산하의 연방재난관리청은 청장과 부청장 및 4개국으로 구성되어 있으며,[4] 여기에 근무 중인 인원은 약 300명에 달하고

---

3 BBK는 연방국민보호재난지원법 제2조 2항에 의해서 연방내무부의 관리감독을 받는다. 사실상 BBK를 '연방국민보호재난지원청'으로 번역하는 것이 맞지만 여기서 필자는 연방재난재해관리의 포괄적인 뜻을 담는 "연방재난관리청"으로 번역하고자 한다.

4 제1국은 위기관리, 제2국은 긴급재난보호와 중요 인프라, 제3국은 연구와 기술 및 위생국민보호, 제4국은 시민교육과 위기관리교육, 비상기획과 시민보호 등으로 분리되어 있다. 연방국민보호재난지원법 제1조 2항에 의하면 연방재난관리청(BBK)은 연방내무성의 감독을 받도록 되어 있다. 자세한 것은 Bundesgesetzblatt Jahrgang 2004 Teil I Nr. 19, ausgegeben zu Bonn am 30. April 2004, pp. 630-631 참조.

있다. 연방재난관리청의 핵심적인 과제는 다음과 같이 간략히 요약해 볼 수 있다(www.bbk.bund.de).

① 국민보호에 대한 연방과제의 이행
② 중요한 기간산업 보호
③ 위기상황에 대한 다양한 정보수집 및 출처에 대한 평가와 소개
④ 연방정부의 예방적 기획과 긴급한 위험상황에서 주정부와 자치단체, 그리고 기업과 국민의 의사전달 조정
⑤ 대규모 위험상황에서 연방정부와 다른 공공기관 및 민간재원의 투입에 대한 관리 지원
⑥ 대량살상무기로부터 국민 보호
⑦ 국민보호를 위한 모든 행정기관의 고위관리자에게 위기관리교육 실시
⑧ 국제인권업무와 민간협력에 있어서 연방, 주정부, 소방방재, 민간협력기관 등의 협력업무 등

이와 같이 연방재난관리청은 국가재난관리에 있어서 신속히 대응하기 위한 연방정부의 핵심적인 연방행정기관이며, 주정부와 민간기관과의 정보교류와 협력적 시스템을 구축하는 조정기능 및 재난발생에 대한 예방적 관리에 노력하고 있다. 또한 재난관리에 대한 전략에도 기존 시스템에 최첨단 정보통신기술(IT)을 접목하고 있다.

2) 재난관리의 개념

국가재난관리에 대한 개념은 연구하는 학자와 전문가에 따라 다양한 견해와 용어를 사용하고 있어 개념적 정의를 통일하기란 쉽지 않다. 현재 재난관리에 대한 정의는 국가적 상황과 재난환경에 따라 자연재해와 인위적 재난으로 분류할 수 있다. 그러나 독일 정부에서는 국가재난관리의 개념을 공공부문과 민간영역으로 나누어 설명하고 있다. 전자의 경우는 대다수 국민에게 직접적인 영향을 미치는 재난사건을 의미하며, 정부가 국민의 생명과 재산을 보호해줄 목적으로 국민이 안전하게 생활할 수 있도록 적극적인 예방조치와 사후조치를 필요로 하는 것이다. 후자는 대다수 국민을 상대로 하는 것이 아니라 특정 민간영역이나 제한된 대상에 경제적 가치를 부여한 제한적 의미의 재난관리를 말한다(BBK, 2005: 2-3).

공공부문에서 재난관리의 개념은 국민의 주거시설, 국방목적의 민간시설, 민간기업체의 시설, 국가기관의 시설물, 그리고 문화재 관련시설의 보호, 기타 자연재해, 화재예방, 화생방사고, 환경오염사고, 테러 등을 포함한 포괄적인 개념으로 보고 있다. 특히 국가재난관리는 사전적 · 예방적 조치와 사후적 · 보상적 조치로 분류되는데, 전자는 국민들이 미래의 불확실한 상황과 예측에 대비할 수 있도록 하는 사전경고시스템(Frueherwarnssystem)을 의미한다(Bundesverwaltungsamt, 2001: 18-19; Hahn, 1979: 28). 반면에 후자는 국가재난이 발생한 이후 국민의 생명과 안전 및 재산피해에 대하여 보다 신속히 대처하기 위한 사후적 조치와 체계적 관리를 뜻한다.

이와 같이 국가위기관리는 국민의 생명과 재산에 직접적인 영향을 주기 때문에 두 가지 측면을 모두 고려해야 한다. 즉, 하나는 인위적인 재난 발생의 형태로, 9 · 11 테러와 같은 사건, 산업현장의 화학물질 폭발, 원전사고(방사능 유출), 국제분쟁 및 마약범죄 등이 포함된다. 또 다른 하나는 자연재해의 형태로 지진, 화산폭발, 폭우 · 폭설 · 폭염 등을 들 수 있다. 이러한 국가재난에 대해서 독일 정부는 연방정부를 중심으로 주정부와 지방자치단체 및 민간단체 등의 거버넌스체계를 구축해 실제적인 재난예방효과를 극대화하는 데 그 목표를 두고 있다. 그 밖에 국제분쟁에 대한 문제해결은 다국적 협력체계와 정보공유를 통해서 "유럽국가간 거버넌스체계"를 강화하는 데에서 찾고 있다.[5]

이와 같이 국가적 상황과 발생하는 재난환경에 따라 개념상 약간의 차이는 있으나, 국가재난은 대체로 자연재해와 인위적 재난을 포함하는 포괄적인 개념으로 이해하고 있다(이종열 외, 2004: 349-350). 독일 연방정부는 위기관리에 대한 기본목표로서 국가안전과 국민의 생명 및 재산보호를 최우선으로 하고 있으며, 미래의 불확실한 상황에 대비한 사전적 예방조치와 협력적 시스템을 중시하고 있다.

오늘날 재난은 특정 국가에 한정되어 발생하는 것이 아니며 국가 간 연계성이 강하기 때문에 재난상황에 따라 국경을 초월한 국가적 협력과 정보공유가 필수적이다. 그 대표적인 경우로 국제테러사건과 국가전염병 확산을 들 수 있다. 따라서 독일 정부는 자국민의 생명과 안전을 위하여 유럽연합과의 긴밀한 공조와 협력을 중시하고 있으며, 동시에 인접국가와 정보공유를 통한 예방적 대응력을 높이는 데 지속적인 노력을 하고 있다.

5 독일 정부는 동유럽의 인구 유입과 제3국에서 입국한 난민 처리에 대해 유럽연합과 민간단체의 공조체제를 강화함으로써 문제를 해결하고자 했다.

3) 재난관리의 법적 근거

독일기본법 제28조에 의하면 각 주정부는 모든 행정사무를 자율적으로 처리할 수 있는 자치권을 부여받고 있다. 그러나 법률 이행은 연방의 위임을 받은 행정 내에서 개별 연방주를 통해서 이뤄진다. 연방의 과제는 연방내무성(BMI), 관할권 테두리 안에 있는 다른 행정부처, 기술지원단(THW) 및 연방행정청(Bundesverwaltungsamt)[6] 등에 의해 이행된다. 또 제30조와 제70조에 의하면 각 주정부는 모든 재난위험에 대한 입법권을 갖는다. 이처럼 연방정부는 각 주정부가 재난극복에 필요한 법을 제정할 수 있는 제도적 권한을 부여하고 있다(Deutscher Staedte und Gemeindebund, 2006: 23).

1951년 연방내무성은 방공중앙위원회와 연방방공협회를 설립했으며, 이 기관을 통해서 독일 국민에게 자위방위를 위한 교육을 실시하였다. 1954년에는 연방, 지역 및 지방행정기관이 연방방공협회의 핵심 회원으로 가입했으며, 1955년에는 대피소 건설 및 근대적 재난관리체계가 만들어졌다. 1965년에는 대피소 건설에 관한 법률, 시민 자위에 관한 법률안 등이 통과되었으며, 1972년에는 가정대피소에 관한 건축의 원칙이 공포되었다(이재은 외, 2006).

1990년 독일 정부는 통일 이후 재난 관련 시스템에 대한 법을 일부 수정 및 보완하여 국가재난에 관련해 전시의 국가안보체제와 평상시의 재난응급관리 및 지원 등으로 분류하였다(Bundesministerium des Innern, 2008: 19). 예를 들면, 연방정부는 대규모 재난 및 국가안보를 위협하게

6 2004년 연방행정청은 '연방재난관리청(BBK)'으로 확대·개편되었고, 국가재난관리의 총체적인 책임을 맡고 있다.

되는 전시상황에 모든 책임을 갖는다. 반면에 각 주정부는 평상시에 발생하는 재난재해에 대해서 모든 책임을 맡는다. 기본법 제35조에 의하면 국가가 자연재해 혹은 긴급한 상황에 직면할 때 연방정부가 예외적으로 주정부를 통제 및 관리할 수 있다고 재난관리 규정을 강화하였다(한형서, 2008: 161; 박동균 외 2012: 64). 또한 독일은 1997년에 민방위법 개정을 통해 자위, 경보, 대피소 보호, 인구이동 통제, 재난관리, 보건대책, 그리고 문화재 보호 등의 민방위업무를 재정립하였다.

일반적으로 국가재난에 관한 법적 근거는 연방국민보호·재난지원청의 설치법(Gesetz ueber die Errichtung des Bundesamtes fuer Bevoelkerungsschutz und Katastrophenhilfe)에 따르고 있다. 그 밖에 연방민방위 및 재난지원법(ZSKG: Gesetz ueber den Zivilschutz und Katastrophenhilfe des Bundes), 기술지원 협력에 관한 규정(THW-HelfMV: Verordnung ueber die Mitwirkung der Helfer im Technischen Hilfwerk), 연방기술지원단 지원법 관계 규정에 관한 법률(THW-HelfRG: Gesetz zur Regelung der Rechtsverhaeltnisse der Hilfer der Bundesanstalt Technisches Hilfswerk) 등이 해당된다(이재은 외, 2005: 592-593). 그리고 기본법 제85조 제4항에 따라 연방정부는 연방재난관리청(BBK)에 국민보호영역을 위임하고 있다. 위와 같이 독일의 재난 관련법은 매우 많지만 이 중에서 민방위법 제1장(제2조) 민방위 범위에 포함되는 것, 제3장(제6조) 국민경보에 관한 것, 제6장(제11조~12조) 민방위에서 재난방지 및 민방위법에 의한 다른 사업 등을 간략히 소개하면 다음과 같다.

첫째, 제1장(제2조) 민방위법에 포함되는 것으로 ① 자력구조(자위), ② 국민에 대한 경보, ③ 국민보호시설, ④ 대피계획과 규칙, ⑤ 제11조에 의한 재난대응, ⑥ 국민보건을 위한 조치, ⑦ 문화재 보호를 위한 조치 등이다.

둘째, 제3장(제6조) 국민경보에 관한 것은 ① 재난 시에 국민을 위협하는 특별한 위험에 대해 연방이 담당한다. ② 주에서 재난 시 국민을 위협하는 특별한 위험이 있는 경우, 연방의 위임을 받아 주무 행정기관이 민방위 경보를 발령한다. 재난 시에 민방위를 위한 목적으로 설치된 경보장비가 미흡한 경우, 연방의 장비를 활용한다. ③ 연방정부는 민방위사고 시 국민에게 경보를 발령하기 위한 절차에 따라 이 법의 시행 권한이 주어지며, 특히 연방상원의 동의를 얻은 법률에 따른 바람직한 행위규범에 따른 규정의 대응요령을 위한 연방과 주의 정보교환 등이 규정되었다.

셋째, 제6장(제11조~12조) 민방위에서 재난방지에 관한 것은 ① 재난에 대한 대응으로서 특별한 위험이나 사고에서 국민을 보호하기 위한 과제이며, 주의 법률에 따라 협력기관의 편성과 조직은 민방위에 의해 통합 · 운영된다. 이들 과제는 재난방지를 위해 보완되고 훈련된다. 연방내무성은 관할권을 가진 주 상급행정기관과 대응방식 및 절차 등을 협의 · 결정한다. ② 연방기술지원단의 편성과 조직은 제1항의 사무를 실현하기 위한 재난방지를 위해 방위능력을 강화한다. ③ 연방은 소방, 화생방, 위생시설, 난민보호와 같은 사무영역에서 재난방지를 위한 설비를 보완해야 한다. ④ 보완된 설비는 활용을 위해서 연방이 책임을 지게 된다. 각 주들은 재난방지를 위한 주무기관과 설비의 유지관리를 공동으로 책임진다. 재난방지를 위한 주무기관은 편성과 조직의 수행자로서 설비를 유지 · 관리해야 한다.

넷째, 제6장(제1조~12조) 민방위법에 의한 다른 사업은 ① 재난관리기관의 사무, ② 보건상의 보호를 위한 계획, ③ 동원(투입)준비대의 확대사업, ④ 의료장비의 준비, ⑤ 재난관리 초기지원교육과 간호인력교육 등이다.

이와 같이 독일의 재난관리체계는 매우 복잡하고 다양한 법체계에서 관리 · 운영되고 있다(Meyer-Teschendorf, 2008: 34). 이미 언급했듯이 원칙적으로 연방정부는 기본법에 따라 주정부의 헌법적 권한에 의해서 평상시에는 재난보호에 관해 간섭할 수 없었으나, 지금은 일부 수정된 법적 근거에 따라 대규모 국가재난이 발생했을 경우에 재난 관련 위원회와 주정부에 자문 역할을 하면서 직접적인 간섭을 할 수 있는 법적 근거를 마련했다(Unger, 2008: 78). 그럼에도 불구하고 연방정부는 주정부에 대한 최소 간섭의 원칙을 지키는 헌법적 권리를 보장하고 있다.

4) 재난관리의 접근과 민방위체계

국가재난관리에 대한 이론적 접근은 국가적 상황과 위기상황에 따라 다양하게 논의될 수 있다. 국가재난관리의 유형은 국가에 따라 차이는 있지만 분산관리방식과 통합관리방식으로 분류하는 학자도 있고(이종열 · 김기창, 2007), 최근에는 정보통신기술을 이용해 네트워크 거버넌스 접근방법의 필요성을 강조하는 학자들도 있다(Saurugg, 2012: 214; Hufschmidt & Dikau 2012: 19; 이훈재, 2015).

독일재난관리의 기본적인 목표는 국가 및 국민의 생명과 재산을 보호하며, 연방민방위계획을 통한 정부기능의 연속성 보장, 국민보호, 물자조달, 정규군 지원 등이 위기상황에서 사회적 기능을 유지하도록 방안을 마련하는 데 그 목적이 있다. 재난관리에 대한 효율적인 접근은 위기상황에 직면한 현장지휘자들이 위기관리능력을 보다 효과적으로 운영하고 체계적인 시스템을 만들어 이를 효율적으로 활용하기 위해 주어진 인적 · 물적 자원을 적절히 사용하는 것이다. 특히 재난관리는 제한된 자원을 가지고 위기에 처한 재난상황을 보다 신속하고 효과적으로 관리하기 위한 방법으로 기본적인 전략을 구상하여 이를 통해 장기적인 측면에서 재난관리계획을 수립하고 추진하는 것이 바로 국가재난정책이라 할 수 있다.

현재 독일 정부는 국경을 초월한 국제적 협력관계를 중시하고 있으며, 특히 유럽연합과 긴밀한 협조하에 국가재난관리에 대한 정보교환과 공동목표달성을 위한 새로운 정책변화와 네트워크의 연계를 구축하고, 이러한 협력관계를 보다 효율적으로 활용하는 것이 중요하다고 인식하였다(Mari, 2004: 8-9). 특히 정보화시대의 국가재난관리는 연방정부를 중심으로 각 주정부와 민간단체가 유기적으로 협력하는 새로운 체계를 구축하고, 이를 통해서 국가재난의 위기대처능력과 시너지 효과를 극대화하는 데 중점을 둔다. 재난관리에 대한 정부의 대응력과 전략적 접근은 정부 간 협력체계 및 정보교류, 사전적 혹은 사후적 긴급 위기관리능력 등이 중요한 변수로 작용할 수 있다(Bundesverwaltungsamt, 2002: 8-9).

이와 같이 국가재난관리에 있어서 연방정부와 주정부 및 각 지방자치단체가 독립된 운영체계로 관리할 경우 신속한 대응이나 적절한 재원활용에 많은 어려움이 예상된다. 반면, 연방정부를 중심으로 한 통합체계로 운영될 경우 긴급한 국가재난위기상황에 보다 효과적이고 탄력적으로 대처할 수 있다. 이러한 맥락에서 독일 연방정부도 연방재난관리청 설립과 함께 대규모 국가재난의 경우 연방정부가 갖고 있는 정치행정체계에서 연결네트워킹의 극대화를 위한 방법으로 연방정부를 중심으로 한 주정부와의 긴밀한 협력과 지원 및 조정을 추진하고 있다. 결국 연방정부의 재난관리접근을 거시적인 측면에서 본다면 대규모 재난관리는 연방정부가 주도적으로 실시하면서 주정부의 도움과 협조를 바탕으로 인적·물적 자원을 효율적으로 관리하는 것으로 이는 대규모 재난상황에 대비해 사전적 예방과 대응 및 사후 복구에 따른 문제점을 개선하기 위한 방안으로 발전되고 있다(한형서, 2008: 273).

독일의 민방위체계([그림 5-3] 참조)는 이미 앞에서 언급했듯이 평상시 재난에 관한 대응은 주정부가 권한과 책임을 가지며, 긴급한 군사적 위기상황에서는 연방정부가 담당하게 된다(박덕은, 2007: 20). 따라서 각 주정부는 구체적인 민방위계획을 수립하고, 이에 대한 업무를 충실히 이행한다. 일반적으로 민방위업무는 시정부에서 담당하고 있지만 소방당국과 긴밀한 협조체계를 갖고 있다. 현재 방호 및 구조·구급을 담당하는 정규소방대는 약 2만 7천여 명에 달하며, 약 110만 명 정도가 자원봉

그림 5-3 독일 민방위체계의 조직구성도

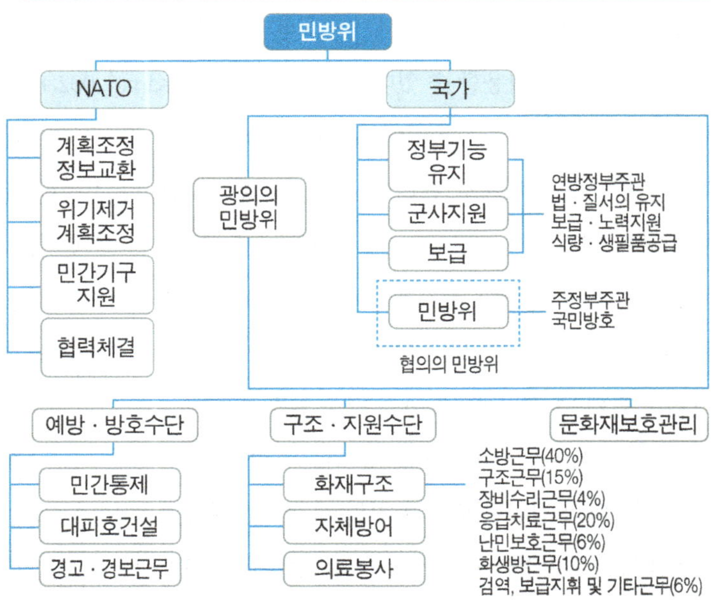

사대로 조직되어 활동 중이고 적십자 요원도 약 30만 5천여 명에 달해 재난발생 시 함께 참여할 수 있다.

앞으로 각 주정부는 각종 위험으로부터 국민의 생명과 재산을 보호하는 종합적인 업무를 담당해야 한다. 소방 및 구급 등 재난상황에 대처하는 것은 지방정부의 업무이며, 소방법에 의해 시정부에서 소방 관련 예산과 운영을 담당하고 있다. 또한 연방민방위는 연방내무성 산하에 설치된 민방위청에서 담당하고, 민방위청은 다시 관리부, 민간방위부, 재해통제부, 경계경보활동부 등으로 구성되어 있다. 민간협조기관단체 및 주요 조직으로는 중앙민방위에 있는 각부 산하에 연방자위연합회, 연방민방위학교, 11개 주 연합회와 618개 지방정부, 10개 경보센터 등이 있다. 그리고 민방위 중앙교육기관으로는 본(Bonn) 근교에 위치한 바트 노이에나 아바일러(Bad Neuenahr Ahrweiler) 시에 있는 연방재난통제학교(federal disaster control school)가 있으며, 전국적으로 10개의 재난통제학교, 전국 400여 곳에 지방훈련소를 설치하여 지방민방위교육을 실시하고 있다(유현정 외, 2009: 114).

2. 연방정부의 국가재난관리체계

1) 연방내무부

독일 연방정부는 2016년 기준 연방내무부의 조직은 제1의회차관(Dr. Krings: Parlamentarischer Staatssekretaer)과 제2의회차관(Dr. Schroeder: Parlamentarischer Staatssekretaer), 그리고 제1행정차관(Engelke: Staatssekretaer)과 제2행정차관(Vitt: Staatssekretaer) 및 제3행정차관(Dr.

Haber: Staatssekretaerin) 등으로 구성되어 있다. 제3행정차관 아래 총 5개 실(국)을 두고 있으며, 그중에 위기관리·국민보호국(KM: Krisenmanagement und Bevoelkerungsschutz)의 하부조직에 6개과(Referat KM)가 구성되어 있다. 각 과의 업무를 보면 다음과 같다. 제1과(Referat KM1)는 위기관리조정센터, 제2과(Referat KM2)는 국민보호(BBK)와 유럽연합 및 나토의 업무, 제3과(Referat KM3)는 국제재난에 대한 기술지원, 제4과(Referat KM4)는 국가 주요 인프라 보호, 첨단기술단지 및 시설보호, 제5과(Referat KM5)는 무기와 폭발물법, 국내무기기록, 특별안전법, 그리고 제6과(Referat KM6)는 상황실 등으로 구성되어 있다(자세한 것은 www.bmi.bund.de참조).

그림 5-4 독일의 연방내무부 위기관리체계

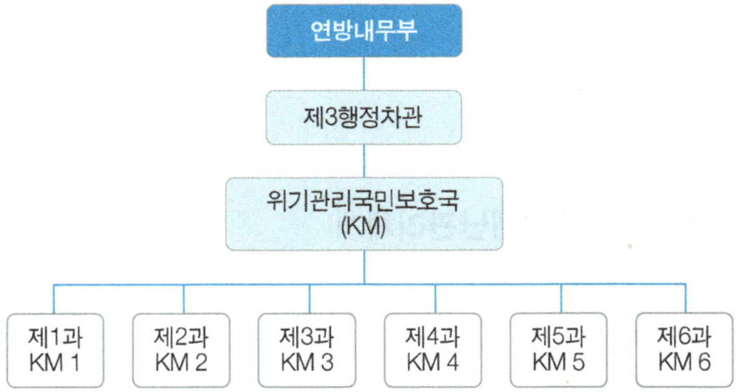

출처: http://www.bmi.bund.de/에서 재구성(2016. 02. 28 기준).

이와 같이 제3행정차관 아래 위기관리·국민보호국은 국민보호에 직결된 국가재난관리에 대한 핵심적인 기능을 부여하고 있다(http://www.bmi.bund.de/). 먼저 위기상황센터는 종합적인 위기상황을 파악한 이후 필요한 경우 연방정부와 주정부 및 지방자치단체, 그리고 민간단체 등에 이르기까지 적절히 협력과 지원 및 조정기능을 하는 시스템을 갖추고 있다. [그림 5-4]에서 보듯이 연방내무부의 지휘체계하에서 위기관리국 민보호국 아래 각 과는 주어진 업무를 독립적으로 운영하고 있지만, 유사시 상호 협력이 긴밀하게 작용되고 있는 것이 그 특징이라 할 수 있다 (DStGB, 2006: 4-5).

(1) 연방내무부 위기관리단의 구조

연방내무부(BMI)의 위기관리단은 내무부와 하부 산하기관을 연결하기 위한 중앙의 위기관리대응수단이며, 위기발생 시에 연방정부의 부처

그림 5-5 연방내무부 위기관리단의 구조

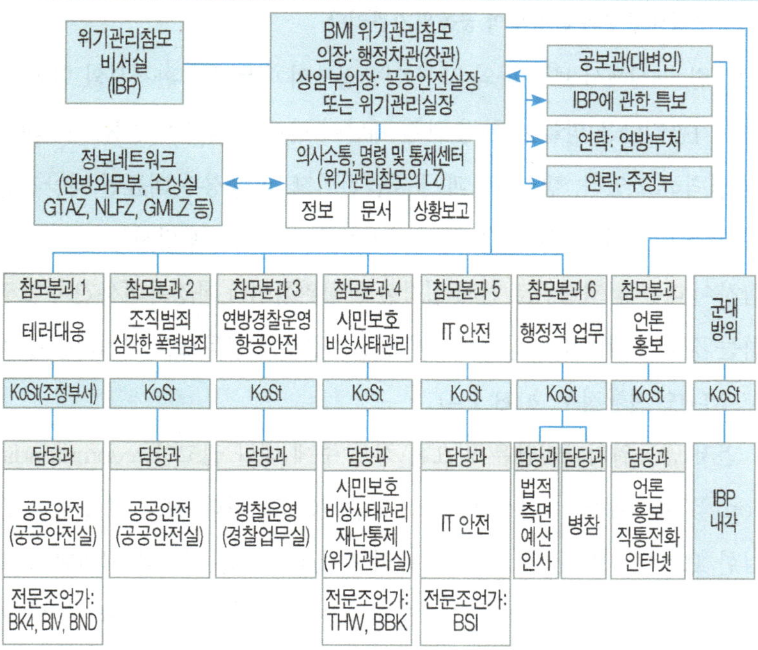

출처: 안전행정부(2008). 주요 선진국의 재난 및 안전관리체계 비교연구. p. 133.

및 주정부가 결정한 조치들에 대해서 조정하는 중요한 역할을 한다. 연방내무부의 위기관리단의 구성원은 [그림 5-5]와 같다.

[그림 5-5]에서 보는 바와 같이 위기관리단의 구성은 의장과 부의장을 중심으로 비서실 및 대변인실로 나누어졌으며, 위기관리단의 위원회, 의사전달, 명령 및 통제센터, 국장, 타 부처 및 주의 연락관, 관련기관, 전문가 등으로 구성되어 있다. 그 기능과 역할은 각 분과별, 영역별로 세분화되어 있다. 여기서 위기관리단장은 다른 방법에 의해서 결정되지 않는 한 안전업무를 총괄하는 행정차관이 맡도록 하며, 이에 관련된 모든 책임을 가진다. 또한 위기관리단의 상임부의장은 경찰과 테러대응을 관리하는 총괄실장이 담당하고 있다.

(2) 연방내무부와 환경부의 공동위기관리단

[그림 5-6]에서 보는 바와 같이 연방정부의 내무부는 환경부와 함께 공동위기관리단을 만들어 환경 관련 재난이 발생할 경우에 공동으로 대응 및 협력하고 있다. 행정차관과 공공안전실장 및 환경부 대표인 핵안전실장 아래 핵안전과 테러대응 및 조직범죄분과에서는 핵 방사능 물질을 포함하여 다른 범죄행위로 인해 심각한 환경위협이나 환경파괴사건이 발생하는 경우에 대비해 연방내무부와 연방환경부가 공동으로 위기대응을 하고 있다(안전행정부, 2008: 134).

먼저 공동위기관리단은 필요한 경우 주에 대한 권고안(recommendation) 및 주정부에서 실시할 주요 조치들을 조정한다. 또한 주정부의 긴급한 요청이 있는 경우, 이 위기관리참모(staff)들은 심각한 핵위협에 대응하기 위해서 설치된 연방의 중앙지원그룹 동원 여부를 결정하게 된다. 특히 핵사고 시 국제적 지원요청을 포함하여 국제적 접촉을 담당하게 된

그림 5-6 연방내무부와 환경부의 공동위기관리단의 구조

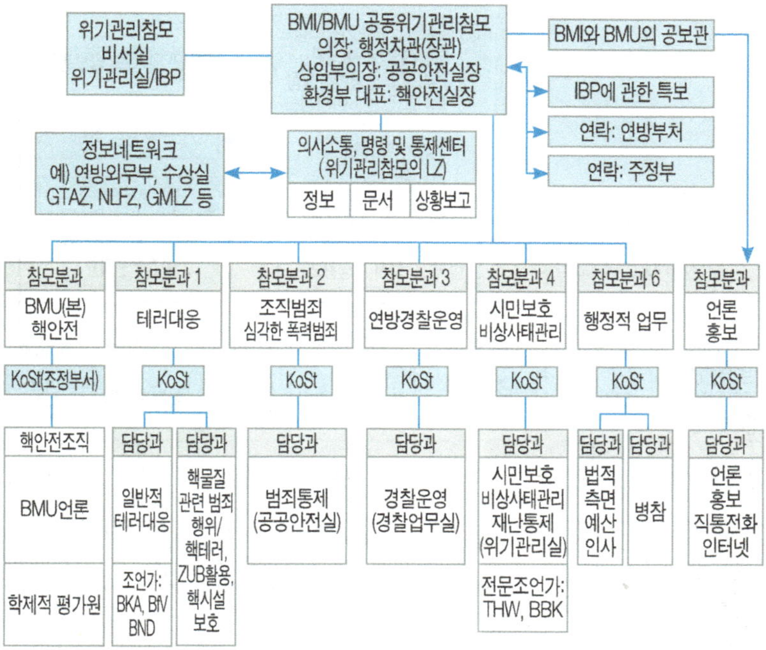

다. 그리고 위기관리참모의 장은 안전업무를 관리하는 연방내무부 정무차관이 맡으며, 연방환경부는 총괄국장(Director General) 및 핵안전단이 참석해 필요한 대응을 논의하게 된다.

(3) 연방내무부와 보건부의 공동위기관리단

[그림 5-7]에서 보는 바와 같이 연방내무부와 보건부(BMG)가 함께하는 공동위기관리단은 지역적으로 광범위하게 확산된 생물학적 위협이나 국가적으로 중요한 사건(인플루엔자 유행, 바이오 테러 등)의 관리와 통제 및 위기관리대응을 신속히 하고 있다. 연방정부는 주정부의 위기관리참모와의 조정을 통하여 국민건강과 안전 및 내부안전분야에서 전

그림 5-7 연방내무부와 보건부의 공동위기관리참모의 구조

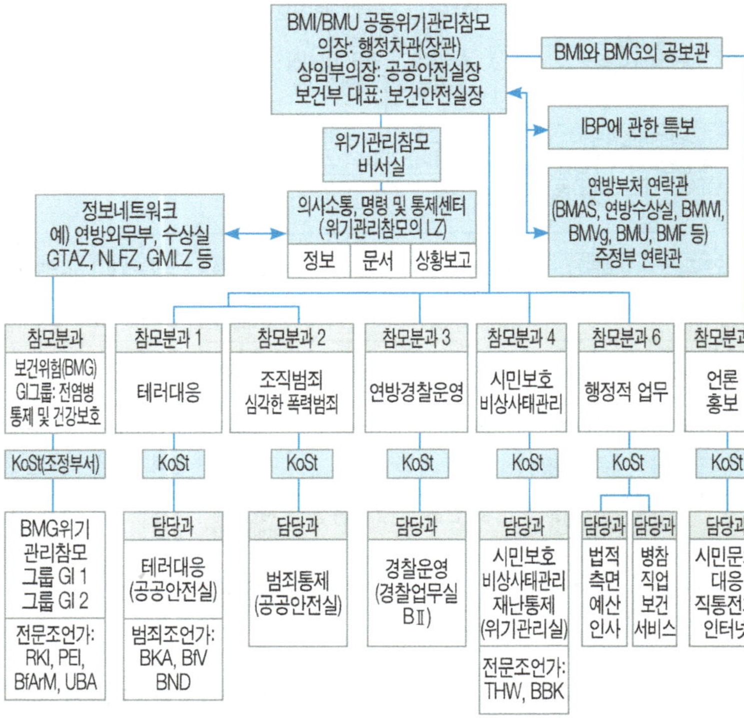

체적으로 일관성 있고 체계적인 방법으로 접근하도록 한다(안전행정부, 2008: 135).

이와 같이 공동위기관리단은 연방정부의 각 부처와 연방행정기관에 대한 권고안을 개발하며, 주 정부가 원할 경우 위기평가에 근거해 주정부에 대한 권고안 개발 및 주가 시행한 조치들을 조정하게 된다. 또한 연방내무부와 연방보건부의 최고수준의 관리를 위하여 조언과 정보제공 및 지원하는 업무를 수행하고 국제적 지원요청에 대한 정보제공 및 결정을 포함하여 외국 및 구제조직과 협력하거나 파견하는 업무를 담당한다.

(4) 연방정부 각 부처 간 조정그룹

[그림 5-8]에서 보듯이 연방정부에서 정부부처 간 조정그룹(Inter-Ministerial Coordination Group)은 체르노빌 원전사고 이후 연방정부차원에서 집중화된 협력과 조정의 필요성이 강조되면서 구성되었다(안전행정부, 2008: 136). 각 정부부처 간 조정그룹을 위한 의사규칙(standing orders)은 1988년에 개최된 주정부의 내무부장관회의와 연방내각에서 결정되었다. 각 부처 간 조정그룹은 전통적인 행정지원 이후에도 주정부가 위기상황을 스스로 처리할 수 없다고 판단된 경우, 아주 심각한 상황에 대비해 설치된 하나의 협력 및 조정위원회의 성격을 지닌다. 즉 위기상황이 심각하고, 지속적이며, 지리적으로 광범위하게 확산되어 있는 경우에만 정부부처 간 조정그룹을 운영하게 된다(안전행정부, 2008).

그림 5-8 연방정부 각 부처 간 조정그룹의 구조

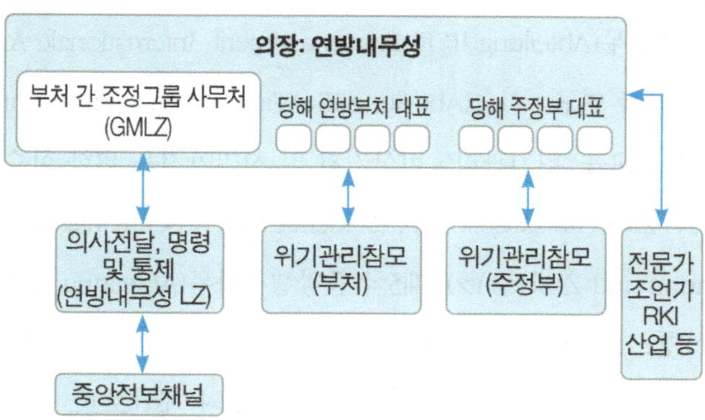

연방정부부처 간 조정그룹의 주요 업무는 연방정부 내 개별부처의 정책결정을 조정하고, 재난에 처한 주정부를 지원 및 조언하는 것이다. 연방행정부처 간 조정그룹의 설치 목적은 첫째, 각 주정부가 전체적으로 동

일한 행동을 취할 수 있도록 상황 조정 및 조언 등에 대한 공동평가를 하며 둘째, 언론과 대중에게 조정된 정보를 제공하고 셋째, 지원 및 자원의 요청을 조정하는 데 그 목적이 있다.

2) 연방재난관리청(BBK)[7]

연방정부는 2004년 5월 1일 '연방재난관리청(BBK)'을 설립하였고, 연방정부는 주정부의 재난관리를 지원하기 위한 통합적 재난방지시스템을 구축하였다.

[그림 5-9]에서 보듯이 2016년 기준 연방재난관리청 조직은 청장과 부청장, 그리고 위기기획실(Krisenstab) 및 비서실(홍보, 운영지원 및 관리: Presse, Leitungsunterstuetzung, Controlling) 등으로 나누어졌고, 부청장 아래 제1국 위기관리(Abteilung I: Krisenmanagement), 제2국 긴급비상관리 및 국제업무(Abteilung II: Risikomanagement, Internationale Angelenheiten), 제3국 연구 · 기술(Abteilung III: Wissenschaft und Technik), 제4국 시민안전교육, 위기관리 · 비상기획 및 시민안전을 위한 학술원(Abteilung IV: Zivilschutzausbildung, Akademie fuer Krisenmanagement, Notfallplanung und Zivilschutz), 제5국 중앙행정사무(Abteilung Z: Zentrale Dienste) 등으로 구성되어 있다(www.bbk.bund.de, 2016. 03. 31 기준).

연방재난관리청의 주요 임무는 시민의 안전과 재산보호, 공동상황실센터(GMLZ)와 시민보호 및 재난보호를 위한 전문정보시스템(FIS), 긴급

7 이미 앞에서 언급했지만 BBK 약자에 대한 번역을 그대로 하면 '연방시민보호재난지원청'이라고 칭할 수 있으나, 재난관리의 포괄적인 관리 의미로 "연방재난관리청"으로 통일해 사용하였다.

그림 5-9 연방재난관리청(BBK)의 조직도

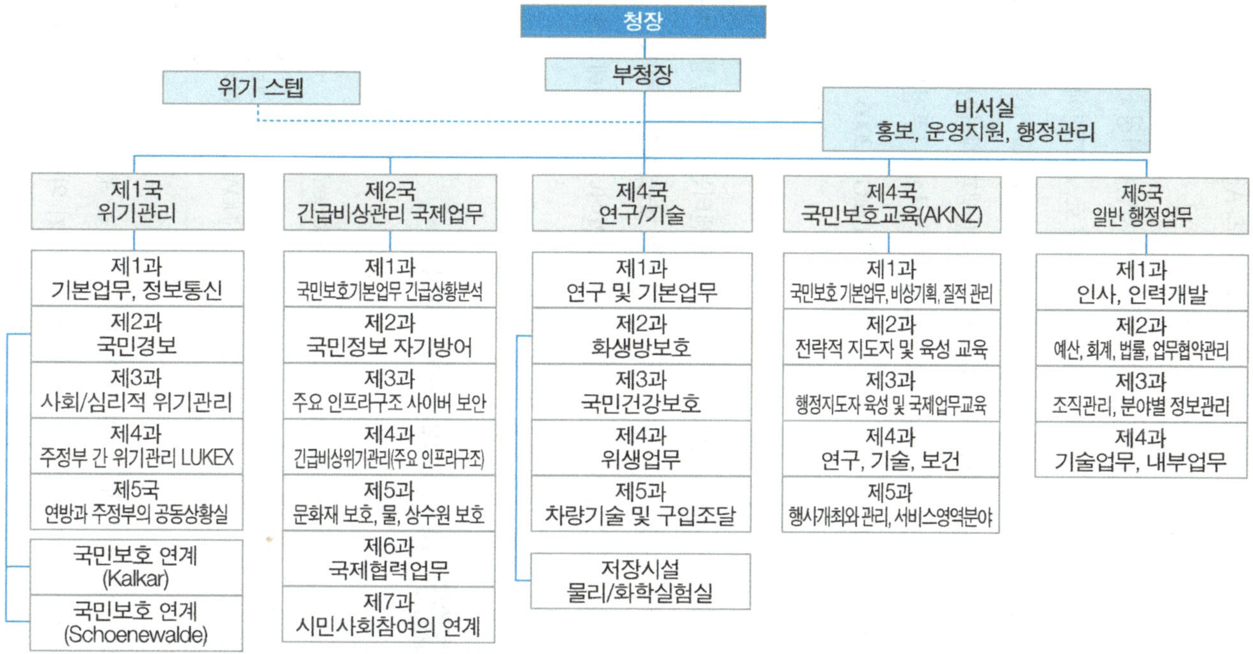

출처: www.bbk.bund.de에서 재구성(2016. 03 기준).

상황정보시스템(deNIS), 연방지역의 재난경보, ABC의 정책, 독일인 희생자 및 유족조정국, 위기관리와 긴급상황기획 및 시민보호를 위한 재교육 등이다(한형서, 2008: 275). 2008년 기준 연방재난관리청 근무자는 총 293명이었고, 연간 총예산은 2006년에 6,610만 유로, 2007년에는 370만 유로, 그리고 2008년에는 1억 140만 유로로 꾸준히 증가하고 있는 추세이다. 이와 같이 연방내무부의 위기관리센터는 재난발생과 재난상황에 신속하게 대처하기 위한 조직을 구성하고 있으며, 비상시에는 주정부와 도시정부 및 기초자치단체에 다양한 정보를 제공한다(DStGB, 2006: 12-13).

(1) 제1국 위기관리

연방재난관리청의 위기관리 및 재난지원센터는 공동상황실 운영, 긴급상황에 따른 정보체계 운영, 국민에게 정보제공, 재난조정 및 경보발령 등을 주요 기능으로 하고 있으며, 해외에서 일어나는 국제테러나 대규모 재난발생 시에 독일인을 지원하고 있다.

그림 5-10 연방재난관리청의 위기관리지원센터

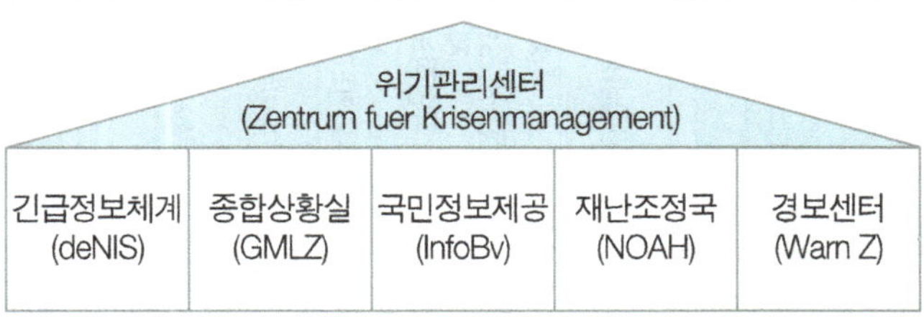

이와 같이 연방내무부의 연방재난관리청은 위기관리센터를 중심으로 재난발생과 재난상황에 신속하게 대응하기 위한 제도적 장치를 마련하고 있으며([그림 5-10] 참조), 비상시에는 주정부와 도시정부 및 기초

자치단체 등에 신속하게 정보를 제공함으로써 지방자치단체가 독자적인 재난극복과 재난상황에 대응할 수 있도록 지원하고 있다(Deutscher Staedte und Gemeindebund, 2006: 12-13).

① 긴급정보체계

과거에는 대규모 재난이 발생했을 때 필요한 정보가 제때 잘 제공되지 못했던 것이 사실이다. 이러한 정보제공의 단절과 부재로 인해 국가재난과 그에 따른 커다란 재난피해에 관한 정보공유와 예측이 불가능했다. 이러한 이유에서 연방내무장관인 오토 실리(Otto Schily)는 2001년 중반에 독일의 긴급조난정보시스템에 대한 구축사업을 재정비하기로 결정하였다.

그동안 독일 정부는 연방주의체제 아래 각 주정부와의 정보교류 및 신속한 대응에 많은 문제점을 발견하였다. 이런 문제점을 보완하기 위한 방법으로 연방정부가 중심이 되어 재난에 관련된 모든 정보를 관리함으로써 신속한 대응과 정보일원화를 목표로 중앙운영시스템의 전환을 실시하였다. 긴급정보체계의 목적은 민간보호와 재난보호의 영역에서 대규모 위기상황을 극복하기 위한 정보망 구축에 있다. 이러한 배경하에서 연방재난관리청은 정보화시대에 맞추어 긴급재난 시에 신속한 정보관리를 위하여 'deNIS'라는 인터넷포털 사이트를 운영하게 되었다(Unger, 2005).

독일의 긴급정보체계(deNIS: deutsches Notfall-Information)는 deNIS I과 deNIS II plus로 구분되어 있다. 즉, deNIS I은 재난에 관한 인터넷 포털로서 일반 국민들이 이용할 수 있는 각종 정보를 제공하고 있는데, 이 사이트는 세계국가별 · 권역별 · 나라별 분류를 통한 다양한 정보를 담고 있다. 이 사이트는 각 주정부 및 지방자치단체의 재난방지와 위험에 대한 다양한 보호조치 및 행동규칙에 대한 정보를 제공하고 있다. 반면에 deNIS II plus에서는 재난 관련 공무원, 전문가 등이 활용하는 비상정보체계인데, 3개의 모듈(상황관리, 신고관리, 자원관리) 등으로 구성되어 있다. 예를 들면, 상황관리는 역할, 상황별 지도 및 자원통보 등으로 분류하고, 신고관리는 신고양식, 역할별 배분, 업무위탁관리 등이며, 자원관리는 자원파악, 자원 DB, 상황문의, 자원요청 등으로 나누어져 있다(www.denis.bund.de. 2016. 02. 29 기준).

여기서 긴급정보체계(deNIS)의 핵심기능은 재난에 관련된 모든 정보자료를 수집하고 선별하며, 사용자에게는 위기관리에 대한 정보를 제공하는 중심적 서버기능이다. 이러한 통합운영정보시스템의 구축은 재난관리에 대한 신속한 정보수집, 상황분석 및 체계적인 대응에 보다 적극적으로 대처할 수 있는 장점을 갖는다. 동시에 예방적 차원에서 국가위기상황은 연방정부와 주정부의 내부정보망을 통하여 지원된다. 이와 같이 긴급정보체계는 국가가 예측할 수 없는 위험상황에 직면한 경우, 위기관리의 지원을 위한 자료선별에 중요한 기능을 할 수 있다.

② 연방정부와 주정부의 종합상황실

연방정부와 주정부는 위기상황능력을 높이기 위하여 2002년 10월 1일부터 '연방-주정부의 종합상황실(GMLZ: Gemeinsames Melde-und Lagezentrum des Bundes und Laender)'을 설치 · 운영하고 있다. 종합상황실은 연방과 주정부의 국가재난에 관련된 모든 정보와 자원관리의 기능을 담당하고 있다. 이러한 종합상황실의 운영은 장기적으로 위기관리의 대응력을 높이기 위하여 통합관리체제로 운영되는 것이 바람직하다고 평가되었다(Zivilschutz-Forschung, 2001: 65).

종합상황실의 주요 업무는 국가재해와 재난상황에 대한 지속적인 관리이며, 가능한 최신의 재난정보를 주기적으로 수집 · 분석하는 데 초점을 맞추고 있다. 또한 종합상황실은 연방정부 소속으로 주정부의 상위조직이 되면서 국가재난에 관련된 전문적인 연구와 자원관리를 담당하게 되었다. 이러한 수직적인 조직체계하에서 주정부와의 유기적인 정보교환은 필수적이고 반드시 이뤄져야 한다. 동시에 종합상황실은 긴급정보체계뿐만 아니라 재난방지를 위한 다양한 행정기관 및 행정관청으로 연계된 전문가와의 정보네트워크를 구축하고 있다. 또한 연방정부차원에서 민간전문가의 활용과 외부전문가의 영입은 시민안전의 예방과 미래의 정책대안을 수립하는 데 긍정적인 효과를 가져올 수 있다. 이와 같은 조건하에서 종합상황실의 성공은 모든 조직구성원의 자발적인 참여와 적극적인 지원 및 협력을 필요로 하며, 이러한 체계는 주정부를 통한 정보제공과 협력적 관계가 형성되었을 때 지속 가능한 발전으로 연계될 수 있다(Unger, 2005: 2).

③ 국민에게 정보제공 및 홍보강화

정부는 국가재난대응에 관한 정확한 정보제공과 홍보가 매우 중요하며, 이에 대한 지속적인 관리와 교육을 통해서 재난대응력을 높이는 간접적인 효과를 기대할 수 있다. 따라서 위기관리센터의 중요한 임무 중 하나가 모든 국민에게 다양한 재난정보를 제공하고 홍보를 강화하는 것이다. 이것은 정부가 국민보호차원에서 보다 적극적으로 대응하는 하나의 수단으로 볼 수 있다. 특정 위기상황이 발생하였을 경우 혹은 발생할 가능성이 있을 경우에 개인은 독자적으로 자기보호를 위한 정보를 충분히 제공받고 학습하는 것이 필요하다. 독일 정부가 국민에게 정보를 제공하고 홍보하는 방법은 다음과 같다(한형서, 2008: 278).

첫째, 재난관리에 대한 정보는 위기상황에 대한 상세한 사항을 담은 출판물로 제공된다. 이 정보의 매뉴얼은 재난에 관련된 다양한 정보와 위기관리에 대응하기 위한 방법을 제시하고 있다.

둘째, 정보화시대에 맞추어 인터넷을 활용하고 있다. 즉, 인터넷을 통해 재난방지와 위기상황을 신속히 알리고 지속적인 홍보와 정보제공을 하는 데 그 목적을 두고 있다.

셋째, 전시와 발표를 통한 정보제공과 홍보가 이루어진다. 즉, 재난상황에 대한 전시회와 발표회를 통하여 일반 시민들이 새로운 정보를 얻을 수 있도록 하는 것이다.

넷째, 핫라인(Hotline)의 이용이다. 정부는 긴급 상황인 홍수범람, 폭설 및 폭우, 대형화재, 화공약품사고, ABC-위험, 기타 위험한 상황이 발생할 경우에 모든 국민들에게 신속한 정보제공을 위해서 국민과 핫라인을 설치하고, 이를 통해서 국민들이 필요한 정보를 신속히 제공받을 수 있도록 하고 있다.

④ 독일인 희생자와 유족을 위한 재난조정국

독일인 희생자와 유족을 위한 조정국(NOAH: Koordinierungsstelle zur Nachsorge, Opfer-und Angehoertgenbetreung von Deutschen nach Grossschadensergenissen im Ausland)은 재난사고나 테러공격 이후 연방정부와 외무부의 공동협력하에 희생자와 유족들이 정신적 심리치료를 받을 수 있도록 지도하고 있다. 조정국은 특히 외국에서 독일 국민이 긴급 사고를 당한 경우, 그로 인해 정신적 · 심리적 어려움을 최소화시키기 위하여 연방외무부를 통한 보조적 역할을 하고 있다. 또 희생자와 유족의 사후치료를 위하여 연방정부와 주정부 및 지방자치단체의 관계를 원활히 조정하는 역할을 하고 있다(DStGB, 2006: 15).

2003년 연방정부는 반(反)테러조치의 일환으로 만들어진 테러희생자기금의 지휘관할권(BMJ)과 연방외무부 및 연방내무부 간의 관할권 조정에 대한 난제를 고려해 외국에서 발생한 여러 가지 재난사고를 대비하여 희생자 및 유족을 위한 조정국을 설치하였다. 이 조정국은 연방행정처의 민방위본부에 개설되어 운영되고 있으며, 기본적인 임무는 외국에서 근무 중 혹은 여행하다 발생한 재난사고, 또는 테러공격을 받은 독일인 희생자 및 유족을 위한 후속조치를 신속히 하는 데 그 목적이 있다. 특히 조정국은 각 정부와 행정부처 간 갈등을 최소화하고 신속한 사후대응을 효율적으로 하는 역할을 담당한다.

⑤ 경보센터

1980년 이후 국가 중심의 경보시스템이 주정부와 시민사회단체 단위로 이관되었으며, 1990년까지 8만여 개가 설치되어 있었으나, 3만 6천 개로 축소되었다. 이것은 바르샤바 협약 준비차원 및 동구권의 붕괴로 국가안보에 대한 위협이 감소하는 계기가 되었다. 냉전시대에는 구서독의 민방위뿐만 아니라 구동독의 민방위에 의해서 시민경보를 위한 광범위한 시스템들이 구축되었다. 그러나 정치적 긴장완화의 결과로서 동서독에서의 경보업무(warndienst)시설들은 중단되었고, 1992년 말에 많은 비용을 투자한 민방위경보시스템의 가동을 중단시켰다(유현정 외, 2009: 125).

오늘날 정보통신기술의 발달로 인하여 정보시스템은 다양한 방법으로 사용되고 있는데, 독일 연방정부는 최첨단기법을 이용하여 인공위성을 통한 경보시스템을 구축하였다. 경보센터(Warn Z: Warnzentrale)의 역할은 긴급한 국가재난상황을 국민에게 신속히 알리고 인명피해와 재산피해를 최소화하기 위한 예방적 조치를 하는 데 있다. 또한 경보센터는 중요한 재난상황에 대한 정보를 전달하는 가장 보편적인 방법으로 유무선 방송(TV)을 이용하고 개인이 소지한 휴대전화를 통해서 정보가 전달될 수 있도록 하고 있다. 그 밖에도 전자알람시스템을 이용해 개인별 경보체계를 개발하고 연계하는 방안도 검토하고 있다(한형서, 2008: 273).

본(Bonn)의 경보센터는 소속된 세 개의 민방위연락소(Zivilschutzverbindungsstelle)를 브로호체텔(Brochzetel), 쉬외네발데(Schoenewalde)와 측정장소(Messstelle)에 설치하였다. 이 지역에 설치된 3개 민방위연락소는 인공위성을 이용하여 주정부의 상황센터와 연방센터 및 주의 상부지휘영역의 경찰네트워크 내로 신속하게 데이터를 연결하고, 모든 부처들의 ISDN-Fax 등으로 연결되어 있다(BBK, 2013). 이와 같이 경보센터의 기능은 모든 사람에게 재난 관련 정보를 신속히 알리고, 이를 통한 예방적 조치가 가능하도록 정보통신기술(IT)을 접목하는 것이 특징이라 할 수 있다.

(2) 제2국 긴급비상관리 및 국제업무

제2국(Abteilung II)은 업무의 특성상 4개국 중 가장 많은 7개 과로 분류되어 있으며, 긴급사태대비 기획 및 국제협력에 관한 업무(Risikomanagement, Internationale Angelenheiten)를 관리하고 있으며, 긴급사태에 대한 기본계획과 재난관리계획을 수립하고, 기본적인 시민보호를 위한 업무를 수행한다. 국가가 자국민을 보호한다는 측면에서 특히 외국에서 국제테러 혹은 납치, 국제적 협력이 필요한 경우 국민을 적극적으로 보호하는 것이 매우 중요한 사항이다. 따라서 긴급상황에 대한 정보를 제공하고 국제적인 협력 및 공조가 필요한 경우에 적극적인 자세로 대응하고 있다. 제2국은 2015년 기준 총 7개 과로 분류해 업무영역을 세분화하고 있다. 그 중요한 업무는 다음과 같이 몇 가지 사항으로 간략히 요약할 수 있다.

① 국민보호를 위한 기본적인 업무
② 긴급위험상황 분석
③ 국민정보제공과 자기방어 및 지원
④ 국가핵심기간산업 보호(수자원시설, 에너지, 정보통신기술 등)
⑤ 사이버 안보
⑥ 문화재 보호
⑦ 국제협력업무
⑧ 시민보호를 위한 시민단체 네트워크 등

이와 같은 중요 업무 중에서 ⑤ 문화재 보호의 경우 주로 보존에 중점을 두고 있다. 이때 문화재는 전시와 재난으로 인해 파괴되었을 때 원형 그대로 복원하기 위하여 사진과 비디오 촬영을 해야 한다. 원래 문화재 보호는 내무부에서 관리했으나, 엘베 강 범람 이후 문화재가 소실되어 정치적인 쟁점이 되면서 문화재 보호를 강화하였다. 따라서 주정부는 체계적인 문화재 복원을 위해서 건축전문가를 파견해서 복구하고, 엘베 강 범람 이후 먼저 주정부가 문화재를 복구 및 보수하고, 이후 연방정부가 모니터링 하기로 하였다.

또한 독일은 외국 파트너와의 협력 및 유럽회원국 내 참여강화 등으로 국제적 관계를 매우 중요시하고 있다. 따라서 위험방지계획을 수립할 경우 독일 정부는 법적 문제의 구상과 함께 국제적 관계를 고려해 업무를 수행해야 한다(안전행정부, 2008: 143).

(3) 제3국 연구·기술

제3의 연구 · 기술국(Abteilung III: Wissenschaft und Technik)은 총 7개과로 구성되어 있는데, 주요 업무는 연구, 화생방 및 방사능(CBRN-Schutz) 보호, 건강 보호, 위생업무, 자동차기술 및 조달업무, 물리 및 화학시험실 등을 담당하고 있다. 여기서 중요한 사항은 다음과 같이 요약된다.

① 건축물에 의한 시민보호(대피소 건설, 도시건축물의 위험분석, 건축물의 규칙 및 기획규범의 발전 및 통합)
② 시민보호 측면의 재난보호
③ 헤이그(Haager) 국제협약에 따른 문화재 보호를 위한 조치 등

(4) 제4국 시민안전교육, 위기관리비상계획 및 시민보호 아카데미

제4국(Abteilung IV)은 총 5개과로 구성되어 있다. 제1과는 재난상황에 있어서 전략적 지휘 및 지도, 비상상황구조와 기획, 그리고 교육적인 기본지침과 질적 관리 등을 담당하고 있다. 제2과에서는 전략적 지도와 안내, 제3과에서는 행정지도와 안내, 국제 관련 교육 등을 맡고 있다. 제4과에서는 학술, 기술 및 보건 등을 담당하고 있다. 제5과에서는 추가적인 시민교육(Zivilschutzausbildung), 재난 관련 행사 개최 및 관리 등을 맡는다.

그리고 위기관리비상계획 및 시민보호 아카데미(AKNZ: Akademie fuer Krisenmanagement, Notfallplanung und Zivilschutz)는 연방행정청에 소속된 재난 관련 교육 및 재교육을 실시하는 시설이다. 이 기관의 역할은 재난영역에서 시민안전과 재난보호의 지도와 연구프로젝트에 대한 기획, 실행 및 평가에 대한 이론적·경험적 질을 높이는 역할을 한다. 또한 특별 실제재난상황에서 연습훈련을 할 수 있는 몇 개의 시설을 갖추고 있으며, 그 주요 임무를 간략히 요약하면 다음과 같다(Bundesverwaltungsamt, 2003: 20-24; Delmich, Obladen, 2004: 18-19).

① 시민의 안전예방문제에 관여한 사람 및 재난보호의 간부직 및 지도자 교육과 재교육
② 시민재난보호에 대한 국내외 자료의 평가
③ 국내외 재난 및 대규모 재난손실에 대한 평가
④ 학술연구 및 연구프로젝트의 실행과 평가
⑤ 연구 및 조사 실시
⑥ 기술과 인프라구조에 대한 집행 및 평가
⑦ 민간-군대 합동훈련의 준비와 실행 및 평가
⑧ 민간-군대의 협력에 관한 세미나와 실습 및 기타 강좌의 실시
⑨ 전문화된 권한 있는 최고연방기관의 계획 수립작업에 공동 참여
⑩ 연방행정청, 연방정부와 주정부의 위원회 및 유럽총회의 협력관계

이와 같이 언급한 임무 외에 정기적인 학술세미나를 개최하며, 연방정부 산하에 있는 많은 재난 관련 행정기관과 주정부의 재난관리기관, 그리고 지방자치단체의 많은 재난구조기관이 참석하여 정보교환을 하고 있다.

(5) 제5국 중앙행정사무

제5국(Abteilung V) 중앙행정사무국(Zentrale Dienste)의 업무는 주로 인사 및 인사정책, 예산과 회계업무, 일반 법률업무, 계약관리, 조직과 전문분야정보, 기술적 업무 및 내부규정 등의 업무를 맡고 있다.

이미 앞에서 언급했던 것처럼 연방재난관리청(BBK)은 처음 설립할 때와 비교해 보면 일부 조직개편 및 기능배분을 통해서 재난대처능력을 높이고 조직 내 국 간의 업무조정 및 협조체계를 강화하고 있다. 특히 일부 업무는 초창기에 업무기능을 다른 국으로 옮겨서 국내에서 유기적인 관계를 갖도록 조정하였다.

3) 연방기술지원단

연방기술지원단(THW: Bundesanstalt Technisches Hilfswerk)은 1950년 연방시민재난보호조직으로 창설되었고, 이 기관은 연방내무부에 소속되어 있다. 연방기술지원단의 역할은 국내외에서 일어난 재해재난에 인력투입과 기술적인 지원을 하는 것이다. 또한 연방정부의 지원 아래 인도적인 도움을 주는 업무를 담당하고 있다. 예를 들면, 세계 도처에서 발생하는 자연재해(홍수피해, 지진, 화산피해) 등에 지원하고 있다.

지금까지 기술지원단은 국내는 물론, 해외재난사건에 많은 지원을 해왔다. 독일의 연방정부는 단지 법률을 제정하는 권한만 갖고 있으며, 집행권은 주정부에 위임하고 있기 때문에 연방기술지원단도 〈표 5-4〉와 같이 본(Bonn)에 소재하고 있다. 연방기술지원단 장은 전국의 기술지원단을 대표하며, 기술지원단의 행정사무를 총괄한다. 연방기술지원단은 연방내무부에 소속되어 있기 때문에 연방내무부 장관에 의해서 직접 관리되고 있다.

표 5-4 독일 각 주정부의 연방기술지원단 현황

구분	지역별 분류
8개 주지부 연합	작센(Sachsen), 투링겐(Thüringen)
	베를린(Berlin), 브란덴부르크(Brandenburg), 작센-안할트(Sachsen-Anhalt)
	브레멘(Bremen), 니더작센(Niedersachsen)
	노르트라인-베스트팔렌(Nordrhein-Westfalen)
	함부르크(Hamburg), 메클렌부르크-포어폼메른(Mecklenburg-Vorpommern), 슐레스비히-홀슈타인(Schleswig-Holstein)
	헤센(Hessen), 라인란트-팔츠(Rheinland-Pfalz), 자알란트(Saarland)
	바이에른(Bayern)
	바덴-뷔르템베르크(Baden-Württemberg)

출처: www.thw.bund.de 참조(2017).

그림 5-11 연방기술지원단 조직도

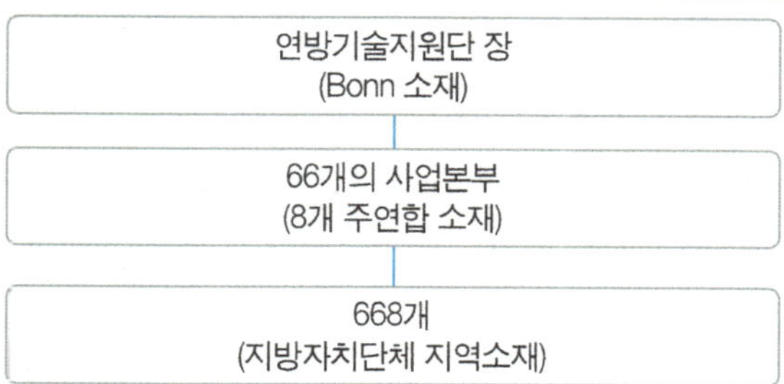

2017년 연방기술지원단은 약 8만 명 이상의 명예직 구조원 중 투입인력은 약 40만 명 정도이며, 약 1만 5천 명의 청년도우미와 880명의 구조전문가로 구성되어 있다(http://www.thw.bund.de. 2016. 03. 01 기준). 기술지원단장은 국내외 재난사건에 대한 기술적인 지원과 주정부 소재 사업단 및 하부기관인 지방자치단체 등과 유기적인 협력체계를 갖는다.

현재 연방기술지원의 권한은 8개 주연합에 분포되어 있다.

그리고 66개 지방자치단체의 기술지원 사업본부와 기초자치단체 668개가 지역소재지에 분산되어 있다. 2016년 기준 기술지원단은 1,000개 전문그룹(Fachgruppen)과 1,440개의 산악그룹(Bergsgruppen)을 갖고 있으며, 독일 전역에서 각종 구조장비와 약 8만 4천 개의 차량을 보유하고 있다(www.thw.de. 2016. 03. 01 기준). 이렇게 분산된 관리시스템의 통합이 보다 효율적으로 운영되기 위해서는 의사전달체계의 신속성과 정확성이 요구된다.

4) 재난관리의 지휘관리시스템 및 네트워크

독일 정부는 특정 지역에서 재난이 발생했을 경우 연방정부를 중심으로 유럽연합(EU)과 각 주정부, 지방자치단체, 그리고 민간기관 등이 신속히 대응할 수 있도록 지휘·관리하는 시스템을 단순화하였다([그림 5-12] 참조). 특히 연방정부는 재난발생 시 연방내무부의 종합상황실(GMLZ)에서 연방정부의 각 재난 관련 센터로 전달되고, 각 주정부의 내무부 상황실 및 유럽연합, 그리고 지방자치단체 등으로 전달되고 있다(한형서, 2008: 275).

이와 같이 재난상황의 전달체계는 유럽연합과 각 주정부 및 지방자치단체에 신속히 제공됨으로써 긴급재난관리 대응력을 높이고, 재난 관련 인적·물적 피해를 최소화하는 데 그 목적이 있다. 특히 독일에서 국제적인 안보위협이 고조되고 있다는 점을 고려해 유럽연합은 물론, 국제적인 협력파트너로서 러시아와 공동 대응을 하고 있다. 대표적으로 보건분야에서 유럽과 긴밀한 협력을 하는 것이 그 좋은 사례이다(BBK, 2011:

그림 5-12 연방정부와 주정부 및 자치단체의 재난상황 지휘시스템

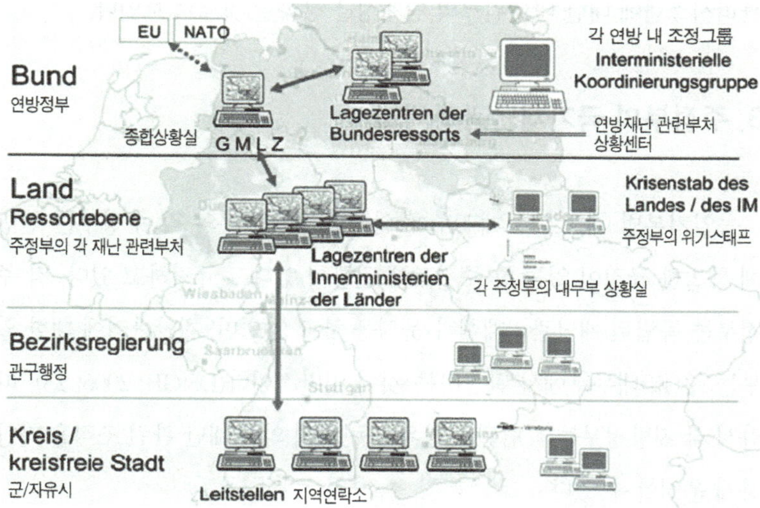

출처: Bundesamt fuer Bevoelkerungsschutz und Katastrophenhilfe(BBK)(2008).

17; Blasius, Luecking, 2008: 30; Reez, 2008: 51-52). 그리고 재난현장에서는 경찰, 소방대원, 긴급구조대와 지원조직 등이 공동으로 긴밀하게 협력할 수 있으며, 긴급재난상황에 따라 연방기술지원단과 연방방위군을 유기적으로 다른 지원체제와 연계할 수 있다(Klee, 2008: 65).

이처럼 재난관리시스템은 특정 지역에서 재난이 발생했을 경우 연방정부, 각 지방정부, 지방자치단체, 민간기관 및 군부대 등이 어떤 재난상황에서도 가능한 빠른 시간 내에 지체 없이 분석 · 파악하고 관련된 정보를 공유하도록 하는 것이 매우 중요하다. 왜냐하면 국제적인 협력과 정부네트워크는 지속적인 위기관리와 효율적 운영에 긴요하며, 재난현장에 인적 · 물적 자원을 긴급히 투입하는 데 시너지 효과를 기대할 수 있기 때문이다. 앞으로 독일 정부의 재난관리에 대한 지휘체계는 예방적 조치

뿐만 아니라 사후적 조치까지 보다 체계적으로 작동시키기 위하여 지휘관리시스템에 대한 네트워크의 연계성을 강화할 것으로 보인다.

3. 주정부의 국가재난관리체계

독일기본법 제30조와 제70조에 의하면 연방정부와 각 주정부는 헌법에 특별한 규정이 없는 한 주정부에 권한이 있다고 규정하고 있다. 각 주정부는 독립된 재난관리계획과 운영을 하고 있으며, 재난관리에 대한 업무는 주(州)내무부에서 관장하는 것이 일반적이다(DStGB, 2006: 23). 따라서 각 지방정부는 독립된 민방위 관련법에 의한 재난 관련 조직을 다양하게 운영할 수 있다.

그러나 연방정부는 민방위 관련 전체 활동에 대한 총괄기획을 하는 반면에 주정부는 재난에 대한 업무관리와 실무를 담당하고 있다. 만약 주정부가 재원부족으로 어려움을 겪을 경우 연방정부와의 협의를 통해서 연방정부의 민방위재원을 지원받을 수 있다. 독일 주정부는 각각 독립된 재난관리체제에 각 주정부에 따른 상이한 조직을 가지고 있으나, 대부분 독자적인 재난관리시스템을 운영하고 있는 것이 특징이다. 여기서는 독일 바이에른(Bayern) 주의 사례를 살펴보고자 한다.

1) 바이에른 주의 재난관리체제

바이에른 주의 행정계층은 주정부, 7개 관구행정, 25개 자유시, 71개 군, 2,056개 게마인데 등으로 구성되어 있다(Statistisches Bundesamt, 2014). 내무부 아래 일반내무행정과 건설행정 및 최고건설청 등으로 분리된 조직체계를 갖추고 있으며 일반행정국은 중앙사무국(Z), 헌법 및 국가행정국(A), 지방사무국(B), 공공안녕질서국(C), 재난방재국(D) 등으로 세분화되어 있다(한형서, 2008: 282).

(1) 재난관리 조직

바이에른 주의 국민재해위험에 관한 재난관리는 일반내부행정분야의 안정국(Sicherheit) 소속으로 되어 있다. 바이에른 주의 재난방재기관은 내무부 하부조직인 7개 관구행정에 각 7개 재난방재청과 71개 광역군(Landkreisen)과 25개 지방자치단체의 재난방재청 등으로 연결되어 있다. [그림 5-13]에서 보듯이 이들 재난방재기관은 국민의 생명과 안전을 지키기 위한 예방적 조치 틀 속에서 일반적인 재난보호 및 위험방어계획 수립을 주요 임무로 하고 있다(한형서, 2008).

또한 바이에른 주 재난관리의 특징은 재난발생 시 신속한 재난대응을 위한 방안으로 권한과 책임을 분권화하는 데 있다. 이러한 계획은 바이

그림 5-13 바이에른 주의 재난방재기관

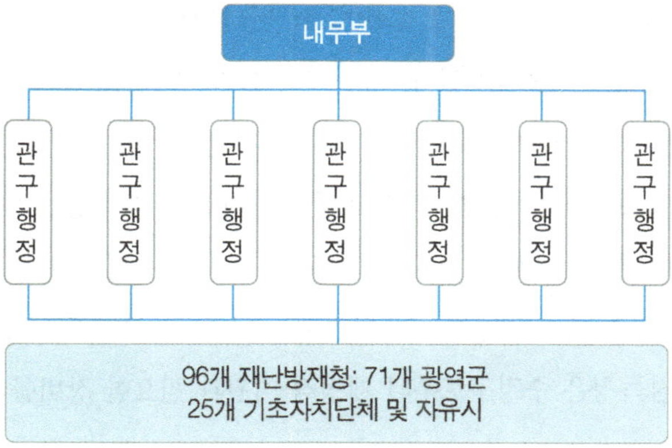

에른 주에서 주관하는 전자정보처리시스템(EDV-Programm)인 바이에른 경보안전정보시스템(BAIS: Bayerisches Alarmierungs-Sicherheits-und Informations-System)을 바탕으로 통일된 정책으로 연결되었다. 바이에른 주의 모든 재난방재청은 상호 유기적인 협력을 통하여 주요한 자료 및 정보를 교환하면서 협력적 통합시스템을 운영하고 있다.

(2) 재난방재에 있어서 전문영역별 분류와 민간단체의 지원

바이에른 주정부의 재난방재청은 만일의 사태에 대비해 업무의 효율적인 운영과 관리 및 재난 관련 업무를 세분화하였다. 재난 관련 주요 업무는 재난보호 및 위험보호 계획, 방재담당자의 방재교육과 현장투입준비, 현장투입의 지도와 조정 등이 포함된다. 재난방재의 전문영역으로는 재난관리영역, 화재영역, ABC영역, 위생영역, 지원영역, 기술영역 등으로 분류되어 있다.

재난방재청은 긴급재난 시 자원투입의 효율성을 높이기 위하여 소방서, 기술지원단(THW), 경찰, 자원소방단체 및 독일소방협회(DFV), 민간단체인 독일노동자사마리아단체(ASB), 독일인명구조대(DLRG), 독일적십자사(DRK), 존스앰뷸런스협회(JOH), 말타기사단(MHD) 등으로 거버넌스시스템을 구축하고 있다. 아울러 필요한 경우에는 시의 공공기업, 민간소방시설, 연방방위군, 연방수비대, 개인 긴급호송시설, 개인병원, 종합병원, 보건행정사, 사회복지사 등의 다양한 단체와 광범위하게 협력하고 있다(한형서, 2008: 283). 이와 같이 연방과 주정부의 조직된 국가단체와 민간단체는 직능별로 국가과제를 위임받아 처리하고 있다. 따라서 지도감독청은 주정부로부터 재정적 지원과 필요한 장비를 지원받게 된다.

2) 재난관리의 지휘체계와 운영시스템

바이에른 재난보호법(BayKSG: Bayerisches Katastrophenschutzgesetz) 제5조에 따르면 성공적인 재난관리를 위하여 모든 지방자치단체에 소방방재조직을 설치하도록 규정되어 있다. 또한 그에 따라 재난방재청은 기본적으로 재난관리 시 필요한 인적 · 물적 자원 동원에 대한 포괄적인 명령권을 가지며, 이에 대한 효율적인 지휘명령체계를 위한 법적 장치를 마련하고 있다.

재난방재본부의 주요 업무는 예방적 조치와 위기관리로 분류한다. 예방적 조치는 크게 계획과 규정 및 훈련 등 3가지로 분류된다. 첫째로, 계획은 ① 화제와 재난보호에 대한 경보계획, ② 일반적인 재난보호계획, ③ 특별잠재재난에 대비해 시설물에 대한 재난보호특별계획 등으로 구성된다. 둘째로, 재난과 대규모 재난사건 투입 및 지휘관리에 대한 지침과 교육 및 재교육을 준비하는 업무이다. 셋째로, 일반예비훈련에 관련된 업무의 준비활동을 한다.

[그림 5-14]와 같이 긴급재난이 발생할 경우, 재난방재본부는 최고지휘단계로서 필요한 경우 다른 관련 재난방재청의 대표자와 다른 재난기관의 방재시설 사용 및 외부기관의 지원요청 등에 관하여 협의할 수 있다. 긴급재난발생 시 지휘체계에 있어서 단계별 지휘체계의 역할은 다음과 같다(한형서, 2008: 285).

첫째, 최고지휘단계인 재난지휘본부는 국민에 대한 경보와 교육, 공고, 외부지원요청, 방재정책에 대한 종합적인 조정을 주요 임무로 한다.

둘째, 중간지휘단계인 지역지휘권자, 즉 현장지휘자는 해당 지역에 재난위기가 발생할 경우 재난방재청의 규율 · 명령권의 규정에 따라 모든

그림 5-14 긴급재난발생 시 지휘체계 조직도

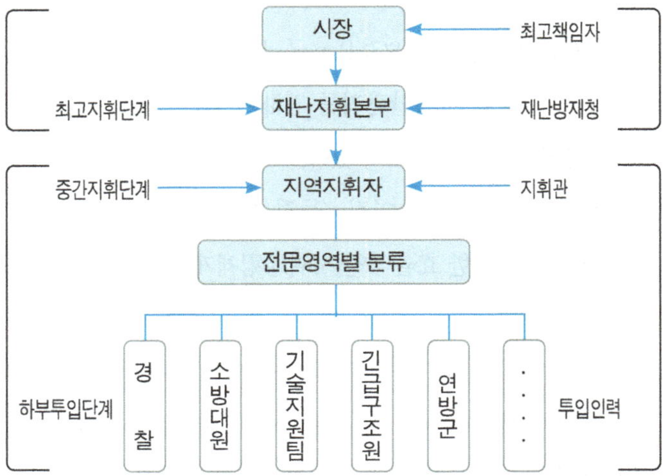

출처: http://www.stmi.bayern.de에서 재구성.

방재조치를 취할 수 있다. 바이에른 재난보호법(BayKSG) 제6조의 규정에 따라 재난방재청의 위임과 지시의 범위 안에서 현장에서 취할 수 있는 모든 대응조치를 지휘 · 관리하며, 또한 모든 투입된 인적 · 물적 자원에 대한 명령권을 갖는다. 재난보호법상 재난에 해당하지 않는 재해발생 시에도 당해 지방행정청은 그에 상응한 권한, 즉 현장지휘자를 지명하여야 하며, 지명된 현장지휘자 역시 재해방지를 위한 조치를 취할 포괄적인 권한을 위임받고 있다.

셋째, 하부투입단계에서는 재난발생 시에 직접 현장에 투입되는 다양한 조직으로 구성되어 있으며, 직접 투입되는 재원들은 내부조직의 규정에 따른다. 이와 같이 재난발생 시 지역소방서장은 현장에서 성공적 재난관리를 할 수 있도록 권한을 위임받고 있다(바이에른 재난보호법 제15조).

3) 지방자치단체의 재난보호기관과 조직수준에 따른 협력사례

재난발생 시 재난보호기관이 조직수준에 따라 협력하거나 지원하는 사례가 다양하게 나타날 수 있으나, 세 가지 사례〔지방자치단체(군)의 상황실과 다수의 군이 관련된 사례, 다수의 군과 종합상황실이 관련된 사례, 다수의 관구가 관련된 사례〕를 살펴보고자 한다.

예를 들면, 지방자치단체는 홍수로 인하여 지하실의 물을 펌프로 퍼내거나 쓰러진 가로수를 제거하는 것과 같은 긴급업무를 수행하는 경우에 통합상황실의 경보를 받고 인력투입은 지방자치단체(군)의 상황실을 통해서 조정된다. [그림 5-15]의 경우 지방자치단체(군) 상황실은 지역책임자와 긴밀하게 협력하며, 지역책임자의 지시권은 내부규칙을 통하여 정하고 있다(안전행정부, 2008: 165).

그림 5-15 지방치단체(군) 상황실을 갖춘 사례

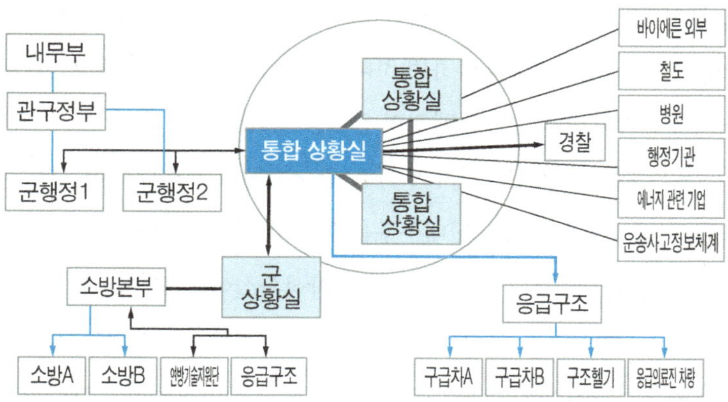

또한 [그림 5-16]에서 보듯이 재난발생이 다수의 지방자치단체(군)의 행정기관과 관련된 경우, 이에 대한 인력 및 물자의 투입은 관구행정을

그림 5-16 **다수의 지방자치단체(군)가 관련된 사례**

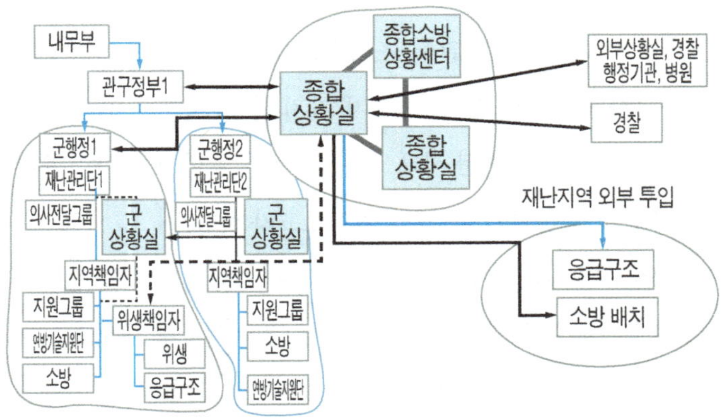

통하여 이루어진다(안전행정부, 2008: 166). 즉, 다수의 지방자치단체(군)이거나 혹은 2개 이상의 인접한 지방자치단체(군)의 행정기관이 관련되는 경우 반드시 관구행정이 결정하도록 되어 있다. 다수 또는 2개의 인접한 지방자치단체(군)의 행정기관이 참여하는 경우 정부관구가 직접적으로 관여하게 된다. 그리고 재난과 관여하여 현장투입인력의 배분 시 관구행정이 반드시 관여해야 하며 하나의 지방자치단체(군) 행정기관을 통한 자체인력의 요청도 관구행정의 참여를 필요로 한다.

다음은 재난발생으로 인하여 다른 관구행정의 투입인력이 필요한 경우로, 이에 대한 요청은 주 내무부를 통해서 이루어진다. [그림 5-17]에서 보듯이 주 내무부는 다수의 군과 종합상황실이 관련된 경우 투입인력에 대한 경보발령 및 파견을 관할 종합상황실에 직접 요청하거나, 또는 관할 관구정부에 위임할 수 있다. 다수의 군과 종합상황실이 관련된 사례의 경우에는 관구행정의 역할이 매우 중요하다(안전행정부, 2008: 167).

그 밖에 재난발생으로 인하여 다른 관구정부의 투입인력이 필요한 경

그림 5-17 다수의 군과 종합상황실이 관련된 사례

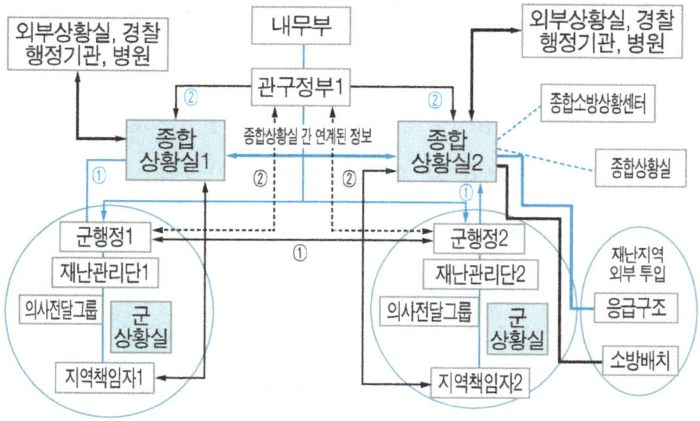

출처: 안전행정부(2008). 같은 자료, p. 167.

우, 이에 대한 요청은 주 내무부를 통해서 이루어진다.

4. 지방자치단체의 재난관리조직 및 업무

1) 지방자치단체의 재난업무

앞에서 언급했던 것처럼 독일의 기본법 제28조 제2항에 의하면 "게마인데에 법의 테두리 안에서 지역의 모든 사무를 스스로 책임지고 처리할 수 있는 권한을 부여한다"라고 규정하고 있다. 이와 같이 기본법에 규정된 '지역의 모든 사무'란 지역주민의 공동 및 개인생활에 필요한 모든 사무를 뜻한다. 이런 법적 근거를 통해서 독일의 지방자치단체에서는 자치경찰이 지역주민의 안전과 보호를 맡고, 경찰이 관리할 범주에 속하지 않은 영역은 위험예방기관을 통해서 보장된다. 기초자치단체에는 우선 소

방서를 둘 수 있으며, 현재 독일에서 100만이 넘는 의용소방대는 경찰이 관리할 수 없는 위험예방활동에서 중요한 역할을 담당하고 있다(www.feuerwehrverband.de).

독일 법은 대규모 위험예방에 따른 법적 범주 및 기초를 제고하고 있는데, 즉 주정부의 화재보호 및 재난보호법으로 인식되고 있다. 연방정부는 모든 지방자치단체에게 전국적으로 조직화되어 있는 연방기술지원단(THW)의 활용을 권장하고 있다. 그 대표적인 경우로, 만약 전기, 물, 가스 등으로 인한 위험이 발생하거나 피해가 발생한 이후에 공급체계가 신속하게 복구되어야 한다면 관련 기관의 도움요청에 따라 하부구조를 전담하는 그룹을 투입하게 된다. 하부구조그룹은 구조담당그룹과 협력하여 전기, 물 등에 따른 위협으로부터 그들의 업무를 보호하며, 임시숙소, 보호 공간 및 천막촌의 전기, 식수, 폐수 등에 관한 시스템을 조직화한다. 또한 피해사건에 따른 요청에 의해서 연방기술지원단 지부가 활동을 하게 되는데, 역량이 부족한 경우에는 사업본부의 도움을 받으며, 초지역적으로 지원 및 투입된다.

2) 지방자치단체의 재난관리조직

지방자치단체의 재난관리조직은 소방업무규정 100에 따라 설치되나 각 주에 따라서 다른 규칙을 도입하고 있다. 이 규정은 세 가지 형태로 구분하고 있다. 즉, 첫째, 주정부에 따라 책임은 최종책임자(시장, 군수)에 있다. 둘째로, 전술적 · 전략적 요소, 즉 일반적으로 소방의 투입지침서에 따른다. 셋째, 행정적 · 조직적 재난관리에 따라 운영된다. 또 지방자치단체에서 행정기관의 지도부는 비상사태 시 정책 및 행동역량을 확보하기 위하여 어떤 부서와 기능이 필요한지에 대해서 알아야 하며, 행정업무의 책임자와 현장투입지휘부의 부담을 완화시켜 주는 것이 중요하다.

여기서는 바덴-뷔르템베르크(Baden-Wuerttemberg) 주의 지방자치단체 재난보호를 위한 조직관리를 예로 들어 제시했다([그림 5-18] 참조). 비상상황에서 기초자치단체(군)가 재난사태를 확정하거나 지휘하는 경우, 게마인데의 대표자를 기초자치단체(군)의 참모로 파견해야 한다. 게마인데가 재난과 직접적인 관련이 없는 경우라도 피해를 입은 게마인데를 위하여 지원과 협조를 해야 하며, 지역주민을 위한 공간을 제공해야 한다. 특히 지방자치단체를 위해서 적용범위가 넓고 파급효과가 큰 결정에 대한 책임은 정치적인 책임자(시장 혹은 군수)에게 있다. 시장 혹은 군수는 필요시 위기관리를 하는 것이 그의 책무이며 행정, 의회 및 의회분과위원회에서 중요한 과제를 명확하게 해야 한다. 왜냐하면 지방자치단체에 있어서 지역주민의 보호는 시장(군수)의 중요한 역할이기 때문이다.

그림 5-18 지방자치단체 재난보호조직의 구성

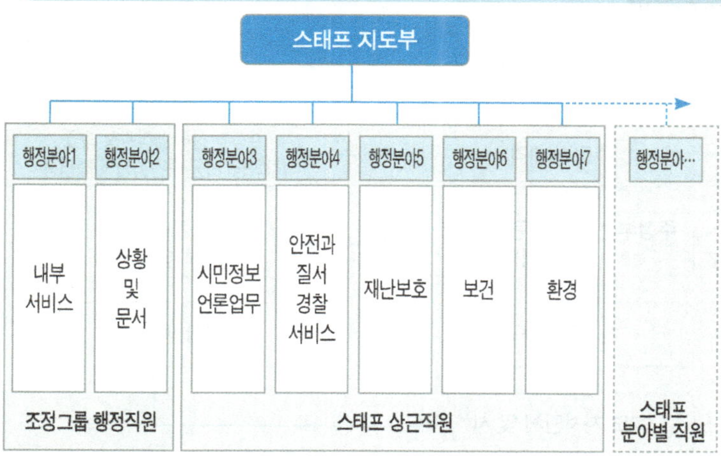

출처: 안영훈(2008). 같은 자료. p. 192.

5. 연방정부와 주정부 및 지방자치단체의 관계

국가재난은 예측할 수 없는 상황에서 발생하기 때문에 연방정부차원에서 종합적인 계획과 정책 및 전략을 세우고, 거시적인 관점에서 체계적인 접근을 하고 있다. 독일은 연방주의를 채택하고 있기 때문에 연방정부와 지방정부 및 지방자치단체 간 의사전달체계가 원활하지 못할 경우 국가재난에 대응하는 데 많은 문제가 될 수 있다. 재난이 한 주(州)에 국한된 경우 주정부가 책임지고 해결하는 것이 일반적이다. 그러나 대규모 홍수 혹은 재난사고 및 국제테러 등이 발생할 경우 연방이 직접 관여하게 된다. 이와 같이 연방정부와 주정부 및 지방자치단체의 공조체계가 상호 유기적인 대응과 재난관리를 위하여 필수적이다.

[그림 5-19]에서 보듯이 대규모 재난발생 시에 연방정부는 주정부에 대한 업무조정 및 지원을 해야 하고, 또한 주정부도 관구행정에 대한 지

그림 5-19 재난발생 시 관련 부처의 조직구성 및 연계

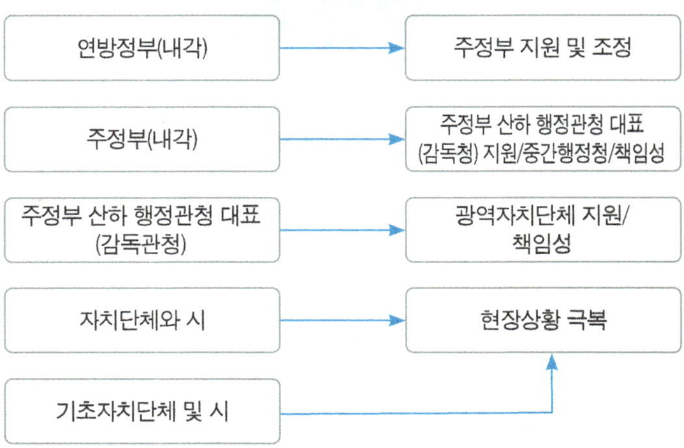

출처: BBK(2010). Bevoelkerungsschutz in Deutschland, Bonn.

원과 책임을 맡는다. 이에 따라 대규모 재난 혹은 홍수 등의 재난이 발생할 경우, 연방정부가 중심이 되어 신속한 문제해결을 위하여 연방 관련 부처 간 지원 및 조정, 주정부 간 지원 및 조정을 해야 한다(Schrenk, Grambs, 2008: 163). 현재 연방정부와 각 주정부는 대규모 재난발생 시에 원활한 지원과 협조를 위하여 내부조정 및 협력을 강화하고 있다.

[그림 5-20]에서 보듯이 연방정부와 각 주정부는 자율성과 책임성을 갖고 긴급재난 및 대규모 국가재난발생 시에 긴밀한 협력과 조정을 통하여 신속히 대응하고 있다. 이와 같이 재난관리네트워크 구축은 상호 간의 신뢰와 신속한 정보공유를 가능케 하고 예측 가능한 국가재난관리의 대응은 물론, 긴급한 재난상황에서 신속히 대응하는 데 많은 장점을 가지고 있다. 이러한 유기적인 협조와 정보공유가 없다면 대규모 재난대응에

그림 5-20 연방과 주정부의 재난관리네트워크 구축

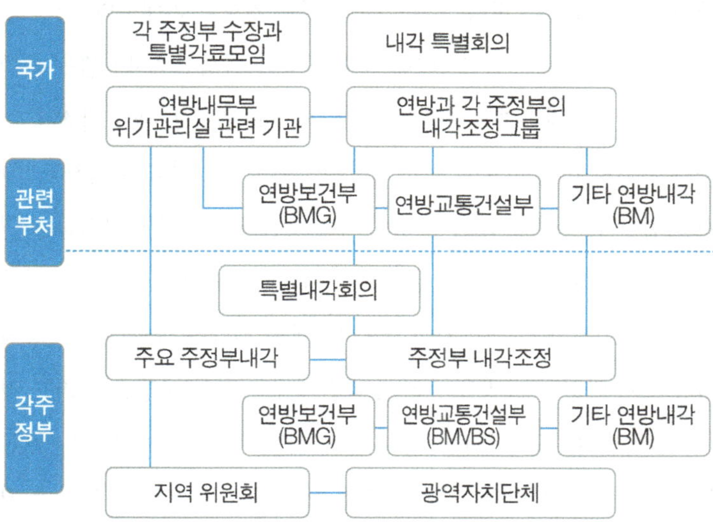

출처: BMI(2012). *System des Krisenmanagements in Deutschland*, p. 19.

많은 문제와 한계에 직면할 수 있기 때문에 최소한 상호 간 정보교류와 정책적 공조 및 인적 · 물적 자원의 지원이 따른다.

이미 언급했듯이 독일에서는 국가재난발생 시 기본법에 따라 모든 권한과 책임을 주정부에 부여하고 있지만, 대규모 국가재난으로 국민의 생명과 안전에 위협을 받을 경우에 연방정부가 직접 참여하는 방향으로 전환되었다. 왜냐하면 급변하는 환경변화와 예측할 수 없는 자연재해 및 국가안보위협은 특정 지역의 주정부가 아니라 연방정부의 책임이기 때문이다. 따라서 국가는 모든 영역에서 보다 안정된 재난관리시스템을 갖추기 위해 네트워크를 구축함으로써 효과적인 재난대응을 할 수 있다 (Grambs, Thiede, 2008: 176). 이러한 맥락에서 연방정부와 각 주정부 및 지방자치단체의 재난관리네트워크 구축은 불확실한 미래의 재난대응력을 높이고, 예방적 조치 강화뿐만 아니라 사후재난복구에 있어서도 필수적이다. 이와 같이 재난 관련 기관의 보다 체계적이고 협력적인 관계는 긴급재난대응에 많은 변화를 가져올 수 있을 것으로 기대된다.

독일 정부는 2001년 9 · 11 테러 이후 최첨단 위성경보시스템을 운영하고 있다. 정부는 지금까지 운영된 위기관리시스템을 보다 효과적으로 운영하기 위해서 하나로 통합된 최첨단 위성경보시스템을 운영하고 있다. 이런 최첨단 위성경보시스템을 통해서 긴박한 위기상황이 발생하면 연방정부가 중심이 되어 주정부와 공동으로 위기대처능력을 높이는 것이다.

[그림 5-21]에서 보듯이 위성경보시스템은 긴급한 상황에서 연방정부와 주정부가 다양한 방법을 통하여 국민에게 위험한 상황을 알리는 것이다. 이를테면 라디오, 인터넷, 휴대전화, 시계, 무선경보, 전화기 등을 통해서 긴급경보를 알린다. 현재 연방정부의 위성경보시스템이 운영되고 있는데, 아직까지 완벽하다고는 볼 수 없으나, 상당히 긍정적인 평가를

그림 5-21 최첨단 정보통신기술을 통한 위성경보시스템 구축

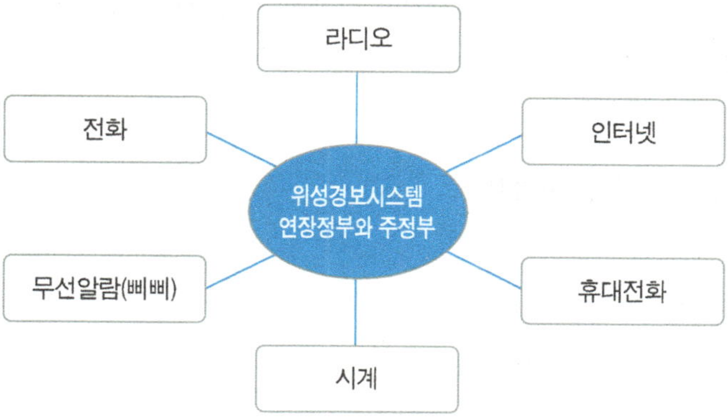

받고 있다. 이와 같이 재난경보체계는 위성관리시스템을 통하여 국민들의 재난대비와 위기상황을 신속히 알리는 것이 중요하며, 이에 대한 기대치도 상당히 높아지고 있다(한형서, 2008: 287).

6. 국가 주요 인프라산업 보호 및 관리체계

1) 국가 주요 인프라의 의미

현대국가는 국가의 주요 산업기반이 되는 분야를 보호하는 것이 일반적이다. 국가의 주요 기반시설들이 외부 혹은 다른 곳으로부터 장애를 받는다면 심각한 문제가 될 수 있기 때문이다. 대부분의 국가는 국가성장과 안보 및 국민의 생명에 중대한 영향을 줄 수 있는 시설을 체계적으로 관리하고 있다. 이러한 국가기반시설들이 제대로 보호되지 않거나, 외부로부터 위협을 받아 국가발전에 심각한 장애를 일으킬 경우, 사회 전

반에 걸쳐서 막대한 비용을 지불해야 한다. 따라서 국가는 주요 기간산업, 국가안보와 발전, 경제성장과 국민안전 등에 영향을 줄 수 있는 기반시설을 적극적으로 보호할 필요가 있다.

2) 국가 주요 핵심시설분야

① 에너지자원(전기, 가스, 석유)
② 정보통신기술(IT)
③ 수송과 교통(항공, 항만, 철도, 고속도로, 우편 등)
④ 금융화폐 및 보험(은행, 보험, 증권)
⑤ 언론(방송국, 언론사 등)
⑥ 공급(보건, 비상 및 구급활동, 재난보호, 식수공급, 폐기물처리)
⑦ 위험물(화학, 바이오물질, 위험물 수송, 군수산업 등)
⑧ 기타(연구기관, 상징적 건축물, 문화재 등)

이와 같이 국가 주요 기반시설에 대한 테러, 태업, 범죄, 정보기술에 대한 바이러스 공격, 자연재난, 대형사고, 항공기사고, 기술적 결함, 전염병 확산 등으로 심각한 위험에 빠질 수 있다. 따라서 국가는 이들 주요 기간산업을 보호하고 안정적인 관리를 해야 한다.

3) 기반시설 보호 및 비상계획

국가기반시설의 약 80%를 민간부문에서 소유하고 있기 때문에 비상계획도 우선 각 기반시설의 소유자가 내부 비상계획을 수립하는 것이 원칙이다. 그럼에도 불구하고 지방자치단체의 시장과 군수는 관내에 소재하고 있는 기반시설을 파악하여 이에 대한 외부 비상계획을 수립하고, 이를 수정 및 보완해야 한다. 왜냐하면 지방자치단체가 지역의 주요 기반시설을 적극적으로 보호할 의무가 있기 때문이다.

제3절 국가재난관리를 위한 협력기관의 연계강화

1. 독일소방협회

독일소방협회(DFV: Deutsche Feuerwehr Verband)는 1853년 7월 10일에 창설되었으나, 정치적인 이유로 1938년에 잠시 중단되었다가 제2차 세계대전 이후 1952년 1월 12일 헤센 주의 풀다(Fulda, Hessen)에서 다시 창설되었다. 독일의 소방시스템은 자율소방대, 직업소방대, 직장소방대, 청년소방대 등으로 구성되었다. 이들은 모두 재난발생 시에 투입 가능한 인적 자원으로 볼 수 있다.

① 자율소방대(Freiwillige Feuerwehr)는 독일 전역에서 100만 명 이상의 남녀 명예회원이 활동하고 있다. 그들은 어디에 있든지 긴급상황이 발생하면 직접 투입되어 도움을 줄 수 있는 준비가 되어 있다. 회원의 연령자격은 주정부에 따라 다를 수 있으나 보통 18세부터 60세까지이다.

② 직업소방대(Berufsfeuerwehr)는 10만 명 이상 거주하는 대도시에 갖춰져 있다. 직업소방대원의 자격은 전문대학 혹은 대학에서 소방 관

련 시험에 합격하고, 이에 대한 일정한 교육을 받고 채용되어야 한다.

③ 직장소방대(Werkfeuerwehr)는 대기업, 특히 화학회사가 독자적으로 운영하고 있다. 이들은 직장에서 일어날 수 있는 화재 혹은 재난에 대비해 소방대처럼 모든 소방장비와 시설 및 전문지식을 갖추고 있다. 특히 화학회사의 경우에 전문화되어 있다고 볼 수 있다.

④ 청년소방대(Jugendfeuerwehr)는 청소년들이 독특한 취미를 갖고 활동하고 있다. 청소년들은 청년소방대를 통해서 여러 가지 행사와 워크숍, 스포츠활동, 국제교환활동프로그램 참여 등 다양한 경험을 제공받을 수 있다(www.feuerwehrverband.de).

1990년 독일 통일 이후 구서독과 구동독에 있던 소방협회가 독일소방협회(DFV)에 가입되어 총 16개에 달한다. 독일소방협회의 본부는 베를린에 위치해 있으며, 유럽연합에서 독일소방협회를 대표해 브뤼셀에도 상주해 있다. 독일소방협회는 내부규정 제3조에 따라 활동의 목표와 과제를 규정하고 있으며, 총 14개의 전문영역(FB: Fachbereich)으로 분류되

표 5-5 독일소방협회의 전문영역과 전문위원회 목록 분류

FB 1	공공업무와 화재보호교육 및 계몽	FB 2	여성업무 및 통합
FB 3	화재예방	FB 4	기술
FB 5	정보와 통신	FB 6	투입, 소화수단, 환경보호
FB 7	사회제도	FB 8	건강제도, 구조업무
FB 9	재난보호	FB 10	교육과 연구
FB 11	음악	FB 12	경쟁
FB 13	비공식적 소방대	FB 14	청년업무

출처: www.feuerwehrverband.de/fileadmin/Inhalt/FACHARBEIT/Was_ist_FA/DFV-Richtlinien_der_Facharbeit_2012.pdf(2015. 02. 10 기준).

어 있다. 특히 FB 9가 재난보호(Fachbereich Katastrophenschutz)업무를 담당하고 있다(〈표 5-5〉 참조). 평상시와 방위상의 긴급상황 시 같은 업무를 담당하며, 화재보호업무와 ABC 보호의 구성요소들은 조직적 및 투입, 작전상 소방대에 귀속된다는 특징이 있다. 따라서 독일소방협회는 재난 관련 구조, 기능 및 설비 증명, 그리고 일반적이고 개념적인 문제에 대한 모든 것을 표명한다.

2. 독일적십자사

Deutsches Rotes Kreuz

독일적십자사(DRK: Deutsche Rotes Kreuz)는 1864년 독일-덴마크 전쟁 이후 자발적인 구호단체로 출발했고, 국가재난 시에는 위생병의 업무를 지원하고 있다. 독일적십자사는 사회복지영역을 담당하는 최고의 구조단체에 해당된다.

1864년 8월 22일 전쟁부상자 및 환자의 수송 개선을 위하여 제1차 제네바조약이 비준된 이후 재난발생 시에는 구급업무를 수행해왔다. 그 이후에도 적십자사단체는 몸이 불편하거나 경제적으로 어려움에 처해있는 사람들을 돕고, 봉사하는 데 헌신하고 있다. 한때 나치시대인 1933년부터 한시적으로 중단했으나, 1945년부터 다시 구호활동을 시작하여 오늘날까지 인종과 정치적 편견을 갖지 않고 중립성과 독립성, 자율성 등을 유지하면서 봉사하고 있으며, 사회적 약자와 개인 혹은 가족적 · 사회적으로 어려운 환경에 처한 사람들을 돕고자 노력하고 있다. 그리고 40만 명의 명예회원을 보유하고 있다(www.drk.de 참조).

적십자사에서 하는 일은 등산객 보호를 위한 산악감시, 심리상담, 구급업무, 근로현장에 구급교육, 노인돌봄, 어린이와 유치원 돌봄이, 가족 및 임산부 상담, 독거노인 돌봄이, 물건 구입, 결손어린이를 위한 교육 및 도움, 해양구조활동 등으로 그 영역이 매우 광범위하다.

3. 말타기사단

말타기사단(MHD: Malteser Hilfes Dienst)은 독일 가톨릭에 속한 자선단체로 1953년 1월 1일에 설립되었으며, 도움이 필요한 사람들을 도와주는 기독교 박애정신을 바탕으로 하고 있다. 말타기사단 봉사대는 약 4만 7천 명의 명예직원과 2만 2천5백명의 정규직원 및 105만 명의 후원자들이 독일 전역에서 대규모 자선업무에 동참하고 있다.

말타기사단은 제네바 적십자조약에 따라 독일적십자사와 자율자선단체에 관한 법률(DRK)과 제네바조약 I 제26조에 의한 자율자선단체로서 인정받았다. 독일 전역의 600개 이상 지역에서 활동 중이며 완벽한 의료시설을 갖춘 7개 병원과 총 2,500개의 병실을 갖춘 전문병원을 보유하고 있다(www.de.wikipedia.org/wiki/Malteser_ Hilfsdienst. 2015. 02. 20 기준). 최초의 병원은 1864년 독일 북부에 위치한 프렌스부르크(Flensburg)에서 개원했다. 이와 같이 말타기사단의 역할은 다른 구호단체와 마찬가지로 독일사회의 많은 부분에서 자원봉사활동과 구호사업을 펼치고 있다.

4. 존스앰뷸런스협회

존스앰뷸런스협회(JOH: Die Johanniter)는 1949년 8월 12일 제1차 제네바협약의 의미에서 자발적 지원단체(freiwillige Hilfesgesellschaft)이다. 1951년에는 존스구호단체(JHG: Johanniter－Hilfsgemeinschaft), 1952년에는 존스사고구조대(JUH: Johanniter－Unfall－Hilfe)가 창설되었다. 이 협회는 200개 이상 지역단체들을 포함해 주정부의 단체로 구성되어 있다.

특히 존스사고구조대(JUH)는 2016년 기준 약 4만 3천 명의 명예직 회원과 약 1만 5천 명의 정규직 직원, 약 140만 명 이상의 후원자로 구성되어 유럽에서 가장 큰 구조단체로 활동하고 있다(www.johanniter.de). 또한 존스사고구조대 규정 제2조 2항에 의하면 다음과 같은 목적을 가지고 있다.[8]

① 인명구조
② 재난 및 시민보호의 업무 및 사고보호
③ 응급진료를 위한 비행 및 외국의 후송업무
④ 복지제도
⑤ 청소년 및 노인의 보호업무
⑥ 공공보건제도와 보건위생의 업무
⑦ 교육지원, 국민 및 직업교육지원
⑧ 박애주의에 맞는 시민참여의 독려 등

8 자세한 것은 정관 “Satzung und Ordnungen der Johanniter-Unfall-Hilfe e. V.”, Ausgabe 2013에서 참조.

5. 독일인명구조대

독일인명구조대(DLRG: Deutsche Lebens-Rettungs-Gesellschaft e.V.)는 독일 전역에 약 77만 명의 명예회원과 후원자를 보유하고 있으며 2,000개 이상이 존재하는 세계에서 가장 규모가 큰 자발적 수상 및 비상구조조직(Wasserrettungs und Nothilfeorganisation)이다. 인명구조대(DLRG)는 원칙적으로 명예직인 자율적 구조원이며, 1913년 10월 19일 라이프치히(Leipzig)에서 설립되었고 주요 임무는 익사 예방과 인명구조이다.

이 단체는 1950년부터 2013년까지 2만 회 이상의 수영시험과 약 450만 번의 수상구조시험을 주관해 왔는데 독일인명구조대의 발표에 의하면 2014년 1월부터 8월까지 독일에서 총 306명이 익사했는데, 전년도에 비해서 약 15% 정도 줄어든 것이다(www.de.wikipedia.org/wiki/Deutsche_Lebens-Rettungs-Gesellschaft). 여기에 속한 명예회원들은 독일 전역의 조직에서 활동하고 있으며, 연방대통령도 DLRG의 후원자 중 하나이다. 인명구조대의 주요 과제는 수영교육, 홍보, 수상구조업무 등이고, 특히 5만 명 이상의 수상구조요원들은 수영자 및 수상스포츠 관광객을 위해서 근무하고 있다(이재은 외, 2006: 613).

6. 독일노동자사마리아단체

독일노동자사마리아단체(ASB: Arbeiter-Samariter-Bund Deutschland e.v.)는 1888년 설립되었으며, 독일 내에서 16개주의 단체들

(Landesverbaenden)과 205개의 지역적 조직(Regional-Kreis-und Ortsverbaende)을 갖추고 있다. 이 단체는 약 120만 명의 회원을 보유하고 있으며, 연방본부는 쾰른에 위치하고 있다.

ASB단체의 모든 구성원은 2016년 기준 약 3만 7천 명의 직원과 1만 5천 명의 명예회원으로 구성되었다. 이 단체의 설립취지는 인도주의적 및 민주주의적 기본원칙을 바탕으로 국내외에서 ASB의 업무를 수행하며, 재난에 빠진 사람을 지원하는 것이 주요 목표이다. ASB는 2012년 기준 172개의 양로원(altenheim)과 223명의 간병인을 갖추고 있어, 독일에서 노인을 지원하는 큰 단체로 볼 수 있다.

ASB의 핵심과제는 구조업무(긴급구조, 항공구조, 수상구조, 특별구조 등), 환자수송, 의료수송업무, 노인 및 장애인 보조, 위생관리(양로원), 긴급전화지원, 교육(응급처치, 위생 및 재난보호, 구조보조 등), 외국인 및 난민지원, 아동 및 청소년 등으로 사회 전반에 광범위한 도움을 주고 있다(www.de.wikipedia.org, 2015. 02. 10 기준).

7. 기술지원단

연방기술지원단(THW: Technisches Hilfswerk)은 이미 앞에서 언급했듯이 재난발생 시에 독일 전역에서 활발하게 지원하고 있는 단체이다. 독일 전역에 668개 지역과 약 8만 명 이상이 명예직으로 종사하고 있으며, 1%만이 정규직으로 근무하고 있다.

이 기술지원단의 중요 파트너는 독일기상청, 연방방위군, 연방경찰, 독일철도청, 독일오폐수처리협회, 라인팔츠 전력회사, 독일화학회사 등의 운송사고정보 및 지원시스템 등과 협력하고 있다. 특히 독일철도민간회사인 연방철도청과 민간업체 라인팔츠 전기회사는 다수 국민들이 사용하는 주요 인프라이다. 이들의 임무는 국내외적으로 재난 관련 업무뿐만 아니라 주요 인프라의 지원, 기술적 위험방지, 커뮤니케이션, 환경보호, 국민보호 등으로 다양한 영역에서 활동하고 있다.[9]

이와 같이 위에서 언급된 7개 주요 기관은 독일 전역과 지역별로 조직화되어 어느 지역에서 재난발생이 일어나도 어디에서든 접근해 도울 수 있도록 체계적으로 조직되어 있다. 이런 단체들은 어떤 제도적 조직에 움직이기보다는 국민들 스스로 관련 단체에 명예회원으로서 가입해 있거나 재정적인 후원자 역할을 하면서 자발적인 봉사활동에 동참하고 있다. 이렇듯 독일에서는 대부분의 단체가 자원봉사자를 중심으로 자발적인 활동을 하고 있는 것이 특징이다.

이와 같이 선진국 대부분이 지도층부터 물질적 기부뿐만 아니라 재능기부를 함으로써 사회발전에 커다란 영향력을 행사하고 있으며, 사회참여에 선도적 역할을 하고 있다. 독일 국민 역시 사회공동체를 중시하고 있으며, 가정에서부터 학습한 나눔문화를 잘 만들어가고 있다. 이처럼 많은 민간기관과 공공기관들은 재난발생이 일어날 경우에 연방과 지방 및 지방자치단체의 행정기관에 협조해 재난예방활동에 적극적인 참여와 지원을 하고 있다.

9 자세한 것은 www.thw.de에서 참조.

제4절 독일 연방정부의 재난예방훈련과 전략

1. 연방정부의 재난예방훈련의 도입배경

1) 동서독의 긴장완화와 정치적 변화

지금까지 독일은 국가위기관리에 대한 안보정책을 추진하는 데 있어서 매우 복잡한 시스템을 갖추고 있다. 즉 국가안보에 관련된 국가기관으로는 국방, 경찰, 연방정보기관, 지역의 위험예방시스템 등이 포함된다. 이런 국가안보에 관한 복잡한 시스템이 보다 체계적이고 조직적으로 운영될 때 혹은 신속히 위험지역에 투입될 경우에만 제기능을 발휘할 수 있다. 이미 독일은 지난 냉전시대에 경험해온 다양한 군사작전의 시나리오와 위기 및 재난예방훈련에서 민간인 보호를 위한 일명 "WINTEX-CIMEX"[10] 훈련을 실시한 바 있다(Klink & Thiede, 2008: 131). 이러한 훈련의 목적은 실제 재난상황에 대비해 반복된 훈련을 함으로써 재난대응의 학습효과를 극대화하는 데 그 의의가 크다.

10 15개국 나토회원국은 1968년부터 1989년까지 2년마다 한 번씩 동계훈련(Winter Exercise)을 실시했다. 이 훈련시나리오는 동구권 바르샤바 조약국의 공격에 대비한 것이다.

그러나 위와 같은 훈련은 동·서 간 냉전이 사라진 이후에 국가의 안정된 정치적 변화와 구소련 및 동유럽 붕괴로 존재의 가치를 잃었으며, 전쟁을 대비했던 대부분의 재난정책들이 사라진 상태이다. 예를 들면, 과거 독일이 보유했던 대공경고시설과 아르 강변에 있는 정부의 지하벙커가 그 좋은 사례이다. 이런 결과에서 볼 수 있듯이 재난 관련 연방부처와 행정기관 혹은 일부 주정부에서 특별한 주제로 재난보호훈련만을 실시해온 것이 전부이다. 최근 독일 정부는 사회적·국가적 안정을 위하여 국가위기관리에 대한 많은 노력을 해왔으나, 정치적 변화와 주변 환경변화에 따른 새로운 정책전환을 시도하고 있다. 따라서 국가위기관리는 이러한 현실에 맞춘 독창적인 모델을 찾아야 한다.

2) 테러위협과 자연재해의 증가

독일은 2001년 9·11 테러와 2002년 여름 독일 북부 항구도시에 발생했던 엘베(Elbe) 강 홍수를 경험한 이후 재난관리대응에 대한 새로운 전략을 마련해야 했다. 물론 이것 외에도 지금까지 국가위기관리에 대한 소극적인 대응이 국가안보에 얼마나 많은 영향을 주었는지, 또 국가재난에 어느 정도 피해를 주었는지 등의 영역에서 지속적인 논의가 있었다. 그 대표적인 경우로 태풍 키릴(Kyrill), 라인 강과 오더 및 엘베 강 등의 범람을 들 수 있다. 2002년 연방내무부회의에서 체결된 '국민안전을 위한 새로운 전략'을 통해서 연방정부와 각 주정부가 국가안보와 국가재난관리에 대한 종합적인 책임성을 제고하는 계기가 되었다. 또한 연방정부차원에서 국가위기관리가 보다 효율적이고 생산적이며, 체계적으로 운영되기 위해서는 각 주정부와의 협력 및 통일된 안보개념을 학습할 수 있도록 공동훈련, 즉 공동의 목표달성을 위하여 협력하는 방향으로 추진하고 있다(Bundesministerium des Innen, 2009: 11).

이러한 배경에서 2003년 설립된 위기관리비상기획민방위학술원(AKNZ: Akademie fuer Krisenmanagement, Notfallplanung und Zivilschutz)에서는 첫 번째 전략적 위기관리 예방훈련을 준비하였다. 그것과 함께 연방정부와 모든 주정부가 참여하는 재난예방훈련(LÜKEX)을 들 수 있는데, 즉 독일 전 지역에서 모든 주정부가 함께 참여하는 범국가적 위기관리훈련(laenderuebergreifende krisen-management-uebung exercise)을 구상하게 되었다. 이와 같이 독일은 연방정부차원에서 국제적인 테러위협과 자연재해의 증가에 따라 '독창적인 위기관리모델 개발과 전략적 변화'를 시도하였다. 이것은 연방정부를 중심으로 각 주정부가 자율적인 참여와 협력이라는 연결고리를 만들어 낼 수 있는 새로운 변화로 볼 수 있다.

3) 국가위기관리의 조직 및 책임성 강화

독일의 국가위기관리는 연방정부를 중심으로 각 주정부와 공동으로 참여하고 대응하는 것이 바람직하다. 하지만 연방주의의 특성상 각 주정부와 상호 유기적인 협력을 얻기란 쉽지 않다. 국가재난관리는 상호 긴밀한 협력과 공조체제를 통해서 극복할 수 있는 네트워크 구축과 책임성 강화가 필수적이다. 따라서 독일 정부는 연방정부를 중심으로 각 주정부와 지방정부, 그리고 민간단체 등이 참여하는 국가위기관리시스템을 만들어가고 있다. 또 연방정부는 국가의 중대한 위기상황에서 국가의 재난피해를 최소화하고, 국민의 생명과 안전을 보장하기 위해서 새로운 변화가 절실했다. 왜냐하면 지금까지 독일 정부는 국가재난을 겪으면서 많은 문제점을 발견했기 때문이다. 이러한 이유에서 연방정부는 국가재난이 발생했을 경우, 재난관리에 보다 적극적으로 개입해야 한다는 주장이 제기되어 왔다. 그 대표적인 경우로 함부르크의 엘베 강 범람과 도나우(Donau) 홍수, 북해의 석유유출, 폭우와 태풍 등의 여러 유형에서 찾아볼 수 있다(Bundesministerium des Innen, 2009: 11).

독일의 국가위기관리 대응은 연방정부, 주정부, 주정부 산하 행정기관, 각 지방자치단체 및 기초자치단체 등이 참여하는 형태로 재편되었다. 지난 과거에는 주정부가 중심이 되어 재난대응을 했지만, 최근 재난사건들이 대형화되고 있거나 혹은 긴급을 요하는 경우에 인적 · 물적 자원의 한계를 겪게 되는 경우가 많다. 이런 경우는 재난대응을 신속히 하지 못해서 적시에 재난피해를 줄일 수 있는 골든타임을 놓칠 수 있다. 따라서 정부의 재난 관련 각 참여기관이 보다 신속하고 효율적인 대응과 협력적 관계를 모색하는 것이 중요하다. 연방정부는 재난발생 시 주정부를 직 · 간접적으로 지원하고, 각 주정부를 위해 주도적으로 조정자 역할을 하고 있다. 또 각 주정부는 각 산하 행정기관을 지휘 · 감독하며, 재난관리에 대한 책임성을 강화하고, 인적 · 물적 자원 관리 및 지원을 하게 된다. 그리고 각 지방자치단체는 현장의 재난상황을 상세히 파악해 적극적인 참여와 위기관리대응을 높이는 데 노력하고 있다. 이와 같이 국가재난상황에 따라 연방정부와 주정부가 유기적인 협력체제가 갖춰져 있으며, 이를 위한 조직운영 및 책임성을 강화하였다.

2. 재난예방훈련의 기본방향과 내용

1) 재난예방훈련의 기본방향

재난예방훈련은 연방정부와 각 주정부에 의한 위기관리훈련 외에도, 공공기관의 다양한 분야, 민간기업, 구조단체, 단체연합 등과 함께 연계하는 초지역적인 위기관리대응 및 네트워크를 바탕으로 한 총체적 위기관리시스템으로 볼 수 있다(BBK, 2010). 여기서 재난예방훈련의 기본개념은 긴급한 국가재난의 실제상황에 대비해 훈련하는 것 외에도 위기관리극복을 위한 정책조언, 교육 및 연수의 지도, 고위 정책결정권자의 지도, 연구프로젝트의 개발 등을 주요 구성요소로 하고 있다.

또한 연방정부는 국가위기관리에 대한 새로운 전략범위 안에서 중요한 역할을 하고 있으며, 연방내무부는 위기관리부서의 정책결정권이 있는 관련 부서장과 함께 재난예방훈련시리즈 범위 내 초기단계에서부터 긴밀히 대응하고 있다. 특히 연방정부는 계획된 훈련개념의 범위 안에서 2년마다, 혹은 필요에 따라 재난예방훈련을 통해 부분적인 영역을 보완하고 전략적인 위기관리훈련을 기획한다(Unger, 2008: 83; Bois, 2008: 12). 또한 기본적으로 연방관할부서와 사전합의를 한 후에 각 주정부들은 재난 관련 주제를 선택하게 된다.

훈련준비는 대체로 18개월간 실시되는데, 이 훈련준비기간에는 다양한 토론과 회의, 합의, 준비세미나 및 워크숍, 그리고 공동 시나리오에 관련된 기준 등을 논의한다. 그 다음으로 주정부가 이러한 훈련에 참여할 것인지, 혹은 참여하지 않을 것인지 결정하게 된다. 이러한 훈련준비과정에서 연방재난관리청의 프로젝트 그룹과 참여할 각 주정부들이 공동재난관리의 그룹을 구성하게 된다. 이와 같이 재난예방훈련의 기본개념은 연방정부와 각 주정부의 참여와 기업, 구조단체, 그리고 연합단체 등의 참여를 바탕으로 민관협력을 강화하는 데 그 목적이 있다(Bois, 2008: 12).

2) 재난예방훈련의 내용

재난예방훈련은 전략적인 차원에서 예측할 수 없는 국가재난에 대비해 연방정부가 다양한 영역에서 기본적인 방향을 설정하는 것이다. 이에 대해서 연방정부뿐만 아니라 각 주정부의 정치결정권자들이 재난예방훈련과정에 참여하도록 전략적 방향을 제시하고 있다. 훈련참여에 대한 각 주정부 각료회의결정은 가능한 최고위급에 포함시키고, 그와 함께 실제 위기상황에 대응할 수 있는 행동과 위기관리훈련 중에 달성할 수 있는 적절한 대안을 찾는 것이다. 이러한 훈련이 반드시 성공하기 위해서는 종합적인 위기관리구축과 유기적인 상호 협력 및 참여자의 적극적인 자세가 필요하다. 그래서 재난예방훈련은 고도의 시간적 압박과 협상압박하에서 지속되어야 하고, 위기관리에 대한 '협상문화와 정책결정문화'가 연방정부와 각 주정부 사이에 원만히 자리 잡아야 한다(Klink & Thiede, 2008: 132).

또한 재난예방훈련에 대한 권한을 갖고 있는 연방정부 관련 기관들은 중요한 훈련주제를 임의로 선택하여 연방정부와 각 주정부에 맞게 가능한 범위 내에서 훈련에 참여할 것을 제안하게 된다. 이에 따른 훈련내용은 권한을 갖고 있는 연방정부와 주정부 위원회(AK II와 AKIV)에 의해서 결정된다. 이 훈련개념에 대한 기본적 특징, 기본 시나리오, 훈련목표, 그리고 참여자는 구속력 있는 문서의 '훈련 틀' 속에서 이뤄진다. 이와 같은 훈련은 재난에 관련된 재난훈련준비와 실행을 위한 기본적인 과정이다.

재난예방훈련의 기본개념은 다음과 같은 기본원리에 근거하고 있다. 즉 훈련내용은 연방과 주정부의 전체에 관련된 시나리오에 따라 권한을 갖고 있는 지방자치단체들과 주정부가 철저히 준비해야 한다. 이때 재난예방훈련은 초지역적이고 장기적으로 지속 가능한 위기관리를 대비해 전략적인 측면을 고려해야 한다. 특히 독일의 주요 국가인프라에 중점을 두어야 하는데, 여기에는 교통, 에너지공급(전기, 석유, 가스), 커뮤니케이션, 보건, 식량, 물, 언론 및 문화, 금융과 보험, 국가 및 행정 등이 포함된다(BBK, 2011: 36).

이런 과정에서 주요 재난예방훈련에 관한 주정부의 프로젝트 그룹과 연방재난관리청의 프로젝트 그룹(PG LÜKEX)은 주정부의 상황에 맞게 진행한다. 다른 한편으로는 국내 위기극복에 맞는 종합적인 연계를 위해 하나의 업무그룹 내에서 협력하게 된다. 이처럼 재난예방훈련의 시나리오는 여러 형태로 개발 및 진행되고 있다. 예를 들면, 대형 공항의 경우 공항운영에 관한 위기상황이 발생하게 되면 공항규모에 맞게 대응해야 하며, 훈련참여기관은 공항관리자, 항공노선, 연방정부 및 주정부경찰, 세관, 비행안전 등이 된다.

그 밖에 훈련시나리오는 결정권이 있는 통제지휘부 외에 훈련지도부의 활동을 문서화하고 평가하며, 훈련관찰자와 운영그룹으로 형성된 훈련통제부서가 투입된다. 일차적으로 훈련참가자들은 연방정부와 주정부의 권한 있는 기관의 위기관리 및 행정지도부에 해당된다. 하지만 경우에 따라 하위 행정기관과 전략적으로 훈련에 필요한 개별기업 및 연합단체 등도 해당된다.

마지막으로 훈련결과는 평가보고서로 기록해야 한다. 이 평가보고서는 개념, 훈련시설과 훈련결과에 대한 자체평가 외에 주정부와 연방지휘부의 태도, 연방정부와 주정부의 협력관계, 민간협력, 언론과 대중업무에 대한 내부과제의 시나리오 등에 대한 위기극복의 가치를 기술한다(Klink & Thiede, 2008: 137-138). 여기서 연방재난관리청은 재난관리에 대한 중추적인 중앙부서로서 교육과 재교육 범위 내에서 인지된 협상의 필요성을 강조하고 있다. 또한 종합적인 결과에 대한 평가와 보완책에 대한 피드백을 하는 것이 매우 중요하다. 그 밖에 재난예방훈련의 틀 안에서 지휘부의 구성 및 조직과정, 정책결정, 정보행태 등에 대한 공간적 · 기술적인 측면에서 지속적인 변화를 위한 노력이 수반되어야 한다.

2015년 11월에 실시된 재난예방훈련은 "대규모 폭풍 · 해일의 극복(die Bewaeltigung einer schweren Sturmflut)"이라는 주제로 주로 독일 북부에 위치하는 주정부, 즉 니더작센(Niedersachsen), 브레멘(Bremen), 함부르크(Hamburg)와 슐레스비히-홀스타인(Schleswig-Holstein) 등이 참여했고, 니더작센 주가 주도적으로 재난훈련에 참여하였다.

2015년 훈련의 핵심과제는 연방과 주정부, 상위 및 하위 재난보호기관의 영역에서 위기관리참모들의 조정력을 점검하였다. 즉 위기상황에서 연방정부와 주정부 간의 긴밀한 지원, 국민에게 경보와 정보제공, 특히 주요 업무프로세스를 유지하기 위하여 인프라의 작동에 대한 연결 등이 훈련의 핵심과제에 속한다. 또한 홍수범람과 하천범람에 따른 해안시나리오를 통해 광범위한 대피와 핵심 인프라(도로교통시설과 에너지공급)의 장애에 따른 요인을 어떻게 보완해야 할 것인지 학습하였다. 여기에는 위에 언급한 4개 주정부 외에 메클렌부르크-포어폼메른(Mecklenburg-Vorpommern), 브란덴부르크(Brandenburg), 튀링겐(Thueringen), 작센-안할트(Sachsen-Anhalt)와 라인란트-팔츠(Rheinland-Pfalz)등이 참여하였다. 이런 모든 훈련은 실제상황처럼 실시해야 하기 때문에 많은 준비기간을 전제조건으로 훈련의 극대화를 추구하고 있다.

3. 재난예방훈련과 핵심 인프라 보호

독일은 2004년부터 관할 및 주정부를 뛰어넘는 포괄적인 위기관리재난예방훈련을 실시하고 있으며, 2007년부터 재난예방훈련을 통해 연방정부뿐만 아니라 주정부차원에서 지속 가능한 위기상황을 대비해 사전적 예방책을 강화하고 있다(Bois, 2009: 22). 재난예방훈련을 위한 위기관리지휘부는 연방내무부와 연방보건부에 의해 함께 운영되고 있으며, 연방내무부 내에 조직화되어 있다. 이와 관련된 행정기관의 정책전문가들은 위기관리과정에 직·간접적으로 참여할 수 있게 되었다. 따라서 재난예방훈련의 조직구조는 보다 체계적으로 조직화되었고, 기술적으로 최적화하는 데 중점을 두었다. 특히 위기관리의 지휘부업무에 대한 교육과 재교육은 훈련 및 투입 시, 지휘부가 중요한 지식을 얻을 수 있는 과정이다. 그것과 함께 재난 관련 행정기관, 공공기관, 그리고 기업 등과의 포괄적인 협력강화 및 훈련을 연계해야 한다. 이와 같은 상황에서 인적 자원의 투입 시 광범위한 위기상황에서 사람들의 업무 및 투입능력에 따라 대응을 달리할 수 있다.

또한 재난예방훈련에서의 위기관리는 정책결정과 대응조치에 따라 심리적인 영향을 받는다. 그래서 재난예방훈련의 위기관리는 재난발생 시 심리적 불안과 스트레스 극복을 위해 반복된 교육과 학습을 통해서 지속적인 훈련을 해야 한다. 그 하나의 예로 위기관리에 대한 전문상담사들은 적절한 학습 및 훈련 모듈을 만들어 위기관리의 대상자를 상담한다. 이런 결과가 긍정적으로 평가받기 위해서는 과학적인 조사와 전문적인 지식을 근거로 해야 한다. 지금까지 재난예방훈련에 대한 결과는 매우 성공적인 것으로 평가되었다(Klink & Thiede, 2008: 137-138). 특히 연방정부와 주정부가 함께 참여할 수 있는 기회를 제공하고 예측 불가능한 상황에 따른 영향평가와 광범위한 분야에서 '캐스케이드 효과(Kaskadeneffekten)'와 지속 가능한 사태전개의 평가에서 효과적인 것으로 분석되었다.

그리고 핵심 인프라는 위기관리시스템을 통해서 지속적으로 관리하고 보호하는 것이 중요하다. 예를 들면, 국가의 기간산업에 있어서 위기관리의 취약분야는 반드시 구체적인 매뉴얼과 훈련을 통해서 긍정적인 효과를 기대할 수 있다. 그 대표적인 경우로 에너지(전기, 가스, 석유)의 공급, 정보통신기술, 교통 및 운송, 위험물질, 행정기관, 재정 및 금융기관, 수돗물 공급, 교량, 터널, 수로, 항만, 공항, 철도, 댐 등은 보다 체계적인 관리가 필요하다.

이러한 이유로 독일 연방정부가 운영하고 있는 재난관리시스템에 대한 비판적인 시각도 있다. 물론 이러한 문제점을 보완하기 위해서는 모든 행정기관과 비공식적인 정보제공자들 사이에 제도화된 협력적 거버넌스 구축을 필요로 한다. 또한 재난 관련 정보 수집은 누구나 쉽게 접근할 수 있도록 해야 하며, 정보이용자들에게 비공개되었던 데이터시스템(예를 들면, deNIS)의 접근이 가능하도록 제도적 보완장치를 마련해야 한다.

4. 재난예방훈련의 과정과 다양화

1) 재난예방훈련의 과정

이미 언급했지만 재난예방훈련과정은 2004년부터 2년마다 한 번씩 실시되고 있다. 2015년까지 총 7회에 걸쳐서 실시되었다.[11] 재난예방훈련의 과정은 국가위기상황의 극복에서 정책결정문화를 최적화하는 데 그 목적이 있다. 먼저 연방정부와 주정부에 의한 해당 규정과 업무지시의 기본임무에 따른 훈련과정과 범정부차원의 조정이 시험되었다.

그림 5-22 **재난예방훈련과정과 진행사항**

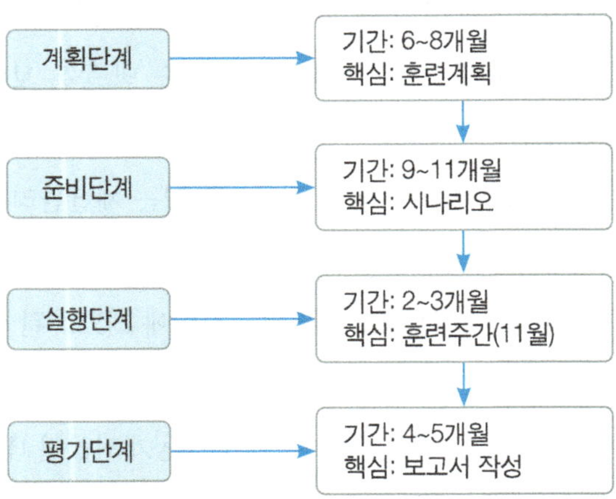

출처: BBK(2014). *LÜKEX*. Eine strategische Krisenmanagementuebung에서 재구성.

실제로 재난예방훈련과정은 4단계, 즉 기획단계, 준비단계, 집행단계,

11 LÜKEX 15에 직접 참가한 주정부는 브레멘, 니더작센, 함부르크, 슐레스비히-홀슈타인 등이다.

평가단계로 분류되며([그림 5-22] 참고), 연방내무부에 의해서 실시되고 있다. 이 훈련의 기획, 준비, 실행, 평가를 위해서는 연방재난관리청(BBK)에서 모든 훈련참여기관을 위하여 범행정기관의 팀을 구성한다. 새롭게 구성된 팀의 공동회의에서 세미나와 워크숍 그리고 훈련에 대한 시나리오 및 기본 임무를 개발하고, 필요에 따라 전문분야에 대해서 문의할 전문가를 고용한다. 그래서 훈련참여자들은 훈련실시 전에 주어진 주제에 관한 위기관리를 개선할 수 있는 중요한 지식을 얻을 수 있다. 이런 지식을 통해 토론과정에서 훈련시나리오는 훈련조정을 위한 기초로 사용될 수 있다. 훈련실행은 계획과 준비단계에서 모든 훈련참여 그룹의 정점이 되고, 동시에 신뢰성을 갖고 상호 협력하는 것이 성공을 위한 시금석(lackmustest)이다. 그리고 연방 관련 부처의 위기참모들과 참여한 주정부의 위기관리참모 및 행정참모들은 훈련상황의 중심에 있다.

이와 같은 재난예방훈련시나리오는 실제상황처럼 신속히 대응할 수 있도록 훈련을 하고, 지금까지 많은 주정부들은 재난예방훈련에 매년 약 3,000명 정도를 참가시키고 있다. 첫해인 2004년 재난예방훈련에는 4개의 주정부가 참가했고, 그때 참여한 각 주정부는 상황에 따라 훈련 시리즈를 다양하게 실시했다. 예를 들면, 바이에른(Bayern) 주와 바덴-뷔르템베르크(Baden-Wuerttemberg) 주는 LÜKEX 2004 훈련에서 '최악의 겨울날씨로 인한 약 2주간의 정전사태'를 가정해 실시하였다(Brenig & Stolzenburg, 2011: 24-28). 반면에 베를린(Berlin) 주와 슐레스비히-홀슈타인(Schleswig-Holstein) 주는 '테러공격'을 실제상황처럼 실시했는데, 그 중 일부 지역에는 화학물질이 사용됐다고 가정해 훈련했다. 특히 슐레스비히-홀슈타인 주의 테러시나리오는 바다에 있는 화물선이 테러위협을 받고 있다고 가상해 진행되었다. 또한 독일 남부의 훈련시나리오는 1999

년 산림의 황폐화에 대한 대응과 프랑스와 스위스에 수일간 정전을 일으켰던 허리케인 로타르(Lothar)를 기준으로 삼았다. 이와 관련해 독일기상청은 대형 에너지 콘체른 회사와 협력하였다.

그 밖에 전염병으로 인해 수많은 사람들이 피해를 입은 경우와 지속적인 위협이 될 수 있는 대형행사 등이 재난예방훈련시리즈에 포함되었다. 이와 관련해 로버트-코흐(Robert-Koch) 연구소와 함께 실시한 시나리오는 사회 전체가 유행성 전염병에 대비해 훈련을 실시했던 좋은 사례로 평가된다(Schrenk & Grambs, 2008: 159). 특히 국가의 보건분야에서 유행성 전염병 계획이 국민의 의약품 공급을 위해 충분하다고 생각됐지만, 이런 훈련결과를 통해서 실제 비상상황에 많은 문제점을 가져올 수 있다는 결론을 얻었다. 즉 심각한 교통인프라 상황, 기초식량의 공급부족, 그리고 공공안전부재 및 무질서 등을 겪으면서 일명 '도미노 효과'로 국민들의 심리적인 불안을 가중시킬 수 있다는 것이다. 이러한 재난예방훈련은 2005년 뮌스터에서 발생한 정전사태에 대응하는 과정에서 긍정적인 효과를 거두었다고 평가되었다(Klink & Thiede, 2008: 138).

이렇게 재난예방훈련의 반복된 학습으로 다양한 경험과 유익한 정보를 얻는 것이다. 이 모든 재난예방훈련은 아주 정확히 평가되었고, 그 훈련에서 얻는 지식과 경험들은 평가보고서에 기록되었다. 또한 이 평가보고서는 전략적 위기관리의 구조와 절차를 최적화하는 데 출발점이 된다. 지금까지 이러한 재난예방훈련은 독일을 넘어 10년 이상 된 전략적 위기관리에 대한 확고한 상징이며, 모델로 자리 잡았다. 주제선정 또한 전략적 위기관리 및 구조에 적합하다고 평가되었다. 특히 재난예방훈련은 전략적 위기관리의 다른 분야, 즉 재난 관련 범행정기관의 운영구조와 발전에 많은 영향을 주었다. 이와 같이 독일의 재난예방훈련은 국가재난관리의 상황에 따른 대응력을 높이고, 기존 재난관리시스템을 개선해 연방정부의 적극적인 참여와 초지역적인 협력 및 지원에 긍정적으로 작용하고 있다.

2) 재난예방훈련의 다양화

독일은 재난상황에 따른 대응수단과 재난예방훈련을 다양화하고 있다. 지금까지 실시된 재난예방훈련으로 국가재난에 대한 사전적 예방효과를 기대할 수 있으며, 이에 따른 반복된 학습효과도 얻을 수 있다. 물론 이 훈련의 목적은 새롭게 위협받고 있는 국가안보와 위기관리의 훈련을 통해서 신속한 재난대응과 재난사고 발생 시 매뉴얼에 따라 적극 대응하기 위한 것이다. 물론 재난예방훈련은 긴급한 위기상황에 대비해 다양한 재난영역을 선택하고 있으며, 이에 따른 대응훈련도 체계화하고 있다. 또 재난예방훈련에 대한 주제는 국내외에서 발생 가능한 재난사건(테러위협, 자연재해)과 주요 국가인프라(전기공급, 정보통신망보호, 생물화학전, 수자원 보호 등) 등에 초점을 두고 있다. 즉, 2004년 이후 재난예방훈련시리즈를 보면 다양한 분야에서 실시되었는데,[12] 그 훈련 사례는 다음과 같다.[13]

① LÜKEX 2004: 전력공급 중단과 테러위협 및 공격

② LÜKEX 2005: 테러위협 2006년 세계월드컵 준비

③ LÜKEX 2007: 전염병

---

12 모든 독일 주정부는 최소한 1회 이상 재난예방훈련에 참여하고 있다.

13 자세한 것은 http://www.bevoelkerungsschutz-portal.de/SharedDocs/Downloads/BVS/Downloads/Beschreibung_LUEKEX.pdf?_blob=publicationFile(검색일. 2015.02.10.) 참조

④ LÜKEX 2009/10: 화학방사선에 의한 테러위협과 공격 (Schumuzige Bombe)[14]

⑤ LÜKEX 2011: 정보통신(IT)의 안전/사이버 공격

⑥ LÜKEX 2013: 생물화학전 훈련

⑦ LÜKEX 2015: 독일 북해의 폭풍 · 해일 극복

그동안 모든 주정부는 최소한 한 번은 재난예방훈련에 적극적으로 참여하였다. 이러한 위기상황에서 언론매체는 훈련준비와 훈련실행에 있어 탁월한 의미를 갖는다. 왜냐하면 독일에서 재난예방훈련은 전략적 위기관리개발을 위한 중요한 동기부여로 발전되기 때문이다.

3) 독일의 재난관리에 대한 예방적 조치와 변화

원칙적으로 독일의 재난관리에 대한 일차적인 책임은 주정부의 소관이지만, 연방정부는 국민의 생명과 재산을 적극적으로 보호할 의무가 있다. 그 이유는 9 · 11 테러와 국제테러의 증가, 자연재해의 증가 등을 들 수 있다. 이러한 결과로 기존 연방내무부 산하에서 운영되었던 재난시스템이 통합적인 재난관리시스템으로 변화했고, 재난발생 시 연방정부와 각 주정부가 신속히 대응할 수 있는 재난관리능력과 사후대응력을 높이는 방향으로 진행되었다. 이것은 독일의 연방정부와 주정부가 가능한 한 재난피해를 최소화하고 신속한 사후대책을 준비하는 수직적 · 수평적 시스템에서 협력적 거버넌스 구축을 의미한다. 이와 같이 국가재난이 발생할 경우에 연방정부를 중심으로 주정부와 지방자치단체, 민간기업 및 민

14 그 당시 훈련에는 연방정부와 16개 주정부가 참여하였고, 특히 바이에른, 베를린, 노르트라인-베스트팔렌, 슐레스비히-홀슈타인 등이 적극적으로 참여하였다.

간단체, 연방방위군, 그리고 지역주민 등이 재난상황에 따라 신속한 상호 공조체제 구축 및 재난예방의 극대화에 초점을 두었다.

5. 재난예방훈련의 전망과 한계

독일의 재난예방훈련은 국민의 생명과 안전을 지키고 발생 가능한 국가위협에 대한 대응력을 높이며, 반복된 학습효과를 기대할 수 있다. 특히 국제적인 테러위협과 기후변화로 인한 자연재해가 심각한 상황에서 국가가 재난관리에 적극적으로 대응하는 것은 매우 중요하다. 현재 2년마다 실시되고 있는 재난예방훈련은 연방정부를 중심으로 각 주정부가 참여하는 형태로서 큰 의미를 갖는다. 왜냐하면 이와 같은 재난예방훈련은 다른 나라에서 거의 찾아볼 수 없는 독일만이 갖는 유일한 '독창적인 재난관리모델'로 평가받을 수 있기 때문이다. 2004년 이후 실시된 재난예방훈련이 총 6회를 거치면서 성숙한 단계에 이르렀다고 평가하는 전문가도 있다. 특히 유럽회원국에서도 시도하지 못한 독특한 국가재난예방훈련이라는 점에서 많은 국가적 관심을 받고 있다. 비록 이런 훈련이 아직 체계적으로 정착되지는 못했지만, 연방정부와 각 주정부가 공동으로 국가재난예방훈련을 함으로써 상당한 효과를 얻고 실증적 경험을 쌓아 긍정적인 평가를 받고 있다.

독일에서의 재난예방훈련은 국가재난방지를 위한 예방적 프로그램의 중요성을 강조했기 때문에 앞으로는 다양한 영역으로 확대될 것으로 보인다. 그 대표적인 사례로 홍수 및 가뭄 대비, 국가테러위협의 예방, 국민생명과 직결되는 전염병 예방, 원전사고 대비, 에너지 공급(전기, 가스, 석유), 도로교통, 주요 국가전산망 및 민간금융전산망 보호, 수자원관리,

공항 및 항만시설의 테러 방지, 항공기테러 방지, 열차테러 방지, 대규모 국제행사 보호, 방송국테러 방지 등으로 확대될 것이다. 이러한 이유에서 연방정부와 각 주정부는 미래의 불확실한 상황과 대규모 재난관리에 대비해 재난예방훈련에 보다 적극적으로 참여할 것으로 기대된다.

이와 같이 독일의 재난예방훈련에 대한 긍정적인 평가와 전망도 있지만, 이에 대한 한계도 따른다. 물론 어느 한 특정 분야에 대해서 언급하기는 어렵지만, 우선 다양한 재난예방훈련에 따른 각 주정부와 자치단체의 참여가 제한되어 있으며, 현장에 주민들의 참여가 제한되어 있다. 지금의 재난예방훈련은 연방정부를 중심으로 각 주정부의 관련 기관이 참여하고 있지만, 사실상 아직도 각 지방자치단체와 민간단체, 주요 기업 등의 참여와 정확한 정보를 서로 공유하지 못하고 있다. 단지 위기 관련 행정기관과 상위기관 중심으로만 운영되고 있기 때문에 실제 재난발생이 일어날 경우 일반인과 기업의 대응력은 현저히 떨어질 수밖에 없다. 무엇보다 이런 훈련에 대한 정확한 정보와 홍보가 일반 국민에게 알려지지 못했고, 구체적인 매뉴얼이 있어도 국민들의 참여가 불가능하다는 것은 현장에서 실제상황이 발생하면 국민의 대응력을 떨어뜨릴 수 있다는 한계가 있다. 이러한 맥락에서 볼 때 재난예방훈련은 연방정부와 각 주정부 및 민간단체 등이 유기적으로 참여할 수 있도록 참여기회를 확대시키고 네트워크 활용을 통해 누구나 정보에 접근할 수 있도록 구체적인 매뉴얼을 만드는 것이 시급하다.

6. 독일의 재난예방훈련이 주는 시사점

독일에서 실시하고 있는 재난예방훈련은 우리나라에 많은 시사점을 주고 있다. 이를 통해서 학습할 수 있는 것은 주요 국가산업인프라 보호, 연방정부와 각 주정부의 재난 관련 행정기관의 조정 및 협조체계 강화, 재난관리의 네트워크 구축, 재난예방훈련의 다양성 등으로 볼 수 있다. 자세한 내용은 다음과 같다.

첫째, 독일의 재난예방훈련은 연방정부와 각 주정부가 실제상황에 대비해 훈련하는 자발적인 참여에 따른 독창적인 재난관리모델이다. 특히 재난관리는 국가와 지역적 특성에 따라 자국에 맞는 재난관리모델을 개발하는 것이 중요하다.

둘째, 재난예방훈련은 연방과 지방의 재난위기관리부서의 협력과 정보공유를 바탕으로 재난예방훈련시리즈에 대한 계획과 준비를 철저히 함으로써 성공적인 예방훈련을 한 것이다. 이와 같이 가상훈련이지만 실제 훈련처럼 철저한 계획과 준비로 훈련에 임하는 자세는 완벽을 추구하는 독일 국민성을 보여준다.

셋째, 국가기간산업은 재난예방훈련을 통해서 위기관리의 핵심과제로 보호되고 있다. 특히 전기시설, 가스시설, 석유시설 등의 공급, 민간정보통신망, 행정전산망, 재정 및 금융기관, 수돗물 공급, 교량, 터널, 수로, 항만, 공항, 철도, 댐 등은 국가 주요 산업이기 때문에 국가가 적극적으로 보호해야 한다. 따라서 국가는 재난예방훈련을 통해서 국가기간산업에 대해서 적극적으로 보호하는 과정을 학습할 수 있다.

넷째, 중앙정부와 지방정부는 재난발생 시 상호 간의 갈등을 줄이고, 상호 협력과 정보교류를 통해서 문제해결에 초점을 두었다. 특히 재난 관련 상위행정기관과 하위행정기관 사이에 정책조율과 협력적 관계를 중시한다.

다섯째, 연방정부와 지방정부는 재난 관련 전문가를 양성하고 그들이 재난 관련 업무에 지속적으로 근무할 수 있는 제도적 장치를 마련하였다. 우리나라의 경우에 이 영역이 가장 문제시되고 있는 것으로 판단된다. 일반적으로 한국의 행정기관은 1년 혹은 2년 단위로 인사이동을 하기 때문에 전문성 결여는 물론, 행정에 안정성을 확보할 수 없다. 그래서 특정 전문분야에 근무하고 있는 공직자의 경우에는 전문성을 강화하기 위하여 인사이동을 자제해야 한다.

여섯째, 국가안보정책은 국제적인 협력과 정보교류 및 네트워크 구축을 바탕으로 공조적 안보체계를 갖추는 것이다. 국가의 안보위협은 한 나라가 감당할 수 없는 경우에 국내의 협력체계뿐만 아니라 인접국가와도 밀접한 관계를 갖고 있어야 한다. 특히 한국의 국가안보는 미국과의 긴밀한 국제공조도 필요하지만 일본 및 중국과 긴밀히 협력하는 안보모델을 만들어야 한다.

일곱째, 정부도 재난예방에 대한 실제 가상훈련을 할 수 있도록 독창적 재난관리모델을 개발해야 한다. 지금까지 우리나라에서 실시해 왔던 민방위훈련은 형식적인 측면이 매우 강하다. 이런 형식적인 훈련은 비판받아 마땅하다. 앞으로 이런 훈련을 실전처럼 할 수 있는 재난훈련으로 바꿔야 한다. 특히 남북 특수상황을 고려해 민방위훈련은 테러위협과 공격 및 북한의 돌발행동, 그리고 대규모 전염병 등에 맞춰서 다양화할 필요가 있다.

이와 같이 재난훈련은 실제상황처럼 반복된 훈련과 학습을 통해서 긍정적인 학습효과를 얻을 수 있다. 이러한 독일의 재난예방훈련을 본받아 우리나라도 국내외 상황을 고려한 독자적인 훈련체계를 갖추어 앞으로 닥칠 재난에 현명하게 대처할 수 있도록 노력해야 할 것이다.

제5절 독일의 재난관리전문가 교육 및 교육프로그램

1. 일반적인 재난 관련 교육현황

독일은 연방차원에서 국민안전에 대한 교육을 4가지 형태로 분류하고 있다. ① 주의 재난보호 관련 단위조직과 시설에서 시행하는 국민보호 관련 보충교육, ② 자기방어를 위한 국민교육으로서 10~16세 청소년을 대상으로 하는 응급처치교육, ③ 위기관리비상계획 및 시민보호 아카데미(이하, AKNZ)에서의 교육, ④ 주의 경계를 넘어서 실시하는 재난예방 훈련 등이다(안영훈, 2008: 177).

주정부의 차원에서 재난 관련 교육은 주로 소방학교에서 기본적인 교육을 실시하고 있으며, 지원조직의 교육은 보통 해당 조직에서 실시되면서 재난교육이 상당히 세분화되어 있다. 또한 개별법에 따라 교육과정 및 내용이 달라질 수 있으며, 각 주정부에 따라 상당한 차이점을 보이고 있다.

AKNZ는 재난보호와 국민보호를 위한 전문가 및 지도자 교육을 실시한다. 그 교육은 주로 세미나 형식으로 이뤄지는데 다양한 협력관계를 유지하는 주 및 조직에서 운영하는 학교교육에 근거하여 구성된다. 교육기관은 440개 도시 및 지방자치단체, 주와 행정기관 및 부처 직원과 명예직 회원들을 대상으로 한다. 그리고 관리자 영역의 교육분야는 다음과 같이 3가지로 나누어진다. 즉, 재난예방훈련을 포함한 전략적 관리교육, 국내 및 국외의 위기관리, 재난보호 시에 전술·전략관리 등이 있다. 국가의 재난대비 범주에는 식량, 에너지, 경제, 노동 및 교통과 같은 주요 하부구조의 문제, 문화재 보존의 문제, 자체보호의 문제 등을 중요한 영역으로 간주하고 있다.

2. 재난관리전문가의 교육프로그램 및 비용부담

1) 재난전문가 집단의 교육프로그램

연방정부에서는 재난전문가 집단을 대상으로 매년 재난교육프로그램을 실시하고 있다. 이 교육프로그램은 AKNZ에서 주관하고 있으며, 각 주의 재난전문가를 대상으로 한다. 그 내용을 크게 분류하면 국가의 안전대비, 국민안전과 재난보호의 영역, 비상예방 및 비상계획, 자구 및 자체보호, 보건 및 재난의학, 사회·심리적 비상대비, 스트레스관리, 위기 및 커뮤니케이션, CRBN-위기관리 및 수의학분야, 정보관리와 커뮤니케이션, 재난보호의 관리 및 지도, 위기관리, 국민-군의 협력, 국제위기관리교육, 국내외의 특별강좌, 재난예방훈련 등으로 이루어진다(안영훈, 2008: 178-184).

주정부차원에서의 교육은 각 주에 따라 다양하게 이뤄지고 있으나, 여기서는 헤센 주정부를 중심으로 설명하고자 한다. 교육내용은 조직 내부의 교육, 주 자체적인 교육, 보충적인 국민안전교육 등으로 분류된다(안영훈, 2008: 184-187). 조직 내부적인 교육은 헤센화재재난구조법(이하,

HBKG)의 제2조 제1항의 4에 따른 업무담당자와 동법 제27조 제3항에 따른 민간분야 담당자에 대한 조직 내부적인 교육을 뜻한다. 개별 업무담당자 또는 지원조직이 개별재난으로 구체화되지 않은 업무의 수행을 위해 필요한 교육이다.

현장, 초지역적으로 헤센 주 소방학교(HLFS) 또는 지원조직의 교육시설에서 진행되는 이 교육은 주정부의 자체적 재난보호교육과 보충적 시민안전교육을 위한 전제조건이다. 첫째, 주 자체적 재난보호교육은 재난보호 참여에 필요한 기초교육, 전문분야 및 지도교육 등이 포함된다. 그 범위에 대해서 주정부는 다른 업무담당자와 지원조직과의 협의를 통해서 조정 · 결정한다. 둘째, 보충적 시민안전교육은 국민보호 측면에서 재난보호업무의 수행에 관한 교육이며, 연방규칙에 따라 연방이 비용을 부담하여 현장, 초지역적, 헤센 주 소방학교, 지원조직의 교육시설, 연방의 교육시설 등에서 교육이 이루어진다. 이런 교육지침은 1998년 3월 20일에 결정된 연방의 교육방침에 따르면 다음과 같다(국립방재연구원, 2012: 73).

첫째, 재난보호 관련 조직이나 시설물에 근무하는 인력에 대한 일반적인 시민안전교육이다.

둘째, 방화, ABC(보호, 위생업무, 간호) 등과 같은 업무분야에 종사하는 인력에 대한 국민안전에 관련된 전문분야교육이다.

셋째, 모든 업무분야의 하급지휘관 후보자와 지휘관 후보자는 국민안전교육을 받는다.

넷째, 연방차량의 특별기능과 관련된 인력의 교육이다.

다섯째, 모든 업무분야에서 주 소방학교와 민간지원조직의 학교에 근무하는 교수진의 국민안전 관련 지도 등을 포함하고 있다.

2) 재난 관련 교육영역과 교육계획안

재난관리에 있어서 재난교육은 업무담당자, 지원조직 및 연방 간에 조직 내부적 혹은 주 자체적 · 보충적인 시민안전 관련 주체에 따라 개별조직 및 시설물 등으로 구분하고 있다. 교육과정은 재난 관련 기초교육, 전문분야교육, 보충교육 또는 지휘관 교육 등으로 나누어 진행된다. 교육수준은 주의 수준과 현장수준으로 분류된다. 조직화된 장소로는 하급 재난보호행정기관 및 지원조직 등을 좋은 예로 들 수 있다. 그리고 비용은 구성원에 대해 연방정부의 지원을 받는다. 재난보호행정기관의 지시권은 HBKG의 제59조 제2항에 따라 재난보호에 참여하는 조직이나 시설, 훈련, 교과과정 등이다. 그 밖의 교육행사 또한 재난보호행정기관의 지시를 받는다(안영훈, 2008: 186).

현장교육 및 초지역적 교육을 위해서는 매년 11월 30일까지 하급 재난보호행정기관에 다음 연도를 위한 연간교육계획안을 제출한다. 또한 시간의 경과에 따라 승인받은 교육계획의 변경이나 수정이 필요한 경우 하급 재난보호행정기관의 승인을 받아야 한다. 다른 교육행사는 재난보호에 관한 예산에서 재정지원을 받을 수 없다. 또한 매년 1월 31일까지 하급 재난보호행정기관은 관할에 속한 모든 재난보호조직 및 시설에 근무하는 현인원에 대해서 개별 담당자에 대한 설명과 주에서 제시된 양식을 활용해 최상위 행정기관에 보고해야 한다(국립방재연구원, 2012: 74).

3) 교육의 범위와 내용

교육의 범위와 내용은 기본적으로 소방과 지원조직의 규칙, 규정 및 표준교육계획에서 정해진다. 개별 업무분야에 대해서 소방 또는 지원조직의 규칙과 표준교육계획이 연방 전체에 일괄적으로 적용되는 경우 헤센 주에도 유효하다. 경우에 따라 소방 및 지원조직의 표준교육계획을 자력 또는 상급 재난보호행정기관을 통한 헤센 주의 규칙을 통해서 보완할 수 있다. 그러나 개별 업무분야에서 소방 및 지원조직과 관련해 통일된 규칙이나 계획이 없는 경우에 주정부는 소방학교, 헤센 주 소방협회, 지원조직 등과 협력하여 만들 수 있다. 또 주정부는 자체적인 재난보호교육에 대해서 어떤 교육내용을 포함시키고 재정지원을 할지 결정하게 된다. 이를 결정하기 위해서는 설명이 포함된 표준교육계획이 필요하다(안영훈, 2008: 188).

① 교육과정 및 세미나 명칭, 교육행사 명칭
② 참여범위와 참여정원
③ 수업시간 및 일수 관련 교육행사의 전체시간
④ 개별주제에 따른 학습단계 시수 구분
⑤ 어떤 수업시간을 주의 몫으로 해야 하는지 재난보호조직이 제안하면 이를 토대로 주정부가 어떤 수업을 자체적인 재난안전교육의 수업시간으로 인정할지 결정(주정부는 표준교육계획이 시간범위와 내용에 있어 재난보호에서 일정한 수준 이상의 참여를 위해 필요한 요건이 충족되지 않을 경우에 제안된 교육주체의 수정을 유보)

4) 주정부 자체교육에 따른 비용부담

지방자치단체는 자신의 영역 내에서 재난안전조직을 설치하고, 현장에서 교육에 대한 비용을 부담하게 된다. 그 예로 소방서대와 위험물질 ABC소대의 인력에 대한 교육, 조직 내부적인 교육과 주 자체적인 교육은 주수준에서 통합하나 군, 자유시 및 주 소방학교에서 실행되고 있는 것은 주정부의 예산에서 지원되고 있다. 또한 재난안전시설에 소속된 것으로 다음과 같은 인력의 교육은 완전히 주 자체적인 재난안전교육에 속한다. 즉 재난안전스태프, 정보 및 의사전달센터, 위험물질 ABC측정센터와 재난안전조직, 지휘그룹 및 기술투입관리, 정보 및 의사전달그룹 등이 이에 해당된다. 그리고 현장수준에서의 교육 및 초지역적 교육은 상급 재난보호행정기관을 통해서 하급 재난보호행정기관에 매년 자체적 운영에 관한 확정된 금액을 제공한다(안영훈, 2008: 188).

3. 민방위교육의 참가자와 교육훈련의 분류

1) 민방위교육의 참여자

중앙민방위교육은 연방재난통제학교와 2개의 분교가 설립되었고, 여기서 간부요원을 양성하고 재난통제요원에 대한 연수, 교관요원과 독일 및 나토 가맹국 장교교육을 담당하고 있다. 또 지방에는 10개소에 지방민방위학교가 설치되어 있고, 400개에 달하는 지역훈련소가 설치되어 있으며 전문연수교육, 분대장 연수교육 등을 담당하고 있다. 그리고 민방위지원자협회는 민방위 전반에 관한 교육 및 핵전쟁에 대비한 국민안전교육을 실시하고 있다.

평상시에는 주정부 책임하에 보조기관이 재정적 비용을 맡고 자율교육을 실시하며, 교육과목은 40개 교과목으로 운영하는 1~2주 과정이 있다. 전국 11개 학교에 총수용인력의 교육수요 30% 정도이며, 연간 교육이수인원은 약 8,800여 명에 달한다. 반면, 전시에는 연방정부 책임하에 연방재정으로 전 국민의 1%에 해당하는 대장과 부대장에 대해 전시지휘관 양성교육을 실시한다. 일반적으로 민방위교육은 모든 국민들이 참여하는 훈련을 실시하지 않고 있으며, 단지 민방위대원만 참여하는 도상훈련을 연1회 실시한다. 대신 국민들에게 생활민방위에 관련된 다양한 책자를 제공하여 안내하고 있다.

2) 민방위대원 및 교육훈련의 분류

민방위교육훈련은 대원을 위한 교육과 직업인으로서 관리자를 위한 교육으로 분류한다. 대원을 위한 교육은 소속 자원봉사단체에서 실시하며, 관리자과정은 연방정부의 민방위교육센터에서 하고 있다. 독일의 민방위법에 의하면 "군 복무자, 민방위 근무자, 자원봉사자에 의한 민방위와 재난관리에 대한 봉사활동은 민방위 및 재난방재에 의무적으로 활동한다"라고 규정되어 있다. 이 법규는 이들에 대한 교육훈련의 의무화를 뜻한다. 특히 사회단체와 사회복지기관에 근무하는 경우에 간호사, 의사 등은 면허증을 발급받기 전에 재난재해에 대한 민방위교육을 받도록 의무화되어 있다(이재은 외, 2006: 607).

민방위대원의 교육훈련은 소속 자원봉사단체의 책임하에 실시하고 있다. 군복무 대체인력은 6년간 근무하며,[15] 연 200시간 교육을 받도록 되어 있다. 이에 대한 법적 근거는 병역의무법 제13a조와 국민보호법 제14조를 들 수 있다. 또한 2년 동안 70시간 교육을 수료하면 자원봉사단체 대원자격증을 받는다. 간부교육훈련은 연방민방위청이 주관되어 실시하고 연방민방위청 산하의 민방위교육센터에서 민방위방재분야 전문가교육을 받는다. 그 밖에 소방공무원에 대한 교육은 임용 시 교육과 직무교육 과정에 진행된다. 소방공무원은 소방공무원 교육원에서 3년간 교육훈련을 수료하고 직무교육 중심으로 이루어진다. 즉 화재진압을 위한 교육과 응급처치 등의 의료관련 기본교육, 기술지원 등을 배우게 된다.

4. 자원봉사자 교육

독일에서의 자원봉사자는 우리나라의 봉사자와는 전혀 다른 활동을 한다. 대부분의 자원봉사자는 봉사기관에서 장기간 봉사활동을 하며, 소속된 봉사기관에서 관련 업무를 수행하는 데 필요한 기본교육을 받는다. 독일에서는 각 주정부마다 자원봉사자 교육을 실시하고 있다.

자원봉사자 교육의 모범사례로 알려진 헤센 주의 경우를 살펴보면 다음과 같다(안영훈, 2008: 191). 첫째, 기초교육은 현지에 있는 조직이나 시설에서 조직의 기관장을 통해서 실시된다. 둘째, 특별한 기능에 대한 교육, 즉 기술자 및 정비사 등에 대한 교육은 재난보호 관련 교육의 일부를 책임지고 있는 헤센 주의 소방학교 또는 지원조직의 주 교육시설에서 실시된다. 셋째, 지휘그룹의 고위관리자 및 재난보호 스태프를 대상으로

15 독일에서 병역의무자는 만 23세가 지나기 전에 재난보호분야의 자원봉사자로서 6년 동안 명예직으로 의무를 수행하는 경우 국방의 의무를 대체하게 된다.

주정부 전체의 교육은 헤센 주 소방학교에서 맡는다.

자원봉사자의 교육은 주로 현장에서 이뤄지나, 지역의 경계를 벗어난 수준의 교육은 주에서 지원한 주의 교육시설, 자치단체차원에서의 소방대교육 및 주 소방학교에서 이뤄지며 교육에 대한 비용은 주정부에서 부담한다.

이와 같이 연방정부와 주정부의 경우 재난보호분야의 자원봉사에 대해서 직접적인 관여는 하지 않고, 단지 자원봉사자의 교육프로그램 개발과 행사개최 등을 통해서 자원봉사자를 간접 지원하고, 교육에 필요한 경비를 지원하고 있다.

제6장

일본

제1절 중앙정부의 국가위기관리시스템 현황과 운영

제2절 국가위기관리의 참여기업과 영향

제3절 국가위기관리와 민간단체의 연계

제4절 국가위기관리와 긴급구조체계

제5절 국가위기관리의 경험적인 과정과 문제점

제6절 위기관리의 법안 개정과 전망

제1절 중앙정부의 국가위기관리 시스템 현황과 운영

1. 재난관리의 개념과 발전과정

1) 일본재난위기의 개념

세계는 글로벌 경제위기로 인해 각 나라마다 현재의 경제위기상황을 극복하기 위하여 다양한 대응책을 마련하고 있지만 이는 쉽게 해결될 수 있는 문제가 아니다. 특히 동아시아 지역은 한국과 일본의 독도영유권 문제, 일본과 중국의 센카쿠열도 분쟁, 북한의 핵 문제 등 첨예한 신경전과 갈등을 경험하고 있다. 이러한 현안들은 자국의 이해관계와 밀접한 관계가 있기 때문에 국민들 사이에 심각한 갈등과 혐오가 증폭되고 있으며, 이로 인한 충돌사태가 벌어진다면 커다란 위기상황으로 확산될 가능성도 있다. 특히 한 · 중 · 일의 관계는 역사적인 문제와 국민감성으로 부정적인 측면이 강하게 작용하고 있기 때문에 단순히 정치적으로 해결할 수 있는 문제가 아니다. 역사에 대한 깊은 반성과 사과 및 정치인의 역사관을 통해 국민들이 서로 신뢰하고 이해하는 점진적인 변화가 없이는 좋은 관계를 기대하기란 상당히 어렵다.

국가위기란 크게 나누어보면 첫째, 천재지변이나 인위적 재난으로 인한 대형사고가 발생했을 때 국가가 위기에 직면하는 경우를 들 수 있다. 둘째, 외국 또는 다른 정치집단의 공격으로 국가가 위기에 빠진 상태라 할 수 있다. 셋째, 국가가 국가기간산업에 대하여 사이버 테러를 받아 사회적으로 큰 혼란에 빠질 수 있는 경우이다. 이것은 최근 정보통신기술의 발전으로 나타나는 신종 국가재난이라고 볼 수 있다.

이와 같이 국가위기는 환경적인 요인과 재난상황에 따라 분류를 달리 할 수 있다. 국가위기가 재난구호에 해당하는 경우 언제나 발생할 수 있는 상황에 대비하는 것이 최선의 방법이다. 반면 안보위기에 있어서는 공격 가능성을 차단하기 위한 선제공격까지도 포함시킬 수 있다. 예를 들면, 안보위기의 경우 국민의 생명과 재산 및 국가전복 등 심각한 안보 딜레마의 위험성을 내포하고 있는 것이 그 특징이라 할 수 있다.

따라서 재난위기란 간략히 요약하면 위험한 상태에 직면한 사회와 국가 전체의 존망을 위협하는 상황에 있는 것을 뜻한다. 또한 지역사회나 행정이 직면하는 위기에는 물론 재난재해가 있지만 그 밖에 에너지부족, 환경오염, 범죄 등 여러 분야에서 연속성과 안정성에 대한 위협을 받거나 긴급사태에 이르게 하는 경우이다. 즉 지역사회나 행정이 직면하는 위기에는 재해뿐만 아니라 에너지 부족, 환경오염, 범죄, 위생 등에서 발생하는 식중독, 경제적인 측면에서는 기업도산, 글로벌 경제위기, 금융위기, 고용악화 등이 포함된다. 또한 재정적인 측면에서는 자금 부족, 차용금 증가와 재산 측면에서는 중요정보 상실, 자산감각, 사회보장 측면에서는 건강보험재정 악화, 연금보장불안, 노후건강불안 등 여러 가지 재난 형태로 논의될 수 있다. 위기 가운데서도 특히 재해는 사람의 생명과 안전을 위협할 수 있고, 일단 발생하면 또 다른 위기를 유발할 가능성이 높다.

지금까지 일본의 경우 위기관리라 하면 재난구호를 의미하는 것으로

1961년 제정된 '재해대책기본법'이 그 근간을 이룬다. 재해대책기본법의 주요 내용은 방재책임의 명확화, 방재에 관한 조직, 방재계획, 재해예방, 재해응급대책, 재해복구, 재정금융조치, 재해긴급사태 등으로 명시되어 있다(內閣府, 2011: 8). 일본은 1995년 고베대지진을 계기로 일부 조항을 개정한 바 있다.

한편, 외국으로부터 공격에 대한 대응으로서의 위기관리는 미 · 일 안보조약과 그에 따른 그 후속 규정들에 의한 대처 이외에는 존재하지 않았다. 그것은 위기관리가 기본적으로 국내의 인적 · 물적 자원에 대한 동원체제를 의미하므로 태평양전쟁에서의 국가총동원령을 연상시킨다는 우려로 도입되지 못했다. 또한 일본의 행정권이 미치지 않는 해외에서의 미 · 일 안보동맹은 집단적 자위권과 관련된 헌법의 규정에 위배된다는 이유에서 논의되지 못했다. 그러나 1997년의 신가이드라인과 1999년의 주변사태법 도입으로 미국과 일본 양국의 협력과 지원체계는 공식화되었다. 이후 일본은 2003년 5월 유사법제의 도입으로 안보 관련 국내동원의 위기관리체계를 공식화하였다(최운도, 2005: 41).

2) 지진발생과 실제적 경험

일본은 지리적인 여건 때문에 자연재해가 많이 발생하고 있는 나라인 만큼 오래전부터 국가방재부문에 높은 관심과 대책을 꾸준히 준비해왔다. 일본은 경제적으로 세계 최강의 경쟁력을 갖고 있기 때문에 경제발전과 과학기술의 발전에 따른 다양한 재난정책을 추진해 왔다. 이렇게 지속적인 재난기술에 대한 노하우와 준비는 예측할 수 없는 재난이 발생하더라도 인명피해를 줄이는 데 핵심적인 역할을 할 수 있다. 고도의 방재기술을 갖추고 있는 일본은 자연재해 피해를 극히 최소화할 수 있다는 자긍심을 갖고 있다. 1990년대 초에 UN의 '국제방재 10년'의 공동제안국으로 성장하여 2000년까지 10년간 사업추진과 재정부담에 기여한 일본의 공헌은 매우 크다고 할 수 있다(河田惠昭, 2012: 55).

그러나 일본은 한신대지진과 동일본대지진이라는 대규모 재난사고로 막대한 인명피해와 재산피해를 경험했고, 그 결과 일본의 국가위기관리체제와 운영에 많은 문제점이 발견되었다. 방재선진국이라는 자부심이 무색할 정도로 일본의 피해는 심각했다.

먼저 1995년 1월 17일 일본 효고 현 아와지시마 북부의 북위 34도 36분, 동경 135도 02분 지하 16km를 진원지로 진도 7.3의 지진(고베대지진이라고도 지칭)이 발생하였다. 이 지진은 고베 시, 아시야 시, 니시노미야 시, 아와지시마 북부 및 그 주변지역 등에 국지적으로 진도 7의 일본 지진관측사상 미증유 진동을 초래하였다. 그 당시 피해지역은 효고 현을 중심으로 2부(府) 13현(縣)이며, 과거 2003년 인명피해는 사망자 6,433명, 행방불명자 3명, 부상자는 43,792명에 달했다. 건물피해는 주택전파 104,906동, 반파 144,274동, 부분파손 263,702동이었고, 소실면적은 약 100ha, 약 30만 명의 피난민이 발생하였다. 또한 교통망은 완전히 두절되었고, 라이프라인도 단절되어 도시기능이 완전히 마비되었다(일본 2005 소방백서: 124).

다음으로 2011년 3월 11일 오후 2시 46분경에 도후쿠(東北) 지방의 태평양 앞바다에서 일본 관측사상 최대 규모(매그니튜드 9.0)의 지진이 발생하였다. 그 당시 지진은 거대 쓰나미를 동반하여 지진동에 의한 피해와 더불어 이와테(岩手) · 미야기(宮城) · 후쿠시마(福島) 3현을 중심으로 동일본의 태평양연안지역에 거대한 피해를 초래하였다. 쓰나미는 도쿄전력 후쿠시마 원자력발전소 시설을 파손시켜 방사성물질의 비산을 포함해 심각한 원전사고가 일어났다. 이처럼 동일본대지진은 지진, 쓰나미, 원전사고 등을 유발한 거대복합재해사건이며, 이로 인한 희생자 수는 사망자 19,508명(일본경찰청, 2011)으로 일본 근현대사에서 1923년 간토(關東)대지진(사망자 · 행방불명자 105,385명) 다음으로 큰 대재앙이었고, 피해총액도 1995년 한신대지진을 크게 상회하는 약 16조 9천억 원으로 추정되었다(내각부, 2011). 이와 같이 일본은 국가재난에 대한 엄청난 경험을 바탕으로 위기극복을 위해 많은 노력을 했으며, 제도적 혹은 구조적인 측면뿐만 아니라 국민들의 높은 안전의식과 대난대응력은 모범이 되었다. 본 장에서는 위기의 범주에 관해서 검토한 후 최근 일본에서 발생한 각종 위기상황을 중심으로 국가위기관리시스템의 현황과 운영을 분석하고, 그에 따른 문제점과 향후 대응책을 분석해보고자 한다.

2. 재난관리의 지역성과 종류 및 현황

1) 재난관리와 방재

재난관리에 있어서 방재는 간단히 요약하면 재해예방 혹은 재해응급대책을 의미한다. 재해대책기본법에 의하면 재난관리는 재해예방과 재해응급대책 및 재해복구까지 포함하여 광범위하게 다루고 있다. 이미 언급했던 것처럼 재난관리의 정의는 다양하지만 행정적인 재난관리는 준비, 응급대책, 복구가 중요한 요소라고 할 수 있다. 대규모 지진대책특별조치법에서는 지진방재의 정의를 사전대책부분으로 한정하여 재난발생 후 응급대책이나 복구를 포함하지 않고 있다.

그림 6-1 재난관리와 방재의 구성요소

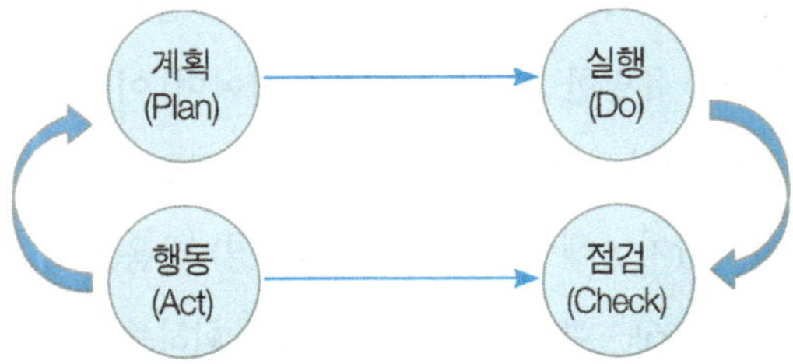

출처: 鍵屋一(2003). 자치체의 방재·위기관리 계획. p. 12에서 재구성.

일반적으로 재난관리는 첫째, 때와 장소를 가리지 않고 발생하는 긴급사태를 예지 · 예방하며 둘째, 긴급사태가 발생한 후에는 신속히 대응하고 피해를 최소화하는 것이다. 다음으로 행정적 위기관리를 살펴보면, 긴급사태발생에 대한 준비를 하고 사전에 조직과 권한을 정비하고 훈련하는 준비단계, 위기발생 시 신속하고 정확하게 대응하는 응급대책, 위기발생으로부터 빠르고 원활하게 이행하는 복구 등으로 나눌 수가 있다. 여기서 위기관리와 방재의 구성요소는 [그림 6-1]과 같다.

방재는 위기관리의 한 부분으로 포함됨을 알 수 있다([그림 6-2] 참조). 또한 위기관리를 개선하는 시스템으로 PDCA(계획-실행-점검-행동)사이클이 있으며, 이 사이클은 과거 전형적인 방재계획에서 21세기형 종합방재계획으로의 전환을 의미한다. 이것은 계획(Plan)-실행(Do)-관찰(See)의 매니지먼트 사이클을 기본으로 하고, 관찰(See) 부분에 점검(Check)과 행동(Action)을 나누었다. 점검(Check)은 실행(Do)한 것에 사후적으로 가능한 상황을 관찰하고 정보를 추가적으로 하는 일, 사전에 계획된 일(임시대책)을 검증하는 의미가 있다. 행동(Action)은 그 결과를 받아서 임시대책의 보완이나 개선을 위해 체제를 정비하는 단계이다(岡田憲夫, 2006: 16).

그림 6-2 **재난관리를 개선하는 시스템(PDCA 사이클)**

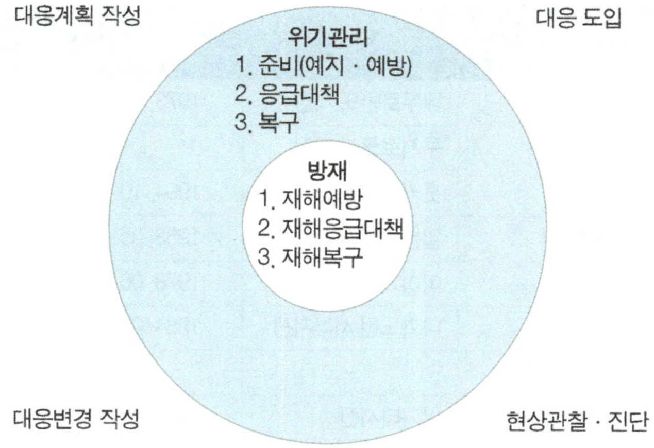

출처: 鍵屋一(2003). 같은 책. p. 12에서 재구성.

2) 대지진지역의 위기관리

일본 국토지리원은 1970년과 1978년에 지진관측강화 내지 대책이 필요한 지역으로 10개소를 지정하였다(〈표 6-1〉 참조). 그 이후 40년간 8개 지역에서 매그니튜드 6.8 이상의 대지진이 발생했으며 도카이(東海) 지방과 미나미간토(南關東) 지방에서 앞으로 지진이 발생할 확률이 매우 높다고 예상하고 있다. 특정 관측지역으로 지정한 곳은 과거에 대지진이 발생했고 최근 대지진이 일어나지 않은 지역, 활구조지역(活構造地域), 최근 지각활동이 활발한 지역, 사회적으로 중요한 지역 등이다. 또한 관측강화지역은 이상징후가 발견된 경우에 더욱 더 관측을 강화하고 징후를 확인하는 지역을 말한다.

표 6-1 관측강화 또는 특정 관측지역에서 발생한 지진현황

관측강화 또는 특정관측지역명	지진	발생시기	매그니튜드
홋카이도 동부	네무로반도 지진	1973. 06	7.4
	쿠시로오키 지진	–	–
	홋카이도 동방지진	1994. 10	8.1
아키타 현 남서부	일본해 중부지진	1983. 05	7.7
미야기 현 동부	미야기현 지진	1978. 06	7.4
나가노 현 서부	나가노현 서부지진	1984. 09	6.8
미나미간토 지방	–	–	–
니가타 현 남서부	니가타지진	1964. 06	7.5
도카이 지방	–	–	–
고베 · 오사카 · 교토 등	한신대지진	1995. 01	7.3
시마네 현 동부	돗토리지진	2000. 12	7.2
미야자키 현 휴가나다	이요나다 지진	2001. 03	7.3

출처: 鍵屋一(2003). 같은 책. p. 15에서 재구성.

(1) 동해지역

동해지역은 매그니튜드 8 이상의 거대지진이 발생할 것으로 예상할 수 있다. 과거 기록을 보면 100년부터 150년 사이에 같은 장소에서 같은 규모로 반복해 발생하고 있다. 마지막으로 동해지진이 발생한 시기는 1854년이며, 이미 150년이 경과했지만 이 지역에서 지진이 언제 발생할지 알 수 없다. 내각부가 2000년부터 2009년 사이에 일본 기상청과 미국 지질조사소(USGS)의 진원 데이터를 기초로 작성한 매그니튜드 6.0 이상의 지진 횟수를 비교하면 [그림 6-3]과 같다.

그림 6-3 세계재해와 일본의 재해 비교(지진발생횟수 및 활화산 수)

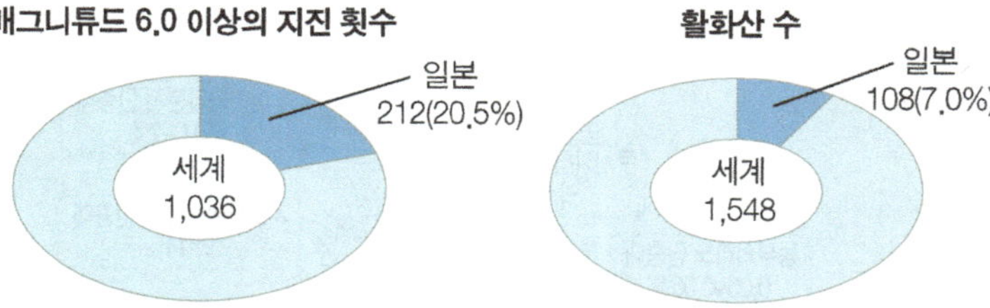

주: 2000년부터 2009년 사이의 합계.
자료: 일본 기상청, 미국 지질조사소(USGS)의 진원 자료를 기초로 내각부에서 작성.

주: 활화산은 과거 약 1만년 사이에 분화한 화산 등.
자료: 일본 기상청, 미국 스미소니언 자연사 박물관의 화산자료를 기초로 내각부에서 작성.

출처: 내각부(2011). 일본의 재해대책. p. 1.

세계적으로 발생한 매그니튜드 6.0 이상의 지진 발생횟수 총 1,036회 가운데 일본이 차지하는 횟수는 212회로 약 20.5%를 차지한다. 또한 활화산 수는 세계 1,548개 중 일본이 108개로 7.0%를 차지하고 있다. 이와 같이 일본에서 지진이 발생하는 횟수는 상당히 많다고 평가된다.

동해지진에 대해서는 준하(駿河) 주상해분(舟狀海盆)[1]에 연한 플레이트 경계에서 일그러진 형태가 축적되어 이미 한계에 도달하였다고 판단되었고, 이에 따라 기상청은 24시간 감시하고 있다. 동해 지방에서 육지가 태평양을 향해 돌출된 지역은 현재 내륙에 대해 천천히 침강이 계속되고 있으므로 머지않아 반발로 인해 튀어오를 것으로 예상된다. 그리고 플레이트 경계 부근에서 미세한 지진활동이 시작되면 동해지진이 발생할 것으로 추정하고 있다. 이에 문부과학성의 지진조사 연구추진본부 소속 지진조사위원회는 전국 지진예측지도를 제작하였다.

1 주상해분(舟狀海盆, trough)은 해저에 긴 함몰이 있는 지역을 말한다. 평평한 바닥과 완만한 경사가 특징이며, 해구에 비해서 수심이 얕고 길이가 짧으며 너비가 좁다. 지형적으로 완만한 경사를 지닌 해저의 선형 함몰대를 뜻한다(ko.wikipedia.org).

그림 6-4 향후 30년 이내 대지진 발생확률

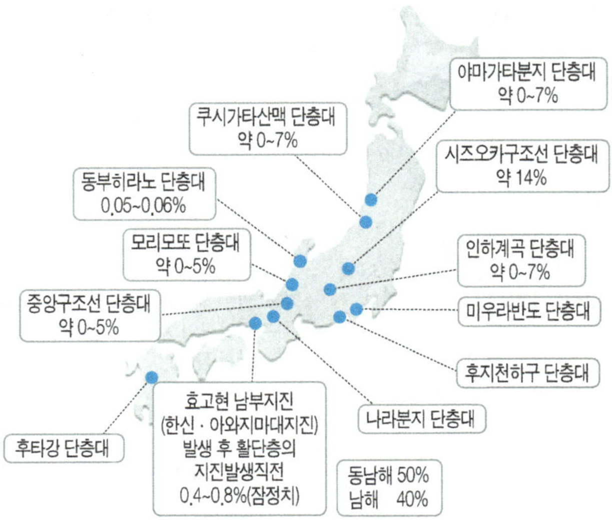

출처: 鍵屋一(2003). 같은 책. p. 18에서 재구성.

이 지도는 일정 기간 내(30년 또는 100년)에 지역별로 강한 지진 진동이 일어날 가능성을 확률로 표시한 것이다([그림 6-4] 참조). 지진의 단기예측으로는 지진이 발생하기 전에 나타나는 다양한 물리화학적 변화를 들 수 있다. 예를 들면 지역의 지진활동이 급격하게 변화한다든가 지각변동의 이상, 혹은 전자기학적 변화나 지구화학적 변화가 나타난다. 더구나 발광현상이나 동물의 이상행동을 보면 사전에 어느 정도 예측할 수 있다. 특히 이 가운데서 전자기학적 연구는 단기예측과 밀접한 관련이 있기에 많은 주목을 받고 있다(鍵屋一, 2003: 19).

(2) 미나미간토 지방의 직하지진

이미 1992년 중앙방재회의에서 미나미간토 지방에 직하형의 대지진

(直下地震)이 발생할 가능성이 높은 것을 지속적으로 지적하였다. 특히 미나미간트 지방 직하의 진원지가 매그니튜드 7 정도의 지진이 발생할 가능성이 높은 것으로 나타나 이에 대한 대비책을 준비해야 한다는 논의가 꾸준히 있어 왔다.

(3) 동남해 · 남해지역

동남해 · 남해지진은 대체로 100년에서 150년 간격으로 발생하고 있는데, 향후 30년 이내의 지진발생확률은 동남해지진이 50% 정도, 남해지진은 40%정도이다. 그리고 동남해와 남해의 진원지역이 동시에 파괴될 수 있는 경우를 고려하면 매그니튜드 8.6 정도이며, 지진의 규모는 한신대지진보다 아주 강한 약 90배에 달할 것으로 예측된다(鍵屋一, 2003: 15).

3) 홍수 위기관리

일본은 태풍과 장마전선의 영향에 따라 호우와 폭우로 인해 홍수가 발생하기 쉬운 아시아 몬순지대에 놓여 있다. 도시의 중추기능이 하천범람이나 토사재해의 위험개소에 집중되어 있기 때문에 홍수로 자주 대형피해가 발생한다. 여름철의 집중호우로 도시의 맨홀이나 배수구에서 물이 넘치거나 빗물이 지하에 흘러들어가 도로가 침수되는 경우가 늘어나고 있다. 30~40년에 1회 정도 발생하는 홍수에 대해서 대형하천에서 치수정비가 완료된 지역은 전체의 절반밖에 되지 않는 실정이다. 치수의 장기목표는 강우, 홍수로 인해 100~200년에 1회 발생하는 대형하천의 대규모 범람피해 예방이지만, 이에 대한 목표를 정확히 세워 실행하기는 쉽지 않다.

그림 6-5 **자연재해와 시설물 피해액 추이(1980~2008년)**

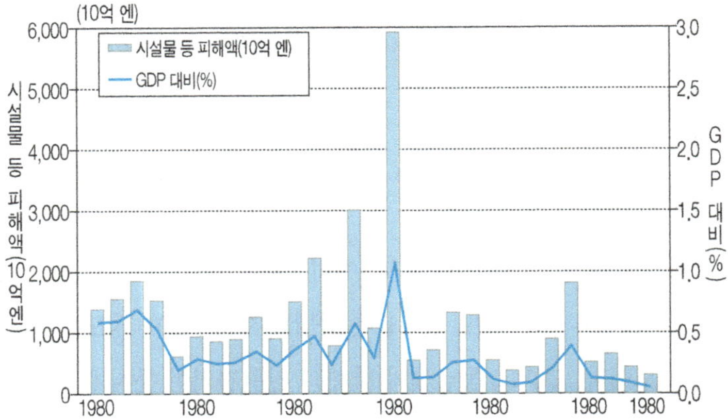

출처: 내각부 (2011). 같은 자료. p. 2.

최근 일본은 댐과 제방을 중심으로 방재에서 하천개수를 재평가하기 시작하였다. 유럽에서 하천에 이르는 곳에 제방을 자르거나 낮게 하여 강이 범람하지 않도록 하는 하천재자연화가 진행됨에 따라 일본에서도 강의 범람을 염두에 두고 유역관리에 주목하면서 조정지(調整池), 유수지(遊水池), 우수저류 등에 따라 종합치수대책사업이 시작되었다.

[그림 6-5]는 1980년대 이후 20년간에 걸친 연평균 자산피해와 수해밀도의 추이를 보여주고 있다. 홍수 발생 시 시민의 자발적인 피난행동을 촉구하기 위한 홍수 해저드 맵(hazard map)은 홍수를 대비하고 홍수가 예상되는 위험구역, 피난경로, 피난장소 등의 정보가 표시된 지도이다. 위험정보를 적극적으로 제공하지 않는 지자체도 있으나, 시민의 안전을 제일로 생각한다면 생명에 관한 주요 정보는 시민과 행정이 서로 공유해서 위기관리대응이 최고의 상태로 진행되도록 해야 한다.

4) 원자력 위기관리

원자력은 에너지자원이 부족한 일본이 과학기술로 획득할 수 있는 에너지로서 1954년 이후 원전건설이 추진되었다. 현재 일본의 에너지 수급은 아주 취약한 구조로 이루어져 있다. 일본의 에너지 수입의존도는 83.6%에 달하고 에너지의 석유의존도는 50.8%이다. 석유는 99.6%, 석탄은 94%, 천연가스는 96%를 수입에 의존하고 있다(박광국 외, 2007: 60).

일본은 2015년 12월 기준 42기 약 4,148만 킬로와트의 상업용 원자로가 있으나 일부가 후쿠시마 원자력발전소 사고를 계기로 가동을 멈추었고, 현재 적합성 심사를 받은 뒤 통과한 발전소부터 서서히 재가동에 들어가고 있다(일본원자력산업협회 홈페이지 참조). 앞으로 2020년까지 9기가 더 건설될 예정이며, 2030년까지 최소한 14기 이상을 더 증설할 계획이다.[2] 이와 같은 규모는 미국과 프랑스에 이어 세계에서 3번째로 큰 발전능력을 갖는 것이다. 또한 설비이용은 20년까지 약 85%, 30년까지 약 90%(세계최고수준의 설비이용률)를 갖출 계획이나, 최근 원전사고 이후 원자력 정책의 재검토가 예상된다(한일재단 일본지식정보센터, 2011: 2-3).

원자력의 위기관리는 자연재해와 달리 매우 어려운 측면이 있다. 지금까지 자연재해에 따른 피해는 많이 경험했으나 원자력사고는 피해 경험이 적기 때문에 사고가 발생하면 재난대책을 준비할 시간도 없이 대재앙으로 이어진다. 게다가 전체 일본 에너지의 1/3이 원자력발전에 의존하기 때문에 원전의 역할을 간과할 수도 없는 실정이다.

원자력발전은 최첨단 과학기술과 안전성이 갖춰져 있지 않으면 예측할

2 좀 더 자세한 내용은 www.kjc.or.kr과 일본지식리포트(2011) "일본 원자력발전 현황과 원전정책에 미치는 영향," pp. 6-7 참조.

수 없는 대재앙에 직면하게 된다. 예를 들면, 1999년 9월 30일 일본 아바라키 현 도카이무라 방사선 누출사고는 안전을 강조해온 일본 정부에 큰 충격을 안긴 사건이었다. 이는 발전소나 플루토늄 재처리시설이 아닌 일반 원자력시설에서도 사고가 발생할 수 있다는 것을 의미한다(박광국 외, 2007: 61).

2011년 3월 11일 후쿠시마 원자력발전소에서 발생한 사고는 전원 및 냉각시스템이 파손되면서 핵연료 용융(녹아서 섞임)과 수소폭발로 이어져 다량의 방사성 물질이 누출되면서 원전의 안전성에 의문이 제기되었다. 원자력시설은 테러나 병기(兵器)로 공격당할 위험성을 고려해 항상 국가적 차원에서 관리하고 있다. 따라서 국가와 지자체 및 시민과 사업자는 항상 긴장을 늦추지 않고 위험에 대한 대응과 상호 간 정보공유를 통해 감시체제를 강화하고 위험에 노출되지 않도록 노력하고 있다.

5) 테러와 유사법제 위기관리

일본에서 발생한 테러는 이슬람 원리주의자에 의한 테러뿐만이 아니라 자국 내의 좌익과 우익에 의한 테러까지 포함된다. 1970년대부터 1980년대에는 좌익과격파나 우익에 의한 테러가 두드러졌다. 즉 황궁, 대사관, 공항, 기업 등을 대상으로 폭탄테러가 발생하였고, 일본에 소재한 미국 관련 시설이나 아사이신문사(朝日新聞社) 각 지국을 겨냥한 테러와 팔레스타인 과격파와 연계한 일본 적군파가 요도호를 납치한 사건,[3] 북한당국의 일본인 납치 등이 일어났다. 최근 과격파에 의한 활동은

3 요도호 납치 사건은 적군파 요원 9명이 1970년 3월 31일 도쿄 하네다(羽田) 공항을 이륙해 후쿠오카(福岡)로 가던 일본항공 여객기(일명 요도호)를 납치해 북한으로 넘어간 사건이다.

점점 약해지고 있으나, 옴진리교에 의한 일련의 사건, '악마의 시'를 번역한 대학 조교수 살해사건, 해커(hacker)조직에 의한 기상청 홈페이지 변경사건 등이 계속해서 발생하였다. 일본에서도 테러는 다양한 형태를 띠고 있어 간단히 정의하기 곤란하지만, 일반적으로 특정 정치목적을 위하여 비전투원이나 시설물을 표적으로 한 폭력이라고 할 수 있다.

일본 테러의 주범은 국가적 재정지원이 없는 비밀리에 행동하는 국제테러조직으로 미국 9 · 11 테러사건에 연루된 알카에다 같은 조직인데, 죄 없는 다수의 일반인을 인질로 하거나 자살폭탄을 사용해 인물살상을 주도하고 있다. 지금까지 대량살상무기가 사용된 적은 없지만 핵무기 개발을 위한 기술유출, 생화학 무기를 사용한 테러가 우려된다. 과거 옴진리교가 지하철에 사린가스를 살포한 사건을 살펴보면 일반인도 테러리스트가 될 수 있다. 왜냐하면 누구나 인터넷을 통해서 폭탄제조에 대한 정보를 쉽게 얻고, 국가의 핵심시설에 사이버 테러 등을 할 수 있기 때문이다. 이렇듯 테러행위는 한 국가에 머물러 있는 것이 아니라 시간과 공간을 초월해 언제 어디서나 일어날 수 있기 때문에 항상 국가적 차원에서 대비해야 한다.

유사법제(有事法制)라는 의미는 법률용어는 아니지만, 일본이 외부의 적으로부터 무력공격을 받거나 받을 위험이 있는 경우에 자국의 평화와 국민안전보호를 위해 중앙정부와 지방자치단체의 자발적 대응을 규정하는 법과 제도를 일컫는다. 유사법제는 무력공격사태법안, 자위대법 개정안, 안전보장회의 설치법 개정안 등 3개 법으로 구성되었다. 유사법제가 일본 정부차원에서 처음 논의된 것은 소련의 일본침공을 상정해 연구하기 시작한 1977년 후쿠다 다케오(福田赳夫, 1905~1995) 내각 시절이었다. 고이즈미 총리는 변화된 현실을 반영한 유사법제안을 작성, 유사3법안을 만들어 2002년 4월 16일 내각의 각의 의결을 거쳐 중의원의 심의에 회부해 2003년 6월 6일 국회를 통과하여 확정되었다. 유사법제란 자위대법 제76조의 규정에 따라 방위출동[4]을 명령할 수 있는 상태를 의미한다. 이와 같이 유사법제를 회피하기 위한 노력은 국가뿐만 아니라 지자체와 시민에도 요구되고 있다.

6) 에너지 및 식량 위기관리

글로벌 세계에서 현재 식량, 에너지, 건강 등의 문제는 생각하지 않을 수 없는 일이다. 2015년 일본의 식량자급률은 공급열량기준(1인당 2,417kcal) 39%이며, 2025년에는 45%를 목표로 삼고 있다(일본 농림수산성, 2014). 2014년 기준 식량부족으로 인해 만성적인 영향결핍증을 앓고 있는 인간은 전 세계에서 약 7억 8천만에 달한다(FAO, 2015). 개발도상국에서 식량부족의 최대 원인은 현재 가난한 국가에는 충분한 식량이 골고루 배분되지 않고, 풍부한 국가에는 넘쳐나는 식량이 편중되어 있다는 사실이다. 일본의 경우 식량자급률은 40% 이하지만 세계적으로 보면 장래에는 인구증가로 식량생산이 뒤따르지 못해서 식량의 절대량은 부족할 가능성도 있다.

세계 에너지 소비량은 북미와 유럽국가가 절반을 점유하고 있다. 현재 에너지 사용 증가율은 비교적 낮은 상태이나 중국을 시작으로 아시아국

4 자위대법 제76조에서 내각총리는 외부에서 무력공격(외부의 무력공격에 공포가 있는 경우도 포함)이 있을 때 국가방위를 위해 필요하다고 인정될 경우에는 국회의 승인(중의원이 해산되었을 때는 일본헌법 제54조에서 규정하는 긴급집회에 따른 참의원의 승인)을 얻어 자위대의 전부 또는 일부의 출동을 명할 수 있다. 단 특히 긴급을 요하는 경우에는 국회의 승인을 얻지 않아도 출동을 명할 수 있다(鍵屋一, 2003: 27).

가와 중동국가에서 인구증가와 경제성장으로 인해 꾸준히 증가하고 있다. 반면에 일본의 에너지 수입의존도를 보면 원자력을 포함하여 96%에 달했지만, 그 가운데 석유는 거의 해외에서 수입하고 있다. 앞으로는 태양열과 풍력 등의 자연에너지, 생물학적 이용 에너지 등으로 신재생에너지 보급이 확대될 것으로 보인다. 이와 같이 에너지와 식량의 위기관리에 대해서는 일본뿐만 아니라 에너지의 수입의존도가 높고 식량의 자급률이 떨어진 모든 국가가 관심을 갖고 있다.

3. 중앙정부의 재난관리 실태

1) 중앙정부의 조직과 기능

일본의 재난관리는 중앙정부차원에서 각 성청이 재난 관련법을 근거로 방재에 관한 정책을 기획 및 입안하고 집행한다. [그림 6-6]에서 보듯이 중앙정부의 재난 관련 조직은 내각총리대신(중앙방재회의 회장) 아래 각 성대신과 내각관방장관 및 내각부특명담당대신 등으로 구성되었고, 그 아래 내각부와 방재 관계 부처의 유기적 협력이 가능한 구조로 되어 있다(内閣府, 2011: 9). 2001년 정부조직은 방재 관련 행정부처의 정책 통일을 목적으로 하는 방재담당대신이 신설되었다. 또한, 내각부에서는 정책통괄관(방재담당) 및 중앙방재회의를 통해서 범정부차원으로 재난 관련 행정기구의 연계를 하고 있다.

내각부는 방재에 관한 기본적 정책, 대규모 재해발생 시의 대처에 관한 기획 수립 및 종합적 조정역할을 맡는다. 정책총괄관 하부조직으로 관방심의관과 5개 참사관이 재해예방, 재해응급대책, 재해복구 · 부흥, 지

그림 6-6 일본 중앙부처와 내각부의 조직도

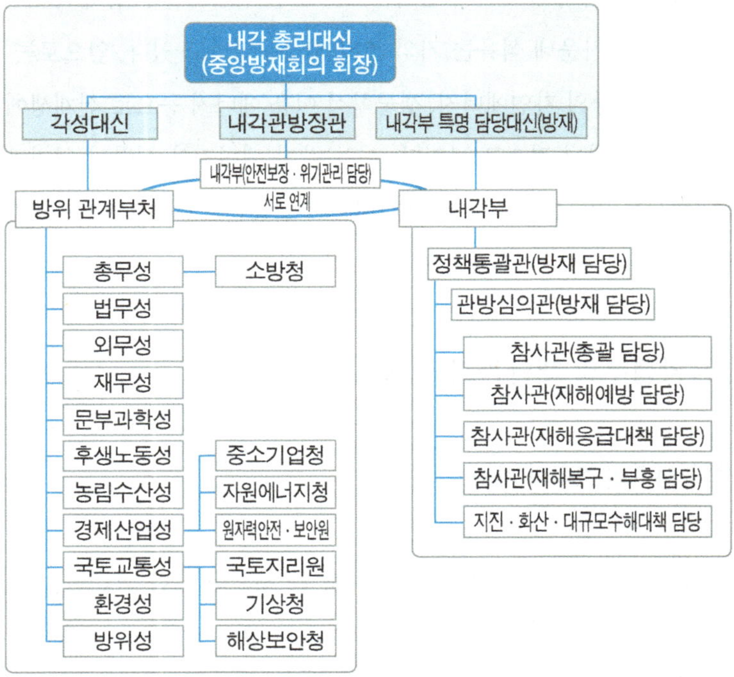

※ 조직도는 방재와의 관련 정도에 따라 실제 조직도를 간략화하여 작성한 것임.
출처: www.cao.go.jp 참조.

진 · 화산 · 대규모 수해대책을 담당하고 있다. 내각부는 내각관방[5]을 지원하여 중요한 구체적 사항을 기획 · 입안하고 종합적으로 조정하는 역할을 한다.

중앙정부는 방재조직 외에 지정행정기관과 지정공공기관을 두고 있다. 즉 지정행정기관으로는(2000년 12월 15일 총리부고시 제62호) 내각

5 내각관방은 내각을 보좌하는 기관으로 내각의 수상인 총리대신을 직접 보좌 및 지원하는 기관으로서 내각의 서무, 내각의 주요 정책에 대한 기획입안, 종합조정, 정보수집과 조사 등을 담당한다.

부, 국가공안위원회, 경찰청, 금융청, 총무성, 우정사업청, 법무성, 외부성, 문무과학성, 후생노동성, 원자력안전 · 보안원, 중소기업청, 국토교통성, 국토지리원, 기상청, 해상보안청, 환경성, 방위성 등이 포함된다(유현정 외, 2009: 96). 또한 지정공공기관은 일본전기전력주식회사, 전력회 등으로 구성되어 있다. 이와 같이 중앙정부의 조직은 각 성 · 청 등의 관련 부처(지정행정기관)와 재난 관련 산하기관(지정공공기관)들이 국가재난 발생 시 상호 유기적으로 협력하고 지원할 수 있는 체제로 구성되었다.

일본 정부의 국가안전을 위한 정책은 1995년 한신 · 아와지대지진을 계기로 대폭 개선되었다. 우선 중앙정부의 재해대응능력을 강화하기 위해 다음과 같은 사항을 충족시켰다(風間, 1998: 14-17). 첫째, 수상의 리더십이 발휘되기 쉬운 방향으로 권한이 강화되었다. 심각한 비상재해인 경우에는 각료회의를 개최하여 긴급재해대책본부를 설치할 수 있게 하고, 수상에게 중앙행정기관의 장에 대해 지시권한을 인정하게 되었다. 둘째, 방재기본계획을 전체적으로 수정하고 그 내용을 더욱 충실하게 구성했다. 셋째, 재해대책기본법의 개정으로 수상에게 현지대책본부를 설치할 수 있는 권한을 부여했다. 넷째, 자위대가 방재정책네트워크에 깊이 관여하게 되었다. 다섯째, 방재정보 연락체계를 강화했다. 즉, 대지진이 발생한 경우에 수상 등 내각 관계자에게 재해정보를 전달하는 관저의 창구가 내각정보조사실로 일원화되고, 시정촌이 도도부현에 피해 상황을 보고할 수 없는 상황이 발생한 경우에는 수상에게 직접 보고할 수 있도록 하는 등 지자체로부터의 정보전달경로가 복선화되었다. 여섯째, 방재기본계획을 수정하여 해상재해, 항공재해, 철도재해, 도로재해, 원자력재해, 위험물재해와 같이 자연재난 이외의 사고재해에 대한 대응을 방재기본계획에 포함시켰다(이재은 외, 2006: 551).

따라서 중앙정부의 기능은 재해대책기본법 등 재해 관련 법률에 의해 방재대책을 수립하며, 재해예방활동 및 재해복구대책에 대해 직접적인 지원 및 보조를 수행하고 있다. 또한, 중앙방재회의를 설치하여 방재기본계획을 수립하고, 각 성 · 청 등 관련 부처(지정행정기관), 일본전기전화주식회사, 전력회사 등 관련 산하기관(지정공공기관)들이 담당업무와 관련한 방재업무계획을 수립하여 구체적인 대책을 마련하고 있다.

2) 일본 재난관리 관련 법체계

(1) 재해대책기본법

1959년 9월 이세완(伊勢彎) 태풍으로 사망 · 행방불명자 약 5,000명의 피해가 발생했다. 그 당시 키시(岸信介) 정권은 재해관리의 효율적인 대처를 위한 법률제정의 필요성을 절감하였고, 재해대책에 관한 종합적 · 과학적 · 항구적 재해예방대책을 수립 · 추진함으로써 국토보전을 위해 노력하였다. 그 결과 중앙정부와 지방공공단체 및 기타 공공기관 등이 필요한 법률체제를 갖추었으며, 이에 따라 명확한 책임성과 방재계획의 작성, 재해예방, 재해응급대책, 재해복구 및 방재 등에 관한 재정금융조치와 재해대책의 기본지침을 마련하게 되었다.

일본 정부는 재해 관련 기본법에 대해서 계획적인 방재행정체계를 구축했으며, 이를 통해 사회질서 유지와 공공복지를 확보하고자 했다. 예를 들면 중앙정부와 지방정부는 재난대비와 상황에 따라 보호대상, 책임주체, 재난체제 확립, 책임의 명확화 등을 만들었다. 이에 대한 행정계획은 예방, 응급대책, 복구(부흥) 등으로 구성하고 재정금융조치를 규정함으로써 재해대책의 기본방향을 구체화하고 있다. 일본의 재해대책기본법은 총칙(목적, 정의, 국가의 책무, 도도부현의 책무, 시정촌의 책무, 지자체 상호협력, 지정공공기관 및 지정지방공공기관의 책무, 주민 등의 책무, 시책에 있어서 방재상의 배려, 정부조치 및 국회 보고, 기타 법률과의 관계) 등을 언급하고 있다. 제2장 방재에 관한 조직에서는 중앙방재회의, 지방방재회의, 비상재해대책본부 및 긴급재해대책본부, 재해 시 직원의 파견 등으로 나누고 있다(이호동, 2011: 66).

표 6-2 일본 재난 관련 근거법률과 대응계획의 현황

법적 근거	계획명	작성주체
재해대책기본법	방재기본계획	중앙방재회의
	방재업무계획	지정행정기관의 장 지정공공기관
	지역방재계획 도도부현지역 방재계획 시정촌지역 방재계획 지정지역 방재계획	도도부현 방재회의 시정촌방재회의 시정촌장 지방방재회의 협의회
대규모 지진대책 특별조치법	지진방재기본계획	중앙방재회의
	지진방재강화계획	지정행정기관의 장 지방공공기관 도도부현 방재회의 시정촌방재회의 시정촌장 지방방재회의 협의회 석유컴비나트 등 방재본부 석유컴비나트 등 방재본부 협의회
	지진방재응급계획	병원, 극장, 백화점 등의 시설 석유류, 화약류 등 취급시설 등 관리자 · 운영자
석유컴비나트 등	석유컴비나트 등 방재계획	석유컴비나트 등 방재본부 석유컴비나트 등 방재본부 협의회

출처: 이영재 외(2012). 재난대응계획 수립 및 상호협력체계 구축방안 연구. 소방방재청, p. 54.

일본의 재해대책기본법에 대한 구체적인 내용은 다음과 같다(법제처, 2013). 제1조는 동법의 목적을"국토 및 국민의 생명, 신체 및 재산을 재해로부터 보호하기 위해 방재에 관하여 국가, 지방공공단체 및 기타 공공기관을 통하여 필요한 체제를 확립하고, 책무의 소재를 명확하게 함과 동시에 방재계획의 작성, 재해예방, 재해응급대책, 재해복구 및 방재행정 정비 및 추진을 도모하고 사회의 질서유지와 공공복지 확보에 이바지하는 것"으로 규정하여 동법이 재해에 대한 사전예방조치와 재해대책 및 재해로부터의 복구를 위한 법으로 기능할 수 있도록 그 성격을 명확히 하고 있다(内閣府, 2011: 8). 제2조는 재해에 대한 용어를 정의하여 "재해란 폭풍, 태풍, 호우, 폭설, 홍수, 절벽이 무너진 것, 토석류, 지진, 해일, 분화, 사태(地滑り) 기타 이상 자연현상 또는 대규모 화재나 폭발 등으로 정의한다"라고 규정하고 있다.

재해대책기본법 제2조 1항에 의하면 "이상 자연현상 또는 대규모 화재, 혹은 폭발, 기타 피해정도에 따라 이에 유사한 정령(政令)으로 정한 원인에 의해 발생하는 피해"로 정의한다. 제2조의 2항에서는 재해대책의 기본이념을 제시하고 있으며, 그 내용은 다음과 같다(법제처, 2013). ① 일본의 자연적 특성에 따라 인구, 산업, 기타 사회경제 정세변화에 따라 재해의 발생을 평소에 상정함과 동시에 재해가 발생한 경우 피해를 최소화하고 신속한 복구를 돕는다. ② 국가, 지방공공단체 및 기타 공공기관의 적절한 역할 분담 및 상호연계 협력을 확보하고, 이와 함께 주민 개개인의 자체방재활동 및 자주방재조직, 기타 지역에서의 다양한 주체가 자발적으로 실시하는 방재활동을 촉진한다. ③ 재해에 대비하기 위한 조치를 적절히 조합하여 일차적으로 강구하고 과학적 지식 및 과거의 재해로부터 얻은 교훈을 바탕으로 지속적인 개선을 추구한다. ④ 재해발생 직후 기타 필요한 정보를 수집하기 어려운 경우라도 최대한 정확하게 재해상황을 파악하고 이런 자료를 바탕으로 인적 · 물적 기타 필요한 자원을 적절히 배분함으로써 사람의 생명과 신체를 최우선적으로 보호한다. ⑤ 피해자에 의한 주체적 대응을 저해하지 않도록 배려하면서 이재민의 연령, 성별, 장애의 유무, 그 밖에 이재민의 사정을 고려해 적절히 이재민을 지원한다. ⑥ 재해가 발생했을 때는 신속하게 시설복구와 재해로부터 피해를 입은 자의 보호를 위해 지원한다.

중앙정부는 내각부에 중앙방재회의, 비상재해대책본부와 긴급재해대책본부, 그리고 도도부현(시정촌)은 지방방재회의와 지방방재회의협의회, 재해대책본부 등을 둔다(제11~28조). 특히, 중앙방재회의는 방재기본계획을 작성 · 집행, 비상재해 시 긴급조치에 관한 계획 작성 · 실시, 내각총리대신의 자문요청에 따라 방재에 관한 중요사항을 심의하고 의견을 제시하는 것으로 규정하고 있다. 권한과 책무는 대응기능에 있어서 중앙정부와 도도부현 및 시정촌 간 방재의 시계열적 활동내용을 중심으로 비교적 상세하게 규정하고 있다. 특히, 방재시책에 있어서 방재상의 배려 등(제8조 제1, 2항)에 관한 사항으로 국가와 지자체는 그 시책이 직 · 간접적인 것을 불문하고, 일체 국토와 국민의 생명, 신체 및 재산의 재해가 없도록 재해대책기본법(1961)으로 실현하게 되었다.

지자체는 재해발생을 예방하고 재해확대를 방지하기 위해 특히 18개 사항을 실시해야 한다고 규정하고, 국가와 지자체가 수행해야 할 사회 전체적인 차원에서의 방재시책에 관한 고려 및 배려사항을 열거 규정하고 있다. 또한, 예방 · 복구에 관한 시정촌 · 도도부현 · 중앙정부의 책무에 관한 공통사안으로 ① '예방'은 재해예측 · 예보 · 정보전달을 위한 조직 정비 및 개선, 방재계획을 원활하게 실시할 수 있도록 조직정비, 방재에

그림 6-7 **도도부현 지역방재계획**

진재편	부		계획명(장)
동경도 지역방재계획(진재표)	1	총칙	1. 계획의 방침
			2. 방재기관 처리업무 또는 업무의 개요
			3. 도민 또는 사무소의 기본적 책무
			4. 동경 지세의 개황
			5. 피해상정
	2	재해 예방계획	1. 지진에 강한 도시 만들기
			2. 계획구조물 등의 안전화
			3. 지진 화재 등의 방지
			4. 진재에 강한 사회 만들기
			5. 도민 등의 방재행동력의 향상
			6. 자원봉사자 등의 연계
			7. 조사연구
	3	재해응급 대책계획	1. 응급활동체제
			2. 정보의 수집 · 활동
			3. 재해구조법의 적용
			4. 상호응원협력 · 파견요청
			5. 소방 · 위험물대책
			6. 수방 · 쓰나미대책
			7. 피난
			8. 경비 · 교통규제
			9. 긴급수송
			10. 구조 · 구급
			11. 의료구호
			12. 음료수 · 식품 · 생활필수품 등의 공급
			13. 귀가 곤란자 대책
			14. 사체 취급
			15. 쓰레기 · 오물처리
			16. 응급주택대책
			17. 교육 · 금융 · 노무
			18. 기간시설 등의 응급 · 복구대책
			19. 공공시설 등의 응급 · 복구대책
			20. 응급생활대책
			21. 심각한 재해의 지정
	4	재해 부흥계획	1. 부흥의 기본적 고찰
			2. 부흥체제
			3. 부흥계획의 책정
			4. 분야별 부흥계획

출처: 鍵屋一(2003). 같은 책. p. 34에서 발췌.

종사하는 직원의 배치 및 복무기준 제정, 방재훈련 실시, 방재에 필요한 물자와 기자재 비축 · 정비 · 점검. ② '복구 · 부흥'은 재해복구 실시 등이다. 특히, 중앙정부는 재난발생 시 1차대응기관인 시정촌, 도도부현의 대응활동이 원활하게 이루어질 수 있도록 지원하고 있다.

[그림 6-7]의 동경도 지역방재계획은 다음과 같다. ① 총칙에서는 계획의 방침, 방재기관 처리업무 또는 업무의 개요, 도민 또는 사무소의 책무, 동경의 지세의 개황, 피해상정 등을 제시하고 있다. ② 재해예방계획은 지진에 강한 도시 만들기, 시설구조물 등의 안전화, 지진화재 등의 방지, 진재에 강한 사회 만들기, 도민의 방재행동력 강화, 자연봉사자 등의 연계, 조사연구 등이 포함되어 있다. ③ 재해응급대책계획은 응급활동체제, 정보의 수집과 활동, 재해구조법의 적용, 상호 응원협력과 파견요청, 소방 및 위험물 대책, 수방 및 쓰나미 대책, 피난, 경비, 교통규제, 긴급수송, 구조 및 구급, 의료구호, 음료수, 식품, 생활필수품 등의 공급, 귀가 곤란자 대책, 사체, 교육, 금융, 노무, 기간시설, 공공시설 등의 응급복구대책, 응급생활대책, 심각한 재해의 지정 등을 수립하고 있다. 그리고 재해부흥계획은 부흥의 기본적 고찰, 부흥체계, 부흥계획의 책정, 분야별 부흥계획 등으로 세분화하였다.

방재기본계획은 종합적 · 장기적인 계획으로 방재업무계획 및 역방재계획에 중점을 두어야 할 사항과 기준이 되어야 할 사항 중에 중앙방재회의가 필요하다고 인정한 것으로 구성된다. 중앙방재회의는 재해방지에 관한 과학적 연구성과 및 발생한 재해상황과 이에 대해 이루어진 재해응급대책 효과를 감안하여 매년 방재기본계획을 검토하고 필요한 경우 수정해야 한다. 아울러 국토현황과 기상개황, 방재상 필요한 시설 · 설비정비 개황, 방재업무에 종사하는 인원현황, 방재상 필요한 물자수급상황과 운수 · 통신상황 등의 근거자료가 첨부되어야 한다.

재해예방은 방재에 관한 조직정비, 훈련, 물자 · 기자재 비축과 정비 · 점검, 시설 · 설비의 정비 · 점검, 기타 재해응급대책 실시에 지장을 초래할 상태의 개선 등을 통해 재해발생을 미연에 방지하기 위해 행하는 것으로 규정하고 있다. 이에 따라 조직의 정비의무와 재해예방책임자를 명확히 규정하고, 물자와 기자재 비축에 대한 의무를 규정하고 있다.

재해응급대책(제50~86조)은 재해가 발생하거나 발생할 우려가 있는 경우에 재해발생을 방어하고 응급구조를 행하는 등 재해확대 방지를 위해 행하는 것으로 규정하고 있다. 구체적으로는 경보발령 · 전달 · 피난권고 · 지시, 소방, 수방 기타 응급조치, 피해자 구난, 구조 기타 보호, 재해를 입은 아동 및 학생의 응급교육, 시설 · 설비의 응급복구, 청소, 방역 기타 보건위생, 범죄예방, 교통규제, 기타 재해지 사회질서 유지, 긴급수송 확보, 기타 재해발생 방어 또는 확대방지를 위한 조치 등을 규정하고 있다. 그리고 경보의 전달 등(제54~57조)과 사전조치 및 피난(제58~61조), 응급조치(제62~86조)에 관해 별도로 상세히 규정하고 있다(일본소방백서, 2012).

재해복구는 재해복구 실시책임, 재해복구사업비 결정, 방재회의에 보고, 국가의 부담금 또는 보조금의 조기교부 등에 관해 규정하고 있다. 즉 책임자는 지정행정기관의 장 및 지정지방행정기관의 장, 지자체 장, 기타 집행기관, 지정공공기관, 지정지방공공기관, 기타 법령규정에 따른 재해복구 실시에 관한 책임이 있는 자, 법령 또는 방재계획규정에 따라 재해복구를 해야 한다.

재정금융조치는 재해예방 등에 요하는 비용부담, 기타 지자체 장 등의 지원을 받은 경우 응급조치에 요하는 비용부담, 시정촌이 실시하는 응급조치에 요하는 경비의 도도부현의 부담, 재해응급대책에 요하는 비용에 대한 국가의 부담 및 보조, 재해복구사업비 등에 대한 국가의 부담 및 보조, 심각한 재해의 응급조치 및 재해복구에 관한 경비의 부담구분 등, 재해에 대처하기 위한 국가의 재정상 조치, 지자체의 재해대책기금, 기채특례, 국가의 보조가 따르지 않는 재해복구사업에 대한 조치, 재해융자 등에 관해 규정하고 있다. 그리고 심각한 재해제도와 피재자 생활재건지원법으로 재해피해자 및 지자체에 대한 재정금융조치를 조정하고 있다.

이와 같이 정부는 비상재해발생 시에 중앙과 지방정부 및 지방자치단체 등과 유기적으로 협조하고 지원하고 있다. 이로써 국가경제와 공공의 복지에 중대한 영향을 미치는 긴급한 비상재해가 발생한 경우에 정부가 해당 재해에 관한 재해응급대책을 추진하여 국가경제의 질서유지와 재해에 관한 중요한 과제에 대응하는 것이다. 이때 내각총리대신이 관계지역의 전부 또는 일부에 대해 재해긴급사태를 포고할 수 있도록 규정하고 있으며 내각총리대신이 재해긴급사태를 포고한 때 이를 포고한 날로부터 20일 이내에 국회의 승인을 받도록 하고 긴급재해대책본부를 설치할 수 있다. 재해긴급사태의 경우 국회가 폐회 등의 사유가 있는 경우에 내각은 필요한 조치를 취하기 위해 정령을 제정할 수 있도록 규정하고 있다.

(2) 국민보호법

일본은 2001년 2월부터 내각관방에서 유사법제 검토를 했지만, 9 · 11 동시다발테러 발생으로 일시 중단하게 되었다. 그 후 2001년 9월 미국 탄저균 테러사건, 12월 큐슈남서해역 미확인 선박사건을 감안해 돌발적인 위기에 대응하기 위한 단기적 조치의 성격을 갖는 기존의 테러대책조치법과는 성격이 다른 유사법제(유사관련3법)를 2003년 6월 입법화했다. 그리고 2004년 3월 스페인 동시다발 열차폭파사건, 2005년 런던 동시 폭파사건, 10월 발리섬 동시 폭파사건 등 매년 반복되는 대규모 재난에 효과적으로 대처하기 위하여 2004년 6월 '국민보호법'을 제정함으로써 국민보호를 위한 정부의 역할과 기능을 규정하게 되었다(이호동, 2008: 35-37).

국민보호법은 목적(제1조)에서 "무력공격사태 등으로부터 국민의 생명, 신체 및 재산을 보호하고, 무력공격이 국민생활과 국민경제에 미치는 영향을 최소화시키는 데 중점을 둔다. 국가와 지자체 등의 책무, 국민의 협력, 주민의 피난에 관한 조치, 피난주민 등의 구원에 관한 조치, 무력공격재해 대처에 관한 조치, 기타 필요한 사항을 규정함으로써 국가의 평화와 독립, 국가와 국민의 안전 확보에 관한 법률과 함께 국가 전체가 만일의 태세에 대비한다. 이를 통해 국민보호를 위한 정확하고 신속한 조치의 실시를 목적으로 한다"라고 명시하고 있다. 이와 같이 국가는 예측불가능한 재난사태에 대비함으로써 국민의 생명을 지키고 안전도를 높이는 것이 중요하다(消防廳, 2008). 특히 이러한 사태가 발생하지 않도록 국가차원에서 사전에 외교적 노력을 기울이는 것이 필수적이다.

국민보호법의 체계는 제1장 총칙(통칙, 국민의 보호를 위한 조치, 국민의 보호를 위한 조치 실시체제, 국민의 보호에 관한 기본지침, 도도부현 국민보호협의회 · 시정촌 국민보호협의회, 조직의 정비와 훈련 등), 제2장 주민의 피난에 관한 조치(경보 발령, 피난 지시, 피난주민의 유도 등), 제3장 피난주민 등의 구원에 관한 조치(구원, 안보정보의 수집 등), 제4장 무력공격재해에의 대처에 관한 조치(통칙, 응급조치, 피재정보의 수집 등), 제5장 국민생활의 안정조치 등(국민생활의 안정에 관한 조치, 생활기반 등의 확보에 관한 조치, 응급의 복구), 제6장 복구 및 비축 기타 조치, 제7장 재정상 조치, 제8장 긴급대처사태 대응조치, 제9장 잡칙, 제10

장 벌칙, 제11장 사태대처법 일부개정 등으로 총 11장 195개조로 구성되어 있다. 즉, 국민보호에 관한 시계열적 활동내용을 중심으로 국민에 대한 정보제공, 주민의 피난 조치 및 유도, 피난주민에 대한 구원, 생활 관련 시설 안전 확보와 국민생활 안정을 위한 피해최소화 등 국민보호조치에 관한 과정으로 구성하고 있다.

국민보호조치 집행에 대한 '국민보호 기본지침'(제32조)은 국민의 보호를 위한 대응조치에 관한 기본적인 방침, 지정행정기관의 국민보호에 관한 계획 · 도도부현의 국민의 보호에 관한 계획 및 지정공공기관의 국민보호에 관한 업무계획 작성 및 국민보호를 위한 대응조치에 있어서 고려해야 할 무력공격사태의 상정에 관한 사항, 국민보호를 위한 조치에 관해 국가가 실시하는 제10조 1항 각호에 열거된 조치에 관한 사항, 도도부현 대책본부 또는 시정촌 대책본부를 설치해야 할 지자체 지정방침에 관한 사항, 국민보호에 관한 계획 및 국민보호에 관한 업무계획을 작성할 때의 기준이 되어야 할 사항, 국민보호를 위한 대응조치에 있어서 지자체 상호 광역적인 연계협력 및 기타 관계기관 상호의 연계협력 확보에 관한 사항, 기타 국민보호를 위한 대응조치에 관해 필요한 사항으로 구성하도록 되어 있다. 그리고 제32조 3항에 내각총리대신이 기본지침의 안을 작성하고, 각의 결정을 받도록 되어 있다.

(3) 위기관리기본지침

일본은 2001년 8월부터 논의해왔던 국가 및 지방의 방재위기관리체제를 한층 더 강화하고 체계적으로 관리하기 위해 현 시점에서 가장 중요하게 생각되는 사항에 대한 연속보고회를 가졌다. 관저 신축을 계기로 현재의 위기관리체제, 미국위기관리청(FEMA), 생물 · 화학테러대책, 경찰청, 소방청, 방위청, 해상보안청의 현장 상호 통신연락체제, 방재 · 위기관리 매뉴얼, 인재육성 등에 관해 중간보고가 있었다(副大臣會議, 2001). 구체적으로는 정보집약체제 강화, 정보공유화 추진, 성청 횡단적 위기관리체제 강화, 전문 인재 육성 및 확보, 위기관리대책의 끊임없는 점검에 관한 논의가 있었다.

위기관리기본지침(안)은 "위기관리사안에 정확하게 대응하기 위하여 특정 사안에 한정하지 않고 사안 전반에 관해 통일적인 조직구축이나 전성청적인 대응방침 등을 나타내는 것"(국민보호실, 2006)으로 정의하고 있다. 또한 지자체는 위기관리에 관한 기본적인 생각을 규정함과 동시에 지역방재계획 및 국민보호계획의 대상이 되지 않는 사안도 포함해 폭넓은 위기에 대해 체제를 정비한 것이다. 그리고 사전 준비대책과 위기가 발생한 경우의 임시조직, 정보연락체제 등에 관해 규정한다(消防廳, 2007a). 기본지침을 작성할 때 유의해야 할 사안은 다음과 같다.

첫째, 해당 지자체가 대응해야 할 위기에 관한 정의를 규정하고 그 범위를 명확히 해야 한다. 이것은 위기관리담당부서의 사무범위를 명확히 하기 위한 것이다.

둘째, 발생원인이 불확실한 사안이나 담당부서가 명확하지 않은 사안이라도 정확히 초동대응할 수 있는 구조로 만들어야 한다.

셋째, 위기가 발생한 경우에 위기관리의 종합적인 조정담당부서와 각각의 사업담당부서가 역할분담을 명확히 하고 위기대응을 신속히 해야 한다.

넷째, 정보연락계통과 정보전달수단을 이중화하는 구조를 포함해 정확히 간부직원과 공유하는 정보연락체제를 갖추어야 한다.

다섯째, 수장이나 위기관리감이 확실한 정보를 근거로 신속한 의사결정을 내릴 수 있는 체제로 전환되어야 한다.

여섯째, 각 사업담당부서에 있어서 위기관리체제의 충실성을 강화하기 위하여 각 사업담당부서에서 작성하는 매뉴얼 작성지침 등을 명시하고 필요한 조언을 하도록 한다.

일곱째, 실제로 위기가 발생한 경우뿐만 아니라 기타 지자체에서 위기가 발생한 사례나 훈련결과 등에 입각하여 PDCA 순환을 구축하고, 위기관리기본지침의 실효성을 높이기 위한 평가체제를 구성한다(消防廳, 2007).

위기관리기본지침(안)에 관한 사례로 코치 현(高知縣)은 2010년 11월 신형인플루엔자, 구제역, 황화수소 등의 사안에 대해서 초기에 조직적 대응과 각부국의 역할분담을 명확히 하고 위기관리가 조직적으로 신속한 효과를 발휘하도록 위기관리지침(안)을 전 부서차원에서 조정하고 12월에 완료할 것을 계획했다.

우선, 지자체는 위기관리에 필요한 조직을 구축하고, 지침구성은 총칙, 사전대응, 응급대응, 사후대책 등 네 가지 항목으로 구성하고, 응급대책활동하에 사전·사후에 어떻게 대처할 것인가를 각 항에 정리하도록 하였다. 향후 위기관리대응에 관해서는 위기관리에 관한 PDCA순환(cycle)을 설정해야 한다. 2011년부터 2013년까지는 특히 신형인플루엔자, 조류독감, 구제역, 황화수소 네 가지 사안에 관해 위기관리부가 중심이 되어 PDCA 순환을 가동시키기로 했다. 더욱이 향후 3년간 각각 대규모 동원훈련이 실시되었고, 2012년은 조류독감 동원훈련의 일환으로 실제로 구덩이를 파고 매장하는 작업을 훈련계획에 포함시켰다. 또한, 훈련 실시나 기자재 등 비축에 필요한 예산은 각각 소관부국이 계상하고 이에 따른 경비를 배려하는 계획을 수립하였다(이호동, 2011: 69-70).

3) 중앙방재회의 조직구조

중앙방재회의(Central Disaster Management Council) 조직구조는 내각부에 방재담당대신이 설치되었으며, 내각관방에 위기관리를 전문적으로 담당하는 특별직이 있으며, 1998년 4월 1일에는 내각위기관리감이 신설되었다. 그 설치배경은 1995년 1월 17일 고베지진 이후 내각의 위기관리 기능을 강화할 필요성이 대두되었기 때문이다. 이는 내각법 제15조를 근거로 하며, 평상시에는 국내 전문가 등과 네트워크 형성, 위기 유형별로 대응책 연구 등을 수행하고, 긴급사태시에는 필요한 조치에 대하여 1차적 판단 및 초동조치에 대해 관계성, 청에 연락, 지시, 총리대신 보고, 관방장관 보좌 등을 수행한다.

그림 6-8 일본의 중앙방재회의 조직도

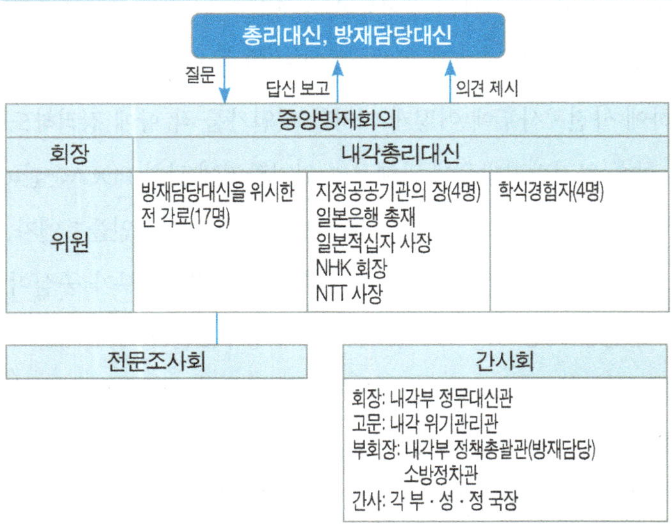

출처: 정재동(2014). 해외 주요국의 재난관리 ICT 동향과 시사점. 한국과학기술기획평가원, p. 15.

내각관방은 내각을 보조하는 기관으로 내각의 수상인 총리를 직접 보좌지원하는 기관으로서 내각의 서무, 내각의 중요정책의 기획입안, 종합조정, 정보수집, 조사 등을 담당하고 있다. 일본의 중앙방재회의 조직구조는 [그림 6-8]과 같다.

중앙방재회의에서는 종합적이고 체계적인 재해재난대책을 추진하기 위하여 내각총리대신을 의장으로 각 성·청의 국무대신 등을 의원으로 하는 중앙방재회의를 설치·운영하며 방재의 기본방침, 방재에 관한 정책의 종합조정, 긴급재난사태 선포 등을 결정하게 된다. 중앙방재회의는 국가방재대책의 종합성, 계획성을 확보하기 위해 설치된 행정조직으로 방재기본계획의 작성과 실시, 방재기본방침 및 방재시책 조정, 비상재해에 대한 조치 등에 관하여 내각총리대신을 자문하는 내각부의 부속기관이다. 그러나 단순한 자문기관이 아닌 방재기본계획을 작성하여 추진하는 실시기관의 성격을 갖는다(양기근, 2010: 133).

또한 중앙방재회의에서는 재해발생 시 긴급구조, 긴급대응의 배치에 관한 계획 작성 및 실행을 추진한다. 2001년 정부조직 개편에 따라 내각부가 방재행정과 관련한 정부기관 전체의 연계를 확보했으며, 정책총괄관이 방재에 관한 기본적인 정책기획을 입안하고 재난발생 시 각 성·청과의 종합적인 조정을 실시하고 있다.

일본 내각부는 국가의 재난정보를 신속하고 정확하게 획득하기 위하여 재난예방 및 구조에 관련된 정부기관의 네트워크를 구축하였다([그림 6-9] 참조). 이것은 네트워크 구축만을 위한 것이 아니라 종합적인 정보수집과 분석 및 평가를 통해서 재난예측을 할 수 있다는 것이다. 특히 [그림 6-9]에서 보듯이 정부는 인공위성 이미지 기술을 바탕으로 새로운 도구를 사용해 정확한 정보를 수집하고 피해의 정도를 파악하는 시스템을

그림 6-9 재난예방 및 구조에 관련된 정부기관의 네트워크

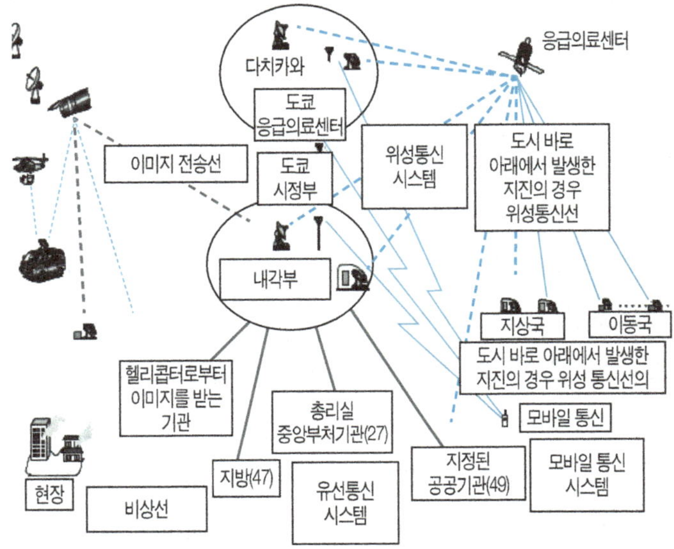

출처: 정재동(2014). 같은 자료. p. 22.

개발하였다. 내각부는 1978년에 도쿄의 행정기관과 기타 지정된 공공기관을 포함해 재난 관련 기관 및 단체를 연결하는 유선통신네트워크를 구축하는 프로젝트에 착수했다. 이는 재난방지 및 구조를 담당하는 내각부와 재난 관련 당국들 사이에서 정보수집과 통신을 보장하고, 비상구조활동을 촉진시키기 위한 것이다. 이후 1991년에는 프로젝트가 확대되어 교체기에 장비의 디지털화가 이루어졌고, 이 작업은 대부분 완료되었다.

〈표 6-3〉에서는 일본의 재난관리 ICT 현황을 보여주고 있다. 이에 대한 구체적인 내용은 다음과 같다(정재동, 2014: 16). 재난관리체계를 지원하기 위한 중앙정부차원에서 재난관리정보시스템은 국토교통성에 홍수에 대한 경보시스템, 토사재해발생 감시시스템 등이 있으며, 수방활동과 토사류 및 사면붕괴로 인한 재해예방활동을 한다. 또한 총무성 소방

표 6-3 일본의 국가안전관리 정보시스템

영역	ICT 현황
중앙정부차원의 방재 관련 정보화시스템	• 국토교통성: 홍수예 · 경보시스템, 토사재해발생감시시스템, 방재정보제공센터 등 • 총무성 소방청: 재해대책본부지원, 긴급지원정보시스템 • 기상청: 기상자료종합처리시스템, 지진활동감시시스템 • 문부과학성: 방사능재해정보시스템 • 내각부: 지진방재정보시스템(DIS)
지방정부차원의 방재 관련 정보화시스템	• 도도부현 자치정부 – 동경도: 방재센터, 방재정보시스템 – 오사카: 도시방재정보시스템 • 시정촌 자치정부 – 시즈오카: 안전정보전달시스템
재해 유형별 정보화시스템	• 풍수해 재해: 홍수예 · 경보시스템, 토사재해발생감시시스템, 침수피해예측시스템, • 지진 · 해일: 지진방재(DIS)정보시스템, 지진활동감시시스템 • 화재: 화재확산예측시스템
재해 유형별 세분화된 단독목적의 방재시스템	• 방재행정무선망, 지방방재무선망 등 어떤 상황에서도 통신이 가능하도록 시스템 구축 • 일제통보서브시스템, One-Call 서브시스템 • 이미지관리시스템, 자료관리, 통계분석시스템

출처: 정재동(2014). 같은 자료. p. 17.

청에는 긴급지원정보시스템을 두어 재해상황 및 소방활동에 필요한 정보를 공유하여 대규모 재해 시 신속하고 효과적인 재해대응을 가능케 하고 있다. 기상청에는 기상자료종합처리시스템과 지진활동종합감시시스템을 구축했고, 문부과학성에는 방사능정보시스템을 구축하였다.

한신 · 아와지대지진 이후 일본 정부는 재난정보관리시스템의 개선을 강화하였다. 즉 지진발생 후 8년 동안 각 정부부처와 기관은 자체적인 정보시스템을 구축하고 정보를 신속하게 수집 · 전환할 수 있도록 하였다. 또한 중앙재난방지협회는 각 조직이 구축한 시스템들 사이에 정보 교환의 부족 문제를 해소하기 위해 2003년 3월 '재난정보시스템의 개선을 위한 기본정책(basic policies for improvement of disaster information systems)'을 수립하였다. 이 기본정책은 다음과 같은 5개의 개별 정책들로 ① 시간과 공간의 측면에서 정보의 범위를 보장, ② 정보의 더 나은 사용을 위한 메커니즘의 구축, ③ 비상대처를 보조하기 위한 평상시 정보의 공유 및 활용, ④ 재난관리를 위한 전자정부의 구축, ⑤ 재난정보시스템의 실행을 촉진시키는 조직의 설립 등으로 구성되어 있다(정재동, 2014: 16). 이와 같이 일본은 일찍부터 방재관리에 있어 정보시스템을 도입하여 운영함으로써 재난발생 예측과 재난발생 시 신속하고 적절한 대응을 지원할 수 있었고, 중앙정부차원에서는 재해지정행정기관별로 정보시스템을 운영했다.

4) 내각부의 방재체제 강화

한신 · 아와지대지진의 교훈과 그 이후 나호토카호 중유 유출사고, JCO 원자력사고, 미야케지마 화산분화 등 다양한 재해와 9 · 11 테러, 괴선박 출몰 등 소위 무력공격사태에 의해 국민의 안전에 관한 관심이 고조되었다. 일본 정부는 위기를 다음과 같이 5가지 범주로 분류하고 있다. 첫째, 지진재해, 풍수해, 화산재해와 같은 대규모 재해 등이다. 둘째, 항공사고, 해상사고, 철도사고, 위험물사고, 대규모 화재, 폭발사고, 원자력재해, 독극물 등의 대량유출사고와 같은 중대사고 등을 포함한다. 셋째, 대량살상형 테러사건, 중요시설 테러, 항공기 납치, 대규모 폭동과 같은 중대사건 등이다. 넷째, 무력공격, 치안출동, 해상경비활동을 요하는 사태 등이다. 다섯째, 자국민 구출, 대량난민 유입, 사이버 테러 등은 기타 위기로 분류하고 있다. 또한 자연재해, 중대사건 및 사고에 관해서는 재해대책기본법과 기타특별조치법을 근거로 중앙방재회의가 작성한 방재기본계획에 규정하고 있다. 그리고 방재대책은 시간경과에 따라 재해예방, 응급대책 및 재해, 복구와 부흥의 3단계가 있으며(최호택 · 류상일, 2006: 239), 각 단계에서 국가와 지방자치단체, 공공기관, 기업인, 주민 등이 하나가 되어 최선의 대책을 실행하는 것이다(이호동, 2011: 63).

중앙방재회의는 재난에 관련해 내각의 중요한 정책에 관한 회의의 하나이며, 재해대책기본법에 의거하여 내각부에 설치되어 있다. 이 회의는 내각총리대신을 회장으로 하여 모든 국무대신, 주요 공공기관의 대표 및 전문가로 구성되다. 회의는 내각총리대신이나 방재담당대신의 자문을 받고 방재에 관한 중요사항을 심의하는 등 종합적 재해대책을 추진하는 역할을 맡고 있다. 일본 정부는 중앙방재회의를 중심으로 방재체제 재점검 및 방재체제 강화를 위한 정책을 추진해 왔다. 특히 방재행정체계의 강화는 정부, 지자체, 국민, 지역공동체, 자원봉사자, 기업, 교육기관 등 다양한 주체들이 상호 협력과 역할 분담 및 책임감을 통해 실천적인 위기관리정책에 대한 정책적 노력을 강화하고 있다(양기근, 2010: 133).

4. 지방정부의 재난관리체계

일본 지방정부의 재난대책은 중앙정부의 정책을 최대한 반영하여 시정촌을 중심으로 이뤄지고 있다. 일반적으로 방재계획과 행정, 시정촌의 방재행정 전반에 걸쳐서 지도와 조언 등을 실시하고 있다. 재해발생 시에는 소방무선시설을 이용해 응급대책과 복구대책에 관한 업무를 다루게 된다(위금숙 외, 2009: 154).

1995년 한신 · 아와지대지진을 계기로 지방정부의 재난관리 정책구조가 일부 변경되었다. 지방정부차원에서는 첫째, 지역방재계획의 개정작업을 통해 방재담당자의 정책커뮤니티가 강화되었고, 특히 도도부현과 시정촌 간의 연계를 확실히 구축했다. 둘째, 방재담당자의 정책 형성 및 결정능력을 향상하는 방향으로 정책 매뉴얼을 확대하였다. 이는 시정촌 차원에서 중앙과 지방자치단체 및 관계 공공기관, 그리고 자치회나 자주방재조직 등 조정해야 할 대상이 확대되었고, 여기서 합의한 결과를 방재계획에 반드시 포함시키도록 하였다. 셋째, 지방자치단체 내의 초동체제가 강화되었다. 넷째, 가장 큰 변화로 볼 수 있는 것은 주민을 방재정책네트워크 속에 포함시켰다는 점이다(이재은 외, 2006: 552). 이와 같이 지방정부의 재난관리체계가 1995년 한신 · 아와지대지진 이후 상당한 변화를 보이고 있다.

1) 지방정부의 조직과 기능

도도부현 행정구역 내의 방재사무에 관해서는 도도부현의 행정기관, 지정지방행정기관, 지정공공기관과 관계기관 간 연락 및 조정을 하면서 종합적이고 계획적인 방재행정을 관리하게 된다. 도도부현에서는 지방자치단체, 지정지방행정기관, 경찰 · 소방기관, 지정공공기관 등의 장 또는 지명된 직원으로 구성되는 도도부현 방재회의가 설치되었다. 여기서 결정한 지역방재계획에 따라 각종 재해대책을 수행하고 있다(이재은 외, 2006: 556). 재해대책기본법에 독립행정법인, 인가법인, 특수법인 및 민간회사 중에서 내각총리대신(수상)이 지정하는 것을 지정공공기관으로 하고 재해대책에 관한 각종 책임을 맡는다. 도도부현 방재회의의 역할은 지역방재계획의 작성과 실시, 재난에 관한 정보의 수집, 재난발생 시 관계기관의 연락조정 등의 업무를 담당하며, 재해예방, 재해응급대책 및 재해복구의 각 단계에서 적절한 방재계획을 수립하고 원활히 진행한다(양기근, 2010: 134).

재해대책기본법에 의한 재해 시 응급대응조직은 시정촌 또는 도도부현의 경우 각각의 시정촌장 또는 도도부현 지사를 본부장으로 재해대책본부를 운영하고 있다. 도도부현에서 방재 · 소방 · 위기관리(이하, 위기관리)업무는 총무 · 기획부(국), 또는 생활환경부(국)에서 관장하고 있으며 방재주관과가 총무 · 기획부(국)에 설치되어 있는 곳이 가장 많다. 시즈오카 현의 경우 방재를 전문적으로 담당하는 방재국이 설치되어 있고, 효고 현의 경우는 방재감(특별직)이 있어 지사를 보좌하여 위기관리를 총괄하고 있는 등 다른 도도부현과는 상이한 형태의 위기관리조직을 설치하고 있다.

2) 비상재해발생 시의 역할

지방정부는 재해가 발생하였을 경우 해당 지역시민의 생명과 재산을 지킬 책무가 있다. [그림 6-10]에서 보듯이 재해대책기본법에서는 원칙적으로 지방자치단체에 지역방재회의를 설치하고 재해에 대비해 지역방재계획을 작성하도록 되어있다. 중앙정부의 계획은 전국적인 시각에서 수립하나, 지방정부의 계획은 특수성을 감안하여 그 지역의 행정기관 등의 방재계획을 총망라해 역할분담과 계획을 수립하도록 한다(鍵屋, 2003: 32).

그림 6-10 재해대책기본법에서 비상재해발생 시의 역할

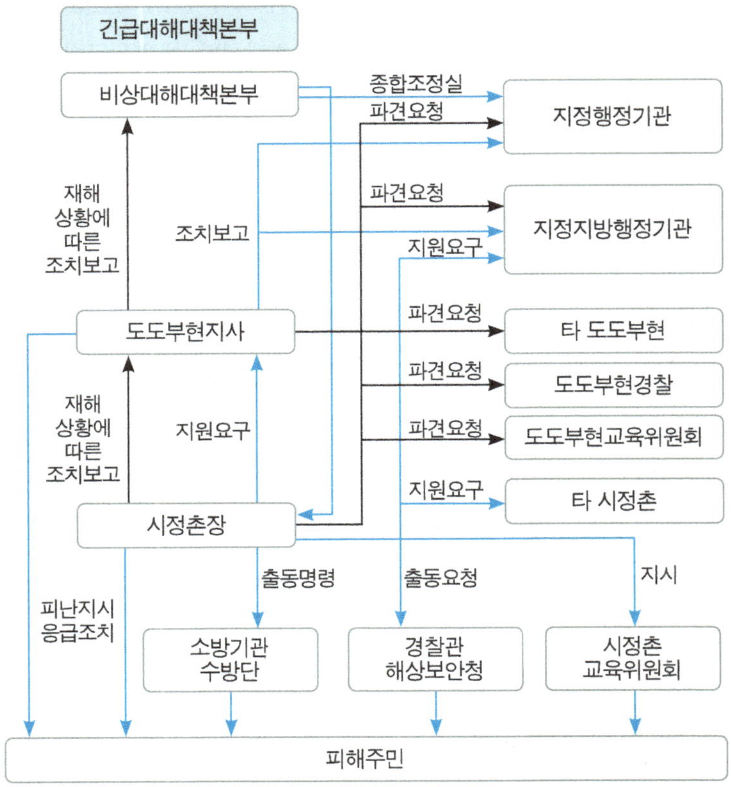

도도부현(시정촌 포함) 지역방재계획의 목적은 해당 도도부현 지역주민의 생명과 재산을 재해로부터 보호하도록 규정하되 인간의 육체적인 부분을 생명, 정신적인 부분을 자유로 표현하고 재산도 함께 보호하도록 한다. 또한 지역방재계획은 도도부현과 그 지역의 국가기관, 시정촌, 공공기관 등에 업무를 폭넓게 정하고, 광역적인 기관 간의 협력 · 연계체제 등 종합계획을 포함한다. 지역방재계획의 기준은 중앙정부의 방재기본계획에서 정하며, 중앙정부, 도도부현, 시정촌의 지역방재계획을 연계하여 수립해야 한다. 따라서 도도부현 지역방재계획의 작성과 수정은 내각총리대신과 협의하고, 시정촌의 지역방재계획의 작성과 수정은 도도부현 지사와 협의해야 한다(健屋一, 2003: 33).

3) 일본 동경도 재해재난관리시스템

지방정부의 경우 각각 다른 방재시스템을 구축하고 있는데, 일본 동경도는 재난재해관리시스템과 재해정보시스템을 동시에 갖추고 있다. 이것은 재난으로부터 시민의 생명과 재산을 보호하고 도시기능을 유지하기 위해 동경도를 중심으로 방재기관 간의 정보교환, 자료분석을 통해 재해대책을 협의 · 결정 · 지시하고 있다. 평상시에는 동경시민을 대상으로 방재의식을 높이고 재해 시에는 재해대책본부를 중심으로 각 방재기관과의 유기적인 협력체계를 갖추며, 재해정보시스템차원에서는 유무선 통신망을 통해서 재난상황 파악 및 복구지원에 필요한 각종 정보의 입수가 이뤄진다. 동경도의 재난재해관리시스템과 재해정보시스템의 구성 및 체계는 [그림 6-11]과 같다(이영재, 2005: 52).

그림 6-11 동경도 재난재해관리 및 재해정보시스템

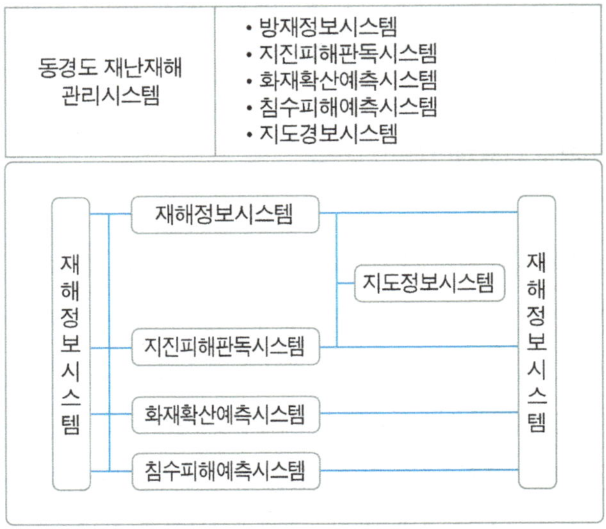

5. 중앙정부와 지방정부의 관계

일본은 국가위기관리상황에 대비해 내각부, 내각관방위기관리조직을 중심으로 컨트롤타워가 운영된다. 국가재난상황이 발생하게 되면 지방정부가 일차적으로 책임을 지고 각 도도부현에서는 중앙정부의 정책을 반영해 총괄하는 체제이기 때문에 재난규모에 따라 대응하는 수준도 달라질 수 있다. 일반적으로 재난이 발생하면 먼저 지방정부가 일차적인 대응을 하고 지방정부차원에서 대응하기 곤란한 대규모 재난이나 위험이 될 수 있을 경우에 지방정부가 상급행정기관인 중앙정부에 필요한 인적 · 물적 자원을 요청하면, 중앙정부는 필요한 자원을 미리 수립된 방재계획에 따라 지원하는 시스템이다(양기근, 2010: 140; 정윤한, 2013: 32).

그림 6-12 **일본 중앙정부와 지방정부의 연계시스템**

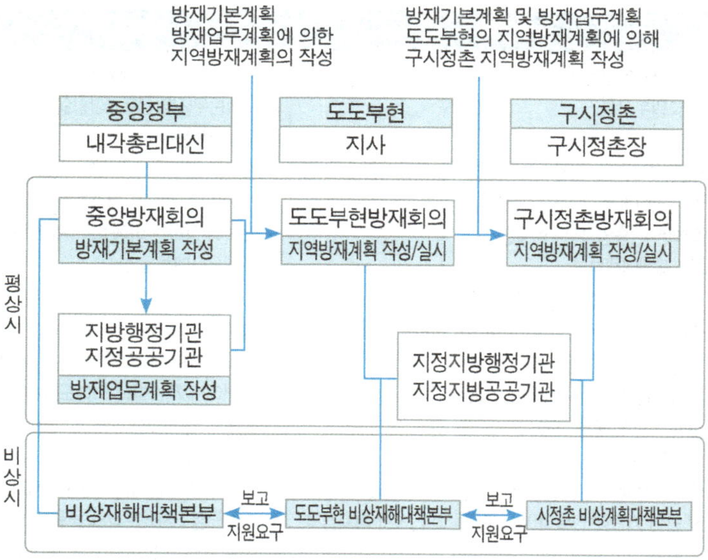

출처: 경기개발연구원(2011). 일본 위기관리시스템 검토와 우리의 대응방향. GRI 현안분석, p. 3.

이와 같이 일본의 재난관리시스템에 있어서 중앙정부와 지방정부의 관계는 평상시와 비상시로 나누어 대응하고 있다. 즉 평시에는 중앙, 광역 · 기초 · 자치별로 방재계획을 작성하고, 비상시에는 일차적인 대응은 지자체가 담당하는 것을 원칙으로 하나, 규모에 따라 상호 협력 및 지원하는 체제로 운영되고 있다([그림 6-12] 참조). 이러한 측면에서 볼 때, 재난발생 시 중앙정부와 지방정부의 체계적 운영에 있어 평상시와 비상시 최고기관, 기능, 구성, 대책본부, 중앙정부부처 및 기관, 상성행정조직(중앙과 지방정부) 등의 재난관리조직에 많은 차이점을 갖고 있다(〈표 6-4〉 참조).

표 6-4 일본의 중앙과 지방 재난관리조직 비교

중앙조직	지방조직
1) 최고기관: 중앙방재회의 2) 기능: 일부상설 3) 구성 국토청, 수자원국, 계획조정국, 토지국, 대도시정비국, 방재국, 지역진흥국, 기타(건설성, 각성청) (1) 대책본부(중앙정부-상황실) ① 중앙재해대책본부 • 유사시 재해대책본부가 총리부에 설치 • 관계 성·청·지방공공단체가 긴급재해대책을 강력하게 통일적으로 수행 • 피해상황에 따라 재해구조법이나 재해조위금의 지급 등에 관한 법률을 적용 ② 국토청방재국 상황실 • 국토청방재국의 상황실에서 피해조치상황 정보 입수 및 관련 기관에 전달하여 정부차원의 신속한 대처를 하고 있음 (2) 중앙정부부처 및 기관 ① 지정행정기관 ② 지정공공기관 • 방재와 관련하여 내각총리가 국가기관 및 공공기관을 각각 29개, 38개씩 지정 • 방재업무계획을 작성하고 국가방재에 맞추어 만반의 조치강구 • 도도부현, 시정촌과의 협력을 통해서 방재활동에 기여 (3) 상설행정조직(중앙정부) ① 도도부현 방재회의 • 도도부현의 기관, 중앙정부의 지방 지분부국, 비정공공기관과 같은 관계기관과의 연락조정수행 • 지역방재계획의 작성과 실시, 재난에 관한 정보의 수집, 재난발생 시 관계기관과의 연락조정업무 담당 ② 도도부현 방재과 • 방재계획 및 행정, 시정촌의 방재행정 전반 지도 및 조언 등 • 자체방재조직 육성·지도	1) 최고기관: 지방방재회의 (1) 대책본부(지방정부-상황실) ① 재해대책본부 • 지사를 본부장으로 하는 도도부현 방재회의와 긴밀한 협조하에 지역방재계획이 정하는 바에 따라 재해예방 및 재해응급대책을 실시 • 중앙정부의 비상재해대책본부는 재해발생 후 필요에 의해 설치되는 반면, 도도부현의 재해대책본부는 재난예방 측면에서 재난발생 전에도 설치할 수 있도록 되어 있음 ② 도도부현의 재난관리센터 • 각 도도부현 방재센터에서 방재기관의 정보교환·자료분석 등을 통해 재해대책을 협의·결정하고 지시를 내림 • 방재기관과의 유기적인 협력체계가 정보시스템에서 구축 • 상황파악 및 복구지원에 필요한 각종 정보의 입수가 유무선통신망을 통해 이루어짐 • 지진 등에 대비한 안전대책을 강구 (2) 상설행정조직(지방정부) ① 시정촌 방재회의 • 시정촌 방재계획의 성과실시를 담당 • 시정촌은 공동으로 시정촌 방재회의를 설치할 수 있음 • 조직이나 소관업무는 도도부현 방재회의와 유사 ② 시정촌 방재과

출처: 정재동(2014). 같은 자료. pp. 13-14.

제2절 국가위기관리의 참여기업과 영향

1. 기업의 위기관리

오늘날의 기업은 세계경제의 불황과 함께 정부규제 강화, 환경문제, 노사관계 등 제반 여건이 좋지 않다. 특히 일본의 기업들은 장기적인 경제침체를 경험하면서 초고령 사회로 진입함과 동시에 글로벌 경쟁력 약화 등으로 이중적인 고통에 직면하고 있다. 이러한 구조로 인해 기업 스스로가 극복하기에는 많은 어려움과 한계가 있다. 따라서 정부와 기업은 정치 · 경제뿐만 아니라 사회 전반적인 책무를 갖고 대응해야 한다. 특히 기업이 어려운 환경에 처한 원인으로 노사갈등과 생산력 저하, 생산원가 증가, 기업 간 경쟁 등의 내부적인 요소뿐만 아니라 외부 환경요인에 의한 것도 간과할 수 없다.

행정관청의 규정에 얽매여 상황적응력이 떨어지는 공공행정과는 달리 기업은 신속하고 유연하게 대응하여 대조적인 모습을 보이고 있다. 그 예로 일본전기주식회사(National Electrical Code)는 전화가 불통된 상황에서 자체 통신망을 이용해 큰 문제없이 제기능을 발휘할 수 있었다. 이외에도 기업이 한신대지진에서 대응한 과정을 살펴보면 뛰어난 조직력을 발휘했을 뿐만 아니라 시민구호활동에서도 유연성을 발휘했다. 즉,

대중교통이 마비된 상황에서 관리직 사원이 무리하게 회사에 출근하지 않고 초등학교에 마련된 피난소에 못 들어가 동네주차장에 모여 있는 이재민을 도왔던 사례에서 기업의 유연성을 엿볼 수 있다. 이처럼 상황에 따라 관리직 사원이 회사의 조직력을 동원해 긴급히 지역주민에 대한 구호활동을 펼칠 수 있다(일본경제신문사 편: 249-255).

이와 같이 기업조직이 신속하게 대응할 수 있었기 때문에 생활에 필요한 물자가 지역주민들에게 적절히 공급될 수 있었다. 또한 기업은 일반 시민을 심리적으로 안정시키는 데 크게 기여했음을 추론해 볼 수 있다. 이토오 햄, 코카콜라, 일본 햄, 산토리, 하우스 식품, 에자키 그리코, 타카라 주조 등의 회사들은 지역주민들에게 직접 음료와 식품을 공급하여 많은 도움을 주었다. 또 제약회사들도 재난사태를 신속히 파악하고 필요한 의약품을 공급하여 이재민들 사이에서 발생했을지도 모르는 패닉(panic) 상황을 상당 부분 제어할 수 있었다(일본경제신문사 편: 69-70).

이렇듯 기업의 유연하고 적극적인 재난대응자세는 무한경쟁 속에서 상대 기업과 끊임없는 경쟁을 통해 생존해야 한다는 냉엄한 현실논리를 기반으로 만들어진 것이다. 즉, 이것은 시장원리의 활성화와 조직의 효율적 운영이라는 점에서 많은 시사점을 찾을 수 있다. 이와 같이 한신대지진은 지역사회의 일원으로서 주민들에게 필요한 여러 가지를 제공하여 지역주민과 함께한 기업이 위기에 빠진 주민들에게 용기와 희망을 준 좋은 사례로 평가받는다. 또한 기업이 사회적 책임의식을 갖고 지역과 함께할 때 기업의 가치를 높일 수 있다는 것을 보여주고 있다(김경동, 1997: 149).

2. 기업경영의 영향

1) 동일본대지진이 기업경영에 미친 영향

동일본대지진과 같은 거대 복합재해에 의해 기업은 직원 생사확인의 어려움, 많은 인원의 귀가 불가, 원전사고 시의 피난지시와 옥내 피난지시 알림, 계획정전에 따른 조업 정지와 전력부족의 장기화 및 사용규제 발생, 공급망 단절, 연료자료 부족 등의 많은 위기상황에 직면했다. 이와 같이 기업에 동일본대지진이 미친 여러 가지 영향을 직능별로 정리하면 〈표 6-5〉와 같다.

2) 동일본대지진 후 기업 위기관리의 변화

동일본대지진으로 제조회사의 공급망이 거의 단절되었고 생산중단의 여파가 전 세계로 확산되었다. 자동차와 전자제품의 주요 부품이나 소재 분야에서 세계 시장점유율 1위 기업들이 피해지역인 도호쿠(東北)지방에 많이 존재하는데, 이들의 높은 기술력은 대체생산이 불가능하여 전 세계의 완성품 생산에 많은 영향을 주었다. 이에 해외 제조회사가 공급망과 관련하여 리스크를 경감시키기 위해 일본제 부품이나 소재에 과도하게 의존하는 조달구조를 재검토해야 한다는 의견이 제기되었다. 특히 일본에 가장 많이 존재하는 소규모 시장분야에서 세계 시장점유율 1위를 자랑하는 기업이 오히려 공급망단절 리스크에 빠질 가능성도 지적되었다(高野一彦, 2012: 330).

이와 같이 지진이 빈발하는 현실에서는 일본의 공급망이 두절될 위험

표 6-5 동일본대지진이 기업경영에 미친 영향

분류	동일본대지진에 의한 영향
최고위 관리자	• 위기관리와 리더십 불안정: 원전사고에 의한 동전(東電), 졸렬한 정부대응(강한 현장, 약한 본사) • 기업 지배구조(corporate government)의 결여: 경제산업성 산하에 있는 원자력 보안원(保安院) 원집집회 사전 지시 • 최고 책임자와 함께하는 크라이시스 시뮬레이션 훈련 필요
생산	• 위기에 처한 적기공급생산(JIT: just in time)방식 (한신 · 아와지대지진 → 아이신정밀기계공장 화재 → 니카타 주에쓰오키지진 → 동일본대지진) • 공급망(supply chain)의 단절 → 재검토
마케팅	• 원전사고에 의한 불확실한 소문 피해
재무, 회계	• 리스크 정보의 분명한 표시 재검토 →'사업리스크'로서 자연피해를 명기 • 특별손실예산 편성 • 일본형 경영의 내부유보 손해 시 유용성
정보	• 데이터백업체제의 재검토
노무, 인사	• 종업원의 안부확인시스템 재검토 • 사업소, 공장에서 피재한 종업원의 심리 케어
위기관리, 리스크 매니지먼트	• ISO31000(상황 확정 → 리스크 어세스먼트 → 리스크 트리트먼트)의 최악의 사태(worst-case scenario)를 상정할 필요 • 직하형지진, 동남해지진 등의 의식 강화 → BSP의 재검토

출처: 龜井克之(2012). 검증 3.11 동일본대지진. 고려대학교 일본연구센터 역, p. 331.

에 처할 수 있다는 사실이 세계적으로 확인되었으며, 이러한 상황을 극복하는 방안으로 다음과 같은 검토과제가 제시되었다. 첫째, 공급망을 구성하는 기업 전체가 효과적인 업무지속성계획을 갖추어 재해로 피해를 입은 이후 신속히 사업을 원래 수준으로 되돌리는 복원력을 강화해 신뢰를 얻는 것이다. 둘째, 공급거점의 다변화와 대체장소의 확보, 제품설계와 생산공정의 재검토 등 여유와 유연성을 가진 공급망을 실현한다. 셋째, 피해발생 시 설계 및 생산과정을 다른 장소로 이관할 수 있는 장치를 구축한다. 넷째, 광범위하게 다른 기업과 연대해 유사시에 원료와 수송수단을 상호 간 융통하는 체제를 구축한다.

기업이 경영에 필수적인 중요자료와 고객관리에 필요한 자료 등을 유사시에 대비해 반드시 백업해 놓는 것은 일반적인 경향이다. 대체로 데이터와 시스템을 정보기술계통 기업의 데이터센터에 위임하는 편인데, NTT 서일본 데이터센터는 이것을 백업하는 서비스를 개시하였다. 이처럼 각 기업에서는 종래의 데이터의 백업체제를 더욱 강화하게 되었다. 동일본대지진의 결과 교토기업들은 글로벌화를 통한 리스크 분산을 검토하게 되었다. 예를 들면, 일본전산은 전력부족 등의 리스크를 분산시키기 위해 대량의 전력을 필요로 하는 실험설비의 해외이전을 추진하기로 하였다. 그 밖에 많은 주식회사도 본사 기능을 해외에 두는 방향으로 검토를 시작했으며, 향후 예상되는 도카이(東海)·도난카이(東南海)·난카이(南海)지진을 예상하여 아시아-태평양지구의 통괄회사가 있는 싱가포르를 후보지로 지속적인 검토를 하고 있다. 이처럼 기업들은 동일본대지진 이후 경영자의 장기적인 위기관리철학을 변화시켰다.

제3절 국가위기관리와 민간단체의 연계

일본의 시민운동은 경제성장과 더불어 성장한 노동운동과 환경운동, 그리고 학생들이 중심이 된 안보투쟁 등이 1960년대 운동의 주류를 이루었다. 그 이후 안보투쟁은 평화운동이 점차 쇠퇴하면서 사라졌으나, 1970년대의 혁신자치체운동으로 새롭게 부활되었다. 곧 고도경제성장은 이타이이타이병과 미나마타병 등의 공해문제, 소음문제 등과 더불어 반공해, 반개발운동 등으로 이어져 진보적인 지방정부를 구성하는 운동으로 발전되었다. 이처럼 일본은 전국 도시의 시민단체에 의한 시민운동이 활성화되었으나, 1970년대 중반 이후 혁신자치체가 점차로 붕괴되면서 시민운동 역시 급속히 쇠퇴하기 시작하였다.

일본에서 시민운동은 1995년 전후로 꾸준히 증가하였다. 일본 사회에서는 국제적인 맥락에서 활동하는 단체를 NGO라고 하며, 국내에서 지역 만들기 또는 사회복지 등을 이슈로 활동하는 단체를 NPO(Non-Profit Organization)[6]라고 한다. 일본의 NGO들은 크게 보아 개발 NGO의 성격

6 일본에서는 1995년 한신대지진 당시 전국에서 자원봉사자가 지원하여 구조활동에 참여하였으며 이들 대부분은 NPO에 소속된 사람들이었다. 이로 인해 자원봉사자 혁명이라는 말이 생겨나기도 하였으며, 이를 계기로 일본 정부는 자원봉사자지원법 제정에 착수하고 1996년 12월 의회에 'NPO법안'이 제출됨으로서 일본 국민 전체에 비영리조직의 존재가 강하게 인식되었다. 1998년 2월 특정비영리촉진법(NPO법)이 일본 중의원 본회의에서 모든 정파의 찬성으로 통과됨으로서 법인격을 획득하였다(www.daum.net).

이 강하다. 따라서 일본의 경우 정부와 협력관계에서 파트너십을 유지하는 경우가 많고, 지역에 기초하여 자금을 조성하고 지역주민들이 국제교류에 참여할 수 있도록 채널이 잘 발달된 점이 특징이다.

1. 동일본대지진과 민간단체

일본은 대규모 쓰나미 피해로 인한 행정기능의 상실, 원전사고에 따른 복합적인 피해와 기약 없는 피난생활, 그리고 광범위한 행정지원수요에 대한 대응 등 자원봉사자뿐만 아니라 민간단체에서도 지금까지 경험해 본 적 없는 어려운 문제를 겪었다. 아울러 장기간에 걸친 재해지역의 부흥과 이재민의 생활재건을 위한 시민 입장에서의 지원방법이라는 과제도 제시되었다.

한신대지진 발생 후 16년 동안 민간단체의 활동상을 살펴보면, 재해봉사활동의 체제를 구축하기 위해 자발적인 봉사자들을 재해지역의 필요성에 맞추어 유연하게 확립하는 체제를 구축하였다. 즉, 재해발생 시 봉사자의 수급활동과 봉사자를 위한 수송버스 운용 등이 그 경우에 해당된다. 또한 시민단체가 경험한 노하우를 공유하고 그것들을 정착시키기 위한 제도로서 대표적인 것이 재해봉사자센터라고 할 수 있다.

동일본대지진 이후 지원활동에서는 이러한 체제와 제도, 경험과 노하우를 활용하여 대처할 수 있었지만, 동시에 지금까지 시행해온 제도와 체제의 존재가 새로운 문제를 낳은 측면도 있다(管磨志保, 2012: 356). 이것은 경험이 부족한 민간단체가 재난발생 시에 보다 체계적으로 운영 및 관리할 수 있는 제도적인 기틀을 만들게 되었다.

2. 재해자원봉사자에 대한 논의와 실태

1) 한신대지진 이후

일반적으로 재해봉사자는 재해지역 외부에서 지원하여 침수된 주택과 파손된 집 주변의 정리작업에 참여하고 피난처와 자택에서 불편한 피난생활을 하고 있는 이재민의 신변을 도와주는 역할을 한다. 실제로 재해지역에서는 더 이상의 피해를 줄이고, 피해확대를 방지하기 위한 활동과 재해를 당한 사회 인프라의 기능을 대신하거나 긴급히 복구해 가는 활동을 필요로 한다. 이러한 필요성에 대응했던 것이 한신대지진 후의 시민봉사자로, 이후 봉사자활동의 인식을 크게 변화시켰다. 현재 재해에 관한 봉사자의 활동영역은 부흥단계에서 사전예방, 재해감소로까지 확대되고 있지만 대부분의 사람들은 구원이나 복구단계의 활동으로 인식하고 있다(管, 2008: 61-66).

그 당시의 활동을 살펴보면 기업의 사원이든 자치단체 직원이든 간에 평소의 일과 역할을 넘어 재해지역을 위해 무상으로 활동하는 모든 사람이 봉사자로 불렸다(矢守, 1997: 177-194). 1995년 당시의 활동에서 봉사자의 자발성과 공공성에 관한 논의보다는 그들이 실제로 재해현장에서 무엇을 하고 다른 주체와 어떻게 관계하여 어떤 역할을 해냈는지 활동 자체를 실증적으로 분석하거나 그 결과를 바탕으로 한 새로운 봉사자상에 대한 논의가 대부분이었다.

2) 시민활동의 논의와 자체활동체제 확립

한신대지진 발생 후 기능이 마비된 공적 부문과는 달리 시민센터는 커다란 영향력을 발휘하였고, 이런 영향력은 시민사회 구축에 필요하므로 육성할 가치가 있다. 이처럼 일본사회를 변혁하는 새로운 힘은 자원봉사자의 시민활동을 확립하는 계기가 되었다(本間・出口, 1996). 이와 같은 자원봉사자의 시민활동이 하나의 사회적 주체로서 위치를 확보하고 그 활동기반을 강화하는 움직임을 이끌어 나갔다. 실제로 대지진 발생 3년 후 1998년 자원봉사자와 시민단체에 법인자격을 부여하는 NPO법(특정비영리활동촉진법)이 제정되었다. 이것은 NPO조직의 구성과 활동을 지원하는 중간지원조직(NPO 서포트센터, 시민활동지원센터 등)의 창설을 촉진하였다.

이러한 배경을 바탕으로 1995년 이후 전국 각지에서 진행된 개정작업을 통해 지역방재계획 내용 중 재해봉사자를 접수하는 창구부서가 명시되었다. 또한 재해발생 시 도움을 줄 수 있는 전문기능의 보유자를 위한 전문봉사자 등록제도가 구축되었다. 이러한 공적 제도뿐만 아니라 봉사자 관계자측도 지진 당시의 활동을 분석하여 효과적인 재해대응을 가능케 하는 정책을 만들어 재해 시 대응할 수 있는 자체활동체제를 확립하였다.

3) 민간지원과 협력적 전달체계

민간단체의 체제구축과 도구개발의 과정에 커다란 영향을 미친 것은 2004년 니가타(新潟) 현 주에쓰(中越)지진으로 종래 재해봉사자센터의 범주에서는 산재하는 피해집단에 대한 지원에 대응하기 어렵다는 한계가 있었다. 또한 도심부에서 구원 · 복구단계의 생활지원보다도 마을의 부흥을 지원하는 활동이 요구되었다. 이와 같은 활동자원을 확보하기 위하여 장기적인 지원체제를 구축하는 것과 개별문제에 순차적으로 대응하는 지원 형태도 새로운 과제로 제기되었다.

이런 재해를 계기로 재해봉사자센터라는 틀을 전제로 하면서 그 활동기반을 확충해 나가는 방안으로 전국사회복지협의회와 중앙공동모금회, 재해 NPO, 민간기업들이 연계한 재해봉사자 활동지원프로젝트회의를 설립해 재해봉사자센터의 운영모체가 되는 사회복지협의회의 직원파견 및 연수시스템을 확충하거나 민간자원(기중물자와 기부금)을 효과적으로 재해지역에 전달하는 체제를 구축하였다.

4) 동일본대지진에서 재해자원봉사자 활동

(1) 재해자원봉사자의 초동대응

자원봉사자가 재해지역에 선발대로 파견되는 것은 지진이 일어난 직후부터 시작되었다. 재해지역의 주변과 주변부로부터 멀리 떨어진 곳에서도 재해지역과 이재민을 응원하는 다양한 지원활동이 시작되었다. 재해구조에 깊이 연관된 NGO의 초동대응이 매우 신속히 이루어졌고, 고베와 도쿄에 거점을 두고 있는 NGO는 재해 당일부터 현지에 선발대를 파견하였다(村井, 2011). 초동대응에 있어 재해발생 며칠 전에 시즈오카 현에서 도카이(東海) 지진을 상정한 광역연계에 기반한 도상훈련이 행해지고 있었던 것도 재해 대처에 긍정적인 영향을 주었을 것이다. 이 훈련에는 방재봉사자활동검토회와 재해봉사자의 전국네트워크 관계자가 기획자로서 관여하였다. 더 나아가 정부관계자와 지원프로젝트 관계자도 참가하였다.

이와 같이 재해지역의 중심으로 향하는 활동과 병행해 주변부와 원격지에서도 다양한 활동이 시작되었으며, 실제로 주변부에서도 상당한 피해가 발생하여 피해봉사자센터가 개설되면서 복구작업이 이뤄졌다. 또한 수도권 지역의 호텔과 체육관에도 피난소가 개설되어 피난민을 수용하고 지원하는 활동을 하였다.

그 대표적인 경우로 니카타 현과 이바라키(茨城) 현 및 미야기(宮城) 현의 지원활동을 예로 들 수 있다. 즉, 니카타 현에서는 주에쓰지진의 집락부흥에 관여해 온 중간지원조직이 중심되어 백업센터를 개설하는 동시에 재해지역에 구조물자를 보냈다. 이바라키 현에서는 재해대응 경험이 풍부한 중간지원조직이 현 내 지원을 집결해 피난자 수용을 개시했고, 미야기 현의 몇몇 재해지역에 최전선기지를 두고 2만 명의 봉사자를 보내는 계획을 수립하였다.

이러한 활동은 다른 현에서도 볼 수 있었지만 특히 도쿄는 재해지역에서 활동하는 NGO와 재해 시에 큰 역할을 거둔 민간공익조직(전국사회복지협의회와 중앙공동모금회 등) 본부가 다수 설치되어 후방지원거점의 집적지로 기능하기도 하였다(管磨志保, 2012: 366).

(2) 다양한 지원 형태와 초동대응의 교훈

동일본대지진 지원 전국네트워크(JCN: Japan Civil Network)는 지진 당일 밤에 재해 NPO의 요청에 따라 집결한 관계자들 중심으로 결성되었으며, 참가단체는 2011년 8월 말 당시 638개에 달해 가장 큰 네트워크였다고 할 수 있다. 그들은 재해발생 3일 후 전국사회복지협의회 회의실에 모여 네트워크로서, 활동내역의 정보연락체제, 동원가능 자원, 공유해야 할 미션 등을 논의하고 8개 팀을 구성하여 활동프로젝트를 수행하는 체제를 정비하였다.

한신대지진 때 자원봉사자로 인해 현지의 혼란이 조장되었다는 비판도 있었지만 동일본대지진의 경우 재해지역의 지원수요 요청이 시급하여 전국 각지에서 재해지역으로 향하는 봉사자들을 환영하는 분위기가 팽배해졌다. 당시는 현장에 수용체제 등도 전무하였으며 활동에 필요한 환경조건도 봉사자 스스로 행정과 다른 지원자들과 함께 현장에서 참여하는 형태였다. 봉사자는 스스로 활동체제를 정비해 나가는 한편, 공적인 지원과 조직적인 대응에서 누락된 문제를 찾아내어 알리는 동시에 대응지원체제를 만들었다. 이를 완벽한 조직이라고 볼 수는 없지만 상호 연결하는 힘과 새로운 것을 창출하는 창조력이야말로 봉사자의 자발적인 참여로 가능했다.

처음부터 봉사자 활동은 제도화된 지원의 잠재적 문제점을 찾아 구석구석 지원해주는 안전망(safety net)의 역할을 해왔다. 이와 같이 초동대응에서도 제도에 의한 지원이 미흡한 지역에서 독자적으로 대응한 사례를 다수 볼 수 있었다. 지금까지 이런 사례들의 교훈은 미래에 재난예방과 민간단체의 참여 등에서 반드시 학습할 가치를 지닌다.

제4절 국가위기관리와 긴급구조체계

1. 중앙정부의 긴급구조체계

동일본대지진과 같은 대규모 자연재해를 포함한 복합적인 국가재난사태가 발생하게 되면 중앙정부의 내각부에서 1단계로 방재담당대신을 본부장으로 하는 비상재해대책본부를 설치한다. 사태가 심각할 경우 2단계 긴급재해대책본부로 격상되며 본부장은 내각부총리대신이 주재하게 된다.

특히 1995년 1월 17일 한신대지진의 경우 대응단계에서 가장 큰 문제점으로 지적된 것은 중앙정부차원의 초동파악과 초동대응이 너무 늦었다는 것이다. 이처럼 초동대응이 지연된 것은 중앙정부가 지진 직후의 현지상황 파악에 완전히 실패했다는 데에 상당 부분 원인이 있었다(김경동, 1997: 50). 지진발생상황을 오전 6시 이후 TV를 통해 알았다는 당시 무라야마 수상은 담당비서관으로부터 지진발생 후 약 1시간 44분이 경과한 후에 "이번 지진이 심각한 피해로 발전할 가능성이 있다"는 보고를 받았다. 이처럼 정부의 최고지도자인 수상이 초기단계에서 지진의 규모를 파악하지 못하였으며, 수상관저의 정보수집이 지체된 원인은 수상관저의 정보수집시스템에 문제가 있는 것으로 지적되었다(김경동, 1997: 294).

이와 같은 사례로 인해 내각의 위기관리기능 강화의 필요성을 절감하게 되었으며, 내각부에 방재담당대신을 신설하고 내각관방에 위기관리를 전문으로 하는 담당 내각위기관리감(監)을 1998년 4월 1일 특별직으로 신설하였다. 평상시에는 국내 전문가 등과 네트워크를 형성하여 위기유형별로 대응책 연구 등을 수행하였고, 긴급사태 시에는 1차적 판단 및 초동조치에 대해 관련 성(省)과 청(廳)에 연락 및 지시, 총리대신 보고와 관방장관 보좌를 하게 된다.

그러나 동일본대지진의 사례에서 나타난 중앙정부 긴급구조체계의 문제점으로 대두된 것은 기상청에서 발표한 쓰나미의 규모가 과소평가되었다는 점이다. 대규모 인명피해의 주요 요인이 쓰나미에 의한 희생이라는 점에서 관련 기관과의 공조체제가 매우 중요하다. 즉 쓰나미의 예보와 경보에 지진계의 기록을 과도하게 편중한 나머지 시스템을 개선할 수 있었는데도 지진기록에 의존해 대규모 재난사태가 발생한 것이다(河田惠昭, 2012: 50).

또한 후쿠시마 원자력발전소의 재해는 사고 발생 직후 도쿄전력의 과실과 그에 잇따른 미숙한 대응을 주요 요인으로 볼 수 있다. 그 당시 재난에 대응할 수 있도록 시스템이 갖춰져 있었지만 즉시 조치할 수 있는 유효시간을 사용하지 못하고 그 기회를 잃고 말았다. 또 핵연료에 대한 부주의한 관리 때문에 수소가스가 발생하면서 화재가 일어났는데, 그 사고 직후에는 단지 큰 쓰나미로 인해 원자력사고가 일어나고 사태가 확대되었다는 정보조작이 이뤄졌다. 그럼에도 불구하고 중앙정부가 신속하게 적절한 조치를 강구하지 못한 탓에 광범위한 지역에 방사능물질이 누출되면서 일본경제에 막대한 손실을 초래했을 뿐만 아니라 국제사회에서 일본에 대한 신뢰도가 급격히 추락했다. 그리고 소방의 역할이 재해현장에서 초기대응에 신속하게 투입되지 못해 자위대의 활동보다 미약했다는 비판이 제기되었다. 물론 피해지역이 광범위하고 피해가 심대하고 광역적 지원제도가 미흡하여 지원체제가 원활하지 못했다는 것도 중앙정부에서 향후 개선할 점이다. 이처럼 중앙정부의 긴급구조체제는 신속하게 긴급대책본부를 설치하여 초기대응부터 복구까지 단계별 조치는 물론, 지자체 간의 지원체계 확립과 중앙정부의 조정을 필요로 한다.

2. 지방정부의 재난피해 사례

오사카 시는 2003년 외국인 여행자로부터 사스(SARS) 감염이 발생함으로써 신속하고 원활한 초동대응의 필요성을 인식하였다. 시당국은 관련 정보수집과 분석 및 전달 등을 신속하게 실시하여 담당부국에 대한 적절한 조언과 지원, 그리고 초동체제 확립의 필요성이 대두되었다. 이에 오사카 시는 방재실에서 위기관리실로 변경하였고, 각 부국의 차장을 위기관리실 겸 위기관리정보담당으로 보직하여 위기관리실의 존재를 명확하게 하였다(이호동, 2011a: 39). 2004년에는 자연재해나 신종감염 등 다양화되는 위기사안에 대응하기 위해 조직구조상 특정 부국에 속하지 않으면서 지사의 명을 직접 받는 위기관리사무에 관해 모든 부서차원에서 총괄하는 역할을 담당하는 직책으로 위기관리감(監)을 설치하는 등 위기관리체제를 강화하였다. 2015년 오사카 부는 위기관리실의 조직을 〈표 6-6〉과 같이 구성하고 있다.

또한 위기대응 초동체제 구축상황은 자연재해 대상의 초동체제와 설치조직과 배치시기로 나눠볼 수 있다(〈표 6-7〉 참조). 직원의 배치체제는 재해의 규모나 상황에 따라 비상 1호 체제부터 비상 5호 체제까지 규

표 6-6 위기관리실의 조직

방재기획과	• 총무기획그룹 • 계획추진그룹 • 지역지원그룹
재해대책과	• 위기관리 · 국민보호그룹 • 재해대책그룹 • 방재정보그룹
소방보안과	• 소방지도그룹 • 보안그룹

출처: www.pref.osaka.lg.jp

정되어 있다. 인원배치체제는 진도 4의 지진발생으로 비상 1호 체제(각 부국 직원 합계 185명), 비상 2호 체제(동 294명), 비상 3호 체제(동 531명), 비상4호 체제(동 813명), 비상 5호 체제(진도 5약의 지진에서 자동배치체제로 전 직원)로 되어 있다. 2007년부터 진도 4의 지진발생으로 비상 1호 체제(각 부국 직원 합계 187명), 진도 5약 또는 진도 5강의 지진으로 비상 2호 체제(동 389명 및 도시정비부 전 직원), 진도 6약 이상의 지진으로 비상 3호 체제(전 직원)로 개정되었다(이호동, 2011a: 40).

표 6-7 위기대응 초동체제 조직구축 및 배치기준

자연재해 대상의 초동체제	배치기준
방재 · 위기관리대책 지령부 (부장: 위기관리감)	재해원인정보가 수신되었을 때 (위기관리 대상사항의 발생정보 등을 수신한 경우에 설치)
재해경계본부 (본부장: 위기관리감)	지진 · 태풍 등으로 재해발생 우려가 있을 때 (소규모 재해발생 시 설치)
재해대책본부 (본부장: 지사)	진도 5약 이상의 지진발생 시 (중규모 · 대규모 재해발생 시 설치)

출처: 大阪府(2006)의 이호동(2011a), p. 40. 재인용.

일본의 위기관리체제는 1995년 이후 재해대책기본법, 방재기본계획, 국민보호법, 국민보호계획, 위기관리기본지침, 위기관리기본계획을 통해 포괄적인 관점에서 중앙방재회의를 중심으로 위기관리체계를 재점검 및 강화해 왔다. 특히 일차적으로 책임기관인 지자체의 역할과 기능강화를 위해 위기관리 전문조직의 설계, 구축, 전문인력 수급을 위한 인사교류대책 등을 활용하고 있다. 지방자치의 취지하에 도도부현의 역할과 기능의 중요성, 중앙정부와 지방정부의 지원연계체계, 도도부현과 시정촌 간 및 지자체 간 지원연계를 강화함과 동시에 지자체의 공통된 위기관리 전문조직을 통해 체계적인 위기관리시스템을 구축한 것이다.

현재 도도부현은 위기관리 효과성을 제고하기 위해 지자체의 실정에 적합한 위기관리 전문조직 설계 구축과 상황실(위기관리센터)의 표준화를 통해 지휘체계의 명확화, 정보수집 전달, 타 부서와의 연계조정 협력을 강화할 수 있도록 구성하였다. 그러나 평시나 위기시를 불문하고 시정촌을 지원할 수 있는 체제운용을 확립하였고, 재난발생 시 현지조정소를 통한 현장조정능력 강화 등의 방향으로 체계를 구축해 왔다. 또한 위기관리 전문인력의 원활한 수급을 위한 조직 간 외부와의 인사교류체계 모색, 위기관리 전문부서를 통해 훈련교육 연수 등의 체계화 및 상시화를 도모하고 있다. 일반적으로 시정촌은 대응 중심의 위기관리로의 이행이 늦어지고 있지만 위기대응의 효율화를 위해 소방과 같이 실재로 가동할 수 있는 조직을 적극적으로 활용할 수 있도록 조직의 통합과 표준화 방향을 모색하고 있다.

지역에 따라 과거 재난에 관련된 지진과 쓰나미에 대한 인적피해와 현황을 보면 지역적 차이를 알 수 있다(〈표 6-8〉 참조). 동일본대지진의 경우 지진발생 후 쓰나미가 내습한 시가지에서는 철근 콘크리트 건물을

표 6-8 쓰나미의 인적 피해에 대한 역사적 변천(2011년 기준)

		이와테 현	미야기 현	후쿠시마 현
메이지 산리쿠 쓰나미 (1896년)	사망자 수(명)	18,157	3,387	
	연안 시정촌 주민수(명)	76,105	20,995	
	사망률(%)	23.9	11.3	
쇼와 신라쿠 쓰나미 (1933년)	사망자 수(명)	2,667	307	
	연안 시정촌 주민수(명)	130,846	35,964	
	사망률(%)	2.0	0.85	
동일본대지진 (2011년)	사망자 수(명)	6,099	11,501	1,838
	연안 시정촌 주민수(명)	242,312	1,674,318	1,466,358
	사망률(%)	2.52	0.69	0.13

출처: www.pref.osaka.jp

제외하고 모두 유실되었으며, 다카다마쓰하라(高田松原)와 그 배후의 높이 약 6m의 콘크리트로 축조된 쓰나미 방조제도 완전히 유실되었고, 그 흔적은 지반이 침하되어 수몰되었다. 오후나토(大船渡) 시와 같이 만(灣)의 길이가 길고 밀려들어온 5파 이상의 쓰나미가 복잡하게 만(灣)으로 출입을 반복하여 연안을 따라 크게 침수된 곳과 그렇지 않은 곳의 차이가 명확한 것도 쓰나미 피해지역의 특징이다. 동일본대지진에서는 침수되지 않은 지역주민의 피난행동이 늦어진 것이 판명되었으며, 관계자는 침수지역과 침수되지 않은 지역의 경계 문제를 매우 중요한 사항으로 인식해야 한다. 한편, 쓰나미 피해가 컸던 이와테, 미야기, 후쿠시마 현의 인적 피해를 보면 재해의 인적피해는 사망률에 있어서 쇼와 산리쿠 쓰나미와 매우 유사한 수치를 기록하고 있는 것을 알 수 있다. 이는 한신대지진의 1/8 이하로 쓰나미 피해는 대피하면 살아남고, 대피하지 않으면 희생된다는 것을 재인식시켜주었다(河田惠昭, 2012: 45).

제5절 국가위기관리의 경험적인 과정과 문제점

1. 분권적 재난방재체계

일반적으로 위기관리의 성패는 평소에 재난관리에 얼마나 잘 대비했고, 실제로 위기가 발생했을 때 잘 준비된 대응활동을 실천하는 데 있다. 오늘날의 지구온난화 현상, 자연재해, 화산폭발 등 자연현상을 사전에 예방할 수는 없다. 그럼에도 불구하고 평상시에 재난에 대한 철저한 준비와 예방 및 훈련을 통해서 상당한 피해를 예방할 수 있다는 것이 증명되었다(務台: 2003). 전 응급대응담당과장이 "미국은 펜타곤이나 9 · 11 테러를 계기로 위기관리가 얼마나 중요한지에 대한 이해가 깊어졌다고 생각하지만, 반대로 이러한 사건이 없었다면 위기관리의 중요성을 깨닫지 못했으리라 생각한다. 정치에 호소하기 위해서는 대규모 재난이 없으면 안 될 것 같다는 모순을 느끼고 있다"라고 언급한 것은 여러 가지 시사점을 준다.

일본의 경우 이세(伊勢)만 태풍(1959)으로 피해(사망자 및 행방불명자 5,098명)가 심각했던 원인을 정보전달 부족, 위험지대 경고 소홀, 불충분한 방재체제 등으로 인식하고, 이에 적절히 대응하기 위하여 재해대책기본법(1961)을 제정하였다. 기존 법률에 결여된 부분은 추가적으로 보완 및 유기적으로 조정될 수 있도록 기타 재해 관련 법률에 대해 일반법적 성격의 것으로 방재책임의 명확화, 종합적 방재행정, 계획적 방재행정, 심각한 재해 등에 대한 재정지원, 재해긴급사태 조치 등을 규정했다. 국가와 지방공공단체는 방재조직, 방재계획, 재해예방, 응급대책, 복구 · 부흥 등 재해대책의 기본을 설계함으로써 지금까지 재해가 발생할 때마다 개별법률 제정에 의한 대책으로부터 종합적 · 계획적인 방재대책을 수립하는 방향으로 전환하였다.

이후 한신 · 아와지대지진(1995)으로 또 다시 대규모 피해(사망자 및 행방불명자 6,437명)가 발생하게 되었고, 재해 시 긴급통행 확보, 긴급재해대책본부 설치요건 완화, 자주방재조직이나 자원봉사에 의한 방재활동 환경정비 등에 관해 재해대책기본법을 대폭 개정했다(中村, 2010). 또한 중앙성청등개혁기본법(1998) 제정에 의해 내각의 기능강화, 중앙성청 개편을 통해 방재 관련 각 성청 시책에 대한 통일을 도모하기 위하여 내각부 특명담당대신으로 방재담당대신(재해대책기본법, 제2장제1절)을 설치하였다. 또 광범위한 분야에서의 관계행정기관의 연계확보를 위하여 국토청 방재국의 기능을 내각부 정책총괄관(방재담당)으로 개편함으로써 방재에 관한 기본적인 정책, 대규모 재해발생 시의 대처에 관한 기획입안 및 종합조정을 담당하도록 했다.

또한, 한신 · 아와지대지진의 교훈을 바탕으로 대규모 재해, 중대사고 등의 긴급사태에 있어서 정부의 위기관리기능을 강화하기 위해 내각위기관리감과 내각정보집약센터를 설치함으로써 내각관방의 체제강화를 도모하고, 내각부는 방재와 관련 내각관방을 돕는 역할을 담당하게 되었다. 또한, 현행 지방자치단체의 위기관리체제 구축 및 역량강화 등은 도도부현 차원에서는 98%가 실국단위의 위기관리 담당조직 및 전문관(위기관리감 등, 부국장 이상이거나 부국장 또는 차장급)을 설치했고, 시정촌 차원에서는 70% 정도 구축되어 가고 있는 실정이다.

일본의 경우 1995년 이전에는 방재정책과 관계되는 관계기관과 담당자, 관련 법령이 복잡해 종합적이고 체계적인 방재구조를 구축해야 할 필요성을 느꼈다. 일본에는 합리적 위기관리구축을 위해 여러 법령 및 제도가 제정되거나 개정되었다. 그중 풍수해와 관련된 기본법령이 바로 재해대책기본법으로 이 법에는 시읍면 지역방재회의의 설치와 지역방재계획의 작성 등 수해예방대책에 필요한 전반적이고 종합적인 대책이 규정되어 있다. 이 법에서 규정된 방재계획의 대책의 위계는 다음과 같다(최용준 · 김한수, 2012: 76).

첫째, 국가는 국토 및 국민의 생명, 신체 및 재산을 재해로부터 보호해야 하는 의무를 갖는다. 또한 국가기관의 조직 및 기능을 이용해 방재예방에 철저한 준비를 해야 한다.

둘째, 도도부현은 방재계획을 작성하며 도도부현 주민의 생명, 신체 및 재산을 재해로부터 지키기 위하여 관계 기관과 다른 지방공공단체와의 긴밀한 협력을 통해서 철저한 대책을 만들어야 한다. 동시에 거주하는 구역 내의 시읍면과 지정 지방공공기관이 처리해야 하는 방재업무를 돕고, 상급기관의 도움이 필요할 경우에 종합적인 조정역할을 한다.

셋째, 시읍면은 기초적인 지방공공단체로서 해당 시읍면 주민의 생명, 신체 및 재산을 재해로부터 안전하게 지키는 것이 중요하며, 이를 위해서는 관계기관과 다른 지방공공단체의 협조를 얻어 해당 시읍면의 지역과 관련된 방재계획을 작성하고 법령에 근거해 이를 신속히 집행한다. 그 밖에 시읍면은 수해방지단체, 소방조직 등 자발적인 조직의 기능을 높이기 위한 활동도 필요하다. 지정공공기관은 그 업무와 관련된 방재계획을 작성하고 법령에 근거해 이를 실시함과 동시에, 법령의 규정에 의한 국가, 도도부현 및 시읍면 방재계획의 작성 및 실시가 원활히 이행되도록 해당 도도부현 혹은 시읍면과 협력해 방재활동을 지원한다.

이와 같이 국가와 지방정부 및 공공기관 등이 법·제도적인 측면에서 상호 간에 원활한 협력적 거버넌스시스템이 작동할 수 있도록 제도화되어 있다. 법령의 규정에 의한 방재에 관한 책무를 갖는 사람은, 법령 또는 지역방재계획이 정한 업무에 대해 성실하게 그 책무를 완수하지 않으면 안 된다. 스스로 재해에 대비하기 위한 수단을 강구하여야 하며, 자발적인 방재활동에 참가하는 등 방재에 기여하기 위해 노력하지 않으면 안 된다.

2. 중앙정부와 지방정부의 문제점

일본은 동일본대지진, 대규모 쓰나미, 원자력 발전소 폭발사고 등의 대규모 복합적 대재앙을 경험함으로써 현행 재해대책기본법, 방재기본계획, 국민보호계획, 위기관리조직 등 국가재난관리(대비)에 관한 역량강화를 위해 종합적인 검토를 하고 있다. 특히 가까운 미래에 발생할 가능성이 높은 동해·동남해지진 등 거대재해발생에 대비하는 방재체제 강화구축 등의 준비가 진행되고 있다(中央防災會議, 2011). 최근 일본에서 발생하고 있는 거대한 자연재해는 막대한 재산과 인명피해를 주고 있지만 법제도적인 대응을 하는 데 많은 한계를 갖는다. 따라서 오히려 재난발생 시에 사회에서의 재난예방력 향상과 피해감소 등에 대한 기대가 높아졌다.

예견할 수 없는 피해는 제로 상태로 만들 수 없기 때문에 하드방재와 소프트방재를 혼합해 계속적으로 피해억제와 피해경감에 노력한다는 목표관리형 재난대책이 필연적으로 발생한 것이다. 이런 가운데 동일본대지진이 발생하였으며, 이 대재앙은 지진, 쓰나미, 원자력사고를 동반한 복합재해이기 때문에, 기존에 국가가 갖고 있는 재난실행 매뉴얼을 운영 및 작동하는 데 많은 문제점이 있다는 것을 알 수 있었다. 특히 광범위한 지역에 재해가 발생하는 경우에 현단위에서 대응할 수 있는 수준을 넘어설 경우에는 피해 행정구역 지원, 식료배급, 급수 등에 한계를 갖게 되었다.

따라서 중앙정부는 이를 극복하기 위하여 물류회복이나 광역피난의 필요성에 대해 적극적인 지원과 협조 및 조정 등을 해야 한다. 그럼에도 불구하고 현장대책본부에 분명한 권한이 주어지지 않아 의사결정을 하는 데 기존 시스템 이상으로 많은 시간이 소요되었다(河田惠昭, 2012: 54). 또한 광역적인 지원체제에서는 광역지원의 공간규모와 자원부담의 상호 조정을 필요로 했다. 그러나 이런 과정에서 사전에 실효성이 높은 협정과 훈련을 해야 신속하게 대처할 수 있었다.

또한 재해현장에서 1차적인 대응주체라고 할 수 있는 자위대, 소방, 경찰의 역할에 대해서 살펴보면, 자위대활동은 과거 지진 발생 시와 달리 소방청보다 눈에 띄게 증가했으며, 발생 3일 후 재해파견임무로 최초로 통합임무부대를 편제하여 육상자위대, 해상자위대, 항공자위대의 지휘명령계통을 일원화했다. 경찰도 광역 긴급지원부대로서 출동했으며 지진발생 후 대규모 경찰관이 피해현장에 파견되었다. 이에 반하여 소방서 지원체계는 신속하게 갖추어졌지만 자위대와 비교하면 그 존재감은 거의 찾아볼 수 없었다. 더군다나 원자력발전소사고에서 소방차량의 활동이 시급한 시점에 중앙정부인 국가가 각 시정촌 소방서에 출동지시가 아닌 형식적인 출동요청을 내림으로써 지진의 경우와는 전혀 다른 형태를 보였다(永田尚三, 2012: 298).

따라서 중앙정부가 광역재해발생 시 지방정부에 소속된 소방서의 인력과 장비에 대한 출동지시를 내릴 수 있도록 법 규정을 개정할 필요가 있고, 재난대응에 있어서 권한과 책임소재가 명확하도록 지방분권에 대해 충분히 검토하도록 한다. 그 밖에 위기관리의 단계에 관한 연구는 완화, 준비, 대응, 복구의 4단계 국면을 중심으로 논의되었다(Petak, 1985: 3).

첫째, 완화단계에서 위기완화는 세 가지 주요 목표를 추구하는 전략적 단계로 이해할 수 있다(Godschalk & Brower, 1985: 64-65). 예컨대 둑이나 방파제 등의 구조물을 설치하여 위기를 억제하거나 약화시키는 전략이다. 또 정부가 건물의 높이를 규제하거나 홍수방지시설을 설치하여 위험지역에 거주하는 주민과 시설을 보호하고, 토지 사용 및 인구 집중을 규제함으로써 위험지역 이용을 제한하려는 전략이다. 쓰나미에 대한 완화단계도 생명보호를 가장 우선시해야 하며, 대피가 최우선 과제가 되도록 도시계획과 피난로의 정비도 시급하다. 또한 기존 쓰나미 방조제 등의 구조물은 설사 쓰나미가 밀려와도 쉽게 무너지지 않도록 견고한 성능 설계가 필요하다. 왜냐하면 쓰나미는 큰 경우 통상 5~6파가 내습하므로 조기에 파괴되면 방재효과가 없어지기 때문이다(河田惠昭, 2012: 47).

둘째, 준비단계는 위기발생 시 위기대응을 위한 운영능력을 개발시키려는 활동으로 정의할 수 있다. 먼저, 위기발생 시 위기대응을 집행하는 과정에서 활용될 중요 자원들을 미리 확보하고 위기발생지역 내외에 있는 다양한 위기대응기관의 사전 동의를 얻는다. 또 위기로 인한 재산상의 손실을 줄이고 주민들의 생명을 보호하기 위하여 위기대응전문가를 교육시킨다. 이렇듯 위기대응계획을 사전에 개발하고 위기관리를 하는 데 필요한 계획이나 경보체계 및 다른 수단들을 준비하는 일련의 활동이다(Clary, 1985: 20).

그림 6-13 **원자력발전소 안전확보계획**

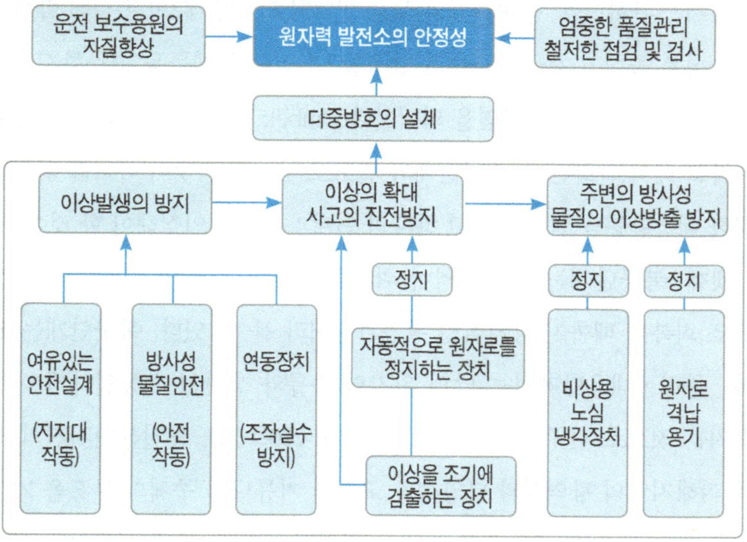

출처: 鍵屋一(2003). 같은 책. p. 22에서 재구성.

후쿠시마 원자력발전소의 경우 평상시 안전확보계획([그림 6-13] 참조)이 수립되어 있지만 쓰나미가 제1원자력발전소를 덮침으로써 원자로에 전원을 공급하는 비상용 디젤발전기 총 13대 중 공냉디젤발전기 1대를 제외한 나머지 12대는 모두 침수되었거나 혹은 해수냉각이 제기능을 할 수 없는 상태가 되었다. 또한 제1호기에서 제3호기는 노심냉각이 완전히 불가능한 상태가 되어 일본의 원자력개발 50년 역사상 처음으로 수소폭발, 노심용해라는 심각한 사태에까지 이르게 되었다. 특히 현장과 대책본부 사이에 정보혼란이 있어 시간별 대응이 너무 늦었고, 피난지역의 범위설정순위도 처음에는 3km였다가 10km, 20km로 점정 확대하였다(小澤守, 2012).

셋째, 대응단계는 실제로 위기가 발생한 경우 위기관리기관들이 수행해야 할 각종 임무 및 기능을 적용하는 활동과정으로 파악된다. 특히 대응단계는 완화단계, 준비단계와 상호 연계함으로써 제2의 손실이 발생할 가능성을 줄이고 복구단계에서 발생할 수 있는 문제들을 최소화시키는 위기관리의 실제 활동국면을 의미한다(Drabek, 1985: 85). 따라서 대응단계라고 해서 완화단계, 준비단계와 별도로 구분되는 것이 아니라 위기에 대한 예방활동을 염두에 두고 하나의 연계과정으로 인식해야 할 것이다.

넷째, 복구단계는 피해지역이 위기발생 직후부터 위기발생 이전 상태로 회복될 때까지 장기적인 활동과정이라 볼 수 있다. 복구단계는 완화 · 준비 · 대응단계와는 달리 위기의 종류와 상관없이 동일하게 이루어지는 것으로 간주하고 있다(이재은 외, 2006: 31). 동일본대지진의 경우 피해지역의 광역성과 다양성을 고려해 커뮤니티 주체의 부흥을 기본으로 하고 있으며, 중앙정부는 전체 방침과 제도의 설계와 지원을 위해 2011년 6월 24일부터 부흥기본법을 시행하였다. 이를 근거로 진재부흥본부를 설치하여 내각총리대신은 본부장이 되고, 부흥사업의 기획과 조정, 그리고 재정적인 시행이 가능한 실무기관으로서 그 역할을 수행했으며 부흥청으로 격상될 예정이다. 특히 부흥구상 7원칙은 희생자에 대한 추도와 진혼, 커뮤니티 주체의 부흥, 동북지방의 재생을 위한 기술적 혁신을 동반한 복구와 부흥, 지역사회의 유대감 강화를 통한 안전지역건설, 부흥과 일본재생의 동시진행, 원전사고의 조기수습과 원전피해지역의 지원과 부흥, 국민 전체의 연대와 이해에 의한 부흥으로 구성되어 있다(河田惠昭, 2012: 67).

2012년 7월 31일 중앙방재회의 방재대책추진검토회의에서 논의된 피해지역의 복구 및 부흥에 대해서는 인구구성, 산업구조, 자원, 타 지역과의 연계 등에 따른 지역특성과 지역능력을 배려하여 부흥계획을 입안토록 하였다. 특히 신속하고 원활한 부흥에 대처하기 위해서는 피해지역의 지방공공단체가 행정기능을 상실한 경우에 국가가 주도적으로 대응할 필요가 있으며, 재해의 규모와 상태에 따라 중앙정부 · 도도부현 · 시정촌의 사무와 권한, 재정부담 등의 역할분담을 검토하였다. 중앙정부 및 도도부현은 지방공공단체 복구사업과 중소기업 지원을 위하여 지역금융기능의 강화, 광역피난자에 대한 행정 서비스 제공 등을 중시하였다(일본소방청, 2013).

제6절 위기관리의 법안 개정과 전망

일본은 동일본대지진의 경험을 통해 방재대책을 전반적으로 검토하고 있다. 내각부(방재담당)가 제180회 통상국회에 제출한 재해대책기본법 일부를 개정하는 법률안(2012)은 다음과 같다.

① 대규모 광역재해에 대한 적응력 강화를 위해 국가 · 지방공공단체에 의한 적극적인 정보수집 · 전달 · 공유 강화(제51조, 제53조), 지방공공단체 간의 지원업무 등에 관한 도도부현 · 중앙정부에 의한 조정규정의 확충과 대상 업무 확대(제67조, 제72조, 제74조), 지방공공단체 간 상호 지원 등의 원활화를 위한 준비강화(제8조, 제40조, 제46조)에 관한 규정을 검토한다.

② 대규모 광역재해발생 시 피해자 대응개선을 위해 구원물자 등을 피해지역에 확실하게 공급하는 체제를 창설, 시정촌 · 도도부현의 구역을 넘는 피해주민의 접수(광역피난)에 관한 조정규정을 신설한다.

③ 재해경험으로부터의 교훈전승, 방재교육 강화 혹은 다양한 주체참여에 의한 지역방재력 향상을 위해 교훈전승규정을 신설하고 방재교육 강화 등에 의한 방재의식 향상(제7조, 제46조), 지역방재계획 수립에의 다양한 주체 참여(제15조)를 검토한다.

④ 기타 중앙정부 · 지방공공단체의 방재회의와 재해대책본부의 역할 검토(제11조, 제14조)를 규정하고 있다.

이와 같이 재해대책기본법 일부를 개정하는 이유는 동일본대지진에서 중앙 · 지자체의 위기관리체제가 원활하게 대응하지 못했기 때문이다. 더욱이 향후 30년 이내에 도카이(東海), 도난카이(東南海), 난카이(南海) 지역의 연동형 지진이나 수도직하형 지진과 같은 대규모 재해가 발생할 경우, 현행 법률체계로는 체계적 대응이 어렵다는 점에서 법적 보강의 필요성이 제기되고 있다(日本經濟新聞, 2011).

일본은 이미 2004년부터 소위 긴급사태기본법(안)(2004)을 통해 다양화 · 복잡화되어 가고 있는 제반 위기사안에 종합적인 안전체제를 구축하려고 시도해 왔다. 이 법안은 안전보장법(안)(2000)체계의 기본법과 전체 위기관리를 포괄하는 법률로 가정하고, 국가 독립과 안전에 있어서의 위기나 국민의 생명재산이 위협받는 절박한 사태에서 국가가 신속하게 대응하기 위한 것이다.

특히 민주 · 자민 · 공명 3당이 합의한 긴급사태기본법(안)의 주요 골자는 대규모 자연재해 등을 포함하는 형태로 ① 긴급사태에 관한 정의, ② 긴급사태에 있어서의 기본적 인권존중, ③ 중앙 · 지자체의 책무 및 국민의 역할, ④ 국회의 관여, ⑤ 내각총리대신의 권한, ⑥ 위기관리청을 가정한 조직구축 등을 포함한 긴급사태에 관한 체제정비 등 6개 항목으로 구성되었다. 즉, 기본인권보장, 중요사항의 사전승인을 원칙으로 국회관여, 위기관리청 설치 등이 기본적인 핵심사안이다. 그러나 입법화에 있어서 국가권력의 남용을 방지하기 위한 기본적 인권보장에 역점을 두고 있지만, 긴급사태에 있어서 기본적 인권이 제약되는 경우가 있다는 점을 고려하고 있다.

1. 지진과 쓰나미

법 · 제도적인 보완뿐만 아니라 향후 일본의 위기관리 방향과 전망을 논하기 위해서는 동일본대지진에서 나타난 여러 가지 문제점을 분석하여 그 대안을 살펴볼 필요가 있다. 2011년 5월 27일 개최된 간(菅) 수상을 회장으로 한 중앙방재회의에서 지진, 쓰나미, 지진동, 구조물, 지방행정, 인간행동, 미디어분야로부터 17명의 위원을 선출하고 위원회의 업무를 크게 3개로 구분하여 2011년 9월 28일까지 12회에 걸쳐 위원회를 개최하면서 각 과제에 대한 보고서를 정리하였다. 즉, 거대 지진의 교훈, 거대 쓰나미의 교훈, 방재기본대책을 개정하고 쓰나미 방재를 재정립한 것이다.

이러한 작업이 시급한 것은 전술한 바와 같이 도카이(東海) · 도난카이(東南海) · 남해(南海)지진과 수도권직하지진의 발생이 초미의 과제이기 때문이다. 이를 계기로 전문위원회가 종료된 후 곧이어 방재대책추진검토회의라는 전문위원회가 설치되어 동일본대지진에의 정부 각 기관의 대응에 관련된 검증과 교훈의 총괄, 재해대책 법제의 재정비, 자연재해 대응에 관한 체제의 정립, 상정되는 대규모 재해의 대응법 등을 검토하기 시작하였다(河田惠昭, 2012: 68). 이와 같이 지난 쓰나미의 경험과 대규모 피해를 줄이기 위하여 자연재해에 따라 만들어진 재해교육, 정책, 체제 및 대응법 등을 새롭게 설계하고 있다.

2. 원자력발전소

일본의 발전용 연료는 패전 직후는 석탄이었으나, 고도경제성장기에는 중유로 이동하였다. 1973년과 1979년 두 차례 세계석유파동 시기를 거치면서 산유국의 담합에 의해서 국제유가가 폭등했고, 이에 석유 의존도가 높은 일본은 에너지 개발에 박차를 가했다. 그러면서 일본은 경제적인 측면에서 원자력발전소 건립에 대한 관심이 확대되었다. 그 당시 자원확보에 대한 국제경쟁은 국가 간 보이지 않는 전쟁이라고 할 만큼 치열했다. 따라서 일본의 원자력발전소는 부족한 전력생산을 위하여 주요 기간산업으로 상당한 역할을 해왔다. 원자력발전소는 인구가 매우 적은 지역에 설치되어 대도시를 지탱했으며, 일단 원자력발전소사고가 발생하면 원자력 관련 건강피해를 주로 입는 지역과 전력부족으로 어려움을 겪고 있는 지역 간 대립하는 사회분위기가 양산되었다.

지난 후쿠시마 원자력발전소사고는 일부 언론을 통해 일본의 인구나 경제규모와 소비전력량의 절대치가 대단히 크다는 사실을 명시하시 않은 채, 유럽의 일부 국가에서는 전력의 20~30%를 자연에너지로 대체하고 있다는 것만 강조했다. 일본 정부는 후쿠시마 원자력발전소사고를 계기로 총리의 요청이라는 형태로 2011년 원자력안전보장과 상관없이 중부전력 하마오카 원자력발전소를 중지시켰다. 이것은 별도로 정부에서 직접 안전에 관한 대응방침을 지시한 것이다. 이러한 정부정책은 이례적인 사항으로 원자력발전소 측은 상당한 혼란에 빠지기도 했다. 비록 정부가 강제적인 정책결정을 하지 않았다 해도 원전에 대한 방향전환을 요구 자체만으로도 전력산업과 인프라 측면에서는 혼란에 빠질 수 있는 것이다.

앞으로 원자력분야에서도 원자력발전소 추진 그 자체는 국가가 책임을 갖고 있지만 원자력의 안전확보를 위한 사회시스템은 정부부처에서 독립한 제3자 기관을 구축하는 것이 가장 확실한 방법이라고 제시하고 있다. 원전의 안전 확보는 오랜 경험의 축적과 적절한 인재양성이 반드시 뒷받침되어야 한다(小澤守, 2012: 161). 향후 일본에서도 당분간 원자력발전소의 신규건설은 정권에 따라 입장을 달리할지도 모르나 가장 중요한 것은 원전을 정확하고 안전하게 관리하는 것이며, 이를 위해 인재확보와 양성, 관련 기술자와 부서원들이 자부심을 가지고 현장에서 일할 수 있는 사회적 환경과 정책적 변화를 추진하고 있다.

3. 라이프라인

현대사회에서 국민들이 건강하고 안전한 문화생활을 누리기 위해서는 그 기반이 되는 사회적 인프라가 필수적이다. 대부분 국가가 수도를 포함하여 국민생활을 지탱하는 시스템을 라이프라인(lifeline)이라고 한다. 라이프라인은 전기, 도시가스, 수도 등의 공급, 도로, 철도, 항만, 공항 등의 교통, 전화, 우편, 방송 등의 통신, 하수도 등의 처리시설 등 4종류로 나눌 수 있으며 단순히 국민생활을 유지할 뿐만 아니라 산업의 원동력이자 경제활동에도 매우 중요한 역할을 한다. 그러나 지진이나 태풍 등의 자연재해가 발생하면 라이프라인 시설이 파괴되어 많은 국민들에게 불편을 주고 도시기능이 마비될 수 있다. 1995년 1월 17일의 한신대지진이 그 대표적인 사례로 라이프라인의 중요성을 명확히 보여주었다.

쓰나미와 원자력발전소사고까지 복합재해의 형태를 띤 동일본대지진의 경우 라이프라인에 심각한 피해를 끼쳤으며, 일본 내각이 2011년 6

월 24일 공표한 추정치에 의하면 라이프라인의 피해액은 한신대지진 당시 2조 8천억 엔을 상회하는 3조 5천억 엔에 이른 것으로 추정하였다. 특히 재해지역에 대한 물류 문제는 간선도로나 철도의 복구가 빨리 진행되어 재해지역에 대한 물류수송에 큰 어려움은 없었으나, 이재민과 피난소에서 필요한 물건을 적시에 운송하는 데 많은 문제가 발생한 것으로 나타났다. 현행계획에서는 지진발생 시 수송에는 별문제가 없는 것으로 되어 있으나, 물류정보를 포함해 필요한 물자가 적재적소에 맞게 운반된다는 계획은 수립되어 있지 않다. 이런 점은 물류사업자의 사태발생 초기단계에서부터 전반적으로 개선되어야 할 사항이다.

지역교통재생의 과제로서 인프라 정비가 단순히 그 기능을 수행한다는 것만으로는 충분치 않다. 즉 정비된 도로나 철도로 인해 재해에 보다 강한 사회가 된다는 것이다. 이때 네트워크의 문제와 교통인프라 자체의 부가적인 기능이라는 두 가지 측면이 존재하므로 만일의 경우 전국 네트워크 기능이 확보될 수 있을지에 대해 보다 적극적인 관심이 필요하다(安部誠治, 2012: 190).

이에 앞으로 지역교통의 복구는 지진 관련법에 의해 실행되지만 그 유지를 위한 구조는 다른 곳에서 담당하는 것을 제안하고 있다. 장기적인 구조에 관해서는 전국적으로 공통적인 지역교통정책체계 속에서 구상할 필요가 있는데 특히 교통정책의 핵심 중 교통수요관리가 커다란 과제로 인식되고 있다. 지난 동일본대지진으로 인해 일본 국내에서의 물류혼란뿐만 아니라 공급망의 단절로 세계 각지의 생산까지 중단되었다. 따라서 세계 유일한 기업이 특정 지역에 편중되어 있는 점도 재해발생 시 큰 문제점으로 대두될 수 있기 때문에 생산거점의 다양화와 재해 가능성이 높은 지역에서 분산생산을 하는 방향으로 전환해야 한다.

4. 주택재건과 지역부흥

주택재건과 지역부흥은 지역커뮤니티의 활성화와 공동체의식이 매우 중요하다. 왜냐하면 이것은 같은 지역 사람들이 재해 전의 지역으로 회귀하고 싶어 하는 본능적 욕구뿐만 아니라 재해부흥의 여러 의미를 내포하기 때문이다. 한신대지진 직후 약 10만 세대 이상이 집을 잃고 한 치 앞을 내다 볼 수 없는 상황에 빠졌다. 이후 공적 지원에 근거해 자력으로 주택재건이 곤란한 사람들은 피난소 · 임시주택 · 공영주택으로 인도되어 피난생활을 하게 되었다. 이 과정에서 신속성과 공평성에 무게를 두고 재해지역 주변의 한정된 토지를 유효하게 활용하면서 각 세대에 대해서 순차적으로 주택공급을 실시한 결과, 종전의 지역커뮤니티에 귀환하기가 어려웠을 뿐만 아니라 피해 전후의 각 단계에서 형성된 인적 네트워크 자체가 붕괴되었다. 그 결과로 이재민의 생활재건과 지역재건에 마이너스 영향을 끼쳐 반성과 교훈의 계기가 되었다. 한신대지진의 교훈은 물리적 네트워크와 함께 인적 네트워크를 재구축하여 유지하는 것의 중요성을 시사하며 그 후의 재해부흥 마치즈쿠리[7]에서 가장 중요한 과제가 되었다.

동일본대지진의 경우 한신대지진과는 달리 쓰나미 재해지역에서 마치즈쿠리 계획의 책정이 매우 어려웠다. 당시에는 쓰나미 위험과 주택재건의 문제뿐만 아니라 지역산업 · 고용 · 상업과 같은 경제활동의 기반도 잃은 상태이며, 더욱이 공공시설도 매우 큰 피해를 입은 상태였다. 복구

7 마치즈쿠리(まちづくり)라는 용어는 일본에서 주민이 주체가 되어 새로운 마을을 만드는 커뮤니티형성운동을 뜻하며, 도시의 지역사회의 재생운동이다. 일반적으로 주민이 주체가 되어 지역사회를 더 살기 좋고 안락한 환경으로 만든다는 의미가 내포되어 있다(www.naver.com에서 발췌).

와 부흥에서는 복합적인 기능 재생이 필요했으므로 종래의 토지이용계획 주체의 부흥을 위한 마치즈쿠리적 발상을 더욱 확대시켜 지역 전체의 활동재생계획과 공간계획을 조합시켜야 했다. 이를 위해서는 국가 · 지자체 · 주민 간에 많은 논의가 이루어져야 했으며, 다수의 이해관계자가 존재하는 상황에서 공통의 이해와 합의를 도출해내는 데 많은 시간이 걸렸다(越山健治, 2012: 221).

과거 재해 후의 집락재건에서는 재해상황에 맞춰 여러 가지 지원방법을 조합하여 최적의 계획을 만들어 실행해 왔다. 피해규모가 작으면 지역재건과 주택재건지원을 위한 특별한 조치를 취할 수 있었지만 재해가 여러 지역에서 발생하여 규모가 클 경우 경제적 부담을 갖는다. 그런 의미에서 작은 계획을 집합적으로 이용하여 모두 해결할 수 있을지는 판단하기 어렵다고 하겠다. 또한 재해지역재건을 지원하는 데 따른 과도한 재정적인 제약으로 지역의 재건계획에 방해받는 환경이 조성되어서는 안 된다. 따라서 대규모 재해로 각 지역이 수립하는 부흥계획이 향후 일본의 지역계획을 고려할 때 매우 중요한 의미를 지닌다고 할 수 있다. 일반적으로 지역의 부흥기간이 5~10년에 걸쳐 착수되는데 이 과정은 일본 전체의 재생과정과 연결되어 있다.

더불어 도시와 농촌의 문제, 에너지 문제, 인구감소, 고령화, 여러 가지 지역과제 등을 풀어야 할 현실에 놓여 있다. 지금부터라도 재정적인 틀에 먼저 맞추어 재건과정을 규정하지 말고 재해지역 내에서 장래비전을 구축한 뒤에 필요한 방법과 수단을 생각하는 단계에서 필요한 예산을 검토하는 지혜를 갖춰야 한다. 물론 이 단계에서는 전문가와 실무진이 지역주민의 의견을 충분히 수렴하여 계획을 진행하는 자세가 필요하다.

5. 이재민의 건강지원활동

동일본대지진으로 약 2만 명의 목숨이 희생되었으며, 이와테 현, 미야기 현, 후쿠시마 현은 지진재해 사망자 중 90% 이상이 쓰나미에 익사했다고 한다. 쓰나미가 덮쳐 일촉즉발(一觸卽發)의 상황에서 구사일생으로 가까스로 목숨을 건진 사람도 많고, 자신은 무사했지만 절체절명의 위기 상황에 봉착하여 생사의 갈림길에 놓여있는 사람을 직접 눈으로 목격하고도 구제할 방법이 없었던 사람도 많았다고 한다. 그리고 피해를 입은 많은 사람들이 직후에는 무력감이나 전율, 절망이나 공포와 같은 감정적인 체험을 했다. 특히 쓰나미로 막대한 피해를 입은 지역이나 후쿠시마 제1원자력발전소사고의 영향을 받은 지역에서는 피난소 생활이나 임시 주택생활이 장기화되었다.

지역주민에게 막대한 영향을 끼친 참사에서 인간의 심리적 상태와 영향관계, 마음의 치료에 대해 주목한 것은 한신대지진 발생 이후이다. 참사로 인하여 직·간접적으로 아주 강한 스트레스를 받는다면 참사종류에 상관없이 독특한 스트레스 반응을 보인다. 이를 총칭하여 참사스트레스라고 한다(Everly, Flannery & Mitchell, 2000). 참사스트레스 중에는 근년에 가장 많이 소개되어 주목을 받는 외상 후 스트레스장애(PTSD: Post Traumatic Stress Disorder)도 포함되어 있다.

지금까지 동일본대지진재해는 물론이고 재해피해 후에는 불편하고 안심할 수 없는 피난소에서 스트레스를 끌어안은 채 생활하는 것이 당연시 되었다. 이제까지 방재교육에서는 재해 리스크의 인지와 재해피해를 입었을 때 긴급대응훈련, 방재 준비물에 관한 지식의 보급 등을 중점적으로 실시하였고, 이재민의 심적 부담이나 스트레스 치료 및 관리에 대한 교육은 거의 실시하지 않았다. 그러나 이와 같은 사고방식을 버리고 재해 피해 후에는 제일 먼저 안전하고 안심할 수 있는 장소로 이재민을 이동시키고 몸과 마음을 충분히 쉴 수 있도록 최우선적으로 대응하는 방식을 고려할 필요가 있다. 이러한 대책을 원활히 수행하기 위해서는 이재민에게 불안이나 걱정을 주지 않도록 조기에 이재민의 주택에 대한 충분한 정보와 기타 다양한 서비스를 제공할 시스템을 갖추어야 한다(元吉忠實, 2012: 246). 이러한 결과로 인해 이재민의 심리적 영향을 최소화하고, 재해지역의 복구나 부흥도 가능하게 될 것이라고 판단된다.

동일본대지진에서는 지자체와 의료기관이 제기능을 못 하거나 보건소의 통폐합 등으로 보건소 기능이 저하된 경우도 많았다. 이런 경우 공중위생활동팀이 재해지역에 들어가서 독자적으로 정보를 수집하고 재해지역에서의 활동계획을 실시함과 동시에 후방에서 활동에 필요한 지원을 하면 재해지역에서 활동하기가 쉬워진다. 공중위생활동은 지역의 조직된 활동을 통하여 질병을 예방하고 건강을 증진하고 보호하는 실천활동이다. 따라서 공중위생관계자가 팀을 구성하여 지원하면 이재주민의 요구를 명확하게 파악할 수 있으며, 지역 의료복지기관을 동원하여 재해지역의 주민들을 지원할 수 있게 된다. 또한 재해지역에서 재해구원 일반봉사자를 포함한 민간, 공공단체, 관공서 협동지원체제를 구축한다면 이재민에 대한 포괄적이고 사회적인 지원이 가능해질 것이다(元吉忠實, 2012: 287).

6. 재난정보시스템의 개선

지금까지 살펴본 재난방지에 따른 일본 정부기관의 재난정보시스템은 각 기관별로 구축하는 경향이 있었고, 그 결과 한 기관 내의 정보통신은 정확도와 속도 측면에서는 크게 개선되었으나, 기관 간의 정보공유에 많은 문제점을 갖는 것으로 나타났다. 그러나 최근에는 정보통신기술의 발달로 재난정보시스템을 효율적으로 운영하고 있다. 점차 시간이 흐르면서 모든 관련 정부기관에 공통으로 적용되는 기본적인 정책과 필요성이 생겨나 관련 기관들이 협력하여 재난방지정보시스템을 구축하고 정보를 공유할 수 있는 방향으로 진행되었다(정재동, 2014: 26).

그 대표적인 경우로 재난정보시스템은 지리정보시스템(GIS)의 사용을 통한 정보통합시스템으로 발전하고 있다. 일본 내각부는 재난발생 직후 시간과 공간의 측면에서 정보의 간극을 제거함과 동시에, 인공위성과 항공기를 사용하여 실제 피해가 지리적 지역에 어떻게 분포했는지를 파악하고 지리정보시스템으로 재난 관련 정보를 통합하고 있다([그림 6-14]

그림 6-14 GIS의 사용을 통한 재난 관련 정보의 통합

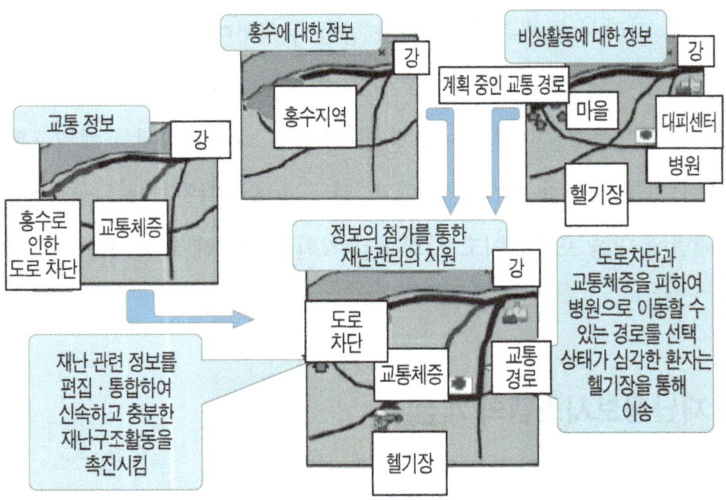

출처: 정재동(2014). 같은 자료. p. 26.

참조). 다양한 재난 관련 기관이 설립한 재난정보시스템은 기관마다 보유한 정보와 사용하는 포맷이 상이하여 여러 기관들의 시스템이 연결되면 몇 가지 실질적인 문제가 발생할 수 있다. 따라서 각기 다른 시스템에 저장되어 있는 재난 관련 정보를 더 효율적으로 사용하기 위해서는 내용과 포맷 측면의 표준화가 시급하다.

7. 정책적 시사점

일본의 경우 1995년 한신대지진이 발생한 후 획기적으로 위기관리의 패러다임이 전환되었으며, 나름대로 법과 제도적인 측면을 보강하여 준비해 왔다고 판단된다. 그러나 세계에서 가장 강도 높은 지진, 쓰나미, 원자력 사고라는 복합재해가 일본에서 발생할 줄은 그 누구도 예상할 수 없었다. 이처럼 오늘날 재앙은 과거와 달리 방사능 및 유독성 화학물질 유출사고, 환경오염, 유괴 및 납치사건, 비행기 납치, 공공 및 민간부문의 파업, 소비자 불매운동, 사이버 테러 등과 같이 새로운 신종위기가 전 세계에 걸쳐 발생하고 있다(Gladwin & Kumar, 1987: 23).

그러므로 지속적으로 해결방법을 모색해야 하며, 다양한 유형의 관리방법뿐만 아니라 단일위기에 대해서도 종합적이고 철저한 해결을 위한 관련 제반 분야의 연구가 필요할 것이다. 이와 같은 위기관리의 성격을 기반으로 위기에 대한 보다 철저한 대비를 위해서는 과학기술의 전문성 · 복잡성 · 다양성에 초점을 맞춰야 한다. 현재 일본의 불안정한 자연환경과 그에 따른 위기발생의 범위 · 영역 · 대상이 점차 확대되었으므로 국민의 생명과 재산을 보호하기 위한 정부의 적극적인 노력이 필요하다.

동일본대지진에서 표출된 것처럼 피해를 입은 현(縣)과 현(縣)의 상호 지원협정의 경합, 현 단독으로 대응하지 못한 한계, 광역적으로 심각한 재해는 도도부현을 넘어서 도도부현 자체만으로 대응이 어려운 입장이므로, 국가가 개입하여 도도부현을 지원하고 중앙정부에서 양자를 조정할 필요성 등이 대두되었다. 그러나 이러한 대응방법의 개선만으로는 향후 어떠한 위기가 도래하든 극복하기에는 역부족일 것이다.

특히 지진과 쓰나미, 이로 인한 원자력사고 이후 방사능 유출에 의한 토양 및 해양오염은 일본 국내는 물론, 인근 주변국에도 심각한 영향을 끼쳤으며, 아직도 원전사고지역 이주민은 귀가하지 못하고 있는 실정이다. 이러한 초광역 재해는 피해복구가 끝나기 전에 새로운 재해가 일어나면 복합재해를 구성한다. 예를 들면, 향후 매그니튜드 8급의 여진과 쓰나미가 염려된다. 나아가 피해지 연안을 뒤덮는 태풍에 의한 높은 파도, 집중호우에 의한 하천의 범람과 대설에 의한 다발적 토사재해의 대규모화, 내륙직하지진에 의한 피해 등이다. 이로 인해 복구와 부흥작업이 중단되면 직접피해뿐만 아니라 간접피해가 전국적으로 확대되고, 피해가 장기화되는 것을 피할 수 없다(河田惠昭, 2012: 30).

더군다나 문제점으로 지적된 것을 보면 재해지역에서 과소화 · 고령화가 진행되고 있고 자택에서 요양보호가 필요한 다수의 고령자가 재해를 입었으며, 30분 정도의 시간이 있었음에도 불구하고 수많은 희생자는 대피하지 못하였다. 또한 옥외보다 직장, 혹은 차내와 옥내 공간에서 재해를 당한 희생자가 대단히 많았다. 또한 헤이세이(平成)의 대병합[8]에 의해 3,300여 개의 행정구역이 거의 절반인 1,750여 개로 줄어 매우 넓은 지역

8 1999년부터 정부주도로 행해진 시정촌의 합병을 말하며, 지방자치단체의 광역화로 행정과 재정기반을 강화하고 지방분권의 추진에 대응하는 것을 목적으로 한다. 2005년 전후로 많은 합병이 이루어졌고 2010년 3월 말로 종료되었다(河田惠昭, 2012: 33).

을 소수의 직원이 관할하게 되었다. 이러한 효율일변도의 '작은 정부'라는 재편의 모순이 동일본대지진에서 노출되었다. 이로 인해 피난시설의 개설, 구원물자의 배달, 가설주택의 건설, 의연금의 배분, 재해지역 생활지원재건법의 적용과 마을부흥계획의 착수 등이 늦어진 주요 원인이라 할 수 있다. 아울러 행정구역의 재해담당전문가가 부족하여 재해 직후의 이재민 대응과 피해상황의 파악, 라이프라인의 복구 등에 대한 충분한 정보마저 주민에게 제공할 수 없었으며, 이재민의 구출과 재해의료의 실시, 구원물자의 배송 등에서도 적절한 방침을 명시할 수 없었다(河田惠昭, 2012: 30-33).

1995년 한신 · 아와지대지진과 2011년 동일본대지진이라는 미증유의 재해로 인해 일본 정부와 국민들이 물심양면으로 지원했지만 깊은 상처를 치유하는 데 많은 시간이 소요될 것으로 판단되며, 이로 인한 교훈은 우리나라도 타산지석으로 삼아야 할 것이다. 그 당시 정부와 원전기업의 무책임과 지도자의 리더십 상실로 그때까지 쌓아온 정부의 신뢰가 추락하였으며, 전 세계적으로 일본경제와 국가신인도에 적지 않은 영향을 미쳤다고 볼 수 있다. 특히 일본이 자랑하던 재해선진국의 명예 또한 바닥에 떨어졌으나 더욱 중요한 요인은 정부의 재해정책에 대한 지속적인 국민의 신뢰가 유지될 수 있느냐 하는 문제이다.

자연재해는 사전에 인위적으로 통제하기 어려운 만큼 평소에 예방대책과 주민에 대한 피난과 교육훈련의 성과로 인명과 재산피해를 최소화하는 데 있다. 결국 재난의 교훈은 인간이 공들여 노력한 결실로 인해 두 번 다시 똑같은 사례가 반복되지 않도록 유념해야 한다는 점이다. 이러한 점에서 2014년 4월 우리나라에서 발생한 세월호 사고[9]는 우리나라 정

9 2014년 4월 16일 오전 8시 48분경 인천에서 제주로 향하던 여객선 세월호가 진도

부와 국민에게 많은 시사점과 교훈을 남겼다고 볼 수 있다. 그뿐 아니라 점차 빈발하는 한반도 지진 발생건수에 대해서도 세심하고 철저한 분석을 통해 건축물에 대한 내진설계 및 보완은 물론, 국민에 대한 대피훈련과 대비책에 대한 교육을 지속적으로 실시함으로서 향후 갑작스러운 대지진에 신속히 대비토록 해야 할 것이다.

결론적으로 위기관리는 법과 제도를 우선적으로 보완하고 위기관리시스템을 획기적으로 전환하는 것만으로는 해결될 수 없다. 무엇보다도 중요한 것은 중앙정부와 지방정부의 신뢰를 바탕으로 상호 간 협력관계, 국가 지도자의 강력한 리더십과 신속한 의사결정구조, 원활한 의사소통과 정보시스템 확충, 재해전문인력과 장비 보강에 대한 재원 확보, 국민에 대한 위기관리 대응능력 제고 등을 위한 다양한 노력이 뒤따라야 한다. 결국 이러한 노력들이 단계적으로 성사된다면 귀중한 국민의 인명과 재산피해를 최소화할 수 있다는 점을 잊어서는 안 될 것이다.

인근 해상에서 침몰하면서 탑승객 476명중 172명만 구조되고 304명이 사망·실종되었으며, 특히 세월호에는 제주도로 수학여행을 떠난 안산 단원고 학생 324명이 탑승, 어린 학생들의 희생이 많고, 초동대처 미흡과 승무원들의 무책임 등으로 인해 전 국민에게 충격과 침통을 안겨준 사고이다(www.naver.com 참조).

제 3부

재난관리시스템의 형태

제 7 장

선진국 재난관리시스템의 비교연구

제1절 재난관리시스템의 방향 및 전망

1. 미국

미국은 1960년과 1970년대에 대규모 자연재해를 겪으면서 기존에 있던 제도를 정비하였다. 그 당시 국가홍수보험법 제정과 자연재해 위험정보 및 분석센터를 설립하게 되었고, 1979년에는 연방재난관리청(FEMA)을 설립하게 되었다. 그 이후 미국은 대규모 자연재해와 9 · 11 테러에 대한 다양한 국가재난사건을 경험하게 되었다. 1988년에는 스태포드 재난구호 및 긴급지원법을 제정하여 방재관리시스템을 개선하였고, 2000년대에 와서는 재난피해를 경감하기 위하여 재난경감법을 제정하였다. 2001년에는 9 · 11 테러 경험과 함께 미국을 위협하는 국제테러 근절을 위한 국토안보부법을 제정하여 제도적 · 기능적인 개선을 꾀했고, 2002년에는 국토안보부를 설립해 많은 변화를 가져왔다.

연방재난관리청은 국가재난에 대한 재난대응체계프로그램을 개발하고 운영하여 자연 및 인적 재난관리를 담당하고 있다. 이에 반하여 국토안보부는 9 · 11 이후 테러에 대한 기능을 대폭 강화하였다. 즉 테러의 예방, 대응기술 개발, 프로그램 개발 및 운영을 통하여 국가재난 관련 총괄부서로서 국가기관 간 조정, 협력 및 지원기능을 대폭 강화하였다. 이와 같이 미국은 재난 관련 주요 기관을 연방재난관리청과 국토안보부 등으로 나누어 주요 업무영역을 명확히 하고 있다(〈표 7-1〉 참조). 이 두 기관은 주요 업무영역에서 명확히 구분하면서도 필요할 경우에 긴급히 협력하는 체계로 운영되고 있는 것을 알 수 있다. 오늘날 국가재난사고들이 대규모화되거나 혹은 다른 행정기관의 도움을 필요로 하기 때문에 일정 부분에서는 분류를 하고 있지만, 국가가 긴급히 요하는 경우에는 상호 긴밀히 협력하고 지원하는 형태로 변화하고 있다. 또한 재난피해를 최소화하기 위하여 영역별 재난프로그램을 개발하는 방향으로 추진되고 있다. 대표적인 경우로 국가지진피해경감 프로그램(CUSEC: Central U. S. Earthquake Consortium)과 국가태풍대비 프로그램, 침수위험지구관리 프로그램, 댐 안전관리 프로그램 등을 들 수 있다.

미국은 대규모 재난발생 시 연방재난관리청 중심으로 연방정부, 주정부, 지방자치단체, 그리고 민간조직 등 여러 협력체계를 통해서 재난대응을 하고 있으며, 재난포털을 통해 정보공유를 하고 있다. 또한 정보전달도 동영상, 이메일, 지리정보시스템(GIS) 정보, 위생전화 등을 활용하고 있다. 이러한 재난정보관리는 ICT를 활용한 정책적 변화를 시도하고 있으며, 특히 국가의 재난관리정보시스템은 모든 긴급재난관리를 할 수 있는 통합관리시스템으로 전환되었다. 또한 실시간 재난정보, 복구 및 구조를 위한 등록자 정보 등 재난 관련 모든 데이터베이스를 연계 및 통합하는 방향으로 나아가고 있다. 그 밖에 재난통신시스템의 활용은 예방에서부터 복구에 이르기까지 정보통신기술(ICT)을 이용하는 방향으로 진행되고 있으며, 대응 및 복구에 관련된 기술로 위성영상, LIDAR 등의 항공촬영, 영상지휘통신차량 이용, 현장지휘무선통신망 구축 등으로 재난 관련 기관들의 신속한 현장대응을 높이는 데 일조하고 있다. 이처럼 미국은 재난관리체계에 있어서도 정보통신기술을 최대한 활용하고 있다.

표 7-1 국토안보부와 연방재난관리청의 주요 업무내용 비교

분류	구분	주요 업무 내용
국토안보부	정보분석국	다수의 요인으로부터 국토의 안보정보를 종합하고 분석
	인프라보호국	위협과 대비에 대해 주정부, 지방정부, 민간기업, 국민과 정보공유
	생화학무기관리국	생화학테러와 대량살상무기로부터 국민을 보호
연방재난관리청	국경안전국	재난과 위기발생 시 초기대응자의 훈련과 장비보급 지원
	비밀경호국	테러리스트들의 활동을 중단시키기 위한 안전요원들의 현장활동 활성화
	연방재난관리청	연방정부의 위기관리 대응활동을 관리
	대비·대응·복구국	재난대비계획 수립 및 훈련, 재난대응 및 복구, 화학 및 방사능물질사고 대응
	연방보험완화국	홍수보험프로그램 관리, FEMA의 완화프로그램 실행
	연방소방국	화재 및 응급의료 서비스 제공, 국립소방학교 운영, 국립비상교육센터 운영 등
	대외협력국	국회와 정부기관 간 관련 업무, 재난 관련 국제업무 추진
	정보기술국	FEMA 각종 운영프로그램 관리, 응용프로그램의 개발 및 정보기술 지원
	행정지원계획국	FEMA 인적자원 관리, 전산시스템기능 유지보수, 재정 관리
	지역사무소(10개)	재난에 대한 지역별 예방활동, 재난발생 시 긴급대응, 비상사태관리교육

출처: 정재동(2014). 같은 책. pp. 5-6에서 재구성.

2. 영국

영국은 국민의 생명과 관련된 위험요소에 대해 혁신적 변화를 보이고 있다. 즉 9·11 테러 이후 생화학테러, 보건의료 및 공공안전에 대한 영역, 기후변화에 따른 환경적 위험까지도 국가위험요소로 보고 있다. 현재 영국은 분권적 재난관리의 형태를 갖고 있으며, 재난발생 시 현장대응은 지역 중심의 위기관리시스템으로 지방정부에 권한과 책임을 주고 대응할 수 있는 분권적 형태로 추진하고 있다.

국제적 테러집단과 대규모 재난발생으로 국가에 긴급한 위협이 가해질 수 있는 경우에는 국가적 차원에서 대응하지만, 대부분의 경우 위기상황에 대한 의사결정권한은 지방정부에 주어지고, 설사 중앙정부의 재난 관련 전문가가 지방에 파견되더라도 파견된 전문가는 지방정부의 통제와 감독 및 간섭을 받는다. 또한 중앙정부는 위기관리계획에 대한 가이드라인을 설정해 지역별 위기관리포럼을 구성하고 있다. 지역별 위기관리포럼은 중앙정부, 군대, 재난관리본부, 지방정부(다수의 기초자치단체), 기타 조직(수도, 전기, 교통) 등으로 구성되었고, 지역 간, 지역과 중앙정부 간, 지역과 자치단체 등과의 긴밀한 협력과 지원을 통해서 위기관리극복을 극대화시키고 있다. 국가재난 및 사고수습에 관한 것은 지역마다 구성된 전략적 조정그룹이 막강한 권한을 갖고 있다(소방방재청, 2006: 71).

중앙정부는 유관기관과 공조체계와 부처 간 위기관리업무에 대한 효율적인 조정 및 관리를 위해 중앙위기관리위원회(COBR: Cabinet Office Briefing Rooms)을 두고 있다. 여기서 중앙정부는 재난발생 시 일방적인 지시나 통제가 아니라 중앙과 지방의 협력관계를 원활히 하기 위해서 연락 및 지원업무를 중심으로 운영하고 있다. 이와 같이 영국은 재난관리에 있어서 지방정부에 대한 권한을 주고, 지역에 맞는 현장 중심으로 권한을 주어 현장지휘관이 모든 재난관리를 할 수 있도록 권한과 책임을 강화하고 있다. 단지 중앙정부는 지방정부의 현장지휘자가 재난관리를 보다 더 잘할 수 있도록 유관기관과 조정하고 협력 및 지원하는 방향으로 추진하고 있다.

또 국가재난관리에 관한 대국민 언론기능은 재난보도방식에 따른 합의된 사회규범을 바탕으로 피해자 확산을 최소화하기 위한 정보제공에 중점을 두고 있다. 이처럼 정부는 재난관리에 대한 정부 내부기관의 조정과 협력 및 지원뿐만 아니라 언론에 대한 대국민 홍보도 중요한 것으로 판단하고 있다.

결국 영국의 재난관리에 대한 정책방향은 지방정부에 권한과 책임을 주어 현장 중심의 재난관리가 이뤄지도록 하고 있으며, 단지 중앙정부는 현장에서 지휘관리자가 보다 효율적으로 재난관리를 할 수 있도록 조정과 협조 및 지원하는 역할이라고 볼 수 있다.

3. 독일

독일은 연방 형태를 갖춘 분권적 권력구조이며, 헌법 제28조에 의하면 독립적인 자율성과 자치권을 인정한 주정부에 권한과 책임을 부여한다고 명시하고 있다. 이런 법적근거에 따라 모든 주정부에서 발생한 재난관련 업무는 주정부의 책임 아래 대응 및 대처되어 왔다. 오늘날 독일은 국제적 테러위협의 증가와 빈번히 발생하는 대규모 자연재해를 겪으면서 재난대응에 대한 기존 입장에 상당한 변화를 보이고 있다. 원칙적으로 연방정부는 재난 관련 업무가 주정부의 고유한 권한이기 때문에 재난 관리에 대한 정책적 간섭이나 제도적 간섭을 하지 않았고, 주정부가 연방정부에 지원요청을 해야만 연방정부 내의 재난 관련 해당 부처 간 업무조정과 협조 및 지원을 제공했다.

연방정부는 2004년 5월 1일 연방재난관리청(BBK)을 설립한 이후, 연방내무부 아래 소속되면서 규모 면에서나 인력 면에서 거대조직으로 확대 · 개편되었다. 이와 더불어 연방정부는 기존 국가재난관리에 대한 시스템을 정비해 새로운 통합재난방지시스템을 만들어 강력한 권한과 조직을 갖게 되었다. 연방재난관리청은 국제테러와 국민건강 및 보건과 관련해 유럽국가(EU)를 중심으로 NATO와 UN과 함께 국제 간 공조체제를 확대한 방향으로 나아가고 있다. 다른 한편으로는 지금까지 축적해온 재난 관련 지식정보의 이전 및 국제적인 계획과 실천과정을 공유 및 상호지원하고, 재난 관련 업무영역을 확대해 가고 있다. 이는 재난 관련 영역이 국내에만 제한되어 있는 것이 아니라 국제적인 영역까지 확대되고 있다는 것을 의미한다.

또 2001년 이후 연방정부가 실시하고 있는 재난예방훈련(LÜKEX)은 다른 나라에서 찾아보기 힘든 독창적인 모델로 평가된다. 물론 여기에는 일반 국민이 아닌 재난 관련 연방과 주정부 및 지방자치단체만이 참석할 수 있다는 한계가 있지만, 연방정부차원에서 미래 발생 가능한 재난 관련 테마를 주제로 2년마다 행정기간에서 훈련을 실시한다는 것은 유사시 재난 관련 업무의 신속한 처리에 도움을 주므로 매우 긍정적으로 평가받는다.

앞으로 연방정부는 재난예방훈련에 대한 관리를 보다 체계적이고 효율적으로 운영하기 위하여 각 주정부와 자치단체의 참여를 확대하고 다양한 주제를 통해서 현장 중심의 재난관리시스템으로 전환할 것으로 기대된다. 또한 일부 주정부만이 재난예방훈련에 적극적으로 참여했는데, 더 많은 주정부가 참여할 수 있도록 법 · 제도적인 근거를 마련하여 더욱 지속 가능한 재난예방훈련으로 정착될 가능성이 많다. 그리고 현재 민방위교육도 재난전문가 양성과 재난 관련 행정기관을 중심으로 훈련하고 있지만, 앞으로는 민간단체와 기업체 및 종교단체 등으로 확대하면서 재난예방훈련을 강화할 것으로 기대된다.

4. 일본

일본은 국가재난에 관해서 다른 어떤 국가보다 많은 경험과 자료를 축적해 왔다. 지금까지 일본은 지정학적 영향으로 지진재난을 경험해 왔으며, 중앙정부와 지방정부 및 주민 등은 지진발생 시에 신속히 대응하고 대피하는 체계가 일상화되어 있다. 특히 국가와 지방정부 및 지역주민들은 지진 때문에 일상생활에서도 항상 긴장의 끈을 놓지 않고 있다.

먼저 중앙정부의 방재시스템은 재난예방과 재난상황에 대한 정보제공을 주된 목적으로 하며, 지방자치단체는 1차적인 책임을 갖고 필요한 정보를 수집하고 긴급대응복구 및 유관기관과의 정보연계를 바탕으로 재해정보시스템을 긴밀히 구축한다. 현재 중앙정부가 지방자치단체에게 더 많은 권한과 책임을 부여하면서 재난관리에 신속히 대응할 수 있도록 하고 있다. 그럼에도 불구하고 정부는 국가재난에 대해서 보다 체계적이고, 종합적인 대책을 마련하기 위하여 내각총리대신을 의장으로 맡기고, 각 성 · 청의 국무대신들은 위원으로서 중앙방재회의를 설치 및 운영하여 방재 기본방침, 방재에 관한 정책조정, 긴급재난사태 선포 등을 결정하고 있다. 또한 재난관리는 재난유형별로 분류해 체계적인 대응체계를 구축하는 특징을 갖는다.

일본 역시 중앙정부차원에서 재난관리체계에 대한 ICT를 최대한 활용하고 있으며, 한신 · 아와지대지진 이후 재난정보관리시스템을 강화하고 있다. 즉 지진발생 이후 8년 동안 각 정부부처와 관련 행정기관은 자체적인 정보시스템을 구축하고 정보수집 및 전환을 신속히 할 수 있도록 전환하였다. 특히 일본의 중앙정부는 방재관리에 있어 정보시스템을 도입해 재난발생 예측과 재난발생 시 적절히 대응하고 지원할 수 있도록 재해지정행정기관별로 정보시스템을 구축 · 운영하고 있다.

일본의 내각부는 인공위성기술을 새로운 재난관리도구로 사용하여 정보수집과 재난피해정도를 파악하는 시스템을 개발하고 있다. 또한 대규모 재난 및 지진발생 시 내각부를 중심으로 인공위성을 활용해 15개 재난관련 부처 및 기관과 4개 기타 지정된 기관을 연결하고 있으며, 추후에 규모가 더 확대될 전망이다(정재동, 2014: 22 참조). 이처럼 일본의 재난관리는 최첨단 인공위성 및 기술개발을 통해 재난발생 시 초기단계에서부터 피해 가능성을 분석 · 예측해 신속히 대응할 수 있는 방향으로 진행되고 있다.

제2절 선진국 재난관리 시스템의 차이점

오늘날 선진국은 국가재난에 대한 다양한 정책과 전략을 수립하고 있으며 이러한 정책들이 각 국가마다 여러 가지 방법으로 상당한 성과를 보이고 있다. 현재 선진국에서 실시되고 있는 재난정책들은 국가에 따라 역사적인 측면과 법제도, 그리고 정치구조적인 특성을 고려해 실시되고 있다. 즉 선진국의 재난관리에 대한 유형과 형태는 국가에 따라 상당한 차이점을 보이고 있다. 대부분의 선진국은 2000년 이후 국가안보와 국민의 생명 및 재산에 대한 위협을 받음으로써 국가재난관리에 많은 관심을 갖게 되었고, 다른 한편으로 대규모 자연재해에 따른 재난이 급증하면서 지역주민이나 자치단체의 차원에서 재난대응을 하는 데 많은 한계를 안고 있는 것이 사실이다. 따라서 정부는 재난관리에 대한 체계적인 조직과 유관기관의 협력 및 지방정부와의 긴밀한 협력을 통해서 재난극복을 하는 데 초점을 맞췄다.

물론 선진국의 재난관리가 법적 근거를 바탕으로 추진되고 있지만 정부 형태에 따라 상이하다는 것을 알 수 있다. 원칙적으로 연방주의국가에서 국가재난에 대한 권한은 일차적으로 하부기관인 주정부 혹은 지방정부 및 기초자치단체에서 책임을 맡는다. 만약 이들 자치단체가 재난극복에 문제가 있거나 어려움이 있는 경우에는 중앙정부에 지원을 요청하고, 이에 대해서 중앙정부가 정확한 판단을 하여 재정적인 지원이나 인력 지원을 함으로써 관련 자치단체의 문제점을 해결할 수 있다. 여기서 각 국가별 차이점을 살펴보면 다음과 같이 요약해 볼 수 있다.

미국의 경우에 국가재난관리는 스태포드법을 근거로 통합관리시스템의 형태로 운영되고 있으며, 연방조직에 속한 국토안보부(DHS)와 연방재난관리청(FEMA)이 재난관리의 업무와 재난지휘를 총괄하고 있다. 지방조직에 있어서는 지방위기관리국과 방재담당부서로 나누어 운영하고 있으며, 긴급구조의 체계는 자원봉사단, 경찰, 소방기관, 주 방위군 등을 중심으로 관리되고 있다. 재난발생 시의 대응은 카운티와 시정부가 책임을 맡고, 주정부와 연방정부는 지원・조정하는 방식으로 이루어졌다.

영국의 경우에 국가재난관리는 국가위기관리법(CCA)을 바탕으로 유형별 통합관리시스템을 도입하고 있다. 중앙조직은 내각민간비상대비사무처(CCS)와 중앙위기관리위원회(COBR)가 중추적인 역할을 하고 있으며, 지방조직은 지역위기관리위원회 및 전략적 조정그룹 등으로 나누어져 상호 협력적 관계를 갖는다. 긴급구조 및 지원체계는 중앙위기관리센터가 총괄지휘를 하고, 경찰, 소방 및 지방공무원, 자원봉사자, 지역예비군 등이 지원하는 체계이다. 그리고 재난발생 시에는 기초자치단체가 현장 중심으로 지휘・감독을 하고 있으나, 대규모 재난의 경우에는 자치단체의 한계로 인해 중앙정부의 지원을 필요로 하게 된다.

독일의 경우에 국가재난관리는 국민보호법과 재난보호법을 바탕으로 유형별 통합관리시스템을 운영하고 있으며, 연방조직은 연방내무부, 연방재난관리청(BBK), 연방기술지원단(THW) 등으로 구성되어 있다. 또 지방조직은 연방주의를 채택하고 있기 때문에 연방과 주정부의 공동상황실을 운영하고 있으며, 연방기술지원처와 전문구조인력 및 자원봉사단 등이 긴급한 상황에 언제든지 투입될 준비가 되어 있다. 그리고 원칙적으로 재난발생 시에는 주정부 및 지방자치단체가 권한과 책임을 갖고 대응하고 있지만 재정적 · 인적 부담을 갖는 경우에 연방정부에 지원요청을 하게 되면 필요한 경우에 인적 · 물적 자원을 지원받고 협조하는 시스템으로 운영되고 있다.

일본의 경우에 국가재난관리는 재해대책기본법을 근거로 유형별 통합관리시스템으로 운영되고 있으며, 중앙조직은 중앙방재회의와 내각부를 중심으로 이뤄져 있다. 지방조직은 지방방재회의, 지역위기관리 소방본부 및 소방서 등으로 구성되고, 긴급구조 및 지원체계는 중앙방재회의 비상재해대책본부, 경찰, 소방 및 지방공무원 등이 상호 협력하며 긴급재난대응을 하게 된다. 재난발생 시의 대응은 먼저 지방정부가 일차적 책임을 맡고 있으며, 중앙정부는 지방자치단체가 필요로 하는 인적 · 물적 자원을 지원 및 협력하는 시스템이다.

이와 같이 선진국에서 실시하고 있는 재난관리체계를 간략히 요약하면 〈표 7-2〉와 같다. 이렇듯 선진국의 재난관리는 국가마다 상이한 특징을 갖고 있으며, 명확한 권한과 책임을 강화하고 있다. 또 재난발생 시에는 재난현장 중심으로 신속히 재난대응을 할 수 있는 체계적인 조직과 협력 및 지원을 들 수 있으며, 재난현장지휘자에 모든 권한과 책임을 위임하여 재난대응력을 높이고 있다. 조직적인 측면에서 볼 때, 대규모 재난이 발생하면 자치단체가 할 수 있는 인적 · 물적 자원의 한계가 있기 때문에 상급기관에 지원요청을 하면 신속히 지원할 수 있는 시스템을 구축하고 있는 것은 공통된 사항이다. 중앙정부와 지방정부 및 지방자치단체가 협력하는 거버넌스체계를 구축하고 있는 것이다. 아울러 대부분의 선진국에서 지니는 재난관리의 특징은 청소년, 주부, 직장인, 전문가 등이 여러 민간단체에서 자원봉사자의 역할을 하고 있다는 점이다.

표 7-2 각 선진국 4개국 재난관리체계 내용의 비교

분류	미국	영국	독일	일본
법적 근거	스태포드법	국가위기관리법(CCA)	국민보호법 재난보호법	재해대책기본법
재난관리 유형	통합관리	유형별 통합관리	유형별 통합관리	유형별 통합관리
중앙조직	국토안전부(DHS) 연방재난관리청(FEMA)	내각민간비상대비사무처(CCS), 중앙위기관리위원회(COBR)	연방내무부, 연방재난관리청(BBK), 연방기술지원단(THW)	중앙방재회의, 내각부
지방조직	지방위기관리국 방재담당부서	지역위기관리위원회 및 전략적 조정그룹	주정부 및 지방자치단체	지방방재회의 지역위기관리 소방본부 및 소방서
긴급구조 및 지원체계	자원봉사자와 경찰 및 소방기관 합동, 주 방위군 투입	중앙위기관리센터가 총괄지휘, 경찰, 소방 및 지방공무원, 자원봉사자, 지역예비군	연방과 주정부의 종합상황실 연계, 연방기술지원단, 전문구조인력 및 자원봉사단	중앙방재회의 비상재해대책본부, 경찰, 소방 및 지방공무원
재난 발생 시 대응	카운티, 시정부의 책임, 주정부와 연방정부는 지원·조정의 임무	현장 중심, 기초자치단체가 주관, 대규모 재난의 경우 국가책임	원칙적 주정부의 부담, 한계를 넘은 경우 연방정부의 지원	지방정부가 일차적 책임이 있고, 중앙정부는 지원 및 협력

제 8 장

한국의 위기관리와 운영시스템 및 문제점

제1절 중앙정부와 지방정부의 국가위기관리운영과 현황

1. 중앙정부

1) 재난 관련 법령 발전

우리나라는 국가재난 관련 법률들이 매우 복잡하고 다양하다. 실제로 재난 및 안전관리 관련 법령체계는 한국전쟁 이후, 1970년대에 전쟁에서 회복하고자 만들어진 사회적 재난 관련 민방위기본법을 시작으로 발전해 왔다. 또한 1980년 이후 1990년대에는 자연재해와 인적재난에 따른 농어업재해대책법, 소방법, 철도법, 도로법, 건축법 등이 재난과 관련한 소관부처에서 제정되었으며 1990년대에는 재난 관련 각종 법률을 통합하였다. 예를 들면, 자연재해와 관련한 자연재해대책법과 인적 재난과 관련한 재난관리법의 통합이 좋은 사례이다. 그리고 2000년대에는 재해 및 재난의 통합적인 법령의 필요성을 제기하면서 자연재해 및 인적 재난과 관련해 재난 및 안전관리기본법으로 재난 관련 법령의 체계화에 매진하였다(양기근, 2006; 이재은 외, 2006).

우리나라의 대표적인 재난 관련 법령으로는 재난 및 안전관리기본법, 민방위기본법, 자연재해대책법, 소방기본법 등이 있는데, 그중에서 민방위기본법에 관한 범위가 가장 큰 것을 확인할 수 있다. 또한 재난을 포함해 전시 · 사변, 그리고 이에 준하는 비상사태 등으로 법령의 적용범위가 매우 포괄적이다. 일반적으로 재난 관련 법률은 재난 및 안전관리기본법, 자연재해대책법, 소방기본법 등에서 비롯된 것으로 볼 수 있다.

2) 국가재난관리의 특징

우리나라 중앙정부와 지방정부의 재난관리체계는 끊임없이 많은 논란을 불러일으키고 있다. 지금껏 정부는 재난발생 시에만 잠시 재난발생에 대한 예방조치, 대응과 복구 및 피해상황에 관심을 갖다가 어느 정도 시간이 지나면 방치하는 경향이 있었고, 전문가와 여론 또한 재난 당시 관련 논제들을 심도 있게 다루지 못하고 일회성 혹은 논쟁으로 그치곤 했다. 그러나 국가재난관리에 있어서는 언제 어디서나 중앙정부와 지방정부가 국민들의 생명과 안전을 지키기 위하여 만전을 기해야 하며, 정부와 지방정부, 기업, 그리고 국민들은 국가재난관리에 대한 관심과 노력을 지속적으로 갖는 것이 중요하다. 여기서 우리나라 재난관리체계의 특징을 다음과 같이 몇 가지로 살펴볼 수 있다(안전행정부, 2011).

첫째로, 정부의 재난관리체계는 재난관리에 대한 예방적 관리보다는 재난발생 이후 사후적 관리와 복구에 중점을 두는 특징이 있다. 기존 재난관리체계에서는 안전관리위원회와 재난안전대책본부, 긴급구조통제단 등이 구성되었지만 항상 유기적으로 운영되는 상설기구가 아니라 재난상황이 발생하면 소집되는 임시적 조직형태로 운영되었다. 한편 중앙 및 시도 안전관리위원회는 재난에 관련된 국가와 지방자치단체의 주요 계획의 심의 및 조정이 필요할 때 소집된다. 한편, 재난안전대책본부의 기능은 대규모 재난예방, 대비, 대응, 복구에 관한 사항을 총괄 · 조정하는 역할이지만, 실제로 재난예방정책에 대한 제기능을 하지 못하고 있다. 그저 재난발생에 대한 준비와 비상단계로 운영되고 있고, 여기서 준비단계는 대비단계를 뜻한다.

둘째로, 재난관리조직체계는 중앙정부와 지방정부 간 대칭적 형태로 구성되어 있다. 즉 안전관리위원회, 재난안전대책본부, 긴급구조통제단은 중앙 및 광역, 지방자치단체에 대칭적으로 구성되어 있다. 이것은 상호 간에 협력적 관계를 용이하게 한 것으로 판단된다. 예를 들면, 중앙정부에 중앙안전관리위원회가 있다면, 광역자치단체에 시도 안전관리위원회, 기초자치단체에 시군구 안전관리위원회 등이 존재한다. 이와 같이 동일한 조직체계를 사용함으로써 중앙정부와 지방정부 및 자치단체 간의 유기적인 협력체계가 가능해진다. 그럼에도 불구하고 우리나라에서 중앙정부와 지방정부 및 자치단체 등이 얼마나 유기적으로 협력하고 지원하는지, 깊이 생각해 볼 필요가 있다. 왜냐하면 지금까지 우리나라 중앙부처의 이기주의와 권한 및 책임회피로 신속한 재난대응이 이루어지지 못한 경우가 많았기 때문이다.

셋째로, 정부는 국가재난관리체계의 운영 · 관리에 있어서 하향적 행정기관과 협력체계를 강조하고 있으나, 재난관리의 운영에서 정말로 필요한 기업과 민간단체 등이 연계하는 민관공조체계는 제대로 이뤄지지 않고 있다. 오늘날 국가재난관리체계는 국가기관만 주도하는 데 많은 한계가 따른다. 따라서 많은 국가들이 국가재난체계로서 민관이 협력해 시너지 효과를 얻을 수 있는 시스템을 지향하고 있다. 이처럼 국가재난관리시스템은 국가와 기업, 민간단체, 그리고 국민 등의 협력체계가 유기적으로 움직일 수 있도록 제도화 및 의식의 전환이 중요하다.

3) 국가재난관리운영시스템의 변화

우리나라 행정기관은 원칙적으로 정부조직법에 의하여 설치된다. 정부조직법은 국가행정기관의 설치에 관한 기본법으로서 국가행정기관의 설치 · 조직과 직무범위를 설정하고 있다. 2013년 박근혜 정부 출범과 함께 정부조직개편의 핵심으로 행정안전부를 안전행정부로 개편하여 국민의 생명과 안전을 최우선으로 하는 중앙부처의 총관부처로서 재난안전관리를 관리 · 감독하는 '안전관리본부'[1]를 제2차관 직속으로 신설하였고, 재난안전실(1실 6과)을 안전관리본부(1본부 3국 10과)로 확대 · 개편하였다(배재현 · 박영원, 2014: 324).

그러나 2014년 4월 16일 세월호 사고 이후 정부의 재난관리시스템에 대한 비판이 제기되면서 정부조직개편의 필요성과 기능 조정에 대한 논의가 시작되었고, 이에 따른 후속작업으로 정부조직개편을 단행하였다. 2017년 1월 기준 정부조직법상 중앙행정기관은 17부 5처 16청 2원 5실 6위원회로 구성되었다([그림 8-1] 참조). 왜냐하면 세월호 참사 이후 드러난 재난안전체계의 문제점을 해결하는 데 현재 시스템을 그대로 운영하기에는 상당한 문제가 있었기 때문이다. 따라서 중앙정부는 재난관리체계의 이원화를 하나로 통합하는 것이 시급해 재난관리시스템의 틀을 새롭게 바꾸었다([그림 8-2] 참조).

---

1 안전관리본부는 재난안전·비상대비정책 수립 시 참모기능을 했던 2개의 국 규모의 재난안전실에 지역발전정책국 소속인원을 일부 흡수, 정부의 재난안전관리를 총괄하는 조직으로 위상을 강화하였다. 산하에는 안전정책국을 신설하였으며, 기존 재난안전관리관과 비상대비기획관은 재난관리국과 비상대비기획국으로 확대·개편하였다.

그림 8-1 정부조직도(2017년 현재)

※ 17부 3처 18청/2원 5실 6위원회(51개) ⇒ 17부 5처 16청/2원 5실 6위원회(51개)
(+2처, –2청)

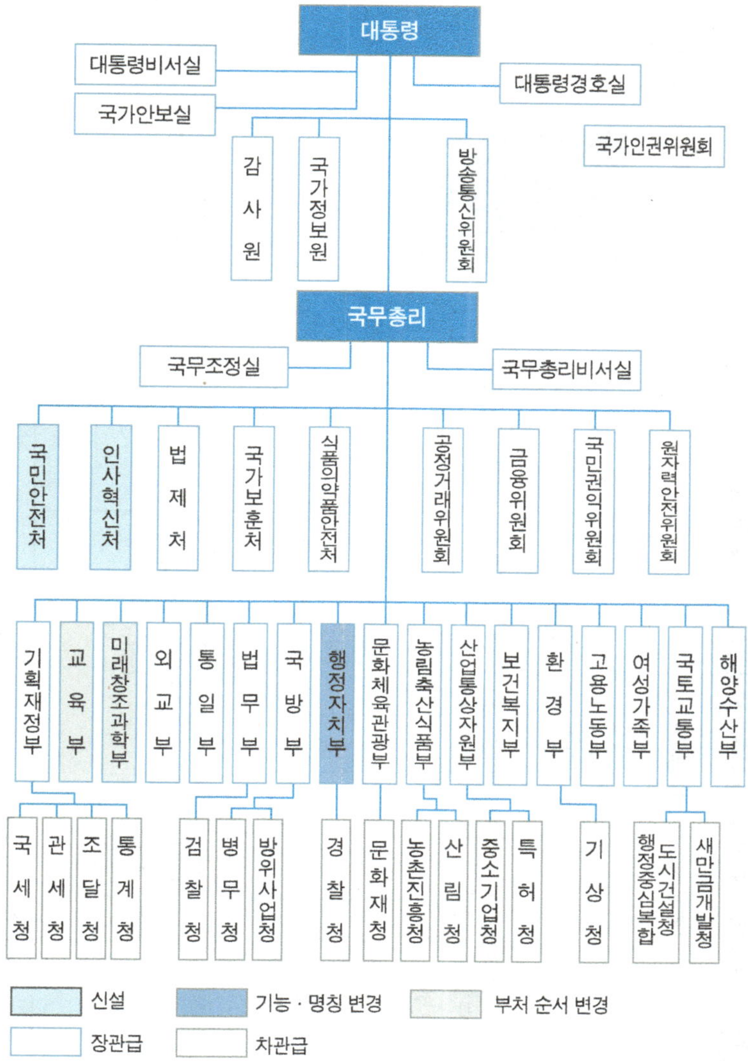

출처: 정부청사 홈페이지: www.chungsa.go.kr(검색 2016. 12. 30)

그림 8-2 과거 국가재난관리체계와 새롭게 변화된 재난관리체계비교

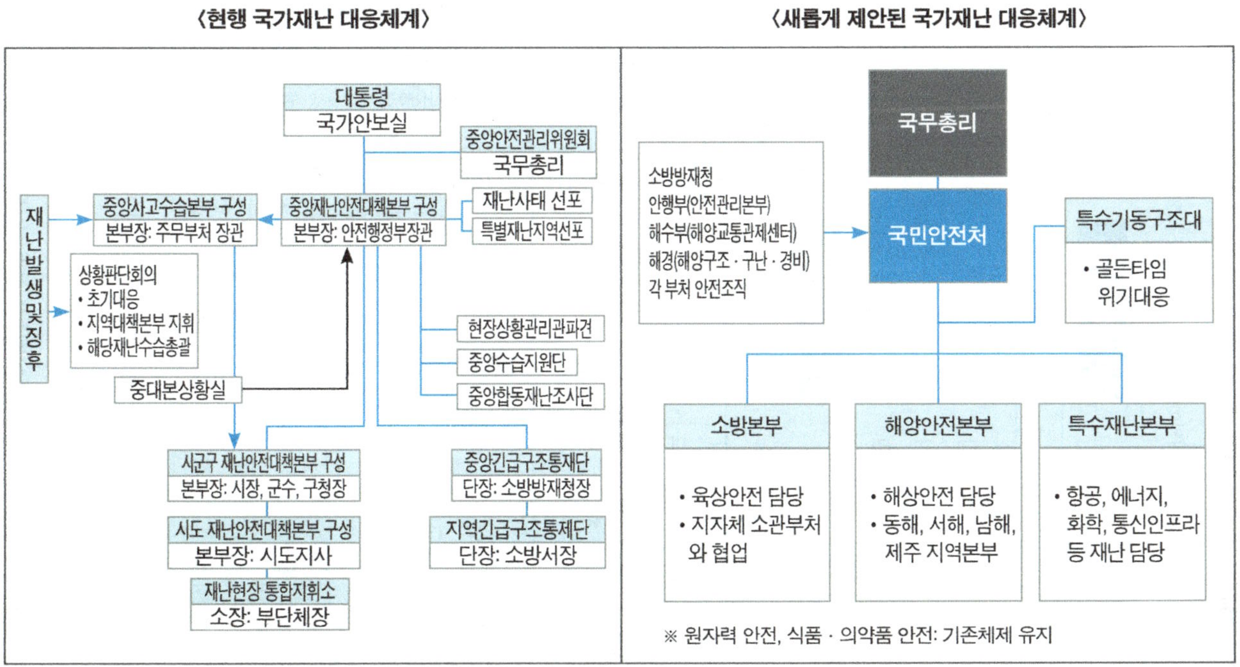

출처: 이명수(2014). 미래형 재난대응과 통합플랫폼 구축. 이슈 & 진단 No. 154, 2014에서 재인용.

현 정부조직법[2] 제26조에 의하면 기획재정부, 미래창조과학부, 교육부, 외교부, 통일부, 법무부, 국방부, 행정자치부, 문화체육관광부, 농림축산식품부, 산업통상자원부, 보건복지부, 환경부, 고용노동부, 여성가족부, 국토교통부, 해양수산부 등으로 되어 있다. 국무총리의 산하에 있는 5처는 법제처, 국가보훈처, 식품의약품안전처, 국민안전처, 인사혁신처 등이다. 또 각 행정부 16청에는 국세청, 관세청, 조달청, 통계청, 검찰청, 병무청, 방위사업청, 경찰청, 문화재청, 농촌진흥청, 산림청, 중소기업청, 특허청, 기상청, 새만금개발청, 행정중심복합도시건설청 등이 포함된다(정부조직법, 2016).

중앙정부가 재난관리상황에서 육상과 해상, 자연재난과 사회재난 등으로 분산된 재난대응체계를 일원화하는 데 중점을 두었다. 이러한 정부조직개편에 따라 정부는 국가재난에 대한 총체적인 지휘 관리를 중앙부처에서 일원화하는 방안으로 국민안전처를 신설했고, 이로써 강력한 재난안전 컨트롤타워가 구축되었다. 특히 국민안전처의 역할은 분산된 재난대응체계를 통합하고 재난현장에서 고도의 전문성과 대응성을 높이는 데 초점을 맞추고 있다.

[그림 8-3]에 있는 국민안전처의 조직도를 보면, 장관과 차관 아래 기획조정실, 안전정책실, 재난관리실, 특수재난실 등 총 4개실을 두고 있다. 또한 장관 아래는 중앙소방본부와 해양경비안전본부로 분류하고 있다. 여기서 중앙본부는 소방국과 119구조구급국 등으로 나누어 운영하

2 현재 정부조직법은 정권이 새로 바뀔 때마다 정부의 주요 정책에 따라 중앙행정기관의 명칭이 변경되고 있다. 중앙행정기관의 잦은 명칭변경은 행정기관의 혼란, 조직의 불안 및 예산 낭비 등 여러 가지 문제가 초래될 수 있다. 이와 같은 행정기관의 잦은 변경은 행정업무의 불안전과 부처 간 조직 불안, 그리고 국가적 손실을 감수하기 때문에 제도적으로 제한하는 장치가 따라야 한다.

그림 8-3 국민안전처 조직도

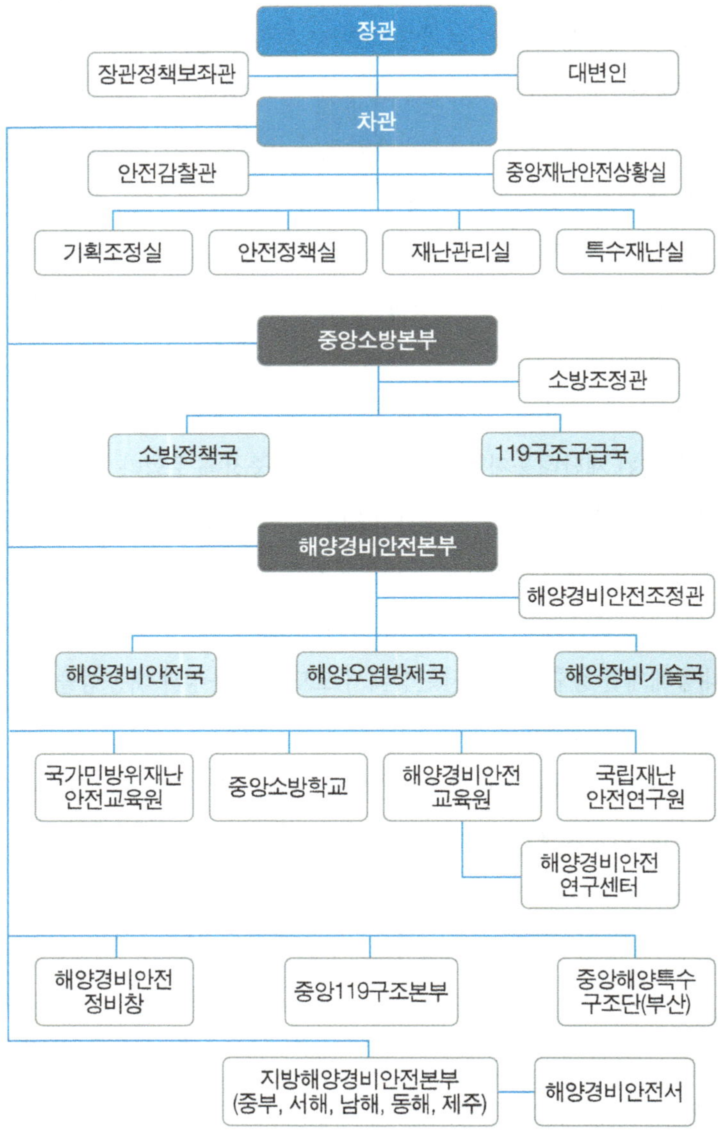

출처: 국민안전처(2014). 세이프 코리아, vol 01, 겨울호, p. 7.

고 있으며, 해양경비안전본부는 해양경비안전국, 해양오염방제국, 해양장비기술국 등으로 운영되고 있다. 즉, 육상과 해난재난을 통합관리하기 위해 소방방재청과 해양경찰청을 통합하여 '중앙소방본부(소방총감)'와 '해양경비안전본부(치안총감)'로 개편하였다. 특히 육상분야는 현행 중앙119구조본부 이외에 권력별 특수구조대를 대폭 보강하기로 하고, 제1단계로 119수도권지대를 수도권119특수구조대로 확대 · 개편하고 영남119특수구조대를 신설하였다.

2015년 이후 시설과 장비도입에 맞춰서 충청 · 강원119특수구조대 및 호남119특수구조대를 추가 설치할 계획이다. 반면에 해상분야에서는 지방해양경비안전본부를 설치하여 중부(신설), 서해, 남해, 동해, 제주 등을 관리하도록 하였다(국민안전처, 2014: 2). 그리고 조직운영에 대한 인력은 각 부처로부터 선발된 인력 9,372명을 포함해 총 10,045명으로 출발하여 신규 증원인력 673명 중 514명은 재난현장에 배치하는 것으로 계획했다.

지금까지 정부의 재난조정위원회는 재난상황에서 제대로 자기 역할을 하지 못해서 '안전정책조정위원회'로 개편되어 재난에 관련된 주요 사항에 대한 총괄 · 조정권을 강화하였다. 또한 정부는 국가재난발생 시 보다 신속히 재난을 수습하고 효율성을 높이기 위하여 중앙 및 지역사고수습본부(수습본부)의 장이 시군구 재난안전대책본부(시장 · 군수 · 구청장)를 직접 지휘할 수 있도록 개선하였다(재난 및 안전관리기본법 제15조의 2 제6항).

한편, 재난 및 안전관리기본법이 지난 2014년 6월 11일 국회에 제출되어 2014년 12월 30일 일부 개정되었는데, 국가재난에 관련된 주요 개정 내용은 다음과 같다(〈표 8-1〉참조, http://www.mpss.go.kr). 중앙정부는 재난발생 시 신속히 대응하기 위하여 중앙재난안전대책본부 중심의

표 8-1 재난 및 안전관리기본법 주요 개정 내용

현행	개정안 주요내용	개정 사유
〈신 설〉	• 재난 및 안전관리 총괄 · 조정 기능 강화 –국민안전처장관이 재난 및 안전관리업무를 총괄 · 조정하도록 명문화(제6조) –국무총리, 국민안전처장관이 기관경고 등의 조치를 할 수 있도록 함(제77조제1항)	체계적이고 효과적인 재난관리를 위한 책임 · 의무 부여
〈신 설〉	• 재난 및 안전관리사업 예산의 사전협의 및 평가(제10조의 2, 제10조의 3) –재난 및 안전관리사업에 대해 관계 중앙행정기관의 장은 매년 국민안전처장관에게 사업계획 제출 –중앙안전관리위원회의 심의를 거쳐 기획재정부 장관에게 통보 후 반영 –재난 및 안전관리사업 평가 실시	재난 및 안전분야 예산사업 사전심의를 통해 재난관리 총괄 · 조정기능 강화 및 효율적인 투자도모
• 중앙대책본부 운영 –대규모 재난의 예방 · 대비 · 대응 · 복구 등에 관한 사항을 총괄 · 조정하기 위해 안전행정부에 중앙대책본부를 둠 –중앙대책본부장은 안전행정부장관이 됨	• 중앙대책본부 운영(제14조) –대규모 재난의 대응 · 복구(이하 수습) 등에 관한 사항을 총괄 · 조정하기 위해 국민안전처에 중앙대책본부를 둠 –중앙대책본부장은 국민안전처장관이 되며, 필요시 국무총리가 중앙대책본부장의 권한 행사 –국민안전처 소속 특수기동구조대를 재난현장에 파견, 구조 활동 지원	• 중앙대책본부 가동요건 명확화 ※중대본은 재난발생(대응 · 복구) 시 가동 • 대형재난발생 시 강력한 재난대응 컨트롤타워 구축
〈신 설〉	• 특수기동구조대 파견(제14조의 2) –국민안전처 소속 특수기동구조대를 재난현장에 파견, 구조활동 지원	신속한 현장대응 및 구조활동의 전문성 강화

현행	개정안 주요내용	개정 사유
• 특정관리대상시설 지정 · 관리 –대통령령으로 정하는 바에 따라 특정관리대상시설을 지정하여 재난관리책임기관이 정비 · 관리 ※ 민간에게는 안전관리 의무 없음	• 민간소유 특정관리대상시설 안전관리 강화(제27조) –특정관리대상시설 중 대통령령으로 정하는 시설에 대하여 소유자 · 관리자 등이 안전점검 및 보수 · 보강 등의 조치 의무화	마우나리조트 사고를 계기로 민간소유 특정관리대상시설의 안전관리 강화
〈신설〉	• 안전점검업무 수행공무원 사법경찰권 부여(제32조의 2) –안전점검업무를 수행하는 공무원에게 특별사법경찰 직무를 수행할 수 있도록 제도화	안전점검의 실효성 · 책임성 강화
〈신설〉	• 민간시설 위기관리매뉴얼 작성 · 훈련 의무화(제34조의 6) –대통령령으로 정하는 시설(다중이용시설 · 선박 등)의 관리자 · 소유자는 위기상황매뉴얼을 작성 · 관리하고, 주기적으로 훈련 실시	안전사각지대 해소 및 민간의 위기대처능력 제고
• 재난현장 통합지휘소 운영 –시 · 군 · 구 대책본부의 장은 재난현장의 총괄 · 지휘 및 조정을 위하여 재난현장 통합지휘소(소장: 시 · 군 · 구 부단체장)를 설치 · 운영 〈신설〉	• 재난현장 지휘권 명확화(제16조, 제52조) –시 · 군 · 구 대책본부의 장은 재난현장의 총괄 · 조정 및 지원을 위하여 통합지원본부(본부장: 시 · 군 · 구 부단체장)를 설치 · 운영 ※ 통합지휘소→통합지원본부로 명칭 변경 –재난현장의 긴급구조활동 관련 현장 지휘를 긴급구조통제단장(소방서장)이 수행하도록 명확화 ※ 해양은 지역구조본부장(해양경비안전서장)이 수행 –지역재난안전대책본부장도 긴급구조통제단장에게 적극 협력토록 명시 –재난현장의 언론발표는 긴급구조통제단장(소방)이 지명하는 자로 일원화	• 통합지원본부장(부단체장)은 긴급구조활동을 적극 지원 • 재난현장의 긴급구조활동의 지휘 · 통제는 소방으로 일원화(해양은 해양경비안전관서로 일원화)

현행	개정안 주요내용	개정 사유
〈신 설〉	• 국민안전의 날 제정(제66조의 3) -매년 4월16일을 국민안전의 날로 지정 · 운영	법적 근거 마련
• 대국민 안전교육 실시 -중앙행정기관 · 지자체의 장은 안전문화의 정착을 위해 대국민 안전교육 및 학교 등 안전에 취약한 시설의 종사자에 대한 안전교육 실시	• 학생에 대한 안전교육 강화(제66조의 5) -현행 대국민 안전교육 이외에도, 교육부장관은 안전문화 의식을 높이기 위하여 교육과정에 안전교육 교과목을 편성하여 교육	대국민 및 학생의 안전문화의식 제고
〈신 설〉	• 자원봉사자 포상(제65조의 9) -긴급구조활동 및 응급대책 · 복구활동에 참여한 자원봉사자 등에게 상훈법에 따른 훈 · 포장 수여	긴급구조활동에 대한 민간의 참여 활성화
〈신 설〉	• 재난예방 특별교부세 교부권 부여(제66조의 11) -지방교부세법 제9조 제1항 제2호에 해당하는 특별교부세(재해대책수요) 교부권을 국민안전처장관이 행사 -특별교부세의 교부는 지자체의 재난안전수요로 한정	특교세(재해대책수요) 교부의 법적근거 마련으로 재난관리의 실효성 확보
• 재난상황의 기록 관리 -재난관리책임기관의 장은 재난상황 등을 기록 · 보관 -소방방재청장은 재해연보 또는 재난연감 작성 · 관리	• 대규모 재난백서 발간(제70조) -재난관리책임기관의 장은 재난상황 등을 기록 · 보관, 국민안전처장관은 재해연보 · 재난연감 작성 · 관리 -특별재난지역이 선포된 사회재난이나 특별한 재난은 재난관리주관기관의 장이 재난백서 작성 · 관리 -작성된 재난백서는 신속히 국회 소관 상임위에 보고	재난대응백서 발간 · 관리를 통해 재난대응이력 관리 및 정보공유

출처: 국민안전처(2014). 재난안전 총괄조정기능 및 현장대응역량 강화. 보도자료(2014.12.23.)에서 인용함.

통합재난대응시스템을 구축하였다. 특히 중앙안전대책본부장(안전행정부장관)이 중앙사고수습본부(재난관리주관기관의 장)를 지휘할 수 있도록 법률에 명확히 규정하여 지휘권을 강화하였다. 또한 기존에 불확실했던 중앙사고수습본부 운영시스템을 명확히 해 주관부처에서 중앙사고수습본부를 운영하도록 법률을 개정하였다. 동시에 재난현장지휘통제를 일원화하기 위해서 현장통합지휘소를 설치 · 운영을 할 수 있도록 새로운 조항을 신설하여 통합된 지휘체계를 구축하였다. 그리고 2014년 국민

그림 8-4 한국의 국가재난관리시스템

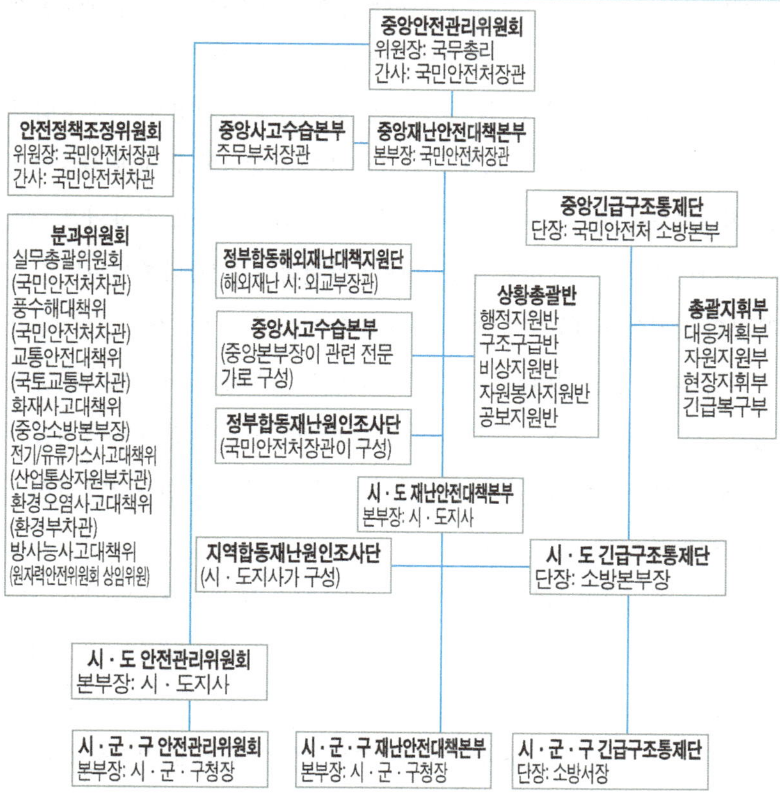

출처: 유인술(2015). 한국의 재난관리대책. HMR, 35, p. 171.

안전처 신설 이후에는 소방방재청 및 해양경찰청이 해체되면서 새로운 재난관리시스템이 구축되었다고 볼 수 있다([그림 8-4]).

국민안전처장관은 중앙부처가 수행하는 재난 및 안전 관련 사업 예산에 대해 사전협의권을 가지며, 지자체의 재난안전수요에 대한 특별교부세의 교부권도 행사하게 된다. 이처럼 국민안전처에 재난 및 안전관리에 관한 실질적인 총괄 · 조정 권한이 부여되었다. 다음으로 효과적인 재난수습을 위해 국무총리에게 중앙재난안전대책본부장의 권한을 부여해 범정부적 통합대응을 가능케 했다.

재난현장의 긴급구조 등 초동대응에 관한 현장지휘권은 긴급구조통제단장(소방서장) · 지역구조본부장(해양경비안전서장)이 갖도록 명확히 하였고, 재난현장에서의 언론 브리핑도 통제단장이 지명하는 자가 담당하며, 지자체장은 긴급구조활동에 관해서는 소방서장 등에게 적극적으로 협력하도록 했다. 동시에 민간부문의 안전관리 책임도 강화되었는데, 특정 관리대상시설의 소유자 등에 대한 안전점검 실시, 다중이용시설 소유자의 위기상황 매뉴얼 작성 등을 통해 안전사각지대 해소 및 민간의 안전의식 향상 등을 기대하고 있다. 지자체의 경우 재난관리 책임의 중요성을 고려한 지자체의 안전점검업무를 수행하는 공무원의 사법경찰권 행사, 민간의 안전점검 이행 등의 관리 · 감독 책임 등은 실질적인 안전관리를 위한 것이다.

그리고 우리나라 사이버안전 위기관리체계는 물리적 재난영역이 아닌 사이버영역에 한정하고 있는데, 즉 군, 정부, 민간분야 구분하에 사이버 위기관리를 분류하고 있다. 전체 영역의 95% 이상을 차지하는 민간분야는 인터넷 이상징후를 24시간 지속적으로 모니터링하고 적절한 대응을 하고 있다. 하지만 사회 인프라의 경우 대응력이 다음과 같은 상황에서 취약하다는 것을 경험할 수 있었다. 즉, 2003년 1월 25일 인터넷 대란과 2009년 7월 7일 디도스 사건을 겪으면서 사이버보안체계는 선제적 예방과 대응력이 대폭 강화되었으나, 그럼에도 불구하고 여러 가지 측면에서 한계점이 노출되고 있다. 최근 사이버상의 해킹으로 많은 국가들이 혼란을 겪고 있으며, 주요 사회기반시설을 위기에 빠뜨려 사이버전쟁으로 확대되고 있다. 따라서 국가는 사회재난에 적절히 대응하기 위하여 국가간 상호 공조체계의 필요성이 강조되고 있다. 특히 재난관리차원에서 정보통신기술의 적용은 사이버안전이 확보된 상태, 즉 재난상황에서 정보보안의 약점이 드러나지 않는다는 전제하에 가능하다.

국가 재난안전관리체계의 정보시스템과 국가 사이버안전 위기관리체계의 독립적 운용은 미래형 재난에 대한 선제적 대비에 취약하다. 현재 국가 사이버안전 위기관리체계는 대통령의 주관하에 국가사이버안전 전략회의와 국가사이버안전 대책회의 등으로 분류해 운영하고 있다. 이때 국가사이버안전 전략회의의 의장은 국정원장이 되고, 위원들은 정부부처차관으로 구성되어 사이버위기발생 시 국가차원 대응정책 등을 다루게 된다. 국가사이버안전 대책회의의 의장은 국정원차장이고, 위원들은 정부부처 실 · 국장 등으로 구성되며, 국가사이버안전 관리 및 대책방안 등을 강구한다. 범정부 사이버위기 대책본부는 국방부, 국정원, 방송통신위원회 등으로 구성된다. 국방부에는 국방사이버지휘통제센터, 국가정보원에는 국가사이버안전센터, 방송통신위원회에는 인터넷침해대응센터 등 각각의 역할과 기능에 따라 운영되고 있다([그림 8-5] 참조).

그림 8-5 **국가 사이버안전 위기관리체계**

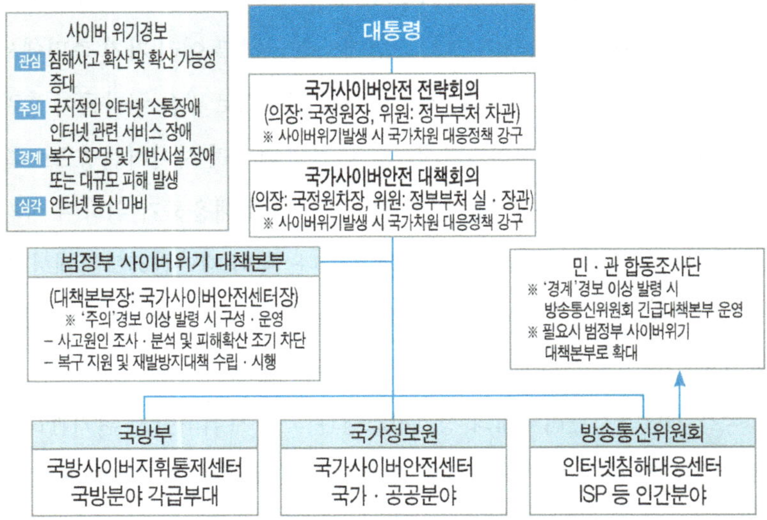

출처: 경기개발연구원, 유영성·이명수(2014). 미래형 재난대응과 통합플랫폼 구축. 이슈&진단, No 154, p. 13에서 재인용.

4) 정보통신기술(IT)과 재난정보시스템 연계

우리나라는 정보통신기술을 바탕으로 재난관리시스템에 많은 변화를 보이고 있다. 지금까지 재난대응에 많은 비판을 받아왔던 이유는 재난이 발생하면 그때그때 정부부처차원에서 형식적인 조직개편과 매뉴얼 구성을 새롭게 하고 정책발표에 초점을 두었으나, 실행에는 큰 변화가 없었기 때문이다. 특히 현장 중심보다는 중앙통제 중심으로 조직을 개편하면서 전문인력의 부재는 물론 중앙 컨트롤타워조차 갖춰져 있지 않고 책임성도 약한 형태로 운영되어 왔다. 이와 같은 운영으로는 정보통신기술을 응용한 시너지 효과를 기대할 수 없었다. 즉 정부에 국가안보에 관련된 재난 매뉴얼이 존재하고 있지만,[3] 실제로 과거 주요 재난사건들에 대한 대응 매뉴얼이 제대로 작동하지 못한다는 비판을 받고 있다(유영성 · 이명수, 2014: 15). 또한 현재 재난관리 주요 정보시스템이 소관부처별로 개별 운영되고 있지만 재난관리정보시스템의 연계에 문제가 있다(〈표 8-2〉 참조).

표 8-2 현행 주관부처와 재난유형별 재난관리정보시스템

재난 유형	재난 상황	세부사항	담당부처	근거법	정보시스템
자연재난	산불	임야	산림청	산림보호법	산불상황관제시스템, 산불위험예보시스템, 산불현장 동영상전송시스템*
		문화재	문화재청	문화재보호법	궁릉방재시스템, 문화재재난방지시스템 등
		민가	국민안전처 (구 방재청)	재난 및 안전관리기본법	국가재난관리시스템
사회재난	지하 시설물	내륙지하	국토교통부	국가공간정보에 관한 법률	지하시설물 정보시스템**
		항만지하	해양수산부	항만법	항만지하시설물 정보시스템***

* 산사태정보시스템은 별도로 있음(산림보호법 제45조, 산림청)

** ① 7대 지하시설물 : 상수, 하수, 가스, 통신, 전기, 난방, 송유

② 웹기반 시설물관리시스템, 지하시설물 통합관리시스템, 도로 점용·굴착 인허가시스템, 공간정보 자동갱신시스템(4종)을 개발 및 배포하여 지자체에서 활용

*** 6종 지하시설물(28개 무역항): 상·하수도, 전기, 가스, 통신, 송유관

출처: 기획재정부(2014). 정보화사업군(재난예방·대응분야) 심층평가 결과 및 지출성과 제고방안.

---

3 유영성·이명수(2014)에 의하면 매뉴얼이 주무기관 대응지침 33개, 주무기관지원 실무 매뉴얼 200개 및 현장조치행동 매뉴얼 3,200여 개 등이 존재하고 있으나, 위급상황에 효율적으로 작동하기 어려울 뿐만 아니라 실제로 그것이 존재하는지조차 모르는 경우가 많다고 지적하고 있다.

한편, 〈표 8-3〉과 같이 각 재난 관련 부처가 정보통신기술을 이용해 '모바일 국가재난안전센터' 서비스를 제공하고 있으나, 홍보 부족으로 이를 사용하는 사람들은 많지 않다. 즉 재난상황정보, 국민행동요령, 주요 시설물 안내 및 재난 관련 교육 서비스 등 위급한 상황을 스마트폰을

표 8-3 재난안전 관련 앱 및 모바일정보 서비스 현황

부 처	사업 내용
국토해양부	• 항만운영정보시스템(Port-MIS) 스마트폰 서비스(2011) • 12개 해수욕장 등 해변, 계곡, 펜션 근처에 있는 CCTV 카메라를 통해 해당 위치풍경 실시간 서비스(2010) • 연안침식모니터링 사이트(www.coast.kr)를 모바일로 제공 • 모바일 홈페이지(m.mltm.go.kr)를 통해 ① 해변정보, ② 수위정보(4대강 수계의 주의보 · 경보 수위를 글자, 그래프, 표, 지도정보 등으로 표시), ③ 해양위성정보 등 제공
해양경찰청	• GPS 기반의 해안경비안정망 구축(2011~2015) • 어선 7만 6천여 척에 GPS를 탑재하고, 무선통신단말기를 설치하여 어선 위치 확인(해경 · 해경함정 · 경찰청에서 모니터링)
경찰청	• 교통알림e (m.utis.go.kr, 중앙교통정보센터) • 사고 · 고장, 공사, 행사 등 교통통제정보 제공 • 사고다발지역, 과속단속지점 등 위험구간정보 제공 • 유익한 교통정보, 도로정체구간 전자지도에 표시 등
산림청	• (내부용) '실시간 산불현장대응시스템' 개발, 지자체 보급(2010) • 고해상도 컬러항공영상정보와 GIS, GPS, ICT를 융합 · 개발하여, 산불진화 작업위치와 산불확산 등 상황정보, 사진정보, 현장기상정보, 응급정보 등을 실시간으로 제공 • (대국민) '산불신고 앱'서비스 개시(2011) • 산불신고: 사진촬영 전송, 전화 산불신고(통신요금은 산림청 부담) • 산불 대처요령: 산불 예방 참여요령, 대처요령 • 산불 트위터: 산불신고, 실시간 산불상황 제공, 산불관심사항 토론, 정보 교류
산림청	• 앱 다운로드 : 100대 명산 등 앱 내려받기

출처: 김현곤 외(2011). 재난안전부문의 소셜미디어 활용 선진사례 연구. 한국정보화진흥원, p. 26.

사용해 신고하는 앱도 운영하고 있다(유영성 · 이명수, 2014: 16). 그러나 문제는 재난정보 앱을 여러 행정기관에서 중복적으로 투자개발 및 운영하고 있기 때문에 비효율적인 측면이 많다. 그 대표적인 경우로 재난알리미(국민안전처), 재난영상제보4949(국토해양부), 안심제주(소방방재본부), 서울안심지킴이(서울시), 튼튼안전365(행정자치부) 등이 있어 이 같은 중복구축은 재난대응에 비효율적이라는 문제가 제기되기도 했다(기획재정부, 2014).

그림 8-6 상황전파시스템 주요 중앙행정기관 사용자수

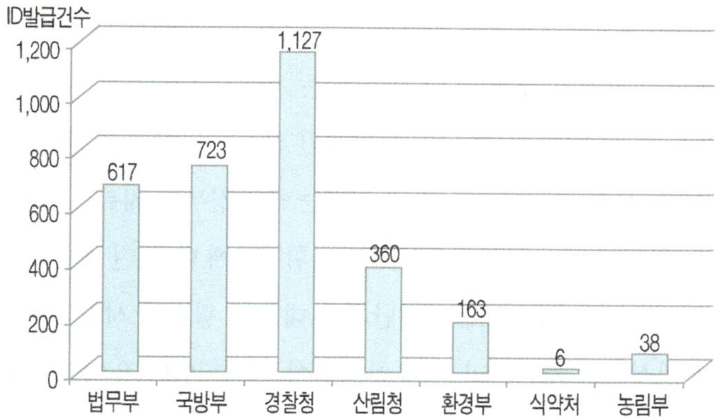

※ 법무부(교정·검찰 상황관리), 국방부(재난상황관리), 경찰청(교통관리), 산림청(산사태상황파악), 환경부(수질오염사고 전파), 식약처(전염병), 농림부(AI·구제역)

출처: 기획재정부(2014). 같은 자료.

[그림 8-6]에서처럼 상황전파시스템이 기상특보, 대형화재 등 특정 재난에만 활용되고 있어 종합적인 재난대응에 한계가 있다고 볼 수 있다. 현재 국민안전처 국가재난관리시스템 내에서 114개 관련 기관이 상황전파 및 초동대응에 상황전파시스템을 활용 중이다. 다만, 상황전파시스템

은 모든 재난에 대응할 수 있는 수단이기는 하지만 AI, 구제역 등 일부 재난에는 별도로 시스템을 운영해야 하는 한계점이 지적된다.

2. 지방정부

1) 지방정부의 재난관리시스템과 현황

우리나라 지방정부는 세계화 · 세방화를 외치면서 무한경쟁시대로 접어들었다. 이처럼 지방정부의 역할이 중요한 위치를 차지함에 따라 도처에서 발생하는 국가재난은 지금까지 지방정부차원에서 대응하는 것이 선진국의 일반적인 사례였다. 그 이유는 지방정부가 직접 현장에서 재난대응을 하면 지역특성에 맞게 독창적인 전략과 방안을 추진할 수 있다는 것이다. 물론 대규모 재난발생 시에는 중앙정부의 지원과 협조를 받는 것이 원칙이지만, 중앙정부의 재난지휘전달에 따른 현장중심의 전문성이 결여될 수 있으며, 또한 재난재해 대응에 필요한 시간적 · 공간적 한계와 형식적인 재난관리 등에 문제점이 지적되었다(유영성 · 이명수, 2014). 그래서 지방정부의 재난관리는 지역특성에 맞게 장기적이고 보다 체계적인 전략과 독창적인 모델을 필요로 한다. 그럼에도 불구하고 우리나라 지방정부가 재난관리에 대한 전략과 독창적인 모델을 갖는 데에는 많은 한계가 있다. 여기에는 여러 가지 이유가 있을 수 있으나, 가장 주된 이유는 재난에 관련된 재원과 인적자원의 부족으로 생각된다.

지금까지 우리나라 지방정부의 재난관리체계는 단체장을 본부장으로 한 중앙정부와 유사한 조직구조를 갖고 있다. 또한 재난 및 안전관리기본법 제34조의 2에 따라 중앙본부장은 관계 중앙행정기관의 장의 의견을 들어 대통령령으로 정하는 바에 따라 재난대비활동지침을 작성하여 관련된 재난관리책임기관장에 통보할 수 있다. 재난관리책임기관장은 재난대비활동지침에 따라 구체적인 실천방안을 만들어 재난대비활동을 해야 한다. 이와 같이 지방정부의 재난구조시스템은 중앙과 지방구조가 유사한 대칭구조로 되어 있다. 지방정부의 재난관리는 주로 소방방재청과 하부기관인 소방서를 중심으로 획일적으로 운영되어 왔다. 이는 재난발생이 일어날 경우에 혼잡성을 피하고 조직적이고 일원화된 대응활동을 하기 위함이다(공배완, 2014: 103). 반면에 이것은 재난관리를 하는 데 있어서 매우 미시적인 접근이 아닐 수 없다. 특히 지방정부의 재난예방책은 지역의 특성과 시설장비에 따른 여러 가지 형태에서 다양한 변화와 대응력을 갖추는 것이 중요하다. 즉 지방정부는 중앙정부의 그늘에서 벗어나 재난에 대비한 조직관리 및 대응력, 그리고 재난인력의 전문성 강화, 예산확보, 재난예방교육 및 재난시나리오 다양화 등으로 재난발생 가능성을 고려해야 한다.

그러나 재난관리는 중앙정부가 아닌 지방자치단체차원에서 보다 적극적으로 대응하고 대비하는 것이 중요하다. 특히 지방자치단체는 지역주민들의 생명과 재산을 보호하기 위하여 행정조직의 최근거리에서 접근할 필요성이 있는데, 이것은 재난발생현장에서 실질적으로 가장 근접한 위치에 있는 지역주민을 도울 수 있기 때문이다. 한편 지방정부는 재난발생 이후 신속한 복구에 중점을 두고 있지만, 재난예방을 위한 재원투입이 매우 부족하고 재난예방비용을 투입하는 예방적 활동이 이뤄지고 있지 않다. 결국 국가재난관리는 국민의 생명과 안전을 지키는 데 있어서 지방정부의 예방적 노력과 지속적인 투자 및 재난훈련을 하는 것이 바람직하다.

2) 지방정부에서 재난 관련 부처의 권한과 책임성

지방정부의 경우도 대규모 재난사고, 즉 세월호 참사 이후 중앙정부의 정부조직개편과 함께 통합적 재난관리시스템으로 형식적인 틀을 갖추도록 노력하고 있으나, 아직도 과거의 재난유형별 관리체제에서 크게 벗어나지 못하고 있는 실정이다. 현재 중앙정부의 재난관리중추조직으로서 소방방재청이 큰 역할을 하였으나, 정부조직법 개편과 함께 소방방재청과 지방해양경찰청이 없어지고 국민안전처가 설립되면서 지금까지 지방정부의 재난관리조직도 재난관리과정의 일반적 4단계(예방–대비–대응–복구)를 통합 · 조정하는 새로운 조직을 필요로 하고 있다(권건주, 2005: 7-8).

현행 지방정부의 재난상황관리체계는 재난 관련 법률과 조직이 통합되지 않아 재난상황실운영체제를 효율적으로 운영하는 데 문제가 있다. 또한 지방정부의 재난상황실은 소방서의 119상황실처럼 긴급한 재난상황에서 초동대응을 하는 업무수행보다는 시 · 도 재난상황실 보고에 중점을 두어 매우 단순한 기능을 하고 있다. 현재 지방정부의 이원화된 재난상황실 운영은 소방서 119상황실과 지방정부의 재난상황실 간에 갈등을 유발할 수 있으며, 또 관련 부서에서 재난 관련 권한과 책임성을 갖는데 어려움을 겪을 수 있다. 이와 같이 이원화된 재난관리상황실 운영으로 지방정부는 재난 관련 기관에 서로 책임을 회피할 수 있으며, 애매한 권한으로 인한 갈등과 마찰 때문에 재난상황에 신속히 대응할 수 없는 경우도 생길 수 있다.

중앙정부에서는 2003년 대구지하철방화사건으로 재난 및 안전관리기본법을 제정하였고, 소방방재청을 신설하여 국가재난 관련 업무를 총괄하도록 하였다. 그러나 2014년 각 시·도에서는 새로운 자치단체장의 조직개편에 따라 과거의 재난 관련 부처를 다양한 명칭으로 변경하였다.

예를 들면, 서울시는 안전총괄본부와 소방방재본부(행정2부시장), 경기도는 재난안전본부(도지사)에 안전관리실과 북부소방재난본부(행정2부지사) 등으로 분류하였다. 충남은 재난안전실과 소방안전본부, 충북은 재난안전실과 소방본부, 강원은 재난안전실과 소방본부, 경남은 재난건설본부와 소방본부, 전남은 도민안전실과 소방안전본부, 전북은 도민안전실과 소방안전본부 등으로 분류하면서 시민안전실 명칭을 사용하여 기존 재난 관련 활동을 강화하였다. 그 밖에 광역자치단체에서도 시민안전을 강조하면서 비슷한 시민안전을 강조하는 시민안전실로 조직개편을 하였다(〈표 8-4〉 참조).

특히 서울특별시의 경우는 안전총괄본부 아래 안전총괄관(안전총괄과, 상황대응과, 시설안전과, 보도환경개선과)을 두고 각 과별로 팀을 운영하고 있다. 또한 소방재난본부는 소방행정과, 재난대응과, 예방과, 안전지원과, 현장대응단, 소방감사담당관 등으로 세분화하고 있는데 서울시의 지역적 특성과 고밀도 인구 분포를 고려하여 충분한 조직관리 및 운영을 하고 있는지, 재난 관련 예산이 제대로 반영되고 있는지 면밀한 검토와 장기적인 대책을 마련해야 한다. 또한 시군구의 경우에는 재난유형별로 분산관리가 이뤄져 민방위업무는 총무과로, 재난관리업무는 건설교통국에서 담당하였고, 소방업무는 소방서에서 할 수 있도록 분산되었다(김종성, 2008: 19).

앞으로 시 차원에서는 재난예방을 위한 막대한 예산투자와 지속적인 예산확보를 전제로 한 거시적인 재난접근이 중요하다. 그러나 충분한 예산이 지원되지 않는다면 아무리 좋은 조직과 정책을 갖고 있다 하더라도

표 8-4 전국 지방자치단체의 재난관리조직도(2017년 기준)

지역	본부	조직
서울	안전총괄본부 (행정2부시장)	안전총괄관(안전총괄과, 상황대응과, 시설안전과, 보도환경개선과)
	소방재난본부 (행정2부시장)	소방행정과, 재난대응과, 예방과, 안전지원과, 현장대응단, 소방감사담당관
경기	재난안전본부 (도지사)	안전관리실(안전기획과, 재난대책과, 기동안전점검단), 소방행정과, 재난안전과, 재난대응과, 재난종합지휘센터, 특수대응단 등)
경남	재난안전건설본부	안전정책과, 재난대응과, 건설지원과, 도로과, 하천과
	소방본부	소방행정과, 예방대응과, 구조구급과, 119종합방재센터
경북	도민안전실	안전정책과, 사회재난과, 자연재난과
	소방본부	소방행정과, 대응예방과, 구조구급과, 119종합상황실, 119특수구조단
전남	도민안전실	안전정책과, 사회재난과, 자연재난과
	소방안전본부	소방행정과, 방호예방과, 구조구급과, 119종합상황실
전북	도민안전실	안전정책과, 사회재난과, 자연재난과, 생활안전과
	소방안전본부	소방행정과, 방호예방과, 구조구급과, 119종합상황실
제주	안전관리실	안전정책과, 재난대응과, 교통안전과
	소방안전본부	소방정책과, 방호구조과, 119종합상황실
인천	재난안전본부	안전정책과, 재난대응복구과, 재난예방과, 특별사법경찰과, 비상대책과
	소방본부	예방안전과, 현장대응과, 구조구급과, 119종합방재센터 등
대전	시민안전실	안전정책과, 재난관리과, 비상대비과, 민생사법경찰과
	소방본부	소방행정과, 예방안전과, 대응관리과, 119종합상황실
부산	시민안전실	재난예방과, 재난대응과, 원자력안전과, 재난상황관리과, 특별사법경찰과
	소방본부	소방행정과, 현장대응과, 구조구급과, 종합상황실, 예방안전담당관, 소방감가담당관, 특수구조단
울산	시민안전실	안전정책과, 재난관리과, 원자력산업안전과, 민생사법경찰과
	소방본부	소방행정과, 안전구조과, 119종합상황실

광주	시민안전실	안전정책과, 재난예방과, 재난대응과, 민생사법경찰과
	소방안전본부	소방행정과, 방호예방과, 구조구급과, 119종합상황실, 119특수구조단
충남	재난안전실	안전정책과, 사회재난과, 자연재난과
	소방안전본부	소방행정과, 화재대책과, 119광역기동단, 종합재난센터
충북	재난안전실	안전정책과, 재난관리과, 치수방재과
	소방본부	소방행정과, 대응예방과, 구조구급과, 소방종합상황실
강원	재난안전실	안전총괄과, 방재과, 비상기획과
	소방본부	소방행정과, 방호구호과, 종합상황실, 특수구조단

출처: 각 시·도 및 광역시청 인터넷 홈페이지 참조(2017. 01.).

정책을 집행할 수 없는 전시적인 행정으로 전락될 수밖에 없다.

3. 중앙정부와 지방정부의 관계

중앙정부와 지방정부는 모두 재난관리책임기관으로서 재난관리행정에 대한 주도적인 역할을 해야 한다. 국가재난에 대한 책임은 중앙정부와 지방정부가 공동으로 갖지만, 그 역할에는 약간 차이가 있다([그림 8-7] 참조). 즉 중앙정부는 예방기능이 강한 반면, 지방정부는 대응과 복구기능에 중점을 두고 있다. 따라서 재난관리의 모든 과정이 원활히 이루어질 수 있도록 중앙정부와 지방정부의 역할분담이 이루어져야 한다. 이러한 중앙정부와 지방정부의 역할분담은 그 역할수행에 적합한 구조가 되어야 하며, 이러한 재난관리조직들은 하나의 체제하에 기능적으로 통합하여 관리되어야 한다(한국지방행정연구원, 2012). 재난의 규모에 따라 지방정부는 원칙적으로 그 지역에서 발생한 재난에 대한 일차적인 책임을 갖고 있으며, 지방정부의 대처능력범위를 벗어난 심각한 재난

그림 8-7 중앙과 지방정부의 재난관리체계

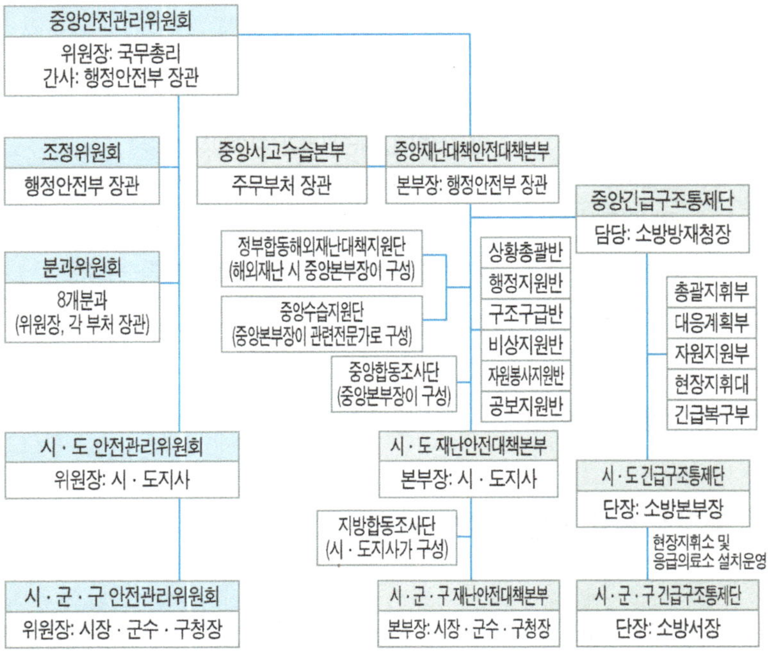

출처: 한국지방행정연구원(2012). 통합재난관리체계 확립을 위한 중앙-지방 간 업무 재설계. KRILA Focus, 제48호, p. 15.

에 대해서는 중앙정부가 지원을 하는 역할분담구조가 확립되어야 할 것이다.

4. 민간단체의 재난관리참여와 분산

오늘날 재난관리는 정부가 단독으로 할 수도 있지만 재정적 · 시간적 · 지역적 한계로 재난관리를 효율화하는 데 어려움을 겪고 있다. 이러한 문제점을 극복하기 위한 방안으로 정부와 민간단체가 협업하는 장치를 만들어 주는 것이 중요하다. 물론 이것은 정부의 주도적인 지시나 지도를 통해서 이뤄지는 것이 아니라 민간단체의 자발적인 참여가 필수적이다. 특히 현대사회에서는 정부와 기업 및 민간단체 등이 서로 지원과 협력을 통해 주어진 조직과 제도의 영역 내에서 당면한 사회문제를 해결하는 것이 매우 중요하다. 그럼에도 불구하고, 국가는 당면한 여러 가지 사회문제를 해결하는 데 필요한 충분한 인적 · 물적 자원과 능력을 보유하고 있지 않다. 따라서 정부는 모든 영역에서 주어진 조직과 재원을 최대한 활용하려면 민간과 협력해야 한다. 국가재난관리도 대응 위주에서 정책형성 및 집행영역까지 민간의 역할이 강조되고 있다(이재은 · 양기근 외, 2006: 333).

〈표 8-5〉와 같이 2015년 국민안전처는 우수한 역량을 지닌 민간부문이 재난대응 · 복구에 참여해 신속하고 효율적인 재난관리가 될 수 있도록 중앙민관협력위원회에 다양한 민간단체 참여를 확대한 제2기 위원회를 구성하였다. 지난 2013년 5월 중앙민관협력위원회 발족 후 임기만료(2015. 05. 14)에 따라 제2기 위원회는 재난관리의 효율적 대응과 위원회 운영 활성화를 위해 예방, 대응 및 지원분과로 구성 · 운영한다. 특히 안전사고예방, 안전문화교육 등의 역할을 담당하는 예방분과는 안전생활실천시민연합, 새마을운동중앙회 등 10개 단체, 인명구조 · 수색, 응급복구 등의 역할을 담당하는 대응분과는 한국구조연합회, 해병대전우회 등 11개 단체, 의료 및 법률 상담, 심리상담 등의 역할을 담당하는 지원분과는 대한병원협회, 대한의사협회, 대한간호협회 등 10개 단체로 구성되었다(국민안전처 보도자료, 2015).

앞으로 중앙민관협력위원회는 평상시 재난안전 위험요소 및 취약시설의 모니터링 · 제보 등의 업무를 수행하고, 재난발생 시 인적 · 물적 자원

표 8-5 민간단체 · 협회의 재난관리참여 현황(2015년 기준)

구분	기관·단체명	주요 활동
예방 분과 (10)	안전모니터봉사단중앙회	재난예방활동, 피해조사, 재난상황 수습 · 지원
	전국의용소방대연합회	화재진압, 인명구조, 응급복구 등 수습 · 지원
	안전생활실천시민연합	이재민 · 대피소 관리, 구호급식, 예방활동 등
	한국안전시민연합	교통통제, 환경정리 등 재난상황 수습 · 지원
	손해보험협회	침수피해 재난대책반 및 보상캠프 운영 등
	대한적십자사	이재민 구호, 안전, 의료, 보건 관리 등
	새마을운동중앙회	안전문화 교육 및 홍보, 구호, 급식 등
	한국자원봉사센터협회	자원봉사자 관리, 자원봉사활동 계몽 및 홍보
	한국자원봉사협의회	자원봉사자 관리, 자원봉사활동 계몽 및 홍보
	한국연안안전자원봉사자총연합회	연안순찰단 운영, 구명조끼 착용 교육 등
대응 분과 (11)	(사)한국구조연합회	인명구조 · 수색 및 구급활동, 환경정리 등
	(사)재해극복범시민연합	인명구조 및 복구활동, 자연재해 예방활동
	(사)해병대전우회	인명구조 · 응급복구활동, 사회질서 유지 등
	(사)대한민국재난구조협회	인명구조 · 수색활동 및 재난지역 복구활동
	(사)UDU중앙회특수재난구조협회	인명구조 · 수색 및 재난지역 복구활동
	대한산악연맹	각종 산악사고 시 수색, 조난자 구조활동
	(사)한국건축구조기술사회	추가피해 · 사고원인 분석, 복구방안 등 기술자문
	서울과학기술대학교	효율적인 재난관리 자문 및 민관협력체계 강화
	한국아마추어무선연맹	통신서비스 제공, 재난현장 복구활동인력 지원
	국가도시방재연구센터	재난현장 조사 및 공간분석 · 모니터링 등 수행
	대한건설기계협회	붕괴현장 구조 진단, 영구복구계획 대응 기술자문
지원 분과 (10)	대한병원협회	의료분야 구호 · 봉사지원 및 방역대책 등
	대한의사협회	의료분야 구호 · 봉사지원 및 방역대책 등
	대한간호협회	의료분야 구호 · 지원 및 심리지원 · 방재대책 등
	한국건강가정진흥원	심리상담, 심리검사 및 아이돌보미 서비스
	대한변호사협회	피해보상 등 이재민 법률서비스 지원
	한국방송공사	재난방송, 이재민 지원 및 구호 등
	삼성3119구조단	이재민 지원, 구호 및 자원봉사
	전국재해구호협회(희망브리지)	재해긴급구호 및 지원, 구호품 전달 등
	포스코사회공헌	이재민 지원, 구호 및 자원봉사
	KT그룹희망나눔재단	이재민 지원, 구호 및 자원봉사

출처: 국민안전처 보도자료 참조(2015년 5월 15일자).

동원, 인명구조 및 피해복구활동에 참여하는 업무를 수행한다. 특히 대규모 재난이 발생했을 시 현장에서 실제 대응할 수 있는 역량을 갖춘 민간단체 · 협회 등이 전문성을 살려 인명구조나 재난 복구에 참여하게 된다.

오늘날 대규모 재난은 수습 및 대응, 그리고 복구과정에서 많은 시간과 비용이 투입되기 때문에 인력과 장비가 요구된다. 따라서 민간자원봉사자들의 지원과 역할이 무엇보다도 중요하며, 개인적 차원이 아니라 자원봉사단체를 조직해 집단적으로 참여하는 형태로 이뤄진다. 우리나라의 경우 외국의 자원봉사단체와 비교했을 때 자원봉사자의 참여수준은 아주 미약할 뿐만 아니라 잘 조직화되어 있지 않다. 특히 재난관리와 관련된 자원봉사인력의 육성과 교육이 체계화되지 않았고 자원봉사단체의 응집력과 조직력이 부족하기 때문에 재난현장 투입 시 민간단체의 활용과 역량을 극대화시키는 데 한계가 있다(김종성, 2008: 18-19).

5. 국가재난관리의 문제점과 개선방안

1) 재난관리의 문제점

현행 우리나라의 재난 관련 법령과 재난 관련 행정기관의 문제점을 살펴보면 여러 가지 측면에서 논의될 수 있다. 예를 들면, 재난 관련 조직과 기구의 다양화, 재난관리의 전문인력 부족, 재난 관련 기관 및 부서 간 협력체계 부족, 부처이기주의, 현장지휘자에게 권한 대신 책임만 강조, 국민들의 안전불감증, 안전교육의 부족, 관리시스템의 운영 및 비효율성, 긴급한 재난상황에서 보고 강조 등 다양한 영역에서 문제점이 지적되고 있다(이종열, 2014: 8-9). 또한 한국지방행정연구원(2012: 15-18)은 재난관리 중앙조직의 통합운영체계화 부족, 지방자치단체의 재난대응역량 미성숙, 국가안전관리기본계획의 실효성 미흡, 재난현장대응을 위한 통합적 · 일원적 관리체계의 미흡, 안전관리체계의 보완 등의 문제를 제기했다.

최근 박근혜 정부는 2013년 세월호 참사 이후 국가재난안전체계를 정비하면서 법률 재정비와 재난유형별 재난관리주관기관 규정, 재난대응 매뉴얼의 근거 규정 등을 마련하면서 실행 매뉴얼에서 나타나는 총괄조정을 위한 지휘체계를 재설계하였다. 그럼에도 불구하고, 긴급재난발생 시 각 부처 간 협력과 의사소통 및 지휘명령에 따른 체계적인 대응력을 높이는 데는 한계가 있다(배재현 · 박영원, 2014: 325). 이에 대한 종합적인 상황을 분석해 보면 다음과 같은 문제를 지적할 수 있다.

먼저, 재난 관련 법령 간 일관성 및 연계성이 부족하다. 즉 재난 관련 법령들이 기본법과 개별법의 형태를 통해 유기적으로 구성된 것이 아니라 개별적인 법률을 통하여 각각의 재난관리상황을 규정하고 있다. 이는 분명한 법적 규정과 원칙을 갖고 재난 관련 법률의 입법과정을 거친 것이 아니라, 단지 대규모 재난이 발생하면 그에 대한 해결책과 향후 대책을 위해 임시입법을 한 것이다. 이렇게 되면 재난 관련 행정기관 및 부처 간 중복, 관리주체 간 책임소재와 권리의무 불명확, 귀속주체가 상이해지며, 실질적으로 주무장관이 다른 장관을 지휘하기는 쉽지 않아 문제가 된다(배재현 · 박영원, 2014: 325). 지난 세월호 사건에서도 중앙재난대책본부장(안전행정부장관)과 중앙사고수습본부장(해수부장관)의 주도하에 부처 간의 협력이나 지원 및 의사전달 등이 제대로 작동하지 않아 문제가 되었다.

또한 중앙사고수습본부의 경우 재난의 유형에 따라 주무부처가 다르고, 반복된 재난이 아닌 경우에는 재난에 대한 경험이 거의 없기 때문에 재난관리에 관한 구조적인 문제를 않고 있다. 특히 공직사회는 순환보직 제도로 운영되고 있어 중앙정부와 지방정부를 막론하고 2~3년이면 다른 부서로 이동하기 때문에 개인과 조직이 전문성을 높일 수 없는 구조이다. 게다가 재난관리부서는 조직과 개인에 있어서 한직으로 취급받고 있어 능력 있는 공직자들은 재난 관련 부서를 꺼리는 실정이다. 이로 인해 재난 관련 부서에서 근무하는 인재들이 항상 다른 부서로 옮기는 것을 선호하기 때문에 재난 관련 전문성은 취약해질 수밖에 없는 것이다. 따라서 재난관리부서의 위상과 역량을 제고하기 위해서는 현실적인 지원과 제도적 보완이 있어야 한다.

다른 문제로는 재난발생 시 다양한 재난관리주체와 복잡한 재난관리체계를 지적할 수 있다. 일차적인 재난관리주체는 지방자치단체장에 속한다. 그러나 대통령령으로 규정된 대규모 재난이 발생하면, 중앙정부는 모든 권한과 책임을 위임받지만 여러 곳에 재난관리주체가 지정됨으로써 신속한 대응체계 구축에 한계가 있다.

또한 중앙재난안전대책본부와 중앙사고수습본부의 수직적인 과정에서 나타나는 문제점은 보고에만 치중하여 재난의 골든타임을 놓치는 것이다. 이는 재난관리체계가 국민을 위해서가 아닌 기관장 및 행정기관을 위한 운영체제로 이뤄지고 있다는 의미이다. 특히 문제는 중앙재난안전대책본부 아래 소방방재청(소방방재청장) 소속으로 조직되어 있어 각 시 · 도지사는 소방방재청장의 지휘를 받고 시 · 군 · 구(시장 · 군수 · 구청장)는 시 · 도지사의 지휘를 받아야 한다는 점이다. 각 자치단체에서도 자치단체장을 본부장으로 하는 재난안전대책본부를 구성하는데 서로 중복되는 기능도 일부 있어서 혼선이 우려되는 상황이다.

이와 같이 각 시 · 도 및 시 · 군 · 구에서 운영 중인 재난관리시스템은 안전행정부 · 소방방재청 중심으로 되어 있기 때문에 지역에서는 재난이 발생했을 때 피해사항을 보고하는 시스템으로 발전한 것이다. 이것은 각 지방정부와 지방자치단체가 지역에서 발생 가능한 재난예방에 대한 기획과 정책, 이에 따른 전략과 대응체계 수립, 그리고 재난 관련 전문성평가 등에 소홀할 수밖에 없는 시스템이 문제라고 볼 수 있다.

민간협력체계에 대한 정부의 소극적인 자세와 민관협력관계의 부족 문제도 있다. 이는 중앙정부와 지방정부가 먼저 민간단체들이 자유롭게 참여할 수 있도록 유도해야 하지만 관 주도 형태로 이뤄진 데서 비롯된 문제이다. 또한 재난에 필요한 민관협력과 참여부족은 민간협력을 발전시키는 데 많은 저해요인으로 간주된다. 예컨대 재난발생 시 재난관리책임기관과 민간구조대 및 자원봉사자단체 간의 이해가 부족하면 원활한 협조와 지원이 이루어지지 않을 수 있다(이정일, 2011: 83).

2) 재난관리의 개선방안

우리나라 재난관리의 문제점에 대한 개선방안은 크게 몇 가지로 분류해 설명할 수 있다. 즉, 재난관리에 기본이 되는 법제도적 개선, 조직구조 및 인력의 개선, 재난대응의 개선, 예산의 개선, 그리고 재난업무의 개선 등으로 요약해 볼 수 있다.

먼저 재난 및 안전관리기본법의 개정과 정부조직 및 기능 개편에 따라 재난안전조직의 직제와 소속기관, 정원 등의 법령이 있어야 한다. 새로 신설된 국민안전처 소속 공무원의 임용, 전보, 승진과 관련된 규정도 명확히 규정해 재난 관련 직무의 특수성을 살릴 수 있도록 제도적 보완을 해야 한다. 지금까지 재난 관련 부서의 일반직 공무원의 경우 1~2년에 걸친 인사이동과 교체로 재난 전문성을 기대할 수 없으며, 안정된 조직운영이 불가능했다. 또한 일반 공무원들이 재난 관련 부서를 기피부서 혹은 한직으로 느끼지 않도록 제도적 보완장치를 바탕으로 거시적 인력개발에 초점을 맞춰야 한다.

또한 재난관리구조상 국민안전처의 설립으로 기존 구조적인 문제에서 새로운 부처이기주의가 일어날 수 있다. 이것은 바로 재난발생 시에 재난대응을 현장 중심이 아니라 중앙정부 중심으로 이동할 수 있기 때문이다. 즉 국민안전처의 조직이 강화되고 권한도 막강해졌기 때문에 오히려 부처 간의 이기주의가 심화될 수 있다는 우려가 앞선다. 현재와 같은 시스템에서는 중앙정부가 막강한 권한과 책임을 갖고 재난관리를 하고 있지만, 보다 중요한 것은 재난발생 시에 현장지휘관에게 권한을 대폭 이양하여 현장 중심으로 재난대응을 할 수 있도록 제도적 변화를 꾀해야 한다. 이에 따라 중앙정부와 지방정부 간 임무와 역할을 명확히 규정할 필요가 있으며, 중앙기관과 마찬가지로 지방자치단체에서도 재난관리부서와 유형별 주부서 및 각 지원부서별 임무와 역할을 체계화해야 한다(박동균, 2011: 314 참조).

다음으로 재난인력자원의 충원과 전문성 강화, 교육훈련을 체계화해야 하며, 재난예산지출을 현재의 가치가 아닌 미래의 가치창출로 봐야 한다. 지금과 같은 예산지원이 없는 상황에서는 우수한 재난인력자원을 확보할 수 없으며, 이에 따른 전문성도 기대할 수 없다. 우리나라가 선진국 재난관리시스템으로 발전하기 위해서는 정부의 적극적인 지원과 재난에 대한 인식전환이 수반되어야 한다. 즉 재난 관련 공무원은 전문적인 영역이기 때문에 특별한 이유가 없는 한 오랫동안 같은 직무에서 근무할 수 있도록 함으로써 전문성을 확보할 수 있다. 이에 따라 직무의 가치를 인정해 줌으로써 자긍심을 갖고 일할 수 있도록 처우개선을 해야 한다. 그리고 이들이 고도의 전문성을 갖추도록 주기적인 교육과 현장교육 및 우수 해외선진국의 견학과 학습을 통해서 많은 투자를 해야 한다.

재정적인 측면에서 본다면, 현재 국민안전처가 재난컨트롤타워로서 제기능을 하기 위해서는 조직의 위상도 중요하지만 재난예방정책에 필요한 기획과 정책들을 수행하기 위해서는 충분한 재정적인 지원이 따라야 한다(배재현 · 박영원, 2014: 327). 각 중앙부처와 지방부처는 재난 관련 재난대비 및 예방을 위한 중복투자를 피하고 예산낭비절감을 위한 상호 간 협력체계의 구축이 시급하다. 또한 재난복구에 있어서 중앙정부의 예산지원은 전시적인 지원이 아니라 보다 정확한 데이터를 갖고 분석해 효율적인 재난지원정책이 될 수 있도록 해야 한다. 현재는 각 중앙부처에 재난예방을 위한 다양한 매뉴얼과 정책 개발을 추진 중인데 정부가 중복된 투자가 되지 않도록 협업하는 시스템을 만든다면 불필요한 예산과 정책에 소요되는 많은 시간과 비용을 줄일 수 있다.

그리고 중앙정부는 재난관리에 신속히 대응하기 위하여 전시행정과 보고 중심, 즉 형식적인 재난대응에서 벗어나 현장에서 골든타임을 놓치지 않도록 효율적으로 업무를 추진하는 자세를 갖춰야 한다. 특히 우리나라의 경우에 실질적인 재난 관련 대응에 있어 상부에 보고하다가 골든타임을 놓치는 경우가 많다. 이것은 현장지휘자에게도 문제가 있지만, 본질적으로는 중앙부처에 있는 고위 공직자의 재난 관련 철학과 가치관의 문제로, 이것이 바뀌지 않는다면 현장에서는 항상 형식적인 보고체계에 더 신경을 쓸 수밖에 없다.

마지막으로 민관협력에 필요한 재난네트워크 구축과 민간단체의 참여가 필수적이다. 우리나라에서 가장 후진적인 문제점이 바로 정부와 민간단체가 상호 협력적 관계를 갖지 못했다는 점이다. 정부가 현장에 부족한 인적·물적 자원을 민·관자원을 잘 활용한다면 공공자원의 부족을 어느 정도 해소할 수 있다. 따라서 정부는 민·관협력을 위하여 민간단체와 자원봉사자들을 적절히 활용하는 것이 매우 중요하다(이정일, 2011: 82-83).

이와 같이 재난 관련 개선방안은 제도적인 측면과 구조적인 측면, 그리고 재난인력과 예산확보, 재난정책 등을 효율적으로 관리하기 위한 것으로 지속적인 변화와 혁신을 바탕으로 이뤄져야 한다.

제2절 정책적 함의 및 시사점

오늘날 국가재난은 특정 영역에서 제한적으로 발생하는 것이 아니라 다양한 영역에서 동시다발적인 발생 가능성을 예측해야 한다. 이에 국가 차원에서 신속한 대응과 재난관리를 하기가 매우 복잡하고 어려워졌다. 특히 자연재해는 기후온난화로 인하여 대형지진, 화산폭발, 홍수, 폭우, 폭설, 태풍, 낙뢰, 해일, 가뭄 등 다양한 형태로 국민의 생명과 안전 및 재산에 심각한 위협이 되고 있다. 따라서 국가는 자연재해에 대한 예방과 대응 및 복구방안을 보다 체계적으로 수립하는 데 많은 한계를 갖게 되었다. 또한 인위적으로 발생 가능한 국가재난은 전쟁, 원전사고, 국제테러, 화재, 정전 및 통신단절, 사이버 테러(바이러스유출 및 정보해킹), 핵 방사능 유출, 지하철 및 열차 사고, 비행기 사고 등 다양한 영역에서 발생할 수 있지만, 경우에 따라 자연재해와 상호 밀접한 관련이 있는 경우도 많다. 따라서 국가의 재난관리는 자연재해와 인위적인 재난을 독립적으로 생각할 수 없고, 매우 밀접한 관계가 있다는 것을 전제로 대응전략을 세울 필요가 있다.

미래 국가재난관리는 민 · 관 · 군의 협력에 의한 조직화와 대응성을 바탕으로 전략적 차원에서 목표지향적이고 다양한 재난프로그램 및 매뉴얼을 개발하여 연속성을 갖고 실전 같은 훈련을 반복적으로 실시하는 것이 매우 중요하다. 왜냐하면 반복된 예방훈련은 재난발생 시에 재난대응력을 높이는 데 많은 효과를 볼 수 있기 때문이다. 이미 이러한 훈련효과는 독일의 재난예방훈련에서 긍정적으로 평가되었다. 또 국가는 대규모 재난발생과 국제적 테러위협에 대응하기 위하여 독자적인 재난관리에서 벗어나 국가 간 협력과 군병력 및 경찰자원, 그리고 민간단체와의 긴밀한 협력을 통하여 국제적 거버넌스시스템을 갖추는 것이 중요하다.

재난상황은 국가의 행정시스템과 권력시스템 및 제도적 시스템에 따라 상당한 차이가 있다는 것을 부인할 수 없지만, 본 연구에서 각 국가별 재난관리시스템을 파악함으로써 많은 정책적 시사점을 주고 있다. 즉 이러한 시사점은 우리나라의 재난관리시스템에서 부족하다고 느끼는 여러 가지 영역의 문제점을 개선하는 데 초점을 두고 지속적으로 변화시켜야 할 것이다. 이미 앞에서 언급했던 국가별 재난관리시스템이 우리나라에 줄 수 있는 시사점을 살펴보면 다음과 같다.

미국은 국가재난관리에 있어서 스태포드법을 법적 근거로 하여 통합관리시스템 형태로 운영하고 있다. 미국은 거대한 연방국가로 구성되어 있기 때문에 연방조직에 속한 국토안보부(DHS)에서 재난대책업무를 총괄하고 있으며, 연방재난관리청(FEMA)은 재난지휘를 총괄하고 있다. 지방조직에 있어서는 지방위기관리국과 방재담당부서로 분류운영하고 있으며, 긴급구조의 체계는 자원봉사단, 경찰, 소방기관, 주 방위군 등을 중심으로 상호 협력시스템을 강화하고 있다. 또 재난발생 시에는 카운티와 시정부가 책임을 맡고 주정부와 연방정부는 지원 · 조정의 임무를 맡는다. 이와 같이 미국은 대규모 재난관리에 대한 책임과 권한을 명확히 하여 운영하면서 신속히 다루고 있다.

영국의 경우에는 재난발생 시에 국가위기관리법(CCA)을 근거로 유형별 통합관리시스템을 도입하고 있으나, 현장에서 즉시 대응하기 위하여 지역중심의 분권화를 통해 재난대응의 신속성과 현장대응성을 강조하고 있다. 즉 지방정부에 권한과 책임을 부여하고 있으며, 분권적 대응을 통해 위기대응의 신속성과 현장대응을 중시한다. 런던의 경우 지방정부 차원에서 민 · 관을 아우르는 위기대응기관들이 참여하는 위기관리포럼(RRF)에서 전략적 위기관리계획을 수립하고, 이것을 정밀하게 실천할 수 있는 전략적 조정그룹(SCG)을 비롯한 통제기구를 운영하고 있다. 중앙위기관리조직의 경우, 국가적 재난의 경우를 제외하고는 지방정부를 지원하는 역할에 주력한다. 지방정부는 지역위기관리위원회 및 전략적 조정그룹 등으로 분류해 상호 협력적 지원을 한다. 긴급구조 및 지원체계는 중앙위기관리센터가 총괄지휘를 하고, 경찰, 소방 및 지방공무원, 자원봉사자, 지역예비군 등이 지원하는 시스템이다. 그리고 기초자치단체가 현장 중심으로 지휘 · 감독을 하고 있으나, 대규모 재난의 경우에는 자치단체의 한계 때문에 중앙정부의 지원을 필요로 하게 된다. 이와 같이 영국의 재난관리는 현장 중심으로 유관기관 간의 공조체계가 원활히 작동되며, 위기관리가 체계적으로 이루어지고 있는 것도 현장 대응 측면의 또 다른 특징이라 볼 수 있다. 또 사후수습에 있어 구체적인 실행계획을 수립하고 사고 피해자와 유가족에 대한 전문적인 서비스를 장기간에 걸쳐 제공함으로써 공적 제도에 대한 신뢰를 크게 제고하고 있다. 그리고 언론은 위기관리의 협조자 역할을 수행하고 있는데, 특히 언론보도방식에 대한 사회적인 규범이 형성되어 있다. 피해의 확산을 막기 위한 정보제공은 공익과 인권을 최우선시하며 재난현장에 대해 자극적인 언행을 회피하고 사회적 혼란을 줄이는 협조자로서의 역할을 하는 것이다.

독일은 재난관리에 대해 국민보호법 및 재난보호법을 법적 근거로 연방정부차원에서 종합적인 대응책과 전략을 마련하고 있다. 특히 독일 정부는 연방주의를 채택하고 있기 때문에 연방정부와 주정부 간 의사전달 체계가 원활하지 못할 경우에 상호 협력적 공조체제에 문제가 발생되므로 유형별 통합관리를 하고 있다. 중앙조직은 연방내무부 아래 연방재난관리청과 연방기술지원단 등으로 분류해 대응하고 있다. 특히 연방정부는 미래의 불확실한 재난예방과 국가위협에 적극적으로 대응하는 방안으로 '국가재난예방훈련(LÜKEX)'을 새롭게 구축하였다. 물론 이러한 모델이 완전하다고 평가할 수는 없지만 지금까지 긍정적인 평가를 받고 있는 것이 사실이다. 이러한 모델도입은 국가위기관리를 위해서 미래의 위기대응력을 높이는 데 효과적이라 할 수 있다. 특히 다양한 재난훈련은 실제상황을 가상으로 실시되고 있기 때문에 실제 재난발생 시 당황하지 않고 적절히 대응할 수 있는 학습효과를 기대할 수 있다. 앞으로 우리나라도 남북관계를 고려해 북한의 급격한 붕괴에 대비하여 중앙정부와 지방정부의 행정기관들이 실제상황을 고려한 독창적인 국가재난예방훈련의 모델을 찾는 것이 중요하다. 이러한 맥락에서 독일의 국가재난예방훈련은 한국에 많은 정책적 시사점과 함의를 제공한다.

마지막으로 일본의 경우에 국가재난관리는 재해대책기본법을 법적 근거로 재난발생 시에 유형별 통합관리시스템을 운영하고 있다. 중앙조직은 중앙방재회의와 내각부를 중심으로 구성되어 있다. 반면에 재난관련 지방조직은 지방방재회의, 지역위기관리 소방본부 및 소방서 등으로 구성된다. 그리고 긴급구조 및 지원체계는 중앙방재회의 비상재해대책본부, 경찰, 소방 및 지방공무원 등이 상호 협력적 관계에서 긴급재난대응을 하게 된다. 먼저 재난발생 시의 대응은 지방정부가 일차적 책임을 맡고 있는데 지방정부에 재난발생 시 책임과 권한을 부여하여 신속한 대응을 할 수 있도록 제도적 장치를 마련하고 있다. 이때 중앙정부는 지방자치단체가 필요로 하는 인적 · 물적 자원을 지원 및 협력하는 시스템이다. 그러나 최근 일본은 원자력발전소의 사고로 새로운 문제점을 발견하게 되었다. 대규모 재난사고발생 시 지방정부에 일차적인 책임을 맡긴 결과 지방정부의 인적 · 물적 자원의 한계로 인하여 신속히 대응하지 못하고 더 많은 국가적 피해와 손실을 경험하게 되었다. 따라서 일본도 대규모 국가재난의 경우에 유형별 통합관리시스템을 도입해 국가가 보다 적극적으로 개입하는 방안으로 전환하고 있다.

이와 같이 외국의 재난관리는 국가마다 제도적 특징과 관리적 특징을 갖고 있으나, 공통적인 특징으로 재난관리에 대한 책임성과 권한을 강화한 점을 들 수 있다. 또 대규모 재난발생 시 중앙정부가 국민의 생명과 안전 및 재산을 보호하는 데 초점을 맞추고 있다. 이에 따라 중앙정부는 국가자원을 보다 효율적으로 운영하기 위하여 중앙 및 지방정부의 인적 · 물적 자원을 관리할 수 있는 컨트롤타워 역할을 한다. 또한 중앙정부는 긴급한 재난사고가 발생할 경우에는 현장 중심으로 신속히 재난대응을 할 수 있는 체계적인 조직을 구성하여 협력 및 지원을 제도화하였다. 즉 재난현장지휘자에게 모든 권한과 책임을 위임하여 재난대응력을 높이는 데 집중하고 있다. 자원지원 측면에서는 대규모 재난이 발생하게 되면 자치단체가 할 수 있는 인적 · 물적 자원의 한계가 있기 때문에 상급기관에 신속한 지원요청을 하면 최대한 빨리 지원할 수 있는 시스템을 구축하고 있는 것 또한 공통된 사항이다.

앞으로 우리나라의 중앙정부와 지방정부 및 지방자치단체도 대규모 재난발생 시에 중앙정부가 상호 협력하는 거버넌스체계를 구축하고, 현장 중심의 지휘체계를 강화할 필요가 있다. 특히 우리나라의 경우, 심각한 문제점으로 지적될 수 있는 것이 바로 보고시스템이다. 지금과 같은 보고시스템에 대한 문제는 매번 지적되어 왔지만 별다른 변화 없이 지속되고 있다. 이는 한국의 관료사회가 아직도 권위주의에 빠져서 중요한 현장업무처리보다 보고체계에 더 많은 신경을 쓰고 있다는 것이다.

이러한 문제는 어떻게 해결할 수 있는가? 이에 대한 해답을 찾는 것은 매우 간단하다. 공직사회의 탈관료화 및 탈권위주의가 정착되어야 한다. 그럼에도 불구하고 한국의 공직사회는 아직도 관료화와 권위주의가 뿌리 깊게 남아있다. 대표적인 사례로 최근 세월호 사건에서 그 단면을 찾아볼 수 있다. 그 당시 재난현장의 책임자는 사태수습을 위한 지휘관인 자신의 역할이 무엇인지도 제대로 모르고 사태수습보다 사고보고에 치중하여 비판받았다. 현장에 도착한 고위급 행정관료들이 사건경위를 보고받고, 언론에 홍보하기 위한 사진촬영에 몰두한 모습은 세계 어느 나라에서도 상상할 수 없는 부끄러운 행동이었다.

국가의 재난관리는 아무리 좋은 제도가 있다 하더라도 고위급 행정관료들의 혁신적 사고전환(탈관료화 및 권위주의 타파)과 현장지휘자의 권한 및 책임성이 없다면 불가능하다. 따라서 우리나라의 국가재난관리에 가장 필요한 것은 제도적인 개선은 물론, 재난발생 시에 현장 중심에 초점을 맞춰서 현장지휘관에게 모든 권한과 책임을 부여하여 대응할 수 있도록 하는 것이다.

참고문헌

〈국내〉

강석구 외(2010). 사이버안전체계 구축에 관한 연구. 한국형사정책연구원.

강수진(2013). 국가 사이버범죄 대응전략 설계. 경찰청 연구용역.

공성진(2009). 국가위기관리시스템 일원화 방안: 국가위기관리기본법 제정의 필요성. 2009 국정감사 정책자료집 시리즈-1, 19-21, 서울: 공성진의원실.

국가안보전략연구소(2009). 바람직한 국가위기 관리체계. 국가안보전략연구소.

국립방재연구소(2003). 제8회 방재안전세미나 자료집. 행정자치부 · 국립방재연구소.

국립방재연구원(2012). 지방자치단체장 재난관리 교육자료 개발. 국립방재연구원.

국민안전처(2014). 재난안전 총괄조정기능 및 현장대응역량 강화. 보도자료(2014.12.23).

__________(2014a). 세이프 코리아, Vol 01, 겨울호.

권건주(2005). 지방정부 재난관리조직의 효율화 방안. 한국위기관리논집, 1(2), pp. 1-14.

권정훈(2011). 지하철 테러의 사례분석과 위기관리 체계 방안. 한국위기관리논집, 7(2), pp. 87-104.

기태근(2008). 재난관리에 관한 법적 연구. 호남대학교 대학원, 박사학위논문.

기획재정부(2014). 정보화사업군(재난예방 · 대응분야) 심층평가 결과 및 지출성과 제고 방안. 기획재정부.

김경남(2007). 지역재난관리의 주민조직 활성화 방안. 강원발전연구원 연구보고, 07-20.

김경선(2007). 국가 위기관리체제 발전방안에 관한 연구. 서울시립대학교 도시과학대학원, 석사학위논문.

김경호(2010). 우리나라 재난관리체계의 효율적 운영방안에 관한 연구. 영남대학교 행정학과 대학원, 박사학위논문.

김녹범(2011). 국가위기관리체계에 관한 연구: 경찰위기관리를 중심으로, 한양대학교 공공정책대학원, 석사학위논문.

김덕준(2004). 미국재난관리체계와 정부 간 관계. 한국정책연구, 경인행정학회, 4(2), pp. 27-43.

김동련(2014). 일본의 사이버범죄 현황과 관련 법제에 대한 연구. 2014년 세계법제연구 보고서(법제처).

김보현 · 박동균(1995). 위기관리행정에 관한 지방공무원의 인식 분석. 도시행정학보, 8, pp. 127-148.

김선빈 외(2005). 영국에서 배우는 위기관리. CEO Information 삼성경제연구소, 제530호(2005.12.07), pp. 1-21.

김승권(2005). 한국 재해구호의 현황 및 문제점과 개선방안. 한국위기관리논집, 위기관리 이론과 실천, 1(2), pp. 61-77.
김열수(2005). 21세기 국가위기관리체제론: 한국 및 외국의 사례 비교연구. 서울: 도서출판 오름.
김은진(2012). 의료분쟁 위기관리 커뮤니케이션 단계모델 추출을 위한 탐색적 연구, 보건사회연구, 32(3), pp. 391-428.
김은성 · 안혁근(2009). 국가재난안전관리의 새로운 패러다임 정책토론회 자료집: 중앙정부와 지방정부 재난안전관리의 효율적 협력방안 연구. 한국행정연구원.
김종성(2008). 지방재난관리조직의 바람직한 구축방안. 지방행정연구, 22(1), 통권 72호, pp. 3-33.
김진항(2011). 포괄안보시대의 한국국가위기관리 시스템 구축에 관한 연구. 경기대 정치전문대학원, 박사학위논문.
김태영(2008). 어린이 소방안전교육의 개선방안에 관한 연구. 전북대학교 행정대학원, 석사학위논문.
김태윤(2000). 국가재해재난관리체계 구축방안. 한국행정연구원.
김학경(2009). 영국의 국가위기관리체계에 관한 고찰: 우리나라 국가위기관리체계 발전을 위한 시사점 중심으로. 경찰법연구, 한국경찰법학회, 7(2), pp. 186-214.
김현곤 외(2011). 재난안전부문의 소셜미디어 활용 선진사례 연구. 한국정보화진흥원.
김현석(2012). 위기의 시대, 국가위기관리시스템 구축해야. (서울신문. 2012.8.23. 30면)
김현수 · 박상서(2003). 국토안보부를 위한 미국의 대응정책 분석: 국토안보법을 중심으로. 정보보증논문집, 3(1), pp. 39-50.
나승훈 · 서지한 · 양광모(2010). 안전경영시스템. 서울: 형설출판사.
농림수산식품교육진흥원(2014). 중국 및 일본 식량자급률 동향. 농림수산식품교육진흥원.
류상일(2007). 한국의 지방자치단체 재난대응체계: 정책 네트워크 이론의 호혜성과 확장성을 중심으로. 충북대학교 행정대학원, 박사학위논문.
류재혁 · 윤성철(2008). 경찰위기관리론. 경찰대학.
목연수 · 이내우 · 박외철(2002). 산업안전공학개론. 시그마프레스.
박광국 외(2007). 미국과 일본의 원자력정책 현황과 시사점. 서울행정학회 하계학술대회, pp. 49-69.
박덕근(2007). 외국의 재난관리 기능: 조직별, 단계별 핵심기능을 중심으로. 충북대학교 국가위기관리연구소 학술세미나, pp. 4-23.
박동균(2004). 한국 경찰의 위기관리능력 제고방안: 미국과 일본 사례의 교훈을 중심으로. 한국공안행정학회보, 한국공안행정학회 제18호, pp. 179-215.
_____(2011). 지방자치단체 재난관리의 문제점과 개선방안. 2011 한국정책학회 춘계학술대회, pp. 301-317.

_____(2011). 미국의 재해구호 활동과 시스템: 특징 및 함의. 국가위기관리학회보, 국가위기관리학회, 3(1), pp. 19-34.

_____(2011). 지방자치단체 재난관리시스템 개선방안. 안전행정부 연구보고서.

박동균 · 김도균(2009). 유럽 주요 국가들의 민방위제도 실태분석과 정치적 함의. 한 · 독사회과학논총, 19(1), pp. 89-120.

박동균 · 양기근 · 류상일 · 강용석(2012). 유럽 지방자치단체의 재난관리 시스템: 영국과 독일 사례의 특징과 시사점. 한국치안행정논집, 한국치안행정학회, 8(4), pp. 55-76.

박준석(2015). 국가대테러체제의 구축 및 발전방안. 한국경호경비학회, 42, pp. 229-249.

배병환(2014). 영국 사이버보안 전략분석 및 시사점. FOCUS, 한국인터넷진흥원.

배병환 · 강원영 · 김정희(2014). 영국의 사이버보안 추친체계 및 전략분석. INTERNET & SECURITY FOCUS, 8, pp. 1-18.

배재연 · 박영원(2014). 국가재난안전관리체계의 재설계에 관한 탐색적 논의. GRI연구논총, 16(2), pp. 319-341.

배천직(2005). 허리케인 '카트리나'의 발생에 따른 구호활동. 국립방재연구소, 방재연구, 4(28), pp. 23-34.

법제처(2013). 기후변화 대응을 위한 재난재해 관련 법제에 관한 연구. 법제처.

삼성경제연구소(2005). 영국에서 배우는 위기관리. 삼성경제연구소, 제530호.

서울경제(2012). 세계 석유매장량 1조 6,530억 배럴…54년간 생산 가능(2012.06.14).

서울특별시(2005). 비상 · 민방위선진체험 해외연수 결과보고서.

성기환(2005). 재난관리를 위한 민관산학네트워크 구축에 관한 연구. 한국안전학회지. pp. 154-161.

_____(2006). 재난관리와 파트너십: 예방, 대비, 대응, 복구. 파주: 한국학술정보.

세계미래포럼(2011). 기업의 미래준비지수(CFRI) 개발: CFRI(Corporate Future Readines Index) 최종보고서(2011.12.16).

소방방재청(2005). 2005년 국가긴급구조 대응계획.

_________(2006). 국가재난관리 중장기 전략계획 연구(2006.11.20).

송석현(2011). 한반도 위기관리체제 구축방안 연구. 고려대학교 행정대학원. 석사학위논문.

송윤석 외(2009). 재난관리론. 파주: 동화기술.

송재석(2007). 미국의 재난대응 시스템과 프로그램: 허리케인 Katrina로부터의 경험과 정책적 함의. 한국위기관리논집, 위기관리 이론과 실천, 3(1), pp. 96-110.

시 · 도지사협의회(2016). 해외행정우수사례. 영국지방자치단체 및 지방선거 개요.

신선인(2001). 재해 및 재난구호 시 요구되는 정신보건사회사업 서비스에 관한 연구, 정신과 사업사회, 한국정신보건사회복지학회, 제10권, pp. 61-83.

신승원(2005). 국가정보와 위기관리의 실증적 연구. 전략논단, 6월호(해병대 전략연구소),

pp. 144-158.
신용식(2010). 재난관리 제도변화와 성과에 관한 비교 연구: 한국과 미국의 재난대응 정책 네트워크 분석을 중심으로. 단국대학교 대학원, 박사학위논문.
안영훈(2013). 영국의 시민보호를 위한 국가재난안전관리체계. 지방자치 FOCUS, 제59호, 한국지방행정연구원, pp. 4-23.
안영훈 · 박해육. (2008). 주요 선진국의 재난 및 안전관리체계 비교연구. (사)한국지방자치학회, 행정안전부 최종보고서.
안철현(2009). 국가재난안전 관리의 새로운 패러다임 정책토론회 자료집: 한국의 재난안전 거버넌스. 한국행정연구원.
______(2011). 중앙재난안전대책본부의 운영 및 역할 체계 정립에 관한 연구. 행정안전부.
안철현 외(2011). 중앙대책본부 운영 및 역할체계 정립에 관한 연구. 연구보고서 2011, 행정안전부.
양기근(2004). 위기관리 조직학습 체제에 관한 연구: 한국과 미국의 위기관리 사례비교분석을 중심으로. 경희대학교 대학원, 박사학위논문.
______(2010). 지방정부와 중앙정부 간 협력적 재난관리 방안 연구: 일본의 사례를 중심으로. 국정관리연구, 15(1), pp. 121-153
______(2011). 외국 지방정부의 재난관리시스템 비교 및 시사점. 한국정책학회 춘계학술대회, 한국정책학회, pp. 275-300.
______(2011). 외국 지방정부의 재난관리시스템 비교 및 시사점. 한국정책학회 춘계학술대회, 한국정책학회, pp. 283-288.
양현모(2006). 독일정부론. 서울: 대영문화사.
오태권 · 성관실(2014). 국가 사이버안전 관리 법제의 개정방안에 관한 소고. Journal of The Korea Society of Computer and Information. Vol. 19, No. 3, March 2014. pp. 163-170.
우성현(2006). 재난관리체제의 효율적 운영에 관한 연구. 한양대학교 행정자치대학원, 석사학위논문.
원순재 · 유은재 · 채승완(2006). 미국의 주요 정보보호 기관 및 R&D 동향. 한국정보보호진흥원.
위금숙 · 백민호 · 권건주 · 양기근(2009). 한국의 재난현장 대응체계. 서울: 대영문화사.
유인술(2015). 한국의 재난관리대책. Hanyang Medical Reviews(HMR), 35, pp. 157-173.
유정현 · 이재은 · 노진철 · 김겸훈(2009). 재난을 바라보는 다섯 가지 시선. 서울: 대영문화사.
윤강호(2011). 국제안전규정에 의한 어린이 놀이터 안전 실태조사와 개선방안: 부산광역시 도시공원 어린이놀이터를 중심으로. 인하대학교, 박사학위논문.
윤태영(2012). 미국 국토안보부의 대테러리즘 활동: 임무, 조직 운영체계 및 전략. 한국치안행정논집, 한국치안행정학회, 9(3), pp. 169-172.

윤해성 외(2012). 사이버 테러의 동향과 대응방안에 관한 연구. 한국형사정책연구원.
이금순(2001). 남북한 재난관리 협력방안. 통일연구원: 연구총서 01-16.
이덕로 · 오성호 · 정원영(2009). 국가위기관리능력의 제고에 관한 고찰: 비상대비 업무기능 강화의 관점에서. 한국정책과학학회보, 13(2), pp. 233-254.
이명수(2014). 미래형 재난대응과 통합플랫폼 구축-경기도 빅데이터 프로젝트 실현에 활용. 이슈 & 진단, No. 154.
이병기 · 김건위(2004). 지방정부론. 박영사.
__________(2008). 지방자치단체 재난관리체계의 개선방안. 한국지방행정연구원.
이성수(2011). 한국 재난관리체계 발전방안에 관한 연구. 서울시립대학교 도시과학대학원, 석사학위논문.
이수범 · 김성학 · 한성준(2012). 정당의 위기관리 커뮤니케이션 전략과 언론 보도 프레임에 대한 연구: 통합진보당 비례대표 경선부정 사건을 중심으로. 현대정치연구, 5(2), pp. 75-107.
이신화(2000). 국가위기관리와 조기경보: 미국 NGO 및 정당의 위기관리 역할. 한국정치학회 Post-IMF Governance 하계학술회의 발표논문집, pp. 1-16.
이영삼 · 최종수(2005). 고층건물관리자의 안전관리개선방안. 한국안전학회지, 20(4), pp. 87-96.
이영재 외(2012). 재난대응계획 수립 및 상호협력체계 구축방안 연구. 소방방재청.
이영재(2005). 선진국의 재난재해관리체계. 한국지역정보, vol. 35, pp. 47-53.
이재은(2007). 차기 정부의 국가 위기관리 체계의 효율적 운영 방안. 충북대학교 국가위기관리연구소 학술세미나 자료집, pp. 38-62.
이재은 · 양기근 · 류상일(2008). 국가 사이버 위기관리체계 강화 방안에 관한 연구. 한국위기관리논집, 4(2), pp. 69-93.
이재은 외(2004). 국가안전관리시스템 구축방향에 관한 연구. 한국행정학회.
________(2006). 재난관리론. 서울: 대영문화사.
이정일(2011). 재난관리 영역에서 안전네트워크체계의 효율적 방안 모색. 지방행정 정책연구, 1(2), pp. 55-89.
이종열(2014). 국가재난관리체계에 대한 단상. 서울행정학회 포럼, 2호, pp. 6-11.
이종열 · 박광국 · 조경호 · 김옥일(2004). 국가위기관리 통합적 체계구축에 관한 연구. 한국사회와 행정연구, 서울행정학회, 15(2), pp. 347-367.
이종열 외(2004). 국가위기관리 통합적 체계구축에 관한 연구. 한국사회와 행정연구, 15(2), pp. 347-367.
이주호 외(2011). 위기관리 비상통신체계의 의의와 기능: 한국과 미국의 사례 분석을 중심으로. 국가위기관리학회보, 국가위기관리학회, 3(1), pp. 46-75.

이호동(2011). 위기관리 역량제고를 위한 법적 개선과제-일본 위기관리 법체계 분석과 시사점. 한국위기관리논집, 7(4), pp. 57-76.

이훈재(2015). 지방자치단체의 재난관리 협력적 거버넌스에 관한 연구: 재난안전네트워크를 중심으로. 한국정책연구, 15(4), pp. 127-150.

임송태 · 백준호 · 김영규 · 김영수(1996). 재난종합관리체제에 관한 연구. 한국지방행정연구원.

임진택(2009). 국가위기관리체계 및 단계별 분석. 인하대 행정대학원, 석사학위논문.

장규식(2007). 외국의 비상대비제도. 비상대비연구논총, 통권 제34집, pp. 253-374.

재난 및 안전관리 기본법[시행 2017.05.30][법률 제14248호]

전국재해구호협회(2007). 지역자율방재조직 활동 프로그램에 대한 연구. 전국재해구호협회.

정덕훈 외(2008). 국가안전관리계획 기능 강화 방안 연구. 행정안전부.

정윤한(2013). 외국의 재난안전관리시스템 운영사례. 한국자치발전연구원, 4월호, pp. 29-37.

정재동(2014). 해외 주요국의 재난관리 ICT 동향과 시사점. ISSUE PAPER, 11, 한국과학기술기획평가원.

정지범(2009). 국가종합위기관리 이론과 실제. 서울: 법문사.

______(2010). 행정학적 패러다임에 입각한 국가위기관리의 진화: 영국, 미국 한국의 비교연구. 한국위기관리논집, 한국치안행정학회, 6(2), pp. 239-254.

정책기획실(2012). 영국, 재난 대응체계 마련을 위한 정책적 제언, 2012-14호. KRILA Focus, 제48호.

중앙일보(2014). 국민이 믿지 않으면 아무것도 이룰 수 없다.(2014.05.08)

차재훈 · 문미란(2012). 우리나라 외교안보 부처의 위기관리커뮤니케이션 구조 연구. 한국정치외교사논총, 33(2), pp. 63-89.

차희원 · 김영욱(2004). 조직상황요인 및 위기관리인식요인이 위기관리 PR전략의 수용에 미치는 영향연구. 광고연구, 2004년 여름 제63호, pp. 243-272.

채경석(2004). 위기관리정책론. 서울: 대왕사.

최용준 · 김한수(2012). 위기관리능력 향상을 위한 과거 자연재해 관련법 검토–풍수해를 중심으로. 대구경북연구, 11(2), pp. 71-82.

최진혁(2010). Mass Gathering의 위험성 대응을 위한 Haddon Matrix 개념 모델의 적용, 경찰학 연구, 10(2), pp. 167-203.

최호택 · 류상일(2006). 효율적 재난대응을 위한 지방정부 역할 개선방안: 미국, 일본과의 비교를 중심으로. 한국콘텐츠학회논문지, 6(12), pp. 236-243.

최희천(2010). 재난관리 단계의 기존 인식에 대한 비판적 고찰-대응단계와 복구단계의 비교를 중심으로. 한국위기관리집, 6(1), pp. 201-218.

하규만 · 안지영(2009). 미국의 재난관리 자원 봉사 활동의 특징과 함의. 고려대학교 정부학연구소, 정부학연구, 15(2), pp 107-132.

한국법제연구원(2014). 재난 · 안전 관련 법제 개선방안 연구. p. 21.

한국지방행정연구원(2012). 통합재난관리체계 확립을 위한 중앙-지방 간 업무 재설계. 한국지방행정연구원.

한국정책포럼(2009). 위기관리 비상체계 강화를 위한 전파활용도 제고 조사연구. 한국전파진흥원.

한형서(2008). 독일정부의 위기관리대응에 대한 운영실태: 연방정부와 바이에른(Bayern)주를 중심으로. 유럽연구, 26(2), pp. 267-291.

_____(2010). 독일 소방행정과 소방체계에 관한 연구. 한 · 독사회과학논총, 20(1), pp. 151-176.

행정자치부(2007). 통합적 재난관리체계 구축 방안 연구. 행정자치부.

황장일(2012). 국가위기관리체계에 관한 연구: 통합방위체계 개선을 중심으로. 상지대학교 평화안보대학원, 석사학위논문.

DBR(2014). '저신뢰 국가' 한국, 해법은 당신에게 달렸다. pp. 1-14(2014.09.03).

WFP(2013). 유엔세계식량계획. 2013년 1월 통권 1호.

〈외국〉

Abdul Rahim Abdul Hamid, Muhd Zaimi Abd Majid, Bachan Singh(2008). *Malaysian Journal of Civil Engineering, 20*(2), pp. 242-259.

Abdullah(2010). Nor Azimah Chew/Subramaniam, Chandrakantan/Hassan, Zubaidah. *FUNDAMENTALS OF HAZARD MANAGEMENT*, Selangor Darul Ehsan.

Abronmeit, Heidrun(1992). *Der verknappte Einheitsstaat.* Opladen.

Alexander, D.(2002). From Civil Defence Protection and Back Again. *Disaster Prevention Mgt. 11*(3), pp. 209-213.

___________(2007). Disaster Management: From Theory to Implementation. *Journal of Seismology and Earthquake Engineering. 9*(1&2).

Beck. U.(1992). *Risk Society: toward a new modernity*. London: Sage.

BIM(ed.).(2010). *Bevoelkerungsschutz in Deutschland.* Bonn.

Blasius, Johannes and Gesa, Luecking(2008). *Krisenmanagement im Bereich des Gesundheitswesens*. BBK (ed.). Nationales Krisenmanagement im Bevoelkerungsschutz. Spangenberg.

Bois, Rene' Du.(2008). *Die Rolle des Bundes im nationalen Krisenmanagement*. BBK (ed.).

Nationales Krisenmanagement im Bevoelkerungsschutz. Spangenberg.

_____________(2009). Transformation des Nationalen Krisenmangements unter foerderalen Rahmenbedingungen. *Homeland Security, 1*, pp. 22-24.

Brenig, Heinz-Willi und Stolzenburg, Kathrin(2011). Kooperation ist gefragt. Risikomanagement am Beispiel der Stromversorgung. BBK (ed.). Risikomanagement. *Bevölkerungsschutz, 2*, pp. 24-28.

Bundesamt fuer Bevoelkerungsschutz und Katastrophenhilfe(BBK)(2005). Problemstudie: Risiken fuer Deutschland, *Teil, 1*, Bad Neuenahr-hrweiler.

BBK(2006a). *Zivilschutz-Forschung*. Bonn.

____(2006b). deNIS II plus - Rechnergestuetztes Krisenmanagement bei Bund und Laendern. *Newsletter, 8*, pp. 2-9.

____(2006c). Risikokonzept fuer Kristische Infrastrukturen. *Newsletter, 3*, pp. 2-3.

____(2006d). Gefahrenkarten fuer Deutschland. *Newsletter, 3*, pp. 4-6.

____(2013). *Warnung der Bevoelkerung mit dem Modularen Warnsystem*(MoWaS).

____(2014). *LÜKEX*. Eine strategische Krisenmanagementuebung. Bonn.

BBK(ed.).(2010). Der Schutz der Buergerinnen und Buerger vor Gefahren ist eine der vornehmensten Aufgaben des modernen Staates. *Bevoelkerungsschutz in Deutschland*. Bonn.

_____(2011). *Bevoelkerungsschutz hat viele Gesichter*. Jahresbericht des Bundesamtes fuer Bevoelkerungsschutz und Katastrophenhilfe 2010. Bonn.

____(2011). Bevölkerungsschutz. http://www.denis.bund.de/luekex/(검색일 2011.07.01)

Bundesministerium des Innern(ed.).(2008). *System des Krisenmanagements in Deutschland*. Bonn.

______________________________(2009). *Strategie für einen modernen Bevöolkerungsschutz*. Bonn.

Bundesverwaltungsamt(2003). *Neue Strategie zum Schutz der Bevoelkerung in Dueschland*. Leipzig.

Bundesverwaltungsamt(ed.)(2001). *Zweiter Gefahrenbericht der chutzkommiion beim Bundesminister des Innern*. Bonn.

Cabinet Office(2005). *Central Government Arrangements for Responding to an Emergency*. London: HM Government.

____________(2005). *Emergency Response and Recovery: Non-statutory guidance to complement Emergency Preparedness*. London: HM Government, 2005.

____________(2006). *Guidance on dealing with fatalities in emergencies*. January (https://

www.gov.uk/government/uploads/system/uploads/attachment_data/file/61191/fatalities.pdf)

__________(2009). *Departments Responsibilities for Planning*. Response and Recovery From Emergencies. London: Cabinet Office.

__________(2010). *Responding to Emergencies The Uk Central Government Response Concept of Operations*. UK 2010.

Civil Contingencies Act.(2004). *A Guide to Emergency Planning Arrangements London's Strategic Emergency Plan*.

Corr, Bernhard(2008). Informationstechnologie im Krisenmanagement. Der Einsatz von deNIS II pus bei LUEKEX 2007. BBK (ed.). Nationales Krisenmanagement im Bevoelkerungsschutz, Spangenberg.

Darnstaedt, Thomas(2003). Das Prinzip Wettbewerb. Wie der deutsche Foederalismus zu reformieren waere. Der Spiegel, *Heft, 21*, pp. 52-65.

Delmich, Toni and Obladen, Rolf(2004). "Fuehrungsuebung fuer den operativ-taktischen Bereich."Nr. 4. pp. 15-20.

Department of Homeland Security(2010). *Bottom-Up Review Report*. July.

____________________(2010). *Quadrennial Homeland Security Review Report*. February.

____________________(2012). *Organization Chart*. April 1.

Deutscher Bundestag(2010). *Bericht über die Methode zur Risikoanalyse im*. Bevölkerungsschutz(2010). *Druchsache 17*/4178.

Deutscher Staedte und Gemeindebund(ed.)(2006). Sichere Staedte und Gemeinde. *Ausgabe 5*, Burgwedel.

Deutsches Komitee fur Katastrophenvorsorge e. V.(DKKV)(2003). *Hochwasservorsorge in Deutschland*. Bonn.

Die Zeit. *Sozialversicherung erwirtschaftet 5*, 9 Milliarden Euro(2013.11.01).

DStGB.(2006). *Sichere Staedte und Gemeinden*. Bonn.

Erlanrer, L.(2006). In Case of Emergency Activate Business Continuity Plan. *Inforworld.com. 8*(7), pp 27-31.

Friend Mark A. and James P.(2007). *Fundamentals of Occupational Safety and Health*. Lanham, Maryland, Toronto, Plymouth, UK 2007.

George D. Haddow & Jane A. Bullock(2006). *Introduction to Emergency Management*. Burlington, MA: Elsevier/Butterworth-Heinemann.

Grambs, Wolfgang and Thiede, Tanja(2008). *Zukunftsperspektiven des nationalen Krisen-*

managements im Bevoelkerungsschutz. BBK (ed.). Nationales Krisenmanagement im Bevoelkerungsschutz. Spangenberg.

Hahn(1979). *Frueherwarnssyteme. zfb-Ergaengungsheft 2*, Wiesbaden.

Heinrich, H. W., Petersen, D. and Roos, N.(1980). *Industrial Accident Prevention*. New York: McGraw-Hill.

Hendrickson, R. G.(2005). Terrorist Chemical Release: Assessment of Medical Risk and Implications for Emergency Preparedness. *Human and Ecological Assessment, Vol. 11*, pp. 87-499.

Homeland Security(2002). Act of 2002, Public Law 107-296. *107th Congress*, November 25.

______________(2003). *Presidential Directive 7, December 17. http://www.fas.org/irp/offdocs/nspd/hspd-7.html*(검색일: 2013.01.).

Hosseinian, Seyyed Shahab/Torghabeh, Zahra Jabbarani(2012). Major Theories of Contruction Accident Causation Models: A Literature Review. *International Journal of Advances in Engineering & Technology(IJAET), Sep*, pp. 53-66.

Hufschmidt, Gabriele & Dikau, Richard(2012). Vernetzt Denken-Vernetzt Handeln. *Crisis Prevention 3*, pp. 19-21.

Innenministerium des Landes Nordrhein-Westfalen(2003). Gefahrenabwehr in Nordrhein-Westfalen. *Jahresberichte 2003*. Duesseldorf.

____(2004). Gefahrenabwehr in Nordrhein-Westfalen. *Jahresberichte 2004*. Duesseldorf.

Jaques, Tony(2007). Issue Management and Crisis Management: An Integrated, Non-linear, Relational Construct, *Public Relations Review, 33*(2), pp. 147-157.

Klee, Reinhard(2008). *Ein Raederwerk starker Partner: Krisenmanagement in Baden-Wuerttemberg*. BBK(ed.). Nationales Krisenmanagement im Bevoelkerungsschutz. Spangenberg.

Littlejohn, R. F.(1983). *Crisis Management: A Team Approach*. New York: AMA.

Ludwig, Udo and Brautzsc, Hans-Ulrich(2002). Die Hochwasserkatastrophe und das Sozialprodukt in Deutschland. *Wirtschaft im Wandel, 12*, pp. 353-356.

Marzi, Willi(2004). Zivilschutzforschung. *Bevoelkerungsschutz, 4*, pp. 2-11.

Mertsch, Sabine(2004). Deutsches Komitee Katastrophenvorsorge e. V.(DKKV), *Risikomanagement als KonzeptRisikominderung am Beispiel der ueberflutungsgefaehrdeten Raeume Schleswig-Holstein*. Dezember.

Merz, Bruno(2002). Deutsches Forschungsnetz Naturkatastrophen: Von der Gefaehrdung zum Risiko-BeispielGeoForschungsZentrum Potsdam(GFZ)(ed.). *Zweijahresbericht*, pp. 135-145.

Meyer-Teschendorf, Klaus G.(2008). Neue Rechtsgrundlage fuer den Bevoelkerungsschutz. *Homeland-Security 4*, pp. 34-36.

Moore, P. & Curtis, M.(2004). *Update on NEPA 1600 Standard on Disaster/Emergency Management and Business Continuity Programs,* 2004 Version. NEPA.

Mushkatel, Alvin and Louis Weschler(1985). Emergency Management and the Intergovernmental System, *Public Administration Review, vol. 45*, special issue Jan, pp. 49-56.

Nacos, Brigitte L.(2006). *Terrorism and Counterterrorism Understanding Threats and Responses in the Post-9/11 World.* New York: Pearson Education. Inc.

Nelson, Rick Ozzie and Adam Isles(2010). The First DHS Bottom-up Review. *CSIS Basic Info, Commentary*, August 31.

O' Brien, G. and Read, P.(2005). Future UK emergency management: new wine. old skin? *Disaster Prevention and Management, 14*(3), pp. 353-361.

O' Brien, G.(2006). UK Emergency Preparedness: A Step in the Right Direction? *Journal of International Affairs, 59*(2), pp.63-85.

Oakley, Jeffrey S.(2003). *Accident Investigation Techniques*. American Society of Safety Engineers, Illinois.

Pelling, Mark(2003). *The Vulnerability of Cities: Natural Disasters and Social Resilience*. London, UK: Earthscan Publishment Ltd.

Petak, William(1985). Emergency Management: A Challenge for Public Administration. *Public Administration Review, Vol 45*(Special Issue), pp. 3-7.

Pickett, John H. & Block, Barbara A.(1911). "Day-to-Day-Management". in Thomas E. Drabek & Gerard J. Hoetmer, (eds.). *Emergency Management: Principles and Practice for Local Government*. Washington D. C.: International City Management Association. 1991.

Powell, Rodney, Occupational Health & Safety Practitioner(2009). *THE MEASUREMENT OF SAFETY PERFORMANCE.* the Safety Line Institute, Australia, pp. 1-25.

Randol Mark A.(2010). The Department of Homeland Security Intelligence Enterprise: Operational Overview and Oversight Challenges for Congress. *CRS Report for Congress*, March 19.

Reese, Shawn(2009). National Special Security Event. *CRS Report for Congress*, March 24.

Reez, Norbert(2008). *Europaeische Union und strategischer Bevoelkerungsschutz*. BBK(ed.). Nationales Krisenmanagement im Bevoelkerungsschutz. Spangenberg.

Rosen, Klaus-Henning(2005). *Reform im Zivil-und Katastrophenschutz*. Bundesamt fuer Bevoelkerungsschutz und Katastrophenhilfe.(BBK). Zivilschutz-Forschung. Bonn. 13-21.

Safety Institute of Australia Ltd.(2012). *Models of Causation: Safety*. Victoria, Australia.

Saurugg, Herbert(2012). *Die Netzwerkgesellschaft und Krisenmanagement 2.0*. Wien, November 2012.

Schrenk, Botho von and Grambs, Wolfgang(2008). *Luekex 2007: Wichtige Erkenntnisse fuer strategisches Krisenmanagement und nationale Pandemieplanung*. BBK(ed.). Nationales Krisenmanagement im Bevoelkerungsschutz. Spangenberg.

Songer, Thomas, Identying Factors Underlying Injury, T. http://www.pitt.edu/~epi2670/models/underlyingfactors.pdf.

Springer Fachmedien Wiesbaden, Eggert Winter(2014). *Gabler Wirtschaftslexikon*. Springer Gabler.

Statistisches Bundesamt(2015). Statistisches Jahresbuch 2016.

Storbakken, Rob(2001). *AN INCIDENT INVESTIGATION PROCEDURE FOR USE IN INDUSTRY*. A Research Paper Submitted in Partial Fulfillment of the Requirements for the Masters of Science Degree in Risk Control, The Graduate School University of Wisconsin-Stout Menomonie.

Swiss Re.(2011). Natural catastrophes and man-made disasters in 2010, *Sigma, No 1*.

Thaysen, Uwe.(2003). Der deutsche Foederalismus zwischen Konventen, *APuZ, B. 29-30*, pp. 14-23.

The Federal Emergency Management Agency(2000). Partnership in Preparedness, *A Compendium of Exemplary Practices in Emergency Management Volume IV*, Washington D. C.: FEMA, January.

________________(2006). *Multi-agency Coordination System, 2006-3*. Washington, D. C.

Unger, Christoph.(2005). *Rede des Praesidenten des Bundesamtes fuer Bevoelkerungsschutz und Katastrophenhilfe*. Nationales und internationales Krisenmanagement - die Aufgabenspektren des BBK. pp. 1-6.

Unger, Christoph. (2008). *Die Rolle des Bundesamtes fuer Bevoelkerungsschutz und Katastrophenhilfe im Krisenmanagement.* BBK(ed). Nationales Krisenmanagement im Bevoelkerungsschutz. Spangenberg.

Waugh, William L. Jr.(2003). Terrorism, Homeland Security and National Emergency Management Network, *Public Organization Review: A Global Journal, Volume 3*, Issue 4, pp. 373-385.

Zimmerman, Rae(1985). The Relationship of Emergency Management to Government Poli-

cies on Man-Made Technological Disasters, *PAR, vol. 45*, special issue Jan, pp. 29-39.
内閣府(2011). 日本の 災害對策, 2월.
岡田憲夫(2006). 종합방재학의 길. 교토대학학술출판회.
鍵屋一(2003). 자치체의 방재 · 위기관리의 계획. 學陽書房.
일본소방청(2012). 소방백서 平成25年.
中村八郎(2005). 자치체의 방재계획. 자치체연구소.

〈웹사이트〉

Integrated Emergency Management: Emergency Preparedness Emergency Response & Recovery.
The Role of Lead Government Departments in Planning for and Managing Crises The Lead Government Department and its Role – Guidance and Best Practice, Cabinet Office CCS Mar 2004. www.ukresilience.info/lgds/pdf.
Working together to Support Individuals in an Emergency or Disaster Key Communities, Key Resources: Engaging the capacity and capability of faith communities in the Civil Resilience.
www.feuerwehrverband.de/fileadmin/Inhalt/FACHARBEIT/Was_ist_FA/DFV-Richtlinien_der_Facharbeit_2012.pdf(검색일 2015.02.10.)
www.de.wikipedia.org/wiki/Deutsche_Lebens-Rettungs-Gesellschaft(검색일 2015.02.10.)
BBK(ed.). (2010). Bevoelkerungsschutz in Deutschland, (http://www.pinneberg.de/fileadmin/userupload/FB_II/Rose/Pics/Broschueren/ Faltblattbevoelkerungsschutz-management.pdf(검색일 2011.08.03)
www.de.wikipedia.org(검색일 2015.02.10.)
www.bevoelkerungsschutz-portal.de/SharedDocs/Downloads/BVS/Downloads/Beschreibung_LUEKEX.pdf?__blob=publicationFile(검색일 2015.02.10.)
www.gov.uk
www.gov.uk/government/organisations/cabinet-office
www.cfoa.org.uk
www.nationalcrimeagency.gov.uk
www.nationalcrimeagency.gov.uk/publications?limit=5&limitstart=50
www.dhs.gov
www.fema.gov
www.nema.go.kr

www.fdma.go.jp
www.jnpoc.ne.jp
www.im.nrw.de/sch/1.htm, Katastrophenschutz in NRW
www.bmi.bund.de
www.denis.bund.de/
www.thw.bund.de/
www.bmi.bund.de
www.bbk.bund.de
www.bevoelkerungsschutz.de
www.bevoelkerungsschutz-portal.de
www.katastrophenvorsorge.de
www.chungsa.go.kr
www.daegu.go.kr
www.pref.osaka.lg.jp
www.seoul.go.kr
www.gg.go.kr
www.gyeongnam.go.kr
www.gb.go.kr
www.jeonnam.go.kr
www.jeonbuk.go.kr
www.jeju.go.kr
www.incheon.go.kr
www.daejeon.go.kr
www.busan.go.kr
www.ulsan.go.kr
www.gwangju.go.kr
www.chungnam.go.kr
www.chungbuk.go.kr
www.provin.gangwon.kr

찾아보기

한글

ㅅ

ㅇ

ㅊ

ㅋ

재난 및 안전관리기본법(약칭: 재난관리법)

[시행 2014. 12. 30.] [법률 제12943호, 2014. 12. 30., 일부개정]
국민안전처 (안전기획과), 02-2100-0423

제1장 총칙 〈개정 2010.6.8.〉

제1조(목적) 이 법은 각종 재난으로부터 국토를 보존하고 국민의 생명·신체 및 재산을 보호하기 위하여 국가와 지방자치단체의 재난 및 안전관리체제를 확립하고, 재난의 예방·대비·대응·복구와 안전문화활동, 그 밖에 재난 및 안전관리에 필요한 사항을 규정함을 목적으로 한다. 〈개정 2013. 8. 6.〉 [전문개정 2010. 6. 8.]

제2조(기본이념) 이 법은 재난을 예방하고 재난이 발생한 경우 그 피해를 최소화하는 것이 국가와 지방자치단체의 기본적 의무임을 확인하고, 모든 국민과 국가·지방자치단체가 국민의 생명 및 신체의 안전과 재산보호에 관련된 행위를 할 때에는 안전을 우선적으로 고려함으로써 국민이 재난으로부터 안전한 사회에서 생활할 수 있도록 함을 기본이념으로 한다.

[전문개정 2010. 6. 8.]

제3조(정의) 이 법에서 사용하는 용어의 뜻은 다음과 같다. 〈개정 2009. 12. 29., 2011. 3. 29., 2012. 2. 22., 2013. 3. 23., 2013. 8. 6., 2014. 11. 19., 2014. 12. 30.〉

1. "재난"이란 국민의 생명·신체·재산과 국가에 피해를 주거나 줄 수 있는 것으로서 다음 각 목의 것을 말한다.

가. 자연재난: 태풍, 홍수, 호우(豪雨), 강풍, 풍랑, 해일(海溢), 대설, 낙뢰, 가뭄, 지진, 황사(黃砂), 조류(藻類) 대발생, 조수(潮水), 화산활동, 그 밖에 이에 준하는 자연현상으로 인하여 발생하는 재해

나. 사회재난: 화재·붕괴·폭발·교통사고(항공사고 및 해상사고를 포함한다)·화생방사고·환경오염사고 등으로 인하여 발생하는 대통령령으로 정하는 규모 이상의 피해와 에너지·통신·교통·금융·의료·수도 등 국가기반체계의 마비,「감염병의 예방 및 관리에 관한 법률」에 따른 감염병 또는「가축전염병예방법」에 따른 가축전염병의 확산 등으로 인한 피해

다. 삭제 〈2013. 8. 6.〉

2. "해외재난"이란 대한민국의 영역 밖에서 대한민국 국민의 생명·신체 및 재산에 피해를 주거나 줄 수 있는 재난으로서 정부차원에서 대처할 필요가 있는 재난을 말한다.
3. "재난관리"란 재난의 예방·대비·대응 및 복구를 위하여 하는 모든 활동을 말한다.
4. "안전관리"란 재난이나 그 밖의 각종 사고로부터 사람의 생명·신체 및 재산의 안전을 확보하기 위하여 하는 모든 활동을 말한다.

4의2. "안전기준"이란 각종 시설 및 물질 등의 제작, 유지관리 과정에서 안전을 확보할 수 있도록 적용하여야 할 기술적 기준을 체계화한 것을 말하며, 안전기준의 분야, 범위 등에 관하여는 대통령령으로 정한다.

5. "재난관리책임기관"이란 재난관리업무를 하는 다음 각 목의 기관을 말한다.

가. 중앙행정기관 및 지방자치단체(「제주특별자치도 설치 및 국제자유도시 조성을 위한 특별법」제15조제2항에 따른 행정시를 포함한다)

나. 지방행정기관·공공기관·공공단체(공공기관 및 공공단체의 지부 등 지방조직을 포함한다) 및 재난관리의 대상이 되는 중요시설의 관리기관 등으로서 대통령령으로 정하는 기관

5의2. "재난관리주관기관"이란 재난이나 그 밖의 각종 사고에 대하여 그 유형별로 예방·대비·대응 및 복구 등의 업무를 주관하여 수행하도록 대통령령으로 정하는 관계 중앙행정기관을 말한다.

6. "긴급구조"란 재난이 발생할 우려가 현저하거나 재난이 발생하였을 때에 국민의 생명·신체 및 재산을 보호하기 위하여 긴급구조기관과 긴급구조지원기관이 하는 인명구조, 응급처치, 그 밖에 필요한 모든 긴급한 조치를 말한다.

7. "긴급구조기관"이란 다음 각 목의 어느 하나에 해당하는 기관을 말한다.

가. 국민안전처

나. 소방본부 및 지방해양경비안전본부

다. 소방서 및 해양경비안전서

8. "긴급구조지원기관"이란 긴급구조에 필요한 인력·시설 및 장비, 운영체계 등 긴급구조능력을 보유한 기관이나 단체로서 대통령령으로 정하는 기관과 단체를 말한다.

9. "국가재난관리기준"이란 모든 유형의 재난에 공통적으로 활용할 수 있도록 재난관리의 전 과정을 통일적으로 단순화·체계화한 것으로서 국민안전처장관이 고시한 것을 말한다.

9의2. "안전문화활동"이란 안전교육, 안전훈련, 홍보 등을 통하여 안전에 관한 가치와 인식을 높이고 안전을 생활화하도록 하는 등 재난이나 그 밖의 각종 사고로부터 안전한 사회를 만들어가기 위한 활동을 말한다.

10. "재난관리정보"란 재난관리를 위하여 필요한 재난상황정보, 동원가능 자원정보, 시설물정보, 지리정보를 말한다. [전문개정 2010. 6. 8.]

제4조(국가 등의 책무) ① 국가와 지방자치단체는 재난이나 그 밖의 각종 사고로부터 국민의 생명·신체 및 재산을 보호할 책무를 지고, 재난이나 그 밖의 각종 사고를 예방하고 피해를 줄이기 위하여 노력하여야 하며, 발생한 피해를 신속히 대응·복구하기 위한 계획을 수립·시행하여야 한다. 〈개정 2013. 8. 6.〉

② 제3조제5호나목에 따른 재난관리책임기관의 장은 소관 업무와 관련된 안전관리에 관한 계획을 수립하고 시행하여야 하며, 그 소재지를 관할하는 특별시·광역시·특별자치시·도·특별자치도(이하 "시·도"라 한다)와 시(「제주특별자치도 설치 및 국제자유도시 조성을 위한 특별법」 제15조제2항에 따른 행정시를 포함한다. 이하 같다)·군·구(자치구를 말한다. 이하 같다)의 재난 및 안전관리업무에 협조하여야 한다. 〈개정 2012. 2. 22., 2014. 12. 30.〉

[전문개정 2010. 6. 8.]

제5조(국민의 책무) 국민은 국가와 지방자치단체가 재난 및 안전관리업무를 수행할 때 최대한 협조하여야 하고, 자기가 소유하거나 사용하는 건물·시설 등으로부터 재난이나 그 밖의 각종 사고가 발생하지 아니하도록 노력하여야 한다. 〈개정 2013. 8. 6.〉 [전문개정 2010. 6. 8.]

제6조(재난 및 안전관리 업무의 총괄·조정) 국민안전처장관은 국가 및 지방자치단체가 행하는 재난 및 안전관리 업무를 총괄·조정한다. [본조신설 2014. 12. 30.]

제7조 삭제 〈2013. 8. 6.〉

제8조(다른 법률과의 관계 등) ① 재난 및 안전관리에 관하여 다른 법률을 제정하거나 개정하는 경우에는 이 법의 목적과 기본이념에 맞도록 하여야 한다.

② 재난 및 안전관리에 관하여「자연재해대책법」등 다른 법률에 특별한 규정이 있는 경우를 제외하고는 이 법에서 정하는 바에 따른다. 〈개정 2013. 8. 6.〉

③ 삭제 〈2013. 8. 6.〉

④ 삭제 〈2013. 8. 6.〉 [전문개정 2010. 6. 8.]

제2장 안전관리기구 및 기능

제1절 중앙안전관리위원회 등 〈신설 2013. 8. 6.〉

제9조(중앙안전관리위원회) ① 재난 및 안전관리에 관한 다음 각 호의 사항을 심의하기 위하여 국무총리 소속으로 중앙안전관리위원회(이하 "중앙위원회"라 한다)를 둔다. 〈개정 2013. 8. 6., 2014. 12. 30.〉

1. 재난 및 안전관리에 관한 중요 정책에 관한 사항
2. 제22조에 따른 국가안전관리기본계획에 관한 사항

2의2. 제10조의2에 따른 재난 및 안전관리 사업 관련 중기사업계획서, 투자우선순위 의견 및 예산요구서에 관한 사항

3. 중앙행정기관의 장이 수립·시행하는 계획, 점검·검사, 교육·훈련, 평가, 안전기준 등 재난 및 안전관리업무의 조정에 관한 사항
4. 제36조에 따른 재난사태의 선포에 관한 사항
5. 제60조에 따른 특별재난지역의 선포에 관한 사항
6. 재난이나 그 밖의 각종 사고가 발생하거나 발생할 우려가 있는 경우 이를 수습하기 위한 관계 기관 간 협력에 관한 중요 사항
7. 중앙행정기관의 장이 시행하는 대통령령으로 정하는 재난 및 사고의 예방사업 추진에 관한 사항
8. 그 밖에 위원장이 회의에 부치는 사항

② 중앙위원회의 위원장은 국무총리가 되고, 위원은 대통령령으로 정하는 중앙행정기관 또는 관계 기관·단체의 장이 된다.

③ 중앙위원회의 위원장은 중앙위원회를 대표하며, 중앙위원회의 업무를 총괄한다. 〈신설 2012. 2. 22.〉

④ 중앙위원회에 간사 1명을 두며, 간사는 국민안전처장관이 된다. 〈개정 2013. 8. 6., 2014. 11. 19., 2014. 12. 30.〉

⑤ 중앙위원회의 위원장이 사고 또는 부득이한 사유로 직무를 수행할 수 없을 때에는 국민안전처장관, 대통령령으로 정하는 중앙행정기관의 장 순으로 위원장의 직무를 대행한다. 〈개정 2013. 8. 6., 2014. 11. 19.〉

⑥ 제5항에 따라 국민안전처장관 등이 중앙위원회 위원장의 직무를 대행할 때에는 국민안전처차관이 중앙위원회 간사의 직무를 대행한다. 〈개정 2013. 8. 6., 2014. 11. 19., 2014. 12. 30.〉

⑦ 중앙위원회는 제1항 각 호의 사무가 국가안전보장과 관련된 경우에는 국가안전보장회의와 협의하여야 한다. 〈개정 2013. 8. 6.〉

⑧ 중앙위원회의 위원장은 그 소관 사무에 관하여 재난관리책임기관의 장이나 관계인에게 자료의 제출, 의견 진술, 그 밖에 필요한 사항에 대하여 협조를 요청할 수 있다. 이 경우 요청을 받은 사람은 특별한 사유가 없으면 요청에 따라야 한다. 〈신설 2013. 8. 6.〉

⑨ 중앙위원회의 구성과 운영 등에 필요한 사항은 대통령령으로 정한다. 〈개정 2012. 2. 22., 2013. 8. 6.〉 [전문개정 2010. 6. 8.]

제9조의2 삭제 〈2013. 8. 6.〉

제10조(안전정책조정위원회) ① 중앙위원회에 상정될 안건을 사전에 검토하고 다음 각 호의 사무를 수행하기 위하여 중앙위원회에 안전정책조정위원회(이하 "조정위원회"라 한다)를 둔다.

1. 제9조제1항제3호, 제6호 및 제7호의 사항에 대한 사전 조정
2. 제23조에 따른 집행계획의 심의
3. 제26조에 따른 국가기반시설의 지정에 관한 사항의 심의
4. 제71조의2에 따른 재난 및 안전관리기술 종합계획의 심의
5. 그 밖에 중앙위원회가 위임한 사항

② 조정위원회의 위원장은 국민안전처장관이 되고, 위원은 대통령령으로 정하는 중앙행정기관의 차관 또는 차관급 공무원과 재난 및 안전관리에 관한 지식과 경험이 풍부한 사람 중에서 위원장이 임명하거나 위촉하는 사람이 된다. 〈개정 2014. 11. 19.〉

③ 조정위원회에 간사위원 1명을 두며, 간사위원은 국민안전처차관이 된다. 〈개정 2014. 11. 19.〉

④ 조정위원회의 업무를 효율적으로 처리하기 위하여 조정위원회에 실무위원회를 둘 수 있다. 〈개정 2014. 12. 30.〉

⑤ 조정위원회의 위원장은 제1항에 따라 조정위원회에서 심의·조정된 사항 중 대통령령으로 정하는 중요 사항에 대해서는 조정위원회의 심의·조정 결과를 중앙위원회의 위원장에게 보고하여야 한다.

⑥ 조정위원회의 위원장은 중앙위원회 또는 조정위원회에서 심의·조정된 사항에 대한 이행상황을 점검하고, 그 결과를 중앙위원회에 보고할 수 있다.

⑦ 조정위원회 및 제4항에 따른 실무위원회의 구성 및 운영 등에 필요한 사항은 대통령령으로 정한다. 〈개정 2014. 12. 30.〉 [전문개정 2013. 8. 6.]

제10조의2(재난 및 안전관리 사업예산의 사전협의 등) ① 관계 중앙행정기관의 장은 「국가재정법」 제28조에 따라 기획재정부장관에게 제출하는 중기사업계획서 중 재난 및 안전관리 사업(국민안전처장관이 기획재정부장관과 협의하여 정하는 사업을 말한다. 이하 이 조 및 제10조의3에서 같다)과 관련된 중기사업계획서와 해당 기관의 재난 및 안전관리 사업에 관한 투자우선순위 의견을 매년 1월 31일까지 국민안전처장관에게 제출하여야 한다.

② 관계 중앙행정기관의 장은 기획재정부장관에게 제출하는 「국가재정법」 제31조제1항에 따른 예산요구서 중 재난 및 안전관리 사업 관련 예산요구서를 매년 5월 31일까지 국민안전처장관에게 제출하여야 한다.

③ 국민안전처장관은 제1항 및 제2항에 따른 중기사업계획서, 투자우선순위 의견 및 예산요구서를 검토하고, 중앙위원회의 심의를 거쳐 다음 각 호의 사항을 매년 6월 30일까지 기획재정부장관에게 통보하여야 한다.

1. 재난 및 안전관리 사업의 투자 방향
2. 관계 중앙행정기관별 재난 및 안전관리 사업의 투자우선순위, 투자적정성, 중점 추진방향 등에 관한 사항
3. 재난 및 안전관리 사업의 유사성·중복성 검토결과
4. 그 밖에 재난 및 안전관리 사업의 투자효율성을 높이기 위하여 필요한 사항

④ 기획재정부장관은 국가재정상황과 재정운용원칙에 부합하지 아니하는 등 부득이한 사유가 있는 경우를 제외하고 제3항에 따라 통보받은 결과를 토대로 재난 및 안전관리 사업에 관한 예산안을 편성하여야 한다. [본조신설 2014. 12. 30.]

제10조의3 삭제 〈2013. 8. 6.〉

제10조의3(재난 및 안전관리 사업에 대한 평가) ① 국민안전처장관은 매년 재난 및 안전관리 사업의 효과성 및 효율성을 평가하고, 그 결과를 관계 중앙행정기관의 장에게 통보하여야 한다.

② 국민안전처장관은 제1항에 따른 평가를 위하여 중앙행정기관의 장 또는 지방자치단체의 장 등에게 해당 기관에서 추진한 재난 및 안전관리 사업의 집행실적 등에 관한 자료 제출을 요청할 수 있다. 이 경우 자료 제출을 요청받은 중앙행정기관의 장 또는 지방자치단체의 장 등은 특별한 사유가 없으면 이에 따라야 한다.

③ 관계 중앙행정기관의 장은 제1항에 따른 평가 결과를 다음 연도 재난 및 안전관리 사업에 반영하여야 한다.

④ 제1항에 따른 평가의 범위·방법 등에 관하여 필요한 사항은 대통령령으로 정한다.

[본조신설 2014. 12. 30.] [시행일 미지정] 제10조의 3

제11조(지역위원회) ① 지역별 재난 및 안전관리에 관한 다음 각 호의 사항을 심의·조정하기 위하여 특별시장·광역시장·특별자치시장·도지사·특별자치도지사(이하 "시·도지사"라 한다) 소속

으로 시·도 안전관리위원회(이하 "시·도위원회"라 한다)를 두고, 시장(「제주특별자치도 설치 및 국제자유도시 조성을 위한 특별법」 제17조제1항에 따른 행정시장을 포함한다. 이하 같다)·군수·구청장(자치구의 구청장을 말한다. 이하 같다) 소속으로 시·군·구 안전관리위원회(이하 "시·군·구위원회"라 한다)를 둔다. 〈개정 2012. 2. 22., 2013. 8. 6., 2014. 12. 30.〉

1. 해당 지역에 대한 재난 및 안전관리정책에 관한 사항
2. 제24조 또는 제25조에 따른 안전관리계획에 관한 사항
3. 해당 지역을 관할하는 재난관리책임기관(중앙행정기관과 상급 지방자치단체는 제외한다)이 수행하는 재난 및 안전관리업무의 추진에 관한 사항
4. 재난이나 그 밖의 각종 사고가 발생하거나 발생할 우려가 있는 경우 이를 수습하기 위한 관계 기관 간 협력에 관한 사항
5. 다른 법령이나 조례에 따라 해당 위원회의 권한에 속하는 사항
6. 그 밖에 해당 위원회의 위원장이 회의에 부치는 사항

② 시·도위원회의 위원장은 시·도지사가 되고, 시·군·구위원회의 위원장은 시장·군수·구청장이 된다.

③ 시·도위원회와 시·군·구위원회(이하 "지역위원회"라 한다)의 회의에 부칠 의안을 검토하고, 재난 및 안전관리에 관한 관계 기관 간의 협의·조정 등을 위하여 지역위원회에 안전정책실무조정위원회를 둘 수 있다. 〈개정 2013. 8. 6.〉

④ 삭제 〈2013. 8. 6.〉

⑤ 지역위원회 및 제3항에 따른 안전정책실무조정위원회의 구성과 운영에 필요한 사항은 해당 지방자치단체의 조례로 정한다. 〈개정 2013. 8. 6.〉 [전문개정 2010. 6. 8.]

제12조(재난방송협의회) ① 재난에 관한 예보·경보·통지나 응급조치 및 재난관리를 위한 재난방송이 원활히 수행될 수 있도록 중앙위원회에 중앙재난방송협의회를 둘 수 있다.

② 지역 차원에서 재난에 대한 예보·경보·통지나 응급조치 및 재난방송이 원활히 수행될 수 있도록 지역위원회에 시·도 또는 시·군·구 재난방송협의회(이하 이 조에서 "지역재난방송협의회"라 한다)를 둘 수 있다.

③ 중앙재난방송협의회의 구성 및 운영에 필요한 사항은 대통령령으로 정하고, 지역재난방송협의회의 구성 및 운영에 필요한 사항은 해당 지방자치단체의 조례로 정한다. [전문개정 2013. 8. 6.]

제12조의2(안전관리민관협력위원회) ① 조정위원회의 위원장은 재난 및 안전관리에 관한 민관 협력관계를 원활히 하기 위하여 중앙안전관리민관협력위원회(이하 "중앙민관협력위원회"라 한다)를 구성·운영할 수 있다. 〈개정 2014. 12. 30.〉

② 지역위원회의 위원장은 재난 및 안전관리에 관한 지역 차원의 민관 협력관계를 원활히 하기 위하여 시·도 또는 시·군·구 안전관리민관협력위원회(이하 이 조에서 "지역민관협력위원회"라 한다)를 구성·운영할 수 있다.

③ 중앙민관협력위원회의 구성 및 운영에 필요한 사항은 대통령령으로 정하고, 지역민관협력위원회의 구성 및 운영에 필요한 사항은 해당 지방자치단체의 조례로 정한다. [본조신설 2013.

8. 6.]

제12조의3(중앙민관협력위원회의 기능 등) ① 중앙민관협력위원회의 기능은 다음 각 호와 같다.

1. 재난 및 안전관리 민관협력활동에 관한 협의
2. 재난 및 안전관리 민관협력활동사업의 효율적 운영방안의 협의
3. 평상시 재난 및 안전관리 위험요소 및 취약시설의 모니터링·제보
4. 재난 발생 시 인적·물적 자원 동원, 인명구조·피해복구 활동 참여, 피해주민 지원서비스 제공 등에 관한 협의

② 중앙민관협력위원회의 회의는 다음 각 호의 어느 하나에 해당하는 경우에 공동위원장이 소집할 수 있다.

1. 제14조제1항에 따른 대규모 재난의 발생으로 민관협력 대응이 필요한 경우
2. 재적위원 4분의 1 이상이 회의 소집을 요청하는 경우
3. 그 밖에 공동위원장이 회의 소집이 필요하다고 인정하는 경우

③ 재난 발생 시 신속한 재난대응 활동 참여 등 중앙민관협력위원회의 기능을 지원하기 위하여 중앙민관협력위원회에 대통령령으로 정하는 바에 따라 재난긴급대응단을 둘 수 있다.

[본조신설 2014. 12. 30.]

제13조(지역위원회 등에 대한 지원 및 지도) 국민안전처장관은 시·도위원회의 운영과 지방자치단체의 재난 및 안전관리업무에 대하여 필요한 지원과 지도를 할 수 있으며, 시·도지사는 관할 구역의 시·군·구위원회의 운영과 시·군·구의 재난 및 안전관리업무에 대하여 필요한 지원과 지도를 할 수 있다. 〈개정 2013. 3. 23., 2013. 8. 6., 2014. 11. 19.〉 [전문개정 2010. 6. 8.]

제2절 중앙재난안전대책본부 등 〈신설 2013. 8. 6.〉

제14조(중앙재난안전대책본부 등) ① 대통령령으로 정하는 대규모 재난(이하 "대규모재난"이라 한다)의 대응·복구(이하 "수습"이라 한다) 등에 관한 사항을 총괄·조정하고 필요한 조치를 하기 위하여 국민안전처에 중앙재난안전대책본부(이하 "중앙대책본부"라 한다)를 둔다. 〈개정 2013. 3. 23., 2013. 8. 6., 2014. 11. 19., 2014. 12. 30.〉

② 중앙대책본부에 본부장과 차장을 둔다. 〈신설 2014. 12. 30.〉

③ 중앙대책본부의 본부장(이하 "중앙대책본부장"이라 한다)은 국민안전처장관이 되며, 중앙대책본부장은 중앙대책본부의 업무를 총괄하고 필요하다고 인정하면 중앙재난안전대책본부회의를 소집할 수 있다. 다만, 해외재난의 경우에는 외교부장관이, 「원자력시설 등의 방호 및 방사능 방재 대책법」 제2조제1항제8호에 따른 방사능재난의 경우에는 같은 법 제25조에 따른 중앙방사능방재대책본부의 장이 각각 중앙대책본부장의 권한을 행사한다. 〈개정 2012. 2. 22., 2013. 3. 23., 2013. 8. 6., 2014. 11. 19., 2014. 12. 30.〉

④ 제3항에도 불구하고 재난의 효과적인 수습을 위하여 다음 각 호의 어느 하나에 해당하는 경우에는 국무총리가 중앙대책본부장의 권한을 행사할 수 있다. 이 경우 국민안전처장관, 외교

부장관(해외재난의 경우에 한정한다) 또는 원자력안전위원회 위원장(방사능 재난의 경우에 한정한다)이 차장이 된다. 〈개정 2014. 12. 30.〉

1. 국무총리가 범정부적 차원의 통합 대응이 필요하다고 인정하는 경우

2. 국민안전처장관이 국무총리에게 건의하거나 제15조의2제2항에 따른 수습본부장의 요청을 받아 국민안전처장관이 국무총리에게 건의하는 경우

⑤ 중앙대책본부장은 대규모재난이 발생하거나 발생할 우려가 있는 경우에는 대통령령으로 정하는 바에 따라 실무반을 편성하고, 중앙재난안전대책본부상황실을 설치하는 등 해당 대규모재난에 대하여 효율적으로 대응하기 위한 체계를 갖추어야 한다. 이 경우 제18조제1항제1호에 따른 중앙재난안전상황실과 인력, 장비, 시설 등을 통합·운영할 수 있다. 〈개정 2014. 12. 30.〉

⑥ 제1항에 따른 중앙대책본부, 제3항에 따른 중앙재난안전대책본부회의의 구성과 운영에 필요한 사항은 대통령령으로 정한다. 〈개정 2013. 8. 6., 2014. 12. 30.〉 [전문개정 2010. 6. 8.]

제14조의2(수습지원단 파견 등) ① 중앙대책본부장은 국내 또는 해외에서 발생한 대규모재난의 수습을 지원하기 위하여 관계 중앙행정기관 및 관계 기관·단체의 재난관리에 관한 전문가 등으로 수습지원단을 구성하여 현지에 파견할 수 있다.

② 중앙대책본부장은 구조·구급·수색 등의 활동을 신속하게 지원하기 위하여 국민안전처 소속의 전문 인력으로 구성된 특수기동구조대를 편성하여 재난현장에 파견할 수 있다.

③ 수습지원단의 구성과 운영 및 특수기동구조대의 편성과 파견 등에 필요한 사항은 대통령령으로 정한다. [본조신설 2014. 12. 30.] [시행미지정] 제14조의2제2항, 제14조의2제3항(특수기동구조대에 관한 사항에 한정한다)

제15조(중앙대책본부장의 권한 등) ① 중앙대책본부장은 대규모재난을 효율적으로 수습하기 위하여 관계 재난관리책임기관의 장에게 행정 및 재정상의 조치, 소속 직원의 파견, 그 밖에 필요한 지원을 요청할 수 있다. 이 경우 요청을 받은 관계 재난관리책임기관의 장은 특별한 사유가 없으면 요청에 따라야 한다. 〈개정 2013. 8. 6.〉

② 제1항에 따라 파견된 직원은 대규모재난의 수습에 필요한 소속 기관의 업무를 성실히 수행하여야 하며, 대규모재난의 수습이 끝날 때까지 중앙대책본부에서 상근하여야 한다. 〈개정 2013. 8. 6.〉

③ 중앙대책본부장은 해당 대규모재난의 수습에 필요한 범위에서 제15조의2제2항에 따른 수습본부장 및 제16조제2항에 따른 지역대책본부장을 지휘할 수 있다. 〈개정 2013. 8. 6.〉

④ 삭제 〈2013. 8. 6.〉

⑤ 삭제 〈2013. 8. 6.〉

⑥ 삭제 〈2013. 8. 6.〉

⑦ 삭제 〈2013. 8. 6.〉

[전문개정 2010. 6. 8.] [제목개정 2013. 8. 6.]

제15조의2(중앙 및 지역사고수습본부) ① 재난관리주관기관의 장은 재난이 발생하거나 발생할 우려가 있는 경우에는 재난상황을 효율적으로 관리하고 재난을 수습하기 위한 중앙사고수습본부

(이하 "수습본부"라 한다)를 신속하게 설치·운영하여야 한다.

② 수습본부의 장(이하 "수습본부장"이라 한다)은 해당 재난관리주관기관의 장이 된다.

③ 수습본부장은 재난정보의 수집·전파, 상황관리, 재난발생 시 초동조치 및 지휘 등을 위한 수습본부상황실을 설치·운영하여야 한다. 이 경우 제18조제3항에 따른 재난안전상황실과 인력, 장비, 시설 등을 통합·운영할 수 있다.

④ 수습본부장은 재난을 수습하기 위하여 필요하면 관계 재난관리책임기관의 장에게 행정상 및 재정상의 조치, 소속 직원의 파견, 그 밖에 필요한 지원을 요청할 수 있다. 이 경우 요청을 받은 관계 재난관리책임기관의 장은 특별한 사유가 없으면 요청에 따라야 한다.

⑤ 수습본부장은 지역사고수습본부를 운영할 수 있으며, 지역사고수습본부의 장(이하 "지역사고수습본부장"이라 한다)은 수습본부장이 지명한다. 〈신설 2014. 12. 30.〉

⑥ 수습본부장은 해당 재난의 수습에 필요한 범위에서 시·도지사 및 시장·군수·구청장(제16조제1항에 따른 시·도대책본부 및 시·군·구대책본부가 운영되는 경우에는 해당 본부장을 말한다)을 지휘할 수 있다. 〈개정 2014. 12. 30.〉

⑦ 수습본부장은 재난을 수습하기 위하여 필요하면 대통령령으로 정하는 바에 따라 제14조의2제1항에 따른 수습지원단을 구성·운영할 것을 중앙대책본부장에게 요청할 수 있다. 〈개정 2014. 12. 30.〉

⑧ 수습본부의 구성·운영 등에 필요한 사항은 대통령령으로 정한다. 〈개정 2014. 12. 30.〉

[전문개정 2013. 8. 6.] [제목개정 2014. 12. 30.]

제16조(지역재난안전대책본부) ① 해당 관할 구역에서 재난의 수습 등에 관한 사항을 총괄·조정하고 필요한 조치를 하기 위하여 시·도지사는 시·도재난안전대책본부(이하 "시·도대책본부"라 한다)를 두고, 시장·군수·구청장은 시·군·구재난안전대책본부(이하 "시·군·구대책본부"라 한다)를 둔다. 〈개정 2013. 8. 6., 2014. 12. 30.〉

② 시·도대책본부 또는 시·군·구대책본부(이하 "지역대책본부"라 한다)의 본부장(이하 "지역대책본부장"이라 한다)은 시·도지사 또는 시장·군수·구청장이 되며, 지역대책본부장은 지역대책본부의 업무를 총괄하고 필요하다고 인정하면 대통령령으로 정하는 바에 따라 지역재난안전대책본부회의를 소집할 수 있다. 〈개정 2013. 8. 6., 2014. 12. 30.〉

③ 시·군·구대책본부의 장은 재난현장의 총괄·조정 및 지원을 위하여 재난현장 통합지원본부(이하 "통합지원본부"라 한다)를 설치·운영할 수 있다. 이 경우 통합지원본부의 장은 긴급구조에 대해서는 제52조에 따른 시·군·구긴급구조통제단장의 현장지휘에 협력하여야 한다. 〈신설 2013. 8. 6., 2014. 12. 30.〉

④ 통합지원본부의 장은 관할 시·군·구의 부단체장이 되며, 실무반을 편성하여 운영할 수 있다. 〈개정 2014. 12. 30.〉

⑤ 지역대책본부 및 통합지원본부의 구성과 운영에 필요한 사항은 해당 지방자치단체의 조례로 정한다. 〈개정 2013. 8. 6., 2014. 12. 30.〉 [전문개정 2010. 6. 8.]

제17조(지역대책본부장의 권한 등) ① 지역대책본부장은 재난의 수습을 효율적으로 하기 위하여 해당 시·도 또는 시·군·구를 관할 구역으로 하는 제3조제5호나목에 따른 재난관리책임기관의

장에게 행정 및 재정상의 조치나 그 밖에 필요한 업무협조를 요청할 수 있다. 이 경우 요청을 받은 재난관리책임기관의 장은 특별한 사유가 없으면 요청에 따라야 한다. 〈개정 2013. 8. 6.〉

② 지역대책본부장은 재난의 수습을 위하여 필요하다고 인정하면 해당 시·도 또는 시·군·구의 전부 또는 일부를 관할 구역으로 하는 제3조제5호나목에 따른 재난관리책임기관의 장에게 소속 직원의 파견을 요청할 수 있다. 이 경우 요청을 받은 재난관리책임기관의 장은 특별한 사유가 없으면 즉시 요청에 따라야 한다. 〈개정 2013. 8. 6.〉

③ 제2항에 따라 파견된 직원은 지역대책본부장의 지휘에 따라 재난의 수습에 필요한 소속 기관의 업무를 성실히 수행하여야 하며, 재난의 수습이 끝날 때까지 지역대책본부에서 상근하여야 한다. 〈개정 2013. 8. 6.〉 [전문개정 2010. 6. 8.] [제목개정 2013. 8. 6.]

제3절 재난안전상황실 등 〈신설 2013. 8. 6.〉

제18조(재난안전상황실) ① 국민안전처장관, 시·도지사 및 시장·군수·구청장은 재난정보의 수집·전파, 상황관리, 재난발생 시 초동조치 및 지휘 등의 업무를 수행하기 위하여 다음 각 호의 구분에 따른 상시 재난안전상황실을 설치·운영하여야 한다. 〈개정 2014. 11. 19.〉

1. 국민안전처장관: 중앙재난안전상황실
2. 시·도지사 및 시장·군수·구청장: 시·도별 및 시·군·구별 재난안전상황실

② 삭제 〈2014. 12. 30.〉

③ 중앙행정기관의 장은 소관 업무분야의 재난상황을 관리하기 위하여 재난안전상황실을 설치·운영하거나 재난상황을 관리할 수 있는 체계를 갖추어야 한다.

④ 제3조제5호나목에 따른 재난관리책임기관의 장은 재난에 관한 상황관리를 위하여 재난안전상황실을 설치·운영할 수 있다.

⑤ 제1항제2호, 제3항 및 제4항에 따른 재난안전상황실은 제1항제1호에 따른 중앙재난안전상황실 및 다른 기관의 재난안전상황실과 유기적인 협조체제를 유지하고, 재난관리정보를 공유하여야 한다. 〈개정 2014. 12. 30.〉 [전문개정 2013. 8. 6.] [제19조에서 이동, 종전 제18조는 제19조로 이동 〈2013. 8. 6.〉]

제19조(재난 신고 등) ① 누구든지 재난의 발생이나 재난이 발생할 징후를 발견하였을 때에는 즉시 그 사실을 시장·군수·구청장·긴급구조기관, 그 밖의 관계 행정기관에 신고하여야 한다.

② 제1항에 따른 신고를 받은 시장·군수·구청장과 그 밖의 관계 행정기관의 장은 관할 긴급구조기관의 장에게, 긴급구조기관의 장은 그 소재지 관할 시장·군수·구청장 및 재난관리주관기관의 장에게 통보하여 응급대처방안을 마련할 수 있도록 조치하여야 한다. 〈개정 2013. 8. 6.〉 [제목개정 2013. 8. 6.] [제18조에서 이동, 종전 제19조는 제18조로 이동 〈2013. 8. 6.〉]

제20조(재난상황의 보고) ① 시장·군수·구청장 또는 해양경비안전서장은 그 관할구역에서 재난이 발생하거나 발생할 우려가 있으면 대통령령으로 정하는 바에 따라 재난상황에 대해서는 즉시, 응급조치 및 수습현황에 대해서는 지체 없이 각각 국민안전처장관, 재난관리주관기관의 장 및

시·도지사에게 보고하여야 한다. 이 경우 재난관리주관기관의 장 및 시·도지사는 보고받은 사항을 확인·종합하여 국민안전처장관에게 통보하여야 한다. 〈개정 2013. 8. 6., 2014. 11. 19., 2014. 12. 30.〉

② 삭제 〈2014. 11. 19.〉

③ 제3조제5호나목에 따른 재난관리책임기관의 장과 제26조제1항에 따른 국가기반시설의 장은 소관 업무 또는 시설에 관계되는 재난이 발생하면 대통령령으로 정하는 바에 따라 재난상황에 대해서는 즉시, 응급조치 및 수습현황에 대해서는 지체 없이 각각 재난관리주관기관의 장, 관할 시·도지사와 시장·군수·구청장에게 보고하거나 통보하여야 한다. 이 경우 관계 중앙행정기관의 장은 보고받은 사항이 제26조제1항에 따른 국가기반시설에 대한 것일 때에는 보고받은 내용을 종합하여 즉시 국민안전처장관에게 통보하여야 한다. 〈개정 2013. 3. 23., 2013. 8. 6., 2014. 11. 19.〉

④ 시장·군수·구청장·소방서장이나 해양경비안전서장은 재난이 발생한 경우 또는 재난 발생을 신고받거나 통보받은 경우에는 즉시 관계 재난관리책임기관의 장에게 통보하여야 한다. 〈개정 2014. 11. 19.〉 [전문개정 2010. 6. 8.]

제20조(재난상황의 보고) ① 시장·군수·구청장 또는 해양경비안전서장은 그 관할구역에서 재난이 발생하거나 발생할 우려가 있으면 대통령령으로 정하는 바에 따라 재난상황에 대해서는 즉시, 응급조치 및 수습현황에 대해서는 지체 없이 각각 국민안전처장관, 재난관리주관기관의 장 및 시·도지사에게 보고하여야 한다. 이 경우 재난관리주관기관의 장 및 시·도지사는 보고받은 사항을 확인·종합하여 국민안전처장관에게 통보하여야 한다. 〈개정 2013. 8. 6., 2014. 11. 19., 2014. 12. 30.〉

② 삭제 〈2014. 11. 19.〉

③ 제3조제5호나목에 따른 재난관리책임기관의 장과 제26조제1항에 따른 국가기반시설의 장은 소관 업무 또는 시설에 관계되는 재난이 발생하면 대통령령으로 정하는 바에 따라 재난상황에 대해서는 즉시, 응급조치 및 수습현황에 대해서는 지체 없이 각각 재난관리주관기관의 장, 관할 시·도지사와 시장·군수·구청장에게 보고하거나 통보하여야 한다. 이 경우 관계 중앙행정기관의 장은 보고받은 사항이 제26조제1항에 따른 국가기반시설에 대한 것일 때에는 보고받은 내용을 종합하여 즉시 국민안전처장관에게 통보하여야 한다. 〈개정 2013. 3. 23., 2013. 8. 6., 2014. 11. 19.〉

④ 시장·군수·구청장·소방서장이나 해양경비안전서장은 재난이 발생한 경우 또는 재난 발생을 신고받거나 통보받은 경우에는 즉시 관계 재난관리책임기관의 장에게 통보하여야 한다. 〈개정 2014. 11 .19.〉

⑤ 시장·군수·구청장, 소방서장 또는 해양경비안전서장은 대통령령으로 정하는 재난이 발생한 경우 또는 재난 발생을 신고받거나 통보받은 경우에는 제18조제1항제1호에 따른 중앙재난안전상황실에 보고하여야 한다. 〈신설 2014. 12. 30.〉 [전문개정 2010. 6. 8.] [시행일 미지정] 제20조제5항

제21조(해외재난상황의 보고 및 관리) ① 재외공관의 장은 관할 구역에서 해외재난이 발생하거나 발

생할 우려가 있으면 즉시 그 상황을 외교부장관에게 보고하여야 한다. 〈개정 2013. 3. 23.〉

② 제1항의 보고를 받은 외교부장관은 지체 없이 해외재난 발생 또는 발생 우려 지역에 거주하거나 체류하는 대한민국 국민(이하 이 조에서 "해외재난국민"이라 한다)의 생사확인 등 안전 여부를 확인하고, 국민안전처장관 및 관계 중앙행정기관의 장과 협의하여 해외재난국민의 보호를 위한 방안을 마련하여 시행하여야 한다. 〈개정 2013. 8. 6., 2014. 11. 19.〉

③ 해외재난국민의 가족 등은 외교부장관에게 해외재난국민의 생사확인 등 안전 여부 확인을 요청할 수 있다. 이 경우 외교부장관은 특별한 사유가 없으면 그 요청에 따라야 한다. 〈신설 2013. 8. 6.〉

④ 제2항 및 제3항에 따른 안전 여부 확인과 가족 등의 범위는 대통령령으로 정한다. 〈신설 2013. 8. 6.〉 [전문개정 2010. 6. 8.] [제목개정 2013. 8. 6.]

제3장 안전관리계획

제22조(국가안전관리기본계획의 수립 등) ① 국무총리는 대통령령으로 정하는 바에 따라 국가의 재난 및 안전관리업무에 관한 기본계획(이하 "국가안전관리기본계획"이라 한다)의 수립지침을 작성하여 관계 중앙행정기관의 장에게 시달하여야 한다. 〈개정 2013. 8. 6.〉

② 제1항에 따른 수립지침에는 부처별로 중점적으로 추진할 안전관리기본계획의 수립에 관한 사항과 국가재난관리체계의 기본방향이 포함되어야 한다.

③ 관계 중앙행정기관의 장은 제1항에 따른 수립지침에 따라 그 소관에 속하는 재난 및 안전관리업무에 관한 기본계획을 작성한 후 국무총리에게 제출하여야 한다. 〈개정 2013.8.6.〉

④ 국무총리는 제3항에 따라 관계 중앙행정기관의 장이 제출한 기본계획을 종합하여 국가안전관리기본계획을 작성하여 중앙위원회의 심의를 거쳐 확정한 후 이를 관계 중앙행정기관의 장에게 시달하여야 한다. 〈개정 2012. 2. 22., 2013. 8. 6.〉

⑤ 중앙행정기관의 장은 제4항에 따라 확정된 국가안전관리기본계획 중 그 소관 사항을 관계 재난관리책임기관(중앙행정기관과 지방자치단체는 제외한다)의 장에게 시달하여야 한다.

⑥ 국가안전관리기본계획을 변경하는 경우에는 제1항부터 제5항까지를 준용한다.

⑦ 국가안전관리기본계획과 제23조의 집행계획, 제24조의 시·도안전관리계획 및 제25조의 시·군·구안전관리계획은「민방위기본법」에 따른 민방위계획 중 재난관리분야의 계획으로 본다.

⑧ 국가안전관리기본계획의 구체적인 내용은 대통령령으로 정한다. [전문개정 2010. 6. 8.]

제23조(집행계획) ① 관계 중앙행정기관의 장은 제22조제4항에 따라 시달받은 국가안전관리기본계획에 따라 그 소관 업무에 관한 집행계획을 작성하여 조정위원회의 심의를 거쳐 국무총리의 승인을 받아 확정한다. 〈개정 2013. 3. 23., 2013. 8. 6.〉

② 관계 중앙행정기관의 장은 확정된 집행계획을 국민안전처장관에게 통보하고, 시·도지사 및 제3조제5호나목에 따른 재난관리책임기관의 장에게 시달하여야 한다. 〈개정 2013. 3. 23., 2014. 11. 19.〉

③ 제3조제5호나목에 따른 재난관리책임기관의 장은 제2항에 따라 시달받은 집행계획에 따라 세부집행계획을 작성하여 관할 시·도지사와 협의한 후 소속 중앙행정기관의 장의 승인을 받아 이를 확정하여야 한다. 이 경우 그 재난관리책임기관의 장이 공공기관이나 공공단체의 장인 경우에는 그 내용을 지부 등 지방조직에 통보하여야 한다. [전문개정 2010. 6. 8.]

제23조의2(국가안전관리기본계획 등과의 연계) 관계 중앙행정기관의 장은 소관 개별 법령에 따른 재난 및 안전과 관련된 계획을 수립하는 때에는 국가안전관리기본계획 및 제23조에 따른 집행계획과 연계하여 작성하여야 한다. [본조신설 2012. 2. 22.]

제24조(시·도안전관리계획의 수립) ① 국민안전처장관은 제22조제4항에 따른 국가안전관리기본계획과 제23조제1항에 따른 집행계획에 따라 시·도의 재난 및 안전관리업무에 관한 계획(이하 "시·도안전관리계획"이라 한다)의 수립지침을 작성하여 이를 시·도지사에게 시달하여야 한다. 〈개정 2013. 3. 23., 2013. 8. 6., 2014. 11. 19.〉

② 시·도의 전부 또는 일부를 관할 구역으로 하는 제3조제5호나목에 따른 재난관리책임기관의 장은 그 소관 재난 및 안전관리업무에 관한 계획을 작성하여 관할 시·도지사에게 제출하여야 한다. 〈개정 2013. 8. 6.〉

③ 시·도지사는 제1항에 따라 시달받은 수립지침과 제2항에 따라 제출받은 재난 및 안전관리업무에 관한 계획을 종합하여 시·도안전관리계획을 작성하고 시·도위원회의 심의를 거쳐 확정한다. 〈개정 2013. 8. 6.〉

④ 시·도지사는 제3항에 따라 확정된 시·도안전관리계획을 국민안전처장관에게 보고하고, 제2항에 따른 재난관리책임기관의 장에게 통보하여야 한다. 〈개정 2013. 3. 23., 2014. 11. 19.〉

[전문개정 2010. 6. 8.]

제25조(시·군·구안전관리계획의 수립) ① 시·도지사는 제24조제3항에 따라 확정된 시·도안전관리계획에 따라 시·군·구의 재난 및 안전관리업무에 관한 계획(이하 "시·군·구안전관리계획"이라 한다)의 수립지침을 작성하여 시장·군수·구청장에게 시달하여야 한다. 〈개정 2013. 8. 6.〉

② 시·군·구의 전부 또는 일부를 관할 구역으로 하는 제3조제5호나목에 따른 재난관리책임기관의 장은 그 소관 재난 및 안전관리업무에 관한 계획을 작성하여 시장·군수·구청장에게 제출하여야 한다. 〈개정 2013. 8. 6.〉

③ 시장·군수·구청장은 제1항에 따라 시달받은 수립지침과 제2항에 따라 제출받은 재난 및 안전관리업무에 관한 계획을 종합하여 시·군·구안전관리계획을 작성하고 시·군·구위원회의 심의를 거쳐 확정한다. 〈개정 2013. 8. 6.〉

④ 시장·군수·구청장은 제3항에 따라 확정된 시·군·구안전관리계획을 시·도지사에게 보고하고, 제2항에 따른 재난관리책임기관의 장에게 통보하여야 한다. [전문개정 2010. 6. 8.]

제4장 재난의 예방 〈개정 2013.8.6.〉

제25조의2(재난관리책임기관의 장의 재난예방조치) ① 재난관리책임기관의 장은 소관 관리대상 업

무의 분야에서 재난 발생을 사전에 방지하기 위하여 다음 각 호의 조치를 하여야 한다. 〈개정 2013. 8. 6., 2014. 12. 30.〉

1. 재난에 대응할 조직의 구성 및 정비
2. 재난의 예측과 정보전달체계의 구축
3. 재난 발생에 대비한 교육·훈련과 재난관리예방에 관한 홍보
4. 재난이 발생할 위험이 높은 분야에 대한 안전관리체계의 구축 및 안전관리규정의 제정
5. 제26조에 따라 지정된 국가기반시설의 관리
6. 제27조제2항에 따른 특정관리대상시설등에 관한 조치
7. 제29조에 따른 재난방지시설의 점검·관리

7의2. 제34조에 따른 재난관리자원의 비축 및 장비·인력의 지정

8. 그 밖에 재난을 예방하기 위하여 필요하다고 인정되는 사항

② 재난관리책임기관의 장은 제1항에 따른 재난예방조치를 효율적으로 시행하기 위하여 필요한 사업비를 확보하여야 한다.

③ 재난관리책임기관의 장은 다른 재난관리책임기관의 장에게 재난을 예방하기 위하여 필요한 협조를 요청할 수 있다. 이 경우 요청을 받은 다른 재난관리책임기관의 장은 특별한 사유가 없으면 요청에 따라야 한다.

④ 재난관리책임기관의 장은 재난관리의 실효성을 확보할 수 있도록 제1항제4호에 따른 안전관리체계 및 안전관리규정을 정비·보완하여야 한다.

⑤ 삭제 〈2013. 8. 6.〉

⑥ 삭제 〈2013. 8. 6.〉 [제26조에서 이동, 종전 제25조의2는 제26조로 이동 〈2013. 8. 6.〉]

제25조의3 삭제 〈2013. 8. 6.〉

제26조(국가기반시설의 지정 및 관리 등) ① 관계 중앙행정기관의 장은 소관 분야의 기반시설 중 제3조제1호나목에 따른 국가기반체계를 보호하기 위하여 계속적으로 관리할 필요가 있다고 인정되는 시설(이하 "국가기반시설"이라 한다)을 다음 각 호의 기준에 따라 조정위원회의 심의를 거쳐 지정할 수 있다. 〈개정 2013. 8. 6.〉

1. 다른 기반시설이나 체계 등에 미치는 연쇄효과
2. 둘 이상의 중앙행정기관의 공동대응 필요성
3. 재난이 발생하는 경우 국가안전보장과 경제·사회에 미치는 피해 규모 및 범위
4. 재난의 발생 가능성 또는 그 복구의 용이성

② 관계 중앙행정기관의 장은 제1항에 따른 지정 여부를 결정하기 위하여 필요한 자료의 제출을 소관 재난관리책임기관의 장에게 요청할 수 있다.

③ 관계 중앙행정기관의 장은 소관 재난관리책임기관이 해당 업무를 폐지·정지 또는 변경하는 경우에는 조정위원회의 심의를 거쳐 국가기반시설의 지정을 취소할 수 있다. 〈개정 2013. 8. 6.〉

④ 국민안전처장관은 국가기반시설에 대한 데이터베이스를 구축·운영하고, 관계 중앙행정기관의 장이 재난관리정책의 수립 등에 이용할 수 있도록 통합지원할 수 있다. 〈신설 2013. 8. 6., 2014. 11. 19., 2014. 12. 30.〉

⑤ 국가기반시설의 지정 및 지정취소 등에 필요한 사항은 대통령령으로 정한다. 〈개정 2013. 8. 6.〉 [제목개정 2013. 8. 6.][제25조의2에서 이동, 종전 제26조는 제25조의2로 이동 〈2013. 8. 6.〉]

제27조(특정관리대상시설등의 지정 및 관리 등) ① 중앙행정기관의 장 또는 지방자치단체의 장은 재난이 발생할 위험이 높거나 재난예방을 위하여 계속적으로 관리할 필요가 있다고 인정되는 시설 및 지역을 대통령령으로 정하는 바에 따라 특정 관리대상 시설 및 지역(이하 "특정관리대상시설등"이라 한다)으로 지정하여야 한다.

② 재난관리책임기관의 장은 제1항에 따라 특정관리대상시설등으로 지정된 시설 및 지역에 대하여 대통령령으로 정하는 바에 따라 다음 각 호의 조치를 하여야 한다.

1. 특정관리대상시설등으로부터 재난 발생의 위험성을 제거하기 위한 장기·단기 계획의 수립·시행
2. 특정관리대상시설등에 대한 안전점검 또는 정밀 안전진단
3. 그 밖에 특정관리대상시설등의 관리·정비에 필요한 조치

③ 제1항에 따라 특정관리대상시설등으로 지정된 시설 중에서 대통령령으로 정하는 시설의 소유자·관리자 또는 점유자는 대통령령으로 정하는 바에 따라 안전점검을 하고 그 결과를 시장·군수·구청장에게 제출하여야 한다.

④ 중앙행정기관의 장, 지방자치단체의 장 및 재난관리책임기관의 장은 제1항 및 제2항에 따른 지정 및 조치 결과를 대통령령으로 정하는 바에 따라 국민안전처장관에게 보고하거나 통보하여야 한다.

⑤ 국민안전처장관은 제4항에 따라 보고받거나 통보받은 사항을 대통령령으로 정하는 바에 따라 정기적으로 또는 수시로 국무총리에게 보고하여야 한다.

⑥ 국무총리는 제5항에 따라 보고받은 사항 중 재난을 예방하기 위하여 필요하다고 인정하는 사항에 대해서는 중앙행정기관의 장, 지방자치단체의 장 또는 재난관리책임기관의 장에게 시정조치나 보완을 요구할 수 있다.

⑦ 제1항부터 제6항까지에서 규정한 사항 외에 특정관리대상시설등의 지정, 관리 및 정비에 필요한 사항은 대통령령으로 정한다. [전문개정 2014. 12. 30.][시행일 : 2015. 12. 31.] 제27조제3항

제28조(지방자치단체에 대한 지원 등) 국민안전처장관은 제27조제2항에 따른 지방자치단체의 조치 등에 필요한 지원 및 지도를 할 수 있고, 관계 중앙행정기관의 장에게 협조를 요청할 수 있다. 〈개정 2013. 8. 6., 2014. 11. 19.〉 [전문개정 2010. 6. 8.]

제29조(재난방지시설의 관리) ① 재난관리책임기관의 장은 관계 법령 또는 제3장의 안전관리계획에서 정하는 바에 따라 대통령령으로 정하는 재난방지시설을 점검·관리하여야 한다.

② 국민안전처장관은 재난방지시설의 관리 실태를 점검하고 필요한 경우 보수·보강 등의 조치를 재난관리책임기관의 장에게 요청할 수 있다. 이 경우 요청을 받은 재난관리책임기관의 장은 신속하게 조치를 이행하여야 한다. 〈개정 2014. 11. 19.〉 [본조신설 2013. 8. 6.] [종전 제29조는 제33조의2로 이동 〈2013. 8. 6.〉]

제29조의2(재난안전분야 종사자 교육) ① 재난관리책임기관에서 재난 및 안전관리업무를 담당하는

공무원이나 직원은 국민안전처장관이 실시하는 전문교육(이하 "전문교육"이라 한다)을 총리령으로 정하는 바에 따라 정기적으로 또는 수시로 받아야 한다. 〈개정 2014. 11. 19., 2014. 12. 30.〉

② 국민안전처장관은 필요하다고 인정하면 대통령령으로 정하는 전문인력 및 시설기준을 갖춘 교육기관으로 하여금 전문교육을 대행하게 할 수 있다. 〈개정 2014. 11. 19.〉

③ 국민안전처장관은 정당한 사유 없이 전문교육을 받지 아니한 자에 대하여 소속 재난관리책임기관의 장에게 징계할 것을 요구할 수 있다. 〈신설 2014. 12. 30.〉

④ 전문교육의 종류 및 대상, 그 밖에 전문교육의 실시에 필요한 사항은 총리령으로 정한다. 〈개정 2014. 11. 19., 2014. 12. 30.〉 [본조신설 2013. 8. 6.] [종전 제29조의2는 제33조의3으로 이동 〈2013. 8. 6.〉]

제30조(재난예방을 위한 긴급안전점검 등) ① 국민안전처장관 또는 재난관리책임기관(행정기관만을 말한다. 이하 이 조에서 같다)의 장은 대통령령으로 정하는 시설 및 지역에 재난이 발생할 우려가 있는 등 대통령령으로 정하는 긴급한 사유가 있으면 소속 공무원으로 하여금 긴급안전점검을 하게 하고, 국민안전처장관은 다른 재난관리책임기관의 장에게 긴급안전점검을 하도록 요구할 수 있다. 이 경우 요구를 받은 재난관리책임기관의 장은 특별한 사유가 없으면 요구에 따라야 한다. 〈개정 2013. 8. 6., 2014. 11. 19.〉

② 제1항에 따라 긴급안전점검을 하는 공무원은 관계인에게 필요한 질문을 하거나 관계 서류 등을 열람할 수 있다.

③ 제1항에 따른 긴급안전점검의 절차 및 방법, 긴급안전점검결과의 기록·유지 등에 필요한 사항은 대통령령으로 정한다.

④ 제1항에 따라 긴급안전점검을 하는 공무원은 그 권한을 표시하는 증표를 지니고 이를 관계인에게 보여주어야 한다.

⑤ 국민안전처장관은 제1항에 따라 긴급안전점검을 하면 그 결과를 해당 재난관리책임기관의 장에게 통보하여야 한다. 〈개정 2013. 8. 6., 2014. 11. 19.〉 [전문개정 2010. 6. 8.]

제31조(재난예방을 위한 안전조치) ① 국민안전처장관 또는 재난관리책임기관(행정기관만을 말한다. 이하 이 조에서 같다)의 장은 제30조에 따른 긴급안전점검 결과 재난 발생의 위험이 높다고 인정되는 시설 또는 지역에 대하여는 대통령령으로 정하는 바에 따라 그 소유자·관리자 또는 점유자에게 다음 각 호의 안전조치를 할 것을 명할 수 있다. 〈개정 2013. 3. 23., 2013. 8. 6., 2014. 11. 19.〉

1. 정밀안전진단(시설만 해당한다). 이 경우 다른 법령에 시설의 정밀안전진단에 관한 기준이 있는 경우에는 그 기준에 따르고, 다른 법령의 적용을 받지 아니하는 시설에 대하여는 총리령으로 정하는 기준에 따른다.
2. 보수(補修) 또는 보강 등 정비
3. 재난을 발생시킬 위험요인의 제거

② 제1항에 따른 안전조치명령을 받은 소유자·관리자 또는 점유자는 이행계획서를 작성하여

국민안전처장관 또는 재난관리책임기관의 장에게 제출한 후 안전조치를 하고, 총리령으로 정하는 바에 따라 그 결과를 국민안전처장관 또는 재난관리책임기관의 장에게 통보하여야 한다. 〈개정 2012. 2. 22., 2013. 3. 23., 2013. 8. 6., 2014. 11. 19.〉

③ 국민안전처장관 또는 재난관리책임기관의 장은 제1항에 따른 안전조치명령을 받은 자가 그 명령을 이행하지 아니하거나 이행할 수 없는 상태에 있고, 안전조치를 이행하지 아니할 경우 공중의 안전에 위해를 끼칠 수 있어 재난의 예방을 위하여 긴급하다고 판단하면 그 시설 또는 지역에 대하여 사용을 제한하거나 금지시킬 수 있다. 이 경우 그 제한하거나 금지하는 내용을 보기 쉬운 곳에 게시하여야 한다. 〈개정 2012. 2. 22., 2013. 8. 6., 2014. 11. 19.〉

④ 국민안전처장관 또는 재난관리책임기관의 장은 제1항제2호 또는 제3호에 따른 안전조치명령을 받아 이를 이행하여야 하는 자가 그 명령을 이행하지 아니하거나 이행할 수 없는 상태에 있고, 재난예방을 위하여 긴급하다고 판단하면 그 명령을 받아 이를 이행하여야 할 자를 갈음하여 필요한 안전조치를 할 수 있다. 이 경우「행정대집행법」을 준용한다. 〈개정 2013. 8. 6., 2014. 11. 19.〉

⑤ 국민안전처장관 또는 재난관리책임기관의 장은 제3항에 따른 안전조치를 할 때에는 미리 해당 소유자·관리자 또는 점유자에게 서면으로 이를 알려 주어야 한다. 다만, 긴급한 경우에는 구두로 알리되, 미리 구두로 알리는 것이 불가능하거나 상당한 시간이 걸려 공중의 안전에 위해를 끼칠 수 있는 경우에는 안전조치를 한 후 그 결과를 통보할 수 있다. 〈개정 2012. 2. 22., 2013. 8. 6., 2014. 11. 19.〉 [전문개정 2010. 6. 8.] [제목개정 2014. 12. 30.]

제31조(재난예방을 위한 안전조치) ① 국민안전처장관 또는 재난관리책임기관(행정기관만을 말한다. 이하 이 조에서 같다)의 장은 제27조제3항에 따른 안전점검 결과 또는 제30조에 따른 긴급안전점검 결과 재난 발생의 위험이 높다고 인정되는 시설 또는 지역에 대하여는 대통령령으로 정하는 바에 따라 그 소유자·관리자 또는 점유자에게 다음 각 호의 안전조치를 할 것을 명할 수 있다. 〈개정 2013. 3. 23., 2013. 8. 6., 2014. 11. 19., 2014. 12. 30.〉

1. 정밀안전진단(시설만 해당한다). 이 경우 다른 법령에 시설의 정밀안전진단에 관한 기준이 있는 경우에는 그 기준에 따르고, 다른 법령의 적용을 받지 아니하는 시설에 대하여는 총리령으로 정하는 기준에 따른다.
2. 보수(補修) 또는 보강 등 정비
3. 재난을 발생시킬 위험요인의 제거

② 제1항에 따른 안전조치명령을 받은 소유자·관리자 또는 점유자는 이행계획서를 작성하여 국민안전처장관 또는 재난관리책임기관의 장에게 제출한 후 안전조치를 하고, 총리령으로 정하는 바에 따라 그 결과를 국민안전처장관 또는 재난관리책임기관의 장에게 통보하여야 한다. 〈개정 2012. 2. 22., 2013. 3. 23., 2013. 8. 6., 2014. 11. 19.〉

③ 국민안전처장관 또는 재난관리책임기관의 장은 제1항에 따른 안전조치명령을 받은 자가 그 명령을 이행하지 아니하거나 이행할 수 없는 상태에 있고, 안전조치를 이행하지 아니할 경우 공중의 안전에 위해를 끼칠 수 있어 재난의 예방을 위하여 긴급하다고 판단하면 그 시설 또는 지역에 대하여 사용을 제한하거나 금지시킬 수 있다. 이 경우 그 제한하거나 금지하는 내용

을 보기 쉬운 곳에 게시하여야 한다. 〈개정 2012. 2. 22., 2013. 8. 6., 2014. 11. 19.〉

④ 국민안전처장관 또는 재난관리책임기관의 장은 제1항제2호 또는 제3호에 따른 안전조치명령을 받아 이를 이행하여야 하는 자가 그 명령을 이행하지 아니하거나 이행할 수 없는 상태에 있고, 재난예방을 위하여 긴급하다고 판단하면 그 명령을 받아 이를 이행하여야 할 자를 갈음하여 필요한 안전조치를 할 수 있다. 이 경우「행정대집행법」을 준용한다. 〈개정 2013. 8. 6., 2014. 11. 19.〉

⑤ 국민안전처장관 또는 재난관리책임기관의 장은 제3항에 따른 안전조치를 할 때에는 미리 해당 소유자·관리자 또는 점유자에게 서면으로 이를 알려 주어야 한다. 다만, 긴급한 경우에는 구두로 알리되, 미리 구두로 알리는 것이 불가능하거나 상당한 시간이 걸려 공중의 안전에 위해를 끼칠 수 있는 경우에는 안전조치를 한 후 그 결과를 통보할 수 있다. 〈개정 2012. 2. 22., 2013. 8. 6., 2014. 11. 19.〉 [전문개정 2010. 6. 8.] [제목개정 2014. 12. 30.] [시행일: 2015. 12. 31.] 제31조제1항

제32조(정부합동 안전 점검) ① 국민안전처장관은 재난관리책임기관의 재난 및 안전관리 실태를 점검하기 위하여 대통령령으로 정하는 바에 따라 정부합동안전점검단(이하 "정부합동점검단"이라 한다)을 편성하여 안전 점검을 실시할 수 있다. 〈개정 2014. 11. 19.〉

② 국민안전처장관은 정부합동점검단을 편성하기 위하여 필요하면 관계 재난관리책임기관의 장에게 관련 공무원 또는 직원의 파견을 요청할 수 있다. 이 경우 요청을 받은 관계 재난관리책임기관의 장은 특별한 사유가 없으면 요청에 따라야 한다. 〈개정 2014. 11. 19.〉

③ 국민안전처장관은 제1항에 따른 점검을 실시하면 점검결과를 관계 재난관리책임기관의 장에게 통보하고, 보완이나 개선이 필요한 사항에 대한 조치를 관계 재난관리책임기관의 장에게 요구할 수 있다. 〈개정 2014. 11. 19.〉

④ 제3항에 따라 점검결과 및 조치 요구사항을 통보받은 관계 재난관리책임기관의 장은 조치계획을 수립하여 필요한 조치를 한 후 그 결과를 국민안전처장관에게 통보하여야 한다. 〈개정 2014. 11. 19.〉

[전문개정 2013. 8. 6.]

제32조의2(사법경찰권) 제30조에 따라 긴급안전점검을 하는 공무원은 이 법에 규정된 범죄에 관하여는「사법경찰관리의 직무를 수행할 자와 그 직무범위에 관한 법률」에서 정하는 바에 따라 사법경찰관리의 직무를 수행한다. [본조신설 2014. 12. 30.]

제33조(안전관리전문기관에 대한 자료요구 등) ① 국민안전처장관은 재난 예방을 효율적으로 추진하기 위하여 대통령령으로 정하는 안전관리전문기관에 안전점검결과, 주요시설물의 설계도서 등 대통령령으로 정하는 안전관리에 필요한 자료를 요구할 수 있다. 〈개정 2013. 8. 6., 2014. 11. 19.〉

② 제1항에 따라 자료를 요구받은 안전관리전문기관의 장은 특별한 사유가 없으면 요구에 따라야 한다. [전문개정 2010. 6. 8.]

제33조의2(재난관리체계 등에 대한 평가 등) ① 국민안전처장관은 대통령령으로 정하는 바에 따라 다음 각 호의 사항을 정기적으로 평가할 수 있다. 〈개정 2013. 3. 23., 2013. 8. 6., 2014. 11. 19.〉

1. 대규모재난의 발생에 대비한 단계별 예방·대응 및 복구과정

2. 제25조의2제1항제1호에 따른 재난에 대응할 조직의 구성 및 정비 실태

3. 제25조의2제4항에 따른 안전관리체계 및 안전관리규정

② 제1항에도 불구하고 공공기관에 대하여는 관할 중앙행정기관의 장이 평가를 하고, 시·군·구에 대하여는 시·도지사가 평가를 한다. 다만, 제4항에 따라 우수한 기관을 선정하기 위하여 필요한 경우에는 국민안전처장관이 확인평가를 할 수 있다. 〈개정 2013. 3. 23., 2014. 11. 19.〉

③ 국민안전처장관은 제1항과 제2항 단서에 따른 평가 결과를 중앙위원회에 종합 보고한다. 〈개정 2013. 3. 23., 2014. 11. 19.〉

④ 국민안전처장관은 필요하다고 인정하면 해당 재난관리책임기관의 장에게 시정조치나 보완을 요구할 수 있으며, 우수한 기관에 대하여는 예산지원 및 포상 등 필요한 조치를 할 수 있다. 다만, 공공기관의 장 및 시장·군수·구청장에게 시정조치나 보완 요구를 하려는 경우에는 관할 중앙행정기관의 장 및 시·도지사에게 한다. 〈개정 2013. 3. 23., 2014. 11. 19.〉

⑤ 국민안전처장관은 제2항에 따른 공공기관에 대한 평가 결과를 「공공기관의 운영에 관한 법률」 제48조에 따른 공공기관 경영실적 평가에 반영하도록 기획재정부장관에게 요구할 수 있다. 〈신설 2014. 12. 30.〉 [전문개정 2010. 6. 8.] [제목개정 2013. 8. 6.] [제29조에서 이동 〈2013. 8. 6.〉]

제33조의3(재난관리 실태 공시 등) ① 시장·군수·구청장은 다음 각 호의 사항이 포함된 재난관리 실태를 매년 1회 이상 관할 지역 주민에게 공시하여야 한다. 〈개정 2013. 8. 6., 2014. 12. 30.〉

1. 전년도 재난의 발생 및 수습 현황

2. 제25조의2제1항에 따른 재난예방조치 실적

3. 제67조에 따른 재난관리기금의 적립 현황

4. 제34조의5에 따른 현장조치 행동매뉴얼의 작성·운용 현황

5. 그 밖에 대통령령으로 정하는 재난관리에 관한 중요 사항

② 국민안전처장관 또는 시·도지사는 제33조의2에 따른 평가 결과를 공개할 수 있다. 〈개정 2013. 3. 23., 2013. 8. 6., 2014. 11. 19.〉

③ 제1항 및 제2항에 따른 공시 방법 및 시기 등 필요한 사항은 대통령령으로 정한다.

[본조신설 2012. 2. 22.] [제29조의2에서 이동 〈2013. 8. 6.〉]

제5장 재난의 대비 〈신설 2013.8.6.〉

제34조(재난관리자원의 비축·관리) ① 재난관리책임기관의 장은 재난의 수습활동에 필요한 대통령령으로 정하는 장비, 물자 및 자재(이하 "재난관리자원"이라 한다)를 비축·관리하여야 한다.

② 국민안전처장관, 시·도지사 또는 시장·군수·구청장은 재난 발생에 대비하여 민간기관·단체 또는 소유자와 협의하여 제37조에 따라 응급조치에 사용할 장비와 인력을 지정·관리할 수 있다. 〈개정 2014. 11. 19.〉

③ 국민안전처장관은 제1항에 따라 재난관리책임기관의 장이 비축·관리하는 재난관리자원을

체계적으로 관리 및 활용할 수 있도록 재난관리자원공동활용시스템(이하 "자원관리시스템"이라 한다)을 구축·운영할 수 있다. 〈개정 2014. 11. 19.〉

④ 국민안전처장관은 자원관리시스템을 공동으로 활용하기 위하여 재난관리자원의 공동활용 기준을 정하여 재난관리책임기관의 장에게 통보할 수 있다. 이 경우 재난관리책임기관의 장은 통보받은 재난관리자원의 공동활용 기준에 따라 재난관리자원을 관리하여야 한다. 〈개정 2014. 11. 19.〉

⑤ 제2항에 따른 장비와 인력의 지정·관리와 자원관리시스템의 구축·운영 등에 필요한 사항은 총리령으로 정한다. 〈개정 2014. 11. 19.〉 [전문개정 2013. 8. 6.]

제34조의2(재난현장 긴급통신수단의 마련) ① 재난관리책임기관의 장은 재난의 발생으로 인하여 통신이 끊기는 상황에 대비하여 미리 유선이나 무선 또는 위성통신망을 활용할 수 있도록 긴급통신수단을 마련하여야 한다.

② 국민안전처장관은 재난현장에서 제1항에 따른 긴급통신수단(이하 "긴급통신수단"이라 한다)이 공동 활용될 수 있도록 하기 위하여 재난관리책임기관, 긴급구조기관 및 긴급구조지원기관에서 보유하고 있는 긴급통신수단의 보유 현황 등을 조사하고, 긴급통신수단을 관리하기 위한 체계를 구축·운영할 수 있다. 〈개정 2014. 11. 19.〉

③ 국민안전처장관은 제2항에 따른 조사를 위하여 필요한 자료의 제출을 재난관리책임기관, 긴급구조기관 및 긴급구조지원기관의 장에게 요청할 수 있다. 이 경우 요청을 받은 관계 기관의 장은 특별한 사유가 없으면 요청에 따라야 한다. 〈개정 2014. 11. 19.〉

④ 긴급통신수단을 관리하기 위한 체계를 구축·운영하는 데 필요한 사항은 대통령령으로 정한다. [본조신설 2013. 8. 6.] [종전 제34조의2는 제34조의4로 이동 〈2013. 8. 6.〉]

제34조의3(국가재난관리기준의 제정·운용 등) ① 국민안전처장관은 재난관리를 효율적으로 수행하기 위하여 다음 각 호의 사항이 포함된 국가재난관리기준을 제정하여 운용하여야 한다. 다만, 「산업표준화법」 제12조에 따른 한국산업표준을 적용할 수 있는 사항에 대하여는 한국산업표준을 반영할 수 있다. 〈개정 2013. 3. 23., 2014. 11. 19.〉

1. 재난분야 용어정의 및 표준체계 정립
2. 국가재난 대응체계에 대한 원칙
3. 재난경감·상황관리·자원관리·유지관리 등에 관한 일반적 기준
4. 그 밖의 대통령령으로 정하는 사항

② 제1항의 기준을 제정 또는 개정할 때에는 미리 관계 중앙행정기관의 장의 의견을 들어야 한다.

③ 국민안전처장관은 재난관리책임기관의 장이 재난관리업무를 수행함에 있어 제1항의 국가재난관리기준을 적용하도록 권고할 수 있다. 〈개정 2013. 3. 23., 2014. 11. 19.〉 [본조신설 2010. 6. 8.]

제34조의4(기능별 재난대응 활동계획의 작성·활용) ① 재난관리책임기관의 장은 재난관리가 효율적으로 이루어질 수 있도록 대통령령으로 정하는 바에 따라 기능별 재난대응 활동계획(이하 "재난대응활동계획"이라 한다)을 작성하여 활용하여야 한다.

② 국민안전처장관은 재난대응활동계획의 작성에 필요한 작성지침을 재난관리책임기관의 장에게 통보할 수 있다. 〈개정 2014. 11. 19.〉

③ 국민안전처장관은 재난관리책임기관의 장이 작성한 재난대응활동계획을 확인·점검하고, 필요하면 관계 재난관리책임기관의 장에게 시정을 요청할 수 있다. 이 경우 시정 요청을 받은 재난관리책임기관의 장은 특별한 사유가 없으면 요청에 따라야 한다. 〈개정 2014. 11. 19.〉

④ 제1항부터 제3항까지에서 규정한 사항 외에 재난대응활동계획의 작성·운용·관리 등에 필요한 사항은 대통령령으로 정한다. [전문개정 2013. 8. 6.] [제34조의2에서 이동 〈2013. 8. 6.〉]

제34조의5(재난분야 위기관리 매뉴얼 작성·운용) ① 재난관리책임기관의 장은 재난을 효율적으로 관리하기 위하여 재난유형에 따라 다음 각 호의 위기관리 매뉴얼을 작성·운용하여야 한다. 이 경우 재난대응활동계획과 위기관리 매뉴얼이 서로 연계되도록 하여야 한다. 〈개정 2014. 12. 30.〉

1. 위기관리 표준매뉴얼: 국가적 차원에서 관리가 필요한 재난에 대하여 재난관리 체계와 관계 기관의 임무와 역할을 규정한 문서로 위기대응 실무매뉴얼의 작성 기준이 되며, 재난관리주관기관의 장이 작성한다.
2. 위기대응 실무매뉴얼: 위기관리 표준매뉴얼에서 규정하는 기능과 역할에 따라 실제 재난대응에 필요한 조치사항 및 절차를 규정한 문서로 재난관리주관기관의 장과 관계 기관의 장이 작성한다. 이 경우 재난관리주관기관의 장은 위기대응 실무매뉴얼과 제1호에 따른 위기관리 표준매뉴얼을 통합하여 작성할 수 있다.
3. 현장조치 행동매뉴얼: 재난현장에서 임무를 직접 수행하는 기관의 행동조치 절차를 구체적으로 수록한 문서로 위기대응 실무매뉴얼을 작성한 기관의 장이 지정한 기관의 장이 작성한다. 다만, 시장·군수·구청장은 재난 유형별 현장조치 행동매뉴얼을 통합하여 작성할 수 있다.

② 국민안전처장관은 재난유형별 위기관리 매뉴얼의 작성 및 운용기준을 정하여 관계 중앙행정기관의 장 및 재난관리책임기관의 장에게 통보할 수 있다. 〈개정 2014. 11. 19.〉

③ 재난관리주관기관의 장이 작성한 위기관리 표준매뉴얼은 국민안전처장관의 승인을 받아 이를 확정하고, 위기대응 실무매뉴얼과 연계하여 운용하여야 한다. 〈개정 2014. 11. 19., 2014. 12. 30.〉

④ 재난관리주관기관의 장은 위기관리 표준매뉴얼 및 위기대응 실무매뉴얼을 정기적으로 점검하여야 한다. 〈신설 2014. 12. 30.〉

⑤ 국민안전처장관은 재난유형별 위기관리 매뉴얼의 표준화 및 실효성 제고를 위하여 대통령령으로 정하는 위기관리 매뉴얼협의회를 구성·운영할 수 있다. 〈개정 2014. 11. 19., 2014. 12. 30.〉

⑥ 재난관리주관기관의 장은 소관 분야 재난유형의 위기대응 실무매뉴얼 및 현장조치 행동매뉴얼을 조정·승인하고 지도·관리를 하여야 하며, 소관분야 위기관리 매뉴얼을 새로이 작성하거나 변경한 때에는 이를 국민안전처장관에게 통보하여야 한다. 〈개정 2014. 11. 19., 2014. 12. 30.〉

⑦ 시장·군수·구청장이 작성한 현장조치 행동매뉴얼에 대하여는 시·도지사의 승인을 받아야 한다. 시·도지사는 현장조치 행동매뉴얼을 승인하는 때에는 재난관리주관기관의 장이 작성한 위기대응 실무매뉴얼과 연계되도록 하여야 하며, 승인 결과를 재난관리주관기관의 장 및 국민안전처장관에게 보고하여야 한다. 〈개정 2014. 11. 19., 2014. 12. 30.〉

⑧ 국민안전처장관은 위기관리 매뉴얼의 체계적인 운용을 위하여 관리시스템을 구축·운영할 수 있으며, 제3항부터 제7항까지의 규정에 따른 위기관리 매뉴얼의 작성·운용 등 필요한 사항은 대통령령으로 정한다. 〈개정 2014. 11. 19., 2014. 12. 30.〉

⑨ 국민안전처장관은 재난관리업무를 효율적으로 하기 위하여 대통령령으로 정하는 바에 따라 위기관리에 필요한 표준화된 매뉴얼을 연구·개발하여 보급할 수 있다. 〈개정 2014. 11. 19., 2014. 12. 30.〉 [본조신설 2013. 8. 6.]

제34조의6(안전기준의 등록 및 심의 등) ① 국민안전처장관은 안전기준을 체계적으로 관리·운용하기 위하여 안전기준을 통합적으로 관리할 수 있는 체계를 갖추어야 한다. 〈개정 2014. 11. 19.〉

② 중앙행정기관의 장은 관계 법률에서 정하는 바에 따라 안전기준을 신설 또는 변경하는 때에는 국민안전처장관에게 안전기준의 등록을 요청하여야 한다. 〈개정 2014. 11. 19.〉

③ 국민안전처장관은 제2항에 따라 안전기준의 등록을 요청받은 때에는 안전기준심의회의 심의를 거쳐 이를 확정한 후 관계 중앙행정기관의 장에게 통보하여야 한다. 〈개정 2014. 11. 19.〉

④ 중앙행정기관의 장이 신설 또는 변경하는 안전기준은 제34조의3에 따른 국가재난관리기준에 어긋나지 아니하여야 한다.

⑤ 안전기준의 등록 방법 및 절차와 안전기준심의회 구성 및 운영에 관하여는 대통령령으로 정한다. [본조신설 2013. 8. 6.]

제34조의6(다중이용시설 등의 위기상황 매뉴얼 작성·관리 및 훈련) ① 대통령령으로 정하는 다중이용시설 등의 소유자·관리자 또는 점유자는 대통령령으로 정하는 바에 따라 위기상황에 대비한 매뉴얼(이하 "위기상황 매뉴얼"이라 한다)을 작성·관리하여야 한다. 다만, 다른 법령에서 위기상황에 대비한 대응계획 등의 작성·관리에 관하여 규정하고 있는 경우에는 그 법령에서 정하는 바에 따른다.

② 제1항에 따른 소유자·관리자 또는 점유자는 대통령령으로 정하는 바에 따라 위기상황 매뉴얼에 따른 훈련을 주기적으로 실시하여야 한다. 다만, 다른 법령에서 위기상황에 대비한 대응계획 등의 훈련에 관하여 규정하고 있는 경우에는 그 법령에서 정하는 바에 따른다.

③ 국민안전처장관, 관계 중앙행정기관의 장 또는 지방자치단체의 장은 위기상황 매뉴얼(제1항 단서 및 제2항 단서에 따른 위기상황에 대비한 대응계획 등을 포함한다)의 작성·관리 및 훈련실태를 점검하고 필요한 경우에는 개선명령을 할 수 있다. [본조신설 2014. 12. 30.]

[종전 제34조의6은 제34조의7로 이동 〈2014. 12. 30.〉] [시행일 : 2015. 12. 31.] 제34조의6

제34조의7(안전기준의 등록 및 심의 등) ① 국민안전처장관은 안전기준을 체계적으로 관리·운용하기 위하여 안전기준을 통합적으로 관리할 수 있는 체계를 갖추어야 한다. 〈개정 2014. 11. 19.〉

② 중앙행정기관의 장은 관계 법률에서 정하는 바에 따라 안전기준을 신설 또는 변경하는 때에는 국민안전처장관에게 안전기준의 등록을 요청하여야 한다. 〈개정 2014. 11. 19.〉

③ 국민안전처장관은 제2항에 따라 안전기준의 등록을 요청받은 때에는 안전기준심의회의 심의를 거쳐 이를 확정한 후 관계 중앙행정기관의 장에게 통보하여야 한다. 〈개정 2014. 11. 19.〉

④ 중앙행정기관의 장이 신설 또는 변경하는 안전기준은 제34조의3에 따른 국가재난관리기준에 어긋나지 아니하여야 한다.

⑤ 안전기준의 등록 방법 및 절차와 안전기준심의회 구성 및 운영에 관하여는 대통령령으로 정한다. [본조신설 2013. 8. 6.] [제34조의6에서 이동 〈2014. 12. 30.〉] [시행일: 2015. 12. 31.] 제34조의7

제35조(재난대비훈련) ① 국민안전처장관, 시·도지사, 시장·군수·구청장 및 긴급구조기관(이하 이 조에서 "훈련주관기관"이라 한다)의 장은 대통령령으로 정하는 바에 따라 매년 정기적으로 또는 수시로 재난관리책임기관, 긴급구조지원기관 및 군부대 등 관계 기관(이하 이 조에서 "훈련참여기관"이라 한다)과 합동으로 재난대비훈련(제34조의5에 따른 위기관리 매뉴얼의 숙달훈련을 포함한다)을 실시하여야 한다. 〈개정 2014. 11. 19., 2014. 12. 30.〉

② 훈련주관기관의 장은 제1항에 따른 재난대비훈련을 실시하려면 재난대비훈련계획을 수립하여 훈련참여기관의 장에게 통보하여야 한다.

③ 훈련참여기관의 장은 제1항에 따른 재난대비훈련을 실시하면 훈련상황을 점검하고, 그 결과를 대통령령으로 정하는 바에 따라 훈련주관기관의 장에게 제출하여야 한다.

④ 훈련주관기관의 장은 대통령령으로 정하는 바에 따라 다음 각 호의 조치를 하여야 한다. 〈개정 2014. 12. 30.〉

1. 훈련참여기관의 훈련과정 및 훈련결과에 대한 점검·평가
2. 훈련참여기관의 장에게 훈련과정에서 나타난 미비사항이나 개선·보완이 필요한 사항에 대한 보완조치 요구
3. 훈련과정에서 나타난 제34조의5제1항 각 호의 위기관리 매뉴얼의 미비점에 대한 개선·보완 및 개선·보완조치 요구. [전문개정 2013. 8. 6.]

제6장 재난의 대응 〈신설 2013. 8. 6.〉

제1절 응급조치 등 〈신설 2013. 8. 6.〉

제36조(재난사태 선포) ① 국민안전처장관은 대통령령으로 정하는 재난이 발생하거나 발생할 우려가 있는 경우 사람의 생명·신체 및 재산에 미치는 중대한 영향이나 피해를 줄이기 위하여 긴급한 조치가 필요하다고 인정하면 중앙위원회의 심의를 거쳐 재난사태를 선포할 수 있다. 다만, 국민안전처장관은 재난상황이 긴급하여 중앙위원회의 심의를 거칠 시간적 여유가 없다고 인정하는 경우에는 중앙위원회의 심의를 거치지 아니하고 재난사태를 선포할 수 있다. 〈개정 2013. 8. 6., 2014. 12. 30.〉

1. 삭제 〈2014. 12. 30.〉

2. 삭제 〈2014. 12. 30.〉

② 국민안전처장관은 제1항 단서에 따라 재난사태를 선포한 경우에는 지체 없이 중앙위원회의 승인을 받아야 하고, 승인을 받지 못하면 선포된 재난사태를 즉시 해제하여야 한다. 〈개정 2014. 12. 30.〉

③ 국민안전처장관 및 지방자치단체의 장은 제1항에 따라 재난사태가 선포된 지역에 대하여 다음 각 호의 조치를 할 수 있다. 〈개정 2014. 12. 30.〉

1. 재난경보의 발령, 인력·장비 및 물자의 동원, 위험구역 설정, 대피명령, 응급지원 등 이 법에 따른 응급조치
2. 해당 지역에 소재하는 행정기관 소속 공무원의 비상소집
3. 해당 지역에 대한 여행 등 이동 자제 권고
4. 그 밖에 재난예방에 필요한 조치

④ 국민안전처장관은 재난으로 인한 위험이 해소되었다고 인정하는 경우 또는 재난이 추가적으로 발생할 우려가 없어진 경우에는 선포된 재난사태를 즉시 해제하여야 한다. 〈개정 2014. 12. 30.〉

⑤ 삭제 〈2014. 12. 30.〉 [전문개정 2010. 6. 8.]

제37조(응급조치) ① 제50조제2항에 따른 시·도긴급구조통제단 및 시·군·구긴급구조통제단의 단장(이하 "지역통제단장"이라 한다)과 시장·군수·구청장은 재난이 발생할 우려가 있거나 재난이 발생하였을 때에는 즉시 관계 법령이나 재난대응활동계획 및 위기관리 매뉴얼에서 정하는 바에 따라 수방(水防)·진화·구조 및 구난(救難), 그 밖에 재난 발생을 예방하거나 피해를 줄이기 위하여 필요한 다음 각 호의 응급조치를 하여야 한다. 다만, 지역통제단장의 경우에는 제2호 중 진화에 관한 응급조치와 제4호 및 제6호의 응급조치만 하여야 한다. 〈개정 2013. 8. 6., 2014. 12. 30.〉

1. 경보의 발령 또는 전달이나 피난의 권고 또는 지시

1의2. 제31조에 따른 안전조치

2. 진화·수방·지진방재, 그 밖의 응급조치와 구호
3. 피해시설의 응급복구 및 방역과 방범, 그 밖의 질서 유지
4. 긴급수송 및 구조 수단의 확보
5. 급수 수단의 확보, 긴급피난처 및 구호품의 확보
6. 현장지휘통신체계의 확보
7. 그 밖에 재난 발생을 예방하거나 줄이기 위하여 필요한 사항

② 시·군·구의 관할 구역에 소재하는 재난관리책임기관의 장은 시장·군수·구청장이나 지역통제단장이 요청하면 관계 법령이나 시·군·구안전관리계획에서 정하는 바에 따라 시장·군수·구청장이나 지역통제단장의 지휘 또는 조정하에 그 소관 업무에 관계되는 응급조치를 실시하거나 시장·군수·구청장이나 지역통제단장이 실시하는 응급조치에 협력하여야 한다. [전문개정 2010. 6. 8.]

제38조(재난 예보·경보의 발령 등) ① 중앙대책본부장, 수습본부장, 시·도지사(시·도대책본부가 운

영되는 경우에는 해당 본부장을 말한다. 이하 이 조에서 같다) 또는 시장·군수·구청장(시·군·구대책본부가 운영되는 경우에는 해당 본부장을 말한다. 이하 이 조에서 같다)은 대통령령으로 정하는 재난으로 인하여 사람의 생명·신체 및 재산에 대한 피해가 예상되면 그 피해를 예방하거나 줄이기 위하여 재난에 관한 예보 또는 경보를 발령할 수 있다. 〈개정 2013. 8. 6.〉

② 제1항에 따른 예보 또는 경보는 재난의 위험수준에 따라 관심·주의·경계·심각으로 구분하며, 재난유형별 발령권자는 대통령령으로 정한다. 다만, 다른 법령에서 재난 예보·경보의 발령 기준을 따로 정하고 있는 경우에는 그 기준을 따른다. 〈개정 2014. 12. 30.〉

③ 재난책임관리기관의 장은 제1항에 따른 예보 또는 경보가 신속하게 발령될 수 있도록 재난과 관련한 위험정보를 취득하면 즉시 중앙대책본부장, 수습본부장, 시·도지사 및 시장·군수·구청장에게 통보하여야 한다. 〈신설 2013. 8. 6.〉

④ 중앙대책본부장, 시·도지사 또는 시장·군수·구청장은 재난에 관한 예보·경보·통지나 응급조치를 실시하기 위하여 필요하면 다음 각 호의 조치를 요청할 수 있다. 다만, 다른 법령에 특별한 규정이 있을 때에는 그러하지 아니하다. 〈개정 2012. 2. 22., 2013. 8. 6.〉

1. 전기통신시설의 소유자 또는 관리자에 대한 전기통신시설의 우선 사용
2. 「전기통신사업법」제2조제8호에 따른 전기통신사업자 중 대통령령으로 정하는 주요 전기통신사업자에 대한 필요한 정보의 문자나 음성 송신 또는 인터넷 홈페이지 게시
3. 「방송법」제2조제3호에 따른 방송사업자에 대한 필요한 정보의 신속한 방송
4. 「신문 등의 진흥에 관한 법률」제2조제3호 및 제4호에 따른 신문사업자 및 인터넷신문사업자 중 대통령령으로 정하는 주요 신문사업자 및 인터넷신문사업자에 대한 필요한 정보의 게재.

⑤ 제4항에 따른 요청을 받은 전기통신시설의 소유자 또는 관리자, 전기통신사업자, 방송사업자, 신문사업자 및 인터넷신문사업자는 특별한 사유가 없으면 요청에 따라야 한다. 〈개정 2012. 2. 22., 2013. 8. 6.〉

⑥ 전기통신사업자나 방송사업자, 휴대전화 또는 네비게이션 제조업자는 제1항 및 제4항에 따른 재난의 예보·경보 발령 사항이 사용자의 휴대전화 등의 수신기 화면에 반드시 표시될 수 있도록 소프트웨어나 기계적 장치를 갖추어야 한다. 〈신설 2012. 2. 22., 2013. 8. 6.〉 [전문개정 2010. 6. 8.]

제38조의2(재난 예보·경보체계 구축 종합계획의 수립) ① 시장·군수·구청장은 제41조에 따른 위험구역 및 「자연재해대책법」 제12조에 따른 자연재해위험개선지구 등 재난으로 인하여 사람의 생명·신체 및 재산에 대한 피해가 예상되는 지역에 대하여 그 피해를 예방하기 위하여 시·군·구 재난 예보·경보체계 구축 종합계획(이하 이 조에서 "시·군·구종합계획"이라 한다)을 5년 단위로 수립하여 시·도지사에게 제출하여야 한다. 〈개정 2012. 10. 22.〉

② 시·도지사는 제1항에 따른 시·군·구종합계획을 기초로 시·도 재난 예보·경보체계 구축 종합계획(이하 이 조에서 "시·도종합계획"이라 한다)을 수립하여 국민안전처장관에게 제출하여야 하며, 국민안전처장관은 필요한 경우 시·도지사에게 시·도종합계획의 보완을 요청할 수 있다. 〈개정 2014. 11. 19.〉

③ 시·도종합계획과 시·군·구종합계획에는 다음 각 호의 사항이 포함되어야 한다.

1. 재난 예보·경보체계의 구축에 관한 기본방침
2. 재난 예보·경보체계 구축 종합계획 수립 대상지역의 선정에 관한 사항
3. 종합적인 재난 예보·경보체계의 구축과 운영에 관한 사항
4. 그 밖에 재난으로부터 인명 피해와 재산 피해를 예방하기 위하여 필요한 사항

④ 시·도지사와 시장·군수·구청장은 각각 시·도종합계획과 시·군·구종합계획에 대한 사업시행계획을 매년 수립하여 국민안전처장관에게 제출하여야 한다. 〈개정 2014. 11. 19.〉

⑤ 시·도지사와 시장·군수·구청장이 각각 시·도종합계획과 시·군·구종합계획을 변경하려는 경우에는 제1항과 제2항을 준용한다.

⑥ 시·도종합계획, 시·군·구종합계획 및 사업시행계획의 수립 등에 필요한 사항은 대통령령으로 정한다. [전문개정 2010. 6. 8.]

제39조(동원명령 등) ① 중앙대책본부장과 시장·군수·구청장(시·군·구대책본부가 운영되는 경우에는 해당 본부장을 말한다. 이하 제40조부터 제45조까지에서 같다)은 재난이 발생하거나 발생할 우려가 있다고 인정하면 다음 각 호의 조치를 할 수 있다. 〈개정 2013. 8. 6.〉

1. 「민방위기본법」제26조에 따른 민방위대의 동원
2. 응급조치를 위하여 재난관리책임기관의 장에 대한 관계 직원의 출동 또는 재난관리자원 및 제34조제2항에 따라 지정된 장비·인력의 동원 등 필요한 조치의 요청
3. 동원 가능한 장비와 인력 등이 부족한 경우에는 국방부장관에 대한 군부대의 지원 요청

② 제1항에 따라 필요한 조치의 요청을 받은 기관의 장은 특별한 사유가 없으면 요청에 따라야 한다. [전문개정 2010. 6. 8.]

제40조(대피명령) ① 시장·군수·구청장과 지역통제단장(대통령령으로 정하는 권한을 행사하는 경우에만 해당한다. 이하 이 조에서 같다)은 재난이 발생하거나 발생할 우려가 있는 경우에 사람의 생명 또는 신체에 대한 위해를 방지하기 위하여 필요하면 해당 지역 주민이나 그 지역 안에 있는 사람에게 대피하거나 선박·자동차 등을 대피시킬 것을 명할 수 있다. 이 경우 미리 대피장소를 지정할 수 있다. 〈개정 2012. 2. 22.〉

② 제1항에 따른 대피명령을 받은 경우에는 즉시 명령에 따라야 한다. 〈개정 2012. 2. 22.〉 [전문개정 2010. 6. 8.]

제41조(위험구역의 설정) ① 시장·군수·구청장과 지역통제단장(대통령령으로 정하는 권한을 행사하는 경우에만 해당한다. 이하 이 조에서 같다)은 재난이 발생하거나 발생할 우려가 있는 경우에 사람의 생명 또는 신체에 대한 위해 방지나 질서의 유지를 위하여 필요하면 위험구역을 설정하고, 응급조치에 종사하지 아니하는 사람에게 다음 각 호의 조치를 명할 수 있다.

1. 위험구역에 출입하는 행위나 그 밖의 행위의 금지 또는 제한
2. 위험구역에서의 퇴거 또는 대피

② 시장·군수·구청장과 지역통제단장은 제1항에 따라 위험구역을 설정할 때에는 그 구역의 범위와 제1항제1호에 따라 금지되거나 제한되는 행위의 내용, 그 밖에 필요한 사항을 보기 쉬

운 곳에 게시하여야 한다.

③ 관계 중앙행정기관의 장은 재난이 발생하거나 발생할 우려가 있는 경우로서 사람의 생명 또는 신체에 대한 위해 방지나 질서의 유지를 위하여 필요하다고 인정되는 경우에는 시장·군수·구청장과 지역통제단장에게 위험구역의 설정을 요청할 수 있다. 〈신설 2013. 8. 6.〉 [전문개정 2010. 6. 8.]

제42조(강제대피조치) ① 시장·군수·구청장과 지역통제단장(대통령령으로 정하는 권한을 행사하는 경우에만 해당한다. 이하 이 조에서 같다)은 제40조제1항에 따른 대피명령을 받은 사람 또는 제41조제1항제2호에 따른 위험구역에서의 퇴거나 대피명령을 받은 사람이 그 명령을 이행하지 아니하여 위급하다고 판단되면 그 지역 또는 위험구역 안의 주민이나 그 안에 있는 사람을 강제로 대피시키거나 퇴거시킬 수 있다. 〈개정 2012. 2. 22.〉

② 시장·군수·구청장 및 지역통제단장은 제1항에 따라 주민 등을 강제로 대피 또는 퇴거시키기 위하여 필요하다고 인정하면 관할 경찰관서의 장에게 필요한 인력 및 장비의 지원을 요청할 수 있다. 〈신설 2012. 2. 22.〉

③ 제2항에 따른 요청을 받은 경찰관서의 장은 특별한 사유가 없는 한 이에 응하여야 한다. 〈신설 2012. 2. 22.〉 [전문개정 2010. 6. 8.]

제43조(통행제한 등) ① 시장·군수·구청장과 지역통제단장(대통령령으로 정하는 권한을 행사하는 경우에만 해당한다)은 응급조치에 필요한 물자를 긴급히 수송하거나 진화·구조 등을 하기 위하여 필요하면 대통령령으로 정하는 바에 따라 경찰관서의 장에게 도로의 구간을 지정하여 해당 긴급수송 등을 하는 차량 외의 차량의 통행을 금지하거나 제한하도록 요청할 수 있다.

② 제1항에 따른 요청을 받은 경찰관서의 장은 특별한 사유가 없으면 요청에 따라야 한다. [전문개정 2010. 6. 8.]

제44조(응원) ① 시장·군수·구청장은 응급조치를 하기 위하여 필요하면 다른 시·군·구나 관할 구역에 있는 군부대 및 관계 행정기관의 장, 그 밖의 민간기관·단체의 장에게 인력·장비·자재 등 필요한 응원(應援)을 요청할 수 있다. 이 경우 응원을 요청받은 군부대의 장과 관계 행정기관의 장은 특별한 사유가 없으면 요청에 따라야 한다. 〈개정 2013. 8. 6.〉

② 제1항에 따라 응원에 종사하는 사람은 그 응원을 요청한 시장·군수·구청장의 지휘에 따라 응급조치에 종사하여야 한다. [전문개정 2010. 6. 8.]

제45조(응급부담) 시장·군수·구청장과 지역통제단장(대통령령으로 정하는 권한을 행사하는 경우에만 해당한다)은 그 관할 구역에서 재난이 발생하거나 발생할 우려가 있어 응급조치를 하여야 할 급박한 사정이 있으면 해당 재난현장에 있는 사람이나 인근에 거주하는 사람에게 응급조치에 종사하게 하거나 대통령령으로 정하는 바에 따라 다른 사람의 토지·건축물·인공구조물, 그 밖의 소유물을 일시 사용할 수 있으며, 장애물을 변경하거나 제거할 수 있다. [전문개정 2010. 6. 8.]

제46조(시·도지사가 실시하는 응급조치 등) ① 시·도지사는 다음 각 호의 경우에는 제39조부터 제45조까지의 규정에 따른 응급조치를 할 수 있다. 〈개정 2013. 8. 6.〉

1. 관할 구역에서 재난이 발생하거나 발생할 우려가 있는 경우로서 대통령령으로 정하는 경우

2. 둘 이상의 시·군·구에 걸쳐 재난이 발생하거나 발생할 우려가 있는 경우

② 시·도지사는 제1항에 따른 응급조치를 하기 위하여 필요하면 이 절에 따라 응급조치를 하여야 할 시장·군수·구청장에게 필요한 지시를 하거나 다른 시장·군수·구청장에게 응원을 요청할 수 있다. 〈개정 2013. 8. 6.〉 [전문개정 2010. 6. 8.]

제47조(재난관리책임기관의 장의 응급조치) 제3조제5호나목에 따른 재난관리책임기관의 장은 재난이 발생하거나 발생할 우려가 있으면 즉시 그 소관 업무에 관하여 필요한 응급조치를 하고, 이 절에 따라 시·도지사, 시장·군수·구청장 또는 지역통제단장이 실시하는 응급조치가 원활히 수행될 수 있도록 필요한 협조를 하여야 한다. 〈개정 2013. 8. 6.〉 [전문개정 2010. 6. 8.]

제48조(지역통제단장의 응급조치 등) ① 지역통제단장은 긴급구조를 위하여 필요하면 중앙대책본부장, 시·도지사(시·도대책본부가 운영되는 경우에는 해당 본부장을 말한다. 이하 이 조에서 같다) 또는 시장·군수·구청장(시·군·구대책본부가 운영되는 경우에는 해당 본부장을 말한다. 이하 이 조에서 같다)에게 제37조, 제38조, 제39조 및 제44조에 따른 응급대책을 요청할 수 있고, 중앙대책본부장, 시·도지사 또는 시장·군수·구청장은 특별한 사유가 없으면 요청에 따라야 한다. 〈개정 2013. 8. 6.〉

② 지역통제단장은 제37조에 따른 응급조치 및 제40조부터 제43조까지와 제45조에 따른 응급대책을 실시하였을 때에는 이를 즉시 해당 시장·군수·구청장에게 통보하여야 한다. [전문개정 2010. 6. 8.]

제2절 긴급구조 〈신설 2013. 8. 6.〉

제49조(중앙긴급구조통제단) ① 긴급구조에 관한 사항의 총괄·조정, 긴급구조기관 및 긴급구조지원기관이 하는 긴급구조활동의 역할 분담과 지휘·통제를 위하여 국민안전처에 중앙긴급구조통제단(이하 "중앙통제단"이라 한다)을 둔다. 〈개정 2014. 11. 19.〉

② 중앙통제단의 단장은 국민안전처의 소방사무를 담당하는 본부장이 된다. 〈개정 2014. 12. 30.〉

③ 중앙통제단장은 긴급구조를 위하여 필요하면 긴급구조지원기관 간의 공조체제를 유지하기 위하여 관계 기관·단체의 장에게 소속 직원의 파견을 요청할 수 있다. 이 경우 요청을 받은 기관·단체의 장은 특별한 사유가 없으면 요청에 따라야 한다.

④ 중앙통제단의 구성·기능 및 운영에 필요한 사항은 대통령령으로 정한다. [전문개정 2010. 6. 8.]

제50조(지역긴급구조통제단) ① 지역별 긴급구조에 관한 사항의 총괄·조정, 해당 지역에 소재하는 긴급구조기관 및 긴급구조지원기관 간의 역할분담과 재난현장에서의 지휘·통제를 위하여 시·도의 소방본부에 시·도긴급구조통제단을 두고, 시·군·구의 소방서에 시·군·구긴급구조통제단을 둔다.

② 시·도긴급구조통제단과 시·군·구긴급구조통제단(이하 "지역통제단"이라 한다)에는 각각 단장 1명을 두되, 시·도긴급구조통제단의 단장은 소방본부장이 되고 시·군·구긴급구조통제단의 단장은 소방서장이 된다.

③ 지역통제단장은 긴급구조를 위하여 필요하면 긴급구조지원기관 간의 공조체제를 유지하기 위하여 관계 기관·단체의 장에게 소속 직원의 파견을 요청할 수 있다. 이 경우 요청을 받은 기관·단체의 장은 특별한 사유가 없으면 요청에 따라야 한다.

④ 지역통제단의 기능과 운영에 관한 사항은 대통령령으로 정한다. [전문개정 2010. 6. 8.]

제51조(긴급구조) ① 지역통제단장은 재난이 발생하면 소속 긴급구조요원을 재난현장에 신속히 출동시켜 필요한 긴급구조활동을 하게 하여야 한다.

② 지역통제단장은 긴급구조를 위하여 필요하면 긴급구조지원기관의 장에게 소속 긴급구조지원요원을 현장에 출동시키거나 긴급구조에 필요한 장비·물자를 제공하는 등 긴급구조활동을 지원할 것을 요청할 수 있다. 이 경우 요청을 받은 기관의 장은 특별한 사유가 없으면 즉시 요청에 따라야 한다. 〈개정 2014. 12. 30.〉

③ 제2항에 따른 요청에 따라 긴급구조활동에 참여한 민간 긴급구조지원기관에 대하여는 대통령령으로 정하는 바에 따라 그 경비의 전부 또는 일부를 지원할 수 있다.

④ 긴급구조활동을 하기 위하여 회전익항공기(이하 이 항에서 "헬기"라 한다)를 운항할 필요가 있으면 긴급구조기관의 장이 헬기의 운항과 관련되는 사항을 헬기운항통제기관에 통보하고 헬기를 운항할 수 있다. 이 경우 관계 법령에 따라 해당 헬기의 운항이 승인된 것으로 본다. [전문개정 2010. 6. 8.]

제52조(긴급구조 현장지휘) ① 재난현장에서는 시·군·구긴급구조통제단장이 긴급구조활동을 지휘한다. 다만, 치안활동과 관련된 사항은 관할 경찰관서의 장과 협의하여야 한다.

② 제1항에 따른 현장지휘는 다음 각 호의 사항에 관하여 한다.

1. 재난현장에서 인명의 탐색·구조
2. 긴급구조기관 및 긴급구조지원기관의 인력·장비의 배치와 운용
3. 추가 재난의 방지를 위한 응급조치
4. 긴급구조지원기관 및 자원봉사자 등에 대한 임무의 부여
5. 사상자의 응급처치 및 의료기관으로의 이송
6. 긴급구조에 필요한 물자의 관리
7. 현장접근 통제, 현장 주변의 교통정리, 그 밖에 긴급구조활동을 효율적으로 하기 위하여 필요한 사항

③ 시·도긴급구조통제단장은 필요하다고 인정하면 제1항에도 불구하고 직접 현장지휘를 할 수 있다.

④ 중앙통제단장은 대통령령으로 정하는 대규모 재난이 발생하거나 그 밖에 필요하다고 인정하면 제1항 및 제3항에도 불구하고 직접 현장지휘를 할 수 있다.

⑤ 재난현장에서 긴급구조활동을 하는 긴급구조요원과 긴급구조지원기관의 인력·장비·물자에 대한 운용은 제1항·제3항 및 제4항에 따라 현장지휘를 하는 긴급구조통제단장(이하 "각급

통제단장"이라 한다)의 지휘·통제에 따라야 한다. 〈개정 2014. 12. 30.〉

⑥ 제16조제2항에 따른 지역대책본부장은 각급통제단장이 수행하는 긴급구조활동에 적극 협력하여야 한다. 〈신설 2014. 12. 30.〉

⑦ 시·군·구긴급구조통제단장은 제16조제3항에 따라 설치·운영하는 통합지원본부의 장에게 긴급구조에 필요한 인력이나 물자 등의 지원을 요청할 수 있다. 이 경우 요청받은 기관의 장은 최대한 협조하여야 한다. 〈신설 2014. 12. 30.〉

⑧ 재난현장의 구조활동 등 초동 조치상황에 대한 언론 발표 등은 각급통제단장이 지명하는 자가 한다. 〈신설 2014. 12. 30.〉

⑨ 각급통제단장은 재난현장의 긴급구조 등 현장지휘를 효과적으로 하기 위하여 재난현장에 현장지휘소를 설치·운영할 수 있다. 이 경우 긴급구조활동에 참여하는 긴급구조지원기관의 현장지휘자는 현장지휘소에 대통령령으로 정하는 바에 따라 연락관을 파견하여야 한다. 〈개정 2014. 12. 30.〉

⑩ 각급통제단장은 긴급구조 활동을 종료하려는 때에는 재난현장에 참여한 지역사고수습본부장, 통합지원본부의 장 등과 협의를 거쳐 결정하여야 한다. 이 경우 각급통제단장은 긴급구조 활동 종료 사실을 지역대책본부장 및 제5항에 따른 긴급구조지원기관의 장에게 통보하여야 한다. 〈신설 2014. 12. 30.〉

⑪ 해양에서 발생한 재난의 긴급구조활동에 관하여는 제1항부터 제10항까지의 규정을 준용한다. 이 경우 시·군·구긴급구조통제단장, 시·도긴급구조통제단장, 중앙긴급구조통제단장은 「수난구호법」 제7조에 따른 지역구조본부의 장, 광역구조본부의 장, 중앙구조본부의 장으로 각각 본다. 〈신설 2014. 12. 30.〉 [전문개정 2010. 6. 8.] [제목개정 2013. 8. 6.]

제53조(긴급구조활동에 대한 평가) ① 중앙통제단장과 지역통제단장은 재난상황이 끝난 후 대통령령으로 정하는 바에 따라 긴급구조지원기관의 활동에 대하여 종합평가를 하여야 한다.

② 제1항에 따른 종합평가결과는 시·군·구긴급구조통제단장은 시·도긴급구조통제단장 및 시장·군수·구청장에게, 시·도긴급구조통제단장은 국민안전처장관에게 보고하거나 통보하여야 한다. 〈개정 2014. 11. 19.〉 [전문개정 2010. 6. 8.]

제54조(긴급구조대응계획의 수립) 긴급구조기관의 장은 재난이 발생하는 경우 긴급구조기관과 긴급구조지원기관이 신속하고 효율적으로 긴급구조를 수행할 수 있도록 대통령령으로 정하는 바에 따라 재난의 규모와 유형에 따른 긴급구조대응계획을 수립·시행하여야 한다. [전문개정 2010. 6. 8.]

제55조(재난대비능력 보강) ① 국가와 지방자치단체는 재난관리에 필요한 인력·장비·시설의 확충, 통신망의 설치·정비 등 긴급구조능력을 보강하기 위하여 노력하고, 필요한 재정상의 조치를 마련하여야 한다.

② 긴급구조기관의 장은 긴급구조활동을 신속하고 효과적으로 할 수 있도록 긴급구조지휘대 등 긴급구조체제를 구축하고, 상시 소속 긴급구조요원 및 장비의 출동태세를 유지하여야 한다.

③ 긴급구조업무와 재난관리책임기관(행정기관 외의 기관만 해당한다)의 재난관리업무에 종사하는 사람은 대통령령으로 정하는 바에 따라 긴급구조에 관한 교육을 받아야 한다. 다만, 다른 법

령에 따라 긴급구조에 관한 교육을 받은 경우에는 이 법에 따른 교육을 받은 것으로 본다.

④ 국민안전처장관과 시·도지사는 제3항에 따른 교육을 담당할 교육기관을 지정할 수 있다. 〈개정 2013. 8. 6., 2014. 11. 19.〉 [전문개정 2010. 6. 8.]

제55조의2(긴급구조지원기관의 능력에 대한 평가) ① 긴급구조지원기관은 대통령령으로 정하는 바에 따라 긴급구조에 필요한 능력을 유지하여야 한다.

② 긴급구조기관의 장은 긴급구조지원기관의 능력을 평가할 수 있다. 다만, 상시 출동체계 및 자체 평가제도를 갖춘 기관과 민간 긴급구조지원기관에 대하여는 대통령령으로 정하는 바에 따라 평가를 하지 아니할 수 있다.

③ 긴급구조기관의 장은 제2항에 따른 평가 결과를 해당 긴급구조지원기관의 장에게 통보하여야 한다.

④ 제1항부터 제3항까지에서 규정한 사항 외에 긴급구조지원기관의 능력 평가에 필요한 사항은 대통령령으로 정한다. [본조신설 2010. 6. 8.]

제56조(해상에서의 긴급구조) 해상에서 발생한 선박이나 항공기 등의 조난사고의 긴급구조활동에 관하여는「수난구호법」등 관계 법령에 따른다. [전문개정 2014. 12. 30.]

제57조(항공기 등 조난사고 시의 긴급구조 등) ① 국민안전처장관은 항공기 조난사고가 발생한 경우 항공기 수색과 인명구조를 위하여 항공기 수색·구조계획을 수립·시행하여야 한다. 다만, 다른 법령에 항공기의 수색·구조에 관한 특별한 규정이 있는 경우에는 그 법령에 따른다. 〈개정 2014. 11. 19.〉

② 항공기의 수색·구조에 필요한 사항은 대통령령으로 정한다.

③ 국방부장관은 항공기나 선박의 조난사고가 발생하면 관계 법령에 따라 긴급구조업무에 책임이 있는 기관의 긴급구조활동에 대한 군의 지원을 신속하게 할 수 있도록 다음 각 호의 조치를 취하여야 한다.

1. 탐색구조본부의 설치·운영
2. 탐색구조부대의 지정 및 출동대기태세의 유지
3. 조난 항공기에 관한 정보 제공

④ 제3항제1호에 따른 탐색구조본부의 구성과 운영에 필요한 사항은 국방부령으로 정한다. [전문개정 2010. 6. 8.]

제7장 재난의 복구 〈개정 2010. 6. 8.〉

제1절 피해조사 및 복구계획 〈신설 2013. 8. 6.〉

제58조(재난피해 신고 및 조사) ① 재난으로 피해를 입은 사람은 피해상황을 총리령으로 정하는 바에 따라 시장·군수·구청장(시·군·구대책본부가 운영되는 경우에는 해당 본부장을 말한다. 이하 이 조에서 같다)에게 신고할 수 있으며, 피해 신고를 받은 시장·군수·구청장은 피해상황을

조사한 후 중앙대책본부장에게 보고하여야 한다. 〈신설 2014. 12. 30.〉

② 재난관리책임기관의 장은 재난으로 인하여 피해가 발생한 경우에는 피해상황을 신속하게 조사한 후 그 결과를 중앙대책본부장에게 통보하여야 한다. 〈개정 2014. 12. 30.〉

③ 중앙대책본부장은 재난피해의 조사를 위하여 필요한 경우에는 대통령령으로 정하는 바에 따라 관계 중앙행정기관 및 관계 재난관리책임기관의 장과 합동으로 중앙재난피해합동조사단을 편성하여 재난피해 상황을 조사할 수 있다. 〈개정 2014. 12. 30.〉

④ 중앙대책본부장은 제3항에 따른 중앙재난피해합동조사단(이하 "재난피해조사단"이라 한다)을 편성하기 위하여 관계 재난관리책임기관의 장에게 소속 공무원이나 직원의 파견을 요청할 수 있다. 이 경우 요청을 받은 관계 재난관리책임기관의 장은 특별한 사유가 없으면 요청에 따라야 한다. 〈개정 2014. 12. 30.〉

⑤ 제1항 및 제2항에 따른 피해상황 조사의 방법 및 기준 등 필요한 사항은 중앙대책본부장이 정한다. 〈개정 2014. 12. 30.〉 [본조신설 2013. 8. 6.] [제목개정 2014. 12. 30.]

제59조(재난복구계획의 수립·시행) ① 재난관리책임기관의 장은 제58조제2항에 따른 피해조사를 마치면 지체 없이 자체복구계획을 수립·시행하여야 한다. 다만, 제58조제3항에 따라 중앙재난피해합동조사단이 편성되어 피해상황을 조사하는 경우에는 제2항에 따라 중앙대책본부장으로부터 재난피해복구계획을 통보받은 후에 수립·시행할 수 있다. 〈개정 2014. 12. 30.〉

② 중앙대책본부장은 제58조제3항에 따라 중앙재난피해합동조사단을 편성한 경우에는 피해조사를 한 후 제14조제3항 본문에 따른 중앙재난안전대책본부회의의 심의를 거쳐 재난피해복구계획을 수립하고, 이를 관계 재난관리책임기관의 장에게 통보하여야 한다. 〈개정 2014. 12. 30.〉

③ 재난관리책임기관의 장은 제2항에 따라 재난피해복구계획을 통보받으면 이를 기초로 소관 사항에 대한 자체복구계획을 수립·시행하여야 한다. 이 경우 지방자치단체의 장은 자체복구계획을 수립하면 지체 없이 재해복구를 위하여 필요한 경비를 지방자치단체의 예산에 계상(計上)하여야 한다. [본조신설 2013. 8. 6.] [종전 제59조는 제60조로 이동 〈2013. 8. 6.〉]

제2절 특별재난지역 선포 및 지원 〈신설 2013. 8. 6.〉

제60조(특별재난지역의 선포) ① 중앙대책본부장은 대통령령으로 정하는 규모의 재난이 발생하여 국가의 안녕 및 사회질서의 유지에 중대한 영향을 미치거나 피해를 효과적으로 수습하기 위하여 특별한 조치가 필요하다고 인정하거나 제3항에 따른 지역대책본부장의 요청이 타당하다고 인정하는 경우에는 중앙위원회의 심의를 거쳐 해당 지역을 특별재난지역으로 선포할 것을 대통령에게 건의할 수 있다.

② 제1항에 따라 특별재난지역의 선포를 건의받은 대통령은 해당 지역을 특별재난지역으로 선포할 수 있다.

③ 지역대책본부장은 관할지역에서 발생한 재난으로 인하여 제1항에 따른 사유가 발생한 경

우에는 중앙대책본부장에게 특별재난지역의 선포 건의를 요청할 수 있다. [전문개정 2013. 8. 6.] [제59조에서 이동, 종전 제60조는 삭제 〈2013. 8. 6.〉]

제61조(특별재난지역에 대한 지원) 국가나 지방자치단체는 제60조에 따라 특별재난지역으로 선포된 지역에 대하여는 제66조제3항에 따른 지원을 하는 외에 대통령령으로 정하는 바에 따라 응급대책 및 재난구호와 복구에 필요한 행정상·재정상·금융상·의료상의 특별지원을 할 수 있다. 〈개정 2013. 8. 6.〉 [전문개정 2010. 6. 8.]

제61조의2 삭제 〈2013. 8. 6.〉

제3절 재정 및 보상 등 〈신설 2013. 8. 6.〉

제62조(비용 부담의 원칙) ① 재난관리에 필요한 비용은 이 법 또는 다른 법령에 특별한 규정이 있는 경우 외에는 이 법 또는 제3장의 안전관리계획에서 정하는 바에 따라 그 시행의 책임이 있는 자(제29조제1항에 따른 재난방지시설의 경우에는 해당 재난방지시설의 유지·관리 책임이 있는 자를 말한다)가 부담한다. 다만, 제46조에 따라 시·도지사나 시장·군수·구청장이 다른 재난관리책임기관이 시행할 재난의 응급조치를 시행한 경우 그 비용은 그 응급조치를 시행할 책임이 있는 재난관리책임기관이 부담한다. 〈개정 2013. 8. 6.〉

② 제1항 단서에 따른 비용은 관계 기관이 협의하여 정산한다. [전문개정 2010. 6. 8.] [제목개정 2013. 8. 6.]

제63조(응급지원에 필요한 비용) ① 제44조제1항, 제46조 또는 제48조제1항에 따라 응원을 받은 자는 그 응원에 드는 비용을 부담하여야 한다. 〈개정 2013. 8. 6.〉

② 제1항의 경우 그 응급조치로 인하여 다른 지방자치단체가 이익을 받은 경우에는 그 수익의 범위에서 이익을 받은 해당 지방자치단체가 그 비용의 일부를 분담하여야 한다.

③ 제1항과 제2항에 따른 비용은 관계 기관이 협의하여 정산한다. [전문개정 2010. 6. 8.]

제64조(손실보상) ① 국가나 지방자치단체는 제39조 및 제45조(제46조에 따라 시·도지사가 행하는 경우를 포함한다)에 따른 조치로 인하여 손실이 발생하면 보상하여야 한다.

② 제1항에 따른 손실보상에 관하여는 손실을 입은 자와 그 조치를 한 중앙행정기관의 장, 시·도지사 또는 시장·군수·구청장이 협의하여야 한다.

③ 제2항에 따른 협의가 성립되지 아니하면 대통령령으로 정하는 바에 따라 「공익사업을 위한 토지 등의 취득 및 보상에 관한 법률」 제51조에 따른 관할 토지수용위원회에 재결을 신청할 수 있다.

④ 제3항에 따른 재결에 관하여는 「공익사업을 위한 토지 등의 취득 및 보상에 관한 법률」 제83조부터 제86조까지의 규정을 준용한다. [전문개정 2010. 6. 8.]

제65조(치료 및 보상) ① 재난 발생 시 긴급구조활동과 응급대책·복구 등에 참여한 자원봉사자, 제45조에 따른 응급조치 종사명령을 받은 사람 및 제51조제2항에 따라 긴급구조활동에 참여한 민간 긴급구조지원기관의 긴급구조지원요원이 응급조치나 긴급구조활동을 하다가 부상을 입은

경우에는 치료를 실시하고, 사망(부상으로 인하여 사망한 경우를 포함한다)하거나 신체에 장애를 입은 경우에는 그 유족이나 장애를 입은 사람에게 보상금을 지급한다. 다만, 다른 법령에 따라 국가나 지방자치단체의 부담으로 같은 종류의 보상금을 받은 사람에게는 그 보상금에 상당하는 금액을 지급하지 아니한다.

② 재난의 응급대책·복구 및 긴급구조 등에 참여한 자원봉사자의 장비 등이 응급대책·복구 또는 긴급구조와 관련하여 고장나거나 파손된 경우에는 그 자원봉사자에게 수리비용을 보상할 수 있다.

③ 제1항에 따른 치료 및 보상금은 국가나 지방자치단체가 부담하며, 그 기준과 절차 등에 관한 사항은 대통령령으로 정한다. [전문개정 2010. 6. 8.]

제65조의2(포상) 국가와 지방자치단체는 긴급구조 등의 활성화를 위하여 긴급구조활동과 응급대책·복구 등에 참여하여 현저한 공로가 있는 자원봉사자에게 「상훈법」에 따라 훈장 또는 포장을 수여할 수 있다. [본조신설 2014. 12. 30.]

제66조(재난지역에 대한 국고보조 등의 지원) ① 국가는 재난(제3조제1호가목에 따른 자연재난과 제3조제1호나목에 따른 사회재난 중 제60조제2항에 따라 특별재난지역으로 선포된 지역의 재난으로 한정한다)의 원활한 복구를 위하여 필요하면 대통령령으로 정하는 바에 따라 그 비용(제65조제1항에 따른 보상금을 포함한다)의 전부 또는 일부를 국고에서 부담하거나 지방자치단체, 그 밖의 재난관리책임자에게 보조할 수 있다. 다만, 제39조제1항(제46조제1항에 따라 시·도지사가 하는 경우를 포함한다) 또는 제40조제1항의 대피명령을 방해하거나 위반하여 발생한 피해에 대하여는 그러하지 아니하다. 〈개정 2013. 8. 6.〉

② 제1항에 따른 재난복구사업의 재원은 대통령령으로 정하는 재난의 구호 및 재난의 복구비용 부담기준에 따라 국고의 부담금 또는 보조금과 지방자치단체의 부담금·의연금 등으로 충당하되, 지방자치단체의 부담금 중 시·도 및 시·군·구가 부담하는 기준은 총리령으로 정한다. 〈개정 2013. 3. 23., 2014. 11. 19.〉

③ 국가와 지방자치단체는 재난으로 피해를 입은 시설의 복구와 피해주민의 생계 안정을 위하여 다음 각 호의 지원을 할 수 있다. 다만, 제3조제1호나목에 해당하는 재난으로 다른 법령에 따라 국가 또는 지방자치단체가 같은 종류의 보상금을 지급하거나, 피해를 유발한 원인자가 보험금 등을 지급하는 경우에는 그 보상금 또는 보험금 등에 상당하는 금액은 지급하지 아니한다. 〈개정 2013. 8. 6., 2014. 12. 30.〉

1. 사망자·실종자·부상자 등 피해주민에 대한 구호
2. 주거용 건축물의 복구비 지원
3. 고등학생의 학자금 면제
4. 관계 법령에서 정하는 바에 따라 농업인·임업인·어업인의 자금 융자, 농업·임업·어업 자금의 상환기한 연기 및 그 이자의 감면 또는 중소기업 및 소상공인의 자금 융자
5. 세입자 보조 등 생계안정 지원
6. 관계 법령에서 정하는 바에 따라 국세·지방세, 건강보험료·연금보험료, 통신요금, 전기요금

등의 경감 또는 납부유예 등의 간접지원

7. 주 생계수단인 농업·어업·임업·염생산업(鹽生産業)에 피해를 입은 경우에 해당 시설의 복구를 위한 지원

8. 공공시설 피해에 대한 복구사업비 지원

9. 그 밖에 제14조제3항 본문에 따른 중앙재난안전대책본부회의에서 결정한 지원

④ 제3항에 따른 지원기준은 제3조제1호가목에 따른 자연재난에 대해서는 대통령령으로 정하고, 제3조제1호나목에 따른 사회재난으로서 제60조제2항에 따라 특별재난지역으로 선포된 지역의 재난에 대해서는 관계 중앙행정기관의 장과의 협의 및 제14조제3항 본문에 따른 중앙재난안전대책본부회의의 심의를 거쳐 중앙대책본부장이 정하며, 제3조제1호나목에 따른 사회재난으로서 제60조제2항에 따라 특별재난지역으로 선포되지 아니한 지역의 재난에 대해서는 제16조제2항에 따른 지역재난안전대책본부회의의 심의를 거쳐 지역대책본부장이 정한다. 〈신설 2013. 8. 6., 2014. 12. 30.〉

⑤ 국가와 지방자치단체는 재난으로 피해를 입은 사람에 대하여 심리적 안정과 사회 적응을 위한 상담 활동을 지원할 수 있다. 이 경우 구체적인 지원절차와 그 밖에 필요한 사항은 대통령령으로 정한다. 〈개정 2013. 8. 6.〉 [전문개정 2010. 6. 8.] [제목개정 2013. 8. 6.]

제8장 안전문화 진흥 〈신설 2013.8.6.〉

제66조의2(안전문화 진흥을 위한 시책의 추진) ① 중앙행정기관의 장과 지방자치단체의 장은 소관 재난 및 안전관리업무와 관련하여 국민의 안전의식을 높이고 안전문화를 진흥시키기 위한 다음 각 호의 안전문화활동을 적극 추진하여야 한다. 〈개정 2014. 12. 30.〉

1. 안전교육 및 안전훈련(응급상황시의 대처요령을 포함한다)
2. 안전의식을 높이기 위한 캠페인 및 홍보
3. 안전행동요령 및 기준·절차 등에 관한 지침의 개발·보급
4. 안전문화 우수사례의 발굴 및 확산
5. 안전 관련 통계 현황의 관리·활용 및 공개
6. 안전에 관한 각종 조사 및 분석
7. 그 밖에 안전문화를 진흥하기 위한 활동

② 국민안전처장관은 제1항에 따른 안전문화활동의 추진에 관한 총괄·조정 업무를 관장한다. 〈개정 2014. 11. 19.〉

③ 국가와 지방자치단체는 국민이 안전문화를 실천하고 체험할 수 있는 안전체험시설을 설치·운영할 수 있다.

④ 국가는 지방자치단체 및 그 밖의 기관·단체에서 추진하는 안전문화활동을 위하여 필요한 예산을 지원할 수 있다. [본조신설 2013. 8. 6.]

제66조의3(국민안전의 날 등) ① 국가는 국민의 안전의식 수준을 높이기 위하여 매년 4월 16일을 국민안전의 날로 정하여 필요한 행사 등을 한다. 〈신설 2014. 12. 30.〉

② 국가는 대통령령으로 정하는 바에 따라 국민의 안전의식 수준을 높이기 위하여 안전점검의 날과 방재의 날을 정하여 필요한 행사 등을 할 수 있다. 〈개정 2014. 12. 30.〉 [본조신설 2013. 8. 6.] [제목개정 2014. 12. 30.]

제66조의4(안전관리헌장) ① 국무총리는 재난을 예방하고, 재난이 발생할 경우 그 피해를 최소화하기 위하여 재난 및 안전관리업무에 종사하는 자가 지켜야 할 사항 등을 정한 안전관리헌장을 제정·고시하여야 한다.

② 재난관리책임기관의 장은 제1항에 따른 안전관리헌장을 실천하는 데 노력하여야 하며, 안전관리헌장을 누구나 쉽게 볼 수 있는 곳에 항상 게시하여야 한다. [본조신설 2013. 8. 6.]

제66조의5(대국민 안전교육의 실시) ① 중앙행정기관의 장 및 지방자치단체의 장은 안전문화의 정착을 위하여 대국민 안전교육 및 학교·사회복지시설·다중이용시설 등 안전에 취약한 시설의 종사자 등에 대하여 대통령령으로 정하는 바에 따라 정기적으로 안전교육을 실시할 수 있다. 〈개정 2014. 12. 30.〉

② 제1항에 따른 안전교육의 대상, 방법, 시기, 그 밖에 안전교육의 실시에 필요한 사항은 대통령령으로 정한다. [본조신설 2013. 8. 6.]

제66조의5(대국민 안전교육의 실시) ① 중앙행정기관의 장 및 지방자치단체의 장은 안전문화의 정착을 위하여 대국민 안전교육 및 학교·사회복지시설·다중이용시설 등 안전에 취약한 시설의 종사자 등에 대하여 대통령령으로 정하는 바에 따라 정기적으로 안전교육을 실시할 수 있다. 〈개정 2014. 12. 30.〉

② 제1항에 따른 안전교육의 대상, 방법, 시기, 그 밖에 안전교육의 실시에 필요한 사항은 대통령령으로 정한다.

③ 교육부장관은 「유아교육법」 제2조제2호에 따른 유치원 및 「초·중등교육법」 제2조에 따른 학교에서 수학하는 유치원생 및 학생의 안전문화를 높이기 위하여 안전에 관한 교육과정을 편성하여 안전교육을 실시하도록 하여야 한다. 이 경우 교육의 대상 및 방법 등에 관하여는 교육부장관이 정한다. 〈신설 2014. 12. 30.〉 [본조신설 2013. 8. 6.] [시행일: 2015. 12. 31.] 제66조의5 제3항

제66조의6(안전교육 전문인력 양성 등) ① 국가 및 지방자치단체는 안전교육 전문인력의 양성을 위하여 다음 각 호의 사항에 관한 시책을 수립·추진할 수 있다.

1. 안전교육 전문인력의 수급 및 활용에 관한 사항
2. 안전교육 전문인력의 육성 및 교육훈련에 관한 사항
3. 안전교육 전문인력의 경력관리와 경력인증에 관한 사항
4. 그 밖에 안전교육 전문인력의 양성에 필요한 사항으로서 대통령령으로 정하는 사항

② 국가 및 지방자치단체는 제1항에 따른 안전교육 전문인력의 양성을 위한 시책을 추진할 때 필요하면 안전교육 전문인력 양성 등과 관련된 대학, 연구기관 등 대통령령으로 정하는 기관 및 단체를 지원할 수 있다. [본조신설 2013. 8. 6.]

제66조의7(안전정보의 구축·활용) ① 국민안전처장관은 재난 및 각종 사고로부터 국민의 생명과

신체 및 재산을 보호하기 위하여 재난이나 그 밖의 각종 사고에 관한 통계, 지리정보, 안전정책 등에 관한 정보(이하 "안전정보"라 한다)를 수집하여 체계적으로 관리하여야 한다. 〈개정 2014. 11. 19.〉

② 국민안전처장관은 안전정보의 체계적인 관리를 위하여 안전정보통합관리시스템을 구축·운영하여야 한다. 〈개정 2014. 11. 19.〉

③ 국민안전처장관은 안전정보통합관리시스템을 관계 행정기관 및 국민이 안전수준을 진단하고 개선하는 데 활용할 수 있도록 하여야 한다. 〈개정 2014. 11. 19.〉

④ 국민안전처장관은 안전정보통합관리시스템을 구축하기 위하여 관계 행정기관의 장에게 필요한 자료를 요청할 수 있다. 이 경우 요청을 받은 관계 행정기관의 장은 특별한 사유가 없으면 요청에 따라야 한다. 〈개정 2014. 11. 19.〉

⑤ 안전정보의 수집·관리, 안전정보통합관리시스템의 구축·활용 등에 필요한 사항은 대통령령으로 정한다. [본조신설 2013. 8. 6.]

제66조의8(안전지수의 공표) ① 국민안전처장관은 지역별 안전수준과 안전의식을 객관적으로 나타내는 지수(이하 "안전지수"라 한다)를 개발·조사하여 그 결과를 공표할 수 있다. 〈개정 2014. 11. 19.〉

② 국민안전처장관은 안전지수의 조사를 위하여 관계 행정기관의 장에게 필요한 자료를 요청할 수 있다. 이 경우 요청을 받은 관계 행정기관의 장은 특별한 사유가 없으면 요청에 따라야 한다. 〈개정 2014. 11. 19.〉

③ 국민안전처장관은 안전지수의 개발·조사에 관한 업무를 효율적으로 수행하기 위하여 필요한 경우 대통령령으로 정하는 기관 또는 단체로 하여금 그 업무를 대행하게 할 수 있다. 〈개정 2014. 11. 19.〉

④ 안전지수의 조사 항목, 방법, 공표절차 등 필요한 사항은 대통령령으로 정한다. [본조신설 2013. 8. 6.]

제66조의9(지역축제 개최 시 안전관리조치) ① 중앙행정기관의 장 또는 지방자치단체의 장은 대통령령으로 정하는 지역축제를 개최하려면 해당 지역축제가 안전하게 진행될 수 있도록 지역축제 안전관리계획을 수립하고, 그 밖에 안전관리에 필요한 조치를 하여야 한다.

② 국민안전처장관 또는 시·도지사는 제1항에 따른 지역축제 안전관리계획의 이행 실태를 지도·점검할 수 있으며, 점검결과 보완이 필요한 사항에 대해서는 관계 기관의 장에게 시정을 요청할 수 있다. 이 경우 시정 요청을 받은 관계 기관의 장은 특별한 사유가 없으면 요청에 따라야 한다. 〈개정 2014. 11. 19.〉

③ 제1항에 따른 지역축제 안전관리계획의 내용, 수립절차 등 필요한 사항은 대통령령으로 정한다. [본조신설 2013. 8. 6.]

제66조의10(안전사업지구의 지정 및 지원) ① 국민안전처장관은 지역사회의 안전수준을 높이기 위하여 시·군·구를 대상으로 안전사업지구를 지정하여 필요한 지원할 수 있다. 〈개정 2014. 11. 19.〉

② 제1항에 따른 안전사업지구의 지정기준, 지정절차 등 필요한 사항은 대통령령으로 정한다.[본조신설 2013. 8. 6.]

제9장 보칙 〈신설 2013. 8. 6.〉

제66조의11(재난 및 안전관리를 위한 특별교부세 교부) 「지방교부세법」 제9조제1항제2호에 따른 특별교부세는 「지방교부세법」에 따라 국민안전처장관이 교부 등을 행한다. 이 경우 특별교부세의 교부는 지방자치단체의 재난 및 안전관리 수요에 한정한다. [본조신설 2014. 12. 30.]

제67조(재난관리기금의 적립) ① 지방자치단체는 재난관리에 드는 비용에 충당하기 위하여 매년 재난관리기금을 적립하여야 한다.

② 제1항에 따른 재난관리기금의 매년도 최저적립액은 최근 3년 동안의「지방세법」에 의한 보통세의 수입결산액의 평균연액의 100분의 1에 해당하는 금액으로 한다. [전문개정 2010. 6. 8.]

제68조(재난관리기금의 운용 등) ① 재난관리기금에서 생기는 수입은 그 전액을 재난관리기금에 편입하여야 한다.

② 재난관리기금의 용도·운용 및 관리에 필요한 사항은 대통령령으로 정한다. [전문개정 2010. 6. 8.]

제69조(정부합동 재난원인조사) ① 국민안전처장관은 재난이나 그 밖의 각종 사고의 발생 원인과 재난 발생 시 대응과정에 관한 조사·분석·평가(제34조의5제1항에 따른 위기관리 매뉴얼의 준수 여부에 대한 평가를 포함한다. 이하 "재난원인조사"라 한다)를 효율적으로 수행하기 위하여 재난안전분야 전문가 및 전문기관 등이 공동으로 참여하는 정부합동 재난원인조사단(이하 "재난원인조사단"이라 한다)을 편성하고, 현지에 파견하여 원인조사·분석을 실시할 수 있다. 〈개정 2014. 11. 19., 2014. 12. 30.〉

② 재난원인조사단은 대통령령으로 정하는 바에 따라 재난발생원인조사 결과를 조정위원회에 보고하여야 한다. 〈개정 2014. 12. 30.〉

③ 재난원인조사단은 재난원인조사를 위하여 필요하면 관계 기관의 장 또는 관계인에게 자료제출 등의 요청을 할 수 있다. 이 경우 요청을 받은 관계 기관의 장 또는 관계인은 특별한 사유가 없으면 요청에 따라야 한다.

④ 국민안전처장관은 재난원인조사 결과를 관계 기관의 장에게 통보하거나 개선권고 등의 필요한 조치를 요청할 수 있다. 이 경우 요청을 받은 관계 기관의 장은 특별한 사유가 없으면 권고에 따른 조치를 하여야 한다. 〈개정 2014. 11. 19.〉

⑤ 국민안전처장관은 재난원인조사 결과를 신속히 국회 소관 상임위원회에 제출·보고하여야 한다. 〈신설 2014. 12. 30.〉

⑥ 재난원인조사단의 권한, 편성 및 운영 등에 필요한 사항은 대통령령으로 정한다. 〈개정 2014. 12. 30.〉 [전문개정 2013. 8. 6.] [제70조에서 이동, 종전 제69조는 제70조로 이동 〈2013. 8. 6.〉]

제70조(재난상황의 기록 관리) ① 재난관리책임기관의 장은 소관 시설·재산 등에 관한 피해상황을 포함한 재난상황 등을 기록하고, 이를 보관하여야 한다. 이 경우 시장·군수·구청장을 제외한 재난관리책임기관의 장은 그 기록사항을 시장·군수·구청장에게 통보하여야 한다. 〈개정 2013. 8. 6.〉

② 국민안전처장관은 매년 재난상황 등을 기록한 재해연보 또는 재난연감을 작성하여야 한다. 〈신설 2013. 8. 6., 2014. 11. 19.〉

③ 국민안전처장관은 제2항에 따른 재해연보 또는 재난연감을 작성하기 위하여 필요한 경우 재난관리책임기관의 장에게 관련 자료의 제출을 요청할 수 있다. 이 경우 요청을 받은 재난관리책임기관의 장은 요청에 적극 협조하여야 한다. 〈신설 2013. 8. 6., 2014. 11. 19., 2014. 12. 30.〉

④ 재난관리주관기관의 장은 제60조에 따라 특별재난지역으로 선포된 사회재난 또는 재난상황 등을 기록하여 관리할 특별한 필요성이 인정되는 재난에 관하여 재난수습 완료 후 수습상황 등을 기록한 재난백서를 작성하여야 한다. 이 경우 관계 기관의 장이 재난대응에 참고할 수 있도록 재난백서를 통보하여야 한다. 〈신설 2014. 12. 30.〉

⑤ 재난관리주관기관의 장은 제4항에 따른 재난백서를 신속히 국회 소관 상임위원회에 제출·보고하여야 한다. 〈신설 2014. 12. 30.〉

⑥ 재난상황의 작성·보관 및 관리에 필요한 사항은 대통령령으로 정한다. 〈개정 2013. 8. 6., 2014. 12. 30.〉 [제69조에서 이동, 종전 제70조는 제69조로 이동 〈2013. 8. 6.〉]

제71조(재난 및 안전관리에 필요한 과학기술의 진흥 등) ① 정부는 재난 및 안전관리에 필요한 연구·실험·조사·기술개발(이하 "연구개발사업"이라 한다) 및 전문인력 양성 등 재난 및 안전관리 분야의 과학기술 진흥시책을 마련하여 추진하여야 한다.

② 국민안전처장관은 연구개발사업을 하는 데에 드는 비용의 전부 또는 일부를 예산의 범위에서 출연금으로 지원할 수 있다. 〈개정 2013. 3. 23., 2013. 8. 6., 2014. 11. 19.〉

③ 국민안전처장관은 연구개발사업을 효율적으로 추진하기 위하여 다음 각 호의 어느 하나에 해당하는 기관·단체 또는 사업자와 협약을 맺어 연구개발사업을 실시하게 할 수 있다. 〈개정 2013. 3. 23., 2014. 11. 19.〉

1. 국공립 연구기관
2. 「특정연구기관 육성법」에 따른 특정연구기관
3. 「과학기술분야 정부출연연구기관 등의 설립·운영 및 육성에 관한 법률」에 따라 설립된 과학기술분야 정부출연연구기관
4. 「고등교육법」에 따른 대학·산업대학·전문대학 및 기술대학
5. 「민법」 또는 다른 법률에 따라 설립된 법인으로서 재난 또는 안전 분야의 연구기관
6. 「기초연구진흥 및 기술개발지원에 관한 법률」 제14조제1항제2호에 따른 기업부설연구소 또는 기업의 연구개발전담부서

④ 국민안전처장관은 연구개발사업을 효율적으로 추진하기 위하여 국민안전처 소속 연구기관이나 그 밖에 대통령령으로 정하는 기관·단체 또는 사업자 중에서 연구개발사업의 총괄기

관을 지정하여 그 총괄기관에게 연구개발사업의 기획·관리·평가, 제3항에 따른 협약의 체결, 개발된 기술의 보급·진흥 등에 관한 업무를 하도록 할 수 있다. 〈개정 2013. 3. 23., 2013. 8. 6., 2014. 11. 19.〉

⑤ 제2항에 따른 출연금의 지급·사용 및 관리와 제3항에 따른 협약의 체결방법 등 연구개발사업의 실시에 필요한 사항은 대통령령으로 정한다. [전문개정 2011. 3. 29.]

제71조의2(재난 및 안전관리기술개발 종합계획의 수립 등) ① 국민안전처장관은 제71조제1항의 재난 및 안전관리에 관한 과학기술의 진흥을 위하여 5년마다 관계 중앙행정기관의 재난 및 안전관리기술개발에 관한 계획을 종합하여 조정위원회의 심의와 「과학기술기본법」 제9조제1항에 따른 국가과학기술심의회의 심의를 거쳐 재난 및 안전관리기술개발 종합계획(이하 "개발계획"이라 한다)을 수립하여야 한다. 〈개정 2013. 3. 23., 2013. 8. 6., 2014. 11. 19.〉

② 관계 중앙행정기관의 장은 개발계획에 따라 소관 업무에 관한 해당 연도 시행계획을 수립하고 추진하여야 한다.

③ 개발계획 및 시행계획에 포함하여야 할 사항 및 계획수립의 절차 등에 관하여는 대통령령으로 정한다. [본조신설 2012. 2. 22.]

제72조(연구개발사업 성과의 사업화 지원) ① 국민안전처장관은 연구개발사업의 성과를 사업화(개발된 성과를 이용하여 제품을 개발, 생산 및 판매하거나 그 과정의 관련 기술을 향상시키는 것을 말한다. 이하 같다)하는 「중소기업기본법」제2조에 따른 중소기업(이하 "중소기업"이라 한다)이나 그 밖의 법인 또는 사업자 등에 대하여 다음 각 호의 지원을 할 수 있다. 이 경우 중소기업에 대한 지원을 우선적으로 실시할 수 있다. 〈개정 2013. 3. 23., 2014. 11. 19.〉

1. 시제품(試製品)의 개발·제작 및 설비투자에 필요한 비용의 지원
2. 연구개발사업의 성과로 발생한 특허권 등 지식재산권의 전용실시권(專用實施權) 또는 통상실시권(通常實施權)의 설정·허락 또는 그 알선
3. 사업화로 생산된 재난 및 안전 관련 제품 등의 우선 구매
4. 연구개발사업에 사용되거나 생산된 기기·설비 및 시제품 등의 사용권 부여 또는 그 알선
5. 그 밖에 사업화를 위하여 필요한 사항으로서 총리령으로 정하는 사항

② 제1항에 따른 지원의 방법 및 절차 등에 관하여 필요한 사항은 대통령령으로 정한다. [전문개정 2011. 3. 29.] 제72조의2 [제73조로 이동 〈2013. 8. 6.〉]

제73조(기술료의 징수 및 사용) ① 국민안전처장관은 연구개발사업의 성과를 사업화함으로써 수익이 발생할 경우에는 사업자로부터 그 수익의 일부에 해당하는 금액(이하 "기술료"라 한다)을 징수할 수 있다. 〈개정 2013. 3. 23., 2014. 11. 19.〉

② 국민안전처장관은 기술료를 다음 각 호의 사업에 사용할 수 있다. 〈개정 2013. 3. 23., 2014. 11. 19.〉

1. 재난 및 안전관리 연구개발사업
2. 그 밖에 재난 및 안전관리와 관련된 기술의 육성을 위한 사업으로서 대통령령으로 정하는 사업

③ 기술료의 징수대상, 징수방법 및 사용 등에 필요한 사항은 대통령령으로 정한다. [본조신설 2011.3.29.] [제72조의2에서 이동, 종전 제73조는 삭제 〈2013. 8. 6.〉]

제74조(재난관리정보통신체계의 구축·운영) ① 국민안전처장관과 재난관리책임기관·긴급구조기관 및 긴급구조지원기관의 장은 재난관리업무를 효율적으로 추진하기 위하여 대통령령으로 정하는 바에 따라 재난관리정보통신체계를 구축·운영할 수 있다. 〈개정 2012. 2. 22., 2013. 3. 23., 2013. 8. 6., 2014. 11. 19.〉

② 재난관리책임기관·긴급구조기관 및 긴급구조지원기관의 장은 제1항에 따른 재난관리정보통신체계의 구축에 필요한 자료를 관계 재난관리책임기관·긴급구조기관 및 긴급구조지원기관의 장에게 요청할 수 있다. 이 경우 요청을 받은 기관의 장은 특별한 사유가 없으면 요청에 따라야 한다. 〈신설 2012. 2. 22., 2013. 8. 6.〉

③ 국민안전처장관은 재난관리책임기관·긴급구조기관 및 긴급구조지원기관의 장이 제1항에 따라 구축하는 재난관리정보통신체계가 연계 운영되거나 표준화가 이루어지도록 종합적인 재난관리정보통신체계를 구축·운영할 수 있으며, 재난관리책임기관·긴급구조기관 및 긴급구조지원기관의 장은 특별한 사유가 없으면 이에 협조하여야 한다. 〈신설 2012. 2. 22., 2013. 3. 23., 2013. 8. 6., 2014. 11. 19.〉 [전문개정 2010. 6. 8.] [제목개정 2013. 8. 6.]

제74조의2(재난관리정보의 공동이용) ① 재난관리책임기관·긴급구조기관 및 긴급구조지원기관은 재난관리업무를 효율적으로 처리하기 위하여 수집·보유하고 있는 재난관리정보를 다른 재난관리책임기관·긴급구조기관 및 긴급구조지원기관과 공동이용하여야 한다.

② 제1항에 따라 공동이용되는 재난관리정보를 제공하는 기관은 해당 정보의 정확성을 유지하도록 노력하여야 한다.

③ 재난관리정보의 처리를 하는 재난관리책임기관·긴급구조기관·긴급구조지원기관 또는 재난관리업무를 위탁받아 그 업무에 종사하거나 종사하였던 자는 직무상 알게 된 재난관리정보를 누설하거나 권한 없이 다른 사람이 이용하도록 제공하는 등 부당한 목적으로 사용하여서는 아니 된다.

④ 제1항에 따른 공유 대상 재난관리정보의 범위, 재난관리정보의 공동이용절차 등에 관하여 필요한 사항은 대통령령으로 정한다. [본조신설 2012. 2. 22.]

제75조(안전관리자문단의 구성·운영) ① 지방자치단체의 장은 재난 및 안전관리업무의 기술적 자문을 위하여 민간전문가로 구성된 안전관리자문단을 구성·운영할 수 있다.

② 제1항에 따른 안전관리자문단의 구성과 운영에 관하여는 해당 지방자치단체의 조례로 정한다. [전문개정 2010. 6. 8.]

제76조(재난 관련 보험 등의 개발·보급) ① 국가는 국민과 지방자치단체가 자기의 책임과 노력으로 재난에 대비할 수 있도록 재난 관련 보험·공제를 개발·보급하기 위하여 노력하여야 한다.

② 국가는 예산의 범위에서 대통령령으로 정하는 바에 따라 보험료와 공제회비의 일부, 보험 및 공제의 운영과 관리 등에 필요한 비용의 일부를 지원할 수 있다. [전문개정 2010. 6. 8.]

제76조의2(안전책임관) ① 국가기관과 지방자치단체의 장은 해당 기관의 재난 및 안전관리업무를

총괄하는 안전책임관 및 담당직원을 소속 공무원 중에서 임명할 수 있다.

② 안전책임관은 해당 기관의 재난 및 안전관리업무와 관련하여 다음 각 호의 사항을 담당한다.

1. 재난이나 그 밖의 각종 사고가 발생하거나 발생할 우려가 있는 경우 초기대응 및 보고에 관한 사항
2. 위기관리 매뉴얼의 작성·관리에 관한 사항
3. 재난 및 안전관리와 관련된 교육·훈련에 관한 사항
4. 그 밖에 해당 중앙행정기관의 장이 재난 및 안전관리업무를 위하여 필요하다고 인정하는 사항

③ 제1항에 따른 안전책임관의 임명 및 운영에 필요한 사항은 대통령령으로 정한다. [본조신설 2013. 8. 6.]

제77조(재난관리 의무 위반에 대한 징계 요구 등) ① 국무총리 또는 국민안전처장관은 관계 중앙행정기관의 장 또는 지방자치단체의 장이 이 법에 따른 조치를 하지 아니한 경우에는 대통령령으로 정하는 바에 따라 기관경고 등 필요한 조치를 할 수 있다.

② 국민안전처장관, 시·도지사 또는 시장·군수·구청장은 재난응급조치·안전점검·재난상황관리 등의 업무를 수행할 때 지시를 위반하거나 부과된 임무를 게을리한 재난관리책임기관의 공무원 또는 직원의 명단을 해당 공무원 또는 직원의 소속 기관의 장 또는 단체의 장에게 통보하고, 그 소속 기관의 장 또는 단체의 장에게 해당 공무원 또는 직원에 대한 징계 등을 요구할 수 있다. 이 경우 그 사실을 입증할 수 있는 관계 자료를 그 소속 기관 또는 단체의 장에게 함께 통보하여야 한다.

③ 중앙통제단장 또는 지역통제단장은 제52조제5항에 따른 현장지휘에 따르지 아니하거나 부과된 임무를 게을리한 긴급구조요원의 명단을 해당 긴급구조요원의 소속 기관 또는 단체의 장에게 통보하고, 그 소속 기관의 장 또는 단체의 장에게 해당 긴급구조요원에 대한 징계를 요구할 수 있다. 이 경우 그 사실을 입증할 수 있는 관계 자료를 그 소속 기관 또는 단체의 장에게 함께 통보하여야 한다.

④ 제2항과 제3항에 따라 통보를 받은 소속 기관의 장 또는 단체의 장은 해당 공무원 또는 직원에 대한 징계 등 적절한 조치를 하고, 그 결과를 해당 기관의 장에게 통보하여야 한다.

⑤ 국민안전처장관, 시·도지사, 시장·군수·구청장, 중앙통제단장 및 지역통제단장은 제2항 및 제3항에 따른 사실 입증을 위하여 소속 공무원으로 하여금 필요한 조사를 하게 할 수 있다. 이 경우 조사공무원은 그 권한을 표시하는 증표를 제시하여야 한다.

⑥ 제2항·제3항에 따른 통보 및 제5항에 따른 조사에 필요한 사항은 대통령령으로 정한다. [전문개정 2014. 12. 30.] [시행일 미지정] 제77조제1항

제78조(권한의 위임 및 위탁) ① 이 법에 따른 국민안전처장관의 권한은 그 일부를 대통령령으로 정하는 바에 따라 시·도지사에게 위임할 수 있다. 〈개정 2013. 3. 23., 2014. 11. 19.〉

② 국민안전처장관은 제33조의2에 따른 평가 등의 업무의 일부와 제72조에 따른 연구개발사업 성과의 사업화 지원 및 제73조에 따른 기술료의 징수 및 사용에 관한 업무를 대통령령으로

정하는 바에 따라 전문기관 등에 위탁할 수 있다. 〈개정 2011. 3. 29., 2013. 3. 23., 2013. 8. 6., 2014. 11. 19.〉 [전문개정 2010. 6. 8.]

제78조의2(벌칙 적용 시의 공무원 의제) 제71조제3항에 따라 협약을 체결한 기관·단체 및 제78조제2항에 따라 국민안전처장관이 위탁한 업무를 수행하는 전문기관 등의 임직원은「형법」제127조 및 제129조부터 제132조까지의 벌칙 적용 시 공무원으로 본다. 〈개정 2013. 3. 23., 2014. 11. 19.〉 [본조신설 2012. 2. 22.]

제10장 벌칙 〈개정 2010. 6. 8.〉

제79조(벌칙) 다음 각 호의 어느 하나에 해당하는 자는 1년 이하의 징역 또는 500만 원 이하의 벌금에 처한다.

1. 정당한 사유 없이 제30조제1항에 따른 긴급안전점검을 거부 또는 기피하거나 방해한 자
2. 제31조제1항에 따른 안전조치명령을 이행하지 아니한 자
3. 정당한 사유 없이 제41조제1항제1호(제46조제1항에 따른 경우를 포함한다)에 따른 위험구역에 출입하는 행위나 그 밖의 행위의 금지명령 또는 제한명령을 위반한 자. [전문개정 2010. 6. 8.]

제79조(벌칙) 다음 각 호의 어느 하나에 해당하는 자는 1년 이하의 징역 또는 500만 원 이하의 벌금에 처한다. 〈개정 2014. 12. 30.〉

1. 정당한 사유 없이 제27조제3항에 따른 안전점검을 하지 아니한 소유자·관리자 또는 점유자
2. 정당한 사유 없이 제30조제1항에 따른 긴급안전점검을 거부 또는 기피하거나 방해한 자
3. 제31조제1항에 따른 안전조치명령을 이행하지 아니한 자
4. 정당한 사유 없이 제41조제1항제1호(제46조제1항에 따른 경우를 포함한다)에 따른 위험구역에 출입하는 행위나 그 밖의 행위의 금지명령 또는 제한명령을 위반한 자

[전문개정 2010. 6. 8.] [시행일: 2015. 12. 31.] 제79조제1호

제80조(벌칙) 다음 각 호의 어느 하나에 해당하는 자는 200만원 이하의 벌금에 처한다.

1. 정당한 사유 없이 제45조(제46조제1항에 따른 경우를 포함한다)에 따른 토지·건축물·인공구조물, 그 밖의 소유물의 일시 사용 또는 장애물의 변경이나 제거를 거부 또는 방해한 자
2. 제74조의2제3항을 위반하여 직무상 알게 된 재난관리정보를 누설하거나 권한 없이 다른 사람이 이용하도록 제공하는 등 부당한 목적으로 사용한 자. [전문개정 2012. 2. 22.]

제81조(양벌규정) 법인의 대표자나 법인 또는 개인의 대리인, 사용인, 그 밖의 종업원이 그 법인 또는 개인의 업무에 관하여 제79조 또는 제80조의 위반행위를 하면 그 행위자를 벌하는 외에 그 법인 또는 개인에게도 해당 조문의 벌금형을 과(科)한다. 다만, 법인 또는 개인이 그 위반행위를 방지하기 위하여 해당 업무에 관하여 상당한 주의와 감독을 게을리하지 아니한 경우에는 그러하지 아니하다. [전문개정 2010. 6. 8.]

제82조(과태료) ① 다음 각 호의 어느 하나에 해당하는 사람에게는 200만원 이하의 과태료를 부과한

다.

1. 제40조제1항(제46조제1항에 따른 경우를 포함한다)에 따른 대피명령을 위반한 사람

2. 제41조제1항제2호(제46조제1항에 따른 경우를 포함한다)에 따른 위험구역에서의 퇴거명령 또는 대피명령을 위반한 사람

② 제1항에 따른 과태료는 대통령령으로 정하는 바에 따라 시·도지사 또는 시장·군수·구청장이 부과·징수한다. [전문개정 2010. 6. 8.]

제82조(과태료) ① 다음 각 호의 어느 하나에 해당하는 사람에게는 200만원 이하의 과태료를 부과한다. 〈개정 2014. 12. 30.〉

1. 제34조의6제1항 본문에 따른 위기상황 매뉴얼을 작성·관리하지 아니한 소유자·관리자 또는 점유자

1의2. 제34조의6제2항 본문에 따른 훈련을 실시하지 아니한 소유자·관리자 또는 점유자

1의3. 제34조의6제3항에 따른 개선명령을 이행하지 아니한 소유자·관리자 또는 점유자

2. 제40조제1항(제46조제1항에 따른 경우를 포함한다)에 따른 대피명령을 위반한 사람

3. 제41조제1항제2호(제46조제1항에 따른 경우를 포함한다)에 따른 위험구역에서의 퇴거명령 또는 대피명령을 위반한 사람

② 제1항에 따른 과태료는 대통령령으로 정하는 바에 따라 시·도지사 또는 시장·군수·구청장이 부과·징수한다. [전문개정 2010. 6. 8.] [시행일 : 2015. 12. 31.] 제82조제1항제1호, 제82조제1항제1호의2, 제82조제1항제1호의3

부칙 〈법률 제7188호, 2004. 3. 11.〉

제1조 (시행일) 이 법은 공포한 날부터 3월을 넘지 아니하는 범위에서 대통령령이 정하는 날부터 시행한다.

제2조 (다른 법률의 폐지) 재난관리법은 이를 폐지한다.

제3조 (처분 등에 관한 경과조치) 이 법 시행 당시 종전의 재난관리법에 의하여 행하여진 처분 · 조치 그 밖의 행정기관의 행위 또는 행정기관에 대한 행위는 이 법에 의한 행정기관의 행위 또는 행정기관에 대한 행위로 본다.

제4조 (지역위원회의 구성 등에 관한 경과조치) 제11조제4항의 규정에 의한 지역위원회 및 실무위원회의 구성 · 운영에 관하여 필요한 사항은 이 법 시행일부터 6월 이내의 범위에서 해당 시 · 도 및 시 · 군 · 구의 조례가 제정될 때까지는 종전의 재난관리법 제9조제4항의 규정에 의한 대통령령이 정한 바에 의한다.

제5조 (안전관리계획에 관한 경과조치) 이 법 시행 당시 종전의 재난관리법에 의한 국가재난관리계획, 시 · 도재난관리계획 및 시 · 군 · 구재난관리계획은 각각 이 법에 의한 국가안전관리계획, 시 · 도안전관리계획 및 시 · 군 · 구안전관리계획으로 본다.

제6조 (지역위원회의 권한에 속하는 사항의 처리에 관한 경과조치) 지역위원회가 제12조제4호의 규

정에 의한 조례에 의하여 당해 지역위원회의 권한에 속하는 사항의 처리를 함에 있어서 이 법 시행일부터 6월 이내의 범위에서 종전의 재난관리법 제10조제1항제3호의 규정에 의한 해당 시 · 도 및 시 · 군 · 구의 조례가 제정 또는 개정될 때까지는 종전의 조례에 의한다.

제7조 (지역대책본부의 구성 등에 관한 경과조치) 제16조제3항의 규정에 의한 지역대책본부의 구성 및 운영에 관하여 필요한 사항은 이 법 시행일부터 6월 이내의 범위에서 해당 시 · 도 및 시 · 군 · 구의 조례가 제정될 때까지는 종전의 재난관리법 제43조제3항의 규정에 의한 대통령령이 정한 바에 의한다.

제8조 (특별재난지역에 관한 경과조치) 이 법 시행 당시 종전의 재난관리법 제51조의 규정에 의하여 선포된 특별재난지역은 이 법 제60조의 규정에 의하여 선포된 특별재난지역으로 본다.

제9조 (재난관리기금에 관한 경과조치) 이 법 시행 당시 종전의 재난관리법 제56조의 규정에 의한 재난관리기금 및 종전의 자연재해대책법 제63조의 규정에 의한 재해대책기금은 이 법 제67조의 규정에 의한 재난관리기금으로 본다.

제10조 (다른 법률의 개정) ① 전기사업법중 다음과 같이 개정한다.

제75조제2호중 "재난관리법"을 "재난 및안전관리기본법"으로 한다.

② 전기통신기본법중 다음과 같이 개정한다.

제44조의3제1항 전단중 "재난관리법"을 "재난 및안전관리기본법"으로 하고, 같은 항 후단중 "재난관리법 제12조의 규정에 의한 국가재난관리계획"을 "재난 및안전관리기본법 제22조의 규정에 의한 국가안전관리계획"으로 한다.

③ 방송법중 다음과 같이 개정한다.

제75조제1항중 "재난관리법 제2조"를 "재난 및안전관리기본법 제3조"로 한다.

④ 원자력손해배상법중 다음과 같이 개정한다.

제2조제2호 나목중 "재난관리법"을 "재난 및안전관리기본법"으로 한다.

⑤ 자연재해대책법중 다음과 같이 개정한다.

제63조를 삭제한다.

제11조 (다른 법령과의 관계) 이 법 시행 당시 다른 법령에서 종전의 재난관리법 또는 그 규정을 인용하고 있는 경우 이 법 중 그에 해당하는 규정이 있는 때에는 종전의 규정에 갈음하여 이 법 또는 이 법의 해당 규정을 인용한 것으로 본다.

부칙 〈법률 제7849호, 2006. 2. 21.〉 (제주특별자치도 설치 및 국제자유도시 조성을 위한 특별법)

제1조 (시행일) 이 법은 2006년 7월 1일부터 시행한다. 〈단서 생략〉

제2조 내지 제39조 생략

제40조 (다른 법령의 개정) ① 내지 〈23〉 생략

〈24〉 재난 및 안전관리 기본법 일부를 다음과 같이 개정한다.

제43조제1항 및 제2항 중 "경찰관서"를 각각 "국가경찰관서"로 한다.

〈25〉 내지 〈47〉 생략

제41조 생략

부칙 〈법률 제8274호, 2007. 1. 26.〉

① (시행일) 이 법은 공포 후 6개월이 경과한 날부터 시행한다.

② (벌칙에 관한 경과조치) 이 법 시행 전의 행위에 대한 벌칙의 적용에 있어서는 종전의 규정에 따른다.

부칙 〈법률 제8420호, 2007. 5. 11.〉 (민방위기본법)

제1조 (시행일) 이 법은 공포한 날부터 시행한다. 다만, 부칙 제5조제2항의 개정규정은 2007년 7월 27일부터 시행한다.

제2조부터 제4조 생략

제5조 (다른 법률의 개정) ① 생략

② 재난 및안전관리기본법 일부를 다음과 같이 개정한다.

제39조제1항제1호 중 "「민방위기본법」 제22조"를 "「민방위기본법」 제26조"로 한다.

③ 생략

제6조 생략

부칙 〈법률 제8623호, 2007. 8. 3.〉 (수난구호법)

① (시행일) 이 법은 공포한 날부터 시행한다. 〈단서 생략〉

② 및 ③생략

④ (다른 법률의 개정) 재난 및 안전관리기본법 일부를 다음과 같이 개정한다.

제3조제7호 단서 중 "해양경찰청 및 해양경찰서"를 "해양경찰청 · 지방해양경찰청 및 해양경찰서"로 한다.

제20조제2항 중 "해양경찰청장에게"를 "지방해양경찰청장에게, 지방해양경찰청장은 해양경찰청장에게"로 한다.

부칙 〈법률 제8856호, 2008. 2. 29.〉

이 법은 공포한 날부터 시행한다.

부칙 〈법률 제9205호, 2008. 12. 26.〉

이 법은 공포한 날부터 시행한다.

부칙 〈법률 제9299호, 2008. 12. 31.〉

이 법은 공포 후 6개월이 경과한 날부터 시행한다.

부칙 〈법률 제9847호, 2009. 12. 29.〉 (감염병의 예방 및 관리에 관한 법률)

제1조(시행일) 이 법은 공포 후 1년이 경과한 날부터 시행한다.
제2조부터 제20조까지 생략
제21조(다른 법률의 개정) ① 부터 〈17〉까지 생략

〈18〉 재난 및 안전관리기본법 일부를 다음과 같이 개정한다.
제3조제1호다목 중 "전염병"을 "감염병"으로 한다.
〈19〉부터 〈30〉까지 생략
제22조 생략

부칙 〈법률 제9932호, 2010. 1. 18.〉 (정부조직법)

제1조(시행일) 이 법은 공포 후 2개월이 경과한 날부터 시행한다. 〈단서 생략〉
제2조 및 제3조 생략
제4조(다른 법률의 개정) ① 부터 〈103〉까지 생략
〈104〉 재난 및 안전관리기본법 일부를 다음과 같이 개정한다.
제49조제3항 중 "보건복지가족부"를 "보건복지부"로 한다.
〈105〉부터 〈137〉까지 생략
제5조 생략

부칙 〈법률 제10219호, 2010. 3. 31.〉 (지방세기본법)

제1조(시행일) 이 법은 2011년 1월 1일부터 시행한다.
제2조부터 제10조까지 생략
제11조(다른 법률의 개정) ① 부터 〈37〉까지 생략

〈38〉 재난 및 안전관리기본법 일부를 다음과 같이 개정한다.

제67조제2항 중 "「지방세법」에 의한"을 "「지방세기본법」에 따른"으로 한다.

〈39〉부터 〈61〉까지 생략

제12조 생략

부칙 〈법률 제10347호, 2010. 6. 8.〉

① (시행일) 이 법은 공포한 날부터 시행한다. 다만, 제10조의2, 제34조, 제34조의2, 제55조의2, 제57조 및 제66조제4항의 개정규정은 공포 후 6개월이 경과한 날부터 시행하고, 제34 조의3의 개정규정은 공포 후 1년이 경과한 날부터 시행한다.

② (중앙재난조사평가협의회의 구성에 관한 경과조치) 제10조의2의 개정규정 시행 당시 운영 중인 중앙재난조사평가협의회는 제10조의2의 개정규정에 따라 구성 · 운영 중인 것으로 본다.

부칙 〈법률 제10442호, 2011. 3. 8.〉 (119구조 · 구급에 관한 법률)

제1조(시행일) 이 법은 공포 후 6개월이 경과한 날부터 시행한다.

제2조 및 제3조 생략

제4조(다른 법률의 개정) ① 및 ② 생략

③ 재난 및 안전관리 기본법 일부를 다음과 같이 개정한다.

제58조를 삭제한다.

④ 생략

제5조 생략

부칙 〈법률 제10467호, 2011. 3. 29.〉

제1조(시행일) 이 법은 공포한 날부터 시행한다. 다만, 제71조, 제72조, 제72조의2 및 제78조제2항의 개정규정은 공포 후 3개월이 경과한 날부터 시행한다.

제2조(재난 및 안전관리 연구개발사업의 추진에 관한 적용례) 제72조 및 제72조의2의 개정규정은 이 법 시행 후 최초로 연구개발사업에 드는 비용의 전부 또는 일부를 출연금으로 지원하는 경우부터 적용한다.

제3조(안전관리에 필요한 학술조사 · 연구 및 기술개발에 필요한 지원 등에 관한 경과조치) 이 법 시행 전에 종전의 제71조제2항 및 제72조제2항에 따라 학술조사 · 연구 및 기술개발에 필요한 지원 또는 중소기업의 안전관리 등과 관련된 기술의 개발 · 사업화에 대한 지원이 이루어진 경우 연구개발비의 사용 및 사용실적 보고, 기술료의 징수 및 감면, 기술료의 사용, 협약의 변경 및

해약 등에 관하여는 이 법 시행 전에 맺은 협약 또는 종전의 제72조제3항에 따른다.

부칙 〈법률 제11346호, 2012. 2. 22.〉

이 법은 공포 후 6개월이 경과한 날부터 시행한다. 다만, 제4조제2항 및 제11조제1항의 개정규정은 2012년 7월 1일부터 시행하고, 제38조제4항의 개정규정은 2013년 1월 1일부터 시행한다.

부칙 〈법률 제11495호, 2012. 10. 22.〉 (자연재해대책법)

제1조(시행일) 이 법은 공포 후 6개월이 경과한 날부터 시행한다.

제2조부터 제4조까지 생략

제5조(다른 법률의 개정) ① 및 ② 생략

③ 재난 및 안전관리 기본법 일부를 다음과 같이 개정한다.

제38조의2제1항 중 "자연재해위험지구"를 "자연재해위험개선지구"로 한다.

④ 및 ⑤ 생략

부칙 〈법률 제11690호, 2013. 3. 23.〉 (정부조직법)

제1조(시행일) ① 이 법은 공포한 날부터 시행한다.

② 생략

제2조부터 제5조까지 생략

제6조(다른 법률의 개정) ①부터 〈187〉까지 생략

〈188〉 재난 및 안전관리 기본법 일부를 다음과 같이 개정한다.

제3조제9호, 제9조제4항 전단, 같은 조 제5항, 제9조의2제1항 · 제2항, 제13조, 제14조제2항 본문, 제15조의2제1항 · 제2항, 제19조제1항, 제20조제1항 전단 · 후단 · 단서, 같은 조 제2항, 같은 조 제3항 후단, 제21조제2항, 제23조제1항 · 제2항, 제24조제1항 · 제4항, 제29조제1항 각 호 외의 부분, 같은 조 제2항 단서, 같은 조 제3항, 같은 조 제4항 본문, 제29조의2제2항, 제34조의3제1항 각 호 외의 부분 본문, 같은 조 제3항, 제70조제2항, 제71조제2항, 같은 조 제3항 각 호 외의 부분, 같은 조 제4항, 제71조의2제1항, 제72조제1항 각 호 외의 부분 전단, 제72조의2제1항, 같은 조 제2항 각 호 외의 부분, 제73조제1항, 제74조제1항 · 제2항 · 제4항, 제77조제1항, 같은 조 제4항 전단, 제78조제1항 · 제2항 및 제78조의2 중 "행정안전부장관"을 각각 "안전행정부장관"으로 한다.

제9조제5항 및 제14조제1항 중 "행정안전부"를 각각 "안전행정부"로 한다.

제14조제2항 단서 및 제21조제1항 · 제2항 중 "외교통상부장관"을 각각 "외교부장관"으로 한다.

제27조제1항제2호 후단, 제31조제1항제1호 후단, 같은 조 제2항, 제66조제2항 및 제72조제1항 제5호 중 "행정안전부령"을 각각 "안전행정부령"으로 한다.

〈189〉부터 〈710〉까지 생략

제7조 생략

부칙 〈법률 제11713호, 2013. 3. 23.〉 (과학기술기본법)

제1조(시행일) 이 법은 공포한 날부터 시행한다.

제2조부터 제5조까지 생략

제6조(다른 법률의 개정) ① 부터 〈24〉까지 생략

〈25〉 재난 및 안전관리 기본법 일부를 다음과 같이 개정한다.

제71조의2제1항 중 "국가과학기술위원회"를 "국가과학기술심의회"로 한다.

〈26〉부터 〈28〉까지 생략

부칙 〈법률 제11994호, 2013. 8. 6.〉

제1조(시행일) 이 법은 공포 후 6개월이 경과한 날부터 시행한다. 다만, 제34조의6의 개정규정은 공포 후 1년이 경과한 날부터 시행한다.

제2조(다른 법률의 개정) ① 급경사지 재해예방에 관한 법률 일부를 다음과 같이 개정한다.

제12조제1항 · 제2항 및 제13조제4항 중 "중앙본부장"을 각각 "중앙대책본부장"으로 한다.

② 비상대비자원 관리법 일부를 다음과 같이 개정한다.

제14조제4항 중 "「재난 및 안전관리기본법」 제73조"를 "「재난 및 안전관리 기본법」 제35조"로 한다.

③ 원자력시설 등의 방호 및 방사능 방재 대책법 일부를 다음과 같이 개정한다.

제22조제3항 중 "「재난 및 안전관리기본법」 제18조"를 "「재난 및 안전관리기본법」 제19조"로 한다.

④ 자연재해대책법 일부를 다음과 같이 개정한다,

제4조제1항 · 제2항제1호 · 제4항 · 제5항, 제6조제1항 · 제3항 전단, 제7조제2항 전단, 제8조제2항, 제9조제1항, 제10조제1항 · 제3항, 제11조제1항, 제16조의4제1항, 제20조제2항, 제21조의2제2항 · 제3항 · 제5항, 제22조, 제25조의2제1항 · 제2항 전단, 제26조의4제2항, 제35조제2항 · 제3항 · 제4항 전단 · 제5항 · 제6항, 제45조제2항, 제46조제2항, 제46조의3제1항 각 호 외의 부분 · 제2항, 제47조제1항 · 제2항 전단, 제48조제1항 · 제2항, 제49조제1항, 제52조제1항 · 제2항, 제53조제2항 전단, 제55조제1항 전단 · 제2항 · 제3항 · 제5항 · 제6항 · 제7항 · 제9항, 제64조제2항, 제66조제2항, 제69조제1항 각 호 외의 부분 · 제2항, 제72조제6항, 제75조의 제목 및 같은 조 제1항 · 제2항, 제76조제1항 · 제2항 중 "중앙본부장"을 각각 "중앙대책본부

장"으로 한다.

제4조제1항 · 제4항 · 제5항, 제6조제1항 · 제3항 전단, 제7조제2항 전단, 제8조제2항, 제9조제1항 · 제2항, 제11조제1항, 제21조의2제2항 · 제3항, 제22조, 제25조의2제1항 · 제2항 전단, 제25조의3제2항부터 제4항까지, 제37조제2항제4호, 같은 조 제5항 전단 · 후단 · 제6항, 제46조의3제2항, 제49조제1항, 제53조제2항 전단, 제55조제2항, 제66조제2항, 제72조제6항, 제75조제1항 전단 · 후단 · 제2항 중 "지역본부장"을 각각 "지역대책본부장"으로 한다.

⑤ 재해경감을 위한 기업의 자율활동 지원에 관한 법률 일부를 다음과 같이 개정한다.

제5조제1항, 제6조제1항 전단 · 제3항, 제6조의2제1항 전단, 제7조제1항 · 제3항, 제8조제1항 각 호 외의 부분 본문, 제8조의2제1항 · 제2항, 제8조의3 각 호 외의 부분 본문, 제9조제2항, 제10조제1항부터 제4항까지, 제10조의2, 제19조제2항 · 제3항, 제23조제2항, 제27조제1항, 제28조제1항 각 호 외의 부분 · 제2항 · 제3항 전단, 제29조, 제31조의2제1항 각 호 외의 부분, 제32조제1항, 제33조, 제34조제1항 각 호 외의 부분, 제35조제1항 각 호 외의 부분 · 제4항 중 "중앙본부장"을 각각 "중앙대책본부장"으로 한다.

⑥ 저수지 · 댐의 안전관리 및 재해예방에 관한 법률 일부를 다음과 같이 개정한다.

제2조제3호, 제4조제1항 각 호 외의 부분, 제8조제1항 · 제3항, 제23조제1항 · 제2항, 제26조제1항 · 제2항, 제29조제1항 각 호 외의 부분 · 제2항 · 제3항 중 "중앙본부장"을 각각 "중앙대책본부장"으로 한다.

⑦ 지진재해대책법 일부를 다음과 같이 개정한다.

제8조제1항, 제9조제3항, 제10조제1항, 제11조제2항, 제12조제1항 · 제2항, 제13조제1항, 제14조제2항, 제15조제1항 각 호 외의 부분 · 제3항 · 제4항, 제16조제1항 · 제4항 · 제6항, 제18조제1항부터 제3항까지, 제20조제1항부터 제3항까지, 제22조제1항 · 제2항 · 제3항 전단 · 제4항, 제23조제1항부터 제3항까지, 제24조제1항, 제27조제1항 · 제2항 중 "중앙본부장"을 각각 "중앙대책본부장"으로 한다.

제3조제3항, 제10조제1항 · 제3항, 제11조제1항부터 제3항까지, 제12조제5항, 제18조제1항부터 제3항까지, 제19조, 제20조제1항 · 제5항, 제21조제1항, 제24조제1항, 제27조제1항 · 제2항 중 "지역본부장"을 각각 "지역대책본부장"으로 한다.

제17조제1항 중 "같은 법 제19조에 따른 종합상황실"을 "같은 법 제18조에 따른 재난안전상황실"로 한다.

부칙 〈법률 제12844호, 2014. 11. 19.〉 (정부조직법)

제1조(시행일) 이 법은 공포한 날부터 시행한다. 다만, 부칙 제6조에 따라 개정되는 법률 중 이 법 시행 전에 공포되었으나 시행일이 도래하지 아니한 법률을 개정한 부분은 각각 해당 법률의 시행일부터 시행한다.

제2조부터 제5조까지 생략

제6조(다른 법률의 개정) ① 부터 〈156〉까지 생략

〈157〉 재난 및 안전관리 기본법 일부를 다음과 같이 개정한다.

제3조제7호 본문 및 단서를 각각 다음과 같이 한다.

7. "긴급구조기관"이란 다음 각 목의 어느 하나에 해당하는 기관을 말한다.

가. 국민안전처

나. 소방본부 및 지방해양경비안전본부

다. 소방서 및 해양경비안전서

제3조제9호, 제9조제4항부터 제6항까지, 제10조제2항, 제14조제2항 본문, 제18조제1항 각 호 외의 부분, 같은 항 제1호, 제20조제3항 후단, 제23조제2항, 제24조제4항, 제26조제4항, 제33조의2제3항, 제34조의3제1항 각 호 외의 부분 본문, 같은 조 제3항, 제34조의4제2항, 같은 조 제3항 전단, 제34조의5제2항부터 제5항까지, 같은 조 제6항 후단, 같은 조 제7항, 제34조의6제1항부터 제3항까지, 제66조의2제2항, 제66조의7제1항부터 제3항까지, 같은 조 제4항 전단, 제66조의8제1항, 같은 조 제2항 전단, 같은 조 제3항, 제66조의10제1항, 제69조제1항, 같은 조 제4항 전단, 제71조의2제1항 및 제74조제3항 중 "안전행정부장관"을 각각 "국민안전처장관"으로 한다.

제9조제6항 중 "소방방재청장"을 "국민안전처차관"으로 한다.

제10조제3항 중 "안전행정부에서 안전업무를 담당하는 차관"을 "국민안전처차관"으로 한다.

제14조제1항 및 제71조제4항 중 "안전행정부"를 각각 "국민안전처"로 한다.

제13조, 제33조의2제1항 각 호 외의 부분, 같은 조 제2항 단서 및 제78조제1항 · 제2항 중 "안전행정부장관이나 소방방재청장"을 "국민안전처장관"으로 한다.

제18조제2항, 제27조제3항 · 제4항, 제28조, 제38조의2제2항 · 제4항, 제53조제2항, 제55조제4항, 제57조제1항본문, 제70조제2항 및 같은 조 제3항 전단 중 "소방방재청장"을 각각 "국민안전처장관"으로 한다.

제20조제1항 전단, 제30조제1항 전단, 제31조제1항 각 호 외의 부분, 같은 조 제2항 · 제3항, 같은 조 제4항 전단, 같은 조 제5항 본문, 제33조의3제2항, 제34조제2항, 제35조제1항, 제66조의9제2항 전단, 제77조제1항 및 같은 조 제4항 전단 중 "안전행정부장관, 소방방재청장"을 각각 "국민안전처장관"으로 한다.

제20조제1항 후단을 다음과 같이 한다.

이 경우 재난관리주관기관의 장 및 시 · 도지사는 보고받은 사항을 확인 · 종합하여 국민안전처장관에게 통보하여야 한다.

제20조제2항을 삭제한다.

제20조제4항 중 "구청장이나 소방서장"을 "구청장 · 소방서장이나 해양경비안전서장"으로 한다.

제21조제2항, 제34조제3항, 같은 조 제4항 전단, 제34조의2제2항, 같은 조 제3항 전단, 제71조제2항, 같은 조 제3항 각 호 외의 부분, 같은 조 제4항, 제72조제1항 각 호 외의 부분 전단, 제73조제1항 및 같은 조 제2항 각 호 외의 부분 중 "안전행정부장관과 소방방재청장"을 각각 "국

민안전처장관"으로 한다.

제24조제1항 중 "안전행정부장관은 소방방재청장의 의견을 들어"를 "국민안전처장관은"으로 한다.

제29조제2항 전단, 제29조의2제1항, 같은 조 제2항, 제30조제1항 전단, 같은 조 제5항, 제33조제1항, 제33조의2제4항 본문, 제74조제1항 및 제78조의2 중 "안전행정부장관 또는 소방방재청장"을 각각 "국민안전처장관"으로 한다.

제29조의2제3항, 제31조제1항제1호 후단, 같은 조 제2항, 제34조제5항, 제66조제2항 및 제72조제1항제5호 중 "안전행정부령"을 각각 "총리령"으로 한다.

제32조제1항, 같은 조 제2항 전단 및 같은 조 제3항 · 제4항 중 "국무총리 또는 안전행정부장관"을 각각 "국민안전처장관"으로 한다.

제34조의5제8항 중 "안전행정부장관 및 소방방재청장"을 "국민안전처장관"으로 한다.

제49조제1항 중 "소방방재청"을 "국민안전처"로 한다.

제49조제2항 중 "소방방재청장"을 "국민안전처의 소방사무를 담당하는 본부장"으로 한다.

제56조제1항 및 같은 조 제2항 전단 중 "해양경찰청장"을 각각 "국민안전처장관"으로 한다.

제56조제2항 전단 및 후단 중 "중앙행정기관의 장이나 소방방재청장"을 각각 "중앙행정기관의 장"으로 한다.

〈158〉부터 〈258〉까지 생략

제7조 생략

부칙 〈법률 제12943호, 2014. 12. 30.〉

제1조(시행일) 이 법은 공포한 날부터 시행한다. 다만, 다음 각 호의 개정규정은 해당 각 호의 구분에 따른 날부터 시행한다.

1. 제10조의3, 제14조의2제2항 및 제3항(특수기동구조대에 관한 사항에 한정한다), 제20조제5항 및 제77조제1항의 개정규정: 공포 후 6개월을 넘지 아니하는 범위에서 대통령령으로 정하는 날
2. 제27조제3항, 제31조제1항(제27조제3항에 관한 사항에 한정한다), 제34조의6, 제66조의5제3항, 제79조제1호 및 제82조제1항제1호 · 제1호의2 · 제1호의3의 개정규정: 공포 후 1년이 경과한 날

제2조(2016년도 재난 및 안전관리 사업 예산 등의 사전협의에 관한 특례) 제10조의2제2항 및 제3항의 개정규정에도 불구하고 2015년에 편성되는 예산안의 경우 관계 행정기관의 장은 그 예산요구서를 2015년 6월 30일까지 국민안전처장관에게 제출하여야 하고, 국민안전처장관은 2015년 7월 20일까지 기획재정부장관에게 제출하여야 한다.

제3조(민간소유 시설 등의 위기상황 매뉴얼 작성에 관한 특례) 제34조의6제1항의 개정규정에 따른 민간시설 등의 소유자 · 관리자 또는 점유자는 부칙 제1조제2호에 따른 개정규정의 시행일 후

3개월 이내에 위기상황 매뉴얼을 작성 · 관리하여야 한다.

제4조(재난현장 통합지휘소의 명칭 변경에 관한 경과조치) 이 법 시행 당시 운영 중인 재난현장 통합지휘소는 제16조제3항의 개정규정에 따른 재난현장 통합지원본부로 본다.

제5조(특정관리대상시설등의 지정에 관한 경과조치) 이 법 시행 전에 종전의 제27조제1항에 따라 재난관리책임기관의 장이 지정한 특정관리대상시설등은 제27조제1항의 개정규정에 따라 중앙행정기관의 장 또는 지방자치단체의 장이 각각 지정한 것으로 본다.

제6조(재난관리에 대한 징계 요구에 관한 경과조치) ① 제77조제2항의 개정규정에도 불구하고 이 법 시행 전에 지시를 위반하거나 부과된 임무를 게을리한 행위에 대해서는 종전의 규정에 따른다.

② 제77조제3항의 개정규정에도 불구하고 이 법 시행 전에 현장지휘에 따르지 아니하거나 부과된 임무를 게을리한 행위에 대해서는 종전의 규정에 따른다.

제7조(종전의 규정에 따른 고시 · 처분 및 계속 중인 행위에 관한 경과조치) 이 법 시행 전에 종전의 규정에 따라 안전행정부장관 또는 소방방재청장이 행한 고시 · 행정처분, 그 밖의 행위와 안전행정부장관 또는 소방방재청장에 대한 신청 · 신고, 그 밖의 행위는 각각 국민안전처장관의 행위 또는 국민안전처장관에 대한 행위로 본다.

제8조(다른 법률의 개정) 사법경찰관리의 직무를 수행할 자와 그 직무범위에 관한 법률 일부를 다음과 같이 개정한다.

제5조에 제43호를 다음과 같이 신설한다.

43. 국민안전처와 그 소속 기관, 특별시 · 광역시 · 특별자치시 · 도 · 특별자치도 및 시 · 군 · 구에 근무하며「재난 및 안전관리 기본법」제30조에 따른 긴급안전점검 업무에 종사하는 4급부터 9급까지의 국가공무원 및 지방공무원

제6조에 제40호를 다음과 같이 신설한다.

40. 제5조제43호에 규정된 자의 경우에는 관할 구역에서 발생하는「재난 및 안전관리 기본법」에 규정된 범죄

저자약력

한형서

학력/주요경력

- 국제대학교 법경대학 경영학과 졸업
- 독일국립슈파이어(Speyer) 대학교(행정학 석·박사)
- 중원대학교 인문사회과학대학장/대학원장 역임
- 한양대학교 정부혁신연구소 연구교수
- 서울대학교 행정대학원 BK21 사업단 연구원
- 독일 라인란드-팔츠(Rheinland-Pfalz)주 경찰청, 객원연구원
- 독일 하이델베르그(Heidelberg)시, 객원연구원
- 교육부 공모직위 및 서기관 승진심사위원
- 충북지방경찰청 및 서울지방경찰청, 인권교육 초빙강사
- 경찰청 및 서울지방경찰청 경찰관 채용 면접위원
- 관세청 기술평가위원
- 문화재청징계위원
- 현 중원대학교 경찰행정학과 교수

저서 및 연구논문

- 「유럽연합의 법, 정치와 대외관계」(2011, 한국학술정보원)
- 「지방자치와 거버넌스」(2009, 도서출판: 인간사랑)
- 「한국의 권력구조 논쟁 Ⅳ」(2005, 도서출판: 인간사랑)
- 「유럽연합정부론」(2002, 앰-애드)
- 「독일연방정부론」(2001, 백산자료원) 외 다수
- Eine Studie ueber die Umstrukturierung der Verwaltungsreform in Deutschland. 「한독사회과학논총」. 2016.
- 행정구역 자율통합의 추진 과정에서 나타난 주민인식도 분석: 「지적과 국토정보」. 2016.
- 유럽연합(EU) 공동정책 간 상충관계에 관한 연구. 「EU 연구」, 2014.
- 중앙과 지방정부 간의 협력적 위기관리시스템. 「한독사회과학논총」, 2014.
- New Governance Öffentlicher Verwaltung in Südkorea, DÖV(Die Öffentliche Verwaltung), 2009 Jahre, H. 3. 외 다수

※ 이 저서는 2014년 정부(교육부)의 재원으로 한국연구재단의 지원을 받아 수행된 연구임(NRF-2012S1A6A4016468)
This work was supported by the National Research Foundation of Korea Grant funded by the korean Government (NRF-2012S1A6A4016468)

저자와의
협의하에
인지생략

중앙정부와 지방정부의 위기관리시스템
- 구축과 대응전략에 관한 연구 -

2017년 3월 20일 초판 인쇄
2017년 3월 25일 초판 1쇄 발행

저　자 : 한형서
발행인 : 정광식
발행처 : **비앤엠 북스**
서울특별시 금천구 가산디지털1로 70 B1-103
등　　록 2004. 12. 29. / 제313-2004-00298호
전　　화 2627-5710~13, 팩스 2627-5720
홈페이지 www.대학교재.net
이 메 일 bnmbook@daum.net

가격 30,000원　　ISBN 978-89-6821-049-5